Hans-Jürgen Perrey
Emil Ludwig

Hans-Jürgen Perrey

Emil Ludwig

Biographischer Roman

Dittrich

Das Titelbild zeigt von links nach rechts:
Otto von Bismarck, Napoleon I., Wilhelm II., Walther Rathenau und Johann Wolfgang von Goethe.

© Dittrich Verlag ist ein Imprint
der Velbrück GmbH, Weilerswist-Metternich 2017
Satz: Gaja Busch
Umschlaggestaltung: Guido Klütsch

Printed in Germany

ISBN 978-3-943941-88-3

Inhalt

Der Tod des Kaisers 9
Eine Königliche Ordre 13
Der Augen-Cohn 23
Klopfzeichen 29
Intermezzo 41
Elga 49
Moscia 58
Sam Fischer 67
Die großen Tage 78
Im Feuer 87
Fahrt in die Revolution 99
9. November 111
Silvester 1918 124
Hotel Adlon, American Bar 139
Rathenau 148
Goethe 157
Der Hausgenosse 171
Die Entlassung 179
Rowohlt 193
Von Breslau nach Weidenthal 212
John 226
Erfolg 233
Stresemann 246
Cécile 250

Kampf um die Historische Belletristik	256
Premiere	265
Konkurs	276
Stalin	281
Mussolini	290
Goethe-Tag	297
Autodafé	309
David Frankfurter	320
FDR	332
Hyde Park	342
Der Pakt	352
Lichter der Nacht	361
Pacific Palisades	368
Lecturer	378
Der Zauberer	384
Das Fest	389
Anhörung	396
Uncle Joe	403
Am Strand	408
Abschied	416
Wo sind die Särge?	420
Oben im Lager	434
Die letzte Seite	441
Epilog	448
Personenregister	449

»Der historische Roman ist das exakte Gegenteil der Biographie; dem Autor des historischen Romans ist das geradezu aufgetragen, was dem Biographen verboten ist: aus den Anregungen der Dokumente über ihre Ränder hinwegzuschweifen, zu erfinden. Es wird ein schlechter Roman, der nicht viel erfindet, es wird eine schändliche Biographie, die es ein einziges Mal tut; man möchte Strafen für den fordern, der unter dem Vorwand historischer Wahrheit erfindet, und dies gilt, wie in der Eidesformel, vom Zusetzen so gut wie vom Verschweigen. Der Biograph, der ein einziges wesentliches Dokument ausließe, versetzte oder frei ergänzte, müßte wegen Gefährdung der öffentlichen Sicherheit mit Entziehung der
venia scribendi bestraft werden.«
Emil Ludwig, 1929

»Denn der Geschichtsschreiber und der Dichter (…) unterscheiden sich vielmehr dadurch, daß der eine das wirklich Geschehene mitteilt, der andere, was geschehen könnte. Daher ist Dichtung etwas Philosophischeres und Ernsthafteres als Geschichtsschreibung; denn die Dichtung teilt mehr das Allgemeine, die Geschichtsschreibung hingegen das Besondere mit. Das Allgemeine besteht darin, daß ein Mensch von bestimmter Beschaffenheit nach der Wahrscheinlichkeit oder Notwendigkeit bestimmte Dinge sagt oder tut. (…). Bei der Tragödie halten sich die Dichter an die Namen von Personen, die wirklich gelebt haben. Der Grund ist, daß das Mögliche auch glaubwürdig ist; nun glauben wir von dem, was nicht wirklich geschehen ist, nicht ohne weiteres, daß es möglich sei, während im Falle des wirklich Geschehenen offenkundig ist, daß es möglich ist – es wäre ja nicht geschehen, wenn es unmöglich wäre.«
Aristoteles, Poetik, 9

Der Tod des Kaisers

Als die Stadt an diesem Freitag erwacht und die Vorhänge zurückgezogen werden, gehen viele Breslauer davon aus, dass ihnen ähnlich ungemütliches Wetter bevorsteht wie an den zurückliegenden Tagen.

Seit Wochen ist es kalt und nass, und auch heute Morgen fegt ein rauher Nordwestwind durch Gassen und Straßen und über die Plätze hinweg, wobei sich unter den Wind noch schleierartiger Sprühregen mischt.

Dieser Tag jedoch bringt eine überraschende Wende. Am späten Vormittag schwirren Gerüchte durch die Oder-Metropole. Mit dem Tod des Monarchen sei in Kürze zu rechnen. Auf dem Ring, vor dem Hauptbahnhof und auf der verkehrsreichen Schweidnitzer Straße bilden sich Ansammlungen besorgter Bürger. Dass der Kaiser unheilbar an Krebs erkrankt ist und seit Monaten ein entsetzliches Martyrium durchmacht, ist der Öffentlichkeit bekannt. Doch hat es in dieser Zeit des Bangens immer wieder Lichtblicke gegeben. Aber von solchen Hoffnungsschimmern kann jetzt keine Rede sein.

Kurz nach 12.00 Uhr beginnen die Glocken der Elisabethkirche und der Magdalenenkirche zu läuten. Der Dom folgt mit der üblichen Verspätung. Noch bevor am Rathaus, am Sitz des Oberpräsidiums und der Provinzialregierung sowie den diversen Militär- und Zivil-Behörden Bekanntmachungen erfolgen und Trauerbeflaggung aufgezogen wird, laufen die ersten Zeitungsjungen durch die Straßen und bieten unter lautem Singsang Extrablätter an. Auf denen ist zu lesen: *Kaiser Friedrich todt.*

Ein kurzer Text teilt mit, dass Friedrich III., Deutscher Kaiser und preußischer König, um 11.12 Uhr in Schloss Friedrichskron bei Potsdam von seinem langen Leiden erlöst worden sei. Bis zuletzt sei *der große Dulder* seiner Losung treu geblieben: *Lerne leiden, ohne zu klagen.*

Ferner wird angeordnet, die Börse heute und ebenso morgen zu schließen. Gleiches gilt für Theater und andere Vergnügungsstätten. Auch die Geschäfte hätten geschlossen zu bleiben.

Die Menschen sind erschüttert, und da es aufhört zu regnen und der kalte Nordwestwind nachgelassen hat, werden die Ansammlungen größer. Vor allem zum Rathaus strömt man, wo Oberbürgermeister Ferdinand Friedensburg gerade die Stadtverordnetenversammlung sowie den Magistrat auf 5.00 Uhr abends zu einer Sondersitzung einberufen hat.

Gleichfalls umlagert sind *Buchdruckerei und Verlag der Schlesischen Zeitung*, da man insbesondere hier Neuigkeiten aus Potsdam und Berlin erwartet. Fieberhaft arbeiten die Redakteure an der Abendausgabe. Sie soll heute früher erscheinen und kennt nur ein Thema: den Tod des Kaisers, eine Geschichte, die von den Telegraphen rund um den Erdball verbreitet wird.

Die Ausgabe ist schnell vergriffen, berichtet sie doch bereits in aller Ausführlichkeit von der letzten Nacht des Sterbenden, den ärztlichen Bulletins, von der kaiserlichen Familie, die am Sterbebett versammelt war, und den letzten Stunden Friedrichs. Reaktionen aus dem In- und Ausland werden abgedruckt. Zudem gibt es einen umfangreichen Nachruf, der die wichtigsten Stationen im Leben des Kaisers Revue passieren lässt.

Auch wird daran erinnert, dass Deutschland mit dem Tod seines obersten Monarchen zugleich einen neuen Kaiser bekommen hat. Hieran knüpft Oberbürgermeister Friedensburg an, als er im Stadthaus zu den Stadtverordneten und den Mitgliedern des Magistrats spricht. Nach vorn schauen, sagt sich der liberale Verwaltungschef, der in seiner Jugend ein prominenter Burschenschafter gewesen ist. Bevor die Breslauer Honoratioren eine Beileidsadresse an Seine Majestät Wilhelm II. senden, lauschen sie den Worten ihres Oberbürgermeisters, der ausführlich vom jungen Kaiser spricht. Auf diesem ruhten nun alle Hoffnungen. Friedensburg hat seine Rede noch nicht beendet, da geschieht etwas Seltsames, das alle staunen lässt. Später wird man sagen, da sei niemand gewesen, den dieses Ereignis, das sich am 15. Juni 1888 im Breslauer Stadthaus zuträgt, nicht irgendwie berührt hätte.

Der Himmel reißt auf. Die kräftige Abendsonne bricht mit einer kaskadenartigen Lichtflut durch die buntbemalten Fensterscheiben der gotischen Halle herein. Die unerwartete Helligkeit mit ihrem flackernden, flirrigen, farbigen Lichtschein versetzt die Versammelten in eine beinah sakrale Stimmung. So könnte ein himmlisches Zeichen daherkommen! Einige wischen sich Tränen aus den Augen. So viel Licht sei man gar nicht mehr gewohnt, heißt es dann.

Aber nicht nur im Rathaus wird die lange entbehrte Sonne freudig begrüßt. Auch draußen vor dem mächtigen Bauwerk und anderswo in der Stadt blinzeln die Menschen dankbar nach oben und in den Himmel, wo sich das feine Gewölk nach und nach auflöst.

Der Oberbürgermeister, der seine Ansprache beendet hat, ergreift in diesem Augenblick die Gelegenheit und ruft, innerlich fast erleichtert, in das Gemurmel und Geflüster hinein: »Meine Herren, Majestät bringen

Sonne!« Das findet, wie man den vielen bärtigen Gesichtern entnehmen kann, breite Zustimmung.

Breslau leuchtet. Schon der nächste Morgen zeigt, dass der Sommer vor der Tür steht. Ein stabiles Hochdruckgebiet hat sich über Niederschlesien etabliert. Von nun an strahlt die hochstehende Juni-Sonne Tag für Tag von einem ungetrübten blauen Himmel herab, während ein trockener Südostwind wohlige Wärme herbeibringt. Als er Ende des Monats ausbleibt, beginnt die Sonne die Stadt aufzuheizen.

Bald schon sind erste Klagen zu vernehmen. Die Hitze macht Mensch und Tier zu schaffen. Die Schulen geben hitzefrei. Sowohl die verschiedenen Schwimmanstalten für Männer als auch die Anderssche Schwimm- und Badeanstalt für Frauen sind längst überfüllt. Das gilt gleichfalls für das Freibad für Lehrlinge und Schüler an der Matthias-Insel.

Die Cafés machen gute Geschäfte, wenn sie ihren Gästen Sonnenschirme, schattige Plätze und kalte Getränke servieren. In den zahlreichen Brauereien der Stadt wird rund um die Uhr gearbeitet. Vor den Bierlokalen, Stehbierhallen als auch Park- und Gartenrestaurants stehen die Leute Schlange, nur um einen der begehrten Sitzplätze im Schatten zu ergattern. Der Platz an der Sonne lockt keinen mehr.

Mitte Juli steigen die Temperaturen weiter an. Breslau glüht und stöhnt, und es stinkt, weil verdrecktes, fauliges Wasser in der Kanalisation steht. Auch in den verschiedenen Oderarmen ist es um die Wasserqualität nicht gut bestellt. Gehe es so weiter mit der Trockenheit, ist vonseiten der Schlesischen Dampfer-Compagnie zu hören, könnten die beliebten Ausflugsdampfschiffe schon bald nicht mehr fahren.

Eines Mittags erlaubt Oberbürgermeister Friedensburg seinen Beamten, die Gehröcke abzulegen, da die Herren an ihren Stehpulten stark transpirieren und manch einem schon recht mulmig im Schädel wird.

Öfter hört man jetzt die städtischen Unfallwagen in den Straßen klingeln. Schwächeanfälle, mitunter Kreislaufkollapse sorgen dafür, dass die Sanitäter von der Hauptfeuerwehrwache in der Weidenstraße herbeigerufen werden. Andere Feuerwehrwachen sind ebenfalls einsatzbereit. Die Unfallstation des Roten Kreuzes in der Karlsstraße 45 (Eingang Dorotheengasse) ist bereits überlastet.

Trotz tropischer Temperaturen besuchen nach wie vor Touristen die Hauptstadt der preußischen Provinz Schlesien. Breslau ist mit einer halben Million Einwohnern die drittgrößte Stadt im Königreich Preußen und zugleich ein moderner Industriestandort mit einer abwechslungsreichen Geschichte und einem attraktiven kulturellen Angebot.

Am Rande der Innenstadt, abseits der belebten Straßen, stehen am Ohlauer Stadtgraben mehrgeschossige großbürgerliche Wohnungen, die – nur durch die schmale Straße getrennt – direkt an den Park grenzen, der bis zum Stadtgraben reicht. Auf der gegenüberliegenden Seite sieht man die Liebichshöhe.

In diesem ruhigen Bezirk wohnen Geheimräte, pensionierte Generäle, emeritierte Professoren, ehemalige Bankiers und zurückgezogen lebende Adlige. Der Stadtgraben wiederum ist Anfang des Jahrhunderts aus dem geschleiften Festungswerk entstanden und umfließt die Altstadt.

Im Park steht eine mächtige Linde, und obwohl es verboten ist, die inzwischen völlig verbrannten Rasenflächen zu betreten, lagert ein Pärchen im Schatten des Baumes. Die beiden haben eine Decke mitgebracht. In letzter Zeit kommen sie öfter hierher. Mal plaudern sie, mal lesen sie sich aus einem Buch etwas vor. Manchmal liegen sie dicht beieinander und schweigen.

Vorhin haben sie sich an den letzten Winter erinnert, der streng war und lange anhielt. Da sind sie Schlittschuh gelaufen, bis es dunkel wurde. An einigen Tagen wurden Fackeln und Feuer aufgestellt, so dass man sich bis in den Abend hinein auf dem Eis amüsieren konnte. Jetzt ist der sonst flussbreite Stadtgraben im Uferbereich ausgetrocknet und verbreitet einen modrigen Gestank. Ein Schwanenpaar, das auf dem Wasser umherzieht, scheint das nicht zu stören.

Eigentlich müsste Gendarm Kubicki die beiden auf seinem Rundgang längst gesehen haben. Aber er schnauft bei zugeknöpfter Uniformjacke an der aufgeheizten Häuserfront entlang und drückt beide Augen zu, entweder weil seine Kurzsichtigkeit in letzter Zeit stark zugenommen hat oder schlichtweg aus Gutmütigkeit den beiden gegenüber, die er seit vielen Jahren kennt, er hat die Geschwister heranwachsen sehen.

Das Paar bleibt unbehelligt. Sie hat sich hingelegt und beide Hände hinter dem Kopf verschränkt. Bisweilen schließt sie die Augen, hin und wieder beobachtet sie ihn, der jetzt neben ihr kniet. Er hat einen langen Grashalm in der Hand. Mit dem streicht er an ihren Wangen entlang, fährt langsam über Kinn und Hals. Dabei darf sie keine Regung zeigen. Lacht sie, hat sie das Spiel verloren. Als er am Mund entlangzieht, wird das Kitzeln unerträglich, und sie kann sich das Kichern und Prusten nicht mehr verkneifen.

»Nein!« sagt sie, richtet sich auf und wischt einige vertrocknete Halme von ihrem Kleid. »Wir müssen ohnehin nach Hause. Heute kommt der Graf, und dann kriegen wir vielleicht neue Namen.«

Er hat sich auf die Decke gesetzt und murrt: »Ich will aber keinen neuen Namen!«

»Das ist aber wichtig, weil wir dann keine Juden mehr sind.«

Eine Königliche Ordre

»Was machst du da, Hermann?«

Ohne dass Professor Cohn es hörte, hat seine Frau das Arbeitszimmer betreten. Valeska Cohn ist Ende dreißig und noch immer eine Schönheit. Sie trägt ein figurbetontes dunkelrotes Sommerkleid. Jetzt geht sie mit federndem Schritt zum geöffneten Fenster, an dem ihr Mann mit aufgeknöpftem Arztkittel steht.

»Das siehst du doch. Ich eruiere, was dein Sohn so treibt, wenn er sich unbeobachtet wähnt. Sicherlich denkt der alte Schwerenöter, die väterliche Autorität reiche nicht bis in den Schatten der alten Linde. Sieben Jahre alt und schon ein ganzer Filou.«

»Emil ist auch dein Sohn, wenn ich dich daran erinnern darf.«

»Da kann man als Mann nie ganz sicher sein, mein Engel. Das ist seit Jahrtausenden unser Schicksal.«

»Hermann, lass bitte dies frivole Gerede, auf das du zu allem Überfluss und zu meinem Leidwesen auch in Gegenwart der Kinder nicht verzichten kannst. Du weißt, dass ich dich liebe und dir immer treu war. Und so soll es bleiben. Ich bin eine geborene Friedlaender und stehe zu meinem Wort. By the way, ich frage mich die ganze Zeit, wozu du dieses Ding benötigst.«

»Du meinst meinen Feldstecher? Der stammt aus den Tagen des deutsch-französischen Krieges. Ist das Geschenk eines dankbaren Patienten. Damit betreibe ich Aufklärung, was von hieraus, vom dritten Stock, besonders gut geht. Das Ergebnis: Ich stelle fest, dass unser Sohn Fortschritte macht, wenn es darum geht, das Mysterium des Weibes zu erkunden, wobei Schwester Isolde als passendes Anschauungsmaterial dient. Wenn er nur in der Schule solchen Eifer an den Tag legen würde. Ich fürchte, du hast ihn und Isolde mit deiner Wagnerei vollends verdorben. Nein! Das lass mich bitte noch sagen. Mit der schönen Mama am Flügel sitzen und das Lohengrin-Vorspiel noch und noch inhalieren – das kann auf Dauer nicht gutgehen. Da kommt notgedrungen ein Künstler bei raus. Nein – ich bin gleich fertig. Der Bayreuther hat euch alle charakterlich verdorben und zu unvernünftigen Romantikern gemacht. Am Ende sind wir bei Siegmund und Sieglinde angelangt. Soviel jedenfalls kann mein Feldstecher bestätigen.«

Valeska lacht gequält. Sie kennt die Reden ihres Mannes: »Hermann, hör endlich auf. Wie willst du heute wissen, was aus Emil später einmal wird. Vielleicht wird er Augenarzt wie du, wird womöglich genauso berühmt und übernimmt deine Klinik, während ich dich durch den Scheitniger Park schiebe, wo du die Leute mit deinem Fernglas beobachtest.«

»Eine raffinierte Anspielung auf unseren Altersunterschied. Doch ich bleibe dabei: verkrachte Künstlerexistenz. Das letzte Zeugnis sprach Bände, und sein Lehrer sagt es auch.«

»Du warst in der Schule und hast mit dem Lehrer gesprochen?«

»Nein, dafür habe ich nicht die Zeit. Sein Lehrer, dieser Dr. Heilborn, der für Latein und Griechisch zuständig ist, kam zu mir in die Sprechstunde. Harmlose Geschichte. Da habe ich einfach mal nachgefragt. *Manus manum lavat*! Eine Hand … Und der Mann hat bestätigt, was ich längst befürchtete: Unser Sohn interessiert sich im Unterricht stets für die Dinge, die gerade nicht auf der Tagesordnung stehen. Als sie in Biologie eine ausgestopfte Eule abzeichnen sollten, fertigte er eine Skizze vom Biologielehrer an, den er als Alberich darstellte. Der Pädagoge war außer sich und verpasste dem angehenden Künstler ein *Ungenügend*.«

»Und warum erzählst du mir das jetzt erst?«

»Weil ich dich kenne und du laut aufgelacht hättest. Zur Belohnung hättest du ihm noch die Ouvertüre zum *Rheingold* vorgespielt, das er so sehr liebt.«

»Hermann, in einigen Punkten magst du recht haben. Ich möchte dich nur um zweierlei bitten. Kritisiere Emil nicht in Gegenwart von Besuchern, die du mit solchen Geschichten gern erheiterst. So geschehen, als Professor Virchow uns neulich besuchte und du vom Leder gezogen hast. Das hat dem Jungen sehr weh getan …«

»Und zweitens?«

»Muss diese Namensänderung wirklich sein?«

»Ja und nochmal ja! Begreife doch endlich, dass darin eine Chance für seine Zukunft liegt, was immer aus ihm werden sollte. Emil Cohn – da weiß jeder gleich, woher der Wind weht. Emil Ludwig: So kann man heißen, ohne aufzufallen.«

»In zehn, zwanzig Jahren spielt das vielleicht keine Rolle mehr.«

»Valeska, mein Schatz. Ich befürchtete eher das Gegenteil. Die Deutschen werden sich ihren Antisemitismus nicht nehmen lassen.«

»Gut, wenn du meinst, Hermann. Wann kommt dein Besuch? Ich frage wegen des Essens.«

»Er müsste längst da sein. Möglicherweise haben seine Pferde schlappgemacht. Bei dieser Hitze. Außerdem wird Graf Olmütz nichts von preußischer Pünktlichkeit halten. Seine Familie ist katholisch und hängt mit Leib und Seele am österreichischen Schlesien, das sie '66 am liebsten zurückerobert hätten. Da waren Moltke und Bismarck bekanntlich schneller.«

In diesem Augenblick hört man unten auf dem Pflaster Hufschlag und das Rasseln eines Wagens. Valeska schaut aus dem Fenster. Ein Landauer mit geschlossenem Verdeck ist vorgefahren. Während der Kutscher sitzen bleibt und sich den Schweiß von der Stirn wischt, wird von innen der Schlag geöffnet. Der schon recht betagte Diener springt aufs Trottoir und ist dem Grafen beim Aussteigen behilflich.

Olmütz ist ein großer, schlanker Mann mit markantem Schädel, auf dem das graumelierte ausgedünnte Haupthaar in der Mitte streng gescheitelt ist. Im rechten Auge trägt er ein Monokel, das linke ist durch einen Verband verdeckt. Aufmerksam achtet der Diener darauf, dass sein Herr auf der Steintreppe nicht ins Stolpern gerät.

Professor Cohn empfängt seinen Patienten auf dem Treppenabsatz. Der Graf ist außer Atem und pustet laut und vernehmlich, während der Diener in seiner dunklen Livree schweißgebadet ist. Der Arzt bittet beide herein. Olmütz führt er sogleich in das altmodisch eingerichtete Behandlungszimmer.

»Nun, lieber Graf, wie ist es Ihnen ergangen seit unserer kleinen Operation.«

»Keine besonderen Vorkommnisse, Herr Professor. Kein Klopfen, kein Pochern, kein Brennen.«

»Das hören wir gern«, lacht Cohn, der schon damit beschäftigt ist, den Verband vorsichtig zu entfernen. »Das sieht nicht schlecht aus. Das Auge ist natürlich noch etwas lichtempfindlich.«

Der Graf hat sich in seinem Stuhl ein wenig aufgerichtet. Man sieht ihm seine Begeisterung an: »Herr Professor, ich kann mit dem Auge wieder richtig sehen, so wie mit dem rechten Auge, das Sie auch gerettet haben.«

Cohn schmunzelt zufrieden: »Dafür sind wir ja da, Graf Olmütz. Die volle Sehleistung wird sich natürlich nicht wieder einstellen. Wichtig aber war vor allem, dass Sie rechtzeitig gekommen sind.«

»Ich war ja fast blind. Wenn Sie auf der Jagd nichts mehr erlegen, weil Sie den Standort des Wildes nur noch erahnen. Oder wenn Sie – wie es meinem Gutsnachbarn mehr als einmal passiert ist – den Hund des französischen Konsuls abschießen, dann sollte man den Augen-Cohn aufsuchen. Die Empfehlung kam übrigens von meinem Freund, dem Regierungspräsidenten, der mir viel von Ihrem Ruhm und Ihrer Popularität erzählt hat.«

»Hoffentlich hat er mich nicht mit einem Heiligenschein versehen!«

»Aber nein! Und ich habe, das möchte ich schon mal vorwegschicken, positive Nachrichten für Sie. Doch davon später.«

»Danke, Graf Olmütz! Herzlichen Dank. Ich würde es nur begrüßen, wenn meine Frau in der Angelegenheit dabei ist. Aber zu Ihrem Freund, dem Herrn Regierungspräsidenten. Er unterhält doch einen zuverlässigen Draht nach Berlin, insbesondere zum Hof. Gibt es Neues vom jungen Kaiser? Drei Kaiser in einem Jahr. Das macht uns so schnell keiner nach und sorgt in Europas Hauptstädten für Gesprächsstoff. Aber bevor Sie beginnen, nehmen Sie doch da drüben Platz. Da ist es ein wenig gemütlicher als im Behandlungsstuhl. Zigarre? Wir werden sie wahrscheinlich nicht ganz zu Ende rauchen, denn das Mittagessen ist schon in Vorbereitung, und Sie sind natürlich unser Gast. Aber vorweg einen kühlen Tropfen. Erlauben Sie, dass ich Ihnen diesen Rosé anbiete. Der passt zur Hitze des Tages.«

»Herr Professor, bei Ihnen ist man gern krank. Also in der gebotenen Kürze. Die Geschichte geht oft seltsame Wege. Der alte Kaiser Wilhelm starb im März einundneunzigjährig. Wäre er zehn oder zwanzig Jahre früher zu seinen Ahnen abberufen worden – wir hätten keine Kanzlerschaft Bismarcks erlebt. Friedrich III. hätte Bismarck – dafür hätte seine Frau Victoria schon gesorgt – bei nächster Gelegenheit entlassen. Nach englischem Vorbild hätten er und seine Frau, immerhin die Tochter der Queen, englische Verhältnisse bei uns eingeführt. Sein Ziel war ein moderner Parlamentarismus sowie liberalere Verhältnisse. Sie werden erinnern, mit welcher Eindeutigkeit er sich gegen den Antisemitismus gestellt hat.«

»Ich erinnere vor allem die vernichtenden Reaktionen des preußischen Junkertums und der Konservativen. Widerstände wären auch vom Militär gekommen. Möglicherweise wäre dieser sympathische Monarch mit Pauken und Trompeten gescheitert, trotz seiner willensstarken Frau.«

»Seh' ich ähnlich, Herr Professor. Friedrich III. hatte ein nobles Wesen, was man von seinem Erstgeborenen nicht behaupten kann. Unser junger Kaiser ist autoritär, impulsiv und unberechenbar. Er hat Verstand im Kopf, aber keine Vernunft. *Mehr Schein als Sein* steht auf dem Spielplan. Das Zeitalter der Bescheidenheit und Mäßigung geht zu Ende. Der junge Herr will selbst regieren. Die Bismarcks, Vater wie Sohn Herbert, sehen bereits ihre Felle davonschwimmen. Irgendjemand aus der dubiosen Camarilla Wilhelms II. hat ihm eingeflüstert, wenn Friedrich der Große einen Kanzler vom Format Bismarcks vorgefunden hätte, er wäre nie der Große geworden. Und ich, lieber Cohn, füge hinzu: Dann wäre Schlesien möglicherweise österreichisch geblieben. Prosit!«

»Prosit!«

»Mein Freund, der Regierungspräsident, weiß auch von den letzten Tagen und Wochen des krebskranken Kaisers einige Schauermärchen zu berichten. Offenbar konnte Kronprinz Wilhelm es kaum erwarten, den Thron zu besteigen. Sein todkranker Vater hingegen hat es abgelehnt, ihn zu seinem Stellvertreter zu machen. Kaiser Friedrich und seine Frau hatten überhaupt kein Vertrauen zu ihrem Sohn. Hinzu kommt, dass das Verhältnis zwischen Mutter und Sohn völlig zerrüttet ist. Victoria kann es einfach nicht verkraften, einen behinderten Thronfolger in die Welt gesetzt zu haben. Sie kennen die Geschichte?«

»Virchow hat mir davon erzählt. Er ist vor vielen Jahren konsultiert worden. Der linke Arm ist verkümmert und praktisch unbrauchbar.«

»Das heranwachsende Kind wurde Torturen unterworfen, um den Arm, der bei der qualvollen Entbindung schwer in Mitleidenschaft gezogen wurde, wieder funktionstüchtig zu machen. Man traktierte des Kind mit Elektro-Schocks oder band ihm frischgeschlachtete Tiere an den Arm. Der junge Thronfolger war kaum in der Lage, reiten zu lernen. Psychologisch vielleicht verständlich, aber der Hass Wilhelms auf seine Mutter ist grenzenlos und vice versa. Victoria hat, als feststand, dass ihr Mann dem Tode geweiht war, wichtige Aufzeichnungen und Unterlagen, darunter die Tagebücher Friedrichs III., außer Landes geschafft, und zwar mit Hilfe der britischen Botschaft. Übrigens, der Rosé ist köstlich.«

»Das freut mich, Graf, zugleich erschreckt mich, was Ihnen über unseren jungen Kaiser zu Ohren gekommen ist. Vor allem ist zu befürchten, dass er stets versuchen wird, seinen physischen Defekt zu kompensieren. Allein das erklärt seinen Hang zum Militarismus und Soldatentum. Er ist der Oberste Kriegsherr, der sich nach seinem Selbstverständnis keine Schwäche leisten kann. So etwas kann eines Tages zum Verhängnis werden.«

»Und es wird keinen Eisernen Kanzler geben, der seinen Monarchen in die Schranken weist. Dann ist es vorbei mit der langen Friedensepoche, die wir dank Bismarcks kluger Bündnispolitik erleben durften.«

»Richtig, Herr Professor. Der neue Kaiser will wie gesagt sein eigener Kanzler sein …«

Es klopft. Cohn ruft ein lautes »Herein«, und Valeska steht im Raum. Olmütz ist aufgesprungen und begrüßt die Dame des Hauses mit einem Handkuss. Die Schönheit der Frau beeindruckt ihn. Er denkt: Sie ist mindestens fünfzehn Jahre jünger als er. Geborene Friedlaender. Ihr Bruder ist der oberschlesische Kohlemagnat, einer der reichsten Männer Deutschlands, mit dem Kaiser befreundet. Jüdische Geldaristokratie.

Cohn macht die beiden miteinander bekannt. »Meine Frau, Herr Graf, bringt den Duft von Mittagessen von unten mit. Wenn ich bitten darf. Es geht die Wendeltreppe hinunter, in den zweiten Stock, wo sich unsere Privaträume befinden. Vorsicht Stufe. So, hier entlang – dort, zweite Tür rechts, geht es ins Speisezimmer. Wenn Sie hier bitte Platz nehmen. Die Suppe wird gleich kommen. Vorweg wird meine Frau das Menu vorstellen.«

Valeska lächelt den Gast an, was den Grafen wiederum entzückt, und erklärt: »Als Vorspeise gibt es eine Blaubeersuppe mit Grießklößchen, die wir – das ist angesichts der Hitze mein Vorschlag – gekühlt zu uns nehmen sollten. Graf Olmütz nickt. Wir fahren fort mit einem Rinderschmorbraten mit Kartoffelklößen, Steinpilzen und jungen Bohnen und schließen ab mit schlesischer Käsetorte, einer Spezialität unserer Köchin Martha.«

Martha ist eine kugelrunde ältere Frau, die den Gast mit einem Knicks begrüßt. Während sie mit Hilfe Luises, des Hausmädchens, die Suppe aufträgt, klärt der Hausherr die Weinfrage. Man einigt sich schnell auf einen roten Bordeaux.

Der Graf lässt sich das Essen schmecken und ist voll des Lobes, was das Menu, den Wein und den alles abschließenden Kaffee anbelangt. Der Professor gibt das Lob an Martha weiter, die mit einem Knicks dankt und überglücklich in die Küche verschwindet. Daraufhin sagt Valeska, der Alltag, insbesondere der Haushalt, würde stehen und fallen mit dem Personal. Das müsse ehrlich, bescheiden und gut ausgebildet sein, was der Graf nur bestätigen kann. Er schwört auf polnische Angestellte, die habe er stets als zuverlässig erlebt.

Plaudernd begibt man sich in den Salon und nimmt in den schweren Ledersesseln Platz. Die Fenster sind weit geöffnet, so dass ein steter Durchzug für etwas Abkühlung sorgt. Valeska reicht Zigarren. Der Professor sieht seinen Gast erwartungsvoll an.

Der versteht sofort und beginnt: »Liebe gnädige Frau, lieber Herr Professor. Im *Wallenstein* heißt es an einer Stelle: *Spät kommt Ihr – Doch Ihr kommt!* Daran fühle ich mich erinnert, weil ich heute ja auch bei Ihnen bin, um eine positive Nachricht zu überbringen, was die Namensänderung Ihrer Kinder betrifft, und ich hatte noch gar keine Gelegenheit, Ihnen Bericht zu erstatten. Liebe Frau Professor Cohn, Sie werden die Geschichte kennen. Nach meinem vorletzten Besuch, fragte ich Ihren Gatten, womit ich ihm eine Freude machen könnte, denn ich bin ihm, das hat der heutige Tag wieder gezeigt, zu großem Dank verpflichtet. Ihr Mann musste nicht lange überlegen. Er bat mich, bei meinem Freund, dem Regierungspräsidenten, nachzufragen, ob bei Ihren beiden Kindern eine Änderung des Nachnamens möglich sei. Ich trug meinem Freund vor, was Sie mir als Begründung mit auf den Weg gegeben hatten.

Mein Freund war bester Laune, da ich ihn zu einer Jagd eingeladen hatte, bei der er einen kapitalen Keiler zur Strecke brachte. Er hat sich bei seinen Juristen erkundigt und mir mitgeteilt, dass eine Änderung des Namens nur in außergewöhnlichen Fällen infrage käme, Ihr Fall aber wohlwollend geprüft werde. Summa summarum: Ihrem Wunsch wird stattgegeben. Mein Freund, der Regierungspräsident, sieht die Judenfrage zwar nicht als drängendes Problem an. Er ist der festen Überzeugung, das Problem des sogenannten Antisemitismus werde sich in absehbarer Zeit von selbst erledigen.«

Cohn rutscht auf seinem Sessel hin und her: »Graf Olmütz, ich bin Ihnen zu unendlichem Dank verpflichtet. Vor allem bin ich von der Absicht durchdrungen, unsere gemütliche, ich wage fast zu sagen, freundschaftliche Zusammenkunft nicht durch das, was mich jetzt innerlich bewegt, zu trüben. Aber die Auffassung, die der Herr Regierungspräsident zur Judenfrage oder zum Antisemitismus hegt, fordert mich zu einer Replik heraus, die zu unterdrücken mir äußerst schwerfällt.«

»Herr Professor! Nur heraus damit! Wir wollen alles hören, denn ich selbst bin vielleicht ebenfalls ein bisschen blauäugig und sehe die Probleme nicht unbedingt, wie sie tatsächlich sind.«

»Danke, Graf Olmütz. Also ich beginne mit der Tatsache, dass ich auf dem Gebiet der Augenheilkunde in Breslau keine Ordentliche Professur bekomme, nur weil ich jüdischer Konfession bin. Ist das kein Problem? Man hat mich höheren Orts mehrfach aufgefordert, mit meiner Familie zum Christentum überzutreten, also sich taufen zu lassen. Eine solche Aufforderung verstößt gegen die konfessionelle Neutralitätspflicht des Staates und ist verfassungswidrig. Ist das kein Problem?

Ich lebe in einem Land, in dem der populäre Historiker Heinrich von Treitschke, Professor an der Berliner Universität und Reichstagsabgeordneter, mit der Behauptung *Die Juden sind unser Unglück* eine reichsweite Debatte zur Judenfrage entfachen konnte, wodurch all die bekannten Klischees und Vorurteile wiederbelebt werden. Ist das kein Problem?

In diesem Zusammenhang verweise ich darauf, dass durch diesen von Treitschke provozierten Antisemitismusstreit eine breite judenfeindliche Agitation gefördert worden ist, in der sogar von Vertreibung und Vernichtung der Juden die Rede ist. Unzählige antisemitische Vereine, Gruppierungen oder Publikationen sind in den vergangenen Jahren entstanden. Auch antisemitische Parteien wurden gegründet, die populärste ist die *Christlichsoziale Partei* des Hofpredigers Stoecker, der praktisch qua Amt dem Antisemitismus die höhere Weihe verleiht. Ist das kein Problem?

Vor sieben Jahren kam es in Berlin in der Silvesternacht nach einer großen Antisemitenversammlung zu pogromähnlichen Krawallen. Der organisierte Mob skandierte *Juden raus*! Es wurde geprügelt, und Fensterscheiben gingen zu Bruch. Einige Wochen später ereignete sich ähnliches in der preußischen Provinz. In Thorn, Stolp und Neustettin gingen Synagogen und Häuser jüdischer Bürger in Flammen auf, so dass Militär aufgeboten werden musste. Ist das kein Problem?

Angefacht wurden diese Ausschreitungen unter anderem durch die sogenannte Antisemitenpetition. Über eine Viertelmillion Unterschriften hatten ihre Agitatoren zusammenbekommen, um ihre Forderungen an die Reichsregierung zu untermauern. Diese bestanden darin, Juden weitgehend aus öffentlichen Ämtern zu entfernen und die Einwanderung von *Ostjuden* aus Russland zu verhindern. Ist das kein Problem?

Langer Rede kurzer Sinn – die sogenannte Judenfrage ist in meinen Augen ein akutes gesellschaftliches und persönliches Problem, das durch die tagtäglichen Diskriminierungen, denen wir und unsere Kinder ausgesetzt sind, an Brisanz gewinnt.«

»Haben Sie da ein Beispiel zur Hand?«

»Ach, Herr Graf, ich rede nicht von den Gehässigkeiten, denen meine und die Kinder anderer Juden in der Schule ausgesetzt sind, sowohl von Seiten der Mitschüler als auch der sogenannten Pädagogen. Ich berichte Ihnen nur eine Kleinigkeit aus dem Alltag deutscher Juden: Nennen Sie mir einen schlesischen Adligen, der befreundete Ehepaare oder andere Bekannte zu einer kleinen Geselligkeit einlädt und einen jüdischen Professor nebst Gattin auf der Gästeliste hat. Was wird passieren?«

»Verdammt, Sie haben recht!«

»Er wird sich außergewöhnlich viele Absagen einhandeln, und von dem Fall, dass der Herr Professor und seine Gattin mehrere schlesische Adlige zu sich nach Hause einladen, reden wir lieber gar nicht erst. Das alles würde ich Ihrem Freund, dem Regierungspräsidenten, gern einmal vortragen, aber ich lasse es, weil ich dem Mann zu großem Dank verpflichtet bin.«

»Herr Professor, freuen wir uns über das Resultat. Schicken Sie Ihren Antrag direkt an den Herrn Regierungspräsidenten. Ihren beiden Kindern wird Ihr zweiter Vorname *Ludwig* als Nachname befohlen, und zwar durch eine Königliche Ordre. Sie müssen diesen Namen fortan tragen. Es handelt sich also, um Missverständnissen vorzubeugen, nicht um einen Künstlernamen. So, gnädige Frau, lieber Professor, meine Mission wäre beendet. Ich schlage vor, wir stoßen auf die Sache an, aber vorher würde ich Ihre Kinder gern einmal kennenlernen, wenn das möglich ist.«

Valeska ist aufgesprungen und ruft aus: »Selbstverständlich, Graf Olmütz!« Sie klingelt nach dem Dienstmädchen und befiehlt: »Luise, die Kinder!«

Notdürftig herausgeputzt betreten die beiden den Salon. Der Graf winkt sie heran und zieht an seiner Zigarre: »So, ihr beiden, ich bin, wie ihr vielleicht schon gehört habt, Graf Olmütz, was so viel heißt, wie olle Mütze. Ja, ihr habt gut lachen. Doch ich bin, als ich in eurem Alter war, tief traurig über die olle Mütze gewesen. Wie oft hab ich da meinen alten Herrn, will sagen: meinen Vater gebeten, mir einen neuen Nachnamen zu geben. Das ist, erklärte er mir, nur in ganz besonderen Ausnahmefällen möglich. Nun habe ich eine große Überraschung für euch, denn mein Freund, der Regierungspräsident, macht in eurem Fall eine solche Ausnahme. Und deshalb heißt Ihr schon bald Isolde Ludwig und Emil Ludwig. *Ludwig* – so hießen in der Geschichte viele Kaiser und Könige, aber auch andere Persönlichkeiten trugen den Namen …«

»Beethoven!« ruft Emil aufgeregt und handelt sich einen mahnenden Blick des Vaters ein.

»Ganz richtig, junger Mann. Wir könnten jetzt die *Ode an die Freude* anstimmen, aber heute ist es wohl doch zu warm dafür, so dass ich es bei einem Herzlichen Glückwunsch an euch beide belassen will!«

Valeska hat der Rede des Grafen amüsiert zugehört. Nun lächelt sie gerührt. Einige Tränen haben sich im Auge angesammelt. Schnell weist sie Luise an, eine Flasche Champagner zu holen. Auch die Kinder stoßen mit an. Als der Graf fragt, was Emil werden wolle, antwortet der prompt: »Dichter oder Musiker.«

Cohn zuckt zusammen und lacht, durch Wein und Sekt stimuliert: »Da haben Sie's! Meine Frau will mir ja nicht glauben. Ein Künstler wächst in meinen vier Wänden heran.«

Valeska lenkt schnell ab und fragt den Grafen, ob er Kinder habe.

»Drei Söhne«, antwortet Olmütz. »Sie haben einen Sohn und eine Tochter, was ja viel einfacher ist. Wenn ich mir die Isolde so anschaue, ist sie mit siebzehn unter der Haube. Mädchen, deine Wangen glühen ja. Brauchst dich davor nicht zu fürchten. Wenn Papa nicht knauserig ist und eine kleine Mitgift lockermacht, stehen die jungen Adligen bei dir doch Schlange. Dein Vater lacht. Mädchen – du gehst herrlichen Zeiten entgegen.

Bei meinen drei Jungen versuche ich die alte Regel anzuwenden, die im preußischen wie schlesischen Adel seit über zweihundert Jahren kursiert: Der Erste kriegt das Gut, der Zweite wird Offizier, am besten mit Karriere im Generalstab. Und der Dritte, der erfahrungsgemäß immer der Dümmste ist, der geht ins Auswärtige Amt. Nummer eins muss standesgemäß heiraten, Nummer zwei und drei dürfen Bürgerliche nehmen, wenn die Mitgift stimmt.«

Ein unterhaltsamer Abend geht zu Ende. Der Professor und seine Frau verabschieden ihren Besuch an der Kutsche. Kurz bevor die Pferde anziehen, holt Cohn ein Fläschchen aus seiner Hosentasche: »Bevor ich's vergesse. Ihre Augentropfen. Alle zwei Stunden zwei Tropfen. Gute Heimfahrt und nochmals herzlichen Dank. Und schießen Sie mir, Herr Graf, wenn's wieder ans Jagen geht, nicht aus Versehen den französischen Konsul tot. Sie wissen ja, die Franzosen warten nur auf eine Gelegenheit, sich für 70/71 zu revanchieren.«

Die Kutsche ist verschwunden. Ehepaar Cohn steht auf der Straße. Er fasst die Hand seiner Frau. Beide blicken sich an, als ein plötzlicher Luftzug aufkommt und in die Bäume greift. Der westliche Abendhimmel ist tief schwarz. Ein zartes Grummeln ist zu hören. Am Horizont blitzt es einige Mal kurz auf.

Valeska sagt: »Das hört sich bedrohlich an!«

Cohn nickt: »In gut einer Stunde geht es los. Da kommt ganz schön was auf uns zu. Das gibt ein reinigendes Gewitter. Danach ist endlich Schluss mit dieser Hitze, dieser Stickluft und dieser Schwüle, die sich überall eingenistet hat.«

Der Augen-Cohn

Mit einer Mischung aus Bewunderung und Angst bestaunt Emil den Vater. Hermann Ludwig Cohn ist ein kleiner, korpulenter Mann, der ständig in Bewegung ist. Kurze Beine tragen das formidable Embonpoint, das ein Zuknöpfen des Arztkittels kaum erlaubt. Gekrönt wird all das durch einen mächtigen kahlköpfigen Schädel mit einer eindrucksvollen Kuppelstirn, wobei das fehlende Haupthaar durch einen üppigen, in Teilen schon ergrauten Vollbart kompensiert wird. Cohn ist ganz und gar der Gelehrtentypus der Gründerjahre.

Der hohe Grad an Agilität wird dadurch noch gesteigert, dass dieser Mann ständig redet, und zwar mit dem ganzen Körper. Seine Falsett-Stimme kommt selten zur Ruhe. Innerhalb kürzester Zeit macht er jeden Anwesenden zum Zuhörer. Cohn liebt Gesellschaft und Geselligkeit, weil er dann reden kann.

Emil hat einen Vater, der ein Vater in der Öffentlichkeit ist. In Breslau heißt Hermann Ludwig Cohn nur der Augen-Cohn. Geht er durch die Stadt, muss er seinen Hut oft lüften. Denn er ist eine Institution, eine Kapazität auf dem Gebiet der Ophthalmologie, der Augenheilkunde und Augenhygiene, ein Mann, der im Lexikon zu finden ist und dessen Ruf weit über die Stadtgrenzen hinausreicht. Er hat schon Patienten begrüßt, die aus Russland oder den USA angereist waren.

Seit vielen Jahren betreibt er eine private Augenklinik am Stadtgraben, im 3. Stock jenes großbürgerlichen Mietshauses, in dem Graf Olmütz unlängst zu Besuch war. Er darf sich zwar Professor nennen, weil man seine wissenschaftlichen Leistungen 1874 mit der Verleihung einer außerordentlichen Professur gewürdigt hat. Doch damit ist Cohn noch lange kein besoldeter Ordentlicher Professor mit den dazugehörigen Lehr- und Prüfungsverpflichtungen. Als solcher wäre er Staatsbeamter. In Preußen jedoch können Juden keine Staatsbeamten werden.

Das stört die Studenten der altehrwürdigen Leopoldina nicht. Angehende Mediziner, die etwas über Ophthalmologie erfahren wollen, strömen zahlreich in die Seminare, die Cohn extra ordinem an der Medizinischen Fakultät abhält, oder sie kommen in die engen altmodischen Räume der Privatklinik, wo der bekannte Arzt gerade den Kopf eines Knaben zwischen den Knien hält, um das blutunterlaufene Auge vorzuführen: »Na, meine Herren? Sieht die Sache heute nicht schon besser aus als vorigen Dienstag? Sehen Sie sich mal diese Hornhaut an! Beugen Sie sich vor, was sehen Sie jetzt? Das Loch ist kleiner geworden, der Junge kann wieder auf drei Fünftel Sehleistung kommen.«

Während der Junge anfängt zu weinen, fährt der Professor fort: »Heule nicht, sonst geht das Auge kaputt! Hier hast du 'nen Groschen, kauf dir bei Stollwerck Schokolade! Na also! Sei froh, du brauchst noch vier Wochen nicht zur Schule. Da haben Sie wieder mal die Folgen von dem verrückten Soldatenspiel. Also! Was lernen wir daraus? Keine Kriegsspiele! Die Kinder sollen turnen, schwimmen, laufen. Für jedes Panzerschiff könnte man zehn Heilanstalten für Lungenkranke bauen.«

Das ist der Pazifist, der hier spricht. Für den Augen-Cohn sind Kriege Verbrechen. Er weiß, wovon er redet. Er hat die Kriege von 1866 und 1870/71 als Lazarett-Arzt mitgemacht. Cohn verkörpert den Geist des 18. Jahrhunderts, der Aufklärungsepoche, und versteht sich als Volksaufklärer, der fortschrittliches Gedankengut in die Gesellschaft hinein-trägt. Das praktiziert er, indem er öffentliche Vorträge über medizinische Fragen anbietet oder diese populärwissenschaftlich in Zeitschriften und Zeitungen erörtert. Wissenschaftliche Themen in der Öffentlichkeit abzuhandeln – für viele Kollegen Cohns ist das schlichtweg unvorstellbar.

Das betrifft auch ein anderes Thema, bei dem Cohn bereits in den Siebziger Jahren zum Vorreiter wird. Auf einem Ball lernt er eine junge Frau kennen, die nicht tanzen mag, es wird von ihr erwartet, dass sie auf diesem Wege einen Mann kennenlernt. Sie gesteht ihm, dass sie überhaupt keine Lust verspüre, den vorgezeichneten Weg als Ehefrau und Mutter zu gehen. Cohn fragt: »Was schwebt Ihnen dann vor?«

»Studieren«, antwortet die Siebzehnjährige.

Cohn rümpft die Nase: »So, so! Und was haben Sie gelernt?«

»Französisch, Klavier, Sticken.«

»Haben Sie denn eine Ahnung von Optik? Kennen Sie sich mit mathematischen Gleichungen aus?«

Die junge Frau muss verneinen. Cohn nimmt sie dennoch als Privatschülerin auf, die sich als ausgesprochen begabt erweist. Nach jahrelangem Kampf mit den Behörden kann sie schließlich als eine der ersten Frauen in Deutschland das Abitur ablegen. Sie studiert in der Schweiz und praktiziert danach erfolgreich als Ärztin.

Cohn ist eine Kämpfernatur. Als er vor einiger Zeit einen Vortrag im Bürgersaal des Rathauses mit den Worten einleitet: »Ich feiere heute das 25jährige Jubiläum meiner Kämpfe mit der Stadt Breslau«, weiß jeder, was sich hinter dieser Aussage verbirgt. Seit Jahrzehnten setzt Cohn sich für eine Verbesserung der Lichtverhältnisse in den Schulen ein. In großangelegten Untersuchungen hat er den Beweis erbracht, dass die dunklen Gemäuer die Kurzsichtigkeit bei der Jugend befördern. Er spricht von *augenmörderischen* Zuständen und bezieht die schlecht gedruckten Schulbücher gleich mit ein. In einer anderen Studie kann Cohn zeigen, dass ein Drittel aller Erblindungen auf die Augeneiterung bei Neugeborenen, die Blennorrhoe, zurückzuführen ist und durch Einsatz von Silbernitrat-Tropfen vermieden werden kann. Zu erwähnen ist bei alledem noch, dass dieser Mann seine Aufklärungsideale und sozialpolitischen Forderungen auch vorlebt: Zwei Drittel seiner Patienten behandelt er kostenlos, weil sie mittellos sind.

Allerdings schafft es der wortgewandte Mann stets aufs Neue, sich durch Scharfzüngigkeit und Streitlust Feinde zu machen. Zu impulsiv ist diese Kämpfernatur, zu unberechenbar das ungezügelte Temperament, dass es selbst Valeska, seiner charmanten Ehefrau, nur selten gelingt, mäßigend auf ihren Mann einzuwirken.

Auch zuhause im kleinen Kreis der Familie oder vor Freunden beherrscht Cohn die Szenerie. Emil und Isolde erleben den Vater vor allem am Mittagstisch. Hier findet – wenn auch unbeabsichtigt – die Erziehung der Kinder statt. Cohn hält es nämlich mit Pestalozzi, der geäußert haben soll, er habe Wichtigeres zu tun, als die eigenen Kinder zu erziehen. Grundsätzlich gilt, dass die Kinder am Mittagstisch zu schweigen haben, es sei denn, sie werden gefragt. Das geschieht auch heute wieder, weil Cohn die Mittagstafel mit der Standardfrage eröffnet: »Nun, wie war's in der Schule?«

Die Kinder sehen sich verlegen an. Emil zieht es vor, solange zu schweigen, bis Isolde mit einem gedehnten *Guuut* geantwortet hat. Das stellt den Vater natürlich nicht zufrieden: »Merkwürdig, jeden Mittag höre ich, dass alles gut verläuft, und am Ende bleibt man sitzen.«

Emil hat längst gelernt, den jetzt auf ihn gerichteten Blick an sich abgleiten zu lassen, weil das Sitzenbleiben sich nur auf ihn und seine mäßigen Leistungen beziehen kann. Dummerweise verfängt die Strategie heute nicht. Der Vater kommt auf sein Paradethema zu sprechen und hakt nach: »Und – was sagt Professor Heilborn so? Wie sieht's in Latein und Griechisch aus?«

Emil bleibt die Luft weg. Er überlegt, ob er eine Ohnmacht vortäuschen soll. Doch auch heute ist auf den Alten Verlass. Seine Ungeduld ist längst auf ein neues Thema gesprungen. Jetzt ist ihm danach, eine seiner Lieblingsanekdoten zum Besten geben: »Ich war junger Doktorand bei Bunsen, Anfang der sechziger Jahre, und reichte meine Doktorarbeit zu einem chemisch-physikalischen Thema ein. Bunsen war zufrieden, aber ich weigerte mich, was die Promotionsordnung verlangte, meine Arbeit auf Latein einzureichen und zu verteidigen. Und ich setzte mich durch! Deshalb bin ich auch dagegen, dass man euch mit Latein und Griechisch traktiert. Englisch und Französisch sind für eure zukünftigen Berufe sinnvoller. Man merkt es bei internationalen Kongressen. Die Deutschen können nicht mitreden, weil sie die beiden wichtigsten Weltsprachen nicht beherrschen. Wie wollen wir Weltgeltung erlangen, die sich unser junger Kaiser auf die Fahnen geschrieben hat, wenn wir uns nicht richtig verständigen können!«

Emil ist gerettet, denn Cohn hat nicht die Geduld, die Angelegenheit zu vertiefen. Er lässt sich von Martha, die gerade Suppe eingefüllt hat, schnell die Mittagsausgabe der Schlesischen Zeitung reichen und liest, während er mit der linken Hand die Zeitung hält und mit der rechten löffelt, die neuesten Meldungen vor. Da nützt es nichts, dass Valeska ermahnend bittet: »Hermann, kannst du nicht die Zeitung weglegen, während wir essen. Hinterher ist doch noch Zeit genug!«

»Eben nicht, mein Engel! Habe einen Termin im Rathaus. Muss gleich nach dem Essen, will sagen: nach der Zigarre wieder los. Und da schadet es nicht, wenn man schon weiß, was der *Fürscht* im fernen Friedrichsruh zum deutsch-russischen Verhältnis ausgeplaudert hat. Seine Majestät sollen getobt haben, weil der entlassene Kanzler nicht das Recht hätte, sich derart in die deutsche Außenpolitik einzuschalten. Ich erwähne bei den Herren im Rathaus nun ganz nebenbei, ich hätte vorige Woche Schweninger gesprochen, und der hätte von Bismarck das und das gehört, und ob du's glaubst oder nicht, die Korinthenkacker fressen einem gleich aus der Hand.«

Die Kinder lachen ausgelassen und hoffen nur, dass sie nicht, wie schon des Öfteren geschehen, gleich zum Essen in die Küche geschickt werden. Und das nur, weil der Vater den Mittagstisch wieder einmal mit einer fröhlichen Herrenrunde verwechselt.

»Hermann, bitte nicht diese Wortwahl! Das schickt sich nicht.«

Die beiden langjährigen Assistenten, die heute mit am Tisch sitzen und ebenso eifrig essen wie sie den Ausführungen des Herrn Professors zustimmen, lächeln gequält, schließlich wollen sie es sich im Hause Cohn mit keiner Seite verderben.

Cohn faltet die Zeitung zusammen, legt sie auf den Tisch und reibt sich die Augen: »Tja, meine Herren, ich kann von Glück sagen, dass meine züchtige Ehefrau mich nicht schärfer gemaßregelt hat, etwa durch einen Fußtritt unter dem Tisch, eine pädagogische Spezialität meiner treusorgenden Ehehälfte. Oder neulich im Theater, als ich durch scharfes Zischeln daran gehindert werden sollte, meine Zustimmung zu dem genialen Schauspiel meines Freundes Gerhart Hauptmann kundzutun.«

Valeska wendet sich an die Gäste: »Versetzen Sie sich bitte in meine Lage. Wir sitzen vierte Reihe Parkett vorn. Der Vorhang fällt, im Saal herrscht betroffenes Schweigen, da springt mein Mann auf und klatscht und ruft Bravo, hört gar nicht auf zu jubeln, und das bei einem Stück, das vor Kurzem noch verboten war.«

Assistent Schubert fragt höflich nach: »Sie sprechen von den *Webern*?«

Valeska nickt, während Cohn ruft: »Ich war gewissermaßen der demagogische Leithammel, denn gleich darauf applaudierte das ganze Theater.«

Assistent Ehrenfried wendet sich bewundernd an seinen Chef: »Sie kennen Hauptmann persönlich und Schweninger auch?«

Valeska belebt sich und antwortet: »Professor Schweninger isst des Öfteren bei uns. Er hat immer furchtbar viel zu erzählen und überhaupt keine Zeit, weil er als Arzt in ganz Europa gefragt ist.«

Cohn strahlt seine Frau an und sagt in die Runde, wobei auch ein kurzer Blick auf die Kinder fällt: »Schweninger ist mein heißer Draht zu Bismarck, gewissermaßen mein Anekdotenlieferant. Angeblich kann er noch schneller reden als ich, was meines Wissens eine Legende und wissenschaftlich noch nicht untersucht worden ist.«

Valeska fährt fort: »Die Brüder Carl und Gerhart Hauptmann kennen wir aus unserer Sommerfrische, wenn wir in Schreiberhau Urlaub machen.«

Schubert sagt: »Beneidenswert. Wen Ihre Kinder in jungen Jahren schon zu Gesicht bekommen! So ein Prominentenbesuch ist ja aufschlussreicher als ein ganzes Kapitel aus dem Schulbuch.«

»Völlig richtig, Schubert!« sagt Cohn. »Besonders haben sich die Kinder immer gefreut, wenn der Entdecker Trojas zu Besuch kam und von seinen neuesten Ausgrabungen erzählte.«

»Dann war Heinrich Schliemann Ihr Gast! Phantastisch!«

Emil hält es nicht mehr auf seinem Stuhl: »So wie Herr Schliemann will ich auch werden!«

Valeska freut sich mit ihrem Sohn: »Sie hören schon, der hat es meinem Sohn angetan. Wahrscheinlich ist es das Künstlertum, das er an Schliemann bewundert, der Künstler, Forscher und Weltmann in einem war.«

»Wir hatten«, unterbricht sie Cohn, »vor einigen Wochen Virchow zu Besuch, der ja nie ein gutes Haar an Bismarck gelassen hat, aber durchaus Mitgefühl für den entlassenen Eisernen Kanzler aufbrachte. Wir haben jetzt zwar einen jungen dynamischen Kaiser, dem aber nach Einschätzung glaubwürdiger Zeitgenossen schlichtweg die Erfahrung fehlt.«

Schubert und Ehrenfried nicken.

»Nicht wahr, meine Herren, da braut sich einiges zusammen. Wenn der junge Monarch außenpolitisch eigene Wege beschreitet und bewährte Pfade der Bismarckschen Bündnispolitik verlässt, droht uns eines schönen Tages der Zwei-Fronten-Krieg.«

Emil hat gebannt zugehört. Dem Alten ist das nicht entgangen. Aufmunternd sieht er seinen Sohn an: »Nun sag mal, junger Mann, redet ihr mit eurem Geschichtslehrer eigentlich über solche politischen Tagesfragen?«

Emil schüttelt den Kopf: »Wir sind erst bei Karl V.«

Cohn haut auf den Tisch: »Da wart ihr doch schon im letzten Jahr!«

Emil spürt, dass er es mit einem besonders pikanten Thema zu tun hat.

Unwillkürlich sieht er zur Mutter hinüber, schließlich sagt er etwas zu leise: »Dr. Kowalczyk mag Bismarck nicht.«

Cohn lacht laut los, die Assistenten amüsieren sich köstlich. Emil sieht eine Gelegenheit, sich in der Runde wichtig zu machen, und fügt hinzu: »Es geht das Gerücht, dass Dr. Kowalczyk Sozialdemokrat ist.«

»Donnerwetter!« ruft Cohn. »Das ist ja ein Teufelskerl. Pole und Sozialdemokrat, als ob eines nicht schon schlimm genug wäre. Fehlt eigentlich noch der Jude, und der neue Lassalle wäre geboren. Wir hätten einen Revolutionär, der den preußischen Aristokratenstaat mit seinem elenden Militarismus auf den Misthaufen der Geschichte befördert.«

»Hermann«, sagt Valeska mit sorgenvoller Miene. »Musst du am Mittagstisch solche unschicklichen Fragen erörtern!«

Cohn streichelt die Hand seiner Frau: »Engelchen, was ist so schlimm daran, wenn wir am Tisch ein wenig schwadronieren. Wir sind freie Menschen und dürfen unsere Meinung frei äußern. Und wenn du Angst hast, dass mein Ruf darunter leidet, weil ich ausspreche, was andere nicht zu denken wagen, so antworte ich zu deiner Beruhigung: Mein Ruf ist ruiniert genug. Um den müssen wir uns nicht mehr sorgen.«

Klopfzeichen

Nächtliche Ruhe herrscht im Haus. Nach einer vierstündigen *Meistersinger*-Aufführung ist Ehepaar Cohn früh ins Bett gegangen. Morgen ist Montag. Um sieben Uhr hat Cohn seine erste Operation. Luise, das Hausmädchen, hat im Flur auf die Herrschaften gewartet und ist dabei immer wieder eingeschlafen.

Jetzt wirft sie zusammen mit Valeska einen kurzen Blick in die Kinderzimmer, wo alles dunkel ist. Luise wünscht eine gute Nacht und zieht sich in die enge, fensterlose Kammer zurück, in der Köchin Martha kräftig vor sich hin schnarcht. Die muss um vier Uhr aufstehen, um Herd und Öfen anzuheizen. Zwei Stunden später hat sie das Frühstück für die ganze Familie bereitet.

Emil liegt im Bett und lauscht in die Dunkelheit hinein. War da nicht eben ein Geräusch an der Tür? Ein viermaliges gedämpftes Klopfen ist zu hören. Sofort weiß er Bescheid. Er huscht zur Tür, und schon schiebt sich die kichernde Isolde herein. »Kann ich zu dir kommen?« flüstert sie und kuschelt sich ins warme Bett.

Diese späten Besuche sind seit längerem guter Brauch. Man liegt nebeneinander und plaudert leise über Sorgen und Nöte oder vertraut sich Geheimnisse an. Von denen gibt es in letzter Zeit genug. So hat Isolde sich in der Tanzschulstunde in einen Jungen verliebt. Er ist groß und hat blondes Haar. Zweimal hat er Isolde aufgefordert. Nach einer ausführlicheren Beschreibung meint Emil den Jungen zu kennen. Er muss ein bisschen revidieren.

Außerdem hatte die Schwester gestern Nachmittag wieder Ärger mit dem Vater. Sie wollte eine Freundin in der Gräbschener Straße besuchen und dort auch übernachten. Die Eltern seien noble Leute, aber der Augen-Cohn duldet solche Eskapaden nicht.

Das Verhältnis zwischen den Geschwistern ist in den vergangenen Monaten enger geworden. Oft sitzen sie stundenlang in ihren Zimmern zusammen, lassen sich von Martha Tee servieren und unterhalten sich. Oder sie klimpern im Musikzimmer vierhändig die Klavierauszüge der Wagner-Opern durch, während die Mama irgendwann dazukommt und mit schöner Stimme beliebte Arien vorträgt. Das bringt solange Spaß, bis der Alte erscheint und bei jedem Fehler ein lautes »Halt« ruft. Ständig ermahnt er die Kinder, mehr zu üben. Doch seine Befehle haben längst nicht mehr die Kraft, die sie einst hatten. Emil denkt: Es ist wie mit einem großen zottigen Hund. Der knurrt und bellt und ist meist ungefährlich.

Es ist eine verblüffende Erkenntnis, die Emil eines Tages beim Mittagessen gewinnt. Der gefürchtete Alte, dessen Bart im Laufe der Jahre fast weiß geworden ist, ist eigentlich ein ganz normaler Mensch, der Kraft daraus schöpft, dass er unermüdlich alte Geschichten auftischt, deren Pointen längst abgestumpft sind. Und am Mittagstisch sitzen borniert Assistenten oder Kollegen, die etwas von Ophthalmologie verstehen, aber nichts von dieser Welt. Nichts von Goethe, nichts von Wagner, nichts von Nietzsche, nichts vom wahren Künstlertum.

Gibt es die üblichen Konflikte mit dem Vater, weiß die Mutter immer öfter zu schlichten. Das hat es früher nur ausnahmsweise gegeben. Emil kennt kaum etwas Schöneres, als wenn die Mutter ihn tröstet und mit ihrer zarten Hand durch seine langen braunen Locken fährt. Vor einigen Tagen tat sie es wieder, um daraufhin sanft über seine Oberlippe und Wangen zu streichen und lächelnd anzumerken: »Mein Sohn, du bist ja ein richtiger Mann geworden!«

Heute liegt wieder gewittrige Stimmung über dem Mittagstisch. Die Zeitung liefert kein Thema, über das man sich ereifern könnte. Über die Schule hat man sich gestern erst ausgelassen. Der Vormittag verlief hektisch. Die Sprechstunde muss gleich nach dem Essen fortgesetzt werden. Die Patienten stehen bereits draußen auf der Steintreppe und warten.

Da platzt es aus dem Alten heraus. Er verlangt, Emil solle sich die Locken abschneiden lassen. Das sähe weibisch aus. Außerdem wäre die Ähnlichkeit mit einem gewissen Oscar Wilde zu groß, über den in letzter Zeit so viel Skandalöses zu lesen ist.

Da passiert etwas Unerhörtes. Valeska widerspricht. Sie sei eine geborene Friedlaender, und die Friedlaender hätten in ihrer Jugend immer lange braune Locken getragen. So auch ihr Bruder Fritz, der mit Bismarck und dem Kaiser persönlich bekannt ist und einer der reichsten Männer Deutschlands sei. Und man vergesse bitte nicht: Am Pariser Platz besitzt er ein Palais, das mit zu den schönsten in Berlin zählt.

Der Diktator gibt nach. Dafür wartet er einige Tage später mit einem neuen Thema auf. Er hat beschlossen, dass seine Kinder normale bürgerliche Existenzen begründen. Es reiche, wenn einer in der Familie einen außergewöhnlichen Lebensweg beschritten habe, womit er natürlich sich selbst meint. Isolde wird deshalb einen reichen Mann heiraten und Emil einen landwirtschaftlichen Beruf ergreifen. Cohn hat nämlich in der Zeitung gelesen, dass es in der Landwirtschaft an studierten Kräften fehle. Gutgelaunt verkündet er beim Mittagstisch: »Du wirst Furchenkacker!« Und erläutert sogleich seinen Plan, um sichtlich zufrieden mit dem Hinweis zu schließen, er habe mehrere Rittergutsbesitzer als Patienten, da werde bestimmt einer darunter sein, der Emil ein Praxis-Jahr ermöglicht.

»Dann wandere ich nach Amerika aus!« ertönt es vom unteren Tischende, wo gewöhnlich die zum Schweigen angehaltenen Kinder sitzen. Das war mit angenehmer Stimme gesprochen, die nicht mehr krächzig klingt.

Niemand wagt, etwas zu sagen. Gespenstisches Schweigen erfüllt den Raum. Selbst Martha, die Bratenschüssel in der Hand, erstarrt zur Salzsäule. Nach einer quälend langen Pause sagt Valeska: »Das ist natürlich auch eine Möglichkeit. Fritz, Onkel Fritz, hat dort einige Besitzungen, da könnte …«

»Ach was!« ruft Cohn. »Das ist doch alles Unsinn.«

Er wirft die Serviette auf den gerade vollgefüllten Teller und verschwindet nach draußen.

Auch die Schule streckt dem Heranwachsenden in diesen Jahren des Suchens keine helfende Hand entgegen. Sie bietet keine Antworten auf seine Fragen. Weniger kritikwürdig ist sie dabei in dem, was sie vermittelt, als in dem, was sie nicht vermittelt. Sie spricht von Preußens und Deutschlands Aufstieg und Größe, aber nie von Europa. Behandelt wird 1870/71, aber nicht das Jahr 1848/49. Die Schüler lesen Theaterstücke von Sophokles, erfahren aber nichts von Gerhart Hauptmann. Sie lernen die Biologie des Menschen kennen, aber nicht die der Geschlechter.

Die Lehrer, die einen oft über viele Jahre begleiten, werden immer verschrobener und enden meist als Karikaturen. Bummeln Emil und Isolde durch die Stadt und begegnen einem dieser kauzigen Schulmeister, grüßt Emil ehrfurchtsvoll. Dabei kommt es vor, dass sein Gruß nicht erwidert wird und der Pädagoge erhobenen Hauptes seines Weges stolziert.

Isolde fragt amüsiert: »War das einer deiner Pauker?« Und Emil antwortet verschreckt: »Assessor Zwiebler, den haben wir in Deutsch und Geschichte. Das ist der, der mich immer Cohn nennt, obwohl er genau weiß, dass ich seit vielen Jahren anders heiße.«

Die Lehrer mögen skurrile Figuren darstellen, deren Marotten nur allzu bekannt sind, dennoch sind ihre Machtmittel gefürchtet. Das schwarze Notenbuch ist gezückt, sobald der Lehrer die Klasse betreten hat. Und die betritt er im Stil eines preußischen Reserve-Leutnants: Die Schülermeute, die eben noch laut und lustig im Klassenzimmer herumtollte, springt auf wie eine Kompanie, nimmt Haltung an und brüllt dem Kompanie-Chef ein zackiges *Guten Morgen, Herr Professor* entgegen. Die Antwort besteht aus einem schneidigen *Setzen!*, woraufhin die Kompanie sich wie ein Mann auf dem harten Mobiliar niederlässt.

Sofort geht es medias in res. Die Hausaufgaben werden inspiziert. Ohne Gnade werden Nachlässigkeit und Faulheit schwer geahndet. Emil hat sich schon mehrfach gefragt, warum er gerade dann aufgerufen wird, wenn er nicht präpariert ist. Kann man das vielleicht an seinem verängstigten Gesicht ablesen?

Am schlimmsten ist der Montag, wenn der brutale Schulalltag einen wieder eingeholt hat. Je älter Emil wird, desto öfter darf er die Eltern sonntags ins Theater begleiten. Gleich nach dem Mittagessen beginnen die Vorbereitungen. Mutter und Tochter brauchen jedes Mal besonders viel Zeit für die Garderobe. Manchmal ist unten der Wagen bereits vorgefahren, und beide stehen noch vor dem Schminkspiegel und rufen im Duett: »Sind schon fertig!«

Emil hätte in dieser kostbaren Zeit nach dem Essen natürlich seine Hausaufgaben für morgen erledigen können. Oder zumindest einen Teil davon. Bei Lichte besehen hätte er damit auch gestern schon anfangen können. Doch er ist notorisch faul, spürt in sich Widerstände, die partout nicht zu überwinden sind. Gestern zum Beispiel zog er es vor, auf seinem Bett zu liegen und in Nietzsches *Menschliches, Allzumenschliches* zu stöbern.

Isolde geht nach Schulschluss sogleich in ihr Zimmer und erledigt die Aufgaben in Windeseile. Sie besucht die Augusta-Schule in der Taschenstraße, eine Höhere Mädchenschule, wo die Uhren etwas anders ticken. Emil indes ist Schüler des König-Wilhelm-Gymnasiums in der Sonnenstraße. Hier werden Drill und Leistung großgeschrieben. Wie Sisyphos den Felsbrocken wälzt er folglich die Last der Hausaufgaben vor sich her, bis der Leidensdruck unerträglich wird. Dieser Punkt ist am Sonntagnachmittag erreicht. Aber nun werden die Aufgaben mit einer letzten Kraftanstrengung nicht etwa angepackt. Nein, sie fallen kurzerhand unter den Tisch. Sich von der Last befreit, kostbare Zeit gewonnen zu haben, empfindet Emil als pure Lust. In diesem Zustand ist er ganz und gar Künstler, dann fallen Ideen auf ihn nieder.

Doch es nützt nichts. Für den morgigen Tag muss ein Schlachtplan entworfen werden. Während das Vorspiel des *Rheingolds* in geheimnisvollen Es-Dur-Akkorden aus dem Orchestergraben emporstrudelt, der Augen-Cohn ein weiteres Mal kräftig hustet und das schöne Gesicht der Mutter im Halbdunkel auf das noch kaum auszumachende Bühnengeschehen gerichtet ist, während Isolde gedankenversunken ihren Arm unter den seinen schiebt, arbeitet Emil kaltblütig an seinem Plan: Mathematik ist das Hauptproblem, denn erstens hat er das ganze weite Feld der Trigonometrie noch gar nicht kapiert. Und zweitens: Kuschbert kontrolliert die Hausaufgaben, zeichnet sie akribisch ab. Die müssen unbedingt vor der ersten Stunde bei Hartmann abgeschrieben werden. Robert Hartmann ist Mathe-Genie und überdies großzügig. Das Problem: Er ist vor der ersten Stunde sehr gefragt. Man muss also pünktlich in der Schule sein. Will man auf Nummer sicher gehen, holt man ihn am besten zuhause ab. Er wohnt in der Nähe vom Tauentzienplatz, das liegt auf dem Weg.

Dann kommt Assessor Zwiebler, der sich nie an den Stundenplan hält. In der zweiten Stunde ist offiziell Geschichte dran. Zur Zeit diktiert er seitenlang aus irgendeinem Schinken zur Weltgeschichte. Wenn er morgen gleich weiterdiktiert, ist wertvolle Zeit gewonnen. Man lässt Robert mitschreiben und kann sich in Ruhe der Deutschaufgabe widmen: Schillers *Gang nach dem Eisenhammer*, Strophe eins bis vier, auswendig bis: *Streut' ihm ins Herz des Argwohns Samen*.

Doch wenn Zwiebler das Ganze umstößt und mit Deutsch beginnt und es heißt: Cohn, bitte vortreten und deklamieren, dann wird Emil doppelt getroffen sein. Einmal wird ihn das *Cohn* verletzen, das Zwiebler stets mit einem schiefen, spöttischen Grinsen auf der Zunge zergehen lässt, und zum zweiten wird die Planänderung für eine weitere Fünf in Zwieblers schwarzem Büchlein sorgen.

Aber der Vormittag ist noch nicht vorbei. In der vierten Stunde wird geturnt bei Peschel. Der schwört auf Turnvater Jahn und frische Luft, hat als einer der wenigen Lehrer Frau und Kinder und weiß, was Ohrenschmerzen anrichten können. Jede Bewegung des Kopfes wird zur Qual, so dass Peschel gern ein Auge zudrückt und einen zusehen lässt, wie die anderen sich austoben. Auf diesem Wege wird die Doppelstunde Latein vorbereitet, für die Heilborn eine Klassenarbeit zu den unregelmäßigen Verben angekündigt hat. In aller Ruhe kann man einen Spickzettel anfertigen.

Zugegeben, der Plan ist nicht ausgereift und muss noch weiterentwickelt werden, doch gleich treten Floßhilde, Wellgunde und Woglinde auf. Wie Emil gehört und die Presse ausführlich behandelt hat, sollen die Rheintöchter bei dieser Aufführung recht leicht bekleidet sein. Und darauf will er sich jetzt konzentrieren.

Die Zeiten sind vorbei, als er wegen einer solchen Lappalie nicht mit in die Oper durfte und er sich stattdessen, wenn alle ausgeflogen waren, aus dem väterlichen *Giftschrank* die Bücher holte, die nur für Erwachsene bestimmt sind. Diese Werke boten die einschlägigen Abbildungen, nach denen er verlangte. Noch instruktiver waren die medizinischen Handbücher, die der Alte unverschlossen in seinem Arbeitszimmer stehen hat. Darunter ein farbig, reich illustriertes Lehrwerk über Geschlechtskrankheiten, das alles zeigte, was man über Mann und Frau wissen musste.

Mit Robert geht er ab und zu in das *Schlesische Museum der bildenden Künste* oder in die *Gemälde-Ausstellung Schlesischer Kunstverein*, um gewisse Werke in aller Ruhe zu betrachten. Es handelt es sich dabei um weibliche Akte. Die jungen Männer haben bei ihren Kunststudien festgestellt, dass leicht verhüllte weibliche Wesen ungleich reizvoller sind als pure Akte. Die barocke Damenwelt à la Rubens finden sie weniger anregend als die vielen geheimnisvollen Nymphen und Wasserfrauen, die sich in der Gegenwartsmalerei tummeln.

In der Stadt gibt es gewisse Gegenden mit gewissen Lokalitäten, in denen man den beiden schon drastische Aktfotografien angeboten hat. Doch Emil und Robert fehlte es weniger am Taschengeld als an Mut, diese verbotenen Schätze mit sich herumzutragen.

Mehr und mehr wächst Emil in seine Heimatstadt hinein. Die idyllische Enge der Kinderjahre, als man in Begleitung der Mutter oder an Luises Hand die vornehme Albrechtstraße entlangbummelte, um noch wichtige Besorgungen zu erledigen, scheint Jahrzehnte zurückzuliegen. Verständnislos geht er heute am Schaufenster des Spielzeugladens von Gerson Fränkel vorbei, den dieser nach wie vor am Ring betreibt. Wie hatten ihn einst die Auslagen magisch angezogen.

Die jungen Männer bewegen sich wie alteingesessene Bürger in ihrer Stadt, meiden allenfalls westlicher gelegene Gegenden in Richtung Gandauer Vorstadt, die als Arbeiterquartiere verrufen sind. Hier sollte man sich als Bürgersohn lieber nicht blicken lassen. Ansonsten steht ihnen Breslau offen: vor allem die reizvolle Innere- oder Altstadt mit ihren engen, dunklen Gassen. Sie wird vom Stadtgraben und den anmutigen Promenaden begrenzt. Außerhalb liegen die Wohnviertel der Gründerzeit mit ihren breiten Straßen und gepflegten Plätzen.

Die jungen Männer kennen sich aus. Doch was sie über ihre Stadt wissen, haben sie nicht in der Schule gelernt. Sie haben es im Laufe unzähliger Gänge in sich aufgenommen. Als sie vor einigen Wochen am Neumarkt von einem Herrn aus Hamburg angesprochen werden, wo sich das Molinarische Haus befinde, können sie sofort Auskunft geben. Natürlich wissen sie, dass Gustav Freytag dieses Gebäude in der Albrechtstraße in seinem Roman *Soll und Haben* verewigt hat. Wie oft sind sie schon an dem legendären Großhandelshaus Nummer 56 vorbeigegangen. So könnten sie den Herrn aus Hamburg auch zum Geburtshaus von Adolf Menzel führen und unterwegs zeigen, wo einst Lessing, Goethe, Eichendorff und Carl Maria von Weber wohnten. Nur als der Herr nach Ferdinand Lassalle fragt, müssen sie passen. Auf dem jüdischen Friedhof soll er begraben sein – aber sonst? Tut ihnen aufrichtig leid.

Da sagt der Mann aus Hamburg: »Ich werd' ihn schon finden. Als Sozialdemokrat muss man einmal im Leben an seinem Grab gewesen sein.«

»Sie sind Sozialdemokrat?« staunen die beiden. »Sie sehen gar nicht aus wie ein – sind Sie denn Arbeiter?«

Der Mann sieht sie amüsiert an: »So was Ähnliches. Ich bin Lehrer an einem Gymnasium. Das macht Arbeit genug. Und Sie – Sie gehen sicherlich noch zur Schule?«

Emil und Robert nicken, sind aber letztlich froh, als der Herr aus Hamburg auf die Uhr sieht und sich verabschiedet.

»Kann man kaum glauben«, sagt Robert, »dass ein solch netter Mensch Sozialdemokrat ist.«

»Warum denn nicht?« antwortet Emil. »Ich kann kaum glauben, dass solch ein netter Mensch Lehrer ist.«

Sie kennen die Wurstbudenbesitzer am Ring, die meisten Bierlokale und preiswerten Stehbierhallen, die Garten- und Parkrestaurants, gemütliche Weinstuben sowie viele der zahlreichen Cafés und Konditoreien.

Eines Tages schlendern sie den langgezogenen Schweidnitzer Stadtgraben entlang. Hier gibt es mehrere Cafés, wo man in aller Ruhe bequem sitzen, Tee trinken, Kuchen essen und die Welt verbessern kann. Ausgerechnet hier ereignet sich ein zunächst unbedeutender Zwischenfall, der Emil dann jedoch für eine gehörige Zeit die Laune trübt.

Am Ausgang des Cafés Kaiserkrone betritt ein Oberleutnant – ohne sich umzublicken – das Trottoir. Emil weicht geistesgegenwärtig aus, stößt aber trotzdem mit dem Mann zusammen. Der ist Angehöriger des Leib-Kürassier-Regiments *Großer Kurfürst* (Schlesisches) Nr.1, einer in Breslau stationierten Kavallerieeinheit. Emil ist zu verblüfft über den leichten Zusammenprall, zumal der Oberleutnant eine fabelhafte Erscheinung ist. Emil denkt: Er ist fast einen Kopf größer als du. Und blond ist er auch.

»Kretin!« schreit der Offizier, um auf der Stelle noch ein *Idiot* hinzuzufügen. Gleichzeitig holt er mit der Rechten weit aus, als wollte er Emil einen Schlag versetzen. Mehrere Passanten bleiben stehen. In Emil kocht blanke, ohnmächtige Wut hoch. Der Oberleutnant, der in Begleitung eines Kameraden ist, hat es eilig. Er wischt sich ein paar Mal über die Uniform, als wäre er beschmutzt worden, wirft Emil einen niederschmetternden Blick zu und folgt seinem Begleiter mit eiligen Schritten.

Emil könnte heulen, würde am liebsten wie ein kleiner Junge mit den

Füßen auf die Pflastersteine stampfen. Robert tröstet ihn: »Die sind immer im Recht. Machst du so einem nicht sofort Platz, kriegst du – wenn du Pech hast – mit dem Säbel einen übergezogen.«

Noch am selben Abend entwirft Emil ein Theaterstück, in dem es nur so wimmelt von schnarrenden Leutnants, besoffenen Feldwebeln und kriegslüsternen Generälen. Er macht die Nacht zum Tag, und am frühen Morgen liegt ein politisches Schauspiel in Reinschrift auf seinem kleinen Schreibtisch. Robert ist voll des Lobes, Mutter Valeska ebenfalls. Sie ist stolz auf ihren Sohn und lässt das Stück auf dem Nachtschrank liegen. Dort findet es der Augen-Cohn.

Drei Tage später ist Gerhart Hauptmann in Breslau. Ihm zu Ehren geben die Cohns eine kleine Kaffee-Tafel. Man kennt sich und plaudert angeregt. Emil darf dabei sein. Eher nebenbei wird er gefragt, was er nach dem Abitur beruflich anstrebe. Er wolle zum Theater gehen, lautet die Antwort. Lebhaft erzählt er von seinem Theaterstück, das schon bald vom Oberstufentheater seines Gymnasiums uraufgeführt werden soll.

Cohn, der die Fähigkeit besitzt, ein Gespräch zu führen und gleichzeitig zwei anderen zuzuhören, wird mit einem Male lautstark: »Meine Damen und Herren, damit kein Missverständnis entsteht: Mein Sohn wird nach bestandener Reifeprüfung ein landwirtschaftliches Studium beginnen. Und bis dahin werde ich meinem Filius sämtliche Theaterflausen austreiben, wie Sie sogleich sehen werden.«

Cohn hat aus der Innentasche seines Gehrocks Emils Manuskript gezogen, gibt eine kurze Erklärung dazu ab, zerreißt es daraufhin in demonstrativer Manier, öffnet die Ofenklappe und schiebt den Papierstapel in die gefräßige Ofenglut.

Emil stößt einen kurzen Schrei aus und stürzt hinaus. Die verzweifelte Valeska folgt ihm. Die Kaffee-Gesellschaft ist irritiert, die Meinungen gehen auseinander.

»Bravo, Cohn!« ruft der pensionierte Amtsarzt von Belling. »Das nenne ich konsequente Erziehung, eine echt preußische Erziehung mit harter Hand. Ihr Sohn wird es Ihnen eines Tages danken.«

Gerhart Hauptmann hat sich aus seinem Sessel erhoben und nimmt Cohn ein wenig zur Seite: »Ich weiß nicht, Herr Professor ...«

»Nee, lieber Herr Hauptmann, lassen Sie mal. Sie wissen, dass Sie mir jederzeit ein willkommener Gast in meinen vier Wänden sind. Aber ein Halbwüchsiger als Sturm-und-Drang-Poet kommt mir nicht ins Haus.«

»Aufs Reelle kommt es an«, ruft Belling, aber nicht alle stimmen ihm zu. Während die Runde ihr Thema hat, begibt sich Hauptmann nach draußen. Er klopft zaghaft an Emils Tür und wird von Valeska hereingelassen. Er geht auf den jungen Mann zu, der mit tränennassem Gesicht auf seinem Schreibtischstuhl sitzt. Hauptmann nickt der schönen Mutter zu, dann streicht er Emil sanft übers Haar und sagt: »Verzeih!«

Am Sonnabend darauf besuchen die Eltern eine Soirée. Emil liegt bereits im Bett und liest Nietzsches *Richard Wagner in Bayreuth*. Es klopft zweimal kurz, da steht Isolde auch schon in der Tür.

»Stör ich?« fragt sie, dreht Emils Arm so, dass sie den Titel seiner Lektüre lesen kann, und setzt sich auf die Bettkante.

»Ist das gut, was du da liest?«

»Wenn du spürst, dass du ein wahrer Künstler bist, ist Nietzsche ein Wegweiser.«

»Ich glaube, für mich wäre das nichts. Erlaubt denn der Alte, dass du so was liest?«

»Ist mir doch egal!«

»Redest du eigentlich wieder mit ihm. Oder übt ihr euch noch immer in Schweigen?«

Emil schüttelt den Kopf: »Ich musste doch vorgestern zu ihm. Wegen des Briefes, den dieser Zwiebler ihm geschrieben hat.«

»Der Pauker, der dich immer Cohn nennt? Was hast du denn angestellt?«

»Ich habe in der Stunde nur gefragt, warum der Kaiser auf dem Foto, das in jedem Klassenraum über der Tafel hängt, immer Uniform trägt. Zivil wäre doch viel volksnäher. Der Kaiser sähe wie ein ganz normaler Mensch aus, und wenn er das nicht wolle, könne man ja Bilder von Lessing und Goethe aufhängen.«

»Das hast du gesagt?«

Emil grinst: »Der Zwiebler war außer sich, brüllte was von Majestätsbeleidigung und Schulverweis und schrieb Vater einen empörten Brief.«

»Und seitdem redet ihr wieder miteinander?«

»Der Alte lachte nur laut, klopfte mir auf die Schulter und sagte: *Gut gemacht, mein Sohn, dieser Korinthenkacker kriegt eine gepfefferte Antwort.* Er schrieb Zwiebler, er sei voll und ganz meiner Meinung und schlage vor, den Fall im Beisein des Regierungspräsidenten zu erörtern.«

Isolde kichert: »Typisch der Alte. Und was hat dein Pauker gesagt?«

»Der hat so getan, als wäre nichts gewesen, und hat mich drei Mal hintereinander in Geschichte geprüft. Jedes Mal habe ich ein *Ungenügend* kassiert.«

Isolde macht ein ernstes Gesicht: »Du glaubst ja gar nicht, was mir alles passiert ist. Auf Johannas Geburtstagsfeier – du kennst sie, meine beste Freundin – waren auch einige junge Herren eingeladen. Ihre Eltern waren die ganze Zeit dabei, konnte also gar nichts passieren. Einer der jungen Herren sprach mich an, und wir kamen ins Plaudern. Er ist wahnsinnig nett und sieht blendend aus. Du musst ihn mal in Uniform sehen. Süß! Sag ich dir. Ist was?«

»Ist er etwa Offizier?«

»Klar ist er das. Oberleutnant, hier bei den Dragonern. Die Familie stammt aus Weidenthal, Kreis Wohlau. Das ist gar nicht weit entfernt von Breslau.«

»Hat er auch einen Namen?«

»Natürlich. Was denkst du denn? Dedo heißt er, Dedo von Zornberg. Der Vater ist vor einigen Jahren gestorben. Dedo hat noch einen älteren Bruder. Dem gehört das Gut. Dedo ist ausbezahlt worden. Monatlich kommen wir auf etwa 2000 Mark.«

»Du willst ...?«

»Klar wollen wir ...! Von dem Geld, sagt Dedo, kann man leidlich leben, wenn man sich ein bisschen einschränkt. Aber heiraten wollen wir, auf jeden Fall. Ich will endlich raus hier. Ich ertrage den Alten nicht mehr. Du runzelst ja noch immer die Stirn?«

»Nee! Ich hatte nur so einen Gedanken.«

»Ach! Was du immer denken musst. Wir haben uns jedenfalls schon ein paarmal getroffen. Heimlich, versteht sich. An meinem Geburtstag, wenn ich einundzwanzig werde, wollen wir uns verloben. Aber das darfst du keinem weitererzählen.«

»Und weiß Vater schon davon?«

»Wir werden nächsten Sonntag zu einer kleinen Teerunde einladen. Da wird Dedo mit ihm sprechen. Mit Mutter natürlich auch. Ich bin gespannt, wie du ihn findest.«

Emil ist ebenfalls gespannt auf die Begegnung mit seinem zukünftigen Schwager.

Der Sonntagnachmittag kommt heran. Die Mutter ist längst eingeweiht, rät aber dringend davon ab, heute schon über eine Verlobung zu sprechen, da der Vater zur Zeit gesundheitlich nicht in der besten Verfassung sei.

Die kleine Feier beginnt. Emils böse Vorahnung erfüllt sich, als er Zornbergs Stimme im Flur hört. Es ist dieselbe Stimme, die ihn vor Kurzem am Café Kaiserkrone als *Kretin* und *Idiot* beschimpft hat. Isolde stellt Dedo, der Zivil trägt, der Familie und den übrigen Gästen vor. Als Emil an der Reihe ist, stutzt Zornberg, während Emil – auf die Situation gut vorbereitet – ihm entgegnet: »Herr Oberleutnant, wir hatten bereits das Vergnügen. Allerdings habe ich noch eine Forderung offen. Ich entscheide mich für die Pistolen, die mein Vater immer benutzt, wenn er vor komplizierten Operationen seine Treffsicherheit verbessern will. Als Sekundantin empfehle ich Ihnen meine Schwester. Sie wird sich nach meinem Schuss in Ihr Herz rührend um Sie kümmern.«

Dedos Miene hat sich verfinstert, doch nun kehrt auch bei ihm der Humor zurück. Die beiden Kontrahenten reichen sich die Hände. Dedo entschuldigt sich. Er habe es eilig gehabt ... warum, das werde er später mal erzählen.

Die Teestunde nimmt einen angenehmen Verlauf. Man unterhält sich über die neue Theatersaison. Emil erzählt vom bevorstehenden Abitur, während Dedo auf dem Flügel Chopin spielt und anschließend angeregt mit Valeska plaudert.

Der Alte reicht nach einer guten Stunde weitere Zigarren herum, steht auf, um sich ein wenig Bewegung zu verschaffen. Er legt Dedo die Hand auf die Schulter und erklärt dem immer nervöser werdenden Gast: »Wissen Sie, lieber Herr von Zornberg, ich weiß ja nicht, ob Sie schon verlobt sind oder eine gute Partie in Aussicht haben. Ihr Herr Vater – Gott hab ihn selig – hat ja sicher die alte Maxime des preußischen Adels gekannt: Der Erste kriegt das Gut, der Zweite wird Offizier, am besten mit Karriere im Generalstab. Und der Dritte, der erfahrungsgemäß immer der Dümmste ist, geht ins Auswärtige Amt. Nun, das trifft auf Sie nicht ganz zu, das mit dem Auswärtigen Amt. Ich habe im Übrigen immer bedauert, dass bei uns die Offiziere so schlecht bezahlt werden. Da ist an die Gründung einer Familie überhaupt nicht zu denken. Aber was meine Tochter betrifft, die allmählich ins heiratsfähige Alter kommt, so wird sie einen gutsituierten Geschäftsmann oder Unternehmer heiraten. Dann hat sie ausgesorgt und kann sich unbeschwert um die Familie kümmern. Und eines steht fest: unter 5000 Mark jährlich kann man keine Ehe begründen.«

Die Teestunde ist beendet. Laut schluchzend stürmt Isolde nach draußen. Dedo steht vor Vater Cohn, macht eine korrekte Verbeugung und verabschiedet sich. Valeska ist verzweifelt und ruft, man könne doch über alles sprechen. Emil will sich um Isolde kümmern und pocht heftig gegen ihre Tür. Aber die Schwester öffnet nicht. Die übrigen Gäste machen sich ebenfalls auf den Weg. Cohn ruft laut in das allgemeine Durcheinander hinein: »Hat der etwa gedacht, er könnte meine Tochter bekommen!«

Drei Wochen später geben Dedo von Zornberg und Isolde Ludwig in der Breslauer Zeitung ihre Verlobung bekannt. Cohn erleidet eine Kreislaufschwäche. Als Dedo im Casino auf eine Karikatur stößt, die ihn als Bittsteller beim deutlich auszumachenden Juden Cohn zeigt, der seine Tochter nur zum Höchstpreis verkaufen will, fordert Dedo den Urheber dieser Ehrverletzung zu einem Duell heraus. In letzter Minute kann das sein Vorgesetzter verhindern.

Auch darüber berichtet die Breslauer Zeitung. Cohn verbietet seiner Tochter ein letztes Mal jeglichen Umgang mit Dedo. Daraufhin fliehen die jungen Leute aus der Stadt und tauchen in Berlin unter. Ihren 21. Geburtstag begeht Isolde zusammen mit ihrem Mann in einer kleinen Mietwohnung in der Schöneberger Straße. Dedo hat seinen Abschied genommen und arbeitet als Empfangschef in einem drittklassigen Hotel.

Intermezzo

»Es bleibt dabei«, sagt Cohn, als Emil ihm das Abiturzeugnis zur kritischen Begutachtung überreicht. »Du gehst in die Landwirtschaft, und wenn du die Ausbildung abgeschlossen hast, kaufen wir dir einen Gutsbetrieb. Es muss ja nicht Weidenthal sein, diese Zornbergsche Kornklitsche. Ich habe mich nämlich erkundigt. Ein Patient von mir kennt sich mit den Verhältnissen da gut aus. Der Besitzer kraucht ziemlich vor sich hin, weil er keine Ahnung von Ackerbau und Viehzucht hat. Du aber wirst erfolgreich sein und Frau und Kinder haben. Und vergiss bitte niemals: Wir haben nur noch dich. Deine Schwester gehört nicht mehr zur Familie. Ich habe sie enterbt.«

Emil hat gelernt, dass Widerstand gegen den Alten zu nichts führt. Deshalb nickt er, bittet aber darum, ein paar Semester studieren zu dürfen. Er will sich ein wenig umsehen. Der Alte hat heute seinen guten Tag und ist einverstanden. Er soll ein Jurastudium beginnen. Jura kann man immer gebrauchen. Er schlägt Heidelberg vor: »Da habe ich auch studiert. Vierzig Jahre ist das jetzt her. Mein Gott, wie schnell das Leben vergeht. Denk dran, du bist noch jung und hast das ganze Leben vor dir. Verplempere deshalb deine Zeit nicht. Ich finde übrigens, du gehst auch ein Semester nach Lausanne, damit du Französisch lernst. Dort wohnt ein alter Studienfreund von mir. Bei dem bringen wir dich unter. Danach schließt du hier in Breslau dein Jurastudium ab. Nur, mein Sohn, studiere nicht zu lange. Ich spüre deutlich, wie meine Kräfte schwinden.«

Emil ist zufrieden. Er geht für ein Jahr nach Heidelberg und bummelt herum. Vorlesungen hört er keine. Als er sich eines Tages in einen Vortrag des greisen Kuno Fischer über Philosophie verirrt, stößt er ganz zufällig auf seinen Schulfreund Robert Hartmann. Der studiert jetzt ebenfalls hier und führt ihn als Gast sogleich in die Germania ein, eine schlagende Verbindung. Zuvor hat er ihn allerdings gefragt: »Du bist doch getauft?«

»Nein!«

»Das wäre jedoch eine wichtige Voraussetzung. Die Verbindungen sind durch die Bank weg christlich geprägt.«

»Einverstanden«, sagt Emil, »kommst du mit?«

»Wohin?«

»In die nächste christliche Kirche. Wir sind doch assimiliert, will sagen, gute Deutsche. Eigentlich halte ich es mit Nietzsche, der bekanntlich sagt: Gott ist tot! Aber vielleicht haben wir es als Christen ein bisschen einfacher, insbesondere bei den Frauen!«

Robert lacht: »Du darfst nur keiner Frau dein gutes Stück gleich zeigen. Sonst ist sie sofort im Bilde.«

Der Fuchsmajor der Germania begrüßt den Gast und überschüttet ihn mit den üblichen Fragen. Am Ende erkundigt er sich eher nebenbei: »Sie sind arisch!«

»Frisch getauft«, antwortet Emil. »Ich bin Mitglied der protestantischen Kirche.«

»Also Jude!« sagt der Fuchsmajor. »Und wer Jude ist, ist nicht arisch. Einmal Jude, immer Jude. Das ist eine Frage des rassisch reinen Blutes.«

Er kehrt nach Breslau zurück.

Einige Male verlobt er sich ernsthaft, schreibt mehrere Theaterstücke, darunter die dramatische Dichtung *Ein Friedloser*, die er Richard Dehmel zuschickt. Der schreibt freundlich und ermutigend zurück: »Richard Dehmel sagt dem Dichter Emil Ludwig, dass er kein friedloser ist und wünscht ihm Glück dazu. Nach dieser Dichtung darf er getrost auf sich weiterbauen. Es ist noch manches Unwahrscheinliche darin, aber alles ist unendlich wahr.«

Der Brief endet mit dem freundschaftlichen Rat: Nur nicht in sich versinken!

Der Augen-Cohn sagt zu alledem nichts, steuert sogar 200 Mark bei, damit der Sohn sein Werk drucken lassen kann. Er verbindet seine Großzügigkeit mit dem Hinweis: Zum Dichter müsse man geboren sein. Ansonsten bedürfe es einer soliden bürgerlichen Grundlage. Als Landwirt könne Emils abends, wenn der wohlverdiente Feierabend auf ihn wartet, zur Feder greifen und noch ein bisschen dichten.

Emil muss Zeit gewinnen. Deshalb will er sich einige Monate in der Reichshauptstadt umsehen. Valeska ist begeistert, besteht doch die Aussicht, dass der Sohn der Firmenzentrale des reichen Bruders ein bisschen näher kommt. Längst ist sie dabei, ihren Faden zu spinnen. Aus ihrem Liebling wird sie einen echten Friedlaender machen. Fritz ist einer der reichsten Männer Deutschlands, besitzt ein Palais am Pariser Platz und ist mit dem Kaiser befreundet.

Doch Emil hat anderes im Sinn. Ihn zieht es zu Richard Dehmel. Der literarischen Kultfigur dieser Jahre. Er gilt als Überwinder des Naturalismus. Er lebt, was Nietzsche denkt, bekennt sich zum Sinnlichen, Rauschhaften und Triebhaften, ist Erotiker, dessen Gedichte schon mal vom Staatsanwalt verboten werden, denn der Mann mit dem schwarzen Bart und dem zerfurchten Gesicht predigt das lustvolle Leben und praktiziert einige Jahre die Ehe zu dritt. Dehmel lässt zwei Frauen um sich kreisen: seine Ehefrau Paula und seine Geliebte Ida.

Emil erlebt den berühmten Dichter als hilfsbereiten, umgänglichen und aufrichtigen Mann, der schon bald sein Mentor und Freund wird. Das erste Mal begegnen sie sich in einer Kneipe am Potsdamer Platz. Zu fortgeschrittener Stunde wird Dehmel von seinen Anhängern gebeten, einige Gedichte vorzutragen. Der lässt sich nicht lange bitten, leert sein Glas und besteigt den Tisch. Emil ist wie benommen, als er die Verse hört: Und schweigend lüpfte sie die rote Rüsche / und nestelte an ihren seidnen Litzen / und öffnete das Kleid von weißem Plüsche / und zeigte mir mit ihren Fingerspitzen, / die zart das blanke Licht des Sternes küsste, / die braunen Knospen ihrer bleichen Brüste …

Und dann lernt er den Berliner Kreis kennen, eine Gruppe junger Leute, die alle hingebungsvoll für *Zarathustra* schwärmen. Als Dramendichter ist Emil willkommen. Man kommt in den Nachmittagsstunden zusammen, dieser Kreis bartloser Jünglinge und feingliedriger Jungfrauen, die eines verbindet: Sie alle sind Kinder reicher Eltern. Man trifft sich in dieser oder jener Grunewald-Villa oder tagt in einem der zahlreichen Charlottenburger Kultur-Cafés.

Gespräche über ästhetische Fragen, über Kunst, Literatur, fernöstliche Lebensweisheit finden statt. Voraussetzung: das Angebotene muss exklusiv sein. Nur das Neueste ist apart genug. Eine Kunstausstellung ist dann interessant, wenn sie am kommenden Wochenende erst eröffnet wird. Man hockt auf schweren Teppichen. Feine Rauschmittel machen die Runde. Erotik ist nur in kleinen Dosen akzeptiert. Sexualität ist vulgär und folglich kein Thema.

Viel zu sehr leidet man an der Last des Lebens. Tränen zu vergießen ist verpönt. Man ist im Verfall schon auf einer höheren Stufe angelangt. Für die werktätige Bevölkerung hat man nur Verachtung übrig. Was gehen uns die Arbeiterklasse und ihre Sorgen an, wo wir es so viel schwerer haben. Wer an Ort und Stelle ein Gedicht hervorbringt, erleidet nicht selten Qualen wie bei einer Entbindung.

Zum Berliner Kreis gehört ein Mädchen, das als depressive Schönheit wahrgenommen wird. Emil benötigt zwei, drei Treffen, um herauszufinden, dass sie Mathilde heißt. Mathilde hat ein märchenhaft schönes Gesicht von zarter Blässe, wallendes blondes Haar, das mal zum Knoten, mal zum Zopf stilisiert ist. Und sie hat den Körper der mythischen Psyche. Sie redet wenig, macht mit ihren ewig suchenden Augen einen abwesenden Eindruck. Emil überlegt lange, ob er sie ansprechen soll. Er ist von ihrer Schönheit betört, aber auch wie gelähmt. Die Vorstellung, sie zu besitzen, stachelt seine Phantasie an. Doch sie macht einen allzu zerbrechlichen Eindruck, und obwohl sie Anfang zwanzig sein muss, ist die Vorstellung abwegig, dass sie einmal Kinder zur Welt bringen könnte.

Nach einigen Abenden gelingt es Emil, mit der Schönen ins Gespräch zu kommen. Mit zarter Stimme erklärt ihm Mathilde, dass sie von der wahren Liebe träume und sich nur ein Leben in absoluter Liebe vorstellen könne. Emil denkt: Sie kennt nur ein Problem, und das ist sie selbst. Sie verwaltet tagsüber ihre Schönheit. Nachts ist sie vielleicht eine Untote, die auf den Erlöser wartet und sich bis zu dessen Erscheinen in Entsagung übt.

»Erzählen Sie mir mehr!« sagt er, nachdem sie eines Abends eine zweistündige Dichter-Lesung überstanden haben. Mathilde hat es nicht weit bis zur heimischen Villa, und Emil hat darum gebeten, sie nach Hause bringen zu dürfen. Mathilde wirkt wie befreit. Beinahe fröhlich blickt sie in den übervollen Sternenhimmel. Emil flüstert ihren Namen. Er drückt sie an sich. Küsst ihre Stirn. Sofort wehrt sie ihn ab.

»Nicht so heftig!« sagt sie. »Ich brauche Zeit. Der Mann will immer zum Ziel stürmen. Sie haben doch Zeit oder?«

Viele Abende bringt Emil die junge Frau nach Hause. Sie gehen oft spazieren, wobei sie auch über Dehmels Dichtung *Zwei Menschen* reden. Emil hält ihr Vorträge über seine Nietzsche-Lektüre.

Eines Sonntags wird er von den Eltern zur Tee-Stunde eingeladen. Die Stimmung ist ausgelassen. Mathilde bringt den Gast später bis zur Gartenpforte und sagt zum Abschied: »Du hast meinen Eltern gefallen.« Es gibt einen langen Kuss, doch schon wird von der Haustür gerufen: »Mathilde, kommst du!«

Das ist die Stimme von Kommerzienrat Freiberg, der Emil einige Wochen später brieflich ersucht, ihm für eine Aussprache zur Verfügung zu stehen. Das Gespräch findet im Privatbüro des Kommerzienrats und Bankdirektors statt, der schnell zur Sache kommt: »Lieber Herr Ludwig, Sie sind jetzt eine ganze Weile unserer Tochter freundschaftlich verbunden, so dass es im weiteren Familienkreis und sogar in der Nachbarschaft Erwägungen gegeben hat, ob aus dieser Freundschaft womöglich eine ernstere Verbindung erwachsen könnte. Wir, meine Frau und ich, wären keineswegs abgeneigt, Sie als zukünftigen Schwiegersohn begrüßen zu dürfen. Nur, da gibt es eine Voraussetzung: Sie müssen in der Lage sein, eine Ehe und den erwünschten Nachwuchs finanziell tragen zu können. Darüber hätte ich gern genauere Auskünfte, ob Ihre Vermögensverhältnisse überhaupt eine Heirat zulassen. Wenn das nicht der Fall sein sollte, müsste ich Sie bitten, die Beziehung zu unserer Tochter zu beenden. Sollte das Gegenteil zutreffen, was wir natürlich hoffen, so müssten wir demnächst die Verlobung bekannt machen.«

Nun ist Emil an der Reihe: »Verehrter Herr Kommerzienrat! Ich habe Ihnen neulich erzählt, dass meine Ausbildung weitgehend abgeschlossen ist. Meine Doktorarbeit ist druckreif, die mündliche Prüfung vor der juristischen Fakultät in Breslau mit Bravour bestanden. Viel wichtiger ist aber, dass ich seit einem halben Jahr in der Firma meines Onkels als Volontär tätig bin. Ich bin inzwischen zum Privatsekretär meines Onkels avanciert und werde in absehbarer Zeit so weit sein, dass ich in der Firma fest angestellt werde. Über die finanzielle Lage meines Onkels muss ich Ihnen nichts auseinandersetzen. Onkel Fritz zählt zu den Männern in Deutschland, die …«

Kommerzienrat Freiberg räuspert sich vornehm und lächelt süßlich: »Ich weiß, lieber Herr Ludwig, ich weiß.«

Was Fritz Friedlaender zunächst nicht erwartet, Schwester Valeska aber immer gewusst hat: Emil hat in dem großen Unternehmen eine glänzende Karriere gemacht. In wenigen Monaten hat er das Unternehmen in seinen Strukturen erfasst, hat den Weg der oberschlesischen Kohle von ihrem Abbau, über die Verschiffung in Breslau bis zur Vermarktung in Berlin durchschaut. Schon nach einer Woche wurde der frischgebackene Doktor der Rechte von den jeweiligen Abteilungsleitern kollegial unterstützt. Schnell war vergessen, dass er der Neffe des Chefs ist. Überall lobt man seine enorme Auffassungsgabe, da er sich selbst in komplizierte Sachverhalte zügig einarbeitet. Gefragt, manchmal auch belächelt, sind indes seine ungewöhnlichen Ideen und Veränderungsvorschläge. Selbst der Chef staunt über den Einfallsreichtum des jungen Mannes. So ist Friedlaender es gewohnt, morgens Punkt halb neun seinen Wagen zu besteigen, der ihn von seiner Villa zur Firmenzentrale Unter den Linden bringt. Eines Morgens sitzt Emil bereits im Fonds, wichtige Unterlagen auf dem Schoß.

Ohne große Vorrede erklärt er dem verdutzten Onkel, als Privatsekretär sehe er es als seine Pflicht an, den Chef möglichst früh und umfassend über alle aktuellen Vorkommnisse zu informieren. Wenn Friedlaender von da an um neun an seinem Schreibtisch Platz nimmt, ist er auf der dreißigminütigen Fahrt ins Büro bereits über alles Wichtige in Kenntnis gesetzt worden.

Friedlaender lobt die Neuerung, spricht von *Zeit ist Geld* und staunt über die nächste Veränderung. In der großen Empfangshalle steht ein großer schlanker Mann in blauer Uniform und grüßt den Chef militärisch zackig, die Hand an der Mütze. Friedlaender fragt seinen Neffen: »Wieso haben wir einen neuen Portier? Übrigens – der Mann macht ja was her, aber …«

»Oberleutnant von Zornberg«, erklärt Emil. »Vom Leib-Kürassier-Regiment *Großer Kurfürst* (Schlesisches) Nr. 1. Spricht fließend Englisch und Französisch. Er ist, das wird dich sicherlich interessieren, der Mann deiner Nichte Isolde.«

»Ach, die Geschichte«, brummelt Onkel Fritz und wechselt das Thema.

Emil hat seine Rolle gefunden. Es ist die des Weltmanns. Doch bin ich auch Dichter, sagt er sich, bin Tasso und Antonio in einem. Ich bin – überlegt er – als Künstler an dieses Unternehmen herangegangen. Das ist der Grund für meinen Erfolg. Ich habe gestaltet, habe Menschen erforscht. Nichts anderes macht der Dichter.

Als er eines Morgens in den Spiegel sieht, erschrickt er, denn ihm steht ein kurioser Weltmann gegenüber. Ein Dandy mit kurzem Schnurrbart, Stoppelfrisur, Stock und steifem Hut. Ein Typ aus dem Modejournal, mit maßgeschneidertem Anzug. Lächerlich, denkt Emil, eigentlich nur lächerlich. Aber dafür hast du zum ersten Mal in deinem Leben ein eigenes Konto und wirst eine wunderschöne Frau heiraten, deren Vater ein steinreicher Mann ist. Das jedenfalls haben meine Erkundigungen ergeben.

Ende März, am frühen Nachmittag, fährt er ohne Anmeldung bei Mathilde vor. Da das Hausmädchen frei hat, öffnet seine Verlobte selbst. Es hat lange gedauert, bis sie an die Tür kam. Sie klagt über Kopfschmerzen, das milde Wetter sei schuld. Außerdem seien die Tage so langweilig. Sie sei ganz allein, sagt sie gedehnt, ihre Eltern kämen erst übermorgen wieder.

Sie geht barfuß über den schweren Teppich. Das lange blonde Haar fließt an ihr herab. Sie legt sich wieder aufs Sofa und blickt ihn erwartungsvoll an. Doch er hat nichts mitgebracht, was er sonst immer macht. Stattdessen fragt er, ob Mathilde nicht Lust hätte, in einem Kindergarten zu arbeiten. Seine Schwester, die in Berlin wohnt, verdiene damit ihr Geld.

»Das würde Papa niemals erlauben«, ruft sie erschrocken. »Erzähle ihm bloß nicht von deiner Schwester!«

Er setzt sich zu ihr aufs Sofa, legt seine Hand auf ihr Bein: »Wie schön du bist«, sagt er und lässt die Hand über ihren zarten Körper gleiten, der durch das eng anliegende Wollkleid besonders konturiert wird. Sein Blick haftet an ihren wundervoll geformten Füßen.

Sie ergreift seine Hand und schiebt sie von sich. Die Hand kehrt sofort zurück, streicht über den Rücken und schleicht sich auf Umwegen an ihren Busen heran, dieses kleine nymphenhafte Geschöpf.

Er schmiegt sich an sie, liegt halb auf ihrem Oberkörper. Er küsst ihren Hals, ist berauscht von ihrem Parfum. Er öffnet die oberen Knöpfe des Kleides. Seine Hand sucht den Weg in die verbotenen Gefilde. Sie stößt auf Widerstand, auf einen festen Unterrock. Das Unternehmen droht zu scheitern. Er zieht, versucht sich mit einem Ruck den Weg zu bahnen. Das enge Wollkleid krächzt kurz und vernehmlich. Es weist einen Riss auf.

»Was machst du da«, ruft sie empört.

»Ich will dich endlich haben«, sagt er und legt sich auf sie. Er sucht ihren Mund und küsst wild auf sie ein. Mathilde ist kurz davor, vom Sofa zu rutschen, da spürt er einen heftigen Schmerz in der Hand. Er schreit auf.

Mathilde hat ihn gebissen.

»Kannst du mir 50 Mark leihen?« fragt Dedo. Wie schon öfter sitzen sie nach Büroschluss in Dedos kleinem Portiersraum zusammen. Emil zückt die Brieftasche und reicht ihm den Schein: »Kommt ihr nicht zurecht?«

»Berlin ist ein verdammt teures Pflaster, und wir brauchen noch einige Sachen für den Haushalt. Du kriegst dein Geld auf Heller und Pfennig zurück.«

Emil winkt ab: »Eilt nicht. Ich verdiene gut und heirate bald eine reiche Frau, die nur ab und zu etwas bissig ist. Daran erinnert mich seit fünf Tagen der blau-gelbe Fleck auf meiner Hand.«

»Ich hatte mal 'ne Stute, die bei jeder Gelegenheit biss. Ist 'ne unschöne Angewohnheit.«

»Und was hast du mit ihr gemacht?«

»Abgeschafft natürlich. Eine Stute muss gehorchen, wie ne Frau. Darf ich fragen, ob deine sich mal gemeldet hat?«

»Seit gestern kriege ich wieder Briefe von ihr. An ihr ist ja alles schön, so auch ihre mädchenhaft verschnörkelte Handschrift. Sie versucht, mich moralisch zu läutern, nachdem ich derart gesündigt habe. Ach, Dedo! Ich will endlich eine Frau haben!«

»Braucht man auch«, bestätigt Dedo mit Kennermiene und holt seine Brieftasche hervor, in die eben der Fünfzig-Mark-Schein verschwand. Er reicht Emil ein Kärtchen. *Hotel Friedrichstraße* steht darauf: »Ich habe dort nach unserer Hochzeit gearbeitet. Melde dich beim Portier, grüße ihn von Dedo und sage ihm, du seist verabredet. Er wird dich nach dem Stock fragen. Du sagst dritter Stock, Zimmer sieben. Das liegt am Ende des Ganges, und du klopfst dreimal. Wenn du am Nachmittag hingehst, wird Annabel öffnen. Sie ist ein ganz famoses Weib. Beißt mit Sicherheit nicht. Sie war früher Hausmädchen, hat dann ihre Stelle verloren. Sie macht diese Sache, weil sie mittlerweile einen kranken Mann und drei Kinder zuhause hat. Sei nicht knauserich, und du wirst den Himmel auf Erden erleben.«

Emil befolgt Dedos Ratschlag. Er ist nicht knauserig, wird von Annabel großzügig bedacht und steht nach einer himmlischen Stunde wieder auf dem Gang des dritten Stocks, als er eine ihm wohlvertraute Stimme hört. Es ist der Kommerzienrat, der soeben Zimmer Numro vier verlässt. Er ist bester Stimmung, gerade so, als wäre er einem Erfrischungsbad entstiegen: »Ah!, lieber Schwiegersohn. Es freut mich, Sie zu sehen. Wir hatten ja einige Zeit nicht das Vergnügen. Ich hoffe aber, dass Sie uns am Wochenende mit Ihrem Besuch beehren werden. Unsere Kleine ist schon voller Sehnsucht nach Ihnen. Also, bis dann und einen schönen Tag noch!«

Elga

Zuhause überreicht der Diener ihm einen Brief. Mathilde schreibt, er könne sie heute im Beethovensaal treffen. Sie besuche dort am Abend das Konzert.

Emil legt mit Hilfe des Dieners Mantel und Jackett ab und lässt sich einen Cognac bringen. Er liest, was er schon so oft lesen musste: »Lass uns die wahre, ungetrübte Liebe entdecken. Du bist der Künstler, der den Weg in die elysischen Gefilde kennt und ...«

Er hat Isolde und Dedo eingeladen. Von ihrer Loge aus haben sie einen guten Überblick über den Saal, den Dedo nach alter Feldherrnmanier mit dem Opernglas absucht. Emil braucht kein Glas. Es sieht Mathilde in der dritten Parkett-Reihe sitzen. Ihr Haar ist zu einem dicken Zopf geflochten. Das Konzert ist nicht ausverkauft. Die beiden Plätze neben ihr sind frei. In der Pause bleibt sie sitzen, während die drei nach unten gehen, wo Getränke verkauft werden.

»Hallo, Mary!« ruft Isolde plötzlich auf Englisch. Im allgemeinen Gedränge und Geschiebe hat sie ihre Kollegin aus dem Kindergarten entdeckt. Die winkt erfreut zurück. Man stellt sich gegenseitig vor. Mary, Mitte zwanzig und von matronenhafter Fülle, hat ihre jüngeren Geschwister im Gefolge: die zwanzigjährige Elga, die vier Jahre jüngere Paula und einen vierzehnjährigen Knaben namens John. Es ist eine deutsch-schottische Familie. Die Mutter, aus Glasgow stammend, ist heute zuhause geblieben.

Der Vater fährt seit Jahrzehnten auf den Weltmeeren umher und war lange nicht draußen in Schmargendorf, wo die Familie wohnt.

Mary sprudelt los, kichert, lacht und redet ohne Unterbrechung, wobei ihr ausladender Busen sich hebt und senkt wie eine Maschine. Man spricht noch einige Zeit über die Musik, die Dedo als mittelmäßig einstuft. Schon ruft der Gong das Publikum zurück auf die Plätze.

»Das geht ja schnell bei dir«, sagt Dedo zu Emil, der die Bemerkung scheinbar nicht einordnen kann: »Ich weiß nicht, was du meinst«, antwortet er dem süffisant lächelnden Dedo.

»Dass du dich so schnell verliebst, das meine ich. Die reizende Elga ist ja bei dir eingeschlagen wie der Blitz in eine Scheune. Es brennt lichterloh. Ich glaube, sie ist die Frau, die du suchst.«

»Bitte etwas leiser, Dedo, da unten sitzt meine Verlobte.«

Sie haben in ihrer Loge Platz genommen. Der Dirigent erscheint, es wird sparsam applaudiert. Der Taktstock steigt in die Höhe. Die *Italienische* von Mendelssohn Bartholdy hat temperamentvoll begonnen. Emil denkt: die *Schottische* wäre passender gewesen – und wiederum nicht. Elga hat etwas Mediterranes, ein markantes südländisches Profil. Könnte als Griechin durchgehen oder römische Göttin Diana. Sie hat etwas Rassiges. Sie ist ein sportlicher Typ, hat eine gebräunte Haut, und obwohl sie sich an der Unterhaltung im Foyer nicht beteiligt hat, ist sie keineswegs schüchtern. Immer wieder sind sich unsere Blicke begegnet. Ihre dunklen Augen können fesseln.

Es ist spät geworden. Als Emil sich von Dedo und Isolde verabschiedet, bittet er die Schwester um die Adresse der mediterranen Erscheinung, der schönen Griechin aus Schottland. Dedo zwinkert ihm zu: »Viel Glück, alter Kamerad, denk immer an die klassische Regel. Bevor man sie erobert, muss eine Festung sturmreif geschossen werden!«

Am nächsten Morgen klingelt der Bote früh an Emils Tür. An der Handschrift erkennt er, dass der Eilbrief von Isolde ist. Sie schreibt: »Lieber Bruder, da bei dir alles immer sehr schnell gehen muss, übersende ich Dir hiermit die Anschrift der Familie, die in dem aufstrebenden Schmargendorf wohnt. Sie haben dort eine Wohnung mit großem Garten gemietet. Viel Glück!«

Um ein Uhr mittags liefert ein renommiertes Berliner Blumengeschäft fünfzig Tulpen bei Elga ab. Eine Stunde später erhält Emil eine Einladung zum Fünfuhrtee. Sie ist doch schüchtern, denkt er zuerst, denn sie hat dich nach der Begrüßung mit der Mutter allein gelassen, unter dem Vorwand, der Kuchen sei noch nicht fertig. Einige Minuten später hat es an der Tür geklingelt, und drei Freundinnen sind zu Besuch gekommen, was wohl so viel heißen sollte wie: Schau her, ich bin nicht allein, und schon gar nicht in deinem Besitz. Emil erzählt der umgänglichen Mutter, die Deutsch gut versteht, aber nicht fließend spricht, von der oberschlesischen Kohle, die möglicherweise auch hier, in diesem Haus, verfeuert wird. Er erfährt, dass der seefahrende Mann und Vater ebenfalls einige Zeit Kohle transportierte, die aber sei aus Schottland gekommen.

Draußen wird es kühl, die Märzsonne ist hinter leichter Bewölkung verschwunden. Da fragt Elga: »Herr Ludwig, mögen Sie ein bisschen spazierengehen? Sie können bei der Gelegenheit auch unseren Garten kennenlernen. Der Garten ist mein ein und alles. Ich möchte später einmal einen eigenen Garten haben.«

Am Wochenende wollen die beiden zum Wannsee fahren. Im letzten Augenblick entscheidet Mary, dass die ganze Familie mitkommt. Elga sieht sofort, wie enttäuscht der neue Freund ist. Sie fasst seine Hand: »Man kann dort sehr schöne Waldspaziergänge unternehmen.« Doch Mary beschließt, dass zunächst eine Ruderpartie stattfindet. Elga lacht: »Ich werde Sie über den See rudern. Sie genießen einfach Sonne, Wind und Wasser.«

»Wie poetisch«, sagt Emil. »Aber wie sieht das aus, wenn ich mich von einer Frau über den See rudern lasse?«

»Vielleicht hält man mich für eine Wasserfrau, die einen hilflosen Mann verführt und nachher in der Mitte des Sees in die Tiefe zieht. Man wird Sie wahrscheinlich ein wenig bedauern.«

»Ich finde, Melusine und Gartenarbeit passen irgendwie nicht zusammen,« ruft Emil ihr mit einem provokanten Blick zu. Doch Elga rudert kräftig vor sich hin und scheint ihn nicht zu hören.

Nach einem ausgiebigen Picknick sagt sie: »Wir gehen jetzt ein bisschen spazieren und sind in einer Stunde wieder zurück.« Die Mutter wünscht viel Spaß, Mary liegt auf der Decke und schnarcht. Sie gehen Hand in Hand, wobei Elga immer gesprächiger wird. Sie kennt sich mit der Flora und Fauna des Waldes bestens aus.

»Sie sind ein Naturkind«, sagt Emil. »Ich bewundere ihre Kenntnisse. Sie sollten Biologie studieren.«

»Und Sie sind der typische Stadtmensch, der an all den wunderbaren Dingen, die es hier zu entdecken gibt, achtlos vorübergeht. Ich würde gern

Biologie studieren, aber dazu fehlt meiner Mutter das Geld. Ich werde schon bald eine Stelle als Sekretärin antreten.«

»Haben Sie denn Lust dazu?«

»Überhaupt nicht. Aber mir wird nichts anderes übrigbleiben.«

»Heiraten Sie einen reichen Mann!«

»Kennen Sie einen? Ich stelle im übrigen Bedingungen.«

»Und die lauten?«

»Kein Stoppelhaarschnitt, kein Schnurrbart und kein Dandy-Dress.«

Er hat Mühe, nicht rot zu werden, und lächelt verlegen. »Wie hat Ihnen mein Drama gefallen, das ich Ihnen vor drei Tagen mitbrachte.«

»Ich muss gestehen, dass ich noch nicht ganz durch bin ...«

»... weil Sie jetzt so viel im Garten zu tun haben?«

»Es tut mir leid, aber es gefällt mir nicht. Zu viel Pathos. Alles ist so künstlich und nicht künstlerisch.«

»Was raten Sie mir?«

»Schreiben Sie etwas, was real ist. Sie arbeiten doch in einem großen Unternehmen. Ist das kein Thema?« Sie bleibt stehen und sieht ihn ein wenig mitleidig an: »Nun habe ich Sie verletzt.«

Emil wehrt ab: »Keineswegs. Dehmels Kritik geht in die gleiche Richtung. Ich habe ein Napoleon-Drama im Kopf. Vielleicht gefällt es Ihnen besser.«

»Ich werde es auf jeden Fall lesen.«

Einige Tage nach Ostern lädt Emil die Freundin zum Essen ein. Sie treffen sich bei Lutter & Wegner am Gendarmenmarkt. Als die Weinfrage gestellt wird, überlässt Emil Elga die Wahl. Sie muss nicht lange überlegen und entscheidet sich für einen alten Chambertin.

»Wundervoll«, sagt Emil. »Du kennst dich nicht nur im Wald exzellent aus, sondern auch mit edlen Weinen. Vielleicht solltest du dir später von deinem reichen Mann einen Weinberg schenken lassen. Der Beruf des Winzers vereint Naturkunde und Weltläufigkeit.«

»Dann müsste ich den dunklen, kalten Norden eintauschen gegen südlichere Gefilde.«

»Was spricht dagegen?«

»Nichts. Ich würde den Süden so gern kennenlernen. Ich habe große Sehnsucht nach dem Mittelmeer und vor allem nach Italien. Ich war drei Jahre alt, als ich das Meer zuletzt gesehen habe.«

Emil ergreift ihre Hand: »Darf ich dich zu einer Reise ans Meer einladen? Für fünf Tage nach Dänemark? Ich würde mich sehr freuen.«

»Meine Mutter wird es kaum erlauben.«

»Wir werden eine kleine Geschichte erfinden. Dedo und Isolde besuchen Gut Weidenthal in Schlesien. Dedos älterer Bruder hat uns ebenfalls eingeladen. Isolde kann deine Schwester Mary beruhigen. Sie passt auf uns auf!«

Elga sieht ihn prüfend an: »Wir sind ja nicht nur fünf Tage zusammen, sondern auch vier Nächte.«

Gegen Mittag kommen sie in dem kleinen dänischen Küstenort an. Das *Strandhaus*, eine kleine Pension, liegt noch einige hundert Meter weiter hinter Dünen versteckt. Von ihm aus hat man einen wundervollen Blick auf das scheinbar endlose Meer. Es ist nach Pfingsten, die Badesaison hat noch nicht begonnen. Im *Strandhaus*, das nur wenige Zimmer hat, sind sie die einzigen Gäste in diesen Tagen.

Sie tragen sich unter falschem Namen ins Fremdenbuch ein, Elga als Emils Ehefrau. Sie heißen Herr und Frau Hansen aus Charlottenburg. Die Wirtin lächelt. Danach zeigt ihnen die freundliche Frau den Essraum sowie das Zimmer, in dem sie die nächsten Tage und Nächte verbringen werden. Ob das Doppelbett so bleiben könne, fragt sie. Man kann es auf Wunsch auch auseinanderziehen und zwei einzelne Betten daraus machen. Emil wirft einen Blick auf Elga, die aber schaut aus dem Fenster. Es könne bleiben, wie es ist, entscheidet er kurz.

Die Tür klappt zu. Sie sind allein.

Sie stehen sich gegenüber. Elga sieht den Freund abwartend an. Emil erahnt ihre Gedanken: Will er jetzt etwas von dir? Hat er diese Reise nur unternommen, damit er dich zur Frau machen kann?

Er fasst ihren Kopf mit beiden Händen: »Lass uns schöne Tage haben, und was die Nächte anbelangt, die kommen erfahrungsgemäß von ganz allein. Wir warten einfach ab. Gehen wir ans Meer. Darauf haben wir uns doch so sehr gefreut.«

Elga lacht und umarmt ihn. Sie gibt ihm einen langen Kuss. Gleich darauf stürmen sie hinaus wie kleine Kinder, vorbei an der erstaunten Wirtin, die andere Berechnungen angestellt hat. Die beiden steigen eine Düne hinauf und amüsieren sich über ihre Schuhe, die voller Sand sind. Oben auf der Spitze haben sie einen grandiosen Blick auf das tiefblaue, wellentreibende Meer. Noch größer ist der Spaß, als sie vom heftigen Wind fast umgeworfen werden. Sie ziehen die Schuhe aus und gehen barfuß an der schäumenden Brandung entlang. In feinen Staubschwaden wird der Sand über den Strand getrieben.

Im *Strandhaus* wartet ein üppiges Abendbrot auf sie. Die Wirtin zeigt ihnen noch, wo die Getränke lagern, insbesondere der Rotwein, um den Emil gebeten hat. Anschließend geht sie ins Dorf, wo sie wohnt. Morgen früh wird sie wiederkommen, um ihren Gästen rechtzeitig das Frühstück zu bereiten. Man einigt sich auf neun Uhr.

Emil und Elga gehen nach oben. Sie kichern, reden über Belangloses und schrecken leicht zusammen, als die Tür hinter ihnen ins Schloss fällt. Emil fragt: »Auf welcher Seite willst du liegen?«

»Ganz egal«, sagt Elga. »Aber wenn ich freie Wahl habe, würde ich gern am Fenster liegen.«

Sie geht langsam auf ihn zu: »Danke, dass du mir Zeit gelassen hast. Das war sehr wichtig. Jetzt schlafe mit mir, aber denke bitte daran, dass du der Erste bist.«

Sie beginnen sich gegenseitig zu entkleiden. Immer wieder tauschen sie Küsse aus, bis Emil plötzlich ruft: »Nicht weiter! Ganz nackt ist so unromantisch.«

»Wo ist der Wein?« fragt Elga. »Ich würde gern ein Glas trinken.«

»Ich hole ihn«, ruft Emil, reißt die Tür auf und verschwindet nach unten. Sie hört ihn die Treppe hinunterpoltern. Er bringt eine Flasche und zwei Gläser. Als er wiederkommt, liegt Elga in seinem Bett.

»Willst du jetzt etwas Wein?«

Sie lächelt ihn an: »Nein, hinterher.«

Er kriecht zu ihr unter die Decke. Sie verschmelzen in endlosen Küssen. Irgendwann liegen sie nackt umschlungen. Eine Stunde später liegen sie Arm in Arm und schlafen zusammen.

Der Morgen ist voller Sonnenschein. Die Wirtin begrüßt sie und lächelt, als wollte sie sagen: ein Wetter für Verliebte. Nach dem Frühstück begeben sie sich ins Dorf, das im Hinterland liegt. Sie schlagen einen größeren Bogen um die wenigen reetgedeckten Häuser, gehen einen Feldweg entlang und wandern schließlich am Meer zurück.

Möwen segeln übers Wasser, stoßen gellende Schreie aus und lassen sich vom Wind treiben. Oder sie schwimmen heftig schaukelnd auf den Wellen. In der Ferne ist ein Dampfschiff zu sehen, das eine dunkle Rauchfahne hinter sich zurücklässt.

Als sie das *Strandhaus* betreten, unterhält sich die Wirtin mit einem

Mann, der etwa zehn Jahre älter ist als Emil. Sie sprechen dänisch. Der braungebrannte, muskulöse Besucher trägt eine weiße Leinenhose und ein weit aufgeknöpftes Hemd, das eine starke Brustbehaarung erkennen lässt. Der Mann hat einen Strohhut und einen Zeichenblock vor sich liegen, den er von Zeit zu Zeit mit einem Stift bearbeitet.

Emil bestellt zwei Tassen Kaffee und setzt sich zu Elga ans Fenster.

»Wie war Ihr Spaziergang?«, fragt die Wirtin.

»Sehr erfrischend«, antwortet Emil, »obwohl meine Frau die antiken Tempelanlagen vermisst hat. Sie wäre so gern ans Mittelmeer gefahren. Aber wir mussten aus Zeit- und Geldgründen mit Ihrer schönen Ostsee vorlieb nehmen.«

Mit einem Mal ist eine angenehme Baritonstimme zu hören. Es ist der Maler, der – nicht ganz akzentfrei – einen wohlbekannten Text vorträgt: *Kennst du das Land, wo die Zitronen blühn, / Im dunklen Laub die Goldorangen glühn, / Ein sanfter Wind vom blauen Himmel weht, / Die Myrte still und hoch der Lorbeer steht, / Kennst du es wohl? Dahin! Dahin / Möcht' ich mit dir, o mein Geliebter, ziehn!*

»Bravo!« ruft Elga, und Emil stimmt ein. Elga sagt: »Ich vermute einmal, dass Sie Künstler sind und Ihre große Erweckungsreise nach Italien längst hinter sich haben.«

Der Angesprochene erhebt sich von seinem Platz und setzt sich an ihren Tisch. Er hält seinen Block so, dass die beiden eine Zeichnung gut betrachten können. Sie zeigt Elga als junge südländische Frau. Emil ist begeistert und lobt den Künstler so überschwänglich, dass die Wirtin herbeikommt, um die Zeichnung ebenfalls zu bewundern.

»Kann es sein«, fragt Emil, »dass wir uns schon mal in Berlin begegnet sind?«

»Mir ist auch so. War es vor einem Jahr, bei einer Vernissage, auf der Dehmel den Einleitungsvortrag gehalten hat?«

Emil bejaht: »Sie sind Schwede, wenn ich es recht erinnere.«

»Marten Hellström ist mein Name. Ich komme aus Malmö, habe hier in Dänemark mein Atelier und reise im Sommer gern nach Frankreich. Dehmel ist ein guter Freund von mir.«

Emil und Elga stellen sich ebenfalls vor. Sie gestehen flüsternd, dass sie keineswegs Ehepaar Hansen sind. Hellström winkt ab, das spiele hier keine Rolle. Sie erzählen von Ihren Plänen und Wünschen. Hellström ist ein guter Zuhörer, der lange Zeit nichts sagt oder fragt. Als Emil ein zweites Mal ansetzt, seine und Elgas Situation zu schildern, unterbricht Hellström sanft und ruft zur Wirtin hinüber: »Tilde, bring uns mal drei Aquavit!«

Geduldig wartet er, bis die serviert werden. Darauf hebt er sein Glas, sieht das junge Paar mit stahlblauen Augen an und sagt: »Skål!«

»Ich fasse zusammen«, fährt er fort. »Ihr habt Sehnsucht nach dem Süden, was ja eine Art deutsche Krankheit ist. Zuhause wird man euch eine solche Eskapade nicht erlauben. Ihr müsstet also eine Flucht unternehmen, verfügt aber über wenig Geld. Wir müssen folglich einen Ort für euch suchen, wo ihr im Süden und gleichzeitig unabhängig seid, namentlich vom Geld. Ich deutete schon an, dass es an einem der großen südlichen Alpenseen einen Kastanienwald gibt, wo man wie Adam und Eva vor der Vertreibung hausen kann. Man lebt von Kastanien, ansonsten ist es eine arme Gegend, und man kommt wie gesagt mit wenig Geld aus. Ich erinnere mich an eine alte Steinhütte, in der eine Malerin wohnte. Allerdings war sie kurz davor auszuziehen, weil sie ihre asketische Periode für überwunden hielt. Ein Wasserfall war ganz in der Nähe, so dass man duschen und Kaffee kochen konnte. Das Dorf liegt unten am See, die Leute sprechen Italienisch und sind sehr hilfsbereit. Weiter oben im Wald gibt es eine Künstlerkolonie. Da tragen auch Männer Sandalen und langes Haar und ernähren sich vegetarisch.«

»Wo liegt denn dieser Wald genau?« fragt Emil ungeduldig.

Hellström denkt scharf nach. »Wir kamen damals von Innsbruck.« Er hebt den rechten Arm: »Also rechts oben davon.«

»Tirol!« ruft Elga.

»Nein«, antwortet der Maler. »Ein bisschen weiter. Die Stadt, die am See liegt, heißt Lugano.«

»Am Luganer See also!« stellt Emil zufrieden fest.

Hellström schüttelt den Kopf: »Wir sind noch weiter gefahren und kamen – wartet mal. Da fällt es mir wieder ein – nach Locarno. Von da war es nicht weit bis zu dem kleinen Ort und bis zur Hütte. Man muss sich im Gasthof bei Beppo melden. Beppo Bettini. Seiner Mutter gehört das Gasthaus. Es liegt unmittelbar an der Piazza. Ich schicke euch die genaue Anschrift nach Berlin. Wie der See heißt, ist mir entfallen.«

Emil und Elga fassen sich unter dem Tisch ganz fest mit der Hand. Dabei sehen sie sich in ihre dunklen Augen, so dass Hellström ruft: »Tilde, bring uns noch mal drei Aquavit!«

Eine wichtige Besprechung im großen Sitzungssaal. Die Direktoren stehen gestikulierend und laut redend zusammen. Fast jeder hat eine Zigarre in der Hand. Fritz Friedlaender lässt auf sich warten. Er sitzt in seinem Arbeitszimmer. Vor dem wuchtigen Schreibtisch hat Emil Platz genommen. Onkel Fritz zückt seine Taschenuhr: »Wir müssen gleich los«, sagt er. »Ich hasse Unpünktlichkeit, womit wir wieder bei dir wären. In den letzten Monaten bist du gekommen und gegangen, wie es dir gefiel. Mir sind mehrere Klagen angetragen worden. Dazu die häufigen Krankmeldungen, die dich aber nicht davon abhielten, munter durch die Stadt zu flanieren. Doch das alles wäre zur Not zu verkraften, wenn diese Entlobungsgeschichte nicht wäre. Ganz Berlin spricht darüber. Mein Name sowie das Ansehen unseres Unternehmens werden dadurch mit in den Dreck gezogen. Die junge Frau musste in ein Sanatorium eingewiesen werden. Armes Ding. Und dann dein Vater, dieser bedauernswerte herzkranke Mann. Er soll außer sich sein. In Breslau ist das natürlich Stadtgespräch. Furchtbar diese Geschichte. Aber wir müssen uns sputen. Du schreibst wie immer das Protokoll! Aber über diese unangenehme Angelegenheit sprechen wir nachher noch.«

Die Sitzung dauert lange, die Verhandlungen sind festgefahren, die Standpunkte kontrovers. Soll die Grube, in der es zu diesem fatalen Wassereinbruch gekommen ist, später wieder den Betrieb aufnehmen? Soll die genaue Zahl der Toten – zur Zeit muss man von einhundertfünfundneunzig ausgehen – der Presse mitgeteilt werden? Soll das Bochumer Konkurrenzunternehmen übernommen werden?

Emil schließt die Augen. Es ist wie auf der Bühne, wie in deinem Napoleon-Stück. Einige wenige Mächtige herrschen über die Geschicke dieser Welt, entscheiden über Krieg und Frieden. Und manchmal ist es ein einziger. Bismarck fällt dir ein, Friedrich der Große. Was treibt sie zur Macht? Doch oft sind sie auch Künstler, bringen ein Werk voran, und es sind nur wenige, die erkennen, auf welche Weise das Werk entsteht. Macht muss zu einem Werk führen. Macht um ihrer selbst wegen ist zu verachten. Wer ein Werk schafft, darf sich ihrer bedienen. Am Ende entscheidet das Werk, ob die Macht legitim eingesetzt wurde.

Emil hört Stimmen, es sind die Stimmen der Direktoren.

Plötzlich ein Krachen.

Ein Pflasterstein hat die riesige Fensterscheibe zertrümmert. Von draußen wurde er in den Sitzungssaal geworfen. Emil sieht Tausende Unter den Linden. Ein Volksaufstand? Frauen, die Kinder auf den Armen tragen, wollen die Wahrheit über das Grubenunglück wissen. Die Menge hat sich bewaffnet. Bergarbeiter mit geschwärzten Gesichtern dringen in den Sitzungssaal ein. Mit einer Spitzhacke wird ein Direktor erschlagen. Das Metall fährt in sein Hirn, das zerspritzt. Ein Schwall roter Flüssigkeit ergießt sich über den Konferenztisch.… Emil hört erneut Stimmen und blickt auf: Die Direktoren debattieren noch immer. Er erwacht aus seinem Traum, reibt sich die Augen. Es ist das Napoleon-Drama, das ihn vollkommen beherrscht. Er hat die ganze Nacht daran gesessen.

Die Sitzung ist überstanden. Es hätte, meint der Onkel, schlimmer kommen können. Er fragt nach Emils Meinung. Der erklärt, die Konferenz sei sehr aufschlussreich gewesen.

»Aber die Ergebnisse!« ruft der Onkel. »Wir sind doch keinen Fingerbreit vorangekommen.« Dann sagt er, fast schon im Hinausgehen: »Ich brauche das Protokoll, noch heute Abend.«

»Das wird kaum möglich sein«, erklärt Emil.

»Wieso!«

»Ich habe keines angefertigt.«

»Was hast du denn die ganze Zeit gemacht?«

»Zugehört.«

»Aber wir sind doch nicht im Theater. Morgen früh bekomme ich ein Protokoll!«

»Auch das wird kaum möglich sein.«

»Und warum nicht?«

»Weil ich morgen nicht mehr in deiner Firma sein werde.«

Moscia

Elga ist allein zuhause. Wie immer kommt Emil am frühen Abend vorbei.

»Fährst du mit mir an den Lago Maggiore?« fragt er.

»Wo ist das denn?«

»Bei Locarno, im Tessin. Hellström hat geschrieben. Das Dorf in der Nähe der Hütte heißt Ascona. Ich war heute im Reisebüro. Die Bahnfahrt 2. Klasse für zwei Personen kostet 180 Mark. Elga! Ich bin jetzt frei, richtig frei, das erste Mal in meinem Leben. Und das soll sich in den nächsten hundert Jahren auch nicht mehr ändern. Kommst du mit mir?«

Sie umarmt und küsst ihn.

»Wann soll es losgehen? Vielleicht in fünf oder sechs oder sieben Tagen?«

»Das wäre ja fast eine Woche. Morgen früh, Liebling. Du musst nur an deine Papiere denken, vor allem an die Geburtsurkunde. Ohne die können wir nicht heiraten.«

»Wir heiraten?«

»Ja, in Locarno. Ich war auf dem Schweizer Konsulat. Wir müssen dort unten ein halbes Jahr gelebt haben, danach dürfen wir heiraten.«

Sie küsst ihn erneut: »Wann soll ich wo sein?«

»Am Potsdamer Bahnhof. Morgen früh um 5.05 Uhr, Gleis 3. Ich schicke dir einen Wagen, der oben an der Landstraße hält. Er ist um vier Uhr da. Und nun fang an zu packen. Koffer und Reisetasche müssen genügen. Wenn die Wogen sich geglättet haben, lassen wir uns das eine und andere hinterherschicken. Arrivederci!«

Zu Isolde sagt er zwei Stunden später: »Alles läuft über eure Anschrift, unsere Adresse gebt Ihr nicht preis, sagt auch niemandem, dass wir uns in der Schweiz aufhalten. Wir werden in Locarno ein Konto eröffnen. Die Nummer kennt nur Ihr.«

Die beiden umarmen sich. Isolde wünscht dem Paar alles Gute. Dedo reicht dem Schwager die Hand: »Also, Kamerad, wenn du Hilfe brauchst, Depesche genügt.«

Die endlose Bahnfahrt, mehrmaliges Umsteigen, Fahrkarten-Kontrollen, Grenz-Kontrollen, der Kasernenhofton deutscher Schaffner, Kofferkontrollen, überheizte oder ausgekühlte Coupés, anstrengende Mitreisende – das alles strapaziert das Durchhaltevermögen der beiden. Als der Gotthard-Tunnel erreicht ist, sagt Emil zur gähnenden Elga: »Hier noch durch, und dich empfängt das Licht des Mittelmeeres.«

Es kommt noch besser. Nördlich des Tunnels herrscht kaltes, regnerisches Februarwetter. Kaum ist aber die südliche Ausfahrt passiert, scheint die Sonne von einem blauen Himmel herab.

Ascona erreichen sie morgens. Vor dem Gasthof empfängt sie Beppo Bettini, der allerdings nur Beppo genannt werden will. Er schlägt vor, dass die Gäste erst ein paar Stunden ausruhen, um im Anschluss an ein Tessiner Mittagessen nach Moscia hinaufzugehen. Elga und Emil sind einverstanden.

Elga ist entzückt. Um die Mittagszeit gehen sie die Uferstraße entlang unter Palmen. Dazu die frühlingsmilde Luft. In Moscia, einem Ort mit nur wenigen Häusern, geht es auf einer uralten Steintreppe den Berg hinauf. Nach hundert Metern erreichen sie eine Wiese, auf der die Steinhütte steht. Sie ist recht geräumig und bietet einen bescheidenen Komfort, weil die Malerin einige alte Möbelstücke zurückgelassen hat. Es gibt auch einen Kamin, und hinter der Hütte lagert ein reicher Vorrat an Holzscheiten. Das Anwesen liegt am Rand der Wiese. Stellt man sich in deren Mitte, hat man einen großartigen Blick auf den See, der unterhalb des Bergs im graublauen Dunst liegt. Im Norden grenzt die Wiese an den Kastanienwald, der jetzt im Winter noch kahl ist.

»Was könnte man hier für einen wunderschönen Garten anlegen!« jubelt Elga und freut sich, dass Beppo gleich mit einstimmt: »Das habe ich meiner Mutter schon so oft gesagt. Aber sie will nichts davon hören. Sie würde dieses Land und den Kastanienwald am liebsten verkaufen. Aber bisher hat sich niemand für die Einöde interessiert.«

»Was soll die Wiese mit der Hütte denn kosten?« will Emil wissen.

»Zur Miete?« fragt Beppo. »Das müssen Sie mit Mama verhandeln, und wenn Sie einen Garten anlegen wollen, helfe ich Ihnen gern. Ich habe zwei Jahre in einer Gärtnerei in Locarno gearbeitet. Ich bringe auch Werkzeuge mit.«

»Arbeiten Sie jetzt woanders?« fragt Emil.

»Zur Zeit habe ich keine Beschäftigung. Es ist schwer, Arbeit zu bekommen. Das Tessin ist eine arme Region. Nördlich der Alpen, in der Nordschweiz oder in Deutschland, da könnte man vielleicht was finden. Aber das will ich nicht. Es ist so schön hier, warum soll ich meine Heimat verlassen?«

»Dann möchte ich bei Ihnen in die Lehre gehen«, sagt Elga. »In einem Jahr, lieber Emil, ernähren wir uns aus dem eigenen Garten!«

Beppo ist glücklich: »Sie sind die erste, Signora, der ich das glaube.«

»Und auf der anderen Seite des Sees«, fragt Emil, »die schneebedeckten Berge – liegt dort schon Italien?«

Beppo nickt. Er zeigt nach unten: »Wenn Sie die Uferstraße von Ascona in Richtung Ronco fahren, erreichen Sie bald die Grenze zu Italien. Der höchste Berg da drüben ist der Gridone. Auf dessen Gipfel verläuft die Grenze.«

Emil nimmt Elga in den Arm: »Wir haben es geschafft, wir sind da!«

Als Emil am nächsten Morgen erwacht, liegt er allein im Bett. Eine Zeitlang blickt er gegen die weißgetünchten Wände seiner neuen Unterkunft.

Er geht nach draußen. Elga kommt ihm entgegen, in ein Tuch gehüllt: »Wir haben drüben, da wo die Schlucht beginnt, einen herrlichen Wasserfall, den man als Dusche benutzen kann. Von dort holen wir auch unser Wasser. Könntest du Kaffee kochen?«

Emil will gerade all das aufzählen, was er dazu benötigt, aber nicht parat hat, als Beppo schwer atmend die Wiese erreicht. Er hat eine Kiepe auf dem Rücken, in der er nützliche Haushaltsutensilien transportiert.

»So, jetzt verfügen Sie über etwas Besteck, ein wenig Geschirr und einen Wasserkessel. Einige Lebensmittel habe ich auch beigelegt. Alles andere können Sie bei meiner Mutter kaufen.«

Von nun an werden Emil und Elga ein- oder zweimal in der Woche nach Locarno wandern, wo sie das erwerben, was man in Ascona nicht kaufen kann. In Locarno haben sie neben ihrem Bankkonto auch ein Postfach. Doch Briefe erreichen sie kaum, es sei denn, Dedo und Isolde schreiben.

In den ersten Frühlingswochen erkunden sie die Umgebung. Nördlich der Wiese beginnt der Kastanienwald, der weiter oben in den Bergen in die Almwiesen übergeht. Einige hundert Meter von ihrer Hütte entfernt liegt der inzwischen legendäre Monte Verità, jene von Hellström erwähnte Aussteiger- und Künstlerkolonie, wo auch Männer Sandalen und langes Haar tragen und sich vegetarisch ernähren. Elga und Emil statten den skurrilen Zivilisationskritikern einen kurzen Besuch ab, können aber mit den mittlerweile zur Attraktion gewordenen Bewohnern des *Wahrheitsberges* nicht allzuviel anfangen.

In der warmen Jahreszeit kommt es häufig vor, dass sie die Nacht im Freien verbringen. Wenn Emil erwacht, arbeitet Elga meist schon im Garten. An einem klobigen Holztisch, den sie mit Beppos Hilfe gezimmert haben, nehmen sie das Frühstück ein.

An diesem Tisch schreibt Emil seine Dramen, die allerdings kein Verlag drucken und kein Theater aufführen will. Emil beteuert beharrlich, jeder Autor schreibe zunächst deshalb, weil es ihm Genugtuung bereite.

Sie leben zwar billig in ihrer Einöde, doch schneller als geplant geht das Geld zur Neige. Emil hat nämlich die Devise ausgegeben, Geld an sich habe keinen Wert. Es komme darauf an, es in Schönheit zu verwandeln.

Dedo und Isolde um Hilfe zu ersuchen, wenn das Geld knapp wird, verbietet sich, weil beide im teuren Berlin nur mit äußerster Sparsamkeit über die Runden kommen. Außerdem ist Isolde schwanger. Ein Festtag wird immer dann begangen, wenn Mutter Valeska einen mehr oder weniger ansehnlichen Betrag aus Breslau an die Kinder schickt und Dedo davon die Hälfte nach Locarno überweist. Der Augen-Cohn darf nichts davon erfahren.

Eines Tages kommt wieder ein Brief aus Breslau. Die Mutter teilt darin mit, dass es dem Vater sehr schlecht gehe. Ein Schlaganfall und schwere Herzprobleme ließen das Schlimmste befürchten. Er verspüre das Bedürfnis, Emils Gefährtin kennenzulernen und Dedo wiederzusehen. Mit klopfendem Herzen begeben sich die vier Kinder auf die Reise. Sie erwarten einen alten streitsüchtigen Poltergeist, treffen aber auf einen gütigen, von Alter und Krankheit gezeichneten Mann. Von seiner Schwiegertochter ist er hellauf begeistert, während die Mutter vom ersten Augenblick an mit Elga einen Freundschaftsbund geschlossen hat.

Da der Besuch für den Alten strapaziös ist, reisen die jungen Leute nach einigen Tagen wieder ab. Emil und Elga unternehmen noch einen Abstecher nach Berlin. Sie verbringen einige Tage mit Isolde und Dedo und besuchen abschließend Elgas Familie. Als sie von der Reise zurückkehren, finden sie im Postfach einen Brief Valeskas vor, der sie vom Tod des Augen-Cohn unterrichtet. Sowohl Isolde als auch Emil sind aufs Pflichtteil gesetzt und erhalten jeweils eine größere Summe. Von ihr können sie – so Emils Berechnung – sechs Jahre leben.

Im Oktober heiraten beide im Rathaus von Locarno. Beppo und Dedo sind Trauzeugen. Dedo hat die Reise gern unternommen. Man kommt mal wieder, so seine Worte, unter vernünftige Leute. Außerdem würde ihm der Klimawechsel guttun. In Wirklichkeit drängt es ihn zum Monte Verità, genaugenommen zu den *Nackten*, die man manchmal zu sehen bekommt. So stand es jedenfalls in der *Kreuzzeitung*.

Mit einem dieser Weltverbesserer ist er sogar ins Gespräch gekommen. Hesse heißt der, Hermann mit Vornamen. Dedo erzählt weiter: »Das ist vielleicht eine komische Kruke. Der hat – das wird dich, Emil, vielleicht interessieren – sogar schon einen Roman veröffentlicht. Den Titel habe ich vergessen, aber der Verlag sagt mir was: S. Fischer-Verlag. Der sitzt bei uns in Berlin. Wäre vielleicht was für dich, Schwager.«

Elga ruft dazwischen: »Dann muss unser Dichter aber erst mal einen Roman schreiben!«

Zum Abschluss seiner Reise lädt Dedo die beiden Frischvermählten zum Essen ein. Er liebt inzwischen die mediterrane Küche und wird sich gleich, wenn er wieder in Berlin ist, nach einem italienischen Restaurant umsehen.

Er legt geräuschvoll die Vossische Zeitung auf den Tisch und fragt unter anschwellendem Lachen: »Habt ihr überhaupt schon gelesen, was bei uns zuhause passiert ist? Die Geschichte in Köpenick. Also zum Totlachen ist das. Seine Majestät soll auch laut losgelacht haben. Da läuft ein arbeitsloser, vorbestrafter Schuster durch Berlin, besorgt sich beim Trödler eine Hauptmannsuniform und unterstellt mir nichts, dir nichts einen Trupp Gardesoldaten und einen Trupp Wachsoldaten seinem Kommando. Einfach so, von der Straße weg. Denen erzählt er was von einer Königlichen Ordre und von strengster Geheimhaltung. Dann fährt er mit ihnen nach Köpenick und lässt im Rathaus den Bürgermeister und einige höhere Tiere verhaften. Er lässt das Gebäude abriegeln und beschlagnahmt die Stadtkasse und ist auf und davon. Er war aber großzügig und hat den Soldaten noch ein Mittagessen spendiert. Wenn Ihr mehr erfahren wollt, vor allem, wie dieser Husarenstreich ausgegangen ist, schicke ich euch die Zeitungsausschnitte zu.«

In die Hütte regnet es nicht mehr hinein. Die Küche ist so weit eingerichtet, dass man sogar einige Gäste empfangen kann. Wo erforderlich, sorgen Petroleumlampen für ausreichende Beleuchtung. Der Kamin im Wohnbereich und der Küchenherd sorgen für genügend Wärme. Der Nutzgarten hat mittlerweile einen beachtlichen Umfang angenommen, so dass eine ansehnliche Ernte zu erwarten ist.

Sie sitzen nun oft draußen vor ihrer Hütte, trinken Tessiner Rotwein und lassen sich von der untergehenden Sonne bescheinen. Emil unterbricht an diesem Abend die Stille, die natürlich keine ist, denn um sie herum ist reges Vogelgezwitscher zu hören: »Wir sind jetzt frei.« Er singt laut: *Wie ich froh bin, dass ich frei bin, nichts mich bindet und hält.*

»Du bist verheiratet und hast dich an eine Frau gebunden. Vergiss das nicht, mein lieber Siegfried!«

»Das ist eine freiwillige und sehr angenehme Abhängigkeit. Außerdem möchte ich keine Ehe führen, die mir die Freiheit nimmt. Wir sollten vereinbaren, dass, wenn uns unsere gegenseitige Liebe nicht mehr verbindet, der andere aus der vereinbarten Gemeinschaft entlassen ist. Lass uns auf diese Gemeinschaft, auf das gegenseitige Begehren anstoßen. Prosit!«

»Prosit, aber was ist, wenn du dich zum Beispiel in eine andere Frau verliebst, mich aber trotzdem noch liebst und begehrst? Bin ich dann die Betrogene, die aus der Gemeinschaft austreten darf, oder werden wir – unser Freund Dehmel lässt grüßen – eine Ehe zu dritt führen?«

»Wenn es sich nur um eine Affäre handelt, sollte man großzügig verfahren. Eine Affäre ist eine berauschende Angelegenheit, aber nicht von Dauer. Nur in seltenen Fällen hat sie die Kraft, eine echte Liebesgemeinschaft aufzubrechen.«

Elga sieht ihn nun doch zweifelnd an: »Auch eine Affäre kann tief verletzen, und oft zeigt sie Bruchstellen der Ehe auf.« Nach einer längeren Pause fragt sie. »Was haben wir denn jetzt vereinbart?«

Emil sieht ihr in die Augen: »Dass wir in unserer Ehe möglichst viel Freiheit zulassen wollen.«

»Brauchen der Herr Jurist das schriftlich?«

Er hebt sein Glas: »Rotwein ist ein besonderer Saft, verbunden mit einem Kuss, müsste der Vertrag vereinbart sein.«

Einige Tage später beginnen sie ihre langersehnte und auf längere Zeit geplante Italien-Wanderung. Sie verbringen mehrere Wochen in Rom, danach ziehen sie weiter nach Capri, wo sie über ein Jahr bleiben, sprechen am Ende die Landessprache so gut, dass sie für Einheimische gehalten werden. In Palermo liegt ihre Herberge in einer Gasse, in der tagsüber ohne Unterbrechung Kinder spielen und toben. Elga und Emil liegen verschwitzt auf dem Bett. Die Hitze ist unerträglich.

»Möchtest du wirklich keine Kinder«, fragt sie und streichelt über seinen nassen Kopf. Emil, der kurz davor war einzuschlafen, brummt: »Ich liebe Kinder, doch sie verderben den Unterleib der Frau, womit ich mich nicht abfinden kann. Elga dreht sich zur anderen Seite und sagt. »Wir sollten in Moscia noch einmal darüber reden. Ich würde nämlich gern Kinder haben.«

In Neapel erreicht sie ein Brief aus Ascona. Beppo teilt ihnen mit, seine Mutter wolle *Moscia*, die Wiese und einen Hektar des dazugehörigen Kastanienwaldes, verkaufen. Sie habe einen Interessenten. Elga und Emil würden Vorrecht genießen und sollten ein Telegramm schicken, wenn sie das Areal erwerben möchten. Die beiden sehen sich lange an, ein Lächeln huscht über ihr Gesicht, und schon tanzen sie zur Freude der Einheimischen mitten auf der Straße.

»Wir sind Haus- und Grundbesitzer!« ruft Emil.

Elga lacht: »Wir haben zwar kein Geld, dafür aber einen großen Garten.«

Er setzt hinzu: »Und bald bauen wir ein Haus.«

Elga wird übermütig: »Mein lieber Mann, schreib uns noch ein paar Dramen, vielleicht eines vom Dichter, der sich und seiner Geliebten ein

Haus baute, obwohl er gar kein Geld besaß. Er baute es aus Liebe und aus Schulden.«

Kaum haben sie Florenz hinter sich gelassen, da schließt sich ihnen ein großer schwarzer Hund an. Emil streichelt das Tier: »Das ist ja ein kapitaler Neufundländer. Er scheint uns zu mögen, denn er läuft beharrlich mit, als gehörte er schon seit Jahren zu uns. Gut, dass es kein Pudel ist und wir wie Faust eine teuflische Überraschung erleben.«

Nach langer Reise treffen sie wieder in *Moscia* ein, das ihnen inzwischen gehört. Nach einer herzlichen Begrüßung mit vielen Umarmungen fragt Beppo: »Wie heißt der Hund eigentlich?«

Emil sagt: »Wir haben ihn Wotan gerufen, und das hat er akzeptiert. Vertragt euch gut.«

»Ich mag Hunde, Herr Ludwig, und wir müssen ihm schnell beibringen, dass er die Kaninchen vertreibt, die uns ständig den Salat auffressen.«

Beppo berichtet, dass er in der Abwesenheit der beiden nicht nur den Garten gepflegt, sondern auch eine Leitung vom Wasserfall ins Haus gelegt habe. Dafür wird der Gärtner ausgiebig gelobt, was er sichtlich genießt.

»Aber Strom und Telefon kommen mir nicht ins Haus«, verkündet Elga.

»Nicht in die Hütte«, ruft Emil und zwinkert Beppo zu.

Als der Ginster wieder blüht und das Land in ein sattes Gelb taucht, unternehmen die beiden eine ihrer längeren Wanderungen, die sie bis zu den Almwiesen hinaufführt.

Wotan schlägt früh an, als sie vor sich eine Person entdecken. Noch einige Schritte, und sie sind sich einig, dass die Person etwas malt. Schließlich ist deutlich zu erkennen, dass der Mann, der einen Strohhut trägt, vor einer Staffelei steht.

»Ist das nicht Hellström?« fragt Elga und hält die Hand vor die Stirn. Wotan hat den Mann längst erreicht, hat sich reichlich streicheln lassen und daraufhin das Blaffen eingestellt. Emil sieht infolge seiner Kurzsichtigkeit erst als letzter, was Elga längst ausgemacht hat. Der Freund, der den Pinsel beiseitelegt und mit einem Lappen die Hände abwischt, steht vor ihnen wie Michelangelos David in Florenz, nämlich nackt.

»Das ist ja eine Überraschung. Wie ich gehört habe, habt ihr die Steinhütte samt Wiese und Wald gekauft. Gratulation!«

Er sieht an sich hinunter: »O, es stört Euch hoffentlich nicht, dass ich gar nichts anhabe. Aber ich genieße die Sonne, die einen so angenehm wärmt.«

Elga fragt, nachdem sie einige unverfängliche Blicke auf den großen, braungebrannten und stark behaarten Mann geworfen hat: »Darf man mal sehen? Aha, Almwiese mit Sennhütte und Kühen, das alles vor dem ewig blauen Lago Maggiore bei leichter Bewölkung. Man hört das Kuhglockengeläute regelrecht. Malen Sie sonst nicht andere Sachen?«

Hellström lacht: »Ich danke, dass Sie mir noch andere Bilder zutrauen. In meinem Atelier werde ich euch auch bald meine Kunst zur Begutachtung vorlegen. Diese Schmierereien (und er zeigt auf zwei weitere Bilder, die neben der Staffelei stehen) gehören nicht dazu.«

»Wo ist denn Ihr Atelier?«, fragt Emil.

»Ich habe ein kleines Haus nördlich des Monte Verità gekauft. Dort wohne und arbeite ich, wenn ich den Sommer im Tessin verbringe.«

Emil nickt: »Und wozu die *Schmierereien*?«

»Ich schaffe drei bis vier davon am Tag. Ein Galerist in Locarno verkauft sie zu guten Preisen als Tessiner Malerei. Die Schmierereien sorgen dafür, dass ich einige Monate in Paris oder Berlin gut leben kann.«

»Sie verkaufen die Schmierereien aber nicht unter Ihrem Namen?«

»Um Gottes Willen. Ich signiere mit Lukas Flach«.

»Raffiniert«, sagt Elga und sieht ihren Mann eindringlich an.

»Machen Sie es mit Ihrer Literatur doch genauso«, sagt Hellström. »Von Montag bis Mittwoch schreiben Sie für irgendwelche Blätter oder eine Tageszeitung. Den Rest der Woche sind Sie Dichter und machen was Vernünftiges«.

Hellström hat unterdessen Hemd und Hose übergezogen. Er packt seine Sachen zusammen und sagt: »Ich schlage vor, dass wir ein bisschen zu mir gehen. Ich habe noch genügend zu essen in meiner Hütte, und Wein ist auch reichlich da. Wir können auf Brüderschaft trinken. Ich finde euer deutsches Siezen so furchtbar.«

Emil lacht: »Für einen Schriftsteller sind das Duzen und das Siezen wichtige Mittel im Erzählvorgang.«

Elga ruft ausgelassen: »Ich finde, Marten hat einen wunderbaren Vorschlag gemacht!«

Sam Fischer

Das hat er Dehmel zu verdanken.

Stolz reicht er Elga die Karte, die Anfang Dezember in der Post liegt. Der wichtigste Verleger moderner Literatur in Deutschland hat Emil nebst Gemahlin zu einem Geburtstagsumtrunk eingeladen. Am 24. Dezember wird Samuel Fischer, den Freunde und Kollegen nur Sam Fischer nennen, fünfzig Jahre alt. Wegen Heiligen Abend wird der Geburtstag am 24. Januar nachgefeiert, und das natürlich in S. Fischers Grunewald-Villa in der Erdener Straße.

»Das ist ja gar nicht weit von Schmargendorf entfernt, meiner alten Heimat«, sagt Elga.

»Max Reinhardt, unser Theater-Genie, wohnt dort ebenfalls, in Berlins nobler Villenkolonie. Später werden wir uns das auch leisten können«.

»Du sagst das so ganz ohne Ironie.«

»Ich betrachte diese Einladung als ein Zeichen der Götter.«

Auf Fischers Karte folgt ein Brief Dehmels. Der schreibt, dass er Fischer getroffen und ihm von dem jungen Dramatiker berichtet habe. Er habe erzählt, dass Max Reinhardt eine Aufführung des *Napoleon* in Aussicht gestellt hat. Und Dehmel fügt hinzu: »Ich habe mich, lieber Emil, Fischer gegenüber nicht der Feststellung entschlagen können, dass – auch wenn unser vielversprechender Dramatiker bis jetzt keine einzige Zeile zu Papier gebracht hätte – allein seine attraktive Frau es rechtfertige, eine Einladung auszusprechen.«

»Typisch Dehmel«, bemerkt Elga amüsiert. »Der ewige Damenfreund, der Erotiker par excellence. Aber was nützt mir das: Ich habe nichts Passendes anzuziehen.«

Emil zuckt mit den Schultern: »Dann machen wir eben neue Schulden. Die Schneiderin in Locarno kennt das schon. Das Geld, das wir noch haben, brauchen wir für die Bahnreise. Wohnen können wir in Berlin bei Dedo und Isolde.«

Es ist der 24. Januar. Die Gäste sind eingetroffen. Getränke und Speisen hat Fischer aus dem vor zwei Jahren eröffneten Hotel Adlon anliefern lassen. Kellner aus dem Grand Hotel bedienen die Gäste, die froh sind, dass es auch dieses Mal nur eine kurze Begrüßungsansprache des Hausherrn gegeben hat, der nicht unerwähnt ließ, dass am heutigen Sonntag auch Friedrich der Große Geburtstag hat.

Zwangloses Plaudern ist also das Gebot der Zusammenkunft. Viele Autoren kennen sich bereits, andere sind einem vom Verlagskatalog her vertraut oder von der Berichterstattung in der Presse. Die meisten Autoren oder Mitarbeiter des Verlages haben ihre Ehefrauen oder andere weibliche Begleiterinnen mitgebracht.

Kaum haben Emil und Elga den großen Empfangssalon betreten, kommt der Gastgeber, der gerade mit Walther Rathenau gesprochen hat, auf die beiden zu: »Herr und Frau Ludwig, ich freue mich über Ihren Besuch, vor allem, dass Sie aus der fernen Schweiz zu uns gefunden haben. Ich habe von Ihnen, lieber Herr Ludwig, einige interessante Dinge gehört. Leider sind Dramen ein schwieriges Geschäft, so dass ich Sie ermutigen möchte, uns einen Roman zu schreiben. Und wenn Sie etwas unter Ihrer Feder haben, so können Sie uns sogleich die ersten Kapitel zukommen lassen. Wir teilen Ihnen umgehend unsere Einschätzung mit.«

Fischer gibt ein kurzes Handzeichen. Es gilt einem jungen Mann, der sofort herbeieilt. Fischer erklärt mit einem leichten Schmunzeln: »Ich überlasse Sie jetzt unserem Volontär, Herrn Karl Volkmann, der Ihnen einiges über unseren Verlag und unsere Autoren erzählen wird. Gleichzeitig muss ich Sie vor diesem Menschen warnen, denn er gehört zu den Vaterlandslosen Gesellen und könnte mir bei der preußischen Polizei mehr Ärger bereiten als Gerhart Hauptmann und all die lieben Naturalisten zusammen.«

Volkmann lächelt müde, während Fischer sich vorläufig verabschiedet. Der junge Mann stellt sich vor: »Guten Tag, Frau Ludwig, guten Tag, Herr Ludwig, den Spaß gönnt sich der Chef jedes Mal. Mein Vater ist Sozialdemokrat und vertritt die Partei im Reichstag. Ich arbeite seit einem Jahr für den *Vorwärts*, den Sie sicherlich kennen, auch wenn Sie ihn nicht lesen.«

Elga sagt: »Sie sind ja noch so jung. Darf man fragen ...«

»Sicherlich dürfen Sie das. Ich bin neunzehn und beginne demnächst ein Studium der Nationalökonomie bei Professor Sombart. Ich erzähle Ihnen gern etwas über S. Fischer und seinen Verlag. Wenn Sie Zeit haben, kommen Sie morgen in die Bülowstraße 90 in unseren Verlag.

Wenn Sie sich mal diskret umschauen, dort am Kamin, der große Mann, der ein wenig aussieht wie ein protestantischer Konsistorialrat – das ist unser berühmter Gerhart Hauptmann – da, er sieht zu Ihnen herüber – und er scheint Sie zu kennen.«

Hauptmann begrüßt die beiden: »Sieh da, alte schlesische Freunde. Sind Sie nicht der Sohn des Augen-Cohn, der – wie ich las – vor einigen Jahren verstorben ist. Sie sind der Emil, der als kleiner Junge bei uns in Schreiberhau war.«

Es schließt sich eine kleine Unterhaltung an, in deren Verlauf Emil einiges über seinen Vater als auch über seine literarischen Unternehmungen mitteilt. Hauptmann lächelt sanft: »Ihr Vater war ein sehr impulsiver Mann. Ich habe da eine bestimmte Szene vor Augen, wo er Ihnen als angehendem Künstler viel Leid zugefügt hat.« Der Dichter ergreift mit beiden Händen Emils Rechte und schüttelt sie voller Rührung. Dann kehrt der berühmte Mann zu seinen Gesprächspartnern am Kamin zurück, nicht ohne auf seine gütige Art gesagt zu haben: »Glauben Sie an sich, lieber Emil, glauben Sie an die innere Stimme, ohne die kein Dichter auskommt!«

Volkmann kann ein Grinsen nicht unterdrücken. »Das war ja die höhere Weihe. Nun gut: Der Herr, der dort neben dem Flügel steht und sich angeregt mit unserem Jakob Wassermann unterhält, das ist nicht etwa der britische Botschafter, sondern Thomas Mann, der sich und Fischer reichgeschrieben hat. Wahrscheinlich – weil er auf seine innere Stimme gehört hat. Sie kennen die Geschichte mit den *Buddenbrooks*?«

Elga sieht ihn fragend an: »... die sich um den schlechten Verkauf dreht?«

»Das auch«, sagt Volkmann. »Erst als Fischer das Werk in einer einbändigen Ausgabe herausbrachte, stellte sich der unglaubliche Erfolg ein.«

Elga lacht und sieht Emil an: »Also, mein Lieber, nur einbändige Romane schreiben!«

Der junge Mann wundert sich über Emils verdüsterte Miene und fährt fort: »Ich meinte noch etwas anderes. Thomas Mann schickte das Manuskript von nahezu tausend Seiten an den Verlag, wo man wegen des Umfangs ziemlich ratlos war. Der Chef schrieb nach vielen Monaten an den Autor, er würde das Buch nur verlegen, wenn es um die Hälfte gekürzt würde. Der hörte auf seine innere Stimme und lehnte ab. Sam Fischer gab schließlich nach, und der Jahrhundertroman konnte erscheinen. Der Mann, mit dem der Chef noch immer spricht, ist Walther Rathenau, dessen Vater der Begründer der AEG ist. Rathenau sitzt im Vorstand der AEG. Er ist Fischers Nachbar, wohnt drüben in der Königsallee. Das sind nur einige Schritte von hier. Er kommt gern zu Besuch, insbesondere wenn hier musiziert wird. Oder es finden kleine Herrenrunden statt. Dann ist Hauptmann meist dabei. Rathenau ist nicht nur ein fähiger Unternehmer. Er dilettiert auch als Publizist. Er hat schon für Hardens

Zukunft geschrieben und plant wohl, auch als Schriftsteller Erfolge zu feiern.«

In der Tür steht ein schöner Mann.

Er ist groß und schlank und hat dichtes hellblondes Haar, das zurückgekämmt ist. Sein Gesicht hat etwas Jungenhaftes. Gespräche verstummen. Die Augen vieler Damen sind auf ihn gerichtet, denn Henning Graf Holck ist ein Mann, zu dem man immer hinblicken möchte. Mit blauen Augen und kritischem Blick mustert er die Gesellschaft. Sam Fischer ist nicht entgangen, dass soeben ein besonderer Gast eingetroffen ist, und begrüßt den Grafen übermäßig herzlich.

Elga wirft ihrem Mann einen kecken Blick zu. Sie weiß genau, was Emil in diesem Moment denkt. Er bewundert Körpergröße, hat ein Faible für blonde Menschen, und ihm imponiert aristokratisches Auftreten.

Volkmann setzt seine Einführung fort, wobei er auch auf den neuen Besucher eingeht: »Graf Holck ist aus altem schleswig-holsteinischem Adel, was ihm aber nicht viel zu bedeuten scheint. Er ist erst achtundzwanzig, kann aber schon auf eine eindrucksvolle Karriere zurückblicken. Er arbeitet in der Kulturabteilung des Auswärtigen Amts, war eine Zeitlang an der deutschen Botschaft in Paris tätig und gilt weithin als ein Förderer von Kunst und Kultur. Die Familie verfügt angeblich über gute Kontakte zum Hof. Holck ist alles andere als ein verstockter Aristokrat, sondern hat in Fragen moderner Malerei oder Literatur sehr avantgardistische Ansichten. Er tritt – da er ein vermögender Mann sein soll – bisweilen als Mäzen in Erscheinung. Und was die Damenwelt anbelangt: Er ist der Typ Mann, der leicht zu gewinnen, aber schwer zu halten ist.«

Emil lacht angespannt: »Ein Hoch auf Ihre lange Lebenserfahrung.«

Holck hat sich eine schlanke schwarze Zigarre angezündet, blickt ein paar Minuten in die Runde, begrüßt sporadisch einige Bekannte und geht schließlich auf die drei zu: »Herr und Frau Ludwig, vermute ich einmal?« Er küsst Elga die Hand und begrüßt Emil und Volkmann mit Handschlag: »Dehmel hat Sie mir beschrieben. Ich habe ihn vor zwei Wochen getroffen. Er wäre heute gern gekommen, liegt aber mit Influenza im Bett.« Er lacht verschmitzt, sieht Elga dabei an und fügt hinzu: »Das ist natürlich keine hübsche Italienerin, sondern ein misslicher grippaler Infekt. Ich soll Sie beide ganz herzlich von Richard grüßen. Er gab mir übrigens Ihren *Napoleon* mit. Ich habe bereits angefangen mit der Lektüre und muss sagen: Beachtlich!«

Emil schießt das Blut in den Brustraum. Er verneigt sich knapp. Holck fährt fort: »Dehmel sagte mir, er habe Sie schon öfter zu schlichter Prosa überreden wollen. Sie hielten aber dem neuromantischen Vers die Treue, was ich – ehrlich gesagt – schade finde. Man sollte die jungen Gegenwartsautoren durch die Schule des Journalismus schicken. Vielleicht wird manch einer nachher goutierbarer. Ich würde sogar so weit gehen und Ihnen vorschlagen, eine Biographie über Napoleon in Angriff zu nehmen, und zwar ganz im Stil und im Geist des griechisch-römischen Geschichtsschreibers Plutarch, der wundervolle Biographien geschrieben hat, die noch heute aktuell anmuten. Oder was sagen Sie zu Thomas Carlyle? Wobei wir nicht unerwähnt lassen wollen, dass Carlyle uns deshalb so am Herzen liegt, weil er – wie die gnädige Frau auch – aus Schottland kommt. Sie lächeln, Frau Ludwig, aber das sind doch keine Quisquilien. Ich liebe Schottland und bin mit großem Vergnügen im letzten Jahr durch Ihre Heimat gereist.«

»Danke«, sagt Elga und sieht den Grafen herausfordernd an: »Woher wissen Sie das nur, dass Schottland meine Heimat ist?«

Holck sieht sie an wie ein Eroberer: »Wird nicht verraten. Wir vom Auswärtigen Amt haben eben unsere Quellen.«

Emil wird ungeduldig: »Carlyle stand auch im Briefwechsel mit Goethe.«

»Richtig, Herr Ludwig, er war ein großer Bewunderer der deutschen Klassik und Romantik. Aber lesen Sie Plutarchs biographische Porträts. Es ist faszinierend, mit welch psychologischem Scharfsinn er vor fast zweitausend Jahren seine Menschenbildnisse gezeichnet hat. Carlyle ist sein Schüler, werden Sie es auch.«

S. Fischer hat seine Gäste mit dem Hinweis verabschiedet, im Mai finde das große Verlagsfest statt, dieses Mal im Hotel Adlon. Für Kost und Logis werde gesorgt. Einladungskarten würden rechtzeitig verschickt.

Die Veranstaltung findet im großen Festsaal statt. Dieses Mal sind Emil und Elga im Adlon untergebracht. Sie sitzen an einem Tisch mit Dehmel, Wassermann, Volkmann und Graf Holck. Der zündet sich gerade eine seiner schwarzen Zigarren an, nachdem alle anderen abgewunken haben. Holck ist in aufgeräumter Stimmung.

Emil hat fest damit gerechnet, dass der Graf ihn auf sein Romanprojekt ansprechen würde, doch der hat andere Themen, die ihn interessieren. Er wendet sich an Elga: »Und Sie haben meinen Freund Hellström dabei ertappt, wie er Almkühe vor der Kulisse des Lago Maggiore en masse fertigte? Ich habe ihn vor einigen Monaten in Paris getroffen und ausdrücklich gewarnt. Wenn die etablierte Kunstkritik ihn dabei erwischt, wie er Kitsch produziert, ruiniert er seinen guten Ruf. Und er hat einen zu verlieren!«

Dehmel fragt in die Runde: »Weiß jemand, ob Hermann Hesse heute Abend dabei ist? Sie vielleicht, Herr Volkmann?«

»Ich bin mir nicht einmal sicher, ob er überhaupt schon mal in Berlin und bei uns in der Bülowstraße war. Er ist ausgesprochen scheu und für Abende wie diesen nicht gemacht.«

Holck räuspert sich: »Muss man akzeptieren. Von Ihnen, liebe Frau, lieber Herr Ludwig, heißt es ja auch, Sie zögen die Tessiner Idylle dem Großstadtgetöse vor. Man munkelt sogar, Sie hätten in Ihrer Dichterklause noch nicht einmal Strom.«

»Meine Frau ist ein Naturkind, Herr Graf. Das hat auch seine Reize.«

»Unbestritten! Doch wie ich sehe, sind die Herren des Orchesters in Stellung gegangen. Weitere Reden wird es wohl gottlob nicht mehr geben. Das Essen war vorzüglich, so dass es an der Zeit ist, nach einer Tanzpartnerin Ausschau zu halten.«

Der Graf hat seine Zigarre in den Aschenbecher gedrückt. Er erhebt sich und sieht Emil mit einer routinierten Kaltblütigkeit an: »Erlauben Sie, lieber Ludwig, dass ich Ihr zauberhaftes Naturkind zum Tanz entführe.«

Emil lächelt verunglückt: »Selbstverständlich, Graf Holck. Ich nehme an, dass meine Frau in ganz Berlin keinen besseren Tänzer findet.«

»In ganz Deutschland«, ruft Dehmel und sorgt für allgemeine Heiterkeit.

Emil hingegen befallen gemischte Gefühle. Ihm ist nicht entgangen, wie anziehend Holck auf Elga gewirkt hat. Sie hat in den vergangenen vierzehn Tagen mehr als einmal gefragt, ob der Graf auch zu dem Fest erscheinen werde. Dann fuhr sie extra nach Locarno, um sich ein jugendlich wirkendes Kleid anfertigen zu lassen. Heute im Hotelzimmer brauchte sie ungewöhnlich viel Zeit, um sich fertig zu machen. Als sie ein letztes Mal vor den Spiegel trat und Emil erstaunt war, wieviel Schönheit in seiner Frau noch verborgen ist, da überkam ihn das Bedürfnis, mit ihr zu schlafen. Er umfasste sie von hinten, blickte mit ihr in den Spiegel, lächelte sie an. Doch er holte sich eine harsche Abfuhr: »Was fällt dir ein, du bringst ja alles in Unordnung«, hielt sie ihm vor und sah auf die Uhr. Sie könnten schon nach unten fahren, vielleicht treffe man ja Bekannte.

Emil tanzt mehrmals mit Dehmels Frau und lenkt sich ein wenig ab. Elga und Holck tanzen ausgelassen auf der entgegengesetzten Seite der Tanzfläche. Emil unterhält sich einige Zeit später mit Jakob Wassermann. Schließlich setzt sich Volkmann dazu, der von den Schwierigkeiten berichtet, als sozialdemokratischer Redakteur zu arbeiten. Eine Pause findet statt, die Tanzfläche leert sich, doch Elga und Holck kehren nicht an den Tisch zurück.

Volkmann ahnt, warum Emil so besorgt guckt. Fast tröstend sagt er: »Die werden in die American Bar gegangen sein oder nach draußen, um sich in der Mailuft ein wenig zu erfrischen. Kommen Sie, wir schauen mal in die Bar. Ich lade Sie auf einen Cocktail ein.«

Volkmann ist in Erzähllaune und plaudert über Interna aus dem Verlagsalltag. Emil revanchiert sich, lädt den jungen Mann zu einigen weiteren Cocktails ein. Nach einer knappen Stunde spürt er, wie ihm der Alkohol durch den Körper rauscht. Er dankt Volkmann und begibt sich an den Tisch zurück. Auf der Tanzfläche ist inzwischen Walzer angesagt.

Holck und Elga sind nirgends zu sehen.

Dehmel sitzt ihm gegenüber. Er weiß genau, was den jungen Freund plagt. Er lenkt das Gespräch auf Emils Romanprojekt: »Schreib deine, schreib eure Geschichte auf. Gestalte dich!«

Doch Dehmel gibt bald auf, denn sein Gegenüber ist nicht bei der Sache und blickt nervös umher.

Das Fest hat seinen Höhepunkt längst noch nicht erreicht, da erhebt Emil sich: »Ich will kein Spielverderber sein. Bitte grüße die anderen von mir. Mich plagen Kopfschmerzen. Ich gehe nach oben. Bestelle das bitte auch Elga!«

Dehmel sieht ihn traurig an: »Ich kenne diese Kopfschmerzen, sie gehen bis ins Herz hinein. Gönne dir ein wenig Rotwein, versuche zu schlafen, und wenn das Leiden nicht aufhört, kommst du zu mir!«

Emil schluckt, muss aufpassen, dass ihm keine Träne entschlüpft. Er geht ins Treppenhaus, um in den fünften Stock zu gelangen. Er denkt: Vielleicht kommt sie mir hier entgegen. Hätte ich einen der Fahrstühle genommen, wir wären womöglich aneinander vorbeigefahren.

Er betritt das Zimmer, schaltet das Licht ein und sieht sofort, dass sie nicht hier ist. Für den Bruchteil einer Sekunde hatte er die Hoffnung, sie liege vielleicht schon im Bett. Doch alles ist so wie am frühen Abend, als sie das Zimmer verließen.

Er spürt heftigen Herzschlag, lässt sich in den nächsten Sessel fallen und versucht dem Gedankenandrang im Kopf Herr zu werden. So sitzt er eine halbe Stunde. Immer schrecklichere Bilder stürzen auf ihn ein. Seine Phantasie öffnet alle Schleusen. Angst schüttelt ihn, und als er das nicht mehr erträgt, löscht er das Licht und wirft sich angezogen auf's Bett.

An Schlaf ist nicht zu denken. Die Dunkelheit macht alles nur schlimmer. Draußen auf dem Gang ist Gelächter zu hören. Oh, denkt er, wenn jetzt die Tür aufginge, und sie käme herein. Doch dann ist alles ruhig, auch das Orchester hat aufgehört zu spielen. Durch das geöffnete Fenster dringen die schwächer werdenden Geräusche der Großstadt herein.

Irgendwann am frühen Morgen – er hat vielleicht eine Stunde geschlafen – geht die Tür auf, und sie steht im Raum. Emil schreckt hoch und ruft erleichtert: »Mein Gott, Elga, wo warst du denn? Ich habe mir solche Sorgen gemacht. Wie gut, dass …«

»Ach, Emil, es tut mir schrecklich leid, aber ich habe mich verliebt.«

Sie geht ins Badezimmer, das sie abschließt, kommt nach zwanzig Minuten wieder heraus und legt sich ins Bett und schläft bald darauf ein. Emil liegt auch im Bett und starrt gegen die Zimmerdecke. Die Bilder kehren zurück. Er sieht, wie sie sich lieben, der große blonde Adlige und das Naturkind. Sie machen Dinge, um die Emil seine Frau noch nie gebeten hat. Er sieht sie im Liebesakt vereint, und Elga ist glücklich, wie sie es nie zuvor war. Sie stöhnt vor Lust und Leidenschaft.

Um sieben Uhr geht er zum Frühstück. Elga schläft tief und fest. Er denkt: Vielleicht war es nur eine kurze harmlose Affäre. Ich werde sie gar nicht darauf ansprechen. Wie ich sie kenne, wird sie das Bedürfnis haben, mir später alles zu erklären.

Er verlässt das Adlon durch die große Drehtür und ist froh, keinem Bekannten begegnet zu sein. Er spaziert durch Berlin, lässt die Friedrichstraße links liegen, stöbert in einigen Buchhandlungen und findet im Tiergarten eine Bank, wo er sich von der Sonne bescheinen lässt. Er isst zu Mittag bei Aschinger und geht zurück ins Adlon.

Als er den fünften Stock erreicht und das Zimmer aufschließt, fährt er zusammen. Alles ist aufgeräumt, das Bett gemacht, Elga verschwunden. Abgereist. Er begibt sich zur Rezeption, wo ein älterer Hotelangestellter bestens Bescheid weiß. Mit brutaler Freundlichkeit und ohne irgendeine Rührung eröffnet ihm der Alte: »Ihre Frau, Herr Ludwig, ist vor drei Stunden abgereist. Graf Holck hat das Zimmer im fünften Stock für die ganze

Woche gebucht. Es steht Ihnen zur Verfügung. Und hier ist noch ein Couvert, von der gnädigen Frau.«

Er geht in die American Bar, setzt sich an den Tresen, öffnet den Brief und erkennt sofort ihre Handschrift: »Lieber Emil, fahre ruhig nach Hause. Ob und wann ich wiederkomme, weiß ich nicht. Er ist ein großartiger Mensch. Ihr solltet Freunde werden. Warte nicht auf mich. Elga.«

Ruhig nach Hause fahren! Was fällt ihr ein! Was habe ich falsch gemacht, er hat sie dir genommen, du hast sie verloren, sie kommt nicht wieder. Er ist blond. Du bist dunkelhaarig. Er ist Arier. Du bist Jude.

Wieder rennt er durch die Stadt, spürt horrende Angst im Körper, zerfließt gleich danach in Selbstmitleid. Gedanken trampeln durch sein Gehirn. Wie wirst du in Moscia weiterleben? Wirst du eine neue Ehe eingehen? Eine Scheidung ist inzwischen ganz normal, gerade in Künstlerkreisen. Wie gut, dass keine Kinder da sind. Was tust du, wenn sie den Hund haben will ...?

Er überlegt, zu Dedo zu gehen. Doch der alte Schwerenöter weiß vermutlich nicht, wie sehr Eifersucht zum Folterinstrument taugt. Er wird dir raten, eine Neue zu nehmen. Danach hat man schlagartig Ruhe. Er wird dich einladen, mit ihm in die Friedrichstraße zu gehen.

Mit einem Mal stellt er fest, dass sein Geld zur Neige geht. Er braucht eine Viertelstunde, dann klingelt er bei Dedo. Eine fröhliche helle Kinderstimme ist im Flur zu hören. Das ist die vierjährige Oktavia, die den Besuch ungestüm empfängt und vor Freude hüpft. Isolde öffnet, die sieben Monate alte Julia auf dem Arm. Dedo ist nicht zuhause. Er hat heute seinen Kegelabend. Isolde kann gut zuhören. Er kann die ganze Geschichte der Reihe nach erzählen.

Schließlich sagt Isolde: »Ich kenne das. Es ist furchtbar und zerstört so viel. Wie oft ist Dedo spät in der Nacht nach Hause gekommen und roch nach billigem, aufreizendem Parfüm. Ich habe mir abgewöhnt, mich über solche Dinge aufzuregen. Wenn du in dein Hotel zurückkommst, ist sie vielleicht wieder da. Stell dir vor, der junge Graf erweist sich als Niete. Elga stellt fest, dass du ein viel besserer Liebhaber bist.«

»Kein überzeugender Schluss für eine solche Geschichte«, sagt Emil. Er steckt das Geld ein, das Isolde noch im Haus hat, und geht ins Adlon. In der American Bar wird er von Barkeeper Toni wie ein alter Freund begrüßt. Toni fragt, wie ihm Berlin gefallen habe, wann er wieder zurück müsse. Spontan erklärt Emil: »Morgen fahre ich nach Hause.«

»Darf man fragen, wo Sie wohnen?«

»In der Nähe von Locarno.«

»Sie sehen so gar nicht nach Geschäftsmann aus. Ich nehme mal an, Sie sind eher im Künstlerischen zuhause. Nicht, dass ich hellsehen kann, aber ich sah Sie auf dem Verlagsfest.«

»Ich bin Schriftsteller und werde zuhause mit einem neuen Roman beginnen.«

»Das stelle ich mir sehr schwer vor. Allein der Anfang muss stimmen. Ich habe schon Romane aus der Hand gelegt, weil der erste Satz nicht stimmte. Wie fängt ihr Roman an?«

»Sie verstehen ja was von Literatur. Mein erster Satz lautet: *Die Sonne stieg*.«

»Finde ich superb! Jetzt fehlt nur noch der Rest.«

Emil lacht: »Habe ich alles im Kopf. In meinem Kopf hockt ein Dämon, der mir diktiert. Ich muss es nur noch auf's Papier bringen.«

Am nächsten Morgen steht er auf dem Pariser Platz, hat einen Wagen herbeigewunken, der ihn zum Potsdamer Bahnhof bringt. Da sieht er einen offenen Landauer, der vom Brandenburger Tor heranrollt, um in die Wilhelmstraße einzubiegen. Holck sieht er zuerst, neben ihm Elga. Beide plaudern munter und scheinen es zu genießen, dass Passanten neugierig zu ihnen hinübersehen. Der Graf hat den Arm um Elga gelegt und spielt gönnerhaft mit ihrem vollen offenen Haar.

»Is' was mit Sie?« fragt der Kutscher, der Emils Koffer in Windeseile verstaut hat.

»Pardon«, sagt Emil. »Ein kleiner Schwächeanfall, ein leichter Schwindel.«

»Das kenn ich, junger Mann, liegt am Wetter, aber nun steigen Sie mal ein!«

»Eine Bitte noch ...«

»Nur raus mit der Sprache. Ihr Wunsch ist uns Befehl!«

»Fahren Sie bitte nicht durch die Wilhelmstraße!«

»Haben Sie was gegen unsre Regierung? Aber wie Sie wollen, gnädiger Herr. Wir nehmen die Königgrätzer.«

Zwei Tage später sitzt er vor seiner Steinhütte, schreibt wie im Rausch. Nur gelegentlich sieht er zu Beppo hinüber, der beschlossen hat, den Garten terrassenförmig anzulegen. Emil hat zugestimmt. Beppos Gegenfrage lag auf der Hand: Ob wohl auch die Signora damit einverstanden sei. Emil hat abgewunken. Beppo solle nur weitermachen. Wer wisse schon, wann sie zurückkommt. Da war Beppo im Bilde.

Der Stift fliegt über das Papier. Seite für Seite wird beschrieben, als handle es sich um ein Diktat. Korrekturen gibt es kaum. Ist es nicht zu früh, eine Autobiographie zu schreiben, fragt Emil sich, ohne das Schreiben auch nur eine Sekunde zu unterbrechen. Es ist die Geschichte eines Dichters, die Geschichte vom Augen-Cohn, Mathildes, des reichen Onkels und vor allem Elgas. Der Titel lautet *Manfred und Helena*.

Emil isst wenig in diesen Tagen. Gegen Abend bringt Beppo ihm eine Flasche Tessiner Landwein, der die drohende Erschöpfung für ein, zwei Stunden beiseite schiebt.

Als der Roman zu zwei Dritteln fertig ist, lädt Emil Beppo zu einer Flasche Wein ein: »Kennst du jemanden, der diesen Packen mit der Schreibmaschine abschreiben kann?«

Beppo muss überlegen, wobei er gedankenversunken auf seine neue Gartenanlage blickt. »Vielleicht könnte man die Schaller fragen. Die wohnt unten in Ascona und arbeitete als Sekretärin im Rathaus. Sie hat vor einem Jahr geheiratet und erledigt, soviel ich weiß, Schreibaufträge von zuhause aus.«

Beppo übernimmt es, am nächsten Morgen zu Frau Schaller zu gehen. Die steigt eine Stunde später die Gartentreppe hinauf, um sich vorzustellen. Man kennt sich vom Sehen und kommt schnell ins Geschäft. Frau Schaller braucht drei bis vier Tage für das Manuskript. Am fünften Tag hilft sie, das getippte Konvolut zu verpacken, und bringt es zum Postamt nach Locarno. Beppo übernimmt die Kosten für die Schreibarbeiten und das Porto.

Emil klopft ihm auf die Schulter: »Mein guter Beppo, lass uns das feiern. Es wird nicht mehr lange dauern, und du bekommst die Schulden, die wir bei dir haben, zurückbezahlt.«

Einen Tag später steht Wotan an der Treppe und bellt. Sogleich springt er mit großen Sätzen zur Straße hinunter. Irgendjemand muss Anstalten machen, nach Moscia heraufzusteigen.

Emil kommt aus der Hütte. Unten bellt der Hund aufgeregt, er stößt Schreie aus. Beppo sieht von seiner Gartenarbeit auf. Auch er hat – genau wie Emil – eine Ahnung.

Ist sie es?

Sie ist es.

Wotan begleitet sie bei ihrem Aufstieg, stupst sie an, wufft, stellt sich in den Weg, läuft fünf Stufen voraus, kommt wieder zurück und bellt und winselt und jault.

Dann steht sie vor ihm, lächelt ihn müde an, winkt kurz zu Beppo hinüber. Sie hat ihre Reisetasche dabei. Sie trägt ein Kostüm, das Emil noch nicht kennt. Sie zittert leicht: »Was macht ihr denn mit meinem Garten?«

Eine peinliche Pause entsteht. Emil geht drei Schritte auf sie zu: »Ist es denn noch dein Garten?«

Sie sieht ihn erschöpft an: »Wenn du es möchtest, gehe ich wieder. Packe vorher ein paar Sachen zusammen.«

»Bleib!« sagt er.

Wotan lockert die Situation auf, indem er sich zwischen die beiden schieben will. Die streicheln seinen weichen warmen Kopf, wobei sich ihre Hände berühren.

Elga gibt ihrem Mann einen Kuss: »Du brauchst keine Angst zu haben, es ist vorbei.«

Später, als sie nebeneinander im Bett liegen, fragt Emil fast schüchtern: »Magst du mir erzählen, was du die letzte Zeit erlebt hast?«

»Was willst du denn hören?«

»War es schön mit ihm?«

»Soll ich lügen?«

»Nein!«

»Ja.«

»War er besser?«

»Besser als du?«

»Ja.«

»Nein.«

»Hast du ihn geliebt?«

»Ich war verliebt. Aber jetzt ist es vorbei.«

Die großen Tage

Am nächsten Morgen sagt sie: »Ich habe dir etwas mitgebracht. Ich fand es in einem Antiquariat am Potsdamer Platz. Ich hoffe, du besitzt es noch nicht.«

»*Fürst Bismarcks Briefe an seine Braut und Gattin*. Wunderbar! Hat der Graf das Buch empfohlen?«

»Wo denkst du hin? Du hast mir während der Bahnfahrt nach Berlin von Bismarck erzählt. Unter anderem erwähntest du, dass Johanna und er eine vorbildliche Ehe geführt hätten.«

»Habe ich das wirklich gesagt? Naja, stimmt schließlich auch.«

Kurz vor dem Mittagessen sagt Elga: »Du liest ja noch immer!«

»Es ist unglaublich. Was für eine Sprache! Er ist ein Künstler. So gar nicht Eiserner Kanzler oder versteinerter Roland, sondern ein empfindsamer Mensch. Ich werde ein psychologisches Porträt über ihn erarbeiten, in dem es nur um den Menschen geht, nicht um den Politiker oder Staatsmann. Das alles ist bekannt genug, weiß jedes Schulkind. Ich brauche Briefe, private Aufzeichnungen und die Gespräche mit und über ihn.«

Die Arbeit an dem Bismarck-Buch ist gerade angelaufen, als ein Telegramm aus Berlin eintrifft. Es ist von S. Fischer, der *Manfred und Helena* angenommen hat. Sam Fischer erlaubt sich zudem, 2000 Mark vorab zu überweisen.

Jetzt wird ein Fest gefeiert. Persönlich überbringt Beppo die Einladungen an Frau Schaller und Buchhändler Zollinger nach Locarno. Mutter Bettini unten aus dem Dorf gehört selbstverständlich auch zu den Gästen. Maria, ihre siebzehnjährige Nichte, die Köchin gelernt hat, hilft Elga in der Küche. Beppo sorgt für weitere Stühle und Tische und packt mit an, wo es nötig ist.

Einige Monate später geht ein weiteres Konvolut in die Bülowstraße. Es ist das Manuskript von *Bismarck – ein psychologischer Versuch*. Fischer nimmt das neue Werk umgehend an und überweist zunächst 3000 Mark. Beide Bücher erscheinen 1911. Der Roman erlebt schon bald eine zweite Auflage, das Bismarck-Buch wird mit fünf Auflagen zum Bestseller werden.

Auf einmal gehört Emil zu den gefragten Autoren. Er wird zu Lesungen eingeladen und erhält in schöner Regelmäßigkeit Anfragen von Zeitschriften, die ihn um Beiträge und Interviews ersuchen. Vor allem schreibt er jetzt für die *Schaubühne*, die *Neue Rundschau* und Maximilian Hardens *Zukunft*.

Emil sagt: »Unsere Schulden haben wir beglichen. Jetzt lass uns ein Haus bauen!«

Elga kräuselt die Stirn: »Ich lebe aber lieber in unserer Hütte.«

»Unsere romantische Epoche ist vorbei. Wir müssen auch ans Repräsentieren denken!«

»Dann möchte ich aber auch ein Klavier kaufen.«

»Selbstverständlich!«

Emil hört sich in Ascona um und fragt nach einem geeigneten Architekten. Der verlange viel zu viel Geld, teilt ihm Frau Bettini mit. Er solle Tischler und Zimmerer Stöckli in Locarno fragen. Der kenne sich mit so was aus.

Stöckli ist ein ruhiger, umsichtiger Mann, mit dem man angenehm kooperieren kann. Er empfiehlt Maurermeister Vogelsang vom Monte Verità, eine christushafte Erscheinung mit langen Haaren, ein bekennender Vegetarier, der zu Emils Freude Goethe-Liebhaber ist und ganzheitlich an die Dinge herangeht. Vogelsang ist ein erfahrener Baumeister, der sich als Künstler versteht. Oft genügt ein Blick, und er ist mit Stöckli einer Meinung. Wie das funktioniert, soll Emil gleich zu Beginn lernen.

»Wir brauchen eine Fahrstraße«, gibt Vogelsang zu bedenken, nachdem beschlossen ist, in erster Linie mit Marmor und Holz zu bauen. Er sieht Stöckli an, der nickt. Emil und Elga sind ratlos. Elga ruft: »Dann ist unsere ganze schöne Waldeinsamkeit dahin.«

»Unmöglich!« fügt Emil hinzu und legt seinen Arm noch fester um seine Frau.

Vogelsang wirft Stöckli einen Blick zu. Der Tischler sagt, wenn alle Materialien von unten die Treppe hinaufgetragen werden müssen, verteuert sich der Bau um das Doppelte. Mit Zufahrt können wir billiger bauen.«

Das ist wiederum dringend erforderlich, denn der Hausherr, der mit Freude demonstriert, wie hier oben in Moscia Geld in Schönheit verwandelt wird, äußert ständig neue Wünsche. Wird er darauf hingewiesen, dass sich der Bau entsprechend verteure, winkt er ab und verkündet: »Das sparen wir an anderer Stelle ein.«

Emils ganzer Stolz ist am Ende die mit Granitsäulen versehene Eingangshalle, von der aus man das noch größere Kaminzimmer betritt. Von dort geht es direkt auf die riesige Terrasse. Beides getrennt durch eine gläserne Schiebetür. Eine solche gibt es auch im ersten Stock, wo sich sein Studio befindet. Von dort betritt man einen stattlichen Balkon. Von Terrasse und Balkon hat man eine wunderbare Aussicht auf den See.

Während sich an das Kaminzimmer die Bibliothek anschließt, liegen oben noch Schlafzimmer und drei Gästezimmer. Die großzügig angelegte Küche liegt nach Norden hin, also in Richtung Garten und Wald. Irgendwann fragt Elga, die den Rohbau nur selten betreten hat: »Gibt es keine Kinderzimmer?«

»Brauchen wir nicht«, sagt Emil. »Und wenn doch, kommen sie in eins der Gästezimmer! Kinder sind ja wie Gäste.«

Am 25. Januar 1914 fahren Emil und Elga in der Erdener Straße 8 vor. Sam Fischer hat an diesem Sonntag zu kleiner Runde in seine Villa eingeladen. Als sie den Salon betreten, werden sie vom Hausherrn begrüßt. Fischer hat beide in die Mitte des Raumes geführt, da erschallt auch schon fröhlicher Gesang: *Happy Birthday to You*. Autoren, Lektoren und Gäste des Hauses bieten das Ständchen dar, während Walther Rathenau am Flügel sitzt und den Gesang instrumental begleitet.

Als der ausgeklungen ist, ruft Sam Fischer: »Silentium! Liebe Frau Ludwig, lieber Herr Ludwig. Ich heiße Sie in meinem Hause herzlich willkommen. Wir wünschen Ihnen zu Ihrem 33. Geburtstag, lieber Herr Ludwig, alles Gute und weiterhin so viel Erfolg wie im vergangenen Jahr. Herr Ludwig, Sie waren zu Recht überrascht, dass wir an Ihren Geburtstag gedacht haben. Aber das war purer Zufall. Am heutigen Vormittag war Herr Volkmann kurz hier, und er war es, der mich auf Ihren Festtag verwies. Herr Volkmann – das füge ich für alle hinzu – hat den Verlag leider verlassen, er wechselt in die Redaktion des *Vorwärts*.

Lieber Herr Ludwig, 1913 war ein gutes Jahr für Sie als Autor und meinen Verlag. 1912 fragte ich Sie, ob Sie für uns nach Afrika gehen würden, um aus einer Reise ein Reisebuch werden zu lassen. Das ist gelungen, das Buch verkauft sich erfreulicherweise sehr gut. Ich könnte noch einiges zu Ihrem Buch über Richard Dehmel anfügen, aber das erörtern wir lieber in kleiner Runde. Ich beende mein Grußwort mit dem Wunsch, dass auch 1914 erfolgreich werden möge. Möge uns der Frieden erhalten bleiben!«

Rathenau ist sogleich auf ihn zugekommen. Beide stehen ein wenig am Rande und haben einen guten Blick auf den winterlichen Garten der Villa.

»Bevor Sie mir abhandenkommen, will ich Ihnen noch zu Ihrem Richard-Wagner-Buch gratulieren. Erstklassig. Das Beste, was seit Nietzsche gegen diesen Scharlatan geschrieben wurde. Ich frage mich nur, warum Fischer es nicht verlegt hat.«

Emil schmunzelt: »Ich glaube, er hat sich nicht getraut. Der Bayreuther steckt den Deutschen allzu sehr in den Knochen und ist kultureller Leithammel.«

»Da mögen Sie recht haben.«

»Wie ich gelesen habe, Herr Rathenau, verkauft sich Ihr Buch *Zur Kritik der Zeit* sehr gut. Herzlichen Glückwunsch!«

Elga, die sich zu den beiden gestellt hat, stimmt ein: »Dass Sie trotz Ihrer vielen unternehmerischen Verpflichtungen überhaupt noch dazu kommen, solche umfangreichen Betrachtungen zu verfassen, erstaunt mich.«

Rathenau fühlt sich geschmeichelt: »Solch ein Lob aus dem Mund einer schönen Frau ist doppelt von Wert. Aber kommen wir zu etwas anderem: Hätten Sie Lust, für das *Berliner Tageblatt* nach London zu gehen? Theodor Wolff sprach mich an, und ich habe gleich an Sie gedacht. Im April will er einen neuen Korrespondenten an die Themse schicken.«

»Ich bin verblüfft und meine Frau, wie ich sehe, ebenfalls. Ich verstehe nichts von Politik.«

»Aber von Menschen. Überdies sind Sie ein scharfer Beobachter, und – was Ihre Frau betrifft – so lächelt sie und scheint sich schon zu freuen.«

»London ist nicht Schottland, aber es ist eine faszinierende Stadt. Und ich kann endlich wieder Englisch sprechen.«

»Herr Ludwig, ich glaube, ich kann Wolff nachher anrufen und ihm ausrichten, dass ich den richtigen Mann gefunden habe, diesem aber noch drei Tage Bedenkzeit einzuräumen sind. Wenn er absagt, schicken wir seine Frau über den Kanal.«

Emil lacht und sagt noch am Abend zu.

Er beginnt seine Tätigkeit im April. Zunächst bestaunen die beiden die Metropole der Welt und die britische Liberalität, auf die man allerorten stößt. Als erstes fällt ihnen auf, dass nicht überall Schilder verkünden, was verboten ist. Dass man im Hyde Park den Rasen betreten darf, ohne von einem Gendarm im schnarrenden Leutnantston zurechtgewiesen zu werden. Sie bewundern die gelebte Demokratie im Unterhaus. Emil verfasst zahlreiche Feuilletons, interviewt einflussreiche Politiker und erkundet die Hauptstadt, die in allem einige Nummern größer zu sein scheint als Berlin.

Der Sommer steht bevor. Im Juli wollen die beiden einen dreiwöchigen Urlaub in Moscia antreten. Einen Monat vorher, am 28. Juni, sind sie nach Oxford zu einer Gartenparty eingeladen. Es ist ein strahlender Sonntag. Zwischen Lunch und Tennis verbringt man seine Zeit mit Plaudereien, oder man ruht sich aus, was Emil dicht am Fluss in einer Hängematte praktiziert.

Plötzlich wird in die Gartenstille hineingerufen: »Der österreichische Erzherzog ist ermordet worden!«

Diplomaten und Politiker stehen in der Halle und besprechen sich. Es ist vier Uhr. Autos werden bestellt. Man will schnell nach London zurückkehren. Emil fragt einen der Herren, was all das bedeute. Krieg zwischen

Österreich und Serbien lautet die Antwort. Aber weitere Verwicklungen könne man wohl ausschließen. Das sei schließlich nicht die erste Balkankrise, die man über sich ergehen lasse.

Einen Monat später in Portsmouth. Hier findet heute am 19. Juli eine Flottenschau statt. 400 Schiffe liegen in neun Reihen beisammen. Eine Machtdemonstration, lange zuvor geplant, zum jetzigen Zeitpunkt irgendwie unpassend. Emil fährt in einer schwankenden, schaukelnden Barkasse in dem Spektakel umher. Neben ihm sitzen ein britischer, ein französischer und ein russischer Kollege. Sie lächeln: der Brite entspannt, der Franzose provokant, der Russe verschlagen. Drei Tage später versichern mehrere hochrangige Politiker, niemand in England wolle einen Krieg mit Deutschland.

Zwei Tage danach haben Emil und Elga die Insel verlassen. Sie erreichen Boulogne, wollen möglichst schnell weiter nach Berlin. Die Zeitungen berichten vom österreichischen Ultimatum an Serbien.

Am nächsten Tag fahren sie in den Anhalter Bahnhof ein. Zeitungsjungen rufen laut aus: Österreich-Ungarn mobilisiert Truppen an der Grenze zu Russland.

Am 28. Juli heißt es in der Stadt: Kriegserklärung Österreich-Ungarns an Serbien. Extrablätter teilen mit, dass Kaiser Wilhelm aus dem Sommerurlaub zurückgekehrt sei. Am Brandenburger Tor trifft Emil Karl Volkmann: »Was für ein Zufall!« ruft der. »Und ich dachte, Sie sitzen in England fest.«

»Wie ist die Stimmung in der Arbeiterschaft?« fragt Emil.

»Gedämpft, gedrückt, gefasst. Wir hatten vorgestern eine Antikriegsdemonstration im Lustgarten. Aber glauben Sie, darüber wird in der Presse anständig berichtet?«

Am 30. Juli gegen 18 Uhr schreien die Extrablätter in alle Welt hinaus: russische Generalmobilmachung. Emil schreibt an Elga, die inzwischen wieder in Moscia ist: »Man ist ratlos, und es ist unmöglich, das Kleinste zu tun, weil im nächsten Augenblick etwas Großes sich ereignet. Zum ersten Mal in meinem Leben habe ich das Gefühl, in allem von den Entschlüssen anderer abzuhängen. Ich fahre in die Stadt, besuche Freunde, dann springe ich nach lebhaftem, oft hektischem Gespräch auf und gehe wieder im Menschengewühl die *Linden* entlang, bis zum Schloss, in der Hoffnung, etwas zu erfahren. Plötzlich Rufe, Gerüchte fliegen durch den Menschenstrom hindurch: der Kaiser! Er sitzt in seinem Automobil, weitere Wagen folgen: Prinzen, Minister, Generäle.

31. Juli: Deutsche Ultimaten an Russland und Frankreich. Die Menge wird immer nervöser. Man wartet nicht mehr auf die Erhaltung des Friedens, sondern auf die Erklärung des Krieges.

1. August: Kriegserklärung Deutschlands an Russland. Mobilmachung der britischen Flotte. Zeitungsautos fahren durch die Straßen. Flugblätter werden in die Menge geworfen. Hunderttausende bevölkern die Mitte der Hauptstadt. Hurra-Schreie werden ausgestoßen. Gegen Abend scheint ganz Berlin auf den Beinen zu sein. Es wird eine milde Nacht werden. Festtagsstimmung gibt es an verschiedenen Orten und Plätzen, aber längst nicht überall. *Man hat uns überfallen*, ist aus einigen heiseren Kehlen zu hören.

Unvergessliche Tage. Eine aufputschende Meldung jagt die nächste. Eine gewittrige Schwüle liegt über der Stadt. Es knistert, als wäre die Luft voller elektrischer Spannung. Wann endlich kommt es zur Entladung?

Am 2. August ist der erste Mobilmachungstag. Der Mobilmachungsbefehl wird im Lustgarten vor einer dichtgedrängten Menschenmenge verlesen und mit großer Begeisterung aufgenommen. Kaiser und Kaiserin zeigen sich auf dem Mittelbalkon des Schlosses. Der Kaiser sagt: »Wenn es zum Kampfe kommt, hört jede Partei auf. Wir sind dann nur noch deutsche Brüder.« Die Menge singt *Heil dir im Siegerkranz*, *Deutschland, Deutschland über alles* und die *Wacht am Rhein*. Langsam wälzt sie sich die Linden hinauf. Berittene Schutzleute sorgen für Ordnung.

3. August: Kriegserklärung Deutschlands an Frankreich. Einmarsch deutscher Truppen in Belgien. Wir müssen uns verteidigen! Die Zeit drängt.

4. August: Kriegserklärung Großbritanniens an Deutschland. Emil erlebt im Weißen Saal des Berliner Stadtschlosses die Verlesung der Thronrede mit. Auch er ist tief beeindruckt, als der Kaiser am Ende plötzlich auf die Parteiführer zugeht und ihnen die Hand zum Burgfrieden reicht. In der Abendausgabe des *Berliner Tageblatts* erscheint Emils Bericht über die Thronrede auf Seite eins. Emil wird ständig auf den langen Artikel angesprochen und immer wieder gelobt.

Abends im Café Josty am Potsdamer Platz. Er ist mit einigen Freunden und Kollegen zusammen. Bier wird herumgereicht, damit die Köpfe gekühlt werden. Er hat noch nie eine politische Rede gehalten. Jetzt wird er gedrängt. Das was er eben in kleiner Runde gegen England gesagt hat, muss auch dem Volk mitgeteilt werden. Denn das Volk wird in diesen Tagen zu einer Gemeinschaft. Wie hat der Oberste Kriegsherr heute verkündet: »Ich kenne keine Parteien mehr, ich kenne nur noch Deutsche!« Parteien, Konfessionen, Stände oder Klassen – wir sind jetzt das Volk, das seine Nation und seine Ehre verteidigt.

Also besteigt er den Stuhl, der ihm hoch vorkommt wie ein Aussichtsturm. Da steht er wie tausend andere Redner in diesen aufregenden Tagen. Er soll sprechen, denn er kennt aus eigener Erfahrung das *perfide Albion*, das uns heute den Krieg erklärt hat. Emil spricht. *Lauter!* wird gefordert. Da ruft er in die Menge hinein: »England ist der Drahtzieher in dieser europäischen Krise. Es fürchtet, dass Deutschland ihm seine Weltstellung streitig macht. Es fürchtet die deutsche Konkurrenz auf den Weltmärkten ...«

Zehn Tage danach geht er die Schöneberger Straße entlang. Er muss in den zweiten Stock. Im Treppenhaus riecht es nach gekochtem Kohl. Er besucht Dedo und Isolde, die allerdings allein zuhause ist. Die achtjährige Oktavia liest gerade in der Vossischen *Luise*. Sie begrüßt den Onkel mit einem Knicks, und als der die Wange hinhält, mit einem Küsschen. Die fünfjährige Julia spielt mit dem Wellensittich, die dreijährige Friderike guckt ihr dabei zu.

Dedo ist beim Generalkommando in Potsdam. Seit Tagen rennt er denen die Türen ein, wird aber immer wieder vertröstet. Momentan brauche man ihn nicht. Man könne den Ansturm von Kriegsfreiwilligen überhaupt nicht bewältigen.

Isolde sitzt auf dem Küchenstuhl und schwitzt. Hochrot ist sie im Gesicht. Es sind heiße Tage, und Isolde ist schwanger.

»Er freut sich nicht mal richtig«, sagt sie und will das näher erklären, da ist draußen Gepolter zu hören, und schon stürmt ein glücklicher Dedo in die kleine bescheidene Wohnung. Er trägt zivil, einen hellgrauen Sommeranzug.

»Schwager! Sei mir ein willkommener Gast. Endlich hat es geklappt. Aber jetzt kriegt meine herzensgute Isolde erstmal einen Kuss. Und du, mein lieber Emil, trinkst mit mir einen Kräuterlikör, damit wir anstoßen können auf das große Ereignis. Seit einer Stunde steht fest: Sie haben mich genommen. Ich werde einer Maschinengewehr-Kompanie zugeteilt. Übermorgen früh um sechs geht es los. Hurra, rufe ich nur, und Prost, liebe Leute. Nun kann ich mir endlich diesen zivilen Dreck vom Leibe reißen und des Königs Rock anziehen. Ihr könnt euch gar nicht vorstellen, was ich für Angst hatte, dass der Krieg ausfällt. Dass womöglich der Zar ein Friedensangebot macht oder S.M. einen Rückzieher. Nee, hab ich zu den Kameraden in Potsdam gesagt, Frieden haben wir lange genug gehabt. Jetzt wollen wir mal was erleben. Ein Dedo von Zornberg kann nicht den ganzen Tag Däumchen drehen. Der zuständige Major meinte nur, es wird im Unterschied zu 70/71 nicht lange dauern. Bis November, schätzte er, dann liegt der Franzmann am Boden, und unsere Flotte hat die Briten das Fürchten gelehrt.«

Emil ist im Begriff aufzubrechen, weil er dringend in die Redaktion des *Berliner Tageblatts* muss, da keucht der Briefträger die Treppe hinauf. Er hat eine Depesche für Dedo. Sie ist von seinem Bruder. Auch er ist eingezogen worden und bereits bei seinem alten Regiment, dem 3. Schlesischen Dragoner-Regiment Nr. 15, eingetroffen. Gut Weidenthal, der alte Familienbesitz, wird solange vom bisherigen Gutsinspektor verwaltet.

In den Büroräumen des S. Fischer Verlags trifft er tags darauf Walther Rathenau. Sie sitzen im Konferenzraum zusammen. Die Sekretärin hat ihnen Kaffee gebracht. Sie blickt besorgt zur Uhr. Der Chef wollte längst wieder im Haus sein. Rathenau zückt seine Taschenuhr: »Zeit ist in diesen Tagen das, was einem am meisten fehlt. Was halten Sie von den Ereignissen, die sich um uns herum abspielen und auf die man als einzelner so wenig Einfluss hat? Wollen Sie gar nicht hinaus auf das Feld der Ehre?«

Emil legt den Löffel auf die Untertasse: »Eine angeborene Kurzsichtigkeit verbietet es mir, sich unseren siegreichen Truppen anzuschließen. Und Sie?«

»Ich habe dem Reichskanzler gleich in den ersten Tagen geschrieben, dass ich dem Vaterland dienen möchte. Meines Erachtens ist das meine Pflicht als Deutscher, Preuße und Jude. Ich habe immerhin mein Einjähriges abgeleistet.«

»Und haben Sie schon eine Antwort erhalten?«

»Ich werde mich um die Rohstoffversorgung kümmern. Da liegt einiges im Argen.«

»Wie darf man das verstehen?«

Rathenau schlürft langsam seinen Kaffee. Er sieht Emil nachdenklich an: »Herr Ludwig, was ich Ihnen jetzt sage, ist meine Privatmeinung, und ich möchte nicht, dass ich sie morgen im *Berliner Tageblatt* nachlesen kann. Es ist allerdings auch kein Staatsgeheimnis, wenn ich Ihnen mitteile, dass wir in keiner Weise auf diesen Krieg vorbereitet sind. Ja, Sie stutzen, denn es sieht nach einem schnellen militärischen Erfolg aus, wenn unsere

Truppen durch die Stadt marschieren, begleitet von einer jubelnden Menge, die den Kriegern Blumenkränze mit auf den Weg gibt.«

Rathenau blickt ein weiteres Mal auf die Uhr: »Wissen wir eigentlich, warum wir diesen Krieg führen? Von Bismarck haben wir gelernt, dass jeder Waffengang mit einem politischen Ziel verknüpft sein muss. Worin besteht jetzt das Ziel? Dass wir womöglich das Leben von Millionen opfern, um einen österreichisch-serbischen Konflikt zu beenden? Der alte Moltke hat 1890 in seiner letzten Reichstagsrede vor einem europäischen Krieg gewarnt. Der könne sich schnell zu einem siebenjährigen, wenn nicht dreißigjährigen Krieg entwickeln. Und der Alte fügte hinzu, wehe dem, der Europa in Brand stecke und zuerst die Lunte ins Pulverfass werfe. Friedrich Engels hat sich ganz ähnlich geäußert. Er warnte davor, dass sich Millionen von Männern gegenseitig abschlachten würden in einem solchen Krieg. Dass Volkswirtschaften zusammenbrechen würden.«

Emil leert seine Tasse: »Aber es sieht doch alles nach einem kurzen Waffengang aus.«

»Wenn der Feldzug in Bewegung bleibt und nicht ins Stocken gerät. Sonst werden uns die vielen Soldaten fehlen, die man in den letzten Jahrzehnten nicht eingezogen hat, weil die Offizierskaste Angst vor einer Verbürgerlichung oder gar Sozialdemokratisierung der Armee hatte. Hinzu tritt die Rohstoffproblematik. Als ich gleich zu Kriegsbeginn im Generalstab vorsprach und davor warnte, dass das rohstoffabhängige Deutschland schnell an seine Grenzen stoßen könnte, sah ich in ungläubige Gesichter. Mit diesen profanen Fragen hatte sich noch keiner der Herren befasst. Nein, lieber Ludwig, wenn wir diesen Krieg verlieren, komme ich zu Ihnen in die Schweiz. Und wenn wir ihn gewinnen und Kaiser Wilhelm reitet durchs Brandenburger Tor, komme ich erst recht zu Ihnen, weil ich ein solch siegreiches wilhelministisches Deutschland schlecht ertragen könnte.«

Im Feuer

Der erfolgreiche Redakteur Emil Ludwig wird von Theodor Wolff für knapp zwei Jahre auf den Balkan geschickt. Weite Teile der Region sind Emil von früheren Reisen bekannt. Im März 1915 beginnt er seine Tätigkeit. In unzähligen Kriegsberichten und Reisefeuilletons macht er die Leser des *Berliner Tageblatts* mit dem fernen Kriegsschauplatz bekannt. Ausgangspunkt ist Konstantinopel, die Hauptstadt des Osmanischen Reichs, das für die Mittelmächte ein wichtiger Bündnispartner ist.

Das Vogelhaus nennen die Türken die deutsche Botschaft, denn auf dem Dach des großen blockförmigen Gebäudes befinden sich mehrere steinerne preußische Adler. Der sechsgeschossige Bau ist herrlich oberhalb des Bosperus' gelegen, auf den der Botschafter von seinem Arbeitszimmer aus blickt.

Im Frühjahr 1916 sitzt Emil dem deutschen Botschafter Graf Wolff-Metternich gegenüber, der ihn mit einer gewissen britischen Kühle empfängt. Emil hat sich gut vorbereitet. Er lenkt das Gespräch auf englische Literatur, was den Grafen auftauen lässt. Er war bis 1912 Botschafter in London. Emil kommt wie zufällig auf die desaströsen Folgen der wilhelminischen Flottenpolitik zu sprechen, was den Grafen zu einem leidenschaftlichen Statement veranlasst. Denn seine Warnungen wurden jahrelang von der Regierung in den Wind geschlagen, so dass Wolff schließlich aus dem Amt schied.

Ein türkischer Diener bringt frisch gebrühten Tee und Gebäck, wodurch eine kleine Pause eintritt. Der Graf sieht nachdenklich zum Bosporus hinunter, auf dem zahlreiche Schiffe zwischen der europäischen und asiatischen Seite hin- und herfahren. Er wendet sich wieder seinem Gast zu: »Der Krieg ist furchtbar erstarrt. Wir siegen uns zu Tode, verzetteln uns hoffnungslos, während die Versorgungslage immer prekärer wird. Wir müssen schleunigst auf dem Balkan für Frieden sorgen, damit wir unsere Kräfte bündeln können. Dazu in Frankreich und Belgien dieser irrwitzige Stellungskrieg, der ganze Jahrgänge junger Männer abschlachtet. Vor wem will unsere Regierung das einmal verantworten? Aber kommen wir zu Ihrer kleinen Exkursion, die schnell sehr gefährlich werden kann. Wir haben bekanntlich unseren eigenen Stellungskrieg vor der Haustür, der auf beiden Seiten schon einige hunderttausend Tote und Verletzte gefordert hat.«

Der Graf bietet Emil eine Zigarette an, erhebt sich und bittet ihn zu einer großen Generalstabskarte, die auf dem Konferenztisch ausgebreitet ist. Wolff erläutert den bisherigen Kriegsverlauf um die Halbinsel Gallipoli. »Sie sehen, es geht letztlich um die Durchfahrt durch die Dardanellen und die Einnahme von Konstantinopel, verbunden mit einem freien Zugang zu den Meerengen. Man will die Mittelmächte in ihrem Unterleib treffen. Churchill hatte sich das so schön ausgedacht. Schwere Schiffsartillerie schießt die türkischen Verteidigungsstellungen sturmreif. Danach landet man mit Bodentruppen, vernichtet die Reste der Verteidiger und marschiert auf Konstantinopel zu. Eine solche Niederlage würde dazu führen, dass zahlreiche Balkanstaaten zur Entente überlaufen. Die Türken möglicherweise gleich mit. Aber dieser Plan ist nicht aufgegangen. Unsere Militärberater haben die Türken gut ausgebildet. Die Engländer haben sich eine blutige Nase geholt und durch unsere Minen und Küstenbatterien mehrere Schlachtschiffe verloren. Und die Soldaten, die es schafften, sich auf Gallipoli festzusetzen, haben sich eingegraben und liegen unseren Truppen seit Monaten tatenlos gegenüber.«

Wolff-Metternich macht eine einladende Geste. Beide nehmen wieder Platz: »Sie können gern einige unserer Verteidigungsstellungen in Augenschein nehmen. Wir bringen Sie auch in General Limans Hauptquartier, der den Oberbefehl hat. Sie haben in Ihrem Brief darum gebeten, Troja besichtigen zu dürfen. Unser Legationsrat Graf Holck, der seit kurzem bei uns tätig ist, wird Sie die ganze Zeit begleiten. Er ist mit einem solchen Abstecher einverstanden.«

Emil ist zusammengezuckt. Hat er richtig verstanden? Graf Holck? Wenn er das gewusst hätte, er wäre nie auf den Gedanken gekommen, in dieser Stadt den Kriegsberichterstatter zu spielen.

»Sie sind so nachdenklich geworden«, sagt der Graf und lächelt. »Troja scheint ja eine besondere Bedeutung für Sie zu haben, wobei ich gestehen muss, dass der Homer auch bei mir auf dem Nachttisch liegt.«

Emil holt tief Luft: »Mein Vater war mit Heinrich Schliemann befreundet, und ich war stolz als kleiner Junge, wenn ich dem berühmten Mann bei uns zuhause die Hand reichen durfte.«

Emil erzählt noch einiges über sich und sein Elternhaus, danach entschuldigt sich der Graf, er habe noch einen Termin wahrzunehmen. Emil dankt und sagt zu, alles weitere mit Legationsrat Holck zu besprechen. Allerdings hat er längst beschlossen, als er den langen Flur zurückgeht, eine solche Besprechung einige Zeit hinauszuschieben. Um diesem Mann gegenüberzutreten zu können, benötigt er eine ausreichende innere Vorbereitung.

Eine Tür springt auf. Emil kann gerade noch ausweichen. Er stolpert jedoch und kniet auf dem weichen Teppichboden. Allzu sehr hing er seinen Gedanken nach. Laut ruft er: »Pardon! Meine Schuld.«

Graf Holck steht vor ihm, hilft ihm aufzustehen. »Guten Tag, Herr Ludwig, ist Ihnen etwas passiert? Das scheint nicht der Fall zu sein. Und ein

Kniefall wird in diesem Hause nicht erwartet. Guten Tag! Ich nutze sogleich die Gelegenheit, Sie willkommen zu heißen, und frage, ob Sie schon beim Chef waren?«

»Ich komme direkt vom Herrn Botschafter, der mir mitteilte, dass Sie den Besuch einiger Verteidigungsstellungen und bei General Liman begleiten würden.«

»Ihrem Tonfall entnehme ich, dass es Ihnen nicht angenehm ist, mit mir ein paar Tage unterwegs zu sein.«

»Wundert Sie das?«

»Überhaupt nicht! Ich gehöre zweifelsohne zu Ihren Intimfeinden. Ich habe mich bereits damals gewundert, dass Sie mich nicht gefordert haben, nach dem, was vorgefallen ...«

»Dann hätte ich meine Frau auch fordern müssen. Ihr Anteil an den mir zugefügten Verletzungen ist nicht geringer als der Ihre.«

»Groteske Vorstellung, aber darf ich Sie bitten, mit in mein Büro zu kommen. Hier auf dem Flur redet es sich nicht so gut.«

Beide nehmen in den Sesseln einer gemütlichen Sitzecke Platz. Holck bietet griechischen Rotwein an und gießt sein Glas halbvoll, nachdem Emil abgelehnt hat.

»Ich möchte«, setzt Holck das Gespräch fort, »nicht allzu sehr ins Private vorstoßen, sonst würde ich Ihnen darlegen, dass Sie eine wunderbare Frau haben und es nicht leicht ist, sich nicht in sie zu verlieben. Doch was geschehen ist, ist geschehen. Und es sind mehr als fünf Jahre darüber ins Land gegangen. Ich erwäge folglich, ob wir unseren Zwist, unseren seelischen Verdruss, nicht besser am Ende unserer Reise verhandeln – wenn die Geschichte dann überhaupt noch virulent ist. Ich schlage Ihnen also eine temporäre Waffenruhe vor. Ganz preußisch sozusagen: Erst der Dienst, dann das Duell.«

Emil ist mit diesem Modus vivendi einverstanden, verzichtet aber auf einen Handschlag. Am Ende, überlegt er, werde ich abreisen und die Sache auf sich beruhen lassen. Und der große, schlanke Herr mit dem schönen Gesicht wird sich neue Opfer suchen.

Holck kommt auf einige Formalitäten zu sprechen und teilt Emil eher beiläufig mit, dass eine Dame aus Bulgarien und fünf Herren mitfahren werden, darunter der amerikanische Botschafter Henry Morgenthau: »Unser Botschafter war nicht begeistert, als sich sein US-Kollege für die Expedition interessierte und darum bat, mitfahren zu dürfen. Er wolle sich ein eigenes Bild machen. Graf Wolff konnte schlecht nein sagen, schließlich sind die USA neutral und wollen freundlich behandelt werden. Also seien Sie recht höflich und bescheiden, denn das mag der Onkel leiden.«

»Und wer gehört noch zur Gruppe?« will Emil wissen.

»Ein Herr van Doorn aus Holland, Herr Hürlimann aus der Schweiz, ein schwedischer Journalist namens Jonasson sowie Leutnant Wimmer aus Wien, seit kurzem Militärattaché an unserer Botschaft. Unter dem Strich vier Neutrale und zwei Verbündete.«

»Eine Frau ist auch dabei? Ist das nicht zu gefährlich?«

»Sie meinen für die Frau? Da haben Sie vollkommen Recht, Herr Ludwig. Einer von uns wird sich der Dame, die auf den klangvollen Namen Elena Dubarowa hört, annehmen müssen.«

Emil lächelt: »Sie sind der Reiseleiter und haben in diesen Fragen sicherlich die meiste Erfahrung.«

Das schöne jungenhafte Gesicht nimmt ironische Züge an: »Sie haben soeben ein Machtwort gesprochen, dem ich mich selbstverständlich unterwerfen werde.«

Am Morgen des nächsten Tages betritt Emil einen alten, wenig vertrauenerweckenden Schaufelraddampfer, der in der Nähe der Galatabrücke festgemacht hat. Holck steht an der Reling und beobachtet, wie seine Gäste den Laufsteg emporsteigen. An Bord begrüßt er sie, als wäre er der Kapitän.

Zuerst empfängt er Henry Morgenthau. Der Diplomat ist mit seinen 59 Jahren schon recht betagt, was der Graf nicht ohne Sorge betrachtet. Doch man kennt sich gut und geht freundlich miteinander um. Morgenthau redet nicht viel, ist aber ein scharfer Beobachter. Und er pflegt – zumindest aus deutscher Sicht – eine Unsitte: Er kommt bei passender, oft auch bei unpassender Gelegenheit auf die Armenier-Frage zu sprechen.

Nachdem die drei Neutralen eingetroffen sind, begrüßt Holck die Kriegsberichterstatterin Frau Dubarowa besonders herzlich, was verständlich ist. Sie ist eine aparte Erscheinung, trägt hochgestecktes schwarzes Haar und ist um die dreißig. Und es ist nicht zu übersehen, auch ihr gefällt der große, schlanke deutsche Diplomat mit dem interessanten Gesicht. Jedem Reisenden ist ein türkischer Diener zugeteilt. Die Diener sind in diesem Augenblick damit beschäftigt, das Gepäck an Bord zu bringen. Sie sind in Eile, da das Schiff jeden Moment ablegt. Als letzter springt Leutnant Wimmer an Deck.

Das Schiff erreicht am frühen Abend die Dardanellen. Holck gibt seinen Gästen, die sich schon untereinander bekanntgemacht haben, einige Informationen über Land und Leute und den bisherigen Kriegsverlauf. Er zeigt auf die Berge, die sich beiderseits der Meerenge erheben, und auf zahlreiche Bastionen aus früheren Jahrhunderten. Sie sind die Vorläufer der modernen Festungsanlagen, deren Kanonen bedrohlich in den Himmel ragen.

Morgenthau will wissen, ob es stimmt, dass die türkischen Kanonen alle von Krupp stammten. Holck nickt verschmitzt: »Die Kanonen wurden von Krupp in Essen gegossen, die vielen deutschen Militärberater in Potsdam.«

In den Schluchten, zwischen den Bergen, sind die Zelte türkischer Soldaten auszumachen, aber auch einzelne Dörfer mit den dazugehörigen Minaretten.

In Çanakkale, das auf der asiatischen Seite liegt, übernachtet man. Die Stadt gleicht einem Heerlager. Hier stehen ein Wachtrupp von zehn Soldaten sowie Pferde für die Reisenden und ihre Begleitpersonen bereit.

Noch vor dem raschen Eintritt der Dunkelheit besteigt die kleine Gesellschaft einen Festungsturm aus dem 16. Jahrhundert. Ein strammer kalter Seewind wirft sie fast um, Holck legt seinen Arm schützend um die schöne Bulgarin. Emil holt seinen Feldstecher aus der Tasche und lässt sich von Holck instruieren. Und tatsächlich – etwa zwei, drei Kilometer von hier liegen mehrere britische Kriegsschiffe. Wie gefräßige Krokodile lauern sie im Abendlicht, um die Einfahrt in die Dardanellen zu blockieren.

Am nächsten Tag steht Troja auf dem Programm. Man reitet durch eine baumarme, hügelige Ebene, durch Felder von Disteln und Blumen. Kuh- und Schafherden ziehen glockenläutend durch die Landschaft, die von Zeit zu Zeit den Blick auf ein strahlend blaues Meer freigibt. Vereinzelt passiert man kleine Dörfer. Kurz vor dem Ziel kommt ihnen eine Karawane von etwa fünfzehn Kamelen entgegen.

Holck, obwohl er früher schon einmal hier war, muss die Karte zuhilfe nehmen. So unspektakulär ist die eintönige Ebene, in der man ganz unerwartet vor dem Hügel Hisarlik steht.

Emil ist vom Pferd gesprungen, die anderen folgen ihm. Bewachsene Schutthalden stellen sich in den Weg. Erst allmählich gewinnen die mächtigen Mauern an Kontur. Holck hat sich in die Materie ein wenig eingearbeitet, findet eine Stelle, an der er die verschiedenen Schichten der Siedlungsgeschichte zeigen kann. Emil klettert auf eine der hohen Mauern. Holck und die übrigen Reisenden stehen kurz darauf neben ihm.

»Von hier haben Sie einen phantastischen Blick auf die Insel Tenedos«, ruft der Graf. »Hinter ihr versteckte sich die griechische Flotte, nachdem man zum Schein abgezogen war und die Trojaner das Hölzerne Pferd in die Stadt gezogen hatten. Die feierten bekanntlich solange, bis alle unten den Tischen lagen. Die im Bauch des Pferdes verborgenen Helden stiegen aus und gaben ein Lichtzeichen in Richtung Tenedos. Den Rest kennen Sie, meine Dame, meine Herren.«

Leutnant Wimmer sagt: »Dieser trojanische Krieg ist von beklemmender Aktualität. Ohne Sinn und Verstand rennt die griechische Jugend zehn Jahre lang gegen eine uneinnehmbare Stadt an, wobei der Kriegsgrund banaler nicht sein kann.«

»Hört! Hört!«, ruft Holck und blickt in Jelena Dubarowas dunkle Augen. »Um die schönste Frau der Welt lohnt es sich schon zu kämpfen, und wenn es zehn Jahre sein müssen.«

Van Doorn grient: »Zugestanden, Graf. Aber Jelena, pardon – Helena hin, Helena her. Das Gemetzel dauerte einfach zu lange, und das Ende des Krieges war nur perfide.«

»Exakt, Mr. Doorn«, sagt Morgenthau, »es erscheint einem wie heute. Die Männer werden alle umgebracht, in einer Art Blutrausch. Frauen und Mädchen werden versklavt und missbraucht. Genau das ereignet sich in diesen Wochen und Monaten mit dem armenischen Volk.«

»Das Hölzerne Pferd«, sagt Emil, »hat für mich so gar nichts Heroisches. Es ist ein hinterlistiges Mittel, um den Krieg zu beenden. Ich frage mich nur: Könnte sich heutzutage ein ähnliches Kriegsende abspielen?«

Holck überlegt nicht lange: »Man schleust politische Gegner ins gegnerische Land, Revolutionäre zum Beispiel. Die zetteln Streiks und Unruhen an, vornehmlich in den Rüstungsbetrieben. Stellen Sie sich nur vor, die Sozialdemokratie macht nicht mehr mit und kündigt den Burgfrieden auf. Deutschland würde von innen zum Einsturz gebracht.«

»Malen Sie den Teufel nicht an die Wand!« sagt Wimmer mit dunkler Stimme.

Holck lacht und reicht der Bulgarin den Arm, da sie sich auf der Mauer ein wenig unsicher fühlt. Dann sagt er, ohne jemanden anzusehen, laut vor sich hin: »Da gibt es viele Wände, die man bemalen könnte. Man fragt sich nur beim Trojanischen als auch beim gegenwärtigen Krieg, was die einfachen Soldaten, nicht allein in Deutschland, eigentlich antreibt, den alltäglichen Wahnsinn so lange mitzumachen. Warum gehen sie nicht einfach nach Hause, rebellieren, reißen die Macht an sich? Bei den griechischen Kriegern vor Troja war es um die Kampfmoral auch nicht immer zum Besten bestellt. Ich glaube, es war der listenreiche Odysseus, der die kriegsmüden Herren propagandistisch wieder auf Trapp brachte.«

»Es ist befremdlich«, sagt Emil in den Wind hinein. »Ein Dutzend Männer hat den Krieg vom Zaun gebrochen, da müsste es verdammt noch mal möglich sein, dass dieselben Herren den Krieg wieder beenden.«

»Die militärische Führung«, sagt Holck, »weiß oft nicht, wie es in den Schützengräben und Unterständen aussieht, wie die Lage und die Stimmung an der Front ist. Da bildet General Liman, den Sie bald kennenlernen werden, eine sympathische Ausnahme. Sein Hauptquartier hat er in der Nähe der Front eingerichtet, die er einmal am Tag inspiziert.«

Sie kampieren hinter einem Hügel. So sind sie von See aus nicht zu sehen. Als die Dunkelheit eintritt, werden mehrere kleine Lagerfeuer angezündet. Die Wachsoldaten haben eine große Menge Holz gesammelt, die Diener Zelte aufgebaut und das Abendessen vorbereitet.

»Das ist ja die reinste Lagerfeuerromantik«, sagt Jonasson. »Da fehlen nur noch die Indianer.«

»So muss es abends im Lager der Griechen zugegangen sein«, sagt Wimmer. »Ein opulentes Abendbrot, dazu einen edlen Tropfen. So lass' ich mir den Krieg gefallen.«

Morgenthau kaut kräftig, schluckt hinunter und trinkt einen Schluck Wein: »Was wir vorhin vom Trojanischen Pferd sagten, kommt der Wahrheit näher. Krieg hat eben auch seine barbarische Rückseite. Und ist er erst einmal in Gang gesetzt, meinetwegen von dem besagten Dutzend Politikern, ist er nur schwer zu beenden. Welche Regierung einer kriegführenden Großmacht hätte heute den Mut zu sagen: Wir hören auf, eine Million Tote reichen, das ist unser einziges Kriegsziel, das wir noch haben. Die Regierung wäre nicht mehr lange im Amt. Stattdessen erzählen die Militärs der Bevölkerung, der Sieg sei greifbar nahe. Man müsse nur noch kurze Zeit durchhalten.«

Hürlimann wischt sich den Mund und wendet sich an Morgenthau: »Was ich von Ihnen gern genauer und ausführlicher gehört hätte, ist die Armenien-Katastrophe. Sie haben schon mehrmals davon gesprochen.«

»Wir sollten«, unterbricht ihn Holck, »das Thema heute Abend nicht vertiefen. Die Informationen, die es darüber gibt, was sich in den armenischen Siedlungsgebieten abspielt, sind noch sehr spärlich und unzuverlässig, so dass man mit Bewertungen vorsichtig sein sollte. Die Presse der Entente hat natürlich ein Interesse daran, Schauermärchen zu verbreiten und unsere Rolle und die unserer Verbündeter zu verzerren.«

Morgenthau sieht ihn kopfschüttelnd an: »Lieber Graf Holck, es mag sein, dass Sie so sprechen müssen, weil Sie hier die deutsche Botschaft und damit Ihr Land vertreten. Ich allerdings bin frei und darf über das Auskunft erteilen, was uns in den vergangenen Wochen an seriösen Meldungen und Berichten erreicht hat.«

»Wenn nur ein Bruchteil von dem stimmt, was unsere Redaktion an Berichten gesammelt hat«, sagt van Doorn, »dann stehen wir vor einer unfassbaren Katastrophe.«

Morgenthau sagt: »Viele Informationen, Graf Holck, haben wir ja von deutschen Militärs, Geschäftsleuten oder auch Konsulats- und Botschaftsangehörigen erhalten. Aber, meine Dame, meine Herren, um was geht es? Wir haben es mit einem Völkermord zu tun. Ziel der türkischen Regierung ist es, die armenische Nation auszurotten, von der Landkarte verschwinden zu lassen. Es begann mit Verhaftungen, Konfiskationen des Besitzes, Erschießungen, Vertreibungen in den von Armeniern bewohnten Gebieten. Man pferchte die Menschen in Züge und fuhr sie in Wüstengegenden Ostanatoliens, wo die Opfer auf das Grausamste umkamen. Hunderttausende wurden systematisch ausgelöscht durch Todesmärsche. Die Mörder waren Soldaten, Spezialeinheiten, Gendarme oder auch Kurden. Wo es noch Armenier gab, da wurden sie oft grausam gefoltert, bei lebendigem Leib verbrannt und restlos ausgeplündert. Kinder wurden vor den Augen ihrer Eltern qualvoll massakriert. Frauen und Mädchen vergewaltigt.«

»Wir befinden uns im Krieg«, sagt Jelena Dubarowa plötzlich. Sie hat bisher eng an Holcks Seite gesessen und geschwiegen. »Sie wissen selbst, dass das Osmanische Reich ein fragiles Gebilde ist. Wenn die bulgarische, die österreichische oder deutsche Regierung die Türkei zwingen würden, mit diesen Umsiedlungsmaßnahmen aufzuhören, wir hätten morgen einen Bündnispartner weniger.«

»Völlig richtig!« ruft Holck und gibt der schönen Bulgarin einen Handkuss. »Wir befinden uns im Krieg, und das oberste Ziel heißt für Deutschland und seine Verbündeten: diesen Krieg zu gewinnen. Das verlangt die Staatsräson, dass alle zweitrangigen Probleme zurückgestellt werden.«

»Aber wo bleibt das Gewissen?«, fragt Hürlimann.

Leutnant Wimmer sagt mit leichter Empörung: »Wie soll man sonst mit hinterhältigen Elementen umgehen? Die Armenier haben bei Kriegsausbruch mit den Russen paktiert und im Innern der Türkei Aufstände und Unruhen angezettelt.«

Morgenthau ruft empört: »Ist das ein Grund, ein ganzes Volk auszulöschen?«

Wimmer setzt nach: »Und was ist mit den Indianern? Die haben Sie ebenfalls brutal verfolgt und weitgehend ausgerottet. Also, verehrter Herr Botschafter, wer im Glashaus sitzt ...«

Die Diskussion tritt auf der Stelle. Die Reisenden werden müde, die Feuer sind heruntergebrannt. Die Zelte werden bezogen, während Diener und Wachsoldaten im Freien schlafen. Es gibt auch eine Nachtwache.

Als Emil mitten in der Nacht nach draußen muss, weil er kräftig dem Wein zugesprochen hat, hört er aus einem der Zelte Gekicher und unterdrücktes Reden. Graf Holck nimmt sich Jelena Dubarowas an, das ist offensichtlich.

Zwei Tage darauf ist die Gruppe zu Gast bei General Liman. Die Überfahrt über die Dardanellen ist ohne Schwierigkeiten verlaufen. Doch jetzt, schärft Holck den Reisenden ein, befinde man sich auf der Halbinsel Gallipoli, also auf dem eigentlichen Kriegsschauplatz. Hier ist jederzeit mit englischem Beschuss zu rechnen. Die türkischen Stellungen seien übrigens deshalb so nah an die feindlichen Gräben herangeschoben, da die Briten dann auf den Einsatz schwerer Schiffsartillerie verzichten müssten. Ansonsten feuerten sie leicht in die eigenen Stellungen hinein.

Liman nimmt sich viel Zeit für seine Besucher. Er erläutert die verschiedenen Verteidigungsstellungen, erzählt von den britischen Angriffen der letzten Monate und von den hohen Verlusten auf beiden Seiten. Vor allem betont er die Bedeutung der Meerengen, die hier verteidigt werden. Käme die Entente in ihren Besitz, könnte Russland von seinen Verbündeten beliefert werden. So ist es vollkommen isoliert, da das Deutsche Reich auch die Herrschaft über die Ostsee ausübe.

Die Gruppe wird großzügig bewirtet. Man erlebt einen unterhaltsamen Abend und findet spät ins Bett.

Beim ersten Morgengrauen reißt ein gewaltiges Krachen alle aus dem Schlaf. Gleich darauf gibt es einen dumpfen, dröhnenden Knall, der wie ein Gewitterdonner die Berge entlangrollt. Kleinere Detonationen schließen sich an. Eine Trillerpfeife schrillt in den Unterständen, Befehle werden erteilt. Soldaten hasten zu ihren Posten. Irgendwo rattern Maschinengewehre los. Ein orgelähnlicher Ton heult durch die Luft. Die Detonation erfolgt kurz darauf in sicherer Distanz. Einige Minuten später beginnen die eigenen Batterien zurückzufeuern.

General Liman taucht auf, schickt seine Besucher wieder in die Unterstände. »Das ist kein Angriff, sondern nur ein Morgengruß der Engländer. Haben wir lange nicht gehabt, geht meistens schnell vorbei.«

Kaum hat er das gesagt, schlagen zwei Granaten in nicht allzu großer Entfernung ein. Sand und Geröll spritzen durch die Luft. Staub wirbelt empor. Schreie sind zu hören. Einige Zeit vergeht, da stürzt ein Feldwebel herein, nimmt Haltung an und rapportiert, dass ein Unterstand in einiger Nähe einen Volltreffer bekommen habe. Drei Tote und mehrere Verwundete. Sanitäter seien eingetroffen, Abtransport der Verletzten zur Zeit sehr schwierig.

General Liman geht zum Telefon und verlangt den Stabsarzt, der angeblich schon unterwegs sei. Unterdessen hat der Beschuss an Intensität zugenommen. Liman lässt Kaffee reichen und gibt sich betont unaufgeregt.

»Wenn der Krach draußen nicht wäre, ich würde nur allzu gern mit Ihnen in der aufsteigenden Morgensonne das Frühstück einnehmen. Man kann die Engländer nur schwer davon überzeugen, dass sie solchen Ulk im Voraus ankündigen.«

Jelena Dubarowa wird schlecht. Sie schiebt die Herren aus Schweden und Holland brüsk beiseite und stolpert hinaus.

»Jelena!«, schreit Holck und läuft ihr hinterher. Frau Dubarowa übergibt sich, würgt und hustet, als ein schrilles Heulen die Luft erfüllt. Eine heftige Explosion erfolgt. Die Druckwelle bringt die Stellungen zum Zittern. Eine dichte Staubwolke steigt auf und verhüllt für einige Sekunden alles.

»Runter!«, brüllt Holck und wirft sich über sie. Liman und Emil sind ebenfalls nach draußen geeilt.

Just in diesem Augenblick ebbt das Feuer ab.

»Sie sind fertig«, ruft Liman.

Emil zeigt auf Holck, der über Frau Dubarowa zusammengesackt ist.

»Mein Gott!«, sagt Liman fast flüsternd. Denn das Gesicht des Grafen ist über und über blutverschmiert.

Emil besucht Holck im Militärhospital in Konstantinopel. Der zuständige Arzt bittet darum, die Besuchszeit auf zehn Minuten zu begrenzen. Der Patient habe trotz Morphium starke Schmerzen. Ein kleiner Splitter habe die linke Kieferhöhle zertrümmert, Teile der Nase weggerissen und auch die rechte Gesichtshälfte in Mitleidenschaft gezogen. Wie durch ein Wunder sind beide Augen unversehrt geblieben. Die Operationen, die unbedingt notwendig waren, sind hier in Konstantinopel durchgeführt worden, alle komplizierteren gesichtschirurgischen Eingriffe müssten in Deutschland erfolgen. Der Arzt sieht Emil ernst an: »Bitte machen Sie sich klar, dass der Mann noch längst nicht über den Berg ist. Vor allem der mehrtägige Transport in die Heimat wäre sehr riskant.«

Die Tür geht auf, Holck erkennt sofort, wer kommt. Er streckt Emil die rechte Hand entgegen, drückt sie einige Sekunden fest. Er kann nur flüstern und artikuliert sehr undeutlich. Sein Kopf ist stark bandagiert.

»Aus unserem Duell wird vorläufig nichts, lieber Ludwig. Aber vielleicht sollte ich sagen: Das war Emils Geschoss!«

Emil lächelt sanft und denkt: Diese Interpretation hinkt. Ich hätte nie aus dem Hinterhalt geschossen. Ich bin kein Tell.

»Ich habe Frau Dubarowa schon zweimal eine Nachricht zukommen lassen, aber sie antwortet nicht.«

Emil nickt ihm freundlich zu: Sie haben ihm nicht gesagt, dass die Dubarowa seit drei Tagen tot ist. Der Splitter hatte noch die Kraft, ihre Halsschlagader aufzureißen. Sie ist an Ort und Stelle verblutet. Also ist Vorsicht geboten. Ich sage einfach: »Soll ich zu ihr gehen und sie bitten, Sie zu besuchen?«

Er schüttelt ein wenig den Kopf, was Schmerzen verursacht. Er braucht einen Augenblick, sagt stockend: »Lieber nicht. Wahrscheinlich kommt sie nicht, weil sie meinen Anblick nicht ertragen würde. Ich werde ein Leben lang herumlaufen wie Frankensteins Monster. Sie kennen doch den Roman von Shelley. Welche Frau wird sich noch für mich interessieren?«

Emil überlegt: Soll ich versuchen ihn zu trösten? Ihm sagen, dass Millionen durch diesen Krieg zu Krüppeln, Invaliden, zu Monstern geworden sind. Dass die Chirurgie oft Wunder vollbringt und inzwischen in der Lage ist, ganze Gesichtspartien prothetisch wieder herzustellen. Aber er schweigt lieber.

»Was geht Ihnen durch den Kopf? Vielleicht rede ich zuviel, und reden tut weh. Ich sollte lieber zuhören.«

Emil schüttelt den Kopf: »Ich höre Ihnen gern zu, sprechen Sie langsam und leise. Dann wird es schon gehen.«

»Sie sind ein angenehmer Besuch. Aber Sie müssen wissen, dass ich hier viel Zeit zum Nachdenken habe. Leider auch zum Grübeln. Ich habe Bilanz gezogen. Wie ich es drehe und wende, es ist vorbei.«

Emil sieht ihn an und denkt: Er kann nur die eine Rolle spielen, den Weltmann und Don Juan.

Holck fährt fort: »Dass es so früh passiert, bedrückt mich. Ich war immer ein Glücksjunge, habe alles bekommen, was ich wollte, und wer so viel Glück erfährt, der muss irgendwann dafür bezahlen. Aber jetzt schon? Warum muss ich jetzt schon ...?«

Sie schweigen. Nur ab und an drückt Emil die ihm hingestreckte Hand.

Holck starrt zur Decke: »Lieber Ludwig, Sie können mir einen großen Dienst erweisen.«

»Sehr gern«, sagt Emil, der froh ist, etwas tun zu können.

»Ganz unten in meiner Reisetasche, sie steht dort auf dem Schrank, liegt mein Revolver. Den geben Sie mir bitte. Ich kann leider nicht aufstehen. Ich verspreche Ihnen, dass ich es nicht heute tue. Sie sollen deswegen keine Schereien bekommen.«

Emil blickt zur Tür. Die zehn Minuten sind abgelaufen. Schnell holt er die Reisetasche. Jeden Augenblick kann die Tür aufgehen. Er findet die Waffe nicht sofort, sie ist gut versteckt. Jetzt entdeckt er sie. Holck bittet darum, ihm den Revolver unters Kopfkissen zu legen.

»Danke!«, flüstert er erleichtert. Er reicht Emil noch einmal die Hand, da geht die Tür auf. Emil wird gebeten, sich zu verabschieden.

Zwei Tage darauf trifft er Leutnant Wimmer auf der Straße. »Haben Sie schon gehört?«, fragt der Militärattaché, hält ihm die Todesanzeige entgegen und meint: »Schade, so ein interessanter Mann und so früh abberufen.«

Fahrt in die Revolution

Sie steht vor dem runden, blattgoldverzierten Wandspiegel. Elga schminkt sich. Jetzt dreht sie kurz den Kopf zur Tür: »Komm ruhig herein, ich bin gleich fertig.« Sie lächelt Emil zu, der wie auf weichen Pfoten das Badezimmer betreten hat.

Er streicht ihr zärtlich über das dichte schwarze Haar und stellt sich hinter sie. Er küsst ihren Hals: »Wie schön du bist und wie du duftest.«

Sie lächelt, weil sie weiß, wie sehr er ihr Kleid mag, das dunkelblaue, weißgepunktete, zu dem sie ein rotes Halstuch tragen wird.

Ihre Blicke begegnen sich im Spiegel.

»Das Parfum hast du mir aus Paris mitgebracht, im Frühjahr '14, damals, als es noch ging. Hier in Innsbruck gibt es nichts zu kaufen. Der Krieg hat alles unter sich begraben.«

Er hat sie mit beiden Armen umschlungen, ignoriert ihren schwachen Widerstand. Er tastet sie mit den Händen ab und beginnt, ihre Brüste sanft zu streicheln.

»Nicht doch!« sagt sie. »Nicht schon wieder! Du Unersättlicher. Du musst gleich deinen Vortrag halten. In Wien warst du nicht immer textsicher. Sieh ihn nochmal durch. In einer halben Stunde ist es soweit. Wir haben keine Zeit für Extravaganzen.«

Flink hat er ihr Kleid aufgeknöpft, bedeckt Hals und Rücken mit Küssen. »Emil, lass das!«, sagt sie halb erzürnt, halb resignativ.

»Für die Liebe muss immer Zeit sein«, flüstert er ihr zärtlich ins Ohr: »Wir haben noch mehr als eine halbe Stunde. Außerdem wird sich niemand für den Vortrag interessieren.«

»Pass auf, das Kleid, dass es nicht schmutzig wird!« sagt sie und weicht seinen Küssen nicht mehr aus. Tief aufatmend folgt sie ihm ins Zimmer, als plötzlich kräftiges Klopfen an der Zimmertür zu vernehmen ist.

»Was ist denn?« ruft Emil empört, woraufhin erneutes heftiges Schlagen einsetzt. Es ist Herr Ortner, der etwas Wichtiges mitzuteilen hat, der Wirt des Hotels *Weisses Kreuz*, in dem schon Mozart und Andreas Hofer logiert haben und das in Innsbruck über den größten Ball- und Veranstaltungssaal verfügt, jenen Saal, in dem Emil auftreten wird.

»Was will er?« fragt Elga mit gedämpfter Stimme.

»Keine Ahnung«, brummt Emil, »vielleicht ist der Krieg zu Ende und der Waffenstillstand unterschrieben. Dann fällt mein Auftritt ins Wasser.«

»Ich gehe mal runter«, sagt Elga, »schließlich können wir das Geld gut gebrauchen.«

»Ich komme mit«, sagt er und sieht sie traurig an, so dass ihr ein kurzes Lächeln übers Gesicht huscht.

Als sie die Hotel-Halle betreten, versperren unzählige Koffer den Weg.

»Ah, da sind Sie ja, verehrter Herr Doktor. Küss die Hand, gnädige Frau. Ich wollte Sie vorhin auf keinen Fall bei ihrer heiligen Mittagsruhe stören, aber uns erreichen Nachrichten, die besorgniserregend sind und vielleicht zum Handeln nötigen. Sehen Sie selbst, viele Gäste verlassen unseren schönen Ort, weil man nicht in die allgemeinen Kriegswirren hineingezogen werden möchte. Die österreichischen Truppen, hört man, fluten in heilloser Verwirrung zurück, aus Angst, jetzt noch in italienische Kriegsgefangenschaft zu geraten. Und die Italiener, mein Gott, die marschieren möglicherweise in ein paar Tagen in Innsbruck ein. Deshalb, geschätzter Herr Ludwig, habe ich vorhin gewagt, an Ihre Zimmertür zu klopfen. Allein, ich wollte in Erfahrung bringen, ob Sie ein Billett der Eisenbahn wünschen, denn es gehört zu den Diensten des Hauses, unsere Gäste auch gut auf den Heimweg zu bringen. Viele Herrschaften haben nämlich den Wunsch geäußert, möglichst schnell nach Wien zu gelangen, wo – das ist die allgemeine Hoffnung – am ehesten so etwas wie eine staatliche Ordnung sich aufrechterhalten lässt. Nun wissen Sie, was die vielen Koffer im Foyer bedeuten, mit denen sich Mario unser Stallknecht und Sepp unser Hausknecht so wacker abmühen. Auch das Gepäck soll schließlich pünktlich am Bahnhof aufgegeben werden.«

Emil stimmt Ortner zu. Er bittet darum, zwei Fahrscheine 1. Klasse für den Abendzug nach Wien reservieren zu lassen. Um das noch nicht reisefertige Gepäck werde sich seine Frau kümmern, ebenso um die Rechnung.

Als Emil und Elga den großen Versammlungsraum betreten, kommt Ihnen Professor Schwertlein entgegen, der Vorsitzende des kürzlich gegründeten Deutsch-Österreichischen Nationalvereins. Elga erhält einen Handkuss, Emil wird mit einer deutlich zu tiefen Verbeugung bedacht. Schwertlein erklärt, mit Verweis auf die wenigen Zuhörer, die sich bisher eingefunden haben, Emils Thema: *Was sagt Bismarck dazu? Der Reichsgründer und das neue Österreich* sei hochbrisant, da der Vielvölkerstaat unaufhaltsam zerfalle. Die Ungarn, die Tschechen, Slowaken, die vielen Balkanvölker, sie gingen bereits eigene Wege, so dass den Deutschösterreichern nur der Weg ins Deutsche Reich übrigbleibe. Dieser Weg jedoch werde vom Geist Bismarcks geprägt, der zugleich der Schöpfer dieses Reiches sei.

Ein schwarzhaariger Herr, der Emils Bismarck-Biographie in Händen hält, hat sich dazugesellt. Offensichtlich wünscht er eine Signatur durch den Autor. Als Emil das kurzerhand erledigt, beteiligt sich der Herr mit düsterer Miene an dem Gespräch: »Ja, meine Herren, oh Verzeihung: meine Dame, wissen Sie denn überhaupt, wie es in diesem Deutschen Reich aussieht? Die norddeutschen Hafenstädte befinden sich in der Hand revoltierender Matrosen. Sogenannte Arbeiter- und Soldatenräte beherrschen große Teile des Reiches.«

»Woher haben Sie das?« fragt Schwertlein.

»Von meinem Schwager. Er arbeitet für die Innsbrucker Zeitung und hat allerbeste Verbindungen nach Deutschland, entweder über den Fernsprecher oder den Telegrafen. Es ist nur eine Frage der Zeit, und die rote Welle schwappt über die deutschen Staaten hinweg, bis sie Berlin erreicht, das Zentrum der preußischen Macht. Und dann Finis Germaniae.«

Um seinen Ausführungen einen noch dramatischeren Ausdruck zu verleihen, ergänzt der Mann, die dunklen Augen auf Elga gerichtet: »Ja, meine Dame, meine Herren, wir leben in Zeiten der höchsten Erregung. Wer weiß, ob wir morgen noch die Schönheit dieser unserer Welt genießen können. Denn – ich kann mir nicht helfen – ich fürchte, dass die glanzvolle Epoche, wie wir sie vor dem Weltenbrand erlebten, nicht wiederkehren wird. Und am Ende? Ja, was wird am Ende stehen? Das wird, wenn die Entwicklung so weitergeht, die Herrschaft des Bolschewismus und des Weltjudentums sein.«

Emil, der kaum zugehört hat, nickt zustimmend und blickt auf Professor Schwertlein: »Unter diesen Umständen, verehrter Herr Vorsitzender, halte ich es für besser, den Vortrag abzusagen und auf einen späteren Termin zu verlegen. Schauen Sie selbst!« Er zeigt auf den fast leeren Saal.

»Natürlich erhalten Sie ein Ausfallhonorar, was ich mit der Hoffnung verbinde, Sie in Innsbruck recht bald wieder begrüßen zu dürfen, wenn sich die Lage insgesamt beruhigt hat und Deutschösterreich mit dem übrigen Deutschland wiedervereinigt sein wird.«

Als Schwertlein seine Brieftasche zückt, winkt Emil ab: »Wir wollen die Vereinskasse nicht übermäßig strapazieren.«

Doch sofort wird er von Elga unterbrochen, die Schwertlein fest mit beiden Augen packt: »Rechnen Sie bitte mit mir ab, Herr Professor, da wären ja noch die Hotelkosten, die man nicht zu hoch ansetzen sollte, hatten wir doch ein sehr hellhöriges Zimmer.«

Es regnet. Dunkle Wolken hängen an den Bergen. Vielleicht wird es diese Nacht sogar Schnee geben.

Der Bahnhofsvorsteher ist ein geduldiger Mann. Wird er an diesem späten Nachmittag gefragt, wann der Zug nach Wien einfährt und ob heute noch an eine pünktliche Weiterfahrt zu denken ist, antwortet er mit ruhiger, getragener Stimme, die ein bisschen ans Theater erinnert: »Jawohl, mein Herr, meine Dame, das weiß niemand nicht genau – und kommen wird er wohl schon. Solange ich mich besinnen kann, ist bisher jeder Zug irgendwann einmal eingetroffen.«

Die Damen halten sich im Wartesaal auf, der durch einen Kanonenofen leidlich gewärmt wird, während die Herren unter dem Dach des Perrons meist in Grüppchen zusammenstehen, schließlich hat man in den zurückliegenden Tagen genug Zeit gefunden, sich ein wenig kennenzulernen. Auch Emil ist ein begehrter Gesprächspartner. Mehrfach wird er auf seinen Vortrag angesprochen und dabei mit *Herr Professor* tituliert.

Da endlich! Ein Zug naht, das Schnaufen der Lokomotive ist deutlich auszumachen. Es ist ein Militärzug, der langsam, wie von Geisterhand gezogen, in den Bahnhof einfährt. Und erst nach und nach sieht man sie, Hunderte von Gestalten, die auf der Lokomotive hocken, auf den Trittbrettern stehen, zwischen den Waggons sitzen oder auf den Dächern der Wagen einen Platz gefunden haben. Im Innern der Waggons sitzen oder stehen sie, so dass die Gänge unpassierbar sind.

Es sind heruntergekommene Soldaten in schmutzigem Feldgrau. Sie haben die Front auf eigene Faust verlassen, sind ausgehungert, verdreckt, verwundet und voller Sehnsucht nach der Heimat, nach Deutsch-Österreich, Ungarn, Böhmen, der Slowakei, nach Siebenbürgen, Galizien, nach Slowenien, Montenegro, Serbien, Kroatien, Bosnien und Herzegowina oder sonst wo. Und sie sind bewaffnet. Sie werden ihre Gewehre, Handgranaten oder Pistolen gegen jeden richten, der sie in diesen verlorenen Krieg zurücktreiben will.

Die übrigen Reisenden stehen in Grüppchen auf dem Perron zusammen. Einige zögern, als sie von den Soldaten angebettelt werden. Emil, der den Balkan und viele der dortigen Völker kennt, verteilt Zigaretten, spricht mit einigen Männern. Ein Tscheche spielt mit seiner Mundharmonika zum Tanz auf. Elga wird aufgefordert und macht das Spiel gutgelaunt mit, während die umstehenden Kameraden ausgelassen in die Hände klatschen.

Der Zug bleibt mehrere Stunden auf dem Bahnhof stehen, denn die Soldaten haben auf einem Nebengleis Waggons mit Lebensmitteln entdeckt. Kisten mit Kartoffeln und Fleischkonserven sowie Mehlsäcke. Als eine größere Zahl Wein- und Bierfässer zum Vorschein kommt, hebt das die Stimmung beträchtlich.

Die wartenden Zivilisten gewöhnen sich allmählich an die Bahnhofsanarchie. Man sitzt im Wartesaal oder in der Bahnhofsgaststätte zusammen. Von Zeit zu Zeit schaut der Bahnhofsvorsteher vorbei und muntert die Wartenden mit der Meldung auf, vor Mitternacht sei wohl noch mit einem Ersatzzug zu rechnen.

Aber er weiß ebenso mit einer furchtbaren Geschichte zu erschüttern, die sich vergangene Woche in der Umgebung von Innsbruck abgespielt hat. Auch da war ein Zug mit Soldaten unterwegs, und auch da klammerten sich die Fliehenden an jeden freien Platz, der sich ihnen bot. Vor allem waren die Dächer der Waggons wieder belegt, bis einer der vielen Tunnel kam und zahlreiche Soldaten ins Verderben riss. Einige hatten sich in Drähten verfangen, andere wurden von Balken umgerissen und zwischen die Gleise geworfen. Oder sie stießen mit der Tunnelwand zusammen. Dreihundert Tote zog man am Ende aus dem Tunnel: Soldaten, die vier Jahre lang dem Verhängnis entkommen waren und jetzt – voller Sehnsucht nach zuhause – an den letzten Tagen des Krieges in eine solche Katastrophe gestürzt werden.

Potsdam haben sie längst hinter sich.

Soeben fahren sie durch Steglitz. Emil hält die Hand an die Augen, versucht durch das verrußte Fenster etwas zu erkennen. Draußen herrscht die tiefschwarze, mondlose Novembernacht. Nur vereinzelt flackern Lichter vorbei. Streckenweise ist die Straßenbeleuchtung abgeschaltet. Kohlenmangel ist der Grund. Viele Zechen im Reich werden bestreikt.

Es ist kurz nach ein Uhr. In diesem Moment ändert sich das Bild. Der Zug verliert an Tempo. Er fährt ein in ein wachsendes Gleisgewirr. Es sind die Bahnanlagen im Vorfeld des gigantischen Kopfbahnhofs. Elektrische Lampen erzeugen groteske Silhouetten. Dampf- und Rauchschwaden huschen durchs Licht. Eine Rangierlok hastet vorbei. Auf ihrem Tritt steht ein Bahnarbeiter. Ein kaum beleuchteter Vorortszug wartet auf einem Nebengleis. Vermutlich wird er nicht mehr eingesetzt. Eine unter Dampf stehende Lokomotive wartet einsam in der Schienenlandschaft. Im Schein einer Laterne guckt der Lokführer aus dem Führerstand hinaus.

Sie rollen über eine der Yorckbrücken, passieren gleich darauf ein Stellwerk. Auf einem verdreckten Schild steht groß *Berlin*.

Der Zug bremst abrupt, wechselt das Gleis. Die Wagen schlingern und schlenkern, die Puffer knallen gegeneinander. Räder kreischen in höchsten Tönen. Die Lokomotive stößt ein trompetenhaftes Signal aus. Emil zieht mühsam das Fenster nach unten. Eine unglaublich milde Luft strömt herein, Qualmfetzen erzeugen einen stechenden Geruch. Elga, die sich die letzten drei Stunden auf ihrem Sitz zusammengekauert und geschlafen hat, blinzelt halbwach in das diffuse Licht des Coupés.

Emil wirft einen Blick auf Oberst von Roßbach, mit dem sie seit Wien das Abteil erster Klasse allein belegten. Sie hatten Glück. Ihr Zug war ein reiner Militärzug, der Soldaten und Angehörige des Preußischen Generalstabs von der Donaumetropole nach Berlin beförderte. Als der Oberst in Wien Emils und Elgas Not sah, möglichst schnell nach Berlin zu gelangen, zeigte er sich von seiner großzügigen Seite und lud die beiden ein, mit ihm und seinem Abteil vorliebzunehmen.

»Sehr richtig«, sagt der Oberst freundlich. »Die Stickluft muss raus, nicht nur bei uns im Abteil, sondern auch andernorts.« Er lacht, erhebt sich mühsam und streicht seine Uniformjacke glatt: »So, Herr Doktor, jetzt heißt es Abschied nehmen. Sie waren mir eine angenehme Reisegesellschaft, und ich danke für die anregenden Gespräche. Findet man nicht alle Tage. Obgleich wir von Wien fast drei Tage gebraucht haben, ist nie Langeweile aufgekommen. Ist mir auch noch nicht passiert. Aber jetzt haben wir's fast geschafft, gnädige Frau.«

Der Oberst setzt sein charmantes Lächeln auf, macht eine Verbeugung und gibt Elga einen Handkuss. Anschließend holt er einen kleinen Reisekoffer aus dem Gepäcknetz und zieht seinen Militärmantel über. Er tritt auf den Gang hinaus und steckt sich eine Zigarre an.

Emil steht noch immer am Fenster und lässt sich vom Fahrtwind die Haare durchpusten. Er schließt die Augen und riecht Berlin. Berlin hat seinen eigenen Geruch, so wie Wien, London oder Paris ihre eigenen Gerüche haben. Emil behauptet, die meisten Städte, die er in den letzten Jahrzehnten kennengelernt hat, mit verbundenen Augen am Geruch erkennen zu können.

Der Zug rollt langsam in den Anhalter Bahnhof ein. Schließlich ertönt ein langgezogenes schrilles Quietschen und Kreischen, und mit einem Ruck stehen Lokomotive und Wagen. Es zischt bedrohlich, als Wasserdampf abgelassen wird. Eine Qualmwolke steigt auf und sammelt sich unter der gewaltigen Dachkonstruktion. Ein Bahnbeamter geht geschäftig am Zug entlang und ruft: »Anhalter Bahnhof, Anhalter Bahnhof. Der Zug endet hier«.

Hastig kommt ein junger Mann auf sie zu. Es ist Herr Mirow. Er trägt eine dicke Lederjacke. Auf der linken Brustseite ist ein Schild aufgenäht, auf dem steht: *Hotel Adlon*. Mirow ist der Chauffeur des Hauses.

»Guten Abend, gnädige Frau, guten Abend verehrter Herr Doktor Ludwig. Ich begrüße Sie Namen des Hotels Adlon und heiße Sie herzlich willkommen in unserer Hauptstadt.«

Er dreht sich einige Male um, als würde er verfolgt: »Sie sehen mich etwas in Unruhe versetzt, da der Bahnhof bereits von meuternden Soldaten besetzt ist. Der Generalstreik für Berlin und Umgebung ist um null Uhr in Kraft getreten. Sie können von Glück sagen, dass ihr Zug den Anhalter Bahnhof noch erreicht hat und Sie die Nacht nicht auf irgendeinem Vorortbahnhof verbringen müssen. Wir hoffen indes, dass Ihr Gepäck ordnungsgemäß abgefertigt wird. Sie sind ja mit einem Militärzug gekommen. Das ist in diesen Tagen, wo die Revolution in Berlin schon Fuß gefasst hat, natürlich nicht ganz ungefährlich. So sehen Sie in der Stadt nur noch selten Offiziere mit Schulterklappen und Achselstücken. Solche Zeichen der alten Epoche werden von den Aufständischen oft auf rabiate Weise entfernt. Aber gottlob, Sie sind ja in Zivil. Kommen Sie bitte mit. Wir werden einen Seitenausgang benutzen. Hier entlang – zum Teufel, dort findet bereits eine Kontrolle statt. Sehen Sie, die Kerle da mit ihren roten Armbinden. Verhalten Sie sich ganz normal. Die Dame nehmen wir am besten in unsere Mitte. Keine Angst, es wird schon nichts passieren. Die ganze Revolution ist bisher in Berlin ausgesprochen friedlich verlaufen. So, nun Augen zu und durch.«

»Halt! Kontrollposten. Ausweispapiere vorzeigen, Handtaschen und Koffer öffnen!«

Es sind Angehörige der Volksmarinedivision, die hier eine Durchgangssperre errichtet haben, junge Männer, meist mit norddeutschem Akzent, die untereinander oft plattdeutsch reden. Sie sind übernächtigt, ungewaschen, machtbewusst und bis an die Zähne bewaffnet. Viele haben Kindergesichter, sind Bauern-, Handwerker- oder Arbeitersöhne, wobei alle nur ein Ziel kennen: Sie wollen Heiligabend zuhause sein. Und heute ist schon der 9. November.

Als Emil erklärt, dass er Doktor und Schriftsteller sei, der als Korrespondent der Vossischen Zeitung über die Revolution berichten wolle, wird der kontrollierende Soldat misstrauisch. Ein Doktor gehört ins Lazarett oder ins städtische Krankenhaus und hat eine entsprechende Tasche dabei. Ein älterer Kamerad, der das Problem schnell erfasst, gibt das erlösende Zeichen. Chauffeur Mirow und seine beiden Gäste dürfen passieren.

Schlechter hingegen ergeht es ihrer Reisebekanntschaft, dem charmanten Oberst von Roßbach. Er wird zusammen mit einigen Offizieren abgeführt. Als der kleine Gefangenentrupp bei ihnen vorbeikommt, grüßt der Oberst, die Hand an der Mütze, mit galantem Lächeln und einem Blick, der unmissverständlich zum Ausdruck bringt, was er, Oberst von Roßbach, von der ganzen Angelegenheit hält: nämlich nichts – alles nur Kinderkram.

Im Hotel werden Sie vom diensthabenden Portier begrüßt. Sie bewohnen ein Zimmer im dritten Stock. Es liegt an der Rückfront des mächtigen Baus und begeistert die beiden von Anbeginn. Die Ausstattung ist luxuriös und gemütlich zugleich. Emil prüft das Bett. Seine Blicke verraten, dass er mit der festen durchgehenden Matratze zufrieden ist.

Elga lacht, geht auf ihren Mann zu und stößt ihn um, so dass er ins gemachte Bett fällt. Dann legt sie sich auf ihn und gibt ihm einen Kuss: »Hoffentlich erleben wir keine Innsbrucker Verhältnisse mit wildgewordenen Hotel-Direktoren, die an die Tür schlagen.«

Emil streicht ihr übers Haar: »Die Türen sind mit Schallschutz ausgestattet. Da wird man nichts hören.«

»Das hast du also bereits recherchiert.«

»Ich wohne hier nicht zum ersten Mal.«

»Dann kann die Liebesnacht ja losgehen. Du weißt es hoffentlich zu schätzen, dass ich dir die Frage erspare, wie viele Liebesnächte du in diesem Hause schon erlebt hast.«

»Die Frage tangiert mich in keiner Weise. Ich war stets beruflich unterwegs. Ansonsten waren wir im Mai '10 das erste Mal hier. Sam Fischer hatte eingeladen. Wir logierten im fünften Stock. Es kam zu einer rauschenden Liebesnacht, an die ich nur ungern zurückdenke.«

»Zugestanden, mein treuer Ehegatte. Es ist gleich drei Uhr, das Gepäck haben wir schon, und wenn wir das Frühstück auf sieben legen, haben wir vier Stunden Zeit, genug für amoralisches Verhalten.«

»Schlange!« flüstert Emil und beißt ihr zärtlich ins Ohrläppchen.

»Nur eine Bedingung!«

»Wusste ich's doch, von *pacta sunt servanda* nicht die Rede. Die Dame versteht ihre Avancen aufzuweichen und wird zuvor ein Bad nehmen wollen. Sagen wir einmal: bis vier Uhr. Danach werden die Haare, will sagen: wird die Frisur einer besonderen Prozedur unterworfen, so dass wir – großzügig gerechnet – bei fünf Uhr liegen. Gleich darauf ...«

»Da liegst du vollkommen richtig. Wir haben seit Wien nicht mehr gebadet oder geduscht. Das erinnert sehr an die heroische Zeit unserer Afrika-Reisen, als wir manchmal vier, fünf Tage und länger in ein und derselben Montur steckten. Der einzige Trost bestand darin, dass man sich gegenseitig mit der Tatsache beruhigte, die Wilden um einen herum würden noch ganz andere Gerüche von sich geben.«

»Also sind wir wieder bei fünf Uhr.«

»Nicht ganz, mein Lieber, aber es kommt hinzu, dass ich hundemüde bin. Von Schlafen konnte im Zug wohl keine Rede sein, das waren eher Nickerchen.«

»Fontane schreibt irgendwo, der Fünf-Minuten-Nicker sei unterm Strich erholsamer als der mehrstündige Schlummer. Wie dem auch sei. In unserem Fall kommt ja noch das Hinüber-Blinzeln zum Oberst dazu. Du magst erfahrungsgemäß ältere Männer, denen man ihre Jahre nicht ansieht. Du brauchst gar nicht rot zu werden. Ich werde das Thema nicht vertiefen, aber die grauen Schläfen des preußischen Kriegers haben dir sicherlich imponiert und dich um entsprechenden Schlaf gebracht. Und natürlich war er von Adel, Oberst von Roßbach. Herrlicher Name, der Größe verleiht, denn die hatte unser Held auch. Ich tippe auf einen Meter achtzig. Du weißt doch, wie sehr ich körpergroße Männer beneide. Dazu die sonore Stimme, dieser wohltönende Bariton. Nur zu schade, dass er dir von seinen Liebesempfindungen nicht vorsingen konnte. Aber es mangelte dummerweise an Gelegenheit. Dafür war sein Abgang von der historischen Bühne grandios. Doch, das hatte Stil.«

»Du spintisierst, mein Lieber. Ich sage nur so viel: Der Mann hat mir vorhin leidgetan, und ich wünsche ihm, dass er wohlbehalten aus dem ganzen Schlamassel herauskommt.«

»Diese Rasse Mensch besteht solche Abenteuer in der Regel mit Bravour. Wahrscheinlich hat er einen Vetter im Generalstab sitzen, von Adel natürlich, und der paukt ihn raus, so dass wir – nach einem Tag Arrestzelle – erleben können, wie er am Montagmorgen das Generalstabsgebäude im Alsenviertel wohlgelaunt und Zigarre rauchend verlässt. Abends hat er für seine Casinorunde ein Histörchen mehr parat. Die Geschichte von den Möchte-gern-Revoluzzern und ihren ridikülen Indianerspielen.«

Elga gähnt ausgiebig: »Wie ich sehe, ist der Wecker wieder einmal gnadenlos. Ich werde jetzt ein Bad nehmen, du kommst nach einer halben Stunde dazu, und wenn du die äußere Reinigung vollzogen hast, – die innere, befürchte ich, werden wir in deinem Falle nie zustande bringen – findest du hier ein komplett eingerichtetes Wohn- und Schlafzimmer vor. Du legst dich dann auf deine Seite. Wie immer schläfst du nackt, ich krieche anschließend in Schlangenmanier zu dir unter die Decke. Wir schlafen zusammen, um bald darauf die restliche Nacht damit zu verbringen, noch einmal zusammen zu schlafen. Arm in Arm, Haut an Haut, wie es sich für zwei Menschenkinder gehört, die das Schicksal in die Fremde verschlagen hat.«

Angezogen, wie er den Raum betreten hat, liegt Emil auf dem Bett, während aus dem Badezimmer das monotone Rauschen des Wassers herüberdringt. Seine Augen brennen, und schließt er sie für einige Sekunden, hört er wieder das monotone Schlagen der Zugräder und hat Mühe, nicht einzuschlafen. Roßbach, der Oberst von Roßbach, geht ihm nicht aus dem Kopf, der gut aussehende Mann, mit dem sie Stunden im Coupé verbracht haben, der kaum etwas Persönliches von sich preisgab, aber durch geschickte Fragen die beiden Mitreisenden zum Plaudern brachte, der einen Standpunkt zum Besten gab, um gleich darauf das genaue Gegenteil ins Feld zu führen, der alle Widersprüche charmant weglächelte und stets darauf bedacht war, über den Dingen zu stehen.

In Dresden war es, als sie längeren Aufenthalt hatten und er seinen Burschen losschickte, Zeitungen zu besorgen. Die sah er durch und las einzelne Beiträge. Ein, zwei Stunden später – die Lokomotive war betankt und mit einem gehörigen Kohlenvorrat ausgestattet worden, so dass man auf Weiterfahrt hoffen durfte, – griff er wieder zu den verschiedenen Blättern, um ungebeten daraus vorzulesen und, war er fertig mit einer Zeitung, diese seinen beiden Mitreisenden zur Lektüre weiterzureichen. Man hörte ihm gern zu mit seiner wohltemperierten Stimme.

»Was halten Sie davon?«, wandte er sich an Emil: »Unsere meuternden Matrosen in Kiel haben vor einigen Tagen in einem 14-Punkte-Katalog ihre Forderungen verewigt. Sie scheinen mit dem amerikanischen Präsidenten Wilson wetteifern zu wollen. Hat der doch ebenfalls in 14 Punkten die Glückseligkeit der Menschheit beschworen. Mögen Sie es lesen? Ich habe einige Punkte, die mir besonders ins Auge stachen, markiert. Zum Beispiel, Nummer eins: *Freilassung sämtlicher Inhaftierten und politischen Gefangenen*. Das geht gut los, nicht wahr? Ein wahrer Paukenschlag, fragt man sich doch: Wer sind diese politischen Gefangenen und erst recht die Inhaftierten. Was haben sie auf dem Kerbholz? Dann wird die *vollständige Rede- und Pressefreiheit* verlangt sowie die *Aufhebung der Briefzensur.* Man bedenke, wir befinden uns noch im Krieg und haben es mit soldatischer Pflichterfüllung und Opferbereitschaft zu tun! Ich frage Sie: Passt das zusammen? Und nun der Kasus knaxus: *Die Ausfahrt der Flotte hat unter allen Umständen zu unterbleiben.* Die Matrosen Müller, Meier, Schulze versuchen sich als Generalstäbler oder Berater Seiner Majestät und entscheiden über die Seekriegsführung. Warum nicht – vielleicht wäre *Skagerrak* für uns zum alles entscheidenden Triumph geworden. Napoleon hat es ja vorgemacht: Müller, Meier, Schulze sind durchaus dazu berufen, den Marschallstab im Tornister zu tragen.«

So ging es weiter. Köstlich amüsierte er sich über die Vorgänge im Großherzogtum Oldenburg. Dort hatte der Arbeiter- und Soldatenrat die Losung ausgegeben: *Wir sind das Volk.* Roßbach war für einen Augenblick empört und warf Emil die Zeitung zu, die fast zu Boden geglitten wäre: »Ja, was sind sie denn sonst! Diese Leute sind das Volk und nichts anderes, und sie streben eine Volksherrschaft an. Nun kennen Sie sich in der Geschichte aus, Herr Ludwig. Wann ist die Herrschaft des Volkes oder die sogenannte Demokratie jemals gutgegangen? Sie führen vielleicht Frankreich 1789 ins Feld, und ich würde mich Ihnen unter gewissen Vorbehalten sogar anschließen – aber sonst?«

Besonders ergriffen ihn die Rücktritte der deutschen Fürsten, die in diesen Tagen nach und nach auf ihre Throne verzichteten oder wie der bayerische König Ludwig III. ins Ausland geflohen waren. Schnell jedoch hörte er heraus, dass Emil die zweiundzwanzig deutschen Fürsten von Grund auf verachtete und ebenso einen Rücktritt Wilhelms II. befürwortete. Roßbach zeigte sich in dieser Frage unerwartet konziliant: »Sie haben recht. Deutschlands Fürsten haben ihren unrühmlichen Beitrag zu unserer allgemeinen Katastrophe geleistet, und vielleicht bedarf es doch eines wirklichen nationalen Führers, der kraftvoll und entschlossen die wahnwitzigen Forderungen unserer Feinde zurückweist. Was die in den vergangenen Tagen im Zuge der Waffenstillstandsverhandlungen auf den Tisch geknallt haben, kommt der Vernichtung unseres Vaterlandes gleich. Wo man hinschaut – es fehlt ein Bismarck, der das Ruder übernimmt. Ludendorff hat zu früh aufgegeben, meinen Sie nicht auch?«

»Herr Oberst, nehmen Sie es mir nicht übel, aber ich kann Ihnen in diesem Punkt ganz und gar nicht folgen. Ludendorff und mit ihm Hindenburg – sie hätten schon viel früher aufgeben und selbst nach Compiègne fahren müssen, um mit den Entente-Mächten den Waffenstillstand auszuhandeln, weil sie die Verantwortung für unsere Niederlage tragen. Stattdessen schicken sie eine Handvoll Zivilisten los, die den Karren aus dem Dreck ziehen sollen. Erbärmlich ist das, einfach erbärmlich.«

Als Elga aus dem Badezimmer kommt, schläft Emil tief und fest. In seinen Träumen hört er das Rattern des Zuges, das bisweilen durch die Stimme des Obersts übertönt wird.

9. November

Um kurz nach halb neun verlassen sie das Adlon durch die große gläserne Drehtür. Das Frühstück war schlichter und zugleich schlechter als üblich ausgefallen. Zu klebrigem Roggenbrot gab es Speckeier oder knallrote Fruchtmarmelade, wobei kaum zu ermitteln war, welche Frucht hier zur Verarbeitung gelangt war. Als Nachtisch erfolgte eine Entschuldigung des Küchenchefs, der sich persönlich von Tisch zu Tisch bemühte und seinen Gästen erklärte, dass einige Lieferungen von Lebensmitteln nicht erfolgt seien. Und was nützten einem Brotmarken, wenn es partout kein Brot mehr gebe. Möglicherweise hätten auch die aufständischen Matrosen, die jetzt in der Stadt das Sagen haben, Waren beschlagnahmt. Das sei aber, wie er betonen möchte, lediglich eine Vermutung.

Emil, der nicht satt geworden war, kommentierte das Ganze mit den Worten: »Spartanisch das Brot, leuchtend rot der Brotaufstrich – da kann Spartakus nicht weit sein.« Doch das bekam der Küchenchef nicht mehr mit. Er stand bereits am Nebentisch.

Sie befinden sich auf dem Pariser Platz und schauen sich um.

»Puh!« ruft Elga und knöpft den Mantel auf. »Diese warme, weiche Luft. Zuhause würden wir von Föhn sprechen. Man könnte meinen, dass morgen der Frühling beginnt – pünktlich zu Beginn der Berliner Revolution.« Emil verzieht keine Miene: »Es ist windiger als vergangene Nacht. Das Wetter wird bald umschlagen. Es wird Regen geben. Danach kommt kältere Luft aus Nordwesten ins Spiel.«

»Du siehst also keine klimatischen Zusammenhänge zur Revolution.«

»Durchaus. Der anfänglichen frühlingswarmen Begeisterung folgt alsbald die Abkühlung. Der politische Pragmatismus verdrängt die anfänglichen Ideale, so dass wir nicht selten eine Radikalisierung erleben. Das haben wir in den letzten Monaten in Russland verfolgen können.«

»Lass uns weitergehen. Sind das da drüben die berüchtigten Matrosen, deren Bekanntschaft wir heute Nacht gemacht haben?« Elga zeigt zum Brandenburger Tor hinüber. Hier stehen zwei Lkw, die von bewaffneten Arbeitern und Matrosen umlagert werden. Zwei Maschinengewehre sind in Stellung gebracht. Auf den Fahrzeugen flattern links und rechts rote Fahnen. An diesem Sonnabendmorgen sind mehr Passanten unterwegs als sonst. Als die beiden in die Nähe der Lkw kommen, spricht Emil einen Matrosen an, der aus Wilhelmshaven stammt und dort an der Meuterei der Schiffsbesatzungen teilgenommen hat. Der junge Mann trägt mehrere Handgranaten am Gürtel. Sein Gewehr hält er in den Armen wie ein Spielzeug. Er spricht davon, dass der Generalstreik angelaufen sei und die Berliner Arbeiter nach der Frühstückspause sternförmig auf die Stadt zumarschierten. In einigen Stunden – ab der Mittagszeit etwa – würden Hunderttausende die Innenstadt und das Regierungsviertel bevölkern.

Emil dankt. Als sie zur verwaisten französischen Botschaft schlendern, werden sie von einer gebückt gehenden Frau angesprochen: »Bitte, mein Herr, meine Dame, eine milde Gabe!« Da Emil und Elga stehen bleiben, erzählt die Alte, die aus der Chaussee-Straße kommt, ihr Sohn sei gleich zu Kriegsbeginn in Frankreich gefallen. Er habe seine Frau und drei Kinder zurückgelassen. Die Frau arbeite bei Borsig, sei aber jetzt, infolge der vielen Nachtschichten, erkrankt. Die Familie hungere, und in der Nachbarschaft seien schon mehrere Bewohner an der furchtbaren Spanischen Grippe gestorben.

»Einen Moment, bitte«, sagt Elga und sucht in ihrer Handtasche nach dem Portemonnaie. Da taucht plötzlich ein Gendarm auf. Er ist für die Bewachung der französischen Botschaft zuständig, die ihren Betrieb voraussichtlich bald wieder aufnehmen wird. Seine drohende Stimme ist weithin zu hören: »Will sie das mal lassen! Betteln ist verboten! Verschwinde sie!« Elga hat der Frau einige Münzen zugesteckt. Da kniet die Alte nieder, küsst ihr die rechte Hand, murmelt etwas von Gott und der himmlischen Gerechtigkeit und humpelt gleich darauf zur Neuen Wilhelmstraße hinüber. Der Gendarm steht unschlüssig herum. Er trägt keinen Säbel mehr, auch den Revolver hat man ihm genommen. Er hat beide Arme in die Hüften gestemmt und prüft seine Umgebung mit martialischen Blicken. Dass er einen aufstrebenden kaiserlichen Schnauzbart trägt, verschärft seine Gesichtszüge. Aber was nützt all das, wenn einem eine rote Armbinde verpasst wurde, die sich anfühlt, als habe man ein großes giftiges Insekt auf dem Ärmel der Uniformjacke sitzen.

Vor dem Brandenburger Tor ist ein Menschenauflauf entstanden. Gejohle ist zu hören. Irgendetwas Spektakuläres wird geboten, und Emil und Elga haben beschlossen, sich heute nichts entgehen zu lassen.

Ein Leiterwagen, vor den ein abgemagertes Pferd gespannt ist, steht bereit, um die mittlere der fünf Durchfahrten zu passieren. Aber das ist verboten! Die mittlere Durchfahrt ist dem Kaiser beziehungsweise den Mitgliedern der kaiserlichen Familie oder deren Gästen vorbehalten. Und daran hat sich bis heute nichts geändert, schließlich sind Seine Majestät bis jetzt nicht zurückgetreten. Da nützt es auch nichts, wenn immer wieder Plakate hochgehalten werden, auf denen steht *Der Kaiser muss weg*.

Doch die Arbeiter und Soldaten, die hier die Staatsmacht verkörpern, amüsieren sich bloß, während der Besitzer des Leiterwagens das Geschäft seines Lebens macht. Die Revolution ermöglicht es: Einmal im Leben wie der Kaiser durchs Brandenburger Tor fahren. Das ist schon fünfzig Pfennig wert, für die es ohnehin nicht viel zu kaufen gibt. So geht es auf zwei provisorischen Holzbänken einige Mal hin und her, bis das geschundene Pferd zusammenbricht. Das Tier ist dabei zu verenden. Schnell eilt ein Matrose herbei, ein Bauernsohn aus Dithmarschen, der sich mit so etwas auskennt. Er gibt dem Tier den Gnadenschuss. Der laute Knall hallt über den Pariser Platz.

Wenige Minuten später stehen zwei Schlachtergesellen bereit und beginnen mit ihrer blutigen Arbeit. Auch sie gehören zu den Matrosen, die nun dafür sorgen, dass sie und ihre Kameraden heute besonders gut verpflegt werden. Der Leiterwagen wird beschlagnahmt. Sein Besitzer empört sich und verlangt Entschädigung. Doch ein Karabiner, der ihm an den Kopf gehalten wird, lässt ihn schnell verstummen. Trotzdem sieht er noch zu, wie das Tier fachgerecht zerlegt und eine Stunde später in Richtung Stadtschloss transportiert wird.

Und dann ereignet sich einige Stunden später ein Unfall, in den der Chef des Adlon verwickelt ist. Als Fußgänger benutzt Lorenz Adlon seit Jahren die mittlere Durchfahrt, ohne dass er auf den Verkehr achten muss. Doch an diesem 9. November ist das anders. Ein Lkw der rebellierenden

Matrosen hält sich nicht an das kaiserliche Durchfahrtsverbot und verletzt den prominenten Fußgänger schwer.

Emil und Elga sind die Wilhelmstraße in südlicher Richtung entlanggegangen. Sie haben die Adlonsche Weinhandlung, den Wirtschaftseingang des Hotels, die britische Botschaft und die Behrenstraße passiert. Danach kommen sie an verschiedenen Reichsbehörden vorbei, darunter dem Reichsamt des Innern, dem Auswärtigen Amt und dem Palais des Reichskanzlers. Sie sind verwundert, dass nur wenige rote Fahnen zu sehen sind. Auch Wachposten der Aufständischen sind kaum auszumachen, sondern meist reguläre Soldaten der kaiserlichen Armee. Als sie sich der Reichskanzlei nähern, gehen sie direkt auf eine größere Menschenmenge zu. Hunderte warten vor dem Gebäude, dessen Eckfenster im ersten Stock weit geöffnet ist. Ein Redner scheint von dort zur Menge gesprochen zu haben.

»Was ist denn los?« fragt Elga eine Frau.

»Scheidemann hat eben geredet. Wir hier hinten haben kein Wort verstanden, und nach vorne war ja kein Durchkommen. Aber was ich gehört hab, verhandeln Ebert und er mit dem Prinzen Max von Baden darüber, wer nun neuer Kanzler wird.«

»Es geht wohl auch darum«, mischt sich ein älterer Herr ein, »wann der Kaiser endlich zurücktritt. Vorher will Ebert nicht die Kanzlerschaft übernehmen. Aber verstanden habe ich auch nichts.«

Sie überqueren die Voßstraße und biegen in die Leipziger Straße ein, gehen über den Leipziger Platz und gelangen gleich darauf zum Potsdamer Platz, auf dem reger Wochenendverkehr herrscht. Automobile hupen, weil mehrere Pferdedroschken kurzzeitig einen Stau verursacht haben. Ein offener Landauer erspäht eine Lücke und rasselt vorbei. Ein Bierkutscher lässt die Peitsche knallen. Nur Omnibusse sowie U- und S-Bahnen fahren nicht, weil die Verkehrsbetriebe bestreikt werden.

Und dann schickt die Revolution trotzdem noch ein Andenken vorbei. Ein offener Lastwagen, voll besetzt mit Matrosen, tuckert vorbei, reich bestückt mit roten Fahnen. Er kam aus der Königgrätzer und biegt nun ab in die Leipziger Straße, wo sich wenige Schritte entfernt das Preußische Herrenhaus befindet. Die Geschäfte haben ansonsten geöffnet, die Cafés sind gut besucht. Bei Josty gibt es keinen freien Platz mehr.

Ein fliegender Händler spricht sie an: »Meine Herrschaften! Souvenirs vom Kaiser, Postkarten und Fotografien. Die kaiserliche Familie, die Kronprinzen und ihre Lieben.«

Emil nimmt ein Foto Wilhelms II. aus dem Sortiment, das auf dem Bauchladen ausgebreitet ist: der Kaiser in der Uniform der Zietenschen Husaren. Der Händler wittert eine Chance, hält ihm ähnliche Fotos und Motive entgegen und lacht wie bestellt, als Emil kritisch anmerkt: »Aber noch ist er nicht zurückgetreten und erleidet womöglich just in diesem Augenblick an unserer Westfront und der Spitze seiner Soldaten den Heldentod. Was nützt mir da ein Andenken, wenn ich nicht weiß, welche Uniform Seine Majestät zu diesem ehrwürdigen Ereignis angelegt hatte.«

Der Händler setzt ein bitterernstes Gesicht auf und kommt so dicht an Emil heran, dass dieser den stechenden Körpergeruch des Mannes wahrnehmen kann.

»Mein Herr«, flüstert er. »Sehen Sie hier. Welche Kostbarkeiten. Drei Originalorden habe ich für Sie. Aus der Sammlung desKaisers. Habe ich ganz frisch bekommen. Sind auch als Kapitalanlage zu empfehlen. Sie sind Ausländer nicht wahr? Schweizer? Dann haben Sie Devisen? Franken oder Dollar? Ich mache Ihnen einen Sonderpreis.«

»Komm, lass' uns gehen!« sagt Elga angeekelt, während Emil die Stücke ausgiebig betrachtet.

»Meine Dame« ruft der Mann mit gedämpfter Stimme. »Der Potsdamer Platz ist nicht der passende Ort. Kommen Sie mit mir. Mein Geschäft befindet sich nah am Anhalter Bahnhof. Keine zehn Minuten von hier. Dort zeige ich Ihnen noch ganz andere Kostbarkeiten.«

»Wo kommen die Sachen her?« fragt Emil misstrauisch.

»Mein Herr! Der Kaiser und die Seinen sind am Ende. Was ich Ihnen biete, stammt aus der Konkursmasse der Hohenzollernherrschaft. Was die Herrschaften dem Volk in Jahrhunderten genommen haben, holt sich das Volk jetzt zurück. Waren Sie schon am Stadtschloss? Hätte ich die Macht gehabt, das Schloss wäre in Flammen aufgegangen, so wie es die Franzosen in ihren Revolutionen stets gehalten haben. Aber das Schloss steht noch da mit all seinen Reichtümern. Nun beherrschen es die meuternden Matrosen, diese Milchgesichter, die gar nicht wissen, was sie dort wollen und sollen.«

Die beiden winken ab und gehen die Leipziger Straße zurück, biegen wieder in die Wilhelmstraße ein und gelangen bald zum reizvollen Wilhelmplatz und dem sich anschließenden Zietenplatz. Da sie die hier aufgestellten Denkmäler von früher kennen, genauso wie das mondäne Hotel Kaiserhof, bummeln sie in Richtung Friedrichstraße weiter, wo ebenfalls geschäftiges Wochenendtreiben zu beobachten ist. Auch hier ist von der Revolution nichts zu sehen. Das gilt gleichermaßen für den Gendarmenmarkt, von dem aus sie zu den *Linden* hinübergehen. Einige Minuten werden dem Opernplatz-Ensemble gewidmet, dann erreichen sie die Schlossfreiheit, wo der Tourist normalerweise das National- und Reiterdenkmal Wilhelms I. und einige Schritte weiter den Neptunbrunnen bestaunt.

Doch jetzt bestimmen die Matrosen die Szenerie. Wer einige Kontrollposten überstanden hat, gelangt ohne weiteres in das kolossale Gebäude hinein, das die Volksmarinedivision – ebenso wie den angrenzenden Marstall – zu einer Art Festung ausgebaut hat. Einige hundert, später werden es einige tausend Soldaten sein, sind fest entschlossen, von hier die Revolution in die ganze Hauptstadt hineinzutragen.

Und wie Emil und Elga soeben erfahren – es sind Arbeiter und Soldaten gewesen, die nach der Besetzung des Schlosses umfangreichere Plünderungen und kleinere Diebstähle verhindert hätten. Die habe es in den Nächten zuvor immer wieder gegeben, erklärt ein älterer Herr, ein Schlossbeamter, der jetzt als Kastellan fungiert und dem die rote Binde ständig vom Jackett-Ärmel zu rutschen droht: »Stellen Sie sich vor, werte Besucher, der Pöbel ist hier einfach eingedrungen und hat sich nach Lust und Laune bedient, und keiner von den offiziellen Wachsoldaten will etwas bemerkt haben. Und was alles gestohlen wurde! Sie machen sich ja keinen Begriff von den Schäden, die wir erlitten haben. Kunstwerke im Werte von mehreren Millionen Mark wurden entwendet: Wertvolle Gemälde und Schmuckstücke aus Bronze und Silber. Medaillen, Plaketten, Juwelen, Andenken aller Art, Orden aus dem Besitz Seiner Majestät, und unser Kaiser hat viele Orden besessen. Dann wurden Tabaksdosen Friedrichs des Großen aus einer Vitrine geraubt sowie ein Admiralsstab des Kaisers. Ferner Uhren und Leuchter, Einrichtungsgegenstände und sogar Kleidungsstücke. Chaotisch sieht es in den Wäschekammern des Schlosses aus. Bettwäsche, Decken und Kopfkissen wurden weggeschleppt, ebenso Garderobenräume des Kaiserpaares geplündert. Das Lager der Kaiserin besteht nur noch aus der Bettstelle und der Matratze.«

»Schlimmer als in Innsbruck«, flüstert Elga und ergreift Emils Hand. Der lächelt ihr zu und legt den Arm um sie. Der alte Kastellan gerät ob dieser Vertraulichkeit sichtlich in Verlegenheit und meint lakonisch: »Ja, wenn die Herrschaften keine Fragen mehr haben, ich meine nur – es gibt ja noch so viel zu besichtigen, auch wenn der Weiße Saal zur Zeit nicht zugänglich ist, weil die Soldaten dort ihre Verwaltung eingerichtet haben.«

»Den Weißen Saal«, sagt Emil, »habe ich am 4. August 1914 gesehen, als der Kaiser zu den Regierungsmitgliedern und Parteiführern gesprochen hat.«

Das lässt den Alten aufhorchen: »Da waren Sie dabei, junger Mann? Als was denn?«

»Als Korrespondent des *Berliner Tageblatts*«, erklärt Emil stolz.

»Ach, von der Presse sind Sie! Dann interessieren Sie vielleicht die Vorratsräume des Schlosses, die Besucher regelmäßig in Erstaunen versetzen.«

»Die wollen wir unbedingt sehen«, sagt Elga und lächelt den Kastellan aufmunternd an. Sie passieren einen Posten, der aus drei bewaffneten Marinesoldaten besteht. Was ihnen nun in einem Gewirr von unzähligen Kellerräumen geboten wird, macht die beiden zunächst sprachlos. Lebensmittelvorräte in scheinbar unbegrenzter Menge türmen sich vor ihnen auf. Emil hat schlagartig den Geruch von geräucherten Fleischwaren in der Nase, was sein Hungergefühl nicht gerade bändigt. Aber nicht nur Nahrungsmittel gibt es. Man findet alles, was benötigt wird, damit sich der Kaiser und seine Entourage, die Regierung sowie die Herren der Obersten Heeresleitung für ein Jahr im Stadtschloss einigeln können, um so den Krieg gut gesättigt fortzuführen.«

»Das erinnert mich an die Ozeanriesen und ihre gewaltigen Lagerräume«, sagt Emil, was den Alten ein weiteres Mal verblüfft: »Sie sind schon mit solchen Schiffen gefahren? Ich durfte als junger Mann mal einen Spreeschiffer auf seiner Fahrt bis Berlin begleiten, und in Warnemünde waren wir mal. Als meine Frau noch lebte. Aber einen Ozean – nee, so was hab ich noch nicht gesehen.«

Die Führung ist vorbei. Am Ausgang wird von den drei Soldaten akribisch Buch darüber geführt, wer, wann etwas den Magazinen entnommen hat. Auch Emil und Elga werden kontrolliert. Der Kastellan erhält ein fürstliches Trinkgeld, so dass er die Hand an die Mütze legt.

»Eine letzte Frage«, sagt Emil im Hinausgehen. »Die Soldaten der Volksmarinedivision sind in den vergangenen Monaten, wenn nicht Jahren, bekanntlich schlecht versorgt worden. Gab es da nicht Übergriffe und Plünderungen seitens der Meuterer?«

Der Alte kann mit der Frage nicht viel anfangen. Das sieht man ihm an: »Tja, mein Herr, unsere Soldaten werden schon ausreichend verpflegt, auch aus den Vorräten, die wir Ihnen gezeigt haben. Doch diese Vorräte gehören noch immer Seiner Majestät, und da verlangt es die Ordnung und Disziplin, dass gewissenhaft Buch geführt wird über das, was den Magazinen notwendigerweise entnommen werden muss.«

»Aber die Menschen in der Stadt leiden Hunger! Kinder sterben! Wie oft brechen Leute zusammen, weil sie geschwächt sind«, sagt Elga vorwurfsvoll. »Warum werden die Lebensmittel nicht an die Bevölkerung verteilt?«

»Aber, meine Dame«, antwortet der Alte, »das würde ja gegen die Vorschriften verstoßen. Und dann kommt der Kaiser eines Tages zurück in sein Schloss – ja, und was dann?«

»Ja, was dann«, brummt Emil und setzt eine mitleidige Miene auf, »und vielleicht haben Seine Majestät auch großen Hunger mitgebracht, und dann hat das Volk womöglich nichts übriggelassen für seinen Kaiser.«

Sie gehen die *Linden* entlang, zurück zum Brandenburger Tor, von wo aus beide sich zum Reichstag begeben. Schon jetzt entsteht Gedränge, da mehr und mehr Belegschaften der bestreikten Betriebe eintreffen. Die Stimmung ist ausgelassen. Oft haben die Demonstranten Frauen und Kinder dabei. Aber um die muss sich keiner Sorgen machen. Durch Flugblätter und Extrablätter haben die Arbeiter unterwegs nämlich erfahren, dass die *Brüder*, die Regierungstruppen, den Befehl haben, nicht zu schießen. Was die Stimmung aber noch mehr hebt: Ganze Truppenteile, die in den Berliner Kasernen zur Niederschlagung des Generalstreiks zusammengezogen waren, sind zu den Streikenden übergelaufen.

Auf den Stufen des Bismarck-Denkmals, das vor dem Westportal des Reichstags steht, hält einer der vielen öffentlichen Redner dieser Tage eine Ansprache an die gutgelaunten Demonstranten. Auftritte dieser Art sind mit Ausbruch der Revolution nicht mehr verboten. Der Agitator gerät zunehmend in Rage, denn immer wieder wird er durch Zwischenrufe oder scherzhafte Bemerkungen in seinem Redefluss gestört. Er fordert alle Macht für die Arbeiter- und Soldatenräte, den sofortigen Frieden ohne Kriegsentschädigungen, die kostenlose Verteilung aller Lebensmittel an notleidende Arbeiterfamilien, Sozialisierung der Großbetriebe, Enteignung des Großgrundbesitzes, Todesstrafe für Schieber und Wucherer, Abschaffung des Adels, Abschaffung der Ehe und Zulassung der Freien Liebe sowie die Einführung des Acht-Stunden-Tages.

Besonders die beiden letzten Punkte sichern dem Volkstribun allergrößte Aufmerksamkeit. Doch unerwartet schnell geht seine kleine Kundgebung in einer Flut von Gelächter unter, als ein Arbeiter ihm zuruft: »Geh man nach Hause zu deiner Alten, die wird dir schon was husten, von wegen Freie Liebe. Und zum Acht-Stunden-Tag nur so viel: Der Tag wird immer vierundzwanzig Stunden haben.«

Der Himmel ist in der letzten halben Stunde trübe geworden. Nun, kurz vor zwölf, als Hunderttausende sich zwischen Reichstag und Stadtschloss, zwischen Regierungsviertel und Zeitungsviertel versammelt haben, kommt leichter Regen auf. Der warme Wind hat nachgelassen.

»Lass uns in den Reichstag gehen«, ruft Emil Elga zu. Die hat gar nicht richtig zugehört und zeigt auf einen Mann, der sich einen Weg durchs Gedränge bahnt: »Ist das nicht Herr Volkmann?«

»Natürlich ist er das«, sagt Emil und ruft: »Guten Tag, Herr Volkmann!«

Karl Volkmann dreht sich um und erkennt die beiden sofort. »Was für ein Zufall!« sagt er und begrüßt Ehepaar Ludwig herzlich. »Sind Sie wieder für das *Berliner Tageblatt* unterwegs? Mittendrin in der deutschen Revolution?«

Emil lacht: »So ungefähr. Ich schreibe für verschiedene Blätter. Und Sie untersuchen für den *Vorwärts* Gegenwartsgeschichte am genius loci, vermute ich einmal.«

»Keineswegs. Ich bin mittlerweile in der *Vorwärts*-Redaktion aufgestiegen, war zwischendurch aber drei Jahre Soldat. Westfront inklusive Verwundung.«

»Wie ich sehe, ist das Eheglück auch nicht weit«, sagt Elga. »Gratulation, Herr Volkmann!«

»Sie haben scharfe Augen, Frau Ludwig«, antwortet Volkmann ein wenig verlegen und hält seinen linken Arm so hoch, dass der Verlobungsring nicht zu übersehen ist. »Aber der Regen wird stärker. Wenn Sie mögen, zeige ich Ihnen den Reichstag, der sich heute als eine Art Tollhaus präsentiert. Es ist ein ständiges Kommen und Gehen.«

Emil und Elga sind einverstanden. Doch kaum haben sie das Gebäude betreten, schlägt ihnen Jubel und Applaus entgegen. Ein vielstimmiges Hurra ertönt. Volkmann klatscht ebenfalls in die Hände und ist sichtlich zufrieden. »Es ist so weit. Der Herr ist endlich zurückgetreten. Der Weg ist frei für Fritz Ebert, der nun das Amt des Reichskanzlers übernehmen kann.«

Emil hakt nach: »Der Kaiser ist zurückgetreten?«

»Ja, alle haben auf diesen Moment gewartet. Wolffs Telegraphisches Bureau wollte die Meldung um zwölf durchgeben, und das ist jetzt passiert.«

Ein junger Mann sucht einen Weg durch die Menge. Er kommt direkt auf Volkmann zu. Er ringt nach Luft und streicht sich die nassen Haare aus der Stirn: »Herr Volkmann, diesen Brief soll ich Ihnen persönlich aushändigen. Er kommt vom Chef, der Sie bittet, die Angelegenheit sofort in Angriff zu nehmen.«

»Danke, Brandt, das klingt ja dramatisch«, sagt Volkmann und hat den Brief schon geöffnet. Er liest ihn kurz und nimmt Emil und Elga an die Seite. Herr Brandt darf ebenfalls zuhören: »Hier erleben Sie wirklich Geschichte mit. Unsere Chefredaktion hat zuverlässig in Erfahrung gebracht, dass Karl Liebknecht gegen sechzehn Uhr vom Stadtschloss aus die Republik ausrufen wird, und zwar die sozialistische, will sagen: die spartakistische oder bolschewistische. Dem, so meint die Chefredaktion, sollten wir unbedingt zuvorkommen. Fritz Ebert ist wahrscheinlich noch drüben in der Reichskanzlei. Deshalb will ich sehen, dass ich Scheidemann zu fassen kriege. Der lief hier vorhin schon rum. Er ist ohnehin der bessere Redner und liebt solche spektakulären Aktionen. Ich schlage vor, wir suchen ihn. Brandt, Sie gehen in den Plenarsaal und schauen sich dort um. Da tagt vermutlich noch die Fraktion. Herr und Frau Ludwig kommen mit mir, irgendwo werden wir den Genossen Scheidemann schon aufspüren.«

In der Tat, der Reichstag gleicht einem Heerlager, denn das Gebäude ist heute jedermann zugänglich. Abgeordnete der verschiedenen Parteien, Regierungsvertreter, Parlamentarier des preußischen Landtags, Militärs, Presseleute bevölkern das Hohe Haus ebenso wie Mitglieder des Arbeiter- und Soldatenrates oder Matrosen, die meist bewaffnet sind.

Hier stehen mehrere Karabiner, die zu einer Pyramide aufgestellt wurden und offensichtlich einer Gruppe Soldaten gehören. Dort debattiert ein SPD-Abgeordneter lautstark mit einigen USPD-Leuten, den Unabhängigen Sozialisten, aber eine Einigung ist nicht in Sicht.

Im Innenhof ist Gewieher und Pferdegetrappel zu hören, während überall durchs Gebäude die singenden Rufe der Zeitungsjungen ertönen, die aktuelle Ausgaben der großen Tageszeitungen oder Extra-Blätter anpreisen. Parlamentsdiener verkünden in dem allgemeinen Durcheinander, dass irgendwo in zehn Minuten ein Ausschuss tagen wird oder anderweitige Sitzungen stattfinden.

Als es auf einer Treppe wieder stockt, ruft Emil laut: *Der ganze Strudel strebt nach oben; / Du glaubst zu schieben, und du wirst geschoben.*

Volkmann lacht und ruft: »Walpurgisnacht – Mephisto! Oder hab ich in der Schule schlecht aufgepasst?«

Sie finden ihn relativ schnell. Philipp Scheidemann schlürft im Reichstagsrestaurant eine wässrige Kartoffelsuppe, die schwer auf dem Löffel zu halten ist, zumal er gleichzeitig mit einigen Bundesratsvertretern die drängenden Aufgaben erörtert, vor denen die neue Arbeiterregierung unter Ebert stehen wird. Als Volkmann ihm im Flüsterton in der Liebknecht-Angelegenheit kurz Bericht erstattet hat, wischt er sich mit der Serviette über den Mund, greift zum Bierglas, nimmt einen kräftigen Schluck und erhebt sich.

Volkmann stellt Ehepaar Ludwig vor. Scheidemann lächelt verbindlich, meint, sich an den Autor einer modernen Bismarck-Biographie erinnern zu können, und fügt mit ernster Miene hinzu: »Es war ja den ganzen Tag schon gemunkelt worden, dass dieser kommunistische Demagoge seine Sowjetrepublik am Schloss – natürlich da, im symbolträchtigen Zentrum der Hohenzollern-Herrschaft – den Massen anpreisen und proklamieren wird. Aber er darf uns nicht zuvorkommen. Dummerweise muss ich nochmal zurück in die Reichskanzlei. Da laufen wichtige Gespräche zwischen Ebert und Max von Baden, der wenig Neigung verspürt, länger den Reichskanzler zu spielen. Deshalb möchte ich Sie bitten, Genosse Volkmann, mir eine kurze Rede zu verfassen, in der ich unsere deutsche Republik verkünde, und zwar vom Reichstag aus. Sie sind Redakteur, Volkmann, Sie können so was, und zur Not hilft unser Schriftsteller-Kollege. Aber schreiben Sie groß und deutlich, meine Augen wollen nicht mehr so. Und eine Brille setze ich nicht auf. Da bin ich eitel, weil ich dann immer aussehe wie ein Oberlehrer. Sicherlich hat unsere charmante Frau Ludwig eine schöne Handschrift. Frauen sind auf diesem Feld ja unschlagbar. Gehen Sie ins Lesezimmer. Da haben Sie Ruhe. Wir treffen uns dort kurz vor zwei. Und kein Wort! Zu niemandem. So, nun will ich erstmal meine Suppe aufessen. Sie entschuldigen, meine Herren, die kleine Störung«, sagt Scheidemann zu den Bundesratsvertretern und setzt sich wieder an den Tisch.

Als die drei die schwere Tür zum Lesezimmer hinter sich schließen, strömt ihnen eine wohltuende Ruhe entgegen. Niemand ist hier, der an einem Tag wie diesem Muße zur Lektüre fände. Sie sind also – mit Ausnahme des Aufsichtsbeamten – vollkommen allein und können sofort mit der Arbeit beginnen. Volkmann sieht auf die Uhr: »Gute anderthalb Stunden. Das müssten wir ohne Probleme schaffen.«

Elga, die Bleistift und Papier besorgt hat, wirft einen ungeduldigen Blick auf die beiden Männer und sagt: »Ich höre!«

Emil fühlt sich berufen, den Anfang zu machen. Er räuspert sich kurz und wird im Handumdrehen deklamatorisch: »Bürger!«

»Das geht nicht«, unterbricht ihn Volkmann, »es muss Arbeiter und Soldaten! heißen, denn an die wendet er sich ja. Von den Bürgern ist draußen doch nichts zu sehen.«

»Wieso?« sagt Emil ein wenig pikiert. »Wenn Bürger Hüte tragen und bei Gelegenheit schwenken und Arbeiter an ihren Mützen zu erkennen sind, habe ich draußen genauso viele Bürger wie Arbeiter gesehen.«

»Mag schon sein«, sagt Volkmann gequält, »doch das lässt er nicht durchgehen, weil er heute zu den Soldaten und Arbeitern spricht. Die haben die Revolution erst in Gang gesetzt.«

»Meinetwegen«, antwortet Emil, »dann schreiben wir eben: *Arbeiter, Bürger und Soldaten. Das Tor zur Freiheit ist aufgestoßen. Die Revolution wird die Freiheit für alle Menschen erkämpfen. Die Tyrannen sind besiegt. Zweiundzwanzig Landesfürsten sind davongejagt, der Kaiser hat abgedankt, der Obrigkeitsstaat ist abgeschafft. Deutschland ist ab heute eine freiheitliche demokratische Republik, die keine Adelskaste mehr kennen wird. Unterdrückung, Ausbeutung, Sonderrechte wird es nicht geben. Die Würde der Menschen ist unantastbar. Staat und Wirtschaft dienen den Bürgern. Wir wollen ein freier Staat in einem freien, geeinten Europa sein. Wir reichen unseren europäischen Brüdern die Hand zur Versöhnung.*«

Elga sieht ihren Mann zustimmend an. Volkmann kräuselt die Stirn, ist sichtlich unzufrieden: »Wir müssen anders anfangen. Das klingt so abgehoben. Das verstehen die Genossen nicht. Denen stecken Krieg und Hunger in den Knochen. Die wollen, dass alles anders wird. Und die Sache mit dem geeinten Europa, das ist doch reine Utopie. In Europa werden wir Deutsche gehasst. Also, Frau Ludwig, wenn Sie so nett sind und schreiben. Es ist nur ein Entwurf:

Arbeiter und Soldaten! Furchtbar waren die vier Kriegsjahre. Grauenhaft waren die Opfer, die das Volk an Gut und Blut hat bringen müssen. Der unglückselige Krieg ist zu Ende; das Morden ist vorbei ...«

Emil unterbricht: »Das klingt ernüchternd und wenig perspektivisch. Von Freiheit und einer positiven Zukunftsgestaltung höre ich nichts. Etwas larmoyant das Ganze, finden Sie nicht auch? Aber Sie kennen die Genossen besser. Jetzt müssten konkrete politische Forderungen folgen, zumindest die Abrechnung mit dem alten System sollte angekündigt werden.«

»Warten Sie's ab. Ich komme Ihnen ein wenig entgegen. Wenn Sie bitte schreiben, Frau Ludwig!« Und nun ist viel von den *Feinden des werktätigen Volkes, von den wirklichen inneren Feinden, die Deutschlands Zusammenbruch verschuldet haben*, die Rede. Volkmann schließt seinen Entwurf mit den Worten, über den Kaiser und seine Freunde habe *das Volk auf der ganzen Linie gesiegt!* »Und? Sind Sie einverstanden?«

»Es ist wieder in Moll gehalten«, meint Emil. »Die Proklamation einer Republik sollte in Dur verfasst sein. Es ist noch zu sehr Wahlkampfrede, wobei ich den Schluss durchaus gelungen finde.«

Volkmann ist zufrieden: »Das kommt jetzt, der Weg in eine bessere geordnete Zukunft: *Die neue Regierung darf nicht gestört werden in ihrer Arbeit für den Frieden und der Sorge um Arbeit und Brot. Arbeiter und Soldaten! Seid euch der geschichtlichen Bedeutung dieses Tages bewusst. Unerhörtes ist geschehen! Große und unübersehbare Arbeit steht uns bevor. Alles für das Volk, alles durch das Volk! Seid einig, treu und pflichtbewusst! ..*«

»Es ist mir zu viel Bete-und-arbeite enthalten. Von politischer Freiheit vernehmen wir noch immer nichts«, sagt Emil. »Da kommt so gar keine Stimmung auf. Es ist sozialdemokratisch nüchtern, durch und durch biedermännisch. Aber wenn Sie meinen, Scheidemanns Erwartungen getroffen zu haben, sollten wir jetzt an die Reinschrift gehen.«

Einige Minuten vor zwei kommt Scheidemann in den Lesesaal, im Gefolge mehrere Genossen. Sie debattieren lebhaft, von wo aus die Ausrufung der Republik erfolgen soll. Das wird schnell entschieden. Vom Westbalkon aus soll Scheidemann sprechen. Als Volkmann ihm den Text überreicht, dankt er knapp und wirft einen kurzen Blick auf das Papier. Das verschwindet darauf in der Tasche seines Jacketts.

Der Regen hat nachgelassen. Die Menge steht bis hin zur Siegessäule und blickt auf das geöffnete Fenster, von dem aus – so ist verbreitet worden – gleich eine wichtige Rede gehalten wird. Als Scheidemann auf die Brüstung steigt, wird er sofort erkannt, Applaus prasselt ihm entgegen. Volkmann, Emil und Elga sind nicht hinausgetreten, können aber jedes Wort verstehen. Scheidemann hat das Manuskript aus der Tasche gezogen und schwenkt es während seiner Rede hin und her. Nicht einmal sieht er auf den Text: »*Das deutsche Volk hat auf der ganzen Linie gesiegt. Das alte Morsche ist zusammengebrochen; der Militarismus ist erledigt! Die Hohen-*

zollern haben abgedankt! Es lebe die deutsche Republik! Der Abgeordnete Ebert ist zum Reichskanzler ausgerufen worden. Ebert ist damit beauftragt worden, eine neue Regierung zusammenzustellen. Dieser Regierung werden alle sozialistischen Parteien angehören. Jetzt besteht unsere Aufgabe darin, diesen glänzenden Sieg, diesen vollen Sieg des deutschen Volkes nicht beschmutzen zu lassen und deshalb bitte ich Sie, sorgen Sie dafür, dass keine Störung der Sicherheit eintrete! Ruhe, Ordnung und Sicherheit ist das, was wir jetzt brauchen! ...«

Man sieht Volkmann die Enttäuschung an. Emil legt ihm die Hand auf die Schulter: »Sie haben recht, lieber Freund. Das war nicht Ihr Text, aber auch Sie müssen zugeben, dass unser Scheidemann gut gesprochen hat. Liebknecht jedenfalls ist der Verlierer, und Ruhe und Ordnung sind die erste Bürgerpflicht. Das war schon immer so in Preußen.«

Silvester 1918

Jetzt wird gefeiert, was das Zeug hält. Das Hotel Adlon lädt ein zum traditionellen Silvester-Ball. Der allerdings ist seit Mitte November ausverkauft. Der Krieg ist vorbei, die Revolution hat sich trotz blutiger Kämpfe alles in allem als zahme und überschaubare Veranstaltung entpuppt. Da darf im Gegensatz zu den zurückliegenden Kriegsjahren schon mal gute Laune aufkommen.

Vor allem garantiert das Adlon Licht und Wärme, was in diesen Tagen und Wochen der Stromsperren keine Selbstverständlichkeit ist. Wie ein reich illuminierter Ozeandampfer liegt das gewaltige Haus am schwach beleuchteten Pariser Platz. Während allerorten Strom gespart werden muss, schöpft das Nobelhotel aus dem Vollen.

Das Adlon ist Selbstversorger. Im Keller stehen leistungsstarke Generatoren, die eine reibungslose Energieversorgung garantieren. Gleiches gilt für die Wasserversorgung. Diese Autarkie war dem Bauherrn Lorenz Adlon sehr wichtig und hat sich seit der Eröffnung des Hotels im Oktober 1907 bewährt.

Bei den Lebensmitteln hingegen gibt es nach wie vor Engpässe. Generaldirektor Lorenz Adlon und sein Sohn und Nachfolger Louis haben mit

Blick auf die Festtage alle Register gezogen und ihre Beziehungen spielen lassen, damit die Gäste zum Ausklang des dramatischen Jahres '18 verwöhnt werden. Doch solange die Feindstaaten die Blockade Deutschlands zu Lande und zu Wasser aufrechterhalten, wird im besiegten Reich gehungert, und Lebensmittelkarten und Bezugsscheine bestimmen den Alltag.

Das aber gilt nicht für den legendären Weinkeller. Hier gibt es keine Engpässe. Hier lagern – so hört man – eine Million Flaschen. Denn der Chef kauft für seine Weinhandlung in der Wilhelmstraße gleich ganze Ernten auf. Der Wein wird in Fässern angeliefert und im Keller auf Flaschen gezogen und eingelagert. Hier benötigen die Gäste keine Lebensmittelkarten. Sie brauchen nur Geld. Das jedoch verliert von Woche zu Woche an Wert. Kostete eine Flasche exzellenter Rotwein vor dem Krieg fünf Mark, so hat man heute, am letzten Tag des Jahres 1918, bis zu zwanzig Mark auf den Tresen zu legen.

Der Krieg hat vieles verändert, auch den Mode- und den Musikgeschmack. Die Damenmode ist durch Einfachheit geprägt. Schlichtheit der Kleidung lautet das Motto. In den Kriegsjahren waren Stoffe und Materialien rationiert. Jetzt ist daraus ein Mode-Ideal geworden, das die Frauen jugendlicher wirken lässt. Und der Herr? Er trug vor dem Krieg meist einen Frack, wenn man sich zur Silvesterfeier ins Adlon begab. Oder man kam im Smoking. Auch das ist heute anders. Viele Herren sind im Jackett erschienen, der Smoking ist zur Ausnahme geworden, im Frack erscheinen allenfalls pensionierte Geheimräte, die noch immer an eine Rückkehr des Kaisers glauben.

Die Tanzkapelle, die gerade eine längere Pause einlegt, hat vorhin Jazz gespielt und damit beim Publikum Applaus geerntet. Zunächst war sich Kapellmeister Leipziger nicht sicher, ob es nicht von national gesinnten Gästen Proteste hageln würde. Doch nichts dergleichen geschah. Die populäre Musik des Kriegsgegners USA stieß auf breite Zustimmung. Noch größer war die Heiterkeit, die aufkam, als einige Paare versuchten, nach der schrägen Musik zu tanzen. Von *Zappel-* oder *Wackeltänzen* war sogleich die Rede.

Emil hat einen Tisch für sechs Personen reservieren lassen. Als er und Elga beschlossen, noch einige Zeit in Berlin zu verbringen, haben sie Karl Volkmann und seine Verlobte Lilly Kardorff spontan eingeladen, mit ihnen Silvester im Adlon zu feiern. Dem eingefleischten SPD-Mann kamen zwar Bedenken, ob er nicht mit den Genossen der *Vorwärts*-Redaktion feiern sollte. Doch da Lilly Schauspielerin ist und bis zweiundzwanzig Uhr auf der Bühne steht, verläuft der Abend ohnehin nicht streng nach Programm. Der Tisch für sechs Personen wurde erforderlich, als Emil gleich nach Weihnachten an der Rezeption eine Karte vorfand, auf der Schwager Dedo sein baldiges Erscheinen ankündigte. Seit wenigen Wochen erst ist Dedo Besitzer von Schloss und Gut Weidenthal. Sein älterer Bruder ist wenige Tage vor Kriegsende an den Folgen eines Gasangriffs gestorben. Da er keine Kinder hat, ist der Zornbergsche Stammsitz auf Dedo übergegangen.

Isolde verbringt den Jahreswechsel in ihrem neuen Domizil, allein mit ihren Töchtern Oktavia, Julia, Friderike und Bertha. Auf Weidenthal seien sie in diesen Tagen besser untergebracht als in Berlin, hat Dedo verkündet, der zu seinem Leidwesen noch keinen männlichen Stammhalter unter seiner Kinderschar weiß. Er selbst hat bis Mitte Januar Kasernendienst. Aufgrund der revolutionären Ereignisse erhielt er keinen Urlaub und ist nun froh, Silvester zusammen mit Emil und Elga feiern zu können. Und da Dedo solche Festivitäten selten ohne Damenbegleitung absolviert, bestellte Emil vorsichtshalber gleich für zwei weitere Personen.

Die Kapelle pausiert noch immer. In einer halben Stunde wird zum Bankett geladen. Emil sitzt allein am Tisch, studiert die Gäste und hat Zeit zum Nachdenken. Elga hat eine Freundin aus alten Berliner Tagen getroffen und unterhält sich einige Tische weiter prächtig. Dedo ist »kurz mal« zur American Bar »rübergerutscht«, um dort originalem irischem Whisky zuzusprechen und – wie er sich ausdrückte – ein wenig Ruhe zu tanken, die es im Festsaal verständlicherweise nicht gibt.

Emil versucht sich einen Reim auf das zu machen, was Dedo ihm vor einigen Tagen über seine berufliche Tätigkeit berichtet hat. Während das Landheer im großen Stil demobilisiert werde, bauten sie neue Einheiten auf, die dem Schutz der Regierung dienten. Die Kämpfe Heiligabend, als die Volksmarinedivision das Stadtschloss gegen reguläre Truppen blutig verteidigte, hätten gezeigt, dass auf das alte Feldheer kein Verlass mehr sei. Das sei bei den neuen schlagkräftigen Einheiten anders. Hier herrsche ein Corps- und Traditionsgeist, und man habe es mit einem ganz anderen *Menschenmaterial* zu tun.

Der Begriff irritiert Emil, doch Zeit, hierüber weiter nachzudenken, bleibt nicht. Karl Volkmann tritt an den Tisch: »Guten Abend«, sagt er und setzt sich unaufgefordert: »Entschuldigen Sie die Verspätung, aber die

Neujahrsausgabe unseres *Vorwärts* wollte einfach nicht fertig werden. Wo ist Ihre Frau?«

»Da drüben, gleich neben der Kapelle. Sie hat eine alte Freundin getroffen. Jetzt gibt es viel zu erzählen. Und Ihre Frau?«

»Meine Verlobte? Die steht noch auf der Bühne und wird gegen zehn hier eintreffen.«

»Spielt sie eine große Rolle? Oder verhält es sich bei ihr wie bei einem früh verstorbenen Onkel von mir. Der war auch beim Theater. Wurde er aber nach seinen Rollen gefragt, antwortete er stets: Er spiele meist den dritten Boten im vierten Akt.«

»Im Grunde genommen eine dankbare Rolle«, entgegnet Volkmann und wirft einen verschmitzten Blick auf Emil: »Übrigens bin ich überrascht, Sie heute Abend hier zu sehen.«

»Mich? Wieso das? Heute ist Silvester, und wir feiern doch …«

»Ja, schon. Aber ich hätte Sie auf dem Parteitag der Spartakisten vermutet, bei Liebknecht und Luxemburg, die gestern und heute im Festsaal des preußischen Landtags die KPD, die kommunistische Partei, gegründet haben, mit den besten Wünschen der von Ihnen verehrten Revolutionäre Lenin und Trotzki.«

»Volkmann, Sie provozieren! Wir hatten geschworen, heute Abend nicht über Politik zu debattieren. Zuvor sollten wir klären, was Sie trinken.«

Emil winkt einen Ober heran, bestellt für sich einen Rosé. Volkmann entscheidet sich für einen italienischen Rotwein. Darauf reicht Emil seinem Gast das Kistchen mit Zigarren: »Vor dem Essen gönnen wir uns noch eine«, sagt er und lehnt sich in seinem Stuhl weit zurück. »Gut, Sie wollen es nicht anders haben. Dann beginne ich damit, dass die russische Revolution kraftvolle und faszinierende Führer hat. Die deutsche Revolution, die wir in diesen Wochen über uns ergehen lassen müssen, hat überhaupt keine. Liebknecht ist ein fähiger Agitator, aber er richtet nichts aus und gehört irgendwie nicht dazu. Ferner: Lenin und Trotzki haben ein Programm und wollen eine feudale Gesellschaft in eine bessere Zukunft führen. Sie wollen das rückständige Russland modernisieren. Die deutsche Revolution hat keine Ziele, sondern wird von Ihrer Partei notdürftig verwaltet, bis sie einen sanften Tod stirbt. Ebert ist in Wirklichkeit Monarchist, Scheidemann will Ruhe und Ordnung, und Ihr Noske ist ein Bluthund, der hemmungslos auf Arbeiter und Soldaten schießen lässt.«

Volkmann schüttelt den Kopf: »Sie sind unseren Arbeiterführern gegenüber sehr ungerecht. Ebert ist Pragmatiker. Er sieht unser Land am Abgrund stehen. Freiheit und eine glänzende Zukunft sind eine schöne Sache, aber nicht dann, wenn Bürgerkrieg, Hungerrevolten, Massenarbeitslosigkeit und ein Rückfall in die Kleinstaaterei drohen. Allein die vielen Millionen Soldaten, die in die Heimat zurückströmen und versorgt sein wollen. Von den Invaliden wollen wir gar nicht reden. Ebert weiß, was Krieg bedeutet. Er hat zwei Söhne verloren.«

»Der SPD fiel mit der militärischen Niederlage die Macht in den Schoß. Aber um diese Macht zu sichern, geht sie ein Bündnis mit den reaktionären Militärs ein. Die aber werden die SPD nur so lange stützen, bis die alten monarchistischen Kräfte sich von der Niederlage soweit erholt haben, dass sie ohne Ihre Partei auskommen und allein regieren. Es wird also alles auf einen Putsch von rechts zulaufen. Und was macht die SPD? Sie fördert die Aufspaltung der Arbeiterbewegung in SPD, USPD und jetzt noch KPD. Ich fürchte, das wird irgendwann die große Tragik gewesen sein, dass es die machtvolle Organisation, die die SPD vor dem Krieg war, heute nicht mehr gibt.«

»Aber das ist nicht die Schuld von uns Sozialdemokraten. Lenin und Liebknecht und Konsorten wollen die Diktatur des Proletariats, und die üben sie in Russland mit aller Brutalität aus. Die SPD ist eine durch und durch demokratische Partei, die niemanden unterdrücken will.«

»Die SPD ist eine selbstzufriedene Organisation geworden, die von alten Männern geführt wird, die keine revolutionäre Tradition mehr kennt und der Revolution, die einige hundert unzufriedene Matrosen ausgelöst haben, keine Ziele mehr verleihen kann.«

Volkmann schüttelt den Kopf: »Ich habe Ziele genannt, ganz aktuelle Aufgaben, die angepackt werden müssen.«

»Sie werden schuldig vor der deutschen Geschichte, wenn Sie die Macht, die Ihnen durch die militärische Niederlage zugefallen ist, nicht im Sinne und im Interesse des Volkes einsetzen.«

»Und was sollten wir mit dieser Macht anstellen? Die Großindustrie verstaatlichen? Den Adel massakrieren? Die Beamtenschaft an die Luft setzen?«

»Volkmann! Ich muss Sie loben. Ich glaube, Sie sind für die Revolution noch nicht ganz verloren. Veränderungen braucht das Land, revolutionäre Veränderungen. Da dürfen gern ein paar hundert Adlige und Ausbeuter über die Klinge springen. Hauptsache, die Feinde des gesellschaftlichen Umsturzes sind ein für alle Mal ausgeschaltet.«

»Herr Ludwig, ich habe den Verdacht, für Sie muss eine Revolution ablaufen wie eine Wagner-Oper: mit Volksszenen, Heldenarien und viel Tumult und Getöse im Orchestergraben, und am Ende haben wir eine Götterdämmerung, und alle gehen berauscht nach Hause.«

Emil lacht: »Kein schlechter Einfall. Aber da kommt meine Frau, und die wird uns jede weitere Revolutionsdebatte verbieten. Also, Wohlsein!«

Die beiden stoßen an, während Elga ihrem Gast die Hand auf die Schulter legt: »Guten Abend, Herr Volkmann, ich freue mich, dass Sie es noch geschafft haben, vor dem Essen bei uns zu sein. Vor allem freue ich mich auf Ihre Frau, die wir neulich nur flüchtig kennenlernen durften. Noch steht sie ja auf der Bühne. Im *Theater in der Königgrätzer Straße*. Habe ich das richtig verstanden? Aber als was eigentlich?«

»Das haben Sie richtig verstanden. Sie spielt in einer Komödie mit. Eine Kammerzofe, eine Nebenrolle. Aber so haben sie alle einmal angefangen, die Großen vom Theater.«

»*Das Theater in der Königgrätzer Straße* ist doch eine Bühne, die gewiss Zukunft hat. Darf man fragen, wie alt Ihre Frau ist?«

»Sie dürfen, Ihr Mann nicht«, lacht Volkmann. »Sie wird im Frühjahr zweiundzwanzig.«

Emil horcht auf, kommentiert die Information nicht weiter. Stattdessen zeigt er auf die gegenüberliegende Saalseite: »Dort wird schon das Essen aufgetragen. Ich glaube, ich kümmere mich mal um Dedo, damit der in seiner American Bar nicht versackt.«

Doch das erübrigt sich. Dedo ist im Anmarsch und bester Laune. Die diversen Whiskys sieht man ihm nicht an. Er begrüßt Elga mit einer Umarmung und lässt sich von Emil Karl Volkmann vorstellen.

»Fesch siehst du aus, in deiner schmucken Uniform«, sagt Elga, und alle amüsieren sich, als Dedo genüsslich antwortet: »Ich weiß!« Sogleich kommt er auf den irischen Whisky zu sprechen, der über zwanzig Jahre alt sei und zu dem er die Runde schon jetzt einladen möchte. Als sich herausstellt, dass Dedo und Volkmann beide mehrere Kriegsmonate in Flandern eingesetzt waren und dort auch verwundet wurden, lockt das Volkmann aus der Reserve. Die war zunächst entstanden, als er sich zusammen mit einem preußischen Rittmeister und Junker Silvester feiern sah.

Die Kapelle unterbricht ihr leises Spiel, die Kellner blicken besorgt in Richtung Eingang. In der großen Empfangshalle ist Unruhe aufgekommen. Schnell stellt sich heraus, dass trotz mehrerer Wachmänner ein Trupp Matrosen ins Adlon eingedrungen ist. Es sind verwegene Gestalten, wohl dreißig an der Zahl. Verdreckte, heruntergekommene, graugesichtige, übernächtigte junge Soldaten, die mit verdreckten Stiefeln schwerbewaffnet auf der Tanzfläche des Bankettsaals erscheinen.

Was sie hier wollten, fragt Louis Adlon die Eindringlinge energisch. Sofort ist er aus seinem Büro herbeigeeilt, denn auch heute vertritt er den kranken Vater, der seit dem Unfall am Brandenburger Tor große Probleme mit dem linken Bein hat und viel liegen muss.

Immer wieder bestaunen die Matrosen den Luxus, der sie umgibt, während der Wortführer ein Formular vorzeigt, das die Meuterer ermächtigt, Weine und Lebensmittel zu requirieren. Louis Adlon spielt auf Zeit und spricht von geschlossener Gesellschaft. Er prüft Wort für Wort das Formular, das wenig vertrauenerweckend ist, und erklärt, dass sein Hotel keine Lebensmittel abgeben könne, da man selbst der Bewirtschaftung unterworfen sei.

Plötzlich kracht ein Schuss mitten im Saal. Die Damenwelt kreischt auf. Einige Gäste gehen in Deckung. Ein Kristallleuchter ist getroffen, Splitter fallen aufs Parkett. Pulverdampf steigt auf, kriecht durch den Saal. Einer der Aufständischen lädt seinen Karabiner durch und richtet ihn auf Hoteldirektor Adlon.

Die meisten Gäste stehen in kleinen Gruppen zusammen. Leise wird beratschlagt, was zu tun sei. Einige Herren, insbesondere diejenigen, die über Fronterfahrung verfügen, erörtern im Flüsterton Auswege aus der bedrohlichen Situation. Von Gegenattacke und Nahkampf ist die Rede. Andere bringen die Damen ins Spiel, deren Schutz oberste Priorität genieße.

Da erhebt sich Dedo von seinem Platz. Er hat seine Zigarre im Aschenbecher ausgedrückt und geht mit ruhigem Schritt auf den Anführer zu. Was für ein Bild, denkt Emil. Hier der Offizier in der tadellosen Uniform, dort die zerlumpten Marodeure. Man steht sich kampfprobt gegenüber. Louis Adlon weicht intuitiv ein paar Schritte zurück. Und da Emil Dedos Temperament kennt und er nicht an die besänftigende Wirkung des irischen Whiskys zu glauben vermag, sagt er sich: Wenn die ihm die Epauletten abreißen, gibt es ein Blutbad.

Dedo spricht mit lauter Stimme, wobei er sich stets an mehrere der Soldaten zugleich wendet: »Ich bin Rittmeister Dedo von Zornberg. Ich stamme aus Schlesien und habe vier Jahre an der Westfront gedient. Darf ich fragen, woher Sie kommen?«

»Aus Kiel, aus Hamburg, aus Lübeck«, fliegen ihm die Antworten entgegen, als würde man sich in einer Unterrichtsstunde befinden.

»Seit wann sind Sie unterwegs?«

Gestern, vorgestern, heute Morgen sei man losgefahren, wird Dedo gewissenhaft mitgeteilt.

»Wo sind Sie untergebracht?«

»Im Marstall beim Stadtschloss. Aber da ist jetzt alles überfüllt, weil stündlich neue Matrosen dazustoßen. Es gibt auch keine Matratzen oder Decken mehr«, wird erzählt.

»Wann sind Sie zuletzt verpflegt worden?«

»Gestern Abend«, sagt der Anführer, »heute Morgen hat es nur ein wenig Zwieback mit ungenießbarem Tee gegeben.«

»Wenn Sie hier Lebensmittel und Wein konfiszieren wollen, benötigen wir ein besonderes amtliches Formular und eine Liste mit Ihren Namen, Ihrem Standort und Vorgesetzten. Zusätzlich werde ich die Genossen Wels oder Scheidemann anrufen und sie fragen, wie wir weiter verfahren wollen. Haben Sie eine solche Bescheinigung vorzuweisen?«

Betreten wie ein Lausebengel, der seine Hausaufgaben nicht gemacht hat, schüttelt der Anführer den Kopf. Nun drängt ein Älterer aus dem Trupp hervor. Der Mann, eine finstere Natur, atmet hektisch. Dann stottert er los wie ein defektes Maschinengewehr, wobei er den Lauf seines Gewehres direkt vor Dedos Nase hält: »Wir beschlagnahmen umgehend den Weinkeller dieses Hotels und wollen alle Lebensmittel haben.«

Der Stotterer holt tief Luft. Anschließend presst er mühevoll hervor: »Oder wir eröffnen des Feuer.« Dedo schiebt den Lauf des Karabiners sanft zur Seite. Mit Kommandostimme fragt er über die Schulter, ohne den Stotterer aus dem Blick zu lassen: »Herr Direktor Adlon, wie viele Flaschen können Sie ohne weitere Zustimmung der Behörden herausgeben?«

Louis Adlon ist ein wenig überrascht und überlegt noch, als sich eine Seitentür öffnet und ein Greis hervortritt. Wie auf der Bühne, wie im Theater, denkt Emil und stellt sich auf die Zehenspitzen, um ja nichts zu verpassen.

»Meine Herren«, sagt Lorenz Adlon, der Seniorchef, der stark humpelt und am Stock geht. Er vollzieht eine generöse Handbewegung in Richtung der Matrosen und fügt hinzu: »Meine Damen und Herren, liebe Gäste. »Heute geht ein schicksalsschweres Jahr zu Ende, das unserem Volk viel Leid und Trauer gebracht hat. Wir wollen es nicht weiter belasten durch Zwietracht und Missverständnisse.«

Er zeigt auf einen Mann, der ihm gefolgt ist und eine schwere Lederschürze angelegt hat: »Ich habe soeben mit unserem treuen Kellermeister gesprochen, der hier an meiner Seite steht und mir mitgeteilt hat, dass Sie unser Weinlager komplett mitnehmen können. Lassen Sie nur die Flaschen hier, die sich direkt neben der Küche befinden und für den heutigen Abend vorgesehen sind. Sie erhalten zudem Verpflegung, für jeden von Ihnen ausreichend Brot und Wurstwaren.«

Die Soldaten stehen zusammen und beratschlagen. Schnell erhalten die Herren Adlon als auch Dedo eine Antwort. Der Stotterer selbst verkündet die Entscheidung: »Wir sind einverstanden.«

Die Gewehre werden unter Bewachung neben dem Eingang abgestellt. Im Saal entsteht Gemurmel. Nicht alle haben verstanden, was gesagt wurde. Doch nun bricht Applaus hervor. Herr Leipziger gibt der Kapelle ein Zeichen, und die schmettert einen Tusch in den Saal. Die Matrosen lachen wie kleine Jungen. Und noch bevor Dedo irgendwelche Einwände hätte erheben können, hat Herr Leipziger seinen Musikern ein weiteres Zeichen gegeben, so dass sich der Abstieg in den Keller unter den munteren Klängen des Radetzky-Marsches vollzieht.

Der Kellermeister zeigt das Weinlager. Die jungen Männer kommen aus dem Staunen nicht heraus, ehrfürchtig blicken sie sich um. So etwas ist ihnen noch nicht unter die Augen gekommen. Die hohen Regale, wo sich Flasche an Flasche reiht, die schweren Fässer, die für einen Abtransport gar nicht in Frage kommen. Allein, um die Flaschen in leere Holzkisten zu packen und auf den Lastwagen zu laden, der vor dem Haupteingang steht, bedarf es vieler Helfer. Deshalb hat sich Dedo rasch nach oben begeben und in die Gästeschar hineingerufen: »Meine Herren, wir benötigen noch Träger.«

Das lassen sich mehrere junge Männer nicht zweimal sagen. Herrenabend-Stimmung kommt auf. Es wird gelacht und herumgealbert, und ganz nebenbei: Auf diese Weise lernt man Adlons legendären Weinkeller endlich mal kennen. Kurzum: Dieses Abenteuer ist wie geschaffen für die hauseigene Anekdotensammlung.

Die ersten Smokings und Jacketts werden über die Stuhllehnen gehängt, wobei die Ehefrauen ermahnt werden, auf die Brieftaschen zu achten. Darauf werden die Ärmel hochgekrempelt, und es beginnt ein reges Auf-und-Abgehen: vom Kellergewölbe durch die große Eingangshalle nach draußen und zurück, vermischt mit dem Gelächter der freiwilligen Helfer, die zu vielen Scherzen aufgelegt sind. Ob das Haus Adlon denn einen guten Stundenlohn oder zumindest ein Trinkgeld zahle, will einer wissen und erntet Heiterkeit. Ein anderer meint, warum es in den revolutionären Trupps eigentlich keine Frauen gäbe, sogenannte Flintenweiber, wie in der russischen Revolution. Dann würde so eine Aktion viel mehr Spaß machen. Den Suffragetten würde man schon zeigen, wo's langgeht. »Nur – was würde Ihre Frau dazu sagen?«, ruft einer, und wiederum ist das Gelächter groß.

Die Matrosen haben ihre Gewehre inzwischen auf dem LKW zusammengestellt, haben hier und dort Wachen postiert und arbeiten ansonsten schweigsam vor sich hin. In der Küche ist man unterdessen auch fleißig. Kartons sind mit Lebensmitteln bepackt worden, die für mehrere Mahlzeiten reichen und überdies eine zünftige Silvesterfeier ermöglichen. Nach einer guten Stunde ist die Aktion überstanden. Die meisten Gäste widmen sich wieder ihren Speisen, wozu lebhaft geplaudert wird. Oft gibt es nur ein Thema: Werden die Sozialdemokraten die Ordnung und Sicherheit in der Stadt wieder herstellen können?

Die beiden Adlons haben mittlerweile an Emils Tisch Platz genommen, denn sie hatten das Bedürfnis, Dedo mit einer besonderen Flasche Wein zu beehren, einem Rheinwein, der vor dem Krieg nur in Gegenwart Seiner Majestät kredenzt wurde. Dedo allerdings wird das Bild der unzähligen Weinflaschen nicht los, die vorhin auf dem Lastauto in der Dunkelheit verschwanden.

»Der schöne Wein«, jammert er und stöhnt dazu auf eine ganz bedauernswerte Weise. Der alte Adlon lacht nur und meint mit der ihm eigenen Jovialität: »Ach was! Die ollen Pullen. Denen müssen Sie keine Träne nachweinen. Das sind Restposten, die ohnehin in absehbarer Zeit abgestoßen werden. Ich habe so was kommen sehen und deshalb unseren Kellermeister angewiesen, den Zugang zum großen Weinspeicher rechtzeitig zu verbauen. Ich nehme an, dass auch Sie nichts bemerkt haben. Aber hinter einem der Regale befindet sich der Riegel. Damit können Sie den großen Stapel mit Weinkisten mühelos zur Seite schieben. Nun, was heute Abend weggeschleppt wurde, das war eben unser bescheidener Beitrag zur Revolution. Ich will nur hoffen, dass diese ungewaschenen Herrschaften nicht noch mal aufkreuzen.«

»Das könnte man verhindern«, sagt Dedo, und Vater und Sohn Adlon blicken ihn erwartungsvoll an, wobei der Seniorchef meint, das müsse auch nicht umsonst sein, »wenn Sie uns, verehrter Herr Rittmeister, da eine kleine, zuverlässige Wache zur Seite stellen«.

Dedo räuspert sich und setzt sein offizielles Gesicht auf: »Wir haben eine kleine Truppe fronterfahrener Männer, die nur darauf warten, mit diesen Marodeuren abrechnen zu können. Unsere Leute – das ist ein ganz auserwähltes Menschenmaterial. Die hätten vor einer Woche, als es zu den schweren Kämpfen am Schloss kam und die Regierungstreuen so jämmerlich versagten – ja, zum Teil sogar zu den Volksmarineleuten überliefen –, die hätten das rote Pack zur Hölle geschickt.«

Louis Adlon stimmt seinem Vater zu. Er schlägt vor: »Ihre Männer könnten wir im Goethe-Garten unterbringen. Von dort überblicken sie die große Empfangshalle und können, wenn Gefahr im Verzuge ist, sofort einschreiten.«

Ohne Zweifel – Lorenz Adlon ist der Held des Tages. Er habe Schlimmeres verhütet, heißt es unisono an den Tischen im Bankettsaal. Denn man habe von vergleichbaren Vorfällen gehört, die nicht so glimpflich abgelaufen seien. Die Silvester-Gesellschaft jedenfalls hat das Gefühl, ein richtiges Abenteuer bestanden zu haben. Das schweißt zusammen und beflügelt die Stimmung. Lorenz Adlon indes humpelt von Tisch zu Tisch, lässt sich mit Lob verwöhnen und beteuert, er habe sich nur dafür gerächt, dass ihm die Revoluzzer am 9. November das linke Bein kaputtgefahren hätten.

Nach dem Festessen, das – so die einhellige Meinung – schon an alte Zeiten erinnere, wird geplaudert, und man amüsiert sich über die neuesten Witze und den aktuellen Tratsch, die in der Stadt kursieren. Doch vor allem wird getanzt. Eine regelrechte Tanzwut scheint die Gäste ergriffen zu haben. Es sind wieder die modernen Tänze, vornehmlich aus Übersee, die sich großer Beliebtheit erfreuen: Boston, Maxixe, Fishwalk, Tango oder Foxtrott.

Eine halbe Stunde vor Mitternacht wird kräftig applaudiert, als die traditionellen Silvester-Pfannkuchen auf kleinen Servierwagen hereingeschoben werden. Sie schmecken vorzüglich wie zu Friedenszeiten, und das kann für das bevorstehende Jahr nur Gutes verheißen.

Schließlich ist es soweit: Kapellmeister Leipziger steht auf der Tanzfläche vor den Gästen und zählt, die Uhr in der Hand. Die Festgesellschaft fällt ein, und nun ist es null Uhr. Das Neue Jahr ist angebrochen. Jubel braust auf, die Kapelle wartet mit einem gewaltigen Tusch auf, Gläser werden erhoben und erklingen. Umarmungen sieht man, zärtliche Küsse werden ausgetauscht, und vor allem wünscht man sich und dem Vaterland: alles Gute!

Möge das Jahr 1919 endgültig den Frieden bringen und all diejenigen nach Hause, die noch draußen an den Fronten und Schauplätzen des Krieges ausharren. Mögen Ordnung und Sicherheit zurückkehren und die allgemeine Versorgungslage sich bessern. In allererster Linie aber: Gesundheit und nochmals Gesundheit!

Draußen auf dem Pariser Platz ist es frisch. Dafür sind die Glocken der Berliner Kirchen laut zu vernehmen – sofern sie im Krieg nicht eingeschmolzen wurden. Irgendwo in der Ferne sind Gewehrschüsse zu hören, meist jedoch gehen sie im Glockenklang unter.

Aber was ist eine Silvesterfeier ohne eine Ansprache. Als alle wieder im Bankettsaal versammelt sind, bittet Lorenz Adlon um Ruhe und Gehör. Er erzählt kurz von den glanzvollen Tagen des Jahres 1907, als hier der Hotelbetrieb begann. Er kommt auf die Schwierigkeiten zu sprechen, die dem Bauprojekt zuvor in den Weg gelegt wurden. Deshalb wolle er an einen Mann erinnern, der dem Hotelbau hier am Pariser Platz von Anfang an wohlwollend und fördernd gegenüberstand: an unseren Kaiser und König Wilhelm den Zweiten, der sich jetzt unfreiwillig im holländischen Exil befinde und dem er, Lorenz Adlon, heute Abend eine Grußbotschaft telegraphisch zugesandt habe. Er habe Seiner Majestät die besten Wünsche übermittelt und der Hoffnung Ausdruck verliehen, Seine Majestät eines Tages in diesen vier Wänden wieder begrüßen zu dürfen. Denn er war ein häufiger Gast in den Jahren vor dem Kriege, die unter Seiner Majestät so glanzvoll gewesen seien.

An dieser Stelle kommt verhaltener Applaus auf, der schnell stärker wird, als Adlon darum bittet, sich von den Plätzen zu erheben, damit er ein dreifaches Hurra auf unseren Kaiser und König ausbringen könne.

Besagtes Hurra erschallt und hat eine enorm befreiende Wirkung. Wieder gibt Herr Leipziger das Zeichen. Umgehend stimmt die Kapelle die Nationalhymne an (die eigentlich keine ist), denn man singt die Kaiserhymne: *Heil dir im Siegerkranz, / Herrscher des Vaterlands! / Heil, Kaiser, dir!*

Spätestens in diesem Moment bereut Volkmann, dass er sich nicht auf der Silvesterfeier der *Vorwärts*-Redaktion befindet, bei den Genossen.

Oder dass er den Saal nicht demonstrativ verlassen hat. Doch als er sieht, wie auch Lilly, die inzwischen eingetroffen ist, inbrünstig mitsingt, gibt er sich geschlagen.

Emil tanzt viel mit Lilly in dieser Neujahrsnacht. Elga, der tanzen nicht soviel bedeutet, lässt sich ein paarmal von Dedo auf die Tanzfläche führen, der ein exzellenter Tänzer ist. Ansonsten plaudert sie viel mit Volkmann, der wegen einer Rückenverletzung, die er sich in Flandern zugezogen hat, aufs Tanzen ganz und gar verzichtet.

Um fünf ist das Fest zu Ende. Die meisten Gäste sind zu diesem Zeitpunkt schon aufgebrochen. Die beiden letzten Gäste trifft man in der American Bar an. Es sind Dedo und eine nicht mehr ganz junge, aber durchaus noch attraktive und trinkfeste Generalswitwe. Die Dame schwärmt ebenfalls vom irischen Whisky. Beide lachen ausgiebig und fahren schließlich mit einem der wenigen Taxis, die noch zu bekommen sind, davon.

Emil und Elga betreten gegen halb fünf ihr Zimmer. Kurz darauf klopft es noch einmal an der Tür. Es ist der Etagenkellner, der eine gekühlte Flasche Champagner bringt und mit einem ansehnlichen Trinkgeld wieder verschwindet.

Emil füllt die Gläser. Sie stoßen noch einmal auf das Jahr 1919 an. »Auf Goethe«, fügt Emil hinzu. Elga nickt und sagt ihrerseits: »Auf Goethe! Dass er uns Schutzpatron sei und Wegweiser werde!«

Emil schenkt nach und stellt die Gläser auf den Nachttisch. Elga legt die Arme um ihren Mann und küsst ihn heftig. Beide entkleiden sich und legen sich aufs Bett. Nach einem kurzen Liebesakt sitzen sie gemütlich nebeneinander im Bett. Elga nimmt Emil die Zigarette aus dem Mund und gönnt sich einen kräftigen Zug: »Das wolltest du dir auch abgewöhnen im neuen Jahr.«

»Wieso *auch*?« fragt Emil und denkt: Du musst jetzt Zeit gewinnen, weil sie gleich auf ihr Paradethema kommen wird, dann musst du ihre Fragen geschickt parieren. Tu so, als hättest du sie missverstanden. Ironisiere ihre Neugier. Lass auf keinen Fall durchscheinen, dass du elektrisiert warst, als Lilly den Raum betrat, dass wenige Blicke genügten, um sich in sie zu verlieben.

Beide schweigen.

»Und«, beginnt Elga, »wie hat sie dir gefallen?«

Emil zündet sich eine neue Zigarette an und stellt den Aschenbecher auf die Bettdecke. »Du meinst die Silvesterfeier? Die hat mir sehr gut gefallen.«

»Unsinn«, sagt Elga. »Du weißt genau, was ich meine und wen ich meine.«

»Sprichst du vielleicht von Frau Kardorff, von Lilly? Dem späten Gast an diesem Abend. Doch, die fand ich ganz nett.«

»Wieso *fand*? Das ist doch genau dein Typ: rundes Puppengesicht mit niedlicher Kinderstimme und wogendem Busen. So was mögt ihr Männer doch.«

»Was wir Männer mögen, weiß ich nicht, aber du müsstest wissen, dass ich eigentlich keinen besonderen Typ habe, den ich verehre. Und wenn ich etwas verehre, dann ist es Weiblichkeit.«

»Also sie gefällt dir.«

»Ich finde sie apart und unkompliziert und reizvoll mit ihren einundzwanzig Jahren. Sie hat zudem wunderschönes blondes Haar und eine phantastisch weiche Haut. Überhaupt ist alles weich an ihr. Kurzum: Ich finde sie sehr süß.«

»Sehr süß! Wir reden doch nicht über Pralinés. Nun gut! Der einzige Schönheitsfehler scheint nur zu sein, dass sie schon zweiundzwanzig Jahre alt ist.«

»Zweiundzwanzig wird sie erst im April, am Düppeltag.«

»Was ist der Düppeltag?«

»Am 18. April 1864 haben preußische Truppen die dänischen Schanzen bei Sonderburg erstürmt.«

»Das hast du ihr doch sicherlich gleich erklärt.«

»Die Geschichte kannte sie schon. Ihr Vater hat ihr davon vorgeschwärmt. Volkmann ist weniger begeistert von diesem Datum. Da hänge zu viel Bismarck dran, hat er eingewandt.«

»Ihr habt jedenfalls viel getanzt.«

»Sie tanzt gern und hat einen geschmeidigen Gang, weil sie früher einige Jahre Ballettunterricht genossen hat.«

»Und sie ist sehr anschmiegsam, wie man unschwer erkennen konnte.«

»Ist mir gar nicht aufgefallen«, sagt Emil und grinst, doch Elga bleibt auffällig ernst.

»Du weißt jedenfalls eine ganze Menge über sie. Dabei hat ein so junges Ding noch gar nicht viel erlebt.«

»Sie kommt wohl aus recht einfachen Verhältnissen. Die Mutter arbeitet als Krankenschwester, der Vater lebt nicht mehr, und Volkmann ist eine Art Vaterersatz für sie geworden und finanziert ihr überdies den Schauspielunterricht.«

»Deshalb hat sie dich so angehimmelt. Dahinter steckt die Zuneigung zu älteren Männern.«

»Wir danken für das Kompliment.«

»O! gern geschehen. Aber das alles hat sie mir auch erzählt.«

»Hat sie dir denn gefallen?«

»Ich mag ihre alberne Kinderstimme nicht und möchte gern wissen, ob sie auf der Bühne auch so plärrig redet. Und dass sie sich über jedes Witzchen, das du machst – und du machst viele an einem solchen Abend – immer gleich ausschütten möchte vor Lachen, zeugt doch von einer gewissen Unreife.«

»Also, liebe Elga, ich finde mich an so einem Abend sehr unterhaltsam und originell. Und das mit der Kinderstimme können wir schnell klären, denn sie hat versprochen, mir für Mitte Januar Theaterkarten zu schicken.«

»Da bin ich ja schon weg, wahrscheinlich längst zuhause. Das hast du ja geschickt eingefädelt.«

Emil lacht und leert sein Glas: »Du scheinst zu befürchten, dass ich eine Affäre mit ihr beginne. Aber ich bitte dich – Volkmann ist ja auch noch da. Und schließlich: die beiden sind verlobt!«

»Die beiden passen überhaupt nicht zusammen. Karl Volkmann ist ein intellektueller Mensch, dabei Pragmatiker, Realist und kein Ideologe, der sich durch eine Weltanschauung binden lässt, und er ist ein durch und durch politischer Mann. Hätten wir mehr von seiner Sorte, Deutschland wäre eine stabile Demokratie und könnte beruhigt in die Zukunft schauen.«

»Oh, là là. Ich staune! Er weiß vor allem ältere Frauen zu betören.«

»Werde nicht albern, Emil. Du bist Künstler und verstehst von solchen Dingen nichts. Außerdem ist er nicht viel jünger als wir. Wenn ich richtig zugehört habe, ist er achtundzwanzig.«

»Du hast Recht, liebe Elga. Das Feld mit den älteren Frauen muss ich Dedo überlassen. Der hat mich heute Abend in vielerlei Hinsicht in Erstaunen versetzt.«

»Ich habe übrigens Geld von ihm geliehen. Er sagt, es mache ihm nichts aus. Er verfüge gerade über eine größere Summe.«

»Steht es so schlimm um uns?«

»Es ist die Geldentwertung, die mir Sorgen bereitet. Wenn die so weitergeht, sagt Volkmann, sind bald alle Guthaben in Mark weggeschmolzen, und du wirst in Deutschland nun mal in Mark bezahlt.«

Emil gähnt. »Jetzt ist das Jahr erst wenige Stunden alt, und wir reden schon wieder übers Geld. Lass uns schlafen. Ich träume von Lilly und du von Karl.«

»Emil!«

»Ja?

»Hast du vorhin, als wir zusammen geschlafen haben, an Lilly gedacht?«

»Habe ich nur, wenn du zugleich an Volkmann gedacht hast. Gute Nacht.«

»Gute Nacht«, sagt Elga und macht das Licht aus.

Hotel Adlon, American Bar

»Ist auch meine Meinung, Herr Doktor. Da bin ich sozusagen d'accord mit Ihnen. Meine Auffassung stimmt ohne Wenn und Aber mit der Ihrigen überein.«

Toni, langjähriger Barkeeper im Adlon, ist ein waschechter Berliner, der seinem heimatlichen Dialekt nur allzu gern freien Lauf lässt. Das ist auch jetzt der Fall. Er lächelt Emil freundlich zu, ohne seine Arbeit an der Kaffeemaschine zu unterbrechen. Dabei zwinkert er auffällig mit dem linken Auge. Dieses zwinkernde Zucken ist allerdings keine höfliche oder gar freundschaftliche Geste, sondern ein Leiden, das Toni aus dem Krieg mitgebracht hat.

Nun vollzieht er mit dem Körper eine mechanische Drehung und stellt das Tablett mit der dampfenden Kaffeetasse auf den Tresen. Emil schiebt die Morgenausgabe der *Vossischen Zeitung*, die am Eingang der Bar ausliegt, zur Seite und schwärmt: »Wie das duftet, und sogar ein wenig Zucker haben Sie auftreiben können!«

»Nicht wahr!« erwidert Toni stolz und zuckt ein paar Mal mit dem linken Auge: »Der ist echt, echter Bohnenkaffee. Nun versuchen Sie heutzutage mal, eine so exquisite Ware in Berlin zu bekommen. Da werden Sie nichts, Herr Ludwig. Das sag ich Ihnen. Da können Sie gewissermaßen mit den allerbesten Beziehungen aufwarten. Aber unser Chef, der Herr Adlon, den Senior, den Lorenz mein ich, der hat so seine Kanäle.«

Emil ist amüsiert und schnuppert ein weiteres Mal an dem schwarzen

Getränk: »Die scheinen ja bis zum Sultanspalast in Konstantinopel zu reichen, wo mir während des gesamten Krieges der beste Kaffee oder auch Mokka serviert wurden.«

Toni zwinkert und beugt sich ein wenig über den Tresen: »Ja, der so beliebte Schleichhandel, der streng verbotene – er schadet nur demjenigen, der ihn nicht betreibt. Und die da drüben,« fügt er mit einer verschwörerischen Miene hinzu, »die kriegen nur den zweiten Aufguss oder den ach so verruchten Ersatzkaffee.«

Gemeint sind drei amerikanische Geschäftsleute, die seit einigen Tagen im Adlon wohnen und es sich in den schweren roten Ledersesseln der American Bar bequem gemacht haben. Ihre Füße haben sie auf den kleinen Tisch gelegt, der zu jeder Sitzgruppe gehört.

Emil blättert ein wenig in der Morgenausgabe der *Vossischen Zeitung*. Er studiert die Überschriften, überfliegt den einen oder anderen Artikel: *Gegen die Aufteilung Preußens, Der Kampf um Nordschleswig, Die Vorbereitungen in Weimar. Weimar als Tagungsort, Die Sicherheit in Berlin.*

Sein Tag hat früh begonnen. Um halb sechs ist er aufgestanden, hat geduscht und sich reisefertig angezogen. Danach las er seine Reportagen über die Revolution in Deutschland Korrektur. Sie werden unter dem Titel *An die Laterne. Bilder aus der Revolution* bei einem Charlottenburger Verlag erscheinen. Um halb sieben ließ er sich ein frugales Frühstück aufs Zimmer servieren, um anschließend einige Briefe zu erledigen.

Gerade hatte er ein besonders wichtiges Schreiben, einen weiteren Brief an den Cotta-Verlag in Stuttgart abgeschlossen und nochmals durchgelesen, als der Bote das Telegramm brachte. Es waren Glückwünsche von Elga, denn der heutige Samstag ist Emils Geburtstag. Elga ist bereits Anfang des Jahres in die Schweiz zurückgekehrt. Von den schweren Kämpfen in Berlins Straßen, vom Spartakus-Aufstand hat sie nichts mehr mitbekommen.

Er greift in die Innenseite seines Jacketts und holt den Brief hervor, den ihm Walther Rathenau gestern Mittag als Eilsendung schickte. Er ist handgeschrieben und kalligraphisch eine Freude. Es ist eine Einladung, den heutigen Vormittag in seiner Grunewald-Villa zu verbringen. Die Angelegenheit hat Emils Reisepläne gehörig durcheinandergebracht. Eigentlich wollte er gestern den Nachtzug nach Stuttgart nehmen, um heute Morgen mit Cotta und dessen Schwiegersohn Kröner zu verhandeln. Das musste nun eilig auf übermorgen verschoben werden, denn morgen ist Sonntag.

Was wollte er, der einflussreiche Unternehmer und umstrittene Publizist? Sie hatten sich längere Zeit nicht gesehen. Er schreibt: »Gestern Abend hörte ich von Sam Fischer, dass Sie das sinkende Schiff verlassen wollen, um vor unserem gelobten Deutschland endlich Ruhe zu haben. Gedenken Sie, im Tessin oder am Mittelmeer (was auf ein und dasselbe hinauslaufen dürfte) Regeneration zu betreiben, um es Goethe gleichzutun? Nun, Reisende soll man nicht aufhalten, dennoch bitte ich Sie inständig, mir noch für einen vorläufig letzten Gedankenaustausch zur Verfügung zu stehen. Für ein zweites Frühstück wird gesorgt. Rathenau.«

Barkeeper Toni trocknet gerade mehrere Gläser ab, als er krampfartig das Gesicht verzieht und wie erstarrt stehen bleibt.

»Ist Ihnen nicht gut?« fragt Emil und legt Zeitung und Brief beiseite.

»Doch Herr Ludwig, es geht schon. Ich kann mich nur nicht an diese widerliche Prothese gewöhnen, mit der ich jetzt schon ein halbes Jahr herumlaufe. Dazu nachts die Phantomschmerzen, die einen nicht zur Ruhe kommen lassen, und tagsüber das ewige Knartschen und Quietschen. Meine Frau meint immer, ich höre mich an wie ein altes Sofa.«

»Wo sind Sie verwundet worden?«

»Sechzehn an der Somme. Am 28. August ...«

»Am 28. August!«

»Ja, so was vergisst man nicht. Wir sind in englisches Feuer geraten. Unserem Leutnant, der erst wenige Tage bei uns war, durchschlug ein Granatsplitter Helm und Kopf. Das Ding hatte solche Wucht, dass mir das Bein noch zerschmettert wurde. Und im Lazarett, da fackeln sie nicht lange. Da wird schnell zur Amputation geschritten. Aber lassen wir das. Viel lieber würde ich von Ihnen hören, wie Sie hier bei uns die Revolution erlebt haben. Das mit dem punktuellen Ablauf von Geschichte – das habe ich ja genauso empfunden, und das sage ich Ihnen: Ich bin ja so froh, mal einen richtigen Doktor der Geschichte vor mir zu haben. Ich meine nur so, dass man das Ganze mal von berufener Seite hört. Geschichte hat mich nämlich schon in der Schule interessiert.«

Emil lächelt freundlich. Für ihn solltest du deine Bücher schreiben, denkt er. Für den Mann und die Frau auf der Straße. Unterhaltsam musst du sein, und das heißt immer: anekdotenreich: »Lieber Toni, ich erzählte Ihnen von den modernen Revolutionen, die sich vornehmlich in den großen Städten abspielen, da aber nur punktuell. An ganz bestimmten Orten finden beispielsweise Kämpfe statt. Ein paar Straßenzüge weiter bekommen die Bewohner schon nichts mehr mit von den weltgeschichtlichen Ereignissen.«

»Genau, genau, Herr Doktor. Ich wohne draußen in Charlottenburg, in der Nähe vom Bahnhof Westend. Zur Miete natürlich. Aber glauben Sie, in unserm Viertel ist auch nur ein Schuss gefallen? Wir haben alle gut geschlafen.«

»Ich erinnere mich an eine U-Bahnfahrt vor gut zwei Wochen, als der Zug plötzlich langsamer wurde und durch einen halbdunklen, menschenleeren Bahnhof fuhr. Es war die Station Kaiserhof, die dem Reichskanzlerpalais gegenüberliegt. Sie war durch ein schmiedeeisernes Tor verschlossen und wirkte wie ein Geisterbahnhof. Durch die Fenster der überfüllten Wagen hörte man das Tak-tak des Maschinengewehrfeuers und das Explodieren der Handgranaten. Schließlich fuhren wir durchs Regierungsviertel, wo heftig gekämpft wurde. Es verging keine Minute, und der Spuk war vorbei. Wir hielten einige Stationen weiter an einem ganz normalen Bahnhof. Die Leute stiegen ein und aus und gingen draußen auf der Straße ihrem gewöhnlichen Alltag nach.«

In der Tür steht ein Mann, groß, auffällig hager, von soldatischer Erscheinung, aber zivil gekleidet. Die drei Amerikaner haben ihre Unterhaltung unterbrochen und betrachten den Mann neugierig. Der rückt sein Monokel zurecht und mustert kritisch die Gäste der Hotelbar, in der jetzt, kurz vor neun Uhr, nicht viel los ist. Ein Page eilt herbei und nimmt dem Ankömmling den schweren, mit einem Pelzkragen verbrämten Wintermantel ab. Dieser ist nur übergelegt, weil der Mann den linken Arm in einer Schlinge trägt.

»Guten Morgen, Herr Major«, ruft Toni und zeigt auf den Eckplatz des Tresens. Augenscheinlich der Stammplatz des Herrn, der mit der rechten Hand kurz über die ergrauten Haare seines kantigen Schädels fährt. Kaum hat er Platz genommen, erklärt er: »Nee, lieber Toni, den Major lassen wir mal weg. Der kommt mit in die große Mottenkiste, die für uns alle bereitsteht. Von nun an sagen Sie man einfach: Baron von Sturtz oder meinetwegen Herr von Sturtz. Hab' nämlich den Dienst quittiert.«

Sturtz wirft einen kurzen, prüfenden Blick auf Emil, der gerade seine *Vossische Zeitung* umblättert.

»Wie ich sehe, sind Herr Major ... wollte sagen: Herr Baron verwundet worden. War'n ja auch 'ne Zeitlang nicht hier. So was merk ich sofort, gewissermaßen umgehend, wenn die Stammgäste ausbleiben. Würde sagen,

Herr Baron waren Ende Oktober zuletzt hier, aber da waren Sie noch in Uniform.«

Der Barkeeper spürt, dass es hier etwas zu erzählen gibt: »Aber vielleicht darf ich die Herren miteinander bekannt machen: Herr Baron von Sturtz, Herr Dr. Emil Ludwig, Schriftsteller seines Zeichens.«

Emil deutet eine leichte Verbeugung an, die der Baron kaum zur Kenntnis nimmt: »So, Schriftsteller. Hab' ich nicht die besten Erfahrungen mit, weil die meistens Journalisten waren, und Juden waren sie obendrein.«

Emil lächelt verbindlich: »Als Schriftsteller neige ich eher zur anderen Seite und würde mich als Dichter und Dramatiker einstufen.«

»Dichtung les' ich nicht, hab' ich gar nicht die Zeit für, komme gerade mal zu meinem Stammblatt, auf das ich mich hundertprozentig verlassen kann, weil durch und durch objektiv.«

Sturtz greift in seine Gutsherren-Joppe und holt ein Exemplar der *Kreuzzeitung* hervor. Triumphierend sieht er Emil an: »Hier, das meine ich, hier wird unser altes Preußentum hochgehalten. Da gibt es kein jüdisches Geschwafel. Was schreiben Sie denn so?«

»Ich habe eine Bismarck-Biographie verfasst.«

»Bismarck! Hervorragend! Gratulation! Fehlt uns heute der Mann. Toni! Wenn Sie mir vor dem zweiten Frühstück schon einen Bismarck-Mann präsentieren, ordre ich jetzt drei Nordhäuser auf meine Rechnung, denn der stand beim Fürsten hoch im Kurs.«

»Sehr wohl, Herr Baron, aber ich muss leider nein sagen, bin noch im Dienst.«

Emil macht eine Handbewegung: »Ich ebenfalls, Herr von Sturtz. Ich werde gleich zu einer Besprechung fahren.«

»Vielleicht trinken die Herren noch einen exquisiten Kaffee, verbunden mit dem Genuss einer exquisiten Zigarre«, schlägt Toni vor.

Der Baron nickt: »Toni, Sie sind heute unschlagbar. So machen wir's, und wenn der Kaffee dampft und die Zigarre qualmt, erzähle ich Ihnen, was mir passiert ist, diese saudumme Geschichte, die auch in der Zeitung stand.«

Toni ist zufrieden und zwinkert Emil zu: »Sehen Sie, das ist es ja, was ich vorhin meinte, als ich Ihnen versicherte, ich wäre völlig d'accord mit Ihnen, gewissermaßen voll und ganz auf Ihrer Linie. Sie vertraten die Theorie, das Adlon wäre so 'ne Art Loge, von der aus man aufs Weltgeschehen blicken könnte. Hier bei uns *Unter den Linden 1* hat sich in den letzten

Wochen, wie Sie das ausdrückten, das Theatrum mundi abgespielt. Wir haben Revolution und Bürgerkrieg gewissermaßen vor der Haustür gehabt. Am Brandenburger Tor standen die Regierungstruppen, hinter uns im Regierungsviertel hatten sich die Spartakisten verschanzt, und wenn mal einer von den Revoluzzern da drüben um die Ecke Wilhelmstraße kuckte, ging das Geknatter und Geratter der Maschinengewehre los. Auch bei uns sind Kugeln eingeschlagen und die Fensterscheiben bis heute nicht repariert. Man kriegt ja in diesen Zeiten keine neuen.«

Sturtz hat den Nordhäuser kurzerhand in sich hineingekippt. Nun rührt er einige Augenblicke in seinem Kaffee, bringt sein Monokel in die exakte Position und beginnt seine Geschichte: »Die Stürtze, meine Herren, sitzen seit über fünfhundert Jahren in der Mark Brandenburg und haben immer treu zu ihrem Landesherrn gestanden, sei es nun der Kurfürst oder später der preußische König oder meinetwegen der deutsche Kaiser gewesen. Das muss ich vorwegschicken, damit man die Ereignisse richtig einordnet und das große Ganze nicht aus dem Auge verliert. Denn Majestätsbeleidigung bleibt Majestätsbeleidigung, da können Sie mir so viel mit der Republik kommen, wie Sie wollen. Seine Majestät ist ja noch da, wenn er auch nicht hier ist.

Aber das führt jetzt zu weit. Was war vorgefallen im letzten Herbst, in den ersten Novembertagen? Unser Regiment stand in Potsdam und sollte ursprünglich neu aufgestellt werden, um wieder der Front zugeführt zu werden, wozu es aufgrund der bekannten Ereignisse natürlich nicht mehr kam. Stattdessen bahnte sich eine Katastrophe an. In der Marine, die dem Kaiser jahrelang besonders am Herzen gelegen hatte, gab es Unzufriedenheit und zuletzt auch Meuterei, die von revolutionären Elementen angestachelt wurde, wobei Russland das große Vorbild darstellte. S.M., unser Oberster Befehlshaber, wurde gezwungen, im benachbarten Holland um Asyl zu ersuchen. Wenn Sie erlauben, meine Herren, hole ich an dieser Stelle ein wenig aus und entwickle den Gedanken weiter, um Ihnen die militärischen und politischen Konsequenzen eines solchen Schrittes klarzumachen.«

Eine Hand legt sich auf Emils Schulter, der erstaunt ausruft: »Was für ein Zufall! Volkmann. Was machen Sie denn hier?«

Emil ist von seinem Barhocker gerutscht und begrüßt den alten Bekannten mit Handschlag. »Mögen Sie einen Kaffee mit uns trinken? Wir hören gerade einen interessanten Bericht über S.M.«

Sturtz, der solche Zwischenfälle nicht liebt, ruft etwas zu laut, so dass die drei Amerikaner erneut aufhorchen: »Ist ja schön und gut, meine Herren. Nun nehmen Sie wieder Platz, denn ich erzähle eine Geschichte, die hat sogar in der Zeitung gestanden.« Sturtz greift zu seiner Kreuzzeitung und schwenkt sie wie eine Trophäe.

»Es tut mir leid, Herr von Sturtz, aber ich muss Sie unterbrechen, weil draußen ein Wagen steht, der Herrn Ludwig abholen soll.«

»Oh ja«, ruft Emil, »dann wollen wir ihn nicht warten lassen.«

»Aber meine Geschichte!«

»Ich werde sie ihm erzählen, Herr Baron.«

»Sie? Woher kennen Sie mich eigentlich?«

»Ich bin Journalist und habe vor einigen Wochen über Ihren Fall berichtet. Ich bin also bestens im Bilde.«

»Für welches Blatt arbeiten Sie denn?«

»Für den *Vorwärts*«, sagt Volkmann im Hinausgehen, »den werden Sie doch kennen.«

»Unerhört«, ruft der Baron, »diese roten Banditen. Ich sag Ihnen, Toni, die gehören zum bolschewistischen Weltjudentum. Denen haben wir es zu verdanken, dass unser unbesiegtes Heer diese Schmach erlebte und kampflos in die Heimat zurückkehren musste.«

»Hier, Herr Baron, trinken Sie noch einen und vergessen Sie die Sache!«

»Nee, Toni, so leicht machen wir uns die Geschichte nicht. Wir werden wiederkommen, und dann wird das Weltjudentum dran glauben müssen. Liebknecht und Luxemburg, heute vor zehn Tagen, waren nur der Anfang. Da haben unsere Leute saubere Arbeit geleistet. Es stehen aber noch ganz andere auf der Liste, und jedes Mal wird kurzer Prozess gemacht.«

Nach einer kleinen Pause fügt Sturtz hinzu: »Hören Sie, Toni, was ich Sie noch fragen wollte. Ist Ihr Chef, also der Herr Adlon, mit dem ich schon so manch anregendes Gespräch geführt habe, ist der eigentlich auch Jude?«

Toni blickt den Baron erstaunt an: »Aber, Herr Baron, wo denken Sie hin. Das Adlon ist ein anständiges Haus, der Kaiser ist hier ein- und ausgegangen.«

Emil Ludwig und Karl Volkmann stehen mittlerweile in der mächtigen Eingangshalle, in der Nähe der großen Drehtür, und blicken unschlüssig in den nasskalten Vormittag hinaus. Emil sieht zur Uhr: »Zehn Minuten habe ich noch. Da könnten Sie mir eigentlich erzählen, was es mit dieser *saudummen Geschichte* auf sich hat. Inzwischen bin ich nämlich neugierig geworden.«

»Für uns Redakteure«, sagt Volkmann, »kam die Sache eigentlich wie gerufen. Eine Duellgeschichte, die allen fortschrittlichen Kräften vor Augen führte, welche Maßnahmen die neue Volksregierung zu ergreifen hat, um diesem Spuk aus der preußisch-deutschen Geschichte ein Ende zu bereiten. Dabei ging es eigentlich um eine Lappalie. Als sich der Kaiser nach Holland absetzte, war die politische und moralische Entrüstung über den Obersten Befehlshaber in Sturtz' Regiment so groß, dass ein gewisser Rittmeister von Quitzow den Kaiser im Verlauf einer lebhaften Casino-Debatte als *einarmigen Banditen* bezeichnete. Das wiederum brachte unseren Major derart in Rage, dass er von Quitzow auf der Stelle forderte. Inmitten der revolutionären Ereignisse, die von den norddeutschen Marinestützpunkten bereits auf die Reichshauptstadt übergesprungen waren, fand am Morgen drauf nun dieses gespenstische Duell statt, und zwar nach allen Regeln der Kunst. Was von Sturtz allerdings erst nach diesem Zweikampf erfuhr, als bittere Lektion, war die Tatsache, dass von Quitzow ein hervorragender Pistolenschütze war und ist, der bei Wettbewerben zahlreiche Auszeichnungen erworben hat. Zielsicher machte sich Quitzow nun einen Sport daraus, den linken Arm des Majors zu treffen, den *kaiserlichen* gewissermaßen. Denn das stand hinter dem *einarmigen Banditen*, der verkrüppelte linke Arm Wilhelms II., das große Staatsgeheimnis der letzten dreißig Jahre. Von dem viele wussten und wissen, über das aber kaum jemand sprach und spricht.

Kurzum: Sturtz, der sich vor dem Duell mit Hilfe einiger Schnäpse die nötige innere Ruhe eingeflößt hatte, schoss meilenweit daneben, während Quitzow punktgenau sein Ziel traf und dem Major zu einem schmerzhaften Andenken an seinen Kaiser verhalf. Da die Zeit von Hindenburg und Ludendorff abgelaufen war und die Militärgerichtsbarkeit hart durchgriff, blieben disziplinarische Konsequenzen nicht aus. Quitzow wurde degradiert und versetzt. Der Major erhielt Gelegenheit, den Dienst zu quittieren, womit ihm zwar Festungshaft erspart blieb, an eine weitere militärische Karriere aber nicht zu denken war.«

»Ich frage mich nur«, sagt Emil, »ob es wirklich so viele Deutsche sind, die von dem Verdruss ihres ehemaligen Monarchen wissen. Der Obrigkeitsstaat verstand es sicherlich vorzüglich, die Behinderung zu kaschieren und alle Eingeweihten zum Schweigen zu verdonnern.«

»Ihr Chauffeur kommt«, sagt Volkmann, »was mich zu dem Vorschlag ermuntert, dass Sie Rathenau nach dem kaiserlichen Arm fragen könnten.«

»Woher wissen Sie, dass ich zu ihm fahre?«

»Ich kenne sein Auto, und ich kenne seinen Chauffeur. Außerdem pflege ich noch immer einen guten Kontakt zu Sam Fischer, der ja gleich um die Ecke wohnt. Haben wir uns seinerzeit nicht in Fischers Villa kennengelernt?«

Emil hat keine Gelegenheit zu antworten, denn der Chauffeur, Herr Bock, ein stämmiger Ostpreuße, tritt auf ihn zu und fragt knapp, aber höflich: »Herr Ludwig? Ich habe Auftrag, Sie in die Königsallee zu fahren.« Im selben Atemzug nimmt er Emil den kleinen Reisekoffer sowie die Aktentasche ab.

Als Bock durch die große Drehtür verschwunden ist, fragt Volkmann: »Was will er von Ihnen? Braucht er einen Steigbügelhalter für eine neue politische Karriere? Sie wissen – ich mag ihn nicht, und das geht vielen so. Als Sozialdemokrat ertrage ich diese Doppelexistenz nicht. In seinen Büchern fordert er die Umsetzung sozialistischer Ideen, um gleichzeitig diese pompöse Villa im Grunewald zu bewohnen. Oder er residiert in einem Hohenzollern-Schloss, um in seinen Schriften preußische Sparsamkeit und andere Tugenden zu verkünden. Er geriert sich als Pazifist und ruft am Ende des verlorenen Krieges zum Volkskrieg auf. Wollen Sie mehr hören? Sie kennen die Liste der Verfehlungen – oder soll ich von Verbrechen sprechen – genauso gut wie ich. Ich frage mich, ob dieser Mann in unserem politischen Leben noch zu ertragen ist.«

Emil schüttelt den Kopf: »Er hat mich eingeladen, und ich folge der Einladung, weil er eine faszinierende Persönlichkeit ist. Ich will den Menschen erforschen, mit all seinen Stärken und Schwächen und Widersprüchen. Ich plane ein Buch, das *Genie und Charakter* heißen soll. Darin werden Sie auch ein Porträt über ihn finden, neben Lenin, Wilson ...«

»Lenin!« ruft Volkmann und lässt einige in der Halle umherstehende Hotelgäste aufschrecken. »Diesem Massenmörder wollen Sie noch ein literarisches Denkmal setzen! Ich fürchte, demnächst besuchen sie den Teufel in seiner Hölle und preisen ihn ihren Lesern als tragische politische Figur an.«

Rathenau

»Halt! Sie sind ertappt! Zum wiederholten Male interessieren Sie sich für meine Haustür, von der Sie einmal sagten, sie sei zu schmal, um zwei Menschen zu gleicher Zeit einzulassen.«

Rathenau ist mit federndem Schritt auf ihn zugekommen und hat beide Hände auf Emils Schultern gelegt: »Willkommen, teuerster Freund. Zugleich bitte ich Sie um Vergebung, dass meine Einladung so kurzfristig erfolgte. Verbunden mit dem Dank, dass Sie trotzdem Hals über Kopf meinem Rufe gefolgt sind.«

»Ich danke Ihnen«, erwidert Emil und bestaunt – wie schon bei seinen letzten Besuchen – die klassizistisch gestaltete Eingangshalle. Mantel, Hut und Shawl überlässt er Merkel, dem alten Hausdiener.

»Folgen Sie mir bitte in die Bibliothek«, sagt der elegant gekleidete, ein markantes Herrenparfum verströmende Gastgeber, der mit einer einladenden Geste voranschreitet.

»Ich habe tüchtig einheizen lassen, damit wir uns inmitten anregender Gespräche nicht erkälten. Es sind schon genug Menschen an dieser furchtbaren Grippe zugrunde gegangen. Ich habe gelesen, es seien mehr von der Spanischen Grippe dahingerafft worden als durch die Kampfhandlungen an allen Fronten. Ein grausiger Gedanke! Also heizen wir und regen unsere Gedanken an. An Kohle mangelt es mir nicht. Ich beziehe sie durch die AEG, und dort traut sich niemand, den Präsidenten frieren zu lassen. Nehmen Sie Platz! Was darf ich Ihnen zu trinken anbieten? Einen erlesenen Bohnenkaffee vielleicht, der den Geist schnell auf Touren bringt. Ich beziehe ihn aus dem Adlon, wo er nur an bestimmte Gäste ausgeschenkt wird. Oder bevorzugen Sie einen sorgfältig gereiften Sherry aus guten alten Vorkriegstagen?«

Emil schmunzelt: »Ich gebe dem Sherry den Vorzug, der meinen Blutdruck ein wenig disziplinieren wird. Kaffee hatte ich heute Morgen schon zur Genüge, übrigens auch aus den Beständen des Herrn Adlon, worauf ich mir ab jetzt etwas einbilden werde.«

»Haben Sie den alten Lorenz Adlon gesprochen? Wie ich höre, laboriert er noch immer an seinem lädierten Bein. Noch so ein grausiger Gedanke: von einem Lkw der Revolution erfasst zu werden.«

»Nein, ich habe meine Zeit in der Hotelbar verbracht, bei edlem Schwarzmarktkaffee wie gesagt.«

»Zigarre?«

»Ja, herzlichen Dank.«

Hausdiener Merkel ist lautlos eingetreten und nimmt die Bestellung entgegen, die Rathenau mit den Worten beschließt: »Und nun, lieber Heinrich, wollen wir nicht gestört werden. Keine Telefonate und keine Hausbesuche, die immer als besonders dringend verkauft werden. Wie dem auch sei. Ich glaube, ich bin Ihnen eine Erklärung schuldig für das *periculum in mora* und das *dépêchez-vous*. Sie mussten ja den Eindruck gewinnen, man wollte Sie drüben in Berlin zum preußischen Ministerpräsidenten küren. Aber derartige Erwartungen muss ich leider enttäuschen, auch im Auswärtigen Amt winkt kein Botschafter-Posten.«

Emil schluckt unauffällig: »Ich hatte ein solches Angebot auch nicht erwartet, obwohl die Revolution Tür und Tor für neue Talente aufstoßen sollte. Es ist doch nicht einzusehen, dass nur Adlige Botschafter werden können. Die neue Verfassung wird die Vorrechte der Aristokratie hoffentlich abschaffen.«

»Womit noch nicht der Adel abgeschafft ist.«

»Die sogenannte Revolution, die wir in den vergangenen Wochen erlebt haben, hat sich am Ende als deutsche Kleinstädter-Posse präsentiert. Da wurde anfangs ein wenig in die Luft geschossen, und Fensterscheiben gingen zu Bruch. Von Freiheit war nirgends ernsthaft die Rede. Ich jedenfalls habe bei meiner Rundreise durch eine Handvoll deutscher Staaten nicht erlebt, dass sie eingefordert wurde, dass Freiheit zum Ideal und zum Ziel der revolutionären Kämpfe wurde.«

»Vollkommen richtig, Herr Ludwig. Aber Sie sollten sich deshalb nicht entmutigen lassen. Ich bemühe mich in diesen Tagen und Wochen selbst darum, in ein höheres Amt berufen zu werden. Habe unter anderem an Ebert geschrieben. Doch man ignoriert meine Anfragen, obwohl ich als Unternehmer in praktischer und als Schriftsteller in theoretischer Hinsicht die allerbesten Voraussetzungen mitbringe. Aber man mag mich nicht. Nein, keine Einwände, ich erzähle Ihnen gleich mehr zu diesem degoutanten Thema. Aber zu meiner Depesche, die dafür gesorgt hat, dass Sie mir heute Vormittag ein sehr willkommener Gast sind. Wie ich Ihnen schrieb, erwähnte Sam Fischer eher nebenbei Ihre Absicht, Deutschland auf längere Zeit den Rücken zu kehren und sich in die Einsamkeit der Schweizer Berge oder den mediterranen Frühling zurückzuziehen. Mein erster Gedanke war: Dabei braucht Deutschland gerade jetzt Leute wie ihn.«

Emil stellt sein Sherry-Glas auf den Tisch und sieht sein Gegenüber ungläubig an: »Ich bin ein wenig erfolgreicher Schriftsteller, ein unbedeutender Dramatiker, ein Korrespondent ohne nennenswerten Einfluss. Und dem trauert Deutschland nach? Was haben Sie mit mir vor? Soll ich etwa das Vaterland retten?«

Merkel tritt ein und stellt einen Teller mit Biscuit auf den Tisch. Auf ein Zeichen des Gastgebers schenkt er Sherry nach. Rathenau wischt sich ein wenig Zigarrenasche vom Hosenbein und sieht Emil ernst, schließlich verschmitzt an: »Also, den wenig erfolgreichen Schriftsteller refüsiere ich, ebenso den einflußlosen Korrespondenten. Sie sind Autor bei S. Fischer, und damit in einem der renommiertesten Verlage Deutschlands. Sie haben allein mit Ihrem Bismarck-Buch mehrere Auflagen erzielt. Von *Wagner*, dem Afrikabuch oder den drei Kriegsbüchern wollen wir gar nicht reden. Allein der bedeutungslose Dramatiker sei Ihnen konzediert. An Dramen haben wir uns in jungen Jahren alle versucht. Meist wurden in schrecklichen Versen irgendwelche blonden Schönheiten – bisweilen beiderlei Geschlechts – angehimmelt. Aber – was ich sagen wollte: Ihre Karriere als Autor hat doch gerade erst begonnen, und die neue Epoche, in die wir hineingeworfen sind, verlangt neue Themen und eine neue historische Sicht der Dinge. Schreiben Sie uns, ganz im Stil Ihres *Bismarcks*, psychologische Porträts über Ebert, Scheidemann oder Noske. Oder – wenn Ihnen diese Herren zu bieder und bürgerlich sind – über Liebknecht, Trotzki, Lenin oder über ...«

»Walther Rathenau!«

Der lacht auf: »Ich bin zu den historischen Akten gelegt, mein Freund. Auf einer Versammlung führender Parlamentarier wurde neulich ebenso zynisch wie homerisch gelacht, als jemand es wagte, mich zum Reichspräsidenten vorzuschlagen. Nein, ich bin verschlissen. Seit ich Sympathien für die russische Revolution öffentlich gemacht habe, gelte ich in Kreisen meiner Unternehmerkollegen als Enfant terrible. Auch die Presse lässt kein gutes Haar mehr an mir. Meine kleine Studie über den Kaiser wurde allseits verrissen und verhöhnt. Ich wurde als Monarchist gehandelt. Haben Sie gelesen, was Kurt Tucholsky in der *Weltbühne* darüber geschrieben hat? Lassen Sie es bloß: ein schrecklicher Verriss. Meine Parteifreunde von der DDP distanzieren sich von mir. Meine sogenannte Doppelexistenz wird bei jeder Gelegenheit genüsslich auseinandergenommen. Die Kapitalisten vertragen es nicht, wenn ich soziale Forderungen wie den Achtstundentag erhebe, während die Sozialisten bemäkeln, ich würde das Privateigentum bestehen lassen. Man wirft mir in schöner Regelmäßigkeit mein Schloss in Freienwalde vor. Ich habe es den Hohenzollern abgekauft, weil es seit über hundert Jahren leerstand. Ich habe es sorgfältig restaurieren lassen und damit vor dem Verfall gerettet. Ja, ich sitze in mehr als 30 Aufsichtsräten, und ich bin ein reicher Mann, der es in seiner Einsamkeit liebt, Geld in Schönheit zu verwandeln.«

Emil, der gedankenvoll einer kleinen Qualmwolke nachsieht, atmet tief durch: »Ich habe mir dieses Lebensziel ebenfalls auf die Fahnen geschrieben. Was gibt es Edleres, als sauer verdientes Geld zum Ruhme der Menschheit unter dieselbe zu bringen. Aber ich möchte auf Fischer zurückkommen. Vielleicht wissen Sie es noch nicht, es sei denn, er hat Ihnen vorgestern davon erzählt: Ich werde in seinem Verlag kein Buch mehr herausbringen. Ich habe die Zusammenarbeit beendet.«

»Nein, Herr Ludwig, davon wusste ich nicht. Ist ja keine erbauliche Nachricht.«

»Vorausgegangen sind unerfreuliche Auseinandersetzungen. Ich machte ihm noch vor Ende des Krieges den Vorschlag, meinen *Bismarck* neu aufzulegen. Außerdem trage ich seit geraumer Zeit den Gedanken mit mir herum, eine Biographie über Goethe zu schreiben, eine moderne psychologische Studie, die in zwei Jahren vorliegen könnte. Beides hat er abgelehnt. Für Bismarck werde sich nach Niederlage und Revolution keiner mehr interessieren. Das gelte auch für den Dichterfürsten, der aus moderner Sicht mehr und mehr zum Fürstendichter hinabgesunken sei.«

»Das hat er gesagt?«

»Er hat noch hinzugefügt, mit Goethe könne man heutzutage allenfalls wehrlose Pennäler in den Wahnsinn treiben.«

Rathenau schüttelt den Kopf: »Aber deshalb wird die neugewählte Nationalversammlung nach Weimar gehen: um aus dem Geist der Weimarer Klassik Kraft und Inspiration zu schöpfen. Um von Potsdam, dem Hort des preußischen Militarismus, genügend Abstand zu gewinnen. Von Berlin, das vom Bürgerkrieg beherrscht wurde und teilweise noch wird, ganz zu schweigen. Aber wie dem auch sei: Soll ich einmal mit ihm reden? Ich bin einer seiner Erfolgsautoren und habe einigen Einfluss auf ihn.

Die wirtschaftliche Lage hat ihn stark verunsichert, die politische nicht minder. Der Dollar hat vor dem Krieg gut vier Mark gekostet, bald wird er bei vierzig Mark liegen. Und ich würde nicht ausschließen, dass es noch schlimmer kommt, wenn in Versailles erst einmal die Friedensbedingungen auf dem Tisch liegen. Ein völliger Verfall der Währung könnte eintreten. Wer weiß, ob das Reich Bismarcks das alles überlebt oder ob es wieder in seine Einzelstaaten zerfällt. Womit wir beim Kaiser wären, über den auch ein psychologisches Porträt zu zeichnen wäre. Überdies müsste seine Mitverantwortung an der fatalen Entwicklung, die Deutschland vor dem Krieg und vor allem im Krieg genommen hat, den Lesern vor Augen geführt werden.«

Emil winkt ab, als Rathenau Sherry nachgießen will: »Sie haben in Ihrem Kaiserbüchlein eindrucksvoll gezeigt, wie der Monarch durch die Verehrungswut des deutschen Bürgertums mental verbogen wurde. Wie das Volk eine Mitschuld trägt, wenn es seine Autoritäten und seine Führer machen lässt, was sie wollen, und diesen keinen Widerstand entgegensetzt, an dem sie reifen können.«

»Das haben Sie schön gesagt, Herr Ludwig. Oder nehmen Sie einen Diktator wie Ludendorff, den man nicht in seine Schranken gewiesen hat. Das Volk ist für seine Herrscher selbst verantwortlich. Jeder bekommt die Regierung, die er zugelassen oder der er sich unterworfen hat.«

»Wussten Sie und andere von dem verkrüppelten Arm des Kaisers?«

»Selbstverständlich. Ich habe S.M. fast zwanzig Mal persönlich getroffen, der Kinderarm war ja nicht zu übersehen, so sehr man auch versucht hat, ihn zu kaschieren. Das aber war nicht das Problem. Dieses bestand darin, dass der Kaiser eine Rolle spielte, zu der dieser verkrüppelte Arm einfach nicht passte. Das war eine Rolle, die das Bürgertum so gern imitierte. Dieses ewige martialische Gehabe, dieser Kraftmeier- und Uniformenkult, in den auch der Kaiser hineingezwängt wurde. Man wusste von dem problematischen linken Arm, der bei der Geburt schweren Schaden genommen hatte. Aber niemand wollte davon wissen. Man verdrängte die Tatsache, dass der oberste Kraftmeier einfach nicht dem Bild entsprach, das sich Millionen von deutschen Unter-Kraftmeiern von diesem ihrem monarchischen Kraftmeier machten. Thomas Mann hat mit dem Tabu gebrochen und einen Landesherrn mit Behinderung in seinem Roman *Königliche Hoheit* dargestellt, der vor zehn Jahren erschien. Ich bin im Übrigen froh, dass wir den Krieg verloren haben. Ein Kaiser Wilhelm, der am Tag des Sieges hoch zu Ross durch das Brandenburger Tor reitet, widerspricht doch dem Sinn der Weltgeschichte.«

»Das sagten Sie mir schon einmal, damals '14, in den kriegstrunkenen Augusttagen. Jetzt verstehe ich erst richtig, was Sie meinten.«

»Und wie wäre ein von uns diktierter Friede ausgefallen! Die Deutschen können kommandieren, aber nicht herrschen, wie sie vor einem Jahr im Frieden von Brest-Litowsk bewiesen haben. Das war ein Diktatfriede, wie er schlimmer nicht ausfallen konnte. Da wurde die Eroberung Osteuropas festgeschrieben. Lenin und Trotzki hat das nicht beeindruckt. Sie gingen davon aus, dass die Weltrevolution schon in Kürze die Karten neu mischen würde. Aber die Deutschen, sie haben den Ententemächten gezeigt, wozu sie fähig sind. In Versailles werden sie dafür die Quittung erhalten. Wir haben den Krieg verloren. Wir werden bezahlen müssen.«

Emil schüttelt den Kopf: »Sie sollten diese Ideen nicht publik machen, sonst wird man noch heftiger über Sie herfallen als bisher.«

»Darüber bin ich mir im Klaren. Auch in Frankreich herrscht eine hasserfüllte deutschfeindliche Stimmung, während bei uns schon über den nächsten Revanche-Krieg debattiert wird, als würden zwei Millionen Tote nicht reichen. Was mich persönlich angeht: Morddrohungen erhalte ich fast täglich. Aber ich kümmere mich nicht drum. Wenn ich eines Tages einem Attentat zum Opfer fallen sollte – und die Chancen stehen nicht schlecht –, dann hat eine höhere Instanz eben so entschieden. Ich habe das Urteil zu akzeptieren. Was aber viel wichtiger ist: Man muss das Volk zum Frieden erziehen und bei der Jugend beginnen. Die Ideale der Aufklärung müssen der Nation eingepflanzt werden, womit wir wieder bei unserem alten Thema wären, Ihren Publikationsvorhaben.«

»Ich möchte Sie allerdings bitten, Herr Rathenau, mit Fischer nicht über mich und meine Pläne zu sprechen. Ich werde meinen *Bismarck* bei Cotta herausbringen und die Goethe-Biographie ebenfalls. Übermorgen um diese Zeit werde ich in Stuttgart die entscheidenden Verhandlungen führen.«

»Und die Wilhelm-Zwo-Biographie aus Ihrer Feder? Vielleicht beißt Cotta ja auch hier an.«

»Das ist natürlich ein brisanter Stoff, zumal der Kaiser noch lebt und es viele in Deutschland gibt, die sich seine Rückkehr oder die des Kronprinzen sehnlichst wünschen. Es hängt von der Klugheit unserer politischen Führer ab, welchen Weg die deutsche Demokratie gehen wird. Das aber sind politische Fragen, und Sie dürfen nicht vergessen, dass ich Künstler, Dichter und Psychologe bin. Mich interessiert immer der Mensch, nicht die Politik.«

»Herr Ludwig, Sie sind durch die Schule des Journalismus gegangen, was Ihren Psychographien – so will ich Ihre Lebensbilder einmal nennen –

formal und stilistisch sehr zugute kommt. Nun – auf Ihren *Goethe* bin ich sehr gespannt. Und Sie meinen, er passt in unsere Nachkriegszeit, in der die Menschen oft von ganz elementaren Problemen heimgesucht werden?«

»Absolut. Er wird ja nicht als Denkmal dargestellt, sondern als lebendiger, liebender und leidender Mensch, der schwere innere Kämpfe durchzustehen hat und immer wieder Wege aus den verschiedensten Lebenskrisen findet. Das Buch könnte durchaus eine volkspädagogische Kraft entfalten.«

»Ich hoffe nur, dass Sie Ihr Schweizer Exil nicht allzu lange auskosten und uns auf längere Sicht erhalten bleiben.«

»Die Schweiz wirkt wie ein Sanatorium, heilsam für den, der sich von seinem Vaterland erholen muss. Ich brauche nach den Erfahrungen der letzten Jahre einfach Urlaub von Deutschland. Urlaub vom Obrigkeitsstaat, vom degenerierten Adel, vom Militarismus und Chauvinismus und dem ewigen Antisemitismus, der jetzt nach der Niederlage wieder so hässlich zutage tritt. Deshalb haben Sie auch recht. Hätte Deutschland den Krieg gewonnen, Europa wäre ein Kasernenhof geworden.«

»Sie lassen nur eine Kleinigkeit unerwähnt.«

»Und das wäre?«

Rathenau lacht: »Wir haben beide vier Jahre lang mitgemacht. Sie waren Korrespondent auf dem Balkan und haben Ihren Beitrag zur Kriegspropaganda geleistet. Ich habe dafür gesorgt, dass den Militärs die Rohstoffe nicht ausgingen. Deshalb verstehe ich die Empörung meiner Kritiker schon, wenn ich bei passender – oder auch unpassender – Gelegenheit wieder einmal Ideen zum Pazifismus verkünde und nicht sogleich hinzufüge, dass die deutschen U-Boote ohne die Elektrotechnik der AEG nicht so viele feindliche Schiffe hätten versenken können.«

»Herr Rathenau, wir schreiben das einfach unserem patriotischen Eifer gut, der uns deutschen Juden nun einmal anhaftet. Wir sind eben besonders gute Deutsche und schießen gern übers Ziel hinaus, um die besseren Deutschen zu werden.«

»Prosit«, ruft Rathenau und erhebt sich, da Merkel soeben die Tür zum kleinen Speisezimmer geöffnet hat. Emil, der sofort den Geruch einer deftigen Gemüsesuppe in der Nase hat, folgt dem Hausherrn. Als die beiden wieder Platz nehmen, überreicht der Diener Rathenau einen Zettel, auf den dieser nur einen kurzen Blick wirft. Dann lässt er ihn in der Jackett-Tasche verschwinden, um sogleich mit seinen Ausführungen fortzufahren: »Was Sie hier zum Besten geben, ist ja nicht einmal übertrieben. Sie und ich – wir sind Deutsche durch und durch, leben in der deutschen Kultur und Sprache und sind Teil der deutschen Geschichte und des deutschen Geistes, den wir unübersehbar mitgeprägt haben. Was ist da vom traditionellen Judentum im eigentlichen religiösen oder auch kulturellen Sinne denn übriggeblieben?«

»Dennoch – es ist unser Judentum, das die Existenz in Deutschland so kräftezehrend macht und uns auferlegt, endlich Abstand von diesem unseren Vaterland zu gewinnen. Ich kenne in Europa kein Vaterland, das kurz über lang so anstrengend werden kann wie das deutsche, wobei ich Sie mit einer anderen meiner Lebensmaximen bekannt machen möchte. Die besagt, dass ich mein persönliches Glück nicht vom jeweiligen Zeitgeist oder vom Verlauf der Weltgeschichte und schon gar nicht von der aktuellen Tagespolitik abhängig machen möchte, eine Devise, die sich in der Schweiz sehr gut verwirklichen lässt.«

Rathenau sieht ihn ernst an: »Ich glaube, von Ihnen kann ich noch viel lernen. Dabei sind Sie um einiges jünger als ich. Sie sind 38, ich bin 52. Doch ich will noch hören, warum unser Judentum in Deutschland so kräfteraubend ist.«

»Weil es ständig in Frage gestellt wird. Hat man sein Deutschtum pflichtschuldigst unter Beweis gestellt, schüttelt der arische Mitbürger den Kopf und spricht mit einem Mal von Rasse, die entscheidend sei. Der früher vollzogene Übertritt zum Christentum reicht nun nicht mehr. Jetzt wird Blut im Handumdrehen zu einem besonderen Saft, der – kann die arische Herkunft nicht lückenlos nachgewiesen werden – eine Teilhabe am Deutschtum unmöglich macht. Oder es wird dem ratlosen deutschen Juden eine orientalische Herkunft angehängt, die – bei entsprechender Physiognomie – alle Liebe zum deutschen Vaterland unglaubwürdig werden lässt.«

Die beiden sitzen sich an dem ovalen Tisch gegenüber und plaudern angeregt weiter. Emil lobt die kräftige Suppe, was Hausdiener Merkel zu einer dezenten Verbeugung veranlasst. Rathenau, der sich noch einmal in die Bibliothek begeben hat, kehrt nach einigen Minuten mit einem Buch zurück und erklärt: »Ich habe hier meine Publikation *Zur Kritik der Zeit*, die in diesem Jahr in die 16./17. Auflage geht. In ihr finden sich Sätze, die damals, 1912, beim Erscheinen des Werks nicht wenige Kritiker beeindruckt haben und die – so glaube ich – für uns beide ebenfalls zutreffen:

In den Jugendjahren eines jeden deutschen Juden gibt es einen schmerzlichen Augenblick, an den er sich zeitlebens erinnert: wenn ihm zum ersten Male voll bewusst wird, dass er als Bürger zweiter Klasse in die Welt getreten ist und keine Tüchtigkeit und kein Verdienst ihn aus dieser Lage befreien kann.«

Emil holt Luft, doch kommt Rathenau ihm zuvor: »Gestatten Sie, aber ich bin seit geraumer Zeit auch in einer Lage, aus der ich mich gern befreien würde. Ich habe Sie eingeladen, nicht ahnend, dass heute Ihr Ehrentag ist. Nun habe ich in meinem Berliner Büro meine Privatsekretärin sitzen, eine außerordentlich gewissenhafte Frau, die es zu ihrer Aufgabe gemacht hat, mich immer zuverlässig auf Gespräche vorzubereiten. So erklärt sich auch der Zettel, den Merkel mir zusteckte, was Ihnen – wie ich sah – nicht entgangen ist. Und darauf steht nun, dass Sie heute Ihren 38. Geburtstag feiern.«

Rathenau hat sich erhoben, das Glas in der Hand: »Verehrter Herr Ludwig, nehmen Sie bitte meine herzlichsten Geburtstagwünsche entgegen. Heinrich, schenke von diesem angenehmen Landwein nach und nimm' dir auch ein Glas. Die Revolution macht es möglich. Also – alles Gute, teurer Freund, vor allem mit Blick auf Ihren *Goethe* und die weiteren Projekte, auf die ich mich schon sehr freue. Finden Sie in der Schweiz die Ruhe und Muße, die Sie brauchen, um einer der führenden Schriftsteller zu werden – und das ist der Schriftsteller, der von der Nation gelesen wird.«

Die drei Männer stoßen an.

Als die Glückwünsche ausgesprochen sind, stellt Rathenau sein Glas auf den Tisch, geht zur gegenüberliegenden Wand und kehrt mit einem Bilderrahmen zurück. »So, mein lieber Ludwig. Wer Geburtstag hat, hat auch Anspruch auf ein Geburtstagsgeschenk, und das möchte ich Ihnen hiermit überreichen. Ich sehe, Sie staunen …«

»Ich habe seine Handschrift erkannt.«

»Ja, das ist von ihm, sehen Sie nur, eine Abschrift der *Urworte, orphisch*. Ein Autograph, den ich – ich weiß nicht mehr wann – einmal günstig erworben habe und der jetzt Ihnen gehört.«

»Aber das kann ich nicht annehmen«, sagt Emil.

Rathenau winkt ab: »Zieren Sie sich nicht. Hängen Sie es so, dass Sie es während des Akts des Schreibens stets vor Augen haben. Ich glaube, dann steht Ihre Goethe-Psychographie unter einem guten Stern.«

Emil ist tief gerührt, die Freude ist ihm anzusehen. Er reicht seinem Gastgeber die Hand wie zum Schwur. Gleich darauf beginnt er alle fünf

Strophen frei vorzutragen: *Wie an dem Tag, der dich der Welt verliehen, / Die Sonne stand zum Gruße der Planeten, / Bist alsobald und fort und fort gediehen / Nach dem Gesetz, wonach du angetreten ...*

Goethe

Eigentlich, denkt Emil, bin ich jetzt in der Heimat. Zuhause noch nicht, das wären Moscia, der See, der Wald, der Garten und das Haus, in dem Elga auf mich wartet. Aber daheim in der Schweiz. Sie ist dir längst zur Lebensheimat geworden, während Deutschland deine ferne indigene Heimat ist.

Er steht auf dem Perron und saugt die frische, kühle Luft ein, die vom Gebirge herüberstreicht. Als er den Speisewagen betritt, findet er auf Anhieb einen freien Tisch, der den Blick in die Fahrtrichtung erlaubt. Und es gibt ein Wiedersehen mit Theo, dem Kellner Theo, der Emil schon auf früheren Reisen bedient hat und den »Herrn Doktor« wie einen alten Bekannten begrüßt.

Das Besondere an Theo ist sein Idiom. Er stammt aus Jena und spricht seinen heimatlichen thüringischen Dialekt, den er auf reizvolle Weise mit Schwizerdütsch vermischt. Das erklärt sich aus dem Umstand, dass der junge Mann im August 1914 keinen Ehrgeiz verspürte, für das Vaterland zu sterben. Im Taumel der allgemeinen Kriegsbegeisterung nutzte er einen Ferienaufenthalt im Berner Oberland, um sich in die Schweiz abzusetzen. Ohne größere Schwierigkeiten erlangte er, der über französische und italienische Sprachkenntnisse verfügt, eine Anstellung bei den Schweizerischen Bundesbahnen.

Wenn man sich mit Theo unterhält, macht er stets einen zufriedenen Eindruck, der durch ein sympathisches Lächeln noch hervorgehoben wird. »Wie war Ihr Grenzübertritt dieses Mal, Herr Doktor? Haben die deutschen Beamten Sie wieder verdächtigt, wertvolle Konterbande in die Schweiz zu schmuggeln, oder hat man Sie ziehen lassen, weil der Krieg ohnehin verloren ist?«

»Wir wurden abermals von schnauzbärtigen, bellenden Kommissfiguren abgefertigt, so dass ich zu der Auffassung gelangte: Wenn eine Errungenschaft der Revolution darin bestehen könnte, dass die deutschen Staatsdiener Freundlichkeit erlernten, so wäre das ein bedeutender Beitrag zur Zivilisation.«

»Die deutschen Beamten werden schlecht bezahlt, dafür dürfen sie die Untertanen im Kasernenhofton abfertigen.«

Emil, der die Weinkarte aufgeschlagen hat, seufzt: »Ich fürchte, Sie haben recht, wir werden die gute alte Vorkriegszeit nicht wiederbekommen, als man ohne Ausweis, Pass oder andere amtliche Dokumente durch Europa reisen konnte. Man betrat in Dover das Britische Weltreich und fuhr mit dem Zug weiter nach London, ohne sich legitimieren zu müssen. Zum Ärgernis wurden allenfalls die deutschen Zollbeamten, wenn man auf der Heimreise das heißgeliebte Reichsgebiet wieder betrat.«

»Haben Sie viel von der Revolution mitbekommen? Ihren Nostrano haben wir übrigens an Bord.«

»Mein geliebter Tessiner Landwein, der mich auf zuhause einstimmt. Bringen Sie mir einen Boccalino! Die Revolution? Sie hat die deutschen Fürsten auf den Misthaufen der Geschichte befördert. An der Spitze unseren König und Kaiser Wilhelm zwo.«

»Ich habe gelesen, dass es in Berlin schwere Straßenkämpfe gegeben hat.«

»Hat es.«

»Die Lammkeule mit Knoblauch-Tomatensauce kann ich sehr empfehlen. Wir servieren sie mit grünen Bohnen und jungen Petersilienkartoffeln.«

»Das hört sich gut an. Was man vielleicht noch ergänzen kann: Aus der Revolution ist ein blutiger Bürgerkrieg geworden, in dem Arbeiter auf Arbeiter schießen.«

Theo würde gern antworten, doch der Speisewagen ist inzwischen gut besucht, so dass er und sein Kollege viel zu tun haben.

Der Zug setzt sich in Bewegung, und Emil hat Muße, die vorüberziehende Landschaft zu studieren. Dabei geht ihm Stuttgart nicht aus dem Sinn, die Reise zum Cotta-Verlag, die für ihn als Autor so schicksalhaft werden könnte. Am Sonnabend war er bei Rathenau gewesen. Den Sonntag hatte er als vollen Reisetag eingeplant. Aber dann war er erst am Montagnachmittag in der württembergischen Hauptstadt eingetroffen. Ständig hatte es Verzögerungen gegeben: von den Arbeiter- und Soldatenräten besetzte Bahnhöfe, stundenlange Kontrollen, willkürliche Aufenthalte, angeordnet von irgendwelchen selbsternannten revolutionären Patrouillen, und am Ende ein entgleister Güterzug.

Als er abgehetzt und verschwitzt bei Cotta eintraf, ließ Inhaber Robert Kröner ihn erst einmal warten. Nach einer halben Stunde öffnete sich schließlich die Tür zum Chef des Hauses. Emil wurde mit der säuerlichen Miene eines Oberschuldirektors empfangen, der einen unpünktlichen Pennäler zur Rede stellt. Emil wartete mit einigen Erklärungen auf, die aber nicht zur Kenntnis genommen wurden, weil der fünfzigjährige Erbe des Cotta-Verlages stark schwerhörig ist.

Man habe am Montagmorgen mit ihm gerechnet. Emil selbst habe ja um eine Verschiebung des ursprünglichen Termins ersucht. Jetzt sei bald Büroschluss.

Emil erwähnte einige Telegramme, die er an den Verlag geschickt habe.
»Wie bitte?«
»Telegramme! Ich habe gestern Abend schon ...« rief Emil.
»Telegramme? Nie erhalten.«

Der Gott der Komik wollte es, dass just in diesem Augenblick an die Tür geklopft wurde, was der Verlagschef allerdings nicht hörte. Der altgediente Kommis, der den Spaß schon kannte, betrat eigenmächtig das Büro und überreichte Kröner ein Telegramm, heute Morgen aufgegeben in Frankfurt. Mit Grüßen von Emil Ludwig. Emil, der gerade noch an eine sofortige Abreise gedacht hatte, war erleichtert, da sich die Situation auf unerfindliche Weise entspannte. Kröner wollte mit einem Male wissen, ob Emil etwas von den revolutionären Vorkommnissen in Berlin mitbekommen habe.

Punktuell, erwiderte Emil und erzählte, weil er an die Kraft der Anekdote glaubte, die Geschichte von den Geisterbahnhöfen. Der Verlagschef, der entweder nicht zuhörte oder nichts verstand, wurde darauf lebhafter und auch lauter. Das sei eine schöne Revolution, die unseren König Wilhelm II. so mir nichts, dir nichts davonjage. Diesen noblen Herrn, der immer gegrüßt und den Hut gelüftet habe, wenn man ihn im Schlosspark beim Spaziergang traf. Fast dreißig Jahre habe er Württemberg segensreich und zum Wohle der Menschen regiert. Ihn hätte sich der andere, der preußische Wilhelm, der jetzt getürmt ist, mal zum Vorbild nehmen sollen.

In diesem Moment betrat der Kommis erneut das Büro seines Chefs, um zwei weitere Telegramme vom gestrigen Sonntag zu überbringen. Kröner würdigte die Depeschen keines Blicks und trat an Emil heran. Fast väterlich fragte er: »Rauchen Sie?«

Allerdings wartete er die Antwort nicht ab, sondern gab Emil ein Zeichen, auf dem einsamen Lehnstuhl Platz zu nehmen, der vor dem klobigen Schreibtisch stand. Kröner selbst setzte sich hinter seinen Schreibtisch und reichte Emil die Zigarrenkiste. Beide rauchten und schwiegen ein, zwei Minuten lang. Danach sah Kröner seinen Gast ernst, aber nicht unfreundlich an: »Sie wollen also eine Goethe-Biographie bei uns herausbringen und ein Bismarck-Buch gleich mit. Warum machen Sie das nicht bei S. Fischer, der ist doch Ihr Verleger.«

»Ich arbeite nicht mehr mit ihm zusammen.«

»Wie bitte?«

»Ich arbeite ...«

»Das alte jüdische Schlitzohr! Geht kein Risiko ein und macht nur Bücher, bei denen die Kasse klingelt, nicht wahr! Der verlegt lieber den Juden Rathenau. Da ist für Goethe und Bismarck kein Platz mehr, die sind inzwischen olle Kamellen. Nun schreiben Sie hier, Sie wollten, ähnlich wie Sie es bei Ihrem Bismarck-Buch getan haben, Goethes Leben nach den Regeln der modernen Biographie schreiben. Das verstehe ich nicht, was meinen Sie damit?«

»Wie der Titel schon sagt, ich erzähle die *Geschichte eines Menschen*. Es geht nicht vorrangig um das Werk und die Zeit, in der der Dichter gelebt hat, sondern um seine Persönlichkeit, seinen Charakter. Er wird als strebender und irrender Mensch gezeigt, das Ganze kommt – modern gesprochen – als Psychographie daher. Ich will kein Denkmal aus ihm machen. Ich erzähle diese Geschichte eines Menschen, wie Plutarch oder Carlyle es getan haben.«

»*Geschichte eines Menschen* – das ist doch kein Untertitel. Mir schwebt da eher vor: *Johann Wolfgang von Goethe. Der Mensch, das Werk, die Zeit* oder so ähnlich.«

Emil schüttelte den Kopf: »Aber das wäre ja überhaupt nicht originell. Auf diese Weise ist sein Leben schon hundertfach erzählt worden.«

»Sie haben doch sicherlich schon einige Kapitel im Manuskript vorliegen. Könnte ich da mal einen Blick hineinwerfen?«

Emil, der auf diesen Moment gewartet hatte, sagte nur kurz: »Selbstverständlich«, zog seine Brieftasche aus dem Jackett und legte ein einzelnes zusammengefaltetes Blatt vor sich auf den Tisch, geschrieben als Stenogramm, in der deutschen Reichskurzschrift. Etwas vorschnell streckte Kröner ihm die Hand entgegen: »Kann ich mal sehen!«

»Es handelt sich um den Beginn des Buches, den ersten Absatz des ersten Kapitels. Vielleicht ist es besser, ich lese Ihnen vor, was dort steht.«

Kröner, sichtlich aus dem Konzept gebracht, wischte sich übers Gesicht, ließ eine gehörige Portion Zigarrenasche auf seinen Schreibtisch fallen und sagte leiser als zuvor: »Ist vielleicht besser so.«

Emil las: *In einem Leipziger Galanterieladen steht ein 16jähriger Student, um Puderquasten und Haarschleifen auszuwählen, und wie er sucht, fällt sein Blick in einen zierlich goldgerahmten Spiegel, in dem er lange wohlgefällig weilt. Kennerisch blicken ihn zwei dunkle Augen an, etwas zu groß wölbt sich die Nase, als müsste sie den Bau der hohen Stirne stützen, mokant und zweiflerisch lächelt ein hübsch geschürzter Mund, ...«*

Kröner stöhnte gequält, dann entdeckte er die Zigarrenasche auf seinem Schreibtisch, wusste aber keine Abhilfe und wischte sie mürrisch und ziellos von sich: »Aber so fängt doch keine Biographie an. Das wird ja ein Roman. Eine Biographie beginnt etwa so: *Johann Wolfgang von Goethe wurde am 28. August 1749 in der Freien Reichs- und Handelsstadt Frankfurt am Main, der alten Krönungstadt der deutschen Könige und Kaiser, geboren.* Oder so ähnlich. Eine Biographie fängt mit der Kindheit an, bei Ihnen ist der Held schon 16 Jahre alt.«

»Bei mir«, erklärte Emil, »lernt der Leser den sich selbst suchenden Goethe kennen, Goethe als Mensch des Rokoko. Hier wird schlaglichtartig deutlich ...«

»So kommen wir nicht weiter«, rief Kröner in den Raum hinein und schlug auf den Knopf einer Klingel, die mutmaßlich beim Kommis ertönte, weil dieser kurz darauf im Raum stand.

»Hellen soll kommen!« befahl der Chef.

Stille trat ein. Die beiden Männer saßen sich gegenüber und warteten. Kröner räusperte sich ab und zu, was unversehens in ein rauhes Husten überging. Dann versuchte er ein zweites Mal, die Zigarrenasche von seinem Schreibtisch zu entfernen, was wiederum nicht gelang.

Emil indes ließ die Blicke schweifen, beobachtete sein Gegenüber und studierte dessen Büro mit den vielen Regalen, in denen die Erzeugnisse des Cotta-Verlages einen repräsentativen Standort gefunden hatten. Auch einen großen Tresor gab es. Er befand sich seitlich hinter Kröners Schreibtisch. Seine massive Tür war halb geöffnet.

Endlich stand Eduard von der Hellen in der Tür. Hellen, Mitte fünfzig, ein breiter, wuchtiger Niedersachse, der gern lachte, begrüßte Emil wie einen guten Freund, obwohl beide erst wenige Briefe miteinander gewechselt hatten. Hellen war Berater und Lektor im Hause Cotta und Herausgeber einer vierzigbändigen Goethe-Ausgabe.

Ohne zu fragen, zog er einen Stuhl heran, ließ sich eine Zigarre anbieten und wandte sich sogleich an Emil: »Also, ich habe heute Morgen nochmal in Ihrem Bismarck-Buch gelesen und kann nur sagen: Gratulation! So ist über den Eisernen Kanzler noch nicht geschrieben worden. Wenn Sie bei Goethe methodisch ähnlich verfahren, werden wir bald eine Goethe-Psychographie in Händen halten, um die uns manch ein Verlag beneiden wird.«

Nach einer halben Stunde waren die Argumente zur Genüge ausgetauscht. Das Gespräch verlor an Brauchbarkeit, während Schwaden von Zigarrenrauch durch den Raum waberten. Emil hatte den Beginn seiner Goethe-Biographie nochmals vorlesen müssen, schließlich erlitt Kröner einen erneuten Hustenanfall, um dann zu dem Schluss zu kommen: »Hellen, auf Ihre Verantwortung. Ich bin ja nicht so für das Moderne, das sich jetzt überall breitmacht. Bei uns werden die Klassiker verlegt. Wir sind der Verlag Goethes. Aber wenn Sie dazu raten, kaufe ich den Bismarck sofort, zu dem Herr Ludwig ein neues Vorwort beisteuern wird. In vier, fünf Monaten erhalten wir den ersten Band der Goethe-Biographie als Manuskript, das Sie einer Prüfung unterziehen. Über einen eventuellen Vorschuss spreche ich morgen mit unserem Buchhalter. Der Betrag, Herr Ludwig, wird Sie sicherlich enttäuschen, aber Sie wissen selbst, wie es um unsere Währung bestellt ist.«

Einige Minuten später saßen Emil und von der Hellen in dessen Arbeitszimmer. »Nehmen Sie Platz«, sagte Emils neuer Lektor, »und entschuldigen Sie die Unordnung, aber in diesem Leben werde ich es wohl nicht mehr schaffen, gründlich aufzuräumen. Kaum hatte er das gesagt, zauberte er zwei Teller mit Wurst- und Käsebrötchen auf den Tisch. Emil traute seinen Augen nicht, hatte er doch seit heute Morgen nichts mehr gegessen.

»Greifen Sie zu«, sagte von der Hellen, »und seien Sie ganz unbescheiden. Ich habe das große Glück, auf dem Lande zu wohnen. Da ist die Lebensmittelnot bei weitem nicht so groß wie hier in der Stadt. Und nun wollen wir uns zur Feier des Tages noch einen badischen Rotwein spendieren. Wenn Sie bitte mal hinter sich langen und die beiden Gläser ... danke sehr. Baden ist zwar fast schon Feindesland, aber solange wir vom französischen Rotwein abgeschnitten sind, müssen wir uns mit dem badischen begnügen.«

Sie stießen an und aßen mit gutem Appetit, während Emil von sich erzählte, von Elga, Moscia und seiner bisherigen beruflichen Tätigkeit. Als die Sprache auf Kröner kam, sagte von der Hellen: »Er hat heute keinen guten Tag, da er immer leidet, wenn er Entscheidungen treffen muss. So müssten die Preise unserer Bücher dringend angepasst werden. Der Wert der Mark fällt von Tag zu Tag, so dass wir auf dem besten Wege sind, unsere Bücher zu verschenken. Aber das sollen Ihre Sorgen nicht sein. Berichten Sie, Herr Ludwig, von Ihrer Arbeit und Arbeitsweise. Wie werden Sie dem alten Goethe zu Leibe rücken?«

»*Docendo discimus*, lautet meine Prämisse. Ich bin kein Gelehrter, der in langen Jahren ein gewaltiges Wissen angesammelt hat, um es am Ende in Form von vielen hundert Seiten über seine Leser auszuschütten, sondern ich bin ein Lernender, der für seine Leser Goethe erobert. Meine Entdeckerfreude soll sich den Lesern mitteilen, das jedenfalls ist mein Ziel.«

»Vor allem: Ihnen steht keine wissenschaftliche Forschung im Weg!«

»Ich bin da ganz schamlos. Ich benutze, wo nötig, ihre Ergebnisse und beute die armen, staubtrockenen Gelehrten hemmungslos aus, ja, lachen sie nur. Ansonsten ignoriere ich sie einfach, weil ich vornehmlich aus dem Werk Goethes schöpfen will. Und um diesen Menschen psychologisch zu ergründen, stehen alle Quellen gleichberechtigt nebeneinander. Das Gelegenheitsgedicht oder die Sentenz sind nicht weniger wertvoll als das Drama, der Roman, die naturwissenschaftliche Schrift, das Tagebuch, der Brief oder das Gespräch, beispielsweise mit unserem braven Eckermann.«

»Welche Goethe-Ausgabe legen Sie dabei zugrunde?«

»Ich möchte Sie nicht brüskieren. Ich weiß, dass auch Sie eine Ausgabe herausgegeben haben, aber ich werde die Sophien-Ausgabe bei der Erarbeitung heranziehen.«

»Herr Ludwig, das sei Ihnen verziehen. Die Weimarer Ausgabe ist an Vollständigkeit nicht zu überbieten. Ich hätte mich genauso entschieden. Sie wissen vermutlich, warum die Sophien-Ausgabe so hervorragend ausgefallen ist?«

»Ihr Lachen verrät Sie abermals: Weil Sie mehrere Jahre im Weimarer Goethe- und Schillerarchiv an ihr mitgearbeitet haben!«

»Das haben Sie völlig richtig erkannt. Aber Spaß beiseite: Sie meinen, dass Sie zur Jahresmitte schon den ersten Band als Manuskript werden vorlegen können? Vielleicht sollten Sie sich nicht unnötigem Druck aussetzen.«

»Herr von der Hellen, ich offenbare Ihnen jetzt zu später Stunde noch ein Geständnis, das ich auch ohne die Wirkung dieses wunderbaren Tropfens abgelegt hätte, das aber durch den Rotwein des ungeliebten Nachbarstaates beflügelt wurde: Ich werde im großen Stil Goethe selbst zu Wort kommen lassen, weil er meist die besseren Worte oder Wörter findet als sein Biograph. Auf diese Weise entfallen nur zwei Drittel des Buchumfangs auf mich, etwa ein Drittel stammt aus Goethes Feder oder aus anderen Quellen. Langer Rede kurzer Sinn, Sie werden Ende des Jahres die vollständige Biographie vorliegen haben. Es müssten allerdings, da ich im ersten Arbeitsgang stenographiere oder aus dem Gedächtnis zitiere …«

»… alle Zitate überprüft werden«, lacht von der Hellen. »Das allerdings hatte ich mir schon gedacht. Ein ansehnliches Stück Arbeit …«

»… für die wir einen guten Mann gewinnen müssten, einen, der mit dem goetheschen Werk bestens vertraut ist.«

»Ich werde Ihnen zu diesem Zwecke den besten Mann liefern.«

»Und der heißt?«

»Eduard von der Hellen!«

Beppo hat das Auto, den Fiat 501, direkt vor dem Bahnhof geparkt. Er selbst lehnt sich gegen die Beifahrertür und raucht eine Zigarette nach der anderen, während seine Blicke über den Bahnhofsvorplatz schweifen. Wer ihn nicht kennt, könnte meinen, Beppo sei der Besitzer des sportlichen Fahrzeugs, denn er sieht eigentlich nicht nach Chauffeur aus, sondern ist festtagsmäßig gekleidet.

Unter seinem vornehmen Jackett, das für Kirchgänge, Hochzeiten oder Beerdigungen angeschafft wurde, trägt er ein kariertes Hemd. Das wiederum ist weit aufgeknöpft. Auf diese Weise bringt Beppo seine üppige, wenn auch schon ergraute Brustbehaarung zur Geltung, wodurch er beharrlich versucht, der Damenwelt zu imponieren. Jeder in Locarno kennt ihn. Man weiß, dass er bei den Ludwigs in Moscia der Gärtner und das Faktotum für alle Erfordernisse des Alltags ist und er bisweilen auch den Chauffeur abgeben muss, wenn der Hausherr dies wünscht.

Als der Zug einfährt, hält ihn nichts mehr. Er muss den Chef begrüßen, da ist es egal, ob das Auto abgeschlossen ist oder nicht. Als Emil auf dem

Perron steht und sich – kurzsichtig wie er ist – nach seinem Fahrer umsieht, befindet sich der schon dicht hinter ihm. Beppo hat Tränen in den Augen, weil es mehr als ein Jahr her ist, dass Emil zuhause war.

»Beppo, du bist überhaupt nicht älter geworden«, ruft Emil seinem Chauffeur entgegen, der sein feuchtes Taschentuch schnell im Jackett verschwinden lässt und seinem Herrn Aktentasche und Reisekoffer abnimmt. Die weitere Gepäckabfertigung verläuft zügig, so dass die beiden schon bald auf der Straße nach Ascona unterwegs sind. Beppo eröffnet das Gespräch mit der Frage, die zwischen ihnen inzwischen guter Brauch geworden ist. Ob Emil bei der Ausfahrt aus dem Gotthard-Tunnel auch dieses Mal das Licht und die Luft Italiens gespürt hat. Emil lacht: »Beides, du alter Italiener. Hier bei Euch im Tessin fängt das Mittelmeer an.«

Er wartet einen Augenblick, da Beppo gleich die obligatorische Frage Numero zwei ins Spiel bringen wird. Ob Emil mit schönen Frauen zu tun gehabt habe. Beppo meint das keineswegs ironisch, sondern verbindet mit Emils beruflicher Tätigkeit die felsenfeste Vorstellung, dass sein Chef sich auf seinen vielen Reisen in der mondänen Gesellschaft bewegt und sich dort vornehmlich der Damenwelt widme.

Emil bleibt auffällig einsilbig, was Beppo nicht entgeht. Der fragt ohne Umschweife und mit Kennermiene: »Wie alt?«

»Zweiundzwanzig wird sie«, antwortet Emil mit dünner Stimme.

»Ei, ei! Ich tippe auf Schauspielerin oder Sängerin oder beides.«

»Volltreffer! Du solltest in der Lotterie spielen. Du kannst ja hellsehen.«

»Hab ich von Mama geerbt. Sie kann in der Hand lesen und in die Zukunft schauen.«

»Mach weiter!«

»Sie ist verheiratet.«

»Niete! Verlobt ist sie.«

»Ojemine! Das ist schlimmer als verheiratet.«

»Wieso?«

»Ist sie verlobt, ist sie auch verliebt und noch voller Erwartungen. Die verheiratete Frau empfindet oft Langeweile und fühlt sich einsam, wenn sie keine Kinder hat, und hat sie welche, braucht sie über kurz oder lang Abwechslung.«

»Ich werde das bei meiner nächsten Reise beherzigen«, antwortet Emil. »Aber sag mir lieber, du alter Casanova, was es zuhause an Neuigkeiten gibt.«

Beppo, der das Tempo drosselt, weil sie gerade in Ascona eingefahren sind, berichtet: »Neujahr hatten wir ziemlich heftigen Sturm. Ein Ast von der alten Kastanie ist umgeknickt und hat die Dachrinne hinterm Haus beschädigt. Maria hat den Zimmermeister, den Stöckli, angerufen, der noch vor der Rückkehr Ihrer Frau alles in Ordnung gebracht hat.«

»Weiter!«

»Der Maler, Ihr Freund Hellström, war vorgestern in allen Zeitungen. Lange Artikel gab es da. Er wird, heißt es, demnächst in Paris ausstellen. Außerdem hat er einen Preis gewonnen und verkauft seine Bilder für stattliche Summen.«

»Ist er oft bei uns?«

»Jeden Tag. Er will die Chefin im Frühjahr im Garten malen.«

»Muss ich eifersüchtig sein?«

»Eifersucht ist dumm und zerstört, was einem lieb und teuer ist. Aber aufpassen sollte man.«

Wie immer, wenn Emil von einer Reise heimkehrt, wird er zuerst von Sultan, Wotans Nachfolger, begrüßt. Der Neufundländer legt ihm beide Vorderpfoten auf die Schultern und leckt ihn stürmisch ab. Emil wischt sich übers Gesicht und lacht: »Wenn du endlich mal Benehmen lernen würdest, alter Freund!«

Der Hund winselt vor Glück, bellt laut in den Garten hinein und hastet zum Haus hinauf, um dort die Heimkehr des Herrn zu verkünden. Emil indes atmet schwer, als er die vielen Treppenstufen, die zu seinem Heim führen, hinter sich gebracht hat. Die Terrassentür zur Halle ist einen Spalt geöffnet, so dass er sein Haus vom Wohnbereich aus betritt.

In der Küche stößt er auf Hellström, der einen Kaffeebecher in der Hand hält und sich gegen die Arbeitsplatte lehnt. Elga ist nirgends zu sehen.

»Hallo!« ruft der Maler, und beide Freunde umarmen sich. »Schön, dass du wieder in der Heimat bist. Wir erwarteten dich schon. Möchtest du einen Kaffee? Elga ist nur kurz hinausgegangen. Sie wird gleich zurückkommen.«

»Du stellst in Paris aus?« fragt Emil, weil ihm das Thema zum jetzigen Zeitpunkt am angenehmsten ist.

»Du weißt es von Beppo. Die Tessiner Presse hat mich endlich mal zur Kenntnis genommen. Vice versa – ich gratuliere zum Abschluss mit Cotta.«

»Ich habe nur für die Neuauflage meines Bismarck-Buches einen Vertrag in Händen. Für Goethe gibt es lediglich eine mündliche Zusage, den ersten Teil des Werks in einigen Monaten wohlwollend zu prüfen. Einen Vorschuss wollen sie aus finanziellen Erwägungen nicht zahlen.«

»Wenn du Geld brauchst, sag es nur. Davon habe ich zur Zeit genug. Und aus Geld – das weißt du ja – habe ich mir nie viel gemacht.«

Elga steht in der Tür. »Emil!« ruft sie und fliegt ihm entgegen.

Sie umarmen sich, tauschen Küsse aus. Wie schön sie ist, denkt Emil, vielleicht sollte man sie wirklich nicht allzu lange allein lassen. Doch schnell verwirft er den Gedanken. Eifersüchtig? Wie lächerlich. Spießbürgerlich. Wie sehr das ihren ungeschriebenen Eheregeln widerspricht.

Hellström wird zum Abendbrot eingeladen, winkt aber ab, weil er noch Freunde in Ascona treffen will. Sie plaudern eine Weile, während Elga in der Küche hantiert. Emil erzählt von Stuttgart, wobei Eduard von der Hellen im Mittelpunkt steht.

Hellström hofft in Paris auf den endgültigen Durchbruch und schwärmt davon, in den Vereinigten Staaten Bilder zu verkaufen. Dort erziele man ganz andere Preise als im verarmten Europa. Als der Freund schon in der Tür steht, den breitkrempigen Lederhut in der Hand, ruft Emil ihm zu: »Du bist jetzt schon eingeladen. Ich gebe am übernächsten Sonntag eine kleine Feier. Eingeladen sind die üblichen Tessiner Freunde und Bekannte. Wir werden auf Goethe anstoßen.«

»Ich bin dabei«, ruft der Maler fröhlich, winkt beiden kurz zu und lässt die Tür zufallen.

Als Emil und Elga später Arm in Arm im Bett liegen und sich ausruhen, fragt sie mit einem Male: »Macht es dir etwas aus, wenn Hellström öfter zu Besuch kommt? Gerade jetzt im Winter fühle ich mich hier manchmal einsam, und den ganzen Tag mit Beppo reden, vertreibt die Langeweile auch nicht.«

Emil lacht: »Denkst du, ich bin eifersüchtig? Wie lächerlich. Marten ist ein Freund, ein guter Freund sogar, und ich verlasse mich in jeder Lebenslage auf ihn.«

»Das ist gut. Freundschaft ist etwas sehr Wertvolles und sollte nicht durch Liebe aufs Spiel gesetzt werden.«

An besagtem Sonntag – es ist der 9. Februar – sitzen die Gäste in der Halle zusammen. Obwohl im Kamin die Holzscheite knistern, ist die Tür zur Terrasse weit zurückgeschoben, denn draußen zieht schon eine milde Frühlingsluft durch den Garten, den die Mittagssonne ausgiebig bescheint.

Die Anwesenden, die sich allesamt kennen, reden angeregt miteinander. Erwartungsvoll sieht man dem Essen entgegen, da eine gute Mahlzeit im Hause Ludwig stets dazugehört.

Emil erhebt sich von seinem Platz, was ein Zeichen ist, ein wenig Ruhe einkehren zu lassen. »Liebe Gäste, liebe Freunde, vier Jahre sind wir an dieser Tafel nicht zusammengekommen. Aber nun ist der fürchterliche Krieg vorbei. Trotzdem – Europa befindet sich in schweren Umbrüchen. Noch ist der Friedensvertrag nicht unterzeichnet, noch weiß niemand, ob er den Völkern tatsächlich den Frieden bringt. In Deutschland wird nach wie vor gehungert, das Land und seine ausgezehrten Menschen werden von inneren Unruhen und Bürgerkrieg beherrscht. Niemand weiß, ob sich der Gedanke der Freiheit durchsetzen wird und von wem die deutschen Staaten in Zukunft regiert werden. Als Schriftsteller habe ich lange Jahre von der Hand in den Mund gelebt. Damit soll jetzt Schluss sein. Ich will zur Muße zurückfinden und an einem Werk arbeiten, das mich voll und ganz in Anspruch nimmt. Denn bekanntlich ruht man sich am besten aus, wenn man eine Tätigkeit durch eine andere ersetzt. Ich will mich von Deutschland ausruhen, indem ich eine umfangreiche Goethe-Biographie zu Papier bringe. Ich möchte den Deutschen damit etwas zurückgeben, was sie am allernötigsten brauchen, den Einblick in das Leben eines großartigen Menschen, der einen wahrhaftigen Lebenskampf geführt und am Ende gewonnen hat. Die Beschäftigung mit Goethe kann den Deutschen, denen es zur Zeit so sehr an überzeugenden Persönlichkeiten fehlt, zum Vorbild, zur Leitfigur werden. Ich beende an dieser Stelle meine persönliche Erklärung. Wie ich sehe, steckt Maria den Kopf durch die Tür, weil sie die Minestrone servieren will. Guten Appetit!«

Zwei Stunden später, mitten hinein in die vielstimmige Unterhaltung, ist das klingende Schlagen gegen ein leeres Glas zu hören, das untrügerische Zeichen, aufmerksam zu sein, weil jemand einige Worte loswerden möchte. Es ist Buchhändler Zollinger, der etwas zum Besten geben will und sich schon erhoben hat: »Verehrte Gäste, liebe Freunde, auch wenn der Nachmittag schon vorgerückt ist, es ist nun Zeit, Ihnen eine Geschichte zu erzählen. Vor einigen Wochen erreichte mich aus dem Hotel Adlon in Berlin ein Brief, wohlwollend geprüft, will sagen: geöffnet und sicherlich auch gelesen, von der preußischen Militärzensurbehörde, aber versehen mit einem vertrauten Absender, unserem lieben Freund Emil Ludwig. Er wollte, wie er sich ausdrückte, einige Bücher bei mir bestellen, die ich nach Erhalt nach Moscia liefern sollte. Darunter befand sich eine Goethe-Ausgabe, und zwar keine Geringere als die Sophien-Ausgabe, die 143 Bände umfasst. Vielleicht können Sie sich meine Ratlosigkeit vorstellen. Da saß ich in meinem Geschäft und sollte aus dem gepeinigten Deutschland, das sich schließlich noch im Krieg befand, diese umfangreiche Lieferung bestellen, bezahlen und in die immerhin neutrale Schweiz transportieren lassen. Und das unter den wohlwollenden Blicken der fleißigen, lesefreudigen preußischen Militärzensurbehörde. Wenn nun alles ein Irrtum war, und der gute Freund hatte sich verlesen und war auf der Suche nach einer gängigen Werkausgabe, die er zur Not auf Reisen mitnehmen konnte?

Ich schrieb also zurück, mein Brief kam an und wurde von unserem Freund sofort beantwortet. Ich hatte mich nicht verlesen. Es sollte die Sophien-Ausgabe sein und keine andere. Nun können Sie sich wiederum meine Verwunderung denken. Was will er damit, fragte ich mich. Heute hat er es verraten. Er will – wie er mir bei der Begrüßung gestand – die Sophien-Ausgabe sage und schreibe innerhalb dieses Jahres erforscht haben. Keine Statue, vielmehr ein lebendiger Mensch soll vor uns entstehen, eine Reise durch die Seelenlandschaft dieses wahrhaftig vorbildlichen Menschen. Zum Schluss unserer Zusammenkunft möchte ich Sie ebenfalls zu einer Reise einladen, zu der ich natürlich die Erlaubnis des Hausherrn eingeholt habe. Wir begeben uns jetzt – gewissermaßen als geistiger Verdauungsspaziergang – in das Sanktuarium dieses Hauses, das Studio unseres verehrten Freundes.«

Buchhändler Zollinger klatscht einige Mal aufmunternd in die Hände, wartet, bis alle bereit sind und führt die Prozession der inzwischen neugierig gewordenen Gäste an, denn in der Tat – in Emils Studio ist bisher keiner gewesen, sieht man einmal von Tischler- und Zimmermeister Stöckli ab, der hier gestern noch neue Regale aufgestellt hat.

Das Studio des Schriftstellers befindet sich im 1. Stock und verwundert sofort, hat man doch aufgeschlagene oder gestapelte Bücher, herumliegende Manuskripte oder Notizen, Aktenordner und überbordende Regale – kurz: eine gehörige, zur Kreativität anstachelnde Unordnung erwartet. Fehlanzeige! Der eher kleine, im Chippendale-Stil gefertigte Schreibtisch ist bis auf einige Schreibutensilien vollkommen freigeräumt. Manuskripte, Papiere, Dokumente und ähnliche Unterlagen befinden sich mutmaßlich in den Schränken. Die Studio-Bibliothek besteht aus vielen, aber sauber eingeordneten Büchern.

Als alle vollzählig versammelt sind und sich reichlich umgeschaut haben, erübrigt sich natürlich die Frage, was die sieben Holzkisten beinhalten, die vor dem großen Balkonfenster stehen. Zollinger erzählt auf anschauliche Weise, wie er und zwei Gehilfen die Kisten von Locarno nach Moscia transportiert hätten und wie anstrengend das anschließende Hinauftragen ins Haus gewesen sei, zumal Beppo ganz plötzlich einen Termin in Ascona wahrzunehmen hatte.

Dann öffnet er eine Kiste, und zum Vorschein kommen Exemplare in blauem Halbledereinband, versehen mit rotbraunen Titelschildern. Die herb, aber angenehm riechenden Bücher machen die Runde, wobei nun auch dem Letzten klargeworden ist, wozu die nagelneuen, Holzduft ausstreuenden Regale dienen. Selbstverständlich werden sie den Neuerwerb aufnehmen.

Augenblicklich kommt Stimmung auf wie bei einem Kindergeburtstag. Die Gäste sind nämlich aufgefordert mitzuhelfen. Schon entsteht ein kleines Durcheinander, da einige bewegungsfreudige Herren erst einmal die Kisten auspacken wollen, wodurch die einzelnen Abteilungen leicht durcheinander geraten können: Abteilung I (63 Bände) mit den eigentlichen, meist bekannten Werken. Abteilung II (14 Bände) mit den naturwissenschaftlichen Schriften. Abteilung III (16 Bände) mit den Tagebüchern und Abteilung IV (50 Bände) mit den Briefen.

Die ersten haben schon nachgerechnet. Es müssen am Ende 143 Bücher sein, die die neuen Regale bevölkern. Und siehe da – es stimmt. Zollinger beteuert zum wiederholten Male, er habe alles geprüft. Es seien nicht nur alle, sondern auch die richtigen Bände und Teilbände geschickt worden. So zuverlässig arbeite man im kriegsgeplagten Deutschland immerhin noch. Jetzt verbleibe ihm, dem Vorhaben des Freundes gutes Gelingen zu wünschen. Auf dass er sich mit dem neuen Hausgenossen aus Weimar stets gut verstehen möge!

Zwei Tage später kommt Elga von Einkäufen aus Locarno zurück. Als sie in Begleitung Sultans das Haus betritt, hört sie ein beunruhigendes Klopfen und Hämmern, das die Wände des Hauses leicht erzittern lässt. Die Quelle des Baulärms ist schnell gefunden: Emils Studio. Der steht auf einer wackeligen Holzleiter, die von Beppo mühsam vor dem Umkippen bewahrt wird, und bearbeitet verbissen den freiliegenden Deckenbalken mit Hammer und Stemmeisen. Erkennen kann man noch nichts, aber eingraviert und verewigt werden sollen die griechischen Leitbegriffe der *Urworte, orphisch*:

ΔΑΙΜΩΝ (Dämon) – ΤΥΧΗ (Zufällige) – ΕΡΩΣ (Liebe) – ΑΝΑΓΚΗ (Nötigung) – ΕΛΠΙΣ (Hoffnung).

»Um Gottes willen!« ruft Elga. »Was machst du da? Das ist ja lebensgefährlich. Fall bloß nicht von der Leiter! Deine deutschen Leser erfahren sonst nie, was für ein großer Mensch er gewesen ist.«

Und Emil ruft von der schwankenden Leiter hinab: »Und wenn wir von ihm nichts hätten als die Orphischen Urworte – er wäre doch der Größte!«

Der Hausgenosse

In der Tat, denkt Emil, Goethe ist uns innerhalb weniger Tage zum Hausgenossen geworden. Er ist zugänglich, ehrlich und kooperativ. Er drängt sich nicht auf und ist nicht besserwisserisch, wenn er als Reiseleiter bei der Fahrt durch sein eigenes Seelenreich dient. Schon jetzt nennen wir ihn nicht mehr mit Namen, sondern sprechen nur von Er.

Nach kurzer Zeit stecken Emil und Elga inmitten der Arbeit und vergessen ganze Tage lang alles, was mit Haus, Garten, dem naheliegenden Alltag, aber auch dem fernen Deutschland zu tun hat. Elga sucht meistens nach Zitaten oder aussagekräftigen Textstellen. Sie liest sie vor, anschließend prüfen beide, ob mit dem Fund etwas anzufangen ist oder nicht. Wenn möglich, lesen sie den Text mit verteilten Rollen. Dabei kommt es ihnen oft vor, als wären sie die ersten, die diesen ungeheuren Kosmos erschließen und den Lesern zugänglich machen werden. Bisherige Lebensbeschreibungen des Dichterfürsten nehmen sie nicht zur Kenntnis, Fachliteratur ziehen sie nur bei speziellen Fragen heran.

Emil betritt morgens um sieben sein Studio. Kurz darauf bringt Maria starken Kaffee. Er nimmt die anstehenden Bände der Sophienausgabe aus dem Regal und beginnt mit der Lektüre und anschließenden Auswertung. Wenn Elga eine Stunde später mit dampfendem Teebecher den Raum betritt, liest Emil ihr vor, was er an neuen Gedankensplittern, Sentenzen oder Offenbarungen zutage befördert hat. Sie alle geben Aufschluss über *sein* Leben und verblüffen oft wegen ihrer Radikalität und Wahrhaftigkeit.

Um neun Uhr lässt Maria den Gong in der Eingangshalle ertönen, das Zeichen, sich dem Frühstück zu widmen, das an warmen und trockenen Tagen auf der Terrasse eingenommen wird. Auch für den Hausgenossen ist ein Platz vorgesehen. Eine Kopie von Schadows Goethe-Büste, in Marmor gefertigt, steht stellvertretend an der Stirnseite der Tafel. Beppo findet das übertrieben und meint, das sei der Platz des Chefs, und so sollte es bleiben. Maria hingegen ist der Auffassung, dass ein derart bedeutender Mann ebenfalls ein Frühstück verdient habe, und stellt deshalb jeden Morgen ein Gedeck dazu. Allerdings – das sollte nicht unerwähnt bleiben – kreist das Gespräch nicht immer um *ihn* und die entstehende *Geschichte eines Menschen.*

Nein, es sind ganz profane Themen, die behandelt werden müssen. So hat, berichtet Maria mit dem Ton der Empörung, der Metzger die Rechnung von Weihnachten ein weiteres Mal angemahnt und gedroht, die Sonderkonditionen für das Hundefutter, insbesondere die Knochen- und Pansenlieferungen, zu kündigen. Beppo – ebenfalls verärgert, aber dennoch über den Dingen stehend – weiß ähnliches vom Tankwart zu berichten. Der hat sich vor versammelter Kundschaft die Freiheit genommen, darüber nachzudenken, ob nicht auch das nötige Kleingeld vorhanden sein müsse, wolle man sich ein Feinschmecker-Dasein mit Seeblick leisten.

Emil nimmt solche Invektiven grundsätzlich nicht zur Kenntnis und begibt sich schweigend in sein Studio, wo er und seine Frau die Arbeit fortsetzen. Unversehens kommt ihm Schliemann in den Sinn, der kleine Mann in dem großen Pelzmantel, der weltberühmte Archäologe, Entdecker Trojas, der bei ihnen zuhause in Breslau im Hausflur stand und zusammen mit dem Augen-Cohn auf die deutsche Professorenschaft schimpfte. Auch Schliemann arbeitete lange Jahre mit seiner jungen, schönen Frau zusammen, die jetzt in Athen wohnt und die man, denkt Emil, eigentlich mal besuchen müsste.

Und es gibt die humorvollen, heiteren Minuten, wenn sie auf den deftigen, obszönen Goethe gestoßen sind, der über seine Widersacher herzieht oder einfach nur Dampf ablässt. Gemeinsam lesen sie den erotischen Goethe, die Römischen Elegien, die einst im klassischen Weimar für Empörung sorgten, genauso wie Christiane, die Geliebte des Dichters, auf die sich die nicht jugendfreien Verse bezogen.

So wächst das Manuskript Seite um Seite, wobei zunächst alles nur in Kurzschrift vorliegt. Deshalb diktiert Elga in den Nachmittagsstunden Frau Schaller, der langjährigen Sekretärin, das Stenogramm in die Maschine. Das geschieht im Gästezimmer, damit Emil das Klappern und Klingeln der Maschine nicht hört, ein Lärm, den er nur schwer ertragen könnte.

Nach dem Mittagessen, das Maria pünktlich um 13 Uhr aufträgt, geht man bei gutem Wetter durch den Garten, wo sich manches Mal Gelegenheit findet, mit Beppo das eine oder andere in puncto Gartenanlage zu erörtern. Das dauert in der Regel nicht lange, weil der Gärtner höchst eigenwillige Ansichten vertritt, was seine Gartengestaltung anbelangt. Ehepaar Ludwig zieht es vor, keine unergiebigen Konflikte heraufzubeschwören. Stattdessen gehen sie lieber in den Wald oder auf die Bergwiesen.

Bei schlechtem Wetter ziehen sie sich zu einem Mittagsschlaf zurück, um nach etwa einer Stunde Kaffee zu trinken und die Arbeit fortzusetzen. Die endet gegen 19 Uhr mit einem bescheidenen Abendbrot. Danach sieht Emil die Post durch, die Beppo bereits am frühen Morgen aus dem Dorf geholt hat. Sie wird erst jetzt gesichtet, weil sie von der eigentlichen Arbeit nicht ablenken soll. Rechnungen, Mahnungen, Honorarabrechnungen, Anfragen wegen Zeitungs- oder Zeitschriftenbeiträgen, Leserbriefe – all das, meint Emil, beeinflusse die Grundstimmung und störe die Zwiesprache mit dem Hausgenossen.

Ist die Erschöpfung groß, wird der Feierabend zur Freizeit erklärt. Das neuerworbene Grammophon wird in Gang gesetzt, und die Musik Beethovens, Mozarts und anderer Klassiker ertönt, während Emil und Elga gemütlich im Sessel oder auf dem Sofa sitzen, rauchen, plaudern oder lesen.

Nun ist es ausnahmsweise auch erlaubt, aus dem leidenden Deutschland zu berichten. Elga liest vor, bis Emil es nicht mehr hören will: die Nachrichten von den ewigen Streiks, dem politischen Terror, der Gewalt auf den Straßen, vom stetigen Verfall der Mark, den zermürbenden Debatten über den Versailler Vertrag und die Frage, ob man ihn annehmen sollte. Dazu die Beratungen über die neue Verfassung vom 11. August 1919. Dieses Datum veranlasst Emil zu einem enragierten Zwischenruf, mitten hinein in das Finale von Beethovens fünfter Symphonie: »Ja, warum denn dieser Tag! Warum machen sie nicht den 28. August zum nationalen Feiertag? *Seinen* Geburtstag!«

Manchmal kündigt sich Besuch an. Da Moscia noch immer keinen Telefonanschluss hat, schickt Buchhändler Zollinger meist seinen Lehrling, der eine kurze Nachricht überbringt, verbunden mit der Anfrage, ob Zollinger nebst Gattin für ein, zwei *Stündchen* zum Feierabend vorbeischauen dürfe. Für einen edlen Tropfen werde gesorgt. Um Antwort wird gebeten.

Doch je weiter die Arbeit voranschreitet, desto öfter kommt es vor, dass Emil in sein Studio zurückkehrt, nicht zuletzt deshalb, weil er sich einen anspruchsvollen Arbeits- und Zeitplan verordnet hat. Zum Jahreswechsel will er fertig sein.

Eines Tages unternimmt er nach dem Mittagsmahl eine kleine Wanderung. Es geht bergan durch den Wald und hinüber zu den Bergwiesen, von wo man den einladenden Blick auf den Lago Maggiore hat. Der See glitzert in der Frühlingssonne, die Spitzen des Gridone sind noch schneebedeckt.

Ein Wanderer nähert sich. Erst spät erkennt Emil, dass es Hellström ist, der auf ihn zukommt.

»Störe ich? Ich will den künstlerischen Schaffensprozess nicht unterbrechen. Was wir als Vorstudien auf Papier bannen, das habt ihr Dichter schwerelos im Kopf, während wir bildenden Künstler alles mit uns herumschleppen müssen.«

Er klopft auf seinen großen Rucksack, der, wie man weiß, die notwendigen Mal-Utensilien enthält.

Da Emil nur eine Geste macht und signalisiert, dass der Freund neben ihm Platz nehmen möge, fügt dieser hinzu: »Ich würde dich gern zeichnen. Darf ich? Es wird unsere Unterhaltung nicht stören, du kennst das ja schon, warte, ich habe gleich alles zusammen, ich sollte mir vielleicht einen Koffer zulegen, da lässt sich besser Ordnung halten.«

»Solange du keinen Akt einforderst, dazu ist es nämlich eindeutig zu kalt hier oben.«

»Keine Angst. Ich habe auch nicht vor, von Elga eine Aktzeichnung oder gar ein Aktgemälde anzufertigen, obwohl ich annehme, dass sie dafür einen wunderbaren Körper hat. Aber ich glaube, so eine Aktion würde dich nur verwirren. Ich würde sie allerdings gern im Garten malen, wenn du nichts dagegen hast.«

»Warum sollte ich. Und wenn du Elga gern nackt malen möchtest, so frage sie doch. Ich bin ja nicht der Sittenkommissar, der da mitreden muss.«

»Wie läuft es mit dem Hausgenossen? Geht die Arbeit voran?«

»Ich bin zufrieden. So ein Jahr werde ich in meinem ganzen Leben nicht noch einmal verbringen. Ich habe mich ganz und gar in seine Welt versenkt und unterhalte mich jeden Tag mit ihm. Ich durchfliege sein Werk, was du als Unart empfinden magst, aber ich kultiviere hier eine eingeborene Fähigkeit, alles schnell zu erfassen und zu verarbeiten. Es ist ein schöpferischer Rausch, den ich zur Zeit erlebe.«

»Ich habe den Eindruck, dass du durch deinen Hausgenossen wieder zum Künstler geworden bist. Du hast den Schriftsteller in dir abgelegt, der seine Einkünfte aus dem Journalismus bezieht und eigentlich nichts zu sagen hat. Ich habe das zweite Exemplar, das eure Sekretärin angefertigt hat, übrigens fast durch und einige Notizen dazu gemacht. Ich bringe morgen alles vorbei. Vielleicht trinken wir einen Roten dazu. Also morgen Abend?«

»Abgemacht. Und dein erster Eindruck?«

»Genial!«

»Danke!«

»Ich bitte natürlich um eine weitere Lieferung, denn ich bin gespannt, wie es weitergeht.«

»Und was sagst du zu meiner psychographischen Sichtweise? Sei bitte ganz ehrlich, falsches Lob führt in die Irre!«

»Ich lobe es aber ohne Einschränkung, dein Werk, an dem man sich wie an einer Dichtkunst erfreuen kann. Ich habe gestern Abend in meiner Hütte auf der Chaiselongue gelegen, in Begleitung einer Flasche Barolo versteht sich, und habe beinahe vergessen, eine zweite zu öffnen. So hat mich deine Charakterstudie ergriffen und gefesselt. Nimm das wörtlich, es ist das Beste, was man über eine Dichtung sagen kann, die uns anspricht, mit der wir beim Lesen ins Gespräch kommen – ach! Was für eine wundervolle Beschäftigung. Du musst übrigens nicht stillsitzen, während ich dich porträtiere, was nebenbei bemerkt in deinem Fall unmöglich ist, so aktiv und quecksilbrig, wie du immer bist. Aber erzähle mir von deiner Arbeit. Wie du den Stoff in den Griff bekommst und formst. Und natürlich von den Schwierigkeiten, die sich unweigerlich auftun und uns bei der Arbeit schon mal verzweifeln lassen.«

Als die Sonne an Intensität verliert, treten die Freunde den Heimweg an. »Wenn du nichts dagegen hast, werde ich Elga die kleine Porträtstudie schenken. Sie zeigt dich in etwas angespannter Form: Emil Ludwig in der Zeit, als seine große Psychographie über den Weimarer Olympier, den Hausgenossen, entstand. So wird das eines Tages im Museum zu bewundern sein. Aber noch etwas anderes. Lass uns einen kleinen Umweg einschlagen. Ich möchte etwas mit dir besprechen.«

»Es geht ums Geld und unsere finanzielle Situation.«

»Erraten. Es tut mir jedes Mal im Herzen weh, wenn ich sehen muss, wie sehr Elga dadurch belastet wird. Es fällt ihr schwer, mit dir diese Probleme zu erörtern. Sie hat Angst, dich in deiner Arbeit zu behindern. Deshalb bat sie mich vor einigen Tagen, dass ich mit dir über das leidige Thema spreche.«

»Ach, Elga!« seufzt Emil, »sie denkt, ich wüsste nicht, wie es um uns steht. Das Erbe ist aufgebraucht, das Geld auf unseren deutschen Konten schmilzt dahin, und neue Einnahmen sind zur Zeit nicht in Sicht.«

»Sie schlägt vor, das Auto zu verkaufen. Einen Käufer haben wir schon. Er macht uns einen guten Preis.«

»Marten!« sagt Emil und droht halb ernst, halb zum Spaß mit dem Zeigefinger, »der Käufer bist doch nicht etwa du!«

»Warum nicht«, antwortet Hellström und setzt eine Unschuldsmiene auf.

»Du kannst deine verwunschene Wald-Hütte mit dem Auto gar nicht erreichen.«

»Emil, da hast du vollkommen recht. Aber ich habe mir gedacht – vorausgesetzt, du stimmst zu –, dass ich eure Garage so lange miete, bis ihr euch wieder einen Wagen leisten könnt – und das wird hoffentlich bald der Fall sein, wenn diese traurigen Zeiten endlich vorüber sind. Aber dass du nicht denkst, ich spiele den Wohltäter. Ich kann das Auto gut gebrauchen, weil ich in diesem Sommer mehrere Reisen in die Toskana unternehmen werde. Und für solche Exkursionen ist euer Gefährt bestens geeignet.«

»Nimm hin, das Ding«, lacht Emil, »ich bin ja noch nicht einmal in der Lage, es zu fahren. Ich wollte es immer lernen. Beppo sollte es mir zeigen, aber es fehlt die Zeit. Und das Geld kriegst du an dem Tag zurück, an dem mein Hausgenosse in die zweite Auflage geht.«

Beide lachen: »Abgemacht!« – »Abgemacht!«

Emil sieht den Freund ernst an: »Das Auto wird leider nicht reichen. Wir werden Moscia für einige Zeit, vielleicht werden es Jahre, vermieten oder verpachten. Es ist vertrackt: Wenn ich meine Honorare in Franken oder Dollar bekäme, wir würden hier nicht unsere Zeit mit diesem Mist verplempern.«

»Ich befinde mich in Verhandlungen mit einer Pariser Galerie, die über gute Kontakte in die USA verfügt. Die Sache steht kurz vor dem Abschluss. Da ich das Geld zur Zeit nicht brauche, könnte ich euch 5.000 Dollar leihen. Damit könnt ihr eine Zeitlang überbrücken.«

»Dann könnte ich«, überlegt Emil laut, »bei meinem nächsten Besuch in Berlin wieder im Adlon wohnen, was mir – nebenbei gesagt – sehr lieb wäre.«

»Selbstverständlich!« lacht Hellström. »Als Künstler hast du ein Anrecht darauf, standesgemäß zu logieren. Ich halte nichts von der romantischen Lebenslüge, die vom armen Poeten oder hungerleidenden Maler schwärmt. Schlag ein, dass du mit unserem Handel einverstanden bist, und lass uns morgen Abend alles beim Barolo bekräftigen. Dann trinken wir auf den neuen Hausgenossen.«

Emil erhebt sich und sieht den neben ihm stehenden Freund auf eigenartige Weise an, gerade so, als hätte er etwas Kostbares preisgegeben. Doch schnell besinnt er sich und deklamiert gutgelaunt: *Und Schlag auf Schlag! / Werd ich zum Augenblicke sagen: / Verweile doch! du bist so schön! / Dann magst du mich in Fesseln schlagen, / Dann will ich gern zugrunde gehn!*«

Am 28. August wird der Geburtstag des Hausgenossen zusammen mit dem bekannten Freundeskreis gefeiert. Emil wird gebeten, aus dem Werk, das zu zwei Dritteln fertig ist, einige Kostproben zu lesen, und erhält viel Applaus.

Eduard von der Hellen hat das entstehende Werk inzwischen wohlwollend geprüft und das Titelblatt mit einem Weiter so! signiert. Zu Weihnachten schickt er einen kurzen Brief mit den üblichen Grüßen und Wünschen. Er schlägt vor, dass Emil sich mit einem Besuch noch etwas Zeit lasse, da man es im Verlag gerade mit einem Manuskript-Stau zu tun habe. Außerdem befinde man sich in einer prekären finanziellen Lage, weil sich der Wert der Mark von Tag zu Tag verschlechtere. Emil könne sein Manuskript aber schon in die Post geben. Er – von der Hellen – werde so bald wie möglich mit der Korrekturarbeit und dem Abgleichen der Zitate beginnen.

An seinem 39. Geburtstag gibt Emil das umfangreiche Konvolut beim Postamt in Locarno als Auslandspaket mit Rückschein auf. Oder anders gesagt: Beppo bringt es per Fahrrad zur Post, um es nach Stuttgart zum Cotta-Verlag zu schicken. Dann hört man wochenlang nichts. Emil hat inzwischen bescheidene Einkünfte, da er für die Neue Zürcher Zeitung, die Weltbühne und die *Zukunft* Artikel verfasst.

Wieder wird am 28. August Geburtstag gefeiert, dieses Mal mit einer größeren Zahl von Gästen. Es sind mehr als dreißig Freunde und Bekannte, die die Gastfreundschaft der Ludwigs genießen. Ende Oktober ist ein Brief aus Stuttgart in der Post. Von der Hellen schreibt, Emil sollte vor Weihnachten, besser: nach dem Jahreswechsel, einmal vorbeischauen. Es gebe wegen der Neuauflage des Bismarck-Buches Grundsätzliches zu besprechen. Überdies könne er das neue Vorwort zuschicken, damit es gesetzt werde. Von Goethe kein Wort.

Anfang Januar fährt er nach Stuttgart. Von der Hellen begrüßt ihn freundlich, aber nicht ohne eine geschäftsmäßige Distanz. Mit dem Bismarck-Buch gehe alles den verabredeten Weg. Es kann, wenn keine dramatischen Entwicklungen dazwischenkommen, im Frühjahr erscheinen. Von der Hellen liefert zu den dramatischen Entwicklungen den passenden dramatischen Gesichtsausdruck und erklärt, die Papierpreise seien derart gestiegen, dass man sich im Verlag schon überlegen müsse, ob man alles drucken könne, was man drucken wolle.

Er erhebt sich mühsam und holt aus dem Regal hinter seinem Schreibtisch das wohlbekannte Konvolut hervor – das Manuskript von *Goethe. Geschichte eines Menschen*. Er druckst herum, blättert wahllos im Manuskript und sagt tief aufstöhnend: »Also, Herr Ludwig, nicht dass Sie glauben, wir hätten kein Interesse an Ihrer Arbeit. So ist das nicht. Und deshalb die gute Nachricht des Tages zuerst, ich habe heute Morgen nochmal mit Herrn Kröner gesprochen. Also, wir bringen Ihr Buch, sobald die Umstände es erlauben.«

Emil ist in höchster Anspannung, denn soweit war man schon vor zwei Jahren. Was wird er dir als schlechte Nachricht des Tages servieren?

Von der Hellen holt tief Luft: »Leider muss ich Ihnen mitteilen, dass ich selbst mindestens noch zwei bis drei Monate brauche, um die notwendigen Korrekturen vorzunehmen und die Zitate zu prüfen. Was danach passiert, ist völlig offen. Ehrlich gesprochen: der Verlag macht zur Zeit eine schwierige Entwicklung durch. Es wird, wenn wir den schlechtesten Fall annehmen, mindestens noch ein Jahr dauern, bis wir Ihr Buch drucken können.«

In Emil steigt Wut auf. Mit allem hat er gerechnet, mit Kürzungen, die vorzunehmen wären, mit Umarbeitungen und ähnlichen Ärgernissen, die über einen Autor hereinbrechen können wie Naturkatastrophen, aber darauf, dass von der Hellen sich so viel Zeit mit der Korrektur lässt, war er nicht gefasst. Hier wird Emils Geduld strapaziert, eine Tugend, die ihm ohnehin fremd ist.

Er blickt sein Gegenüber verärgert an: »Ich war ursprünglich davon ausgegangen, dass mein Werk Ende '20, Anfang '21 erscheinen würde. Sie haben sich mit den Korrekturen und Zitatabgleichungen sehr viel Zeit gelassen. Ich hingegen bin schon aus finanziellen Gründen auf ein baldiges Erscheinen angewiesen!«

»Es tut mir leid, Herr Ludwig, aber die Finanzen machen uns ebenfalls zu schaffen. Überdies hatten wir hier, wie der Norddeutsche sagt, Land unter, einen regelrechten Manuskript-Stau. Ich kann Ihnen aber versprechen, dass ich morgen gleich ...«

Die Tür geht auf, Kröner tritt ein. Die Begrüßung fällt väterlich jovial aus. Hiernach wiederholt dieser mit großem Bedauern, was von der Hellen bereits vorgebracht hat. Sie haben sich, schließt Emil daraus, abgesprochen. Ein abgekartetes Spiel, um den düpierten Autor schnell abzufertigen.

Kröner sieht Emil verständnisvoll an. Er fasst ihn sanft am Unterarm und sagt: »Damit Sie unsere Lage besser verstehen, möchte ich Ihnen etwas zeigen. Kommen Sie mal mit!«

Die Entlassung

Sie gehen den breiten Hausflur entlang, biegen rechterhand in einen weiteren Gang ein und stehen vor einer Holztreppe, die in den Keller führt.

»Auf den kostbaren Kopf achten!« ruft von der Hellen, denn die Treppe ist schon für mittelgroße Personen zu niedrig. Nur eine kleine Anzahl Lampen sorgt für schummriges Licht, so dass der Nichteingeweihte auf den schiefgetretenen Holzstufen leicht ins Stolpern gerät. Kröner schließt eine Tür auf und findet den Schalter nicht sogleich. »Mehr Licht!« ruft von der Hellen und lacht über seinen Witz. Kröner sorgt für weitere fahle Beleuchtung, an die sich die Augen erst allmählich gewöhnen.

»Das Archiv«, raunt von der Hellen Emil zu. Der ist keineswegs überrascht, da sich in den endlosen Regalen rechts und links vom Mittelgang Bücher über Bücher stapeln.

»Mein Schiller«, sagt von der Hellen mit der Stimme eines Verliebten, und Emil erinnert sich, dass der Lektor nicht nur Herausgeber einer vierzigbändigen Goethe-Ausgabe ist, sondern auch eine sechzehnbändige Schillerausgabe zum Gedenkjahr 1905 ediert hat.

Jetzt hat man anscheinend das Ziel erreicht. Kröner schließt eine breite Tür auf und betätigt gleich mehrere Schalter, worauf zahlreiche Glühbirnen die notwendige Helligkeit spenden, weil der Raum, den sie jetzt betreten, riesig ist. Jedoch verhindert ein Drahtverhau das weitere Vordringen in dieses spezielle Areal, das tausende, abertausende von Büchern beherbergt. Mehr erkennt man zunächst nicht. Kröner sieht seinen Gast fast flehend an, sagt mit zitternder Stimme: »Hier haben Sie den leibhaftigen Grund, warum wir Ihr Goethe-Buch leider erst mit erheblicher Verzögerung auf den Markt bringen können. Hier ruhen über eine Million Mark, totes Kapital, das unserem Verlag kontinuierlich verlorengeht. Wissen Sie, was hier lagert, versandfertig abgepackt, und zwar unter striktem Verschluss, so dass nicht einmal unser Freund Eduard Zugang dazu hat, geschweige denn ein Exemplar besitzt?«

Emil sieht Kröner fest in die Augen: »Doch nicht etwa der dritte Band von Bismarcks *Gedanken und Erinnerungen*?«

»Da Sie ein kluger Mann sind, Herr Ludwig, wissen Sie wahrscheinlich auch, dass hier 200.000 Exemplare lagern, die auf ihre Leser warten. Aber wie Sie vielleicht gelesen haben, verloren wir kurz vor Weihnachten beim Berliner Landgericht einen Prozess, den der ehemalige Kaiser Wilhelm zwo gegen uns angestrengt hat. 1919 sollte der dritte Band der Memoiren erscheinen. Aber da wollte die Familie von Bismarck plötzlich nicht mehr. Wir haben – weil wir uns im Recht sahen – dennoch gedruckt, aber aus Gründen der Kulanz nicht ausgeliefert. Nun hat der Kaiser a.D. im fernen Holland durchgesetzt, dass das brisante Werk nicht das Licht der Welt erblicken darf, weil sich in dem Text sechs Briefe von ihm befinden, und an denen hat er, wie er und seine Anwälte meinen, das Urheberrecht.«

»Natürlich«, sagt von der Hellen, »will er mit allen Mitteln verhindern, dass die unerbittliche, oft vernichtende Kritik, die der entlassene Reichskanzler von Bismarck an der Politik und auch Person des Monarchen übt, der Öffentlichkeit bekannt wird. Dann ist es nämlich schlagartig vorbei mit der Kaiserverehrung und den Plänen, eines Tages wieder auf dem Thron zu sitzen.«

»Kann ich es wenigstens lesen?«

»Wie bitte?«

»Kann ich es lesen?«

»Nur unter Auflagen. Und nur, weil Sie Autor des Bismarck-Buches sind, das wir verlegen. Lesen Sie, was Millionen gern lesen würden – gewissermaßen als kleine Entschädigung.«

»Und was sind das für Auflagen?«

»Sie erhalten mein privates Hand-Exemplar. Sie dürfen sich keine Notizen machen und sitzen bei mir im Zimmer. Ich gebe Ihnen zwei Stunden Zeit. Danach bekomme ich mein Buch zurück, und sie können meinetwegen sofort vergessen, was Sie da gelesen haben. Wäre mir auch das liebste.«

Sie begeben sich wieder nach oben.

»Bitte sehr«, sagt Kröner und zeigt auf einen seiner altertümlichen Besuchersessel. Emil merkt sofort, dass dies kein bequemer Aufenthalt wird. Die Sprungfedern sind ausgeleiert. Man schwankt hin und her wie bei einem Kamelritt. Kröner entnimmt dem großen Tresor das Buch. Man sieht ihm an, dass er es eigentlich nicht aus der Hand geben möchte.

»Also«, sagt er, »wie abgemacht. Zwei Stunden, und keine Minute länger.«

Emil nickt, die Luft ist schlecht. Kröner gehört zu der Sorte Menschen, die ohne Frischluft auskommen. Dabei wäre lüften ohnehin nicht möglich, da die Fensterscheiben beidseitig zugefroren sind. Mit Inbrunst qualmt Kröner seine Zigarren, die den Raum allmählich verräuchern.

Der Chef sitzt in diesen zwei Stunden hinter seinem Schreibtisch, erledigt Geschäftliches, liest und unterschreibt Briefe oder zeichnet von ihm geprüfte Vorlagen seines Prokuristen ab. Dazu räuspert er sich permanent. Das Räuspern geht regelmäßig in ein krächzendes Husten über, das sich am Ende zu einem heftigen Hustenanfall steigert.

Emil indes durchrast die 200 Seiten und ist von der ersten Seite an politisiert. Was für eine Waffe, denkt er, wäre diese Abrechnung mit dem Kaiser in den Händen der Republik. Sie muss den Reichsgründer politisch zu ihrem Verbündeten machen. Wäre dieses Buch gleich nach Bismarcks Tod erschienen – es wäre eine Warnung für die ganze Nation gewesen. Man hätte den Kaiser vielleicht noch auf den richtigen Kurs bringen können. Hier tritt Bismarck als Kronzeuge gegen die Krone auf. Dieses Werk ist ein Tribunal, das nach dem Krieg leider nie gegen den Kaiser stattgefunden hat, und deshalb haben die Deutschen bis heute nicht begriffen, wer sie in das Unglück von 1914 geführt hat. Natürlich hat der Monarch a. d. im fernen Holland nichts Besseres zu tun, als zusammen mit seinen Anwälten diese Abrechnung zu torpedieren. Aber was kann man unternehmen, damit die Kampfschrift nicht in Cottas Keller vor sich hinschlummert und verstaubt. Das Buch muss in die politische Arena geworfen werden. Bismarck muss wieder vom Volk als Mahner und Mentor begriffen werden, und zwar bevor die Monarchisten im Land Morgenluft schnuppern.

Nach zwei Stunden zückt Kröner seine Taschenuhr und verkündet hustend: »So, die Zeit ist um!«

Emil, der sich an die Zeit seiner Abiturarbeiten erinnert fühlt, erhebt sich mühsam aus dem Sessel. Sein Rücken schmerzt. Er fragt: »Kann man das Buch nicht im Ausland erscheinen lassen?«

»Nein, ist vertraglich festgelegt, dass es erst in Deutschland auf den Markt kommt.«

»Und wenn man die sechs Briefe, an denen der Kaiser die Rechte hält, herausnimmt?«

»Wie bitte?«

»Und wenn man die sechs Briefe herausnimmt?«

Kröner schüttelt den Kopf: »Die sind teilweise mit dem Text verwoben. Wir müssten neu drucken, aber damit verändern wir den Text, was wir vertraglich ebenfalls nicht dürfen.«

Der Besuch beim Cotta-Verlag ist beendet. Von der Hellen hat es nicht einmal für nötig befunden, sich von Emil persönlich zu verabschieden. Er kneift, denkt Emil, denn die Pleite, die ich hier erlebt habe, geht zu einem guten Teil auf sein Konto.

Er sucht sein Hotel auf und bestellt eine große Flasche Bier auf sein Zimmer. Er wäscht sich das Gesicht mit kaltem Wasser, zieht die Schuhe aus und legt sich aufs Bett. Das Bier entspannt, mildert die Rückenschmerzen. Die Lektüre wühlt noch in seinem Kopf, allmählich verlangsamen sich die Gedanken. Was für eine herrliche Sprache! Goethe, Nietzsche und Bismarck, unsere großen Stilisten und Wortschöpfer. Und was für ein Stoff, diese Entlassung des mächtigen Mannes, der Körperqualen erleidet, weil er zusehen muss, wie sein Lebenswerk zerstört wird: ein geeintes, friedliches Deutschland inmitten eines friedlichen Europa. Was für Charakterisierungen, insbesondere seiner Widersacher. Dazu die Anekdoten, alles auf Shakespearscher Höhe. Vieles davon hast du in deinem Buch schon gebracht. In der Geschichte aber steckt mehr. Es ist ein Stoff für die Bühne. Mit Theaterstücken hast du keine guten Erfahrungen gemacht. Doch das könnte hier anders werden. Wenn man nur das Buch bekommen könnte, diese unverzichtbare Quelle.

Am folgenden Tag fährt er nach Zürich, um sich mit einem Redakteur der Neuen Zürcher Zeitung zu treffen. Den nächsten Tag tritt er die Heimreise an. Zuvor hat er aber noch einen Termin in der Kantonalbank. Dort macht man sich Sorgen um seine Finanzen.

»Wie gefällt dir mein neues Auto?«

Eigentlich wollte Emil ein Taxi nehmen, doch nun steht wider Erwarten Hellström vor dem Bahnhof. Während der Fahrt überschüttet der

Freund ihn mit Fragen. Er muss von Stuttgart erzählen, während beim Maler schnell Wut aufsteigt: »Wie die Herren Galeristen, denken nur ans Geschäft. Wie ignorant sind diese Verleger eigentlich? 200.000 Exemplare Bismarck sind doch kein Grund, deinen Goethe auf Eis zu legen!«

Als sie auf Moscia zufahren, hat Hellström sich leidlich beruhigt. Lachend zeigt er auf ein Haus: »Hier hatte ich vorgestern spät abends eine Autopanne. Der Wagen wollte nicht mehr, war eindeutig kaputt. Ich sah noch Licht. Die Leute waren sehr hilfsbereit. Sie schickten ihren Diener nach Ascona zur Werkstatt. Der Meister, der schon im Bett gelegen hatte, meinte nur, ob der Herr Künstler es schon mit Sprit versucht hätte, und gab dem Diener einen Kanister mit. Als ich den sah, fiel es mir wie Schuppen von den Augen. Ich hatte den Tank seit Tagen nicht überprüft. Also, ich glaube, wenn ich richtig reich werde, schaffe ich mir lieber einen Chauffeur an.«

Auch Elga ist enttäuscht, als Emil ihr beim Abendbrot von der missglückten Reise erzählt.

»Vielleicht solltest du dir einen anderen Verlag suchen!« schlägt sie vor.

Emil schüttelt den Kopf: »Cotta ist eine allererste Adresse. Und wenn ich die Zusammenarbeit mit Kröner aufkündige, geht die Verlagssuche von neuem los. Außerdem setze ich noch immer auf von der Hellen, durch den das Goethe-Buch erst brauchbar wird. Er ist Bürger und Dichter in einem. Im Zug stieß ich auf eine Zeitungsnotiz, dass er dieser Tage bei Cotta einen historischen Roman von 350 Seiten herausbringt. Ich wette, der hat ihn voll in Anspruch genommen, und mein Goethe hatte das Nachsehen. Künstler-Egoismus also. Zwei Dramen hat er übrigens auch verbrochen.«

»Im Unterschied zu dir habe ich dafür wenig Verständnis. Aber was ich noch sagen wollte: Dedo hat geschrieben. Du kommst nicht drumherum. Sie wollen deinen 40. Geburtstag groß feiern, und zwar im Adlon. Sie haben den Goethe-Saal bereits reservieren lassen. Dedo und Isolde sind ab dem 21. Januar in Berlin und fragen an, ob wir nicht Lust hätten, mit ihnen ein wenig zu bummeln und das KaDeWe unsicher zu machen, wie Dedo sich ausdrückt. Er ist nämlich der Meinung, man sollte das Geld – sofern man welches hat – jetzt ausgeben. Ende des Jahres sei es vielleicht nichts mehr wert. Du scheinst ja nicht begeistert zu sein. Dann will ich dich ein wenig aufmuntern. Sie schreiben nämlich, dass sie uns Grüße von Lilly, der niedlichen Schauspielerin, ausrichten sollen, was natürlich heißt: Grüße an dich. Sie spielt nach wie vor im *Theater in der Königgrätzer Straße* und hat jetzt fast schon eine Hauptrolle bekommen, nämlich die Franziska in der Minna. Sie kann uns exquisite Karten besorgen. Wie ich sehe, hat sich deine Laune schlagartig erheitert. Es kommt aber leider, mein gebeutelter Ehemann, noch eine schlechte Mitteilung obendrauf. Im März wird sie ihren Verlobten Karl Volkmann heiraten. Der sitzt seit den letzten Wahlen für die SPD im Reichstag und kann sich anscheinend jetzt eine Ehe mit Lilly leisten. Du hast also keine Chancen mehr.«

»Wozu der Spott, meine Liebe, eine verheiratete Frau ist leichter zu verführen als eine verlobte.«

»Das musst du mir erklären.«

»Ich habe unlängst mit einem Fachmann darüber gesprochen: Ist eine Frau verlobt, ist sie auch verliebt und hegt große Erwartungen. Die verheiratete Frau langweilt sich, und wenn sie keine Kinder hat, braucht sie über kurz oder lang Abwechslung.«

»Wer ist denn dieser Fachmann in Sexualwissenschaften, wenn man fragen darf.«

»Darfst du! Beppo.«

Elga lacht laut auf: »Und ich dachte, ihr unterhaltet euch vornehmlich über Gartengestaltung und Automobile. Ich weiß jetzt zumindest, wen ich im Fall des Falles zu Rate ziehen kann.«

Emil gibt ihr einen Kuss und ist im Begriff, nach oben zu gehen, als sie ihm nachruft: »Bevor ich's vergesse. Heute Morgen lag ein merkwürdiges Paket in der Post. Scheint sich um eine Büchersendung zu handeln, für Pralinés ist es jedenfalls zu schwer. Sicherlich bittet jemand um eine Widmung. Ich habe es auf deinen Schreibtisch gelegt.«

Als Emil das unbeholfen, doppelt in schwarzes Packpapier eingeschlagene und mit starkem Band umwickelte wie verknotete Paket geöffnet hat, durchfährt es ihn wie ein elektrischer Schlag: In Händen hält er den dritten Band der *Gedanken und Erinnerungen*. Er muss nicht lange überlegen, wer ihm dieses Solitär anvertraut hat. Schon beim ersten Durchblättern ist ihm ein weißes Kärtchen entgegengefallen, auf dem nur drei Wörter stehen, geschrieben mit roter Tinte: *von der Hölle.*

Er steht am Terrassenfenster, das er zur Hälfte zurückgeschoben hat. Kalte frische Luft strömt ihm entgegen. Der Garten liegt im Dunst, vom See ist längst nichts mehr zu sehen. Alles dunkel, alles grau in grau. Schließlich lächelt er und sagt flüsternd zu sich: Wie sich alles fügt.

Dedo und Isolde haben sich nicht lumpen lassen und eifrig die Werbetrommel gerührt, so dass sich auf dem Höhepunkt der Geburtstagsfeier gut einhundert Gäste im Goethe-Saal drängen, sich angeregt unterhalten und den Genüssen des Kalten Büffets zuwenden oder tanzen. Emil, der ein begehrter Gesprächspartner ist, denkt in einer stillen Minute: Ich bin doch bekannter, als ich bisher vermutet habe.

Schnell geht er im Kopf die Liste seiner Veröffentlichungen durch, die zuhause in der obersten Schublade liegt, und überlegt: Wenn bald der Bismarck wieder aufgelegt wird und der *Goethe* endlich erscheint, werde ich zu den Prominenten der Zunft gehören. Meine Bücher werden zu Bestsellern, die man in fremde Sprachen übersetzt. Die Großstadtpresse wird über mich berichten. Und ich werde zu denen zählen, die sich eine Feinschmecker-Existenz leisten können, weil sie Erfolg haben. Und ich will endlich Erfolg haben, will von diesem teuflisch süßen Nektar schlürfen, den man Erfolg nennt.

Lilly schneit herein. Mit einschlägigem Gefolge. Schnell wird sie zur Attraktion. Nicht nur, weil sie gut aussieht, sondern sich innerhalb kurzer Zeit einen Namen gemacht hat. Bei *Lilly Kardorff* spitzen die Journalisten die Ohren, nehmen Witterung auf. Ist das nicht die Schauspielerin, heißt es dann. Noch sagen sie Schauspielerin. Demnächst reden sie von der bekannten, eines Tages von der berühmten Schauspielerin. Deshalb überlegt Lilly, ob sie nach ihrer Hochzeit wirklich Volkmann heißen will. Nachher sagen die Leute noch: Lilly – ist das nicht die Frau von dem SPD-Reichstagsabgeordneten?

Als sie an Emils Tisch kommt und Elga fragt, ob sie den Gatten zu einem Tanz entführen darf, lacht die vergnügt und ruft in den allgemeinen Trubel hinein: »Nehmen Sie ihn bloß mit, sonst redet er heute Abend nur von Bismarck und Goethe.«

Und dann tanzen sie, schweben kreisend, kreisen schwebend anmutig über das Parkett, als wären sie eine Einheit. Emil ist es, als würde er sein Glück in Händen halten. Er genießt den zarten Geruch ihres Parfüms, während Lilly sich wie betäubt in seinen Armen wiegen lässt.

»Vielleicht sollten wir eine Tanzschule eröffnen, so gut, wie wir beim Tanzen zusammenpassen«, ruft Lilly und lacht ausgelassen. »Man schaut uns schon neugierig zu.«

»Wieso passen wir nur beim Tanzen zusammen?«

»Aber, Herr Ludwig, wohin gehen Ihre Gedanken?«

»Meine Gedanken? Ich denke an Goethes Gedicht, das er für Frau von

Stein schrieb und das den Titel trägt: *Warum gabst du uns die tiefen Blicke*. Es handelt von ihrer Beziehung.«

»Was schreibt er denn?«

»Es heißt in der 3. Strophe: *Sag, was will das Schicksal uns bereiten? / Sag, wie band es uns so rein genau? / Ach, du warst in abgelebten Zeiten / Meine Schwester oder meine Frau*. Kennen Sie die Verse?«

Lilly lächelt sanft und schweigt, bis der Tanz vorbei ist. Emil führt sie an seinen Tisch. Elga winkt einen Kellner heran, und Lilly bestellt sich einen speziellen Orangendrink. Den hat sie im Adlon schon öfter getrunken. Elga sitzt ihr gegenüber und bietet ihr eine Zigarette an. Lilly winkt ab.

»Wo ist ihr Mann heute Abend? Wie ich höre, ist er dabei, eine politische Karriere zu beschreiten.«

»Er ist zu einer Tagung nach Sachsen gereist. Die Genossen dort haben ihn als Referenten verpflichtet, der über die Arbeit der sozialdemokratischen Fraktion im Reichstag spricht«, erklärt Lilly. Elga stellt noch viele Fragen, vor allem interessiert sie sich für Lillys Theaterarbeit sowie die anstehenden Hochzeitsvorbereitungen.

Isolde kommt und setzt sich neben ihren Bruder: »Ist dir der kleine, mickrige Glatzkopf aufgefallen, der euch so sehnsüchtig und liebestrunken beim Tanzen zugesehen hat? Das ist Lillys Regisseur, Fritz Lissauer.«

»Der Dramatiker und Publizist?«

»Nein, das ist der Bruder, Ernst. Fritz ist wie sein Bruder ein glühender Preußenverehrer. Dedo hat ihm von deiner Idee erzählt, über die Entlassung Bismarcks ein Stück zu schreiben. Er war sofort Feuer und Flamme. Die beiden hocken in der American Bar zusammen. Komm mal mit!«

Barkeeper Toni, der Emil heute Abend schon begrüßt hat, ist bester Laune und zuckt zwinkernd mit dem linken Auge. Er freut sich, die drei Herren an seinem Tresen bedienen zu dürfen. Lissauer, der auffällig lispelt und nicht nur pausenlos Gedanken versprüht, sondern auch Speicheltröpfchen, reicht Emil die Hand: »Ich habe einiges von Ihnen gelesen, was Sie in der *Weltbühne* und Hardens *Zukunft* publiziert haben, sehr gute Sachen dabei, vor allem Ihr Essay *Geist und Staat bei den Deutschen*, phantastisch! Und nun der Alte vom Sachsenwald. Ich bin Bismarck-Schwärmer. Das bekenne ich offen. Mäkeln Sie an dem großen Mann nicht herum. Er wird heutzutage sowieso viel zu oft mit Dreck beworfen.«

»Ist auch meine Meinung«, antwortet Emil. »Woran ich schreibe, was ich aber noch nicht abgeschlossen habe, ist ein politisches Stück, das auf den einschlägigen Quellen basiert. Zugrunde gelegt habe ich vor allem den dritten Band von *Gedanken und Erinnerungen*.«

»Ich dachte, der ist noch gar nicht veröffentlicht.«

»Hängen Sie es nicht an die große Glocke. Aber ich habe Zugang zu besagtem Band, der so wichtig ist für die Deutschen, damit sie mit dem Herrn in Holland historisch und politisch endlich abrechnen können.«

»Schicken Sie mir das Textbuch. Ich werde es wohlgesonnen, aber kritisch beäugen. Wenn ich es aufführe, brauchen wir natürlich einen Theatersaal, was heutzutage sehr schwierig ist. Am besten ist eine kleine Bühne, die wir mieten und die nicht zu teuer ist. Dann können wir prüfen, ob so etwas im vergnügungssüchtigen Berlin überhaupt ankommt. Und ist das der Fall, gehen wir den Weg über die Intendanten der großen Häuser.«

Lilly gesellt sich dazu. Sie hakt sich bei Emil unter. Der nicht ganz alkoholfreie Orangendrink ist ihr ein wenig zu Kopf gestiegen. Sie setzt eine ernste Miene auf: »Wie viele Frauenrollen gibt es in dem Stück?«

Emil sieht sie mitleidig an: »Ich sagte gerade, dass es sich um ein politisches Stück handelt, und in der politischen Welt von 1890 kam nun mal keine Frau vor, ausgenommen Bismarcks Frau Johanna, die aber schon Mitte sechzig ist. Ohne Berücksichtigung der wenigen Diener und Lakaien, die auftreten, brauchen wir elf Männer, wobei die Schauspieler, die Bismarck und den Kaiser darstellen, den Originalen schon möglichst ähnlich sein sollten. Besonders den Kaiser haben die Leute noch deutlich vor Augen.«

»Wollen sehen, was sich machen lässt«, sagt Lissauer ungeduldig, da er aufbrechen möchte. Er hat morgen früh Proben und einen ziemlich weiten Weg bis nach Hause. Er steht schon im Eingang, da dreht er sich noch einmal um und sagt zu Emil: »In der nächsten Woche haben wir hier in Berlin eine kleine Buchmesse im Kunstgewerbehaus. Nicht *Leipzig*, aber dennoch sind meist viele Verlage vertreten, insbesondere kleinere. Vielleicht finden Sie ja einen Verleger für Ihr Stück. Ich werde mich da auch einen Nachmittag rumtreiben. Also, Wiedersehen die Herren und die Dame.«

Lilly tut so, als würde sie schmollen: »Also keine Frau, zumindest keine jüngere. Ich stelle fest: ein miserables Stück!«

Emil küsst ihre Hand, dann legt er sanft den Arm um sie: »Ich mache Ihnen einen Vorschlag, Frau Kardorff. Wenn die *Entlassung* gespielt wird, und das nicht nur in Berlin, sondern reichsweit, schreibe ich ein Stück, extra für Sie. Es wird eine weibliche Hauptrolle geben, die natürlich Sie spielen, was Sie hoffentlich entschädigen wird.«

»O, prima!« jubelt Lilly und freut sich wie ein kleines Mädchen: »Weißt du schon, ich meine, wissen Sie schon, wie das Stück heißen wird?«

»*Cécile*«, antwortet Emil, »mehr verrate ich nicht.«

Mit der kleinen Buchmesse ist Emil schnell durch. Viele größere Verlage warten nur mit einem stark eingeschränkten Programm auf. Auch fehlen die entscheidenden Persönlichkeiten. Die Verleger von Rang und Namen lassen sich von ihren Kommis' oder einem zweitrangigen Lektor vertreten. Verbindliche Auskünfte sind auf diese Weise weder für Autoren noch für Geschäftsleute zu erhalten.

An einem Stand ist weit und breit niemand zu sehen. *Rowohlt* steht in großen Lettern über der Ausstellungsfläche. Emil erinnert sich an Ernst Rowohlt, der vor dem Krieg fast ein Jahr lang bei S. Fischer als Prokurist tätig war. Er stutzt. Interessante Titel hat der vor drei Jahren wiedergegründete Verlag in seinem Sortiment. Als er genauer hinsieht, entdeckt er in einer Ecke des Standes einen massigen, rotblonden Mann sitzen. Er hockt auf einem Gartenstuhl und amüsiert sich köstlich, dass man ihn so spät entdeckt hat. Wenn er behutsam lacht, findet das tief inmitten des riesenhaften Körpers statt, der entsprechend munter vibriert.

Rowohlt hat sich erhoben und grinst gemütlich mit seinem Mondgesicht: »Siehe da! Der Herr Ludwig. Erinnern Sie sich an mich?«

»Aber selbstverständlich. Wer könnte Sie vergessen, Herr Rowohlt.«

»Womit kann ich dienen?«

»Ich habe leider nicht viel anzubieten.«

»Ich suche auch keine Manuskripte, sondern Autoren.«

»Ich bin noch gebunden, Herr Rowohlt.«

»Ich weiß, aber Cotta geht es zur Zeit nicht gut, und niemand weiß, wie lange der kluge Eduard Hellen das noch mitmacht.«

»Sie sind ja gut informiert!«

»Ich klappere um die Mittagszeit die einzelnen Stände ab. Da die Leute der zweiten Garnitur sich außerordentlich wichtig nehmen und gerne plaudern und noch lieber ausplaudern, erfährt man so einiges. Cotta ist ja mit seiner Berliner Dependance vertreten. Ihr *Bismarck* erscheint demnächst in der Neuauflage. Glückwunsch meinerseits. Aber wäre da nicht mal eine Wilhelm-zwo-Biographie fällig?«

»Das hat Walther Rathenau mich auch gefragt. Ich hätte allerdings mehr Lust, eine Napoleon-Biographie zu schreiben. Der erste Kaiser unseres Erbfeindes ist eindeutig der interessantere Mensch.«

»Gekauft!« freut sich Rowohlt, und sein lautloses Lachen erschüttert den ganzen Körper: »Den Willy machen wir gleich hinterher. Und sonst noch was auf dem Herd, was vor sich hinköchelt und dringend an die frische Luft muss?«

»Ein Bändchen, das heißen soll: *Vom unbekannten Goethe*.«

»Gekauft!«

»Reiseberichte vom Mittelmeer.«

»Gekauft!«

»Eine kleinere Arbeit über *Rembrandts Schicksal*.«

»Gekauft!«

»Shakespeares Sonette neu übersetzt.«

»Gekauft!«

»Ferner eine Anthologie, die heißen soll: *Shakespeare über unsere Zeit*.«

»Gekauft!«

»Und was mir sehr am Herzen liegt. Zwanzig psychographische Porträts bedeutender Männer, unter dem Titel *Genie und Charakter*.«

»Gekauft. Alles gekauft!« ruft Rowohlt, um lapidar hinzuzufügen: »Ich werde Ihre Bücher zwar nicht lesen, aber ich werde sie machen und verkaufen.«

Eine Woche später sitzen Emil und Elga mit Herrn Wehrli am Kamin zusammen. Den ehemaligen Redakteur der Neuen Zürcher Zeitung haben sie heute Vormittag in Locarno getroffen und spontan zu einem kleinen Imbiss mit dem dazu passenden Rotwein eingeladen. Der alleinstehende Ruheständler sagte hocherfreut zu und lässt sich jetzt von Emil die Geschichte des dritten Bandes erläutern.

»Sie müssen natürlich äußerst vorsichtig sein. Wenn Sie das komplette Werk oder größere Teile in eigener Regie herausgeben, kommen Sie schnell in Teufels Küche, weil Sie in eklatanter Weise das Urheberrecht verletzen. Kröner wird Sie genauso verklagen wie die Familie von Bismarck oder der Kaiser im fernen Doorn. Am Ende würde Sie das teuer zu stehen kommen.«

»Warum«, fragt Elga nach längerer Diskussion, »gehst du nicht strategisch vor? Wie bei einem Schachspiel, schlägst deine Widersacher Zug um Zug.«

Die beiden Männer sehen sie neugierig an. Elga nippt an ihrem Weinglas und genießt die kleine Spannung, die aufgekommen ist. Bevor sie weiterredet, nimmt sie noch eine Olive aus der Perlmuttschale. Dann fährt sie fort: »Du lässt die Kapitel, die die sechs Briefe des Kaisers enthalten, ins Italienische übersetzen. Das würde Herr Wehrli sicherlich übernehmen, verfügt er, wie jeder weiß, von Haus aus über beste Italienisch-Kenntnisse. Anschließend fährst du nach Mailand und spielst die Briefe dem Corriere della Sera zu. Du kennst doch einige Journalisten dort. In Italien wird Bismarck weniger Aufsehen erregen, aber die deutschen Zeitungen, vornehmlich die Großstadtpresse, die werden das an die große Glocke hängen. Der Kaiser wird sich notgedrungen geschlagen geben, und Kröner kann ohne Skrupel ausliefern.«

Wehrli deutet eine Verbeugung an: »Alle Achtung, gnädige Frau. An Ihnen ist eine Politikerin verlorengegangen. Den Weg, lieber Herr Ludwig, sollten Sie gehen.«

»Ich schließe mich dem Lob an«, sagt Emil und erhebt das Weinglas. »Dein Kalkül ist von Bismarck'scher Qualität.«

Elgas Plan bringt den Durchbruch. Wehrli übersetzt die betreffenden Kapitel, Frau Schaller tippt alles ins Reine. Darauf fährt Emil nach Mailand und übergibt die Texte einem Redakteur, mit dem er schon vor dem Krieg einige Male zusammengearbeitet hat. Am nächsten Tag bereits erscheint ein umfangreicher Artikel über Bismarcks Memoiren. Verbunden mit dem Abdruck der Kaiser-Briefe. Wiederum einen Tag später erfolgt der Aufschrei in der deutschen Presse. Die Bismarck-Erinnerungen sind in aller Munde. Die Veröffentlichung des dritten Bandes wird von allen politischen Lagern und Parteien gefordert. Allein hartgesottene Monarchisten sprechen von Fälschung.

Bei Cotta in Stuttgart läuft mittlerweile ein wutschnaubender Verlagschef durch die Geschäftsräume. Kröner hat Emil in Verdacht, hinter dem Coup zu stecken. Aber beweisen kann er nichts. Auch von der Hellen wird zur Rede gestellt. Doch der droht mit Kündigung und verlangt die Auslieferung der im Lager deponierten Bücher. Erstaunlich schnell stimmt Kröner zu. Diese erste Auflage verkauft sich in Windeseile. Weitere Auflagen folgen, und Kröner ist für kurze Zeit ein reicher Mann, bis die Inflation ihre eigenen Spielregeln durchsetzt.

Zur Präsentation seines Buches fährt Emil allerdings nicht nach Stuttgart. Er hat einen langen Brief von Hellen erhalten. Der schreibt, Kröner laufe nach wie vor wütend durch die Gegend und schimpfe über den Verrat (was seine Hustenanfälle nur verschärfe). Er habe den Herrn Ludwig im Verdacht, hinter der Geschichte zu stecken, und werde kein Wort mehr mit ihm wechseln. Als Schwabe streiche Kröner den Gewinn, der ihm aus dem Verkauf des dritten Bandes zufließt, gern ein. Nach außen, so von der Hellen, gebe er sich moralisch entrüstet, sei er doch letztlich zu einem fragwürdigen Geschäft gezwungen worden. Über seinen *Goethe* müsse sich Emil keine Sorgen machen, der werde demnächst zu seinem Recht kommen.

Mittlerweile ist es Herbst geworden. Fritz Lissauer hat in Charlottenburg eine kleine Bühne mit etwa dreihundert Sitzplätzen gemietet. Die Proben haben vor einer Woche begonnen. Leider hat man – meist aus finanziellen Gründen – nicht jede Rolle mit dem passenden Schauspieler besetzen können. So ist der Bismarck eindeutig zu klein und zu hager. Der junge dreißigjährige Kaiser hingegen zu alt, während Bismarcks Frau Johanna mit einer hellblonden Vierzigjährigen besetzt ist, die ein stattliches Embonpoint zur Schau stellt. Dedo meint folglich, sie passe eher in die Rolle einer Puff-Mutti. Die größte Schwierigkeit, die kurz vor der Generalprobe aufgetreten ist, hat Emil selbst zu verantworten. Vehement bestand er darauf, dass Bismarcks Dogge Tyras, die Lissauer kurzerhand gestrichen hatte, am Ende des zweiten Aktes unbedingt ihren Auftritt erhält. Schließlich sei Bismarck Menschenfeind gewesen, aber Hundefreund.

Die kleine Bühne öffnet ihre Tore am frühen Abend, so dass – rechnet Lissauer Emil vor – auch noch Gymnasiasten als Zuschauer infrage kämen. Wenn, meint der skeptische Regisseur zum Autor, sich solche überhaupt einfänden. Bismarck sei heute nicht mehr gefragt, und das Stück – das hätten die Proben gezeigt – sei eben doch ein wenig akademisch oder setze zumindest historisches Wissen voraus.

Dann der entscheidende Abend.

Um halb sechs Uhr öffnet die Kasse, und Lissauer traut seinen Augen nicht. Vor der Tür steht eine ansehnliche Schlange von Wartenden. Die Plakate, die in Charlottenburg, aber auch im benachbarten Berlin geklebt wurden, haben ihren Zweck erfüllt. Um viertel vor sechs sind alle Karten verkauft. Dedo, der an diesem Abend natürlich dabei ist, entscheidet eigenmächtig, noch eine Gruppe Studenten einzulassen. Die könnten auf dem Fußboden sitzen. Danach werden die vergeblich auf Einlass Hoffenden auf übermorgen vertröstet. Da gebe es eine weitere Aufführung.

Die Premiere wird ein unglaublicher Erfolg. Der Applaus ist fulminant, die Presse positiv gestimmt. Selbst eine unfreiwillige Unterhaltungseinlage wird wohlwollend kommentiert. Die bestand darin, dass Tyras, die Bismarck-Dogge, doch noch ihren Auftritt bekam. Der Hund, der einem der Schauspieler gehört und vorab als ausgesprochen geduldig charakterisiert worden war, verließ am Ende des zweiten Aktes eigenmächtig die Bühne und stattete den Zuschauern einen vielbelachten Besuch ab. Er wurde schließlich an die Leine gelegt und hinter die Bühne verbannt. Tyras, meinte Lissauer mit Genugtuung, werde keine weiteren Aufführungen auf der Bühne erleben. Allzu leicht entstehe daraus der von den Berlinern so geschätzte Klamauk.

Auch die zweite Aufführung ist schnell ausverkauft. Um viertel vor sechs steht noch eine längere Schlange vor der Kasse.

Da fährt ein Mannschaftswagen vor. Polizisten springen herunter, umstellen das Theater und sorgen dafür, dass niemand mehr hereinkommt. Ein Beamter in Zivil bittet die Wartenden höflich, zurückzutreten. Er zeigt an der Kasse seinen Dienstausweis vor und fragt nach dem Direktor des Theaters. Die Frau hinter der Glasscheibe weist er an, keine Karten mehr zu verkaufen. Die Aufführung sei verboten worden. Auch weitere Aufführungen fallen unter das Verbot. Der Eintritt könne rückerstattet werden.

Einige Zuschauer stehen in Gruppen zusammen und diskutieren, was sich hinter dieser Aktion verberge. Vielleicht, meint ein älterer Herr, der als junger Mann Bismarck in Friedrichsruh noch gesehen hat, stecken die Sozialisten und Kommunisten dahinter. Eine junge Frau, die mit ihrem kriegsblinden Mann gekommen ist, meint, das hänge damit zusammen, dass Lissauer und der Ludwig Juden seien. Man könne ja nie wissen, was die im Schilde führten.

»Bitte, meine Herrschaften, nicht herumstehen!« ordnet ein Polizist an. »Lassen Sie sich Ihr Geld wiedergeben, und gehen Sie dann nach Hause!«

Fritz Lissauer befindet sich gerade in der Garderobe, als auf der Bühne und im Zuschauerraum Unruhe entsteht. Jemand liest mit lauter Stimme etwas vor. Einen Augenblick später steht ein Polizeibeamter in Zivil vor ihm, weist sich aus und setzt ihn darüber in Kenntnis, warum diese und weitere Aufführungen gerichtlich untersagt wurden. Es handle sich um eine einstweilige Verfügung des Berliner Landgerichts I. Zuwiderhandlung kann mit Gefängnis oder einer Geldstrafe geahndet werden.

Lissauer ist ein geschlagener Mann. Dringend benötigt er einen Stuhl, ihm ist elend zumute. Emil kommt hinzu. Nichts ahnend hat er mit einigen Schauspielern draußen hinter dem Haus eine Zigarette geraucht und bei viel Gelächter Theateranekdoten ausgetauscht. Jetzt wird ihm und Lissauer mitgeteilt, dass ein Verstoß gegen das Persönlichkeitsrecht vorliege.

Emil ist im Bilde. Der Herr im holländischen Exil, der drei Jahrzehnte lang ganz Deutschland als seine Bühne betrachtete, duldet es nicht, dass er auf der Bühne dargestellt wird. Kaiser Wilhelm der Zweite sieht sich seit seiner Abdankung als Privatperson.

»Wir haben keine Chance«, sagt Emil, »wir müssen aufhören.«

Lissauer hat Tränen in den Augen: »So ein schönes Stück!« jammert er immer wieder. Emil tröstet ihn: »Das lassen wir uns natürlich nicht gefallen. Wir fechten die gerichtliche Anordnung an. Schließlich leben wir in einem Rechtsstaat.«

Lissauer wischt sich die Augen trocken und meint: »Und ich dachte immer, wir leben jetzt in einer Republik, wo so was nicht passieren kann.«

Emil legt ihm die Hand auf die Schulter: »Es wird zum Prozess kommen, und dann wollen wir mal sehen, ob die davongelaufene Privatperson aus dem holländischen Doorn nicht doch ein kleines bisschen Person der Zeitgeschichte ist.«

Emil verliert den Prozess. Als er die Richter den Saal betreten sieht, brummelt sein Anwalt: »Auch das noch, alles stramme Monarchisten.«

Das Urteil scheint von Anbeginn festzustehen. Emil wird aufgefordert, viele Seiten des Textes vorzulesen. Er kommt ins Schwitzen. Da seine Eitelkeit verbietet, eine Brille aufzusetzen, hat er Probleme, einzelne Buchstaben oder Wörter deutlich zu erkennen. Er stockt, verliest sich. Er muss die ganze Zeit über stehen, und als er die feindlichen Blicke der Richter sieht, weiß er, dass es um ihn und sein Stück geschehen ist. In erster Instanz verliert er gegen den Kaiser.

Rowohlt

Er geht zu Rowohlt. Vor drei Jahren wurde der Verlag neu begründet. Die Geschäftsräume liegen dort, wo die Potsdamer Straße den Landwehrkanal überbrückt. In der Potsdamer Straße 123 B., im 4. Stock einer großen Mietswohnung. Auch Ernst Rowohlts Privaträume sind hier untergebracht. Im Parterre befinden sich Restaurant und Weinstube Lantzsch, wo der Verlagschef gern zu Mittag isst.

Emil Ludwig steht in dem weiträumigen Flur, in dem man zunächst mit dem Empfangsfräulein zu tun hat. Das fragt bei Fräulein Ploschitzky an, Rowohlts Sekretärin, ob der Chef zu sprechen ist.

Fräulein Ploschitzky ist die gute Seele des Verlags. Mit Mitte vierzig nicht mehr ganz jung, hat sie ein frisches, faltenloses Gesicht mit sanften dunklen Augen. Das schwarze Haar, das hinter dem Kopf zu einem Knoten gebunden ist, macht sie zu einer strengen Erscheinung. Auf den ersten Blick könnte man sie für die Leiterin einer Höheren Töchterschule halten. Wer aber hinter die Fassade sieht, entdeckt schnell ein schutzbedürftiges, mildes Wesen. Und trotz zaghafter Versuche – das weiß Emil vom Chef persönlich –, über eine Kleinanzeige in der Vossischen Zeitung einen passenden Mann zu finden, ist sie am Ende ledig geblieben. Das mag damit zusammenhängen, dass Männer nach dem letzten Krieg als Mangelware gelten.

Fräulein Ploschitzky lächelt Emil sparsam zu und steckt kurz beim Chef den Kopf in die Tür. Keine Sekunde später dröhnt es mit Gebrüll: »Soll reinkommen!«

Der massige Hüne mit dem robbenhaften Kopf begrüßt Emil laut und lachend und bittet, auf einem der modernen Bauhausstühle Platz zu nehmen. Er stellt ein leeres Weinglas auf den Tisch, dazu eine angebrochene Flasche Mosel. Emil winkt ab, da es gerade einmal halb neun ist und fragt nach einem Kaffee. Rowohlt brüllt wie ein Stier: »Ploschitzky! Bring uns einen Kaffee, mein Mädel! Ich wusste, dass Sie wiederkommen«, sagt er, »hab regelrecht auf Sie gewartet.«

»Als wir uns vor etwa einem Jahr trafen, bei der Buchausstellung, haben Sie mir interessante Angebote in Aussicht gestellt, und ich wollte nachfragen ...«

»Gekauft!« schallt es durch den Raum. »Aber diesmal sind Sie gemeint. Ich möchte Sie heute gern einkaufen«, sagt Rowohlt und lacht dazu. »Werden Sie Autor bei uns. Wir bringen alle Ihre Projekte und machen schöne Bücher daraus, in der Hoffnung, dass wir damit genauso viel Geld verdienen wie Cotta mit Ihrem *Goethe* oder dem *Bismarck*.«

»*Goethe* musste schon kurz nach Erscheinen nachgedruckt werden und hat bis heute mehrere Auflagen erreicht. Cotta will, wie mir von der Hellen berichtet hat, auch eine einbändige Volksausgabe herausbringen.«

Rowohlt nimmt einen Schluck und schlägt kurz auf die Schreibtischkante: »Damit muss jetzt aber Schluss sein. Den *Goethe* drucken wir in zwei, drei Jahren selbst. Ich schlage vor, dass sich unser Anwalt um eine Kündigung Ihrer Verträge kümmert. Sie zerbrechen sich darüber nicht den Kopf, sondern denken an die nächste psychologische Biographie. Sie sprachen damals von Napoleon. Ist der noch aktuell?«

»Selbstverständlich. Ich habe das Buch schon klar vor Augen.«

»Danach machen wir aber den *Willy*. Das müssen Sie mir versprechen. Da steckt Zündstoff drin. Ich habe vor einigen Wochen gelesen, dass er Ihre *Entlassung* hat verbieten lassen. Dieser Ganove. Sieht sich als Privatperson – dass ich nicht lache!«

»Die Angelegenheit ist anhängig beim Berliner Kammergericht. Mit einer Entscheidung ist im Herbst zu rechnen.«

»Ja, vor Gericht und auf hoher See. Aber davon abgesehen, ein verbotenes Theaterstück macht einen Autor auch bekannt, und das sind Sie inzwischen. Vor allem Ihr *Goethe* hat Sie zu einem prominenten Schriftsteller gemacht. Ich habe neulich auf einem Empfang meinen alten Bekannten Walther Rathenau getroffen. Wir haben uns '13 kennengelernt, als ich ein Jahr bei Sam Fischer den Prokuristen gemimt habe. Wir sind beide gleich groß, etwa einsneunzig. So was verbindet.«

»Größe hat nur Vorteile«, wirft Emil ein und wird lebhaft. »Große Männer haben es meist leichter im Leben, während die kleinen eitel, ehrgeizig und machtbewusst sind.«

»Die großen sind vor allem trinkfester«, entgegnet Rowohlt und leert sein Glas. »Aber zu Rathenau. Er war ganz angetan von Ihnen, sprach von Ihnen als einem Autor, der zu uns gehöre, den Vertretern des neuen Deutschlands. Überdies meinte er, Ihre Karriere hätte innerhalb von drei Jahren eine erstaunliche Entwicklung genommen.«

»Hat er angedeutet, dass mich der Auswärtige Dienst reizen würde?«

»Er hat so was gebrummelt, aber ich hoffe, dass es Sie nach vier Jahren Weltkrieg und drei Jahren Diktatfrieden mehr reizt, gute Bücher zu schreiben, als in irgendeiner deutschen Botschaft den Papierkram zu erledigen. Die eleganten Zeiten, als der Botschafter Weltmann und Schöngeist war, sind ohnehin perdu. Sie sind ein Mann, der in der Loge sitzt und das Weltgeschehen auf der Bühne verfolgt. Und nicht einer, der auf der Bühne agiert.«

»So ähnlich hat Fontane das von sich auch gesagt.«

»Und der war ein kluger Mann, der leider immer mehr in Vergessenheit gerät. So, jetzt ist Schluss mit dem Schwadronieren. Ich zeige Ihnen noch unsere Räume und stelle Ihnen unseren Lektor Dr. Paul Mayer vor, der auf den Namen Paulchen hört. Der ist nur einssechzig. Also nichts verlauten lassen, was die kleinen Leute angeht. Na ja, was soll's. Zu den großen gehören Sie ja auch nicht gerade, bald aber zu den Großen Ihres Faches. Und das ist's doch, was zählt.«

Als Rathenau am 31. Januar 1922 zum Außenminister der Weimarer Republik ernannt wird, gratuliert Emil in einem längeren Brief. Rathenau antwortet postwendend auf offiziellem Briefbogen, was Emil eigentümlich berührt. Rathenau schreibt, er habe die drei Goethebände, die Emil ihm damals gleich zukommen ließ, mit großer Freude gelesen und dabei ein neues Goethe-Bild gewonnen. Dann – so der Minister – wolle er noch auf eine Rede aufmerksam machen, die er Anfang März im Adlon vor Vertretern der internationalen Presse halten werde. Es geht um den Standort der deutschen Außenpolitik im Vorfeld der großen Genua-Konferenz. Die wird erstmalig nach dem Weltkrieg über dreißig Nationen gleichberechtigt an einem Tisch versammeln, um die drängenden Finanzprobleme Europas in den Griff zu bekommen. Selbstredend werden die deutschen Reparationen genauso eine Rolle spielen wie der Verfall der deutschen Währung. Vielleicht ergibt sich im Anschluss an diese Veranstaltung eine Gelegenheit zum kurzen Gespräch.

Die Rede stößt auf große Resonanz, insbesondere bei der französischen und britischen Presse. Endlich einmal ein deutscher Politiker, der es ernst meint mit Frieden und Verständigung, der nicht auf Revanche sinnt und von einer deutschen Vormachtstellung in der Welt träumt.

Am Tag seiner Rede ist Rathenau umlagert von ausländischen Pressevertretern. Fragen über Fragen muss der Minister beantworten. Er ist im Begriff, das Adlon zu verlassen, da gelingt es Emil, sich durch die Pressemeute hindurchzudrängeln und auf sich aufmerksam zu machen.

»Guten Tag, Herr Ludwig,« ruft Rathenau und fügt hinzu: »Machen Sie doch bitte Platz, meine Herren ...!« Er zieht Emil behutsam zu sich heran und sagt mit durchdringender Bariton-Stimme: »Ich möchte Ihnen, wenn Sie ihn nicht schon kennen, Herrn Dr. Emil Ludwig vorstellen, den Verfasser einer modernen, vielbeachteten Goethe-Biographie, die hoffentlich in viele Sprachen übersetzt wird, damit Goethe zu einem deutschen Botschafter in der Welt werden möge, ein Botschafter oder Bote eines anderen, eines besseren Deutschlands.«

Rathenau wendet sich daraufhin Emil zu: »Sie kommen hoffentlich nach Genua. Dort werden wir am Rande der vielen Konferenzen und Verhandlungen sicherlich Zeit finden für ein ausführlicheres Gespräch. Sie sehen selbst, heute passt es nicht. Ich müsste längst im Auswärtigen Amt sein.«

Er kommt mit einem Taxi von Locarno. Als er zum Haus hinaufgeht, staunt er über den in üppiger Blüte stehenden Garten. Er spürt sein Herz heftiger schlagen als sonst, wenn er heimkehrte. Das Haus ist wie ausgestorben. Selbst Sultan ist nirgends auszumachen. Maria kommt aus der Küche und begrüßt ihn deprimiert, wobei sie sich einige Tränen aus den Augen wischen muss. Als Emil sich fragend umsieht, sagt sie schließlich mit leicht zitternder Stimme: »Sie sind nach Lugano gefahren, wo eine Kunstausstellung eröffnet wird. Sie wollen gegen Abend zurück sein.«

Emil wirft einen Blick auf die Einladung, die Maria ihm gereicht hat. Die Vernissage eines wenig bekannten Malers, mit dem Hellström seit langem befreundet ist. Dieser hält deshalb auch den Eröffnungsvortrag.

Emil will sich hinlegen. Oben im Flur hängt ein neues Bild. Elga inmitten des Gartens, nur spärlich verhüllt von einem togaähnlichen Seidenstoff, dianenhaft schön. Als er in die Küche zurückkehrt, weil Maria ihm noch ein Omelett bereitet hat, setzt sie sich dazu und sagt: »Herr Ludwig, Sie sind zu viel auf Reisen. Wenn Sie jedenfalls Ihre Frau mitnehmen würden, aber so ist sie den ganzen Tag allein und ...«

»Ist schon gut«, tröstet Emil sie und streichelt ihre Hände. »Brühe in einer Stunde den Kaffee auf, dann wollen wir weitersehen.«

Zwei Stunden später, als Emil noch damit beschäftigt ist, den Stapel Post zu sichten, fahren sie vor. Sultan schlägt an und begleitet Elga und Hellström, während sie zum Haus hinaufgehen, mit kurzem, warnendem Bellen.

Die Begrüßung ist herzlich wie immer.

»Da hast du wirklich was versäumt«, sagt ein gutgelaunter, mehr als sonst redender Hellström. »Abstrakte Kunst ist angesagt. Ich glaube, von den jungen Leuten können wir noch viel lernen.«

Sogleich erzählt er von den aufregenden Stunden, die sie in Lugano verbracht hätten, wobei Hellström im Großen und Ganzen seinen Einleitungsvortrag noch einmal auftischt. Übergangslos fragt er: »Wie war Berlin? Erzähl uns von Rowohlt!«

Emil winkt ab: »Später«, sagt er und fügt hinzu, indem er beide ansieht: »Ich gratuliere zu dem Gemälde, das ihr oben aufgehängt habt. Es ist zwar nicht – gottlob – abstrakt, zeigt aber eine Frau von der Schönheit einer griechischen Göttin.«

Elga schmiegt sich an ihn und gibt ihm einen Kuss: »Ich bin sehr froh, dass es dir gefällt. Marten war sich nicht sicher, ob wir es ohne deine Zustimmung aufhängen durften.«

»Und ich danke für das Kompliment«, sagt Hellström und verabschiedet sich kurz darauf.

»Hat Rathenau für dich Verwendung im diplomatischen Dienst?« will Elga wissen, als sie eine Stunde später beim Wein zusammensitzen.

»Er macht manchmal Andeutungen, aber ich glaube, er hat noch nicht einmal ernsthaft darüber nachgedacht. Ich will auf jeden Fall nach Genua. Da könnte sich eine Gelegenheit ergeben, dass ich ihm ernsthaft meine Ambitionen erläutere. Ich habe vom Auswärtigen Amt immerhin einen offiziellen Presseausweis erhalten, damit könnte ich …«

»Nun willst du doch zur Konferenz fahren! Vor einiger Zeit hast du mir hoch und heilig versprochen, das Frühjahr zuhause zu bleiben.«

»Bist du böse deswegen?«

»Ja!«

»Aber wir müssen auch ans Geld denken. Das erste Geld, dass Cotta mir für den *Goethe* überwiesen hat, ist heute nur noch die Hälfte wert, vielleicht noch weniger. Ich versuche, von meinen Honoraren möglichst viel möglichst schnell in Schweizer Franken umzutauschen. Es ist nur jämmerlich, wie das mühsam erarbeitete Geld dahinschmilzt.«

»Bleib bei mir! Ich brauche deine Nähe. Geld haben wir genug. Marten leiht uns jederzeit etwas.«

»Ich mag diese Abhängigkeit nicht.«

»Abhängigkeit wovon?«

»Von seiner finanziellen Großzügigkeit. Das verpflichtet irgendwie. Aber lassen wir das. Wie wäre es, wenn du mich nach Genua begleitest?«

Elga schüttelt den Kopf: »Dort bin ich auch allein. Während du die großen Männer unserer Zeit interviewst, langweile ich mich in den Cafés der Stadt zu Tode oder gebe andernorts Geld aus, das wir nicht haben.«

Es sind Tage voller Dissonanzen. Emil ist entschlossen, nach Genua zu reisen. Elga entschlossen, ihm das sehr übel zu nehmen.

»Und wie lange willst du noch tatenlos zur Kenntnis nehmen, wie die blonde Bestie dir langsam, aber sicher die Frau ausspannt?«

Emil schweigt und winkt ab, als Dedo ihm sein Zigarrenetui hinhält. Sie sitzen bei Hiller und haben Mittag gegessen. Emil blickt noch immer aus dem Fenster und betrachtet den Verkehr draußen *Unter den Linden*. Er lässt die vergangenen Wochen Revue passieren, all das, was er Dedo zwei Stunden lang in extenso erzählt hat. Von seiner Ankunft in Genua, den ausgeprägten Sicherheitsvorkehrungen der Behörden. Den vielen Gesprächen mit deutschen und ausländischen Diplomaten im Hotel Eden, wo man unter anderem die Vertreter der großen Nationen untergebracht hatte. Dazu die ständigen Gerüchte, die oft im Minutentakt die Runde durch die Stadt oder Hotelhallen machten. Den schroffen Ton der französischen Delegation, die die Deutschen nicht als gleichberechtigt ansah. Die regelmäßigen Pressekonferenzen und amtlichen Verlautbarungen. Und last but not least: der originelle Amerikaner, der für den Toronto Daily Star schreibt. Emil lernt ihn bei der feierlichen Eröffnung der Konferenz kennen. Dedo hätte sich prächtig mit ihm verstanden, denn er roch nach Whisky und redete viel vom Krieg, den er in Italien miterlebt hatte. Hemingway hieß er, ein Name, den man sich wohl nicht merken muss.

Alles jedoch wurde vom Paukenschlag *Rapallo* in den Schatten gestellt. In dem Badeort Rapallo war die sowjetische Delegation untergebracht, und hier unterzeichneten Reichskanzler Wirth und Reichsaußenminister Rathenau jenen deutsch-russischen Vertrag, der die Gemüter so sehr erhitzte und die Konferenz beinahe platzen ließ. Das war am 16. April, am Ostersonntag, als in Rapallo Weltgeschichte geschrieben wurde.

Eine Woche später war Emil wieder zuhause. Er hatte gehofft, Elga anzutreffen. Doch alles, was sie hinterlassen hatte, war ein kurzer Brief. Hierin teilte sie mit, dass sie Hellström auf seiner Fahrt nach Rom begleiten werde. Zum Glück befand sich in der Post eine Karte von Dedo, der seinen Aufenthalt in Berlin ankündigte und anfragte, ob Emil und Elga nicht Lust und Zeit hätten, »kurz mal rüberzukommen«. Zum Geldausgeben.

Da Emil wenig Neigung verspürte, in Moscia langsam, aber sicher an seiner Situation zu verzweifeln, sagte er stante pede zu. Er ließ Maria und Beppo ausreichend Geld zurück und teilte ihnen mit, dass er sich voraussichtlich mehrere Monate in Deutschland aufhalten werde. Er werde wieder im Adlon wohnen und wünsche, dass ihm dorthin die »wichtige Post« nachgesandt werde. Beppo nickte, mit diesem Prozedere kannte er sich aus.

»Du sagst nichts. Möchtest du lieber allein sein?« fragt Dedo und bläst genüsslich eine Wolke Tabakqualm in den Raum hinein. Er liebt Hiller, dieses kleine Restaurant, wo man so exzellent speisen kann, vorausgesetzt es gelingt, einen Tisch zu reservieren. Doch jetzt ist ihm nach Aufbruch und frischer Luft.

»Keineswegs«, sagt Emil, und man sieht ihm an, dass ihn die Frage aus seinen Gedanken gerissen hat: »Bleib bloß hier. Ich freue mich doch über deine Gesellschaft. Ich habe in letzter Zeit nur so viel erlebt, dass mir der Schädel brummt. Aber zu deiner Frage nach der blonden Bestie. Elga und ich haben uns bei unserer Hochzeit geschworen, eine freizügige Ehe zu führen, uns nicht gegenseitig zu kontrollieren und zu drangsalieren und keine bourgeoisen Besitzansprüche auf den anderen zu erheben. Das heißt: Wenn sie mit Hellström glücklicher ist als mit mir, so habe ich das zu respektieren.«

»Mensch, Emil!« ruft Dedo ein bisschen zu laut, zumal er auch kräftig auf den Tisch gehauen hat. »Wenn du sie noch liebst, kämpfe um sie. Auf Ehre! Ich würde diesem Pinselfritzen eine Forderung übermitteln, um ihn eiskalt unter die Erde zu befördern. Also, wenn du einen Sekundanten brauchst – ich bin dabei.«

»Das ist nicht mein Stil, Dedo. Das weißt du. Außerdem bin ich so kurzsichtig, dass ich am Ende dich noch treffe, was für die Berliner Damenwelt sicherlich einem nicht zu ersetzenden Verlust gleichkäme. Verzeih mir die Ironie, aber ich habe mich zu einer gewissen pikanten Frage noch immer nicht durchringen können ...«

Dedo lacht: »Lieber Schwager, auf deine pikante Frage habe ich längst gewartet. Mir war nämlich nach einer Antwort zumute, die dich einmal grundsätzlich aus deiner Schwermut befreit. Du willst wissen, warum ich bedenkenlos in der Berliner Damenwelt auf die Pirsch gehe und meinen Spaß habe, während das mir angetraute Eheweib, deine von mir innig geliebte Schwester, zuhause mit den vier Kindern darauf wartet, dass der ebenfalls geliebte Gatte heimkommen möge. Emil! Wir Männer lieben anders als die Frauen. Die sind Gefühlswesen und verarbeiten den berühmten *Schritt vom Wege* ganz anders, nämlich gar nicht. Der Ehebruch führt die Frau in die seelische Katastrophe. Männer hingegen sind Trophäensammler. Treffen wir eine reizvolle Frau, heißt es: auflauern, ansprechen, anlegen und Schuss. Da bedarf es keiner Gefühlsduselei, von wegen Ewige Liebe. Haben wir unsere Beute aus der Decke geschlagen, kommt sie in die Trophäen-Sammlung. Und damit basta! By the way, da fällt mir ein, ich habe vorgestern Volkmann getroffen, der mir erzählte, dass der Rapallo-Vertrag demnächst im Reichstag verhandelt wird. Er hat mir spontan zwei Karten für die Pressetribüne in die Hand gedrückt. Interesse? Eine für dich, eine für Lilly. Ist doch die Gelegenheit, sich mal wieder an die Kleine ranzupirschen.«

»Und was macht unsere Lilly inzwischen?«

Dedo grinst: »Deine Lilly? Frau Lilly Kardorff? Die hat, wie du weißt, inzwischen geheiratet, ihren Mädchennamen aber behalten. Morgens stopft sie unserem Arbeiterführer die Socken, während sie abends nach wie vor im *Theater in der Königgrätzer Straße* auf der Bühne steht. Ihre Kritiken sind durchweg passabel. Auf jeden Fall wird sie sich freuen, dich wiederzusehen. Als ich sie das letzte Mal traf, hat sie sich ausführlich nach dir erkundigt und nach deinen Büchern gefragt. Dein Erfolg scheint sie mächtig zu beeindrucken.«

»Du hast das Stichwort geliefert«, sagt Emil amüsiert. »Du wolltest noch einiges über *Rapallo* erfahren.«

»Auf jeden Fall«, antwortet Dedo und winkt den Ober heran, der schon ungeduldig darauf wartet, dass der Tisch endlich frei wird. »Ich schlage also vor, wir gehen gemütlich die *Linden* hinauf und lassen uns, da es ein wenig nach Regen aussieht, in der American Bar des Adlon nieder. Da gibt es den von mir so geschätzten irischen Whisky, der mir vielleicht auch deshalb so guttut, weil die Iren einen ungemein tapferen, herzstärkenden Freiheitskampf gegen die Engländer führen.«

Barkeeper Toni freut sich, dass er seinen Stammkunden noch zwei Plätze am Tresen anbieten kann, und macht sich lebhaft zwinkernd an die Arbeit, da die beiden Herren auch Kaffee bestellen.

»Nun schieß mal los!« sagt Dedo. »Hat dein Freund Rathenau in Genua nun Genie und Charakter bewiesen, oder können wir von Glück sagen, dass er unseren Feinden gegenüber nicht den Schwanz eingezogen hat?«

»Er war jedenfalls in einer prekären Situation«, beginnt Emil. »Tagelang kam die Konferenz nicht von der Stelle. Da sickerte auf einmal durch, dass die Engländer und Franzosen hinter unserem Rücken mit den Russen verhandelten.«

»Mit dem Klassenfeind! Den Unberührbaren, dem Abschaum der Menschheit, den Kommunisten!«

»Du sagst es. Wir wären die klaren Verlierer gewesen und hätten es wieder mit einer Einkreisungspolitik wie vor 1914 zu tun gehabt. Das musste Rathenau verhindern.«

»Und hat er es?«

»Er hat!«

Dedo nickt und blickt verliebt in sein Whisky-Glas, das er nun an die Nase führt: »Diese Farbe, dieser Geruch! Erzähl mir mehr von deinem Rathenau, der sich ja zu einem richtigen Taschen-Bismarck mausert.«

Emil trinkt einen Schluck Kaffee, zuckt aber zurück, weil der noch zu heiß ist: »Er hat jedenfalls Realpolitik betrieben. Er gibt den Russen die diplomatische Anerkennung, nach der sie als Bösewichte der Weltpolitik so gelechzt haben. Zudem verzichten beide Seiten auf gegenseitige finanzielle Entschädigungen bzw. Reparationen, was den Deutschen so wichtig war. Dabei sieht man unsererseits darüber hinweg, dass man es mit Revolutionären zu tun hat, die keine Gelegenheit auslassen werden, von Deutschland aus die Weltrevolution zu entzünden. Im Gegenteil, wir haben ostpolitisch gewonnen, haben einen potentiellen Bündnispartner und haben drei Jahre nach Versailles endlich wieder außenpolitische Handlungsfreiheit erlangt.«

»Das alles klingt in der Tat nach Bismarck, der mit dem Teufel paktiert hätte, nur um das Reich stark und unabhängig werden zu lassen. Einen Mann wie den Alten vom Sachsenwald könnten wir heute gebrauchen. Dein Rathenau ist immer auch Jude und hat die Interessen des Kapitals im Auge.«

»Verzeih mir, Dedo, aber er ist ebenso Jude wie ich, und mir würdest du doch auch zutrauen, deutsche Interessen …«

»Emil, das ist natürlich was anderes. Außerdem bist du ja auch Christ.«

»Auch Christ!«

»Und du bist mein Schwager!«

Emil ist erheitert: »Das nobilitiert natürlich und garantiert, vor Gott und den Menschen angenehm zu machen. Aber genug. Wir drehen uns bei dem Thema jedes Mal im Kreis. Rathenau ist auf jeden Fall ein Botschafter des anderen Deutschlands.«

»Nun hört aber alles auf. Was soll denn das für ein Deutschland sein! Bei dir, Emil, scheint es ja zwei Deutschlands zu geben. Ich kenne aber nur eines. Wie sieht denn das andere aus?«

»Ein Deutschland, in dem Geist und Macht eine Einheit bilden. Ein Deutschland, das sich nach außen hin dem Frieden und der Völkerverständigung verpflichtet fühlt, nach innen den Idealen der Aufklärung.«

»Du bist Künstler. Und Künstler dürfen vom Paradies träumen. Aber die Welt sieht nun mal anders aus. Wir müssen Politik machen, um das alte Reich wiederzuerlangen, mit dem preußischen König als Kaiser an der Spitze. Deutschland muss wieder Großmacht werden, mit dem Ziel, eines Tages zur Weltmacht aufzusteigen. Wir stehen zur Zeit ohne eine schlagkräftige Armee da. Die aber muss wieder aufgebaut werden. Deshalb hoffe ich sehr, dass in Rapallo auch geheime militärische Vereinbarungen getroffen wurden. Nein – lass mich das bitte kurz ausführen, denn Deutsche und Russen haben gemeinsame Interessen und auch Gegner. So muss als erstes Polen verschwinden. Polens Existenz ist für uns unerträglich, für die Russen genauso. Sie sind vor zwei Jahren von den Polen überfallen worden, haben also noch eine Rechnung offen. Für uns ist Frankreich der natürliche Feind, der ausgeschaltet gehört. Dazu brauchen wir den Ausgleich mit England, der uns einen gerechten Anteil an den Kolonien dieser Welt garantiert.«

»Dedo! Ich brauche noch einen Whisky.«

Fräulein Ploschitzky kotzt. Die treue Seele ist am Ende ihrer Kräfte. Was hat sie heute nicht alles organisiert und kontrolliert. Wie viele Liköre hat sie seit dem frühen Nachmittag schon mit ihrem Chef trinken müssen. An diesem Freitag im Juni, seinem 35. Geburtstag, der heute Abend opulent gefeiert wird. Schon eine Stunde vor Eintreffen der ersten Gäste lieferte das Restaurant Schlichter aus der Marburger Straße das Kalte Büfett. Selbstverständlich hat Fräulein Ploschitzky beim Aufbau geholfen und unbemerkt ein wenig genascht, damit der leere Magen zur Ruhe käme.

Mit gut einhundert Personen rechnet der Chef. Eingeladen sind Autoren, Redakteure, Buchhändler, Angestellte anderer Verlage, Künstler, Anwälte und die vielen alten Bekannten, die man in den letzten Jahren zusammengesammelt hat. Die Geschäftsräume, ebenso die privaten Räume, sind so hergerichtet, dass kaum etwas an ihre alte Bestimmung erinnert. Dafür stehen diverse Ottomanen herum, die Rowohlt liebt und aufstellt, auch wenn kaum noch Platz dafür ist.

Es erfolgte die Begrüßung der Gäste, verbunden mit dem Überreichen der Geschenke, und als das Kalte Büfett endlich eröffnet wurde, war das Gedränge groß. Fräulein Ploschitzky genehmigte sich zusammen mit Fräulein Siebert aus der Buchhaltung noch einen Klaren, von dem die

Ploschitzky sich erhoffte, der Schnaps möge die Köstlichkeiten des kalten Büffets in ihrem Magen ein wenig verteilen.

Doch nun schwankt sie mit einem Mal, fasst sich an den Hals und schafft es im letzten Moment, den gepflegten Parkettboden zu verschonen, indem sie sich bis zum Aquarium ihres Chefs rettet und dort mit beiden Händen festhält.

Und jetzt kotzt sie. Kräftige Magenkonvulsionen befördern immer mehr Unverdautes ans Tageslicht und hinein ins bewohnte Becken. Für den Spott braucht das Fräulein nicht zu sorgen, denn das Publikum amüsiert sich köstlich. Schonungslos kommentiert man die Komik des Vorfalls, intellektuell anspruchsvoll ist die Ironie, mit der das Ganze betrachtet wird, während das herbeigeeilte Geburtstagskind laut jammert: »O, meine Ploschitzky, meine treue Seele, was machst du mit meinem Zierkarpfen, dem lieben Willy, dem einzigen in diesen heiligen Hallen, der vollkommen trocken ist.«

Die Ploschitzky wird von Fräulein Siebert getröstet, will aber partout nicht per Taxi nach Hause gefahren werden, sondern legt sich bereitwillig auf die nächste Ottomane und schläft auch schon. Sie hinterlässt ein letztes Problem, da infolge der seitlichen Ruhelage, in die man sie gebracht hat, ihr Unterrock unanständig hochgerutscht ist. Der Chef persönlich kümmert sich darum, dass seine Ploschitzky nicht das Opfer weiterer Obszönitäten wird.

So nimmt der feucht-fröhliche Abend seinen Verlauf. Emil wird oft auf seinen *Goethe* angesprochen und lernt eine Reihe bekannter Persönlichkeiten kennen. Irgendwann ergibt sich eine ausgelassene Plauderei mit Carl von Ossietzky und Kurt Tucholsky. Die beiden interessieren sich für bestimmte Artikel, die Emil für die *Weltbühne* geschrieben hat, während der Tucholsky zu seinem gestern erschienenen *Was wäre, wenn . . . ?*-Artikel gratuliert. In ihm spielt Tucholsky die erfolgte, aber rein fiktive Machtergreifung rechter Kreise und Kräfte durch, wie sie Deutschland zuletzt vor zwei Jahren drohte, als der Kapp-Putsch das Land für wenige Tage in Atem hielt.

Unermüdlich tragen die beiden Lehrlinge volle Biergläser und geöffnete Weinflaschen durch die Räume. Hinzu kommen die regelmäßigen Runden, die sie mit den verschiedenen Schnapsflaschen drehen. Um elf wird die nächste Attraktion vom Chef persönlich angekündigt. Es sei das Gerücht im Umlauf, der Rowohlt habe wegen seiner Sauferei seine Leute nicht mehr im Griff. Diese üble Nachrede werde er sofort aus der Welt schaffen. Sprach's und zitiert seinen Cheflektor, den kleinen Paul Mayer mit der knabenhaften Figur, zu sich heran.

Der kennt den Spaß schon und übt sich in Duldsamkeit, denn schon beginnt Rowohlts Kraftakt. Das Paulchen wird dreimal hintereinander hoch in die Luft gestemmt, einmal zu aller Ansicht herumgedreht und landet am Ende wohlbehalten in den starken Armen seines Chefs.

Kurz nach Mitternacht, hinein in die ausgelassenste Stimmung, wird die nächste Zirkusnummer angekündigt. Insider haben bereits darauf gewartet, dass der Chef seine neuen Gäste mit seinem originellen Coup überrascht, die Nummer, die Ernst Rowohlt längst zum legendären Gastgeber in der Berliner Literaturszene gemacht hat.

Jetzt dröhnt es durch die Zimmer: »Herr Ludwig? Wo sind Sie?«

Emil, der mit dem Schlimmsten rechnet, begibt sich in das große Esszimmer, in dem sich die Zuschauer zahlreich versammelt haben. Selbst Fräulein Ploschitzky hat ihren Ausnüchterungsschlaf unterbrochen und sich mit leichenblassem Gesicht und zerknittertem Rock unter die Gäste gemengt, um das, was sie schon mehrfach gesehen hat, nochmals zu bestaunen. Denn sie himmelt ihren Chef an.

Emil wird ein Glas Champagner gereicht, der Chef macht drei Schritte auf ihn zu, so dass er neben ihm steht. »Lieber Herr Ludwig«, beginnt er seine kleine Ansprache, »Sie gehören seit Jahresbeginn zur ERF, zur Ernst-Rowohlt-Familie, und darauf möchte ich am heutigen Abend vor allen Gästen mit Ihnen anstoßen.«

Die beiden Gläser klingen, man stößt auf eine gute Zusammenarbeit an. Der Chef erzählt, wie er und sein neuer Autor sich kennengelernt haben und welche Bücher von Emil Ludwig demnächst im Rowohlt-Verlag erscheinen werden. Die Rede dauert nicht lange. Der Chef prostet seinem Autor ein letztes Mal zu. Nun leert er sein Glas und ruft: »Wir wollen doch gründlich sein, Herr Ludwig, wenn wir schon ein Glas Champagner trinken, gehört das Glas natürlich dazu.«

Und zum Erstaunen Emils und aller Nichteingeweihten beißt Rowohlt mit den Schneidezähnen ein Stück aus seinem Glas heraus und zermalmt es unter Knirschen und Knacken mit den Backenzähnen, bis es vollständig zerkleinert ist. Auf diese Weise wird nach und nach das übrige Glas pulverisiert, bis alles in Ernst Rowohlts Verdauungstrakt verschwunden ist. Selbst der Stiel ist schließlich an der Reihe, das sei doch das Beste, verkündet der Glasfresser und erhält stürmischen Applaus.

Währenddessen haben zwei Polizisten den Raum betreten. Kaum jemand nimmt Notiz von ihnen. Sie bestaunen ebenfalls, was den Gästen hier geboten wird. Doch nun werden sie dienstlich und teilen mit, dass mehrere Anzeigen wegen ruhestörenden Lärms eingegangen seien. Auch in einer lauen Juni-Nacht wie dieser müssten zumindest die Fenster geschlossen werden.

Rowohlt geht mit verschmitztem Lachen auf die beiden Beamten zu: »Meine Herren, ich bin ja so froh, dass Sie zu uns gefunden haben, können Sie doch viel besser einschätzen, ob meine kleine Geburtstagsfeier zu laut geworden ist oder nicht. Vielleicht darf ich Ihnen einen kleinen Happen vom Kalten Büfett anbieten, ein kleines Bierchen dazu, und schon bringt der anstrengende Nachtdienst gleich viel mehr Spaß.«

Die Polizisten beteuern zwar, im Dienst zu sein, wollen aber nicht Nein sagen, angesichts der übriggebliebenen Leckereien, die man ihnen so gastfreundlich anbietet.

Emil steht mit Cheflektor Paul Mayer zusammen, der ihm minutiös erläutert, worin des Glasfressers Trick bestehe. Erstens und ganz wichtig: Man dürfe kein säurefestes Glas verwenden, sondern nur säurefreies. Das werde problemlos von der Säure des Magens verdaut. Und zweitens: »Beim Verzehren eines Glases kommt es darauf an, das herausgebissene Dreieck mit der Wölbung nach oben auf die untere Zahnreihe zu praktizieren. Natürlich zerbeißt man Glas nie mit den Schneidezähnen, sondern immer nur mit den Backenzähnen. Das Glas muss mit den Backenzähnen gemahlen, also ganz fein pulverisiert werden, damit man es gefahrlos herunterschlucken kann. Die vorderen Schneidezähne benutzt man nur, um das zum Verzehr bestimmte Stück aus dem Glas herauszubeißen, genau gesagt, herauszubrechen. Man schiebt den Glasrand also zwischen die beiden Zahnreihen. Der Kiefer ist selbstverständlich vorgeschoben. Jetzt braucht man das Glas nur mit der Hand nach abwärts drücken, und das gewünschte Stück springt heraus. Es wird sofort im Mund gedreht und in die richtige Lage gebracht. Dann wird entschlossen zugebissen. Die Angst vor Blut ist überflüssig.«

Von Rowohlt weiß man, dass er Unmengen Alkohol vertragen kann, dass er dann wenige Stunden schläft, um nach dem Aufstehen in eine Badewanne mit kaltem Wasser zu steigen. Ab halb sieben sitzt er wieder hinter seinem Schreibtisch und ist voller Tatendrang. Emil bestaunt die animalische Urgewalt, die in diesem Menschen steckt. Er selbst hat pochende Kopfschmerzen, als er gegen vier Uhr bei Sonnenaufgang vor dem Adlon mit dem Taxi vorfährt. Er teilt dem Portier mit, dass er bis zwölf Uhr auf keinen Fall gestört werden möchte, und verschwindet in seinem Zimmer.

Er schläft unruhig, weil die Bilder und Gespräche des vergangenen Abends wild in seinem Kopf umhertanzen. Um elf kann er nicht mehr schlafen, trotz heftiger Kopfschmerzen. Er duscht kalt und kleidet sich sorgfältig an. Er überlegt, ob er diesen Samstag mit einem schwarzen Kaffee aus der American Bar beginnen sollte oder mit einem zweiten Frühstück im Restaurant.

Punkt zwölf klopft es an die Tür. Der Zimmerdienst, denkt Emil. Aber das kann eigentlich nicht sein. Die schließen auf und fragen diskret, ob sich noch jemand im Raum aufhält. Es sei denn, draußen hängt das bekannte Schild am Türgriff.

»Frau Kardorff«, ruft Emil, und die Überraschung ist ihm anzusehen.

Lilly steht vor ihm und wischt sich einige Tränen aus den Augen. Das sind keine Theatertränen, schießt es Emil durch den Kopf. Also Ehekrise oder Probleme beim Theater.

»Sie haben Rathenau ermordet«, sagt sie mit leiser Stimme.

»Mein Gott«, sagt Emil nach einer kleinen Pause, »was für eine schreckliche Nachricht bringen Sie da. Wo ist das ... wann ist es passiert?«

Da Lilly nicht sofort antwortet, sagt er: »Aber kommen Sie doch erstmal rein. Es ist zwar noch nicht aufgeräumt, aber ...«

Lilly schüttelt den Kopf: »Geht leider nicht. Wir sind in Eile, mein Mann wartet unten in der Halle.«

Emil hat keine Gelegenheit, enttäuscht zu sein. Zwanzig Schritte von seiner Zimmertür entfernt, ertönt die Fahrstuhlglocke, und heraus tritt der Liftboy, gefolgt von Volkmann, der die beiden sofort entdeckt: »Was für ein Zufall, dass ich Sie treffe. Guten Tag, Herr Ludwig!«

Emil grüßt knapp und sieht Volkmann fragend an. Der legt sofort los: »Wir waren im Reichstag, Lilly und ich. Ich hatte einige Kleinigkeiten zu erledigen, als die Nachricht vom Attentat fernmündlich eintraf. Hat Lilly Ihnen schon ...? Nein? Dann nur so viel: Er kam aus seiner Grunewald-Villa. Mit seinem Privatwagen, den sein Chauffeur lenkte. Sie fuhren die Königsallee entlang, als sich in der Nähe der Samuel-Fischer-Villa der Mordanschlag ereignete. Das soll um 10.15 Uhr gewesen sein, andere Quellen sprechen von elf Uhr. Nun, Sie wollen sicherlich noch wissen, wie wir Sie gefunden haben. Ich traf vor dem Reichstag Kurt Tucholsky. Haben Sie seinen Artikel gelesen über den fiktiven Staatsstreich der Rechten in Deutschland? Vor zwei Tagen erschienen, und heute wird der große Demokrat kaltblütig umgebracht. Aber zu Ihnen. Er erzählte weiter, Sie würden derzeit im Adlon wohnen und wären ebenfalls auf der Geburtstagsfeier von Ernst Rowohlt gewesen. Da ich solch eine Feier schon mal mitgemacht habe, dachte ich mir: Der Herr Ludwig ist möglicherweise noch anzutreffen, was mir der Portier bestätigte. Aber es war noch nicht zwölf, und er wollte mich partout nicht reinlassen.«

»Sie hätten doch einfach hochkommen können.«

»Wir wussten doch Deine ... ich meine Ihre Zimmernummer nicht«, sagt Lilly.

Emil lächelt und wendet sich an Volkmann: »Was kann ich denn für Sie tun?«

»Wenn Sie einverstanden sind, trinken wir unten einen Kaffee, und ich erzähle Ihnen, was mir durch den Kopf geht.«

»Kaffee ist gut«, antwortet Emil. »Ich bin in wenigen Minuten ausgehbereit.«

»Wir treffen uns am besten im Restaurant«, schlägt Volkmann vor. »Die American Bar war vorhin schon überfüllt.«

Unten in der Halle herrscht Hochbetrieb. In- und ausländische Korrespondenten stehen in Grüppchen zusammen und debattieren. Viele warten darauf, dass sie ein freies Telefon erwischen. Überall in der Stadt laufen die Menschen zusammen, begierig, Neuigkeiten zu erfahren.

Eine Viertelstunde später sitzen sie beim Kaffee zusammen und reden über die Mordtat. »Ich möchte gern«, beginnt Volkmann, »dass Sie uns einen ausführlichen Artikel über Rathenau verfassen. Sie haben ihn persönlich gekannt und ...«

»Seit wann legt der *Vorwärts* Wert auf meine Meinung?«

»Herr Ludwig, nach einem solchen Mordanschlag müssen alle demokratischen Kräfte zusammenstehen. Wir müssen die tagtäglichen Querelen beiseiteschieben und Einigkeit gegen den Rechtsterror unter Beweis stellen. Sonst wird wahr, was Tucholsky in seinem Artikel an die Wand gemalt hat. Denken Sie an die politischen Attentate der letzten Zeit. Erst der Erzberger-Mord, vor drei Wochen der perfide Blausäureanschlag auf Scheidemann.«

»Sie vergessen Rosa Luxemburg und Karl Liebknecht«, sagt Emil.

»Meinetwegen auch die«, brummt Volkmann und wechselt schnell das Thema: »Heute Nachmittag wird der Reichstag zu einer Gedenksitzung zusammenkommen, morgen zu einer weiteren Sondersitzung. Ich habe zwei Karten für Sie, für die Pressetribüne.«

»Warum zwei Karten?«

»Ich dachte, wenn Ihre Frau möglicherweise ...«

»Die ist leider auf Reisen. Aber vielleicht hat Ihre Frau Zeit und Lust, mich zu begleiten. Sie hat mir bei unseren wenigen Treffen so viele Fragen gestellt – ich hätte Gelegenheit, einige davon zu beantworten.«

»Herzlich gern«, lacht Volkmann und leert seine Tasse schwungvoll. »Hauptsache, Sie schreiben den Artikel und murren nicht über die Bezahlung. Wir haben nämlich unsere Honorare noch nicht an die allgemeine Teuerung angepasst.«

»Wie soll ich dann Ihre Frau bei Toni zu einem Drink einladen? Den setze ich Ihnen notgedrungen mit auf die Rechnung.«

Volkmann grinst: »Tun Sie, was Sie nicht lassen können. Anfang der Woche brauche ich das Manuskript.«

Lilly, die beiden aufmerksam zugehört hat, merkt kurz an, dass sie Emil gern begleite, aber um sechs Uhr im Theater sein müsse.

»Ich nehme mal an, sagt Volkmann, »dass heute Abend die Vorstellung ausfällt. Oder was spielt ihr?«

»Wilhelm Tell«, antwortet Lilly.

»Was meinen Sie?« wendet sich Volkmann an Emil.

»Fällt aus!«

Hier irrt Emil. Es gäbe überhaupt keinen Grund, das nationale Freiheitsepos nicht zu geben, verkündet Regisseur Fritz Lissauer. Der tritt kurz vor acht vor den Vorhang und erklärt dem Publikum, dass der Terrorakt gegen den Reichsaußenminister in keiner Weise in Beziehung zum Attentat des Tell gebracht werden könne. Es gibt erstaunlich viel Applaus, schließlich geht niemand gern vergeblich ins Theater. Allerdings sind an diesem Samstagabend zahlreiche Plätze unbesetzt geblieben.

Nach der Vorstellung muss Emil lange auf Lilly warten. Gut, dass es ein lauer Sommerabend ist, als Emil Zigarette rauchend am Bühneneingang steht und in sich ein leichtes Vibrieren spürt.

Sie gehen in Richtung Brandenburger Tor, plaudern und albern herum. Lilly ist stolz darauf, mit einem richtig bekannten Autor durch das nächtliche Berlin zu bummeln. Sie hakt sich bei Emil unter und hat tatsächlich viele Fragen. Vor allem will sie wissen, wie Emil sie in der Rolle der Berta von Bruneck fand.

»Einfach nur großartig«, sagt Emil: »Am Ende war ich vollends eifersüchtig auf Rudenz. Aber wenn Sie – wie Sie vorhin sagten – noch nie in der Schweiz waren, wird es ja Zeit, dass ich Sie zu uns ins Tessin einlade. Von dort könnten wir die Tell-Stätten in der Nordschweiz erkunden.«

»Wie wundervoll«, ruft Lilly. »Aber passen Sie auf, ich nehme Sie beim Wort.«

Emil legt den Arm um sie und sagt: »Ihr Mann ist selbstverständlich auch eingeladen. Nicht dass Sie denken …«

»Nur, wenn er nicht den ganzen Tag über Politik redet. Ihren Vorschlag finde ich superbe. Ich würde nämlich gern Ihre Frau wiedersehen. Wissen Sie überhaupt, was für eine wundervolle Frau Sie haben?«

Emil lächelt ihr zu: »Hier entlang, bitte!«

In der American Bar sind alle Hocker am Tresen besetzt. Doch den beiden macht es nichts aus zu stehen. Toni, der gerade Cocktails aus frischen Erdbeeren mixt, preist seine neueste Kreation an und ist froh, als Emil und Lilly sich dafür entscheiden.

»Und was sagen Sie zu Rathenau?«, fragt Toni. Er zuckt stärker als sonst und sieht Emil erwartungsvoll an. »Ist doch unverantwortlich, als Minister ohne Polizeischutz durch die Stadt zu kurven. Was meinen Sie?«

»Ich habe ihn wiederholt darauf angesprochen. Er lehnte Personenschutz grundsätzlich ab, fühlte sich dadurch in seiner Freiheitsliebe eingeengt.«

In der Bar ist der Rathenaumord das herausragende Thema, zumal die Abendausgaben und Extrablätter der Zeitungen mit immer neuen Einzelheiten aufwarten.

Lilly legt ihre Hand auf Emils Unterarm: »Diese Geschichte scheint Ihnen ja sehr nahe zu gehen!«

»Ich habe heute einen Freund verloren. Er hätte noch so viel für unser Land tun können.«

Lilly nickt: »Darf ich Sie etwas ganz anderes fragen?«

»Aber natürlich«, sagt Emil, der erleichtert ist, das Thema zu wechseln.

»Wie weit sind Sie eigentlich mit *Cécile*, diesem Stück, das Sie für mich schreiben wollen?«

Emil neigt sich dicht an ihr Ohr, so dass ihm ihr aufreizendes Parfüm mit voller Wucht in die Nase steigt: »Ich arbeite Tag und Nacht daran.«

Lilly will das eine oder andere noch wissen, aber Emil weicht jedesmal geschickt aus. »Haben Sie in der kommenden Woche nicht ein wenig Zeit?« fragt er und sieht ihr tief in die Augen. »Wir könnten einen Ausflug unternehmen. Vielleicht nach Rheinsberg oder Potsdam?«

»Ich fürchte, das geht nicht. Montag und Dienstag haben wir Proben, und abends ist Vorstellung. Und in der Woche drauf gehen wir auf Tournee. Einen ganzen Monat lang. Im August hätte ich aber Zeit.«

»Da bin ich in Schlesien bei meinem Schwager zu Besuch. Sie kennen ihn: Dedo von Zornberg, und vorher bin ich auf Vortrags- und Lesereise. Sehr schade. Vielleicht finden wir im Herbst eine Gelegenheit.«

»Sicherlich«, sagt Lilly und ist ein wenig enttäuscht. »Volkmann könnte uns bestimmt ein Auto besorgen. Das finde ich aufregender. Können Sie fahren?«

»So leidlich. Mir fehlt aber die Führerscheinprüfung für Deutschland. Da wäre es besser, wenn Ihr Mann mitkommt.«

»Papperlapapp«, ruft Lilly. »Der ist doch mit der Politik verheiratet. Wenn Sie den mitnehmen, heißt es bei jeder Gelegenheit: Wir Sozialdemokraten fordern schon lange.«

»Und Sie meinen, Volkmann hat nichts dagegen, wenn wir allein fahren? Wir könnten ja auch die Bahn nehmen?«

Lilly schüttelt den Kopf. »Warum sollte er?«

»Wir sind beide verheiratet. Oder wie sehen Sie das?«

Emil überlegt: Jetzt nur keinen Fehler machen. Dann besteht die Chance, sie auf dein Zimmer einzuladen, bei einer Flasche Barolo versteht sich. Er sieht sie ernst an: »Ich beurteile die Sache wie mein Gärtner. Der ist der Meinung, dass fremdgehen die Ehe belebt.«

Lilly staunt: »Einen Gärtner haben Sie auch, und Sie diskutieren mit dem über die Liebe? Finde ich umwerfend.«

Emil denkt: gewonnen. Wir sind auf dem richtigen Weg. In diesem Augenblick sieht Lilly ihm über die Schulter. Sogleich hört er sie sagen: »Wo kommt der denn her?«

»Guten Abend allerseits«, sagt Volkmann und legt mehrere Abendausgaben auf den Tresen. »Ich will das tête-à-tête nicht stören. Aber ich hatte noch Durst auf ein Bier. Die Zeitungen können Sie gern mitnehmen. Als Einschlaflektüre. Können Sie vielleicht für Ihren Artikel gebrauchen. Stellen Sie sich vor. Im Reichstag haben sich heute Ultralinke und Rechte eine Prügelei geliefert. Da ist es richtig zur Sache gegangen. Die USPD-Leute werfen den Rechten vor, schuld an der Ermordung Rathenaus zu sein.«

Sie reden eine Weile über Rathenau, dann verabschiedet Emil sich. Er nimmt die Zeitungen, bedankt sich bei Volkmann, der darauf besteht, die Rechnung zu begleichen. Lilly gibt Emil einen freundschaftlichen Kuss auf die Wange und ruft ihm hinterher: »Und grüßen Sie Cécile von mir!«

»Wer ist denn das?« will Volkmann wissen.

»Kennst du nicht«, sagt Lilly nicht gerade gutgelaunt. »Eine gemeinsame Bekannte«.

Dann bestellt sie sich noch einen Whisky.

Von Breslau nach Weidenthal

Mitte Juli bricht er zu seiner Lese- und Vortragsreise auf. Sie wird vom preußischen Kultusministerium finanziell gefördert. Er spricht über *Geist und Staat in der deutschen Geschichte. Von Bismarck zu Rathenau*. Der Presse wird mitgeteilt, der Referent werde besonders auf Walther Rathenau eingehen, den er gut gekannt habe. Das soll nicht zuletzt helfen, die Vortragssäle zu füllen, gerade jetzt, inmitten der Sommer- und Ferienzeit. Stationen sind Kiel, Altona, Wandsbek, Hannover, Essen, Göttingen, Halle (an der Saale), Frankfurt (Oder), Görlitz und Breslau. Emil erhält ein aktualisiertes Honorar, das zum Zeitpunkt des Vortrags allerdings nur noch die Hälfte wert ist.

»Aber«, sagt Ernst Rowohlt, der ihm diese Tour aufs Auge gedrückt hat, »wir müssen das als Werbeveranstaltung betrachten. Ihr Name muss den Leuten zum Begriff werden. Deshalb ist Propaganda das A und O. Schließlich bringen wir im nächsten Jahr vier Bücher von Ihnen raus.«

Emil erlebt ein deprimiertes Publikum in Kiel, das ihn als Flottenstützpunkt ohne Flotte begrüßt. Die Arbeitslosigkeit ist hoch, das Wetter sommerlich warm, der Vortrag entsprechend schlecht besucht. In Wandsbek wettern zwei deutschnationale Politiker gegen Rathenau und seine *Judenpolitik* und werden nach einer halben Stunde vom Veranstalter nach draußen komplimentiert, wo inzwischen starker Regen vom Himmel prasselt.

Anfang August ist alles überstanden. Emil sitzt in Görlitz im Garten seines Hotels, in dem man ihn untergebracht hat. Er trinkt einen Moselwein und ist froh, alles leidlich überstanden zu haben.

Bis auf den einen Termin. Den Auftritt, der ihn seit Wandsbek verfolgt und von Stadt zu Stadt immer mächtiger wurde. Breslau, die Station, die ihm von Anbeginn Kopfschmerzen bereitet hat. Er ist seit dem Tod des Vaters nicht mehr dort gewesen, hat die Stadt – soweit es ging – aus seinem Gedächtnis verbannt, nachdem er schon vor Jahren den Entschluss gefasst hat, nie mehr dorthin zu fahren. Wenn er seinen Verstand zu Rate zieht, weiß er nicht einmal zu sagen, warum er diese Antipathien gegen seine Geburtsstadt hegt. Es ist wohl so, dass er sich einfach nur freimachen will von gewissen Epochen seines Lebens. Er will nicht auf Schritt und Tritt an Kindheit und Jugend erinnert werden. Möchte dort keine ehemaligen Bekannte treffen und Verlogenheiten austauschen.

Er wird sich nie verzeihen, dass er so nachlässig war und den Termin nicht sofort von der Liste strich. Je mehr der näher rückte, desto stärker türmte er sich vor ihm auf. Der Gedanke, in Breslau auftreten zu müssen, in eine Vergangenheit zurückzukehren, die er froh war, hinter sich gelassen zu haben, wurde stetig größer. Emil stand morgens mit ihm auf und spürte, wie sich der Gedanke sofort an ihn hängte. Wie er zu purer Angst auswuchs.

Er hat nie zu denen gehört, die von der eigenen Vergangenheit schwärmen. Möglicherweise wäre alles anders verlaufen, wäre er in den letzten Jahren zwei- oder dreimal dort gewesen, so wie Isolde, die gern in die reizvolle Oder-Metropole fährt, um einzukaufen oder ins Theater zu gehen. Emil hingegen war der Vaterstadt entflohen. Er hatte es entsprechend schwerer, sich ihr zu stellen. Breslau war eben nie die Mutterstadt, immer nur die Vaterstadt. Die Stadt des allmächtigen Augen-Cohn, des Vaters, der vor den Gästen des Hauses deine erste Dichtung zerreißt. Um den deine ganze Jugend kreiste. Den man so lange bewunderte, bis von einem selbst nichts mehr übrigblieb.

Das schöne Oder-Florenz steht in diesem Jahr ganz im Zeichen der Gerhart-Hauptmann-Feiern. Der Dichter, der seinen 60. Geburtstag begeht, wird Ehrenbürger der Stadt. Reichspräsident Ebert wird die Feiern in wenigen Tagen eröffnen. Das verkünden unzählige Plakate, die an Litfaßsäulen oder in den Schaufenstern der Geschäfte angebracht sind. Emils Veranstaltung wird kaum beworben.

Am frühen Vormittag trifft er auf dem Hauptbahnhof ein. Da er Ort und Zeit seines Auftritts nicht mehr parat hat, geht er zur Auskunft des Verkehrsvereins hinüber. Ein hagerer Mann mittleren Alters, der mit Pomade nicht spart, begrüßt ihn mit kalter Freundlichkeit. Er fragt, ob Emil schon einmal hier gewesen sei. Emil verneint. Nun holt der Mann einen Stadtplan aus einer der vielen dunklen Schubladen, die ihn umgeben. Er zeigt, wo man sich gerade befindet und wo und wann die Veranstaltung heute Abend stattfindet.

»Hier sehen Sie das Matthias-Gymnasium. In der alten Aula wird der Vortrag zu hören sein. Das sind nur ein paar Schritte von Ihrem Hotel. Denn hier«, sagt der Mann, »werden Sie wohnen.«

Er kreuzt den Standort des Hotels an, um gleich darauf zu fragen, ob Emil den Plan zum Sonderpreis von dreißig Mark erwerben wolle, ab nächster Woche werde er fünfzig Mark kosten. Emil verneint ein weiteres Mal.

Er nimmt ein Taxi und lässt sich in die Junkernstraße 27/29 unweit des Rings fahren, wo sich das Hotel *Goldene Gans* befindet. Hier hat man ihn untergebracht. Natürlich kennt er das Haus in der Altstadt. Die Familie Goldmann. Er ist mit dem einzigen Kind, dem Sohn Wilhelm, zur Schule gegangen. Sie waren in einer Klasse und hatten sich ein wenig angefreundet. Wilhelm sollte einmal das Hotel übernehmen. Als er in der Sekunda an Rohrmann, dem gefürchteten Mathematik- und Physiklehrer, scheiterte, nahm er sich das Leben. Erhängte sich auf dem Boden seines Vaterhauses. Die ganze Stadt sprach darüber. Jetzt steht die altgewordene Mutter am Empfang, eine korpulente Frau mit ernstem, aber gütigem Gesicht. Zweifelsohne hat sie ihn erkannt, ist aber so diskret, sich ausschließlich auf die Formalitäten zu konzentrieren.

Er geht die wenigen Schritte zum Ring. Menschen drängen vorbei, jeden Augenblick fürchtet er, angesprochen zu werden. Alles ist so aufdringlich und bekannt und vertraut. Gebäude glotzen ihn an. Ihm ist, als hätte die Stadt auf ihn gewartet. Die Stadt, die auf gespenstische Weise die alte geblieben ist, scheint an jeder Ecke, auf jeder Straße, mit jeder Fassade ein Abbild seiner Kindheit und Jugend zu sein. Am Haus Nr. 19 soll es eine Gedenktafel geben, für ihn, den Augen-Cohn. Emil späht vorsichtig in die Richtung. Eine Tafel scheint dort angebracht. Doch mehr will er nicht sehen. Was wird schon darauf stehen? Dass es sein Elternhaus ist? Das weiß er auch so. Der Alte wurde nie müde, es ihnen zu zeigen. Er blieb auch jedes Mal stehen, weil es so viel zu erzählen gab. Ja, erzählen konnte er, und es ist dir schon passiert, dass du seine Geschichten mit deinen eigenen verwechselt hast.

Man empfiehlt Touristen, sich in fremden Städten treiben zu lassen. Emil streift durch seine Vaterstadt und wird getrieben. Er weiß nicht einmal, welche geheimnisvolle Kraft dahintersteckt. Er biegt in Straßen ein, ohne darüber nachzudenken, warum er gerade diesen Weg einschlägt. Gesichter tauchen vor ihm auf, manchmal Namen, immer wieder Bilder, wie Fetzen eines Kinofilms von schlechter Qualität.

Was er auf jeden Fall vermeiden wollte, findet unversehens statt. Er hätte nicht in die Sonnenstraße einbiegen dürfen. Hätte sich das vermeiden lassen? Eigentlich nicht, weil irgendetwas in ihm beschlossen hatte, ihm das anzutun. Wenige Meter noch, und er erreicht das König-Wilhelm-Gymnasium, seine alte Schule, die damals so gefürchtete Marteranstalt. Gott sei Dank findet heute kein Unterricht statt. Es sind noch Ferien. Ansonsten wären die Fenster geöffnet und das Kasernenhof-Gebrüll der Schulmeister würde nach draußen dringen. Vor dem Haupteingang fegt ein älterer Mann die Stufen. Emil erkennt ihn sofort, Kamenke, der alte Pedell. Als er stehen bleibt, kommt der Mann auf ihn zu: »Sie wünschen, mein Herr?«

»Vielen Dank«, entgegnet Emil, »ich schaue mich nur ein wenig um«.

Kamenke mustert ihn von oben bis unten. »Is' heute geschlossen. Wegen die Ferien«, erklärt er.

Emil denkt: Eigentlich müsste er mich erkennen. Er scheint auch zu grübeln. Als wir damals glücklich die Oberstufe erreicht hatten, kamen wir mit ihm durchweg gut zurecht. Er verpfiff uns nicht beim allmächtigen Direktor, wenn er uns während der Freistunden in der Stadt beim Frühschoppen antraf. Rauchend natürlich. Nur wer im Schulgebäude, auf der Toilette, oder draußen auf dem Hof mit der Zigarette erwischt wurde, kriegte es mit ihm zu tun, weil er keine Lust hatte, die Kippen aufzusammeln.

Emil blickt gedankenversunken auf die schwere zweiflügelige Eingangstür, die noch genauso aussieht wie damals. Doch unversehens wird diese Tür ruckartig aufgezogen. Zwiebler tritt ins Freie. Auch Zwiebler, der einen auffällig langen Schmiss auf der rechten Wange trägt, ist noch ganz der alte. Bis auf zwei Veränderungen: Der einstige Assessor ist mittlerweile zum stellvertretenden Schuldirektor aufgestiegen, und ihm fehlt der linke Arm. Der ist ihm vor einigen Jahren bei einem Sturmangriff in Verdun abhandengekommen. Er sieht Emil prüfend an und sagt mit dem ihm eigenen Überlegenheitsgrinsen: »Sieh an, der Cohn, der Dr. Cohn. Was machen Sie hier? Ach! Ich weiß schon, Sie sind Vortragender heute Abend. Wollen wir nur hoffen, dass Sie auch Ihre Hausaufgaben gemacht haben.«

Ein perfides Kichern setzt ein, das man noch ebenso im Ohr hat wie das zischende Luftholen durch den linken Mundwinkel. Bei Schülern, Eltern und Kollegen ist der zischende Zwiebler nach wie vor gefürchtet, vor allem wegen seines ätzenden Zynismus und seiner unermüdlichen Ironie.

Wie erstarrt steht Emil da. Den *Cohn* wird er ihm nie verzeihen, da Zwiebler genau weiß, dass er seit seiner Kindheit Ludwig heißt.

»Nun denn«, sagt Zwiebler, »werde heute Abend sicherlich nicht kommen. Vielleicht beim nächsten Mal. Höre aber, dass Sie auch ein Goethe-Büchlein verfasst haben. Habe ich aber noch nicht reingekuckt. Werd' ich wohl auch nicht. Ihre Sicht der Dinge, weiß nicht, ob ich mich dem anschließen möchte. Wohl eher nicht. Aber dessen ungeachtet. So schlecht kann die Zeit, die Sie auf unserer Anstalt verbracht haben, ja nicht gewesen sein.«

Er zischt und kichert und verschwindet.

Er geht den alten Schulweg, lässt seinen Beinen freien Lauf, überlässt sich dem unheilvollen Gang, der ihn zum Stadtgraben führt. Dort, unweit des regungslosen Wassers, steht die alte Linde, unter der er oft mit Isolde gesessen hat.

Die vertraute Haustür gibt es auch noch. Daneben eine Neuigkeit. Das Schild von Dr. Kubasch, Facharzt für Innere Medizin, Sprechstunden und so weiter. Die Tür ist vor einigen Jahren allenfalls mal gestrichen worden. Sie lässt sich aber nach wie vor schwer aufziehen. Schon als Kind musste man alle Kräfte aufbieten, um in den Hausflur zu gelangen. Ehrfürchtig, wie ein Gläubiger, der eine heilige Stätte besucht, steigt er die Steintreppe hinauf. Es riecht nach Mittagessen und Scheuermittel. Weiter oben klappt eine Tür. Schlüssel klimpern. Schnelle Schritte sind zu hören, die im Treppenhaus nachhallen.

»Heute keine Sprechstunde mehr«, sagt ein Mann, der wie Dr. Kubasch aussieht. Man hört, dass er in Eile ist.

»Wollen Sie zu mir?«

»Guten Tag«, sagt Emil. »Sie werden mich nicht kennen. Mein Name ...«

»Tut mir leid, mein Herr, aber es geht wirklich nicht.«

»Es ist nur so: Ich habe hier früher gewohnt. Oder, um genau zu sein, dies ist mein Geburtshaus, wo ich meine Kindheit und Jugend verbracht habe.«

»Ja, wenn das so ist. Ich bin nur sehr im Verzug. Wenn Sie morgen vielleicht ... Suchen Sie was Bestimmtes?«

»Nein, ich bin für einen Tag in der Stadt und dachte ...«

»Verstehe. Man strebt mit zunehmendem Alter oft und gern zu seinen Ursprüngen zurück. Kindheit und Jugend kommen uns im Nachhinein wie ein Goldenes Zeitalter vor, nach dem wir uns sehnen. Aber hören Sie ... Dann war Ihr Vater vielleicht der berühmte Ophthalmologe, der Augen-Cohn, von dem ich im Studium gehört habe. Am Ring gibt es doch die Plakette. Großartig, wenn man einen solchen Mann zum Vater hat. Aber nun, Herr Cohn, – Sie heißen doch Cohn? – nehmen Sie es mir nicht übel, wenn ich mich schleunigst verabschiede.« Der Arzt hinterlässt eine knappe Verbeugung. Er hastet nach unten, kurz darauf fällt die Haustür mit lautem Knall ins Schloss.

»Ja«, flüstert Emil mit schwankender Stimme. »Ich bin Herr Cohn. So heiße ich, und so werde ich auch genannt. Wer ist schon Emil Ludwig! Dem wird man nie eine Plakette am Ring spendieren!«

Noch immer steht er vor der Eingangstür ihrer Wohnung. Diese lag unter den Praxisräumen. Zweifel kommen auf. Was will er hier noch. Da drinnen kennt er jeden Winkel, jeden Raum, weiß noch ganz genau, wo welche Möbel standen. Er sieht die Tapeten vor sich, die Gardinen und Vorhänge, den Blick aus den Fenstern. Und wenn er nicht aufpasst, geht plötzlich eine Tür auf, und der Augen-Cohn erscheint. Stellt dich zur Rede, will wissen, warum du nicht an sein Sterbebett gekommen bist und was es Neues aus der Schule gibt.

Emil hatte Angst, diesem abgehetzten, ewig redenden Vater Bericht erstatten zu müssen. Ihm, den die Kinder zu bewundern hatten, weil alle Welt ihn bewunderte. Seine Kinder, die Statisten waren und als ideale Postboten ihre Dienste verrichteten. Ständig waren Briefe oder Karten zum Briefkasten oder Postamt zu befördern.

Er beschließt, den alten Mann nicht weiter zu stören. Soll er seine Ruhe haben. Aber vielleicht rennt der Augen-Cohn nachts abgehetzt über den alten jüdischen Friedhof, da, wo auch Ferdinand Lassalle ruht, und ruft nach seinen Kindern, dass Besuch eingetroffen sei und sie gefälligst zu erscheinen hätten, damit er sie lächerlich machen könne. Oder er ruft nach Emil, weil er dessen neueste Dichtung vor aller Augen im Ofen vernichten will.

Als er den Stadtgraben entlanggeht, fragt er sich, ob er dem Alten nicht verzeihen sollte, denn seine frühen Dichtungen waren wirklich nicht gelungen. Heute weiß er auch, dass der Alte sich sorgte, aus seinen Kindern könnte nichts werden. Und seine Mittagstischpädagogik – war sie so schlecht? Man hat viel gelernt und viel gelacht, weil der Alte ein Unikum war.

Als er die *Goldene Gans* wieder betritt, hat er noch immer keine Antwort gefunden. Frau Goldmann sieht ihn fragend an. Er müsse leider abreisen, teilt er der Frau mit dem ernsten, aber gütigen Gesicht mit und zückt seine Brieftasche. Frau Goldmann wehrt ab, nein, es sei alles bezahlt. Gesundheitliche Gründe, erklärt Emil und fasst sich an die Herzgegend. Er bittet darum, telefonieren zu dürfen. Er wolle in Weidenthal anrufen.

»Kann ich noch etwas für Sie tun?« fragt Frau Goldmann, als Emil schon abreisefertig auf das Taxi wartet.

»Oh ja«, antwortet er. »Seien Sie so gut und rufen Sie im Kulturamt an. Der Vortrag heute Abend müsse leider ausfallen. Ich sei plötzlich erkrankt und bereits abgereist.«

»Sehr gern«, sagt Frau Goldmann. »Das erledige ich sofort.«

Der Taxifahrer steht in der Tür und hält nach dem Gepäck Ausschau. Emil verabschiedet sich kurz: »Herzlichen Dank, Frau Goldmann, für alles.«

»Gute Besserung«, ruft ihm die Frau hinterher und lächelt dabei mütterlich.

Eine Kleinbahn bringt ihn von der Kreisstadt Wohlau zur Station Weidenthal. Hier verrichtet Bahnwärter Czaplinski seinen Dienst. Er hat das kleine Bahnhofsgebäude in seiner Obhut, fertigt die Züge ab und ist für den Fahrkartenverkauf wie für die Gepäckabfertigung zuständig. So einsam die Station inmitten der weiten Felder auch erscheinen mag, jeden Morgen und Abend wird eine Vielzahl von Milchkannen vom Gut und Dorf Weidenthal angeliefert. Die transportiert der Zug zur Meierei, die sich in der Kreisstadt befindet. Häufig benutzen die Dorfbewohner die Bahn auch, um in der Kreisstadt einzukaufen oder Arztbesuche und ähnliches wahrzunehmen. Dedo ist stolz auf diese kommunale Errungenschaft, die maßgeblich der Initiative seines Vaters zu verdanken ist. Der war vor der Jahrhundertwende Landrat des Kreises und setzte das Verkehrsprojekt politisch durch.

Emil genießt die Aussicht. Nur wenige weiße Wolken stehen regungslos am Himmel. Seine Blicke richten sich immer wieder auf die im Süden gelegene, langgestreckte Bergkette, die in leichten Dunst gehüllt ist. Schnaufend dampft die Lokomotive durch schier endlose Getreidefelder, während der Wind die Halme wellenartig vor sich herzutreiben scheint. Auf einigen Abschnitten ist die Ernte in vollem Gang. Dutzende von Arbeitern, Männer und Frauen aus Weidenthal oder den umliegenden Dörfern, sind in diesen Wochen für das Gut beschäftigt.

Dedo hat Lokomotivführer Zaremba mit Handschlag begrüßt. Zaremba nimmt militärische Haltung an, worauf sich bis zur pünktlichen Abfahrt des Zuges ein kurzes Gespräch über das Wetter und die aktuelle Ernte ergibt.

Sie besteigen den bereitstehenden Jagdwagen, auf dessen Ladefläche Emils Gepäck untergebracht ist. Zwei niedersächsische Kaltblüter schnauben und scharren mit den Hufen. Dedo lässt die Peitsche knallen, die Pferde ziehen an, und schon geht es den staubigen Sommerweg entlang, der direkt zum Schloss Weidenthal führt, das eigentlich gar kein Schloss ist, sondern allenfalls ein Guts- oder Herrenhaus. Emil schließt die Augen, genießt die Sonne und fühlt sich frei wie seit langem nicht mehr.

Dedo beobachtet ihn genau: »Du kommst einen Tag früher. Gab es irgendwelche Komplikationen?«

»Nicht der Rede wert. Mir ist meine Vaterstadt nicht bekommen.«

»Kenn ich. Wenn ich längere Zeit auf Weidenthal verbracht habe, fällt mir irgendwann die Decke auf den Kopf. Dann zieht es mich nach Berlin. Du weißt ja, was ich meine.«

Dedo ruft plötzlich ein scharfes Brrr, die Pferde stehen, eine Staubwolke steigt auf. Völlige Ruhe umgibt sie, nur die kurzen Schreie einiger Habichte hoch über ihnen sind zu hören. Dedo legt die Hand auf Emils Schulter: »Ich könnte mir vorstellen, dass es für dich als Bruder nicht so einfach hinzunehmen ist, wenn es in meinem Leben neben Isolde noch andere Frauen gibt.«

»Ich mische mich da nicht ein«, sagt Emil und fügt hinzu: »Das letzte Mal hast du mich mit dem Auto abgeholt. Das war im wunderschönen Sommer '14.«

Dedo lacht, die Fahrt geht weiter: »Ich danke dir, lieber Schwager, da hast du elegant das Thema gewechselt. Das Problem ist, dass unsere Straßen und Wege erbärmlich schlecht sind. Der Krieg hat notwendige Reparaturen verhindert. Mein Wagen steht in der Scheune. Allein der Staub, der hier aufgewirbelt wird, reicht aus, den Motor zu ruinieren.«

»Friedrich der Große war stolz darauf, dass die Wege in Preußen so schlecht waren«, erzählt Emil. »Er war der Meinung, das würde es feindlichen Armeen erschweren, in sein Königreich einzufallen. Außerdem bist du der Gutsherr in diesem Bezirk. Ordne doch die Asphaltierung wichtiger Wege an.«

Dedo lacht: »Wenn das so einfach wäre. Da muss der Kreistag zustimmen, und in dem haben heutzutage die Sozis das Sagen. Außerdem sind die Güter in der Provinz – meins macht da keine Ausnahme – durch die

Bank weg überschuldet. Wen wundert's. Siehst du die abgeerntete Fläche dort? Da stand vor zwei Wochen noch wunderbarer Weizen. Im Frühjahr hat das Kreisernährungsamt einen Großteil der Ernte aufgekauft, zu einem Preis, wie er im März üblich war. Heute kostet der Weizen das Zwanzigfache. Ich habe meine Ernte dem Staat geschenkt. Ich scheiß auf diesen Staat! Wir leben inzwischen von der Substanz. Die Sozis warten nur darauf, dass wir in die Knie gehen. Dann können sie endlich ihre Bodenreformpläne durchsetzen.«

Emil sieht in die Landschaft und schweigt. Sie fahren noch eine Viertelstunde, reden hauptsächlich über die kommende Jagdsaison und werden kurz darauf von Isolde empfangen, die im eleganten Sommerkleid auf der Freitreppe Ausschau gehalten hat. »Herzlich willkommen auf Schloss Weidenthal, lieber Bruder. Endlich besuchst du uns mal wieder. Schade nur, dass Elga nicht dabei ist.«

Es gibt eine herzliche Umarmung, verbunden mit dem üblichen Small Talk, dann führt Kleinke, der Hausdiener, Emil auf sein Zimmer. Das Gepäck steht schon dort. Der Gast schläft eine Stunde, wäscht sich und geht, da unten in der Halle der Gong bereits mehrfach ertönte, in den Ess-Salon. Dort gibt es eine weitere Begrüßung, denn Dedo, stolzer Vater von vier Töchtern, hat den Nachwuchs antreten lassen. Oktavia (16 Jahre) ist die älteste, es folgen Julia (13 Jahre), Friderike (11 Jahre) und Bertha (7 Jahre).

Kleinke hat die Gläser gefüllt. Die Erwachsenen stoßen mit Champagner an, die Mädchen erhalten gekühlten Fruchtsaft und kichern verhalten, als Onkel Emil mit ihnen anstößt. Es ist 18 Uhr, Zeit für ein verspätetes Mittagessen. Kleinke hat eine leichte Gemüsesuppe eingefüllt. Es folgt ein gespickter Rehrücken mit Beilagen der Saison, und das Ganze wird am Ende – sehr zur Freude der Mädchen – mit Obstsalat und Vanilleeis abgeschlossen.

Der Kaffee wird draußen im Garten eingenommen. Emil spielt mit den Mädchen Ball und lässt sich beim Schaukeln Anschwung geben. Es dauert nicht lange, und er hat sich leidenschaftlich mit Rollo angefreundet, einem in die Jahre gekommenen Neufundländer, dem trotz Schatten und vorangeschrittener Tageszeit die Wärme zu schaffen macht. Rollo spürt sofort, dass er es mit einem echten Hundemenschen zu tun hat und sucht fortan Emils Gesellschaft.

Die Mädchen dürfen heute länger aufbleiben als normalerweise, was Emil sehr entgegenkommt, denn gleich wird er für den Höhepunkt des

Abends sorgen. Der Onkel hat nämlich Geschenke mitgebracht. Sie hat er im Verlauf seiner Vortrags- und Lesereise gekauft, und da man in diesen Wochen nach der Maxime leben muss, Geld möglichst schnell unter die Leute zu bringen, hat er sich nicht lumpen lassen und – nach ausführlicher fachlicher Beratung – erlesene Mitbringsel für junge Damen erworben und geschmackvoll einpacken lassen: französisches Parfüm für Oktavia, eine Halskette für Julia, ein seidenes Tuch für Friderike und einen Füllfederhalter für Bertha. Dazu gibt es für jede ein Buch.

Die Bescherung hat zur Folge, dass die Mädchen schnell auf ihre Zimmer verschwinden, so dass die Erwachsenen Muße haben, die kommenden Wochen zu planen. Dedo schlägt vor, welche Gutsnachbarn unbedingt besucht oder eingeladen werden sollten. Emil hingegen möchte seinen Aufenthalt als Urlaub verstanden wissen. Überdies hat er in der Hausbibliothek, die größtenteils noch vom alten Zornberg stammt, erste Entdeckungen zum Thema *Napoleon* gemacht und wünscht sich Zeit für Lektüre, am liebsten im Garten und im Liegestuhl des Hausherrn. Der stimmt gutgelaunt zu, aber unter einer Bedingung: Emil müsse abends bei einem guten Wein von seinen Forschungen berichten. Vor allem, mahnt Isolde an, sollte ausreichend Zeit für gute Gespräche vorhanden sein. Ansonsten sei das Landleben unerträglich.

Dazu ist gleich am nächsten Morgen Gelegenheit, denn Dedo wird früh von seinem Verwalter aus dem Bett geholt. Im Dorf ist in der Nacht ein Bauernhof abgebrannt. Alles spricht mittlerweile dafür, dass Brandstiftung im Spiel ist, möglicherweise in Einklang mit Versicherungsbetrug. Die berittene Gendarmerie aus Wohlau ist schon eingetroffen. Deshalb sitzen Emil und Isolde allein beim Frühstück, das Kleinke in weiser Vorausschau in den Garten verlegt hat, weil auch dieser Tag verspricht, ein hochsommerlicher zu werden. Einige Hühner stolzieren pickend umher, Bienen- und Wespengesumm erfüllt die Blumenbeete, während Schwalben geschäftig durch die Luft und um die Obstbäume segeln.

»Was war mit Breslau?« fragt Isolde.

»Ich habe nicht die richtige Einstellung dazu gefunden. Die Vergangenheit und insbesondere der Vater sind einfach übermächtig geworden. Ich bin davon ausgegangen, dass man, wenn man die vierzig überschritten hat, die eigene Vergangenheit gelassener sieht.«

»Wir hatten doch eine schöne Jugend. Denk nur, wie der *Lohengrin* aufgeführt wurde, deine Lieblingsoper, die wir gemeinsam im Klavierauszug wieder und wieder gespielt hatten. Und dann erlaubte er uns den Opernbesuch nicht, weil am nächsten Tag Klassenarbeiten anstanden. Mein Gott, sicherlich hatte er nicht unrecht. Wir sind aber trotzdem hingegangen, haben uns im obersten Rang versteckt. Nachdem der Vorhang gefallen war, sind wir blitzschnell nach Hause gerannt und lagen im Bett, als er und Mutter eintrafen und die Nachtruhe kontrollierten.«

»Das sind schöne Anekdoten, aber sie helfen nicht darüber hinweg, dass ich Angst vor ihm hatte und mit zunehmendem Alter noch habe. Ist das nicht verrückt?«

»Sicherlich. Aber ich erinnere das alles gar nicht mehr. Ich weiß nur, dass er beständig kämpfen musste, nur weil er Jude war. Das hat ihn aufgerieben, dass man ihn trotz fachlicher Überlegenheit nicht Ordentlichen Professor werden ließ.«

»Isolde! Bevor er mich und Elga vertrieben hat, wart ihr dran, Dedo und du. Weißt du denn nicht mehr, wie er getobt hat, als ihr euch gegen seine Erlaubnis verlobt habt?«

»Ich weiß nur, dass es damals für mich ein Akt der Befreiung war. Wir haben gelacht, als Mutter uns erzählte, er hätte uns enterbt. Letztlich war er es, der am Ende die Familie ruinierte. Daran ist Mutter auch zerbrochen.«

»Haben wir das damals wirklich so leicht genommen? Wenn ja, erkläre mir bitte, warum mich die Vergangenheit dermaßen einholt.«

»Vielleicht ist das immer noch erträglicher als eine belastende Gegenwart. Erzähl, was mit Elga los ist. Dedo hat da gewisse Andeutungen gemacht.«

»Wir leben – wie wir uns in jungen Jahren geschworen haben – eben ganz anders als unsere Eltern. Wir leben in einer modernen Ehe.«

»Das heißt, Elga geht fremd, und du vergnügst dich in Berlin mit dieser Schauspielerin Lilly, die hoffentlich auch in einer modernen Ehe lebt.«

Emil sieht ihr fest in die Augen: »Warum weinst du? Geht es dir nicht gut hier draußen? Du hast die Kinder und einen Mann, der dich liebt. Fontane nennt so etwas das *kleine Glück*. Dazu gehört schließlich auch dieser Morgen.«

»Ach, Emil, irgendwann geht einem die Idylle aufs Gemüt. Wenn du hier sitzt, mit deinen Töchtern Hausmusik veranstaltest und deinen Mann in Berlin weißt. Dedo betrügt mich nach Strich und Faden. Ich nehme mal an, du bist in seine Berlin-Abenteuer eingeweiht. Mein Mann jedenfalls ist der Meinung, das alles sei in der Ordnung und ich wäre vollkommen ahnungslos. Da lob ich mir die Ehe unseres Vaters, der seine Frau bis ins hohe Alter verehrt hat. Dem wäre nie der Gedanke gekommen, seine Frau derart hinters Licht zu führen. Aber ich will dir nichts vorjammern. Soll ich Elga schreiben oder sie anrufen? Sie kann doch hierherkommen, und dann sprechen wir über alles.«

»Isolde, ich danke dir, aber die Dinge sind noch zu sehr im Fluss. Elga ist sehr stolz und würde sich wahrscheinlich Hilfe von außen verbitten. Ich weiß nicht einmal, ob sie Wert darauf legt, Briefe oder Anrufe von mir zu erhalten. Ich jedenfalls muss in den kommenden Wochen und Monaten mit dem Gefühl leben lernen, das einen beschleicht, wenn man die eigene Ehefrau in den Armen eines anderen weiß und man selbst den Mut nicht aufbringt, den ersten Schritt zu einer Versöhnung zu tun.«

Isolde nickt zustimmend: »Ich höre einen Kutschwagen kommen, wahrscheinlich ist es Dedo. Wir sollten das Thema wechseln.«

Emil verbringt erholsame Wochen auf Schloss Weidenthal, das eigentlich gar kein Schloss ist, wie Isolde immer entschuldigend hinzufügt. Er lernt viel über Landwirtschaft und den schlesischen Adel, dessen Exponenten ihn in der Auffassung bestätigen, dass diese Gesellschaftskaste abgewirtschaftet habe und ins Museum gehöre. Allerdings muss Emil feststellen, dass diese Spezies vier Jahre nach der Niederlage der Monarchie und nach dem Wegfall der Adelsprivilegien eine enorme Frische an den Tag legt und schon wieder dabei ist, das Rad der Geschichte zurückzudrehen.

Mitte September erhält er ein Telegramm von Rowohlt, der ihm mitteilt, das Kammergericht zu Berlin werde am 21. Oktober seinen Fall, das Verbot der *Entlassung*, verhandeln. Außerdem sei geplant, Emils erstes Buch im Rowohlt-Verlag, die Anthologie *Vom unbekannten Goethe*, mit gehörigem Presserummel auf den Markt zu bringen. Dazu werde es Ende des Monats eine kleine Feier geben. Emils Anwesenheit in Berlin sei also unbedingt erforderlich.

»Und du musst morgen wirklich wieder los?« fragt Dedo und guckt genauso traurig wie Rollo, der Neufundländer. Ich werde die Gespräche mit dir vermissen und Isolde sicherlich auch. Gestern habe ich laut darüber nachgedacht, ob ich nicht mitkomme nach Berlin. Aber da hättest du Isoldes Blick sehen sollen. Ich habe in meiner Bedrängnis vorgeschlagen, sie möge mitfahren. Und nun darfst du dreimal raten, was sie geantwortet hat.«

»Sie will mit!«

»Genau!« lacht Dedo. »Wie bist du nur darauf gekommen. Aber lass uns ein wenig laufen, damit wir zum Mittag richtig hungrig sind. Ich schlage vor, wir umrunden den See. Schade, dass du nicht dabei sein kannst, wenn wir im November abfischen. Dann gibt es leckeren Karpfen. Das wird jedes Mal ein Volksfest, weil das ganze Dorf mithilft und mitfeiert. Das ist wie in der guten alten Kaiserzeit, als Gutsherr und Dorfschaft noch in einem patriarchalischen Verhältnis miteinander lebten. Man wusste zwar, der Geselle des Hufschmieds wählt die Sozialdemokraten, aber beim Erntedankfest hast du ihm ordentlich Bier spendiert, und damit hatte sich das. Nichts mit politischen Parolen wie dem Geschrei nach einer Bodenreform. Was aber hat uns die Revolution gebracht? Beim letzten Erntedankfest wurden rote Fahnen geschwungen, und die Sozis stimmten ihre Lieder an. Da hab ich gesagt: Leute! *Ihr könnt gern feiern, aber bitte ohne mich*. Ich weiß manchmal überhaupt nicht mehr, woran ich noch glauben soll.

Armes Deutschland, wohin geht deine Reise! Wo man hinguckt: Parteipolitik und Parteien-Herrschaft. Wir haben eine Regierung im Reich und eine in Preußen, Regierungen, die ihre Untertanen – ich sage bewusst nicht Bürger – in den Ruin treiben. Mit diesem irrwitzigen Verfall unserer Währung muss doch irgendwann mal Schluss sein. Und dann die Franzosen, die seit dem Rapallo-Vertrag deines Freundes Rathenau auf Revanche aus sind und nur darauf warten, bis sie ins Ruhrgebiet einmarschieren können. Wenn wir Pech haben, machen ihre Freunde, die Polen, gleich mit und erobern unser schönes Schlesien und besetzen Berlin, womit Bismarcks Werk endgültig perdu wäre. Und unsere Politiker? Sie denken an ihre persönlichen Privilegien. Damit retten wir aber Deutschland nicht. Wir brauchen einen starken Mann, der die Volksmassen bändigt, zu einer Einheit verschmilzt, zu einer echten Volksgemeinschaft, wie sie 1914 für wenige Wochen bestand, als der Krieg endlich da war.«

Dedo ist mit einem Mal stehen geblieben und blickt wie abwesend auf den See, dessen Oberfläche von einem feinen Wind gekräuselt wird. Er vollzieht eine kurze Drehung und sieht Emil bedeutsam an: »Sagt dir der Name Hitler was? Adolf Hitler? Nicht? Du schüttelst den Kopf. Das ist ein bayerischer Politiker, ein richtiger Agitator, der Ludendorff in die Tasche steckt. Ein Kamerad von mir hat den reden gehört, vor einigen zehntausend Menschen. Und vorher und nachher wurden die alten Märsche gespielt. Das Publikum war begeistert. Ähnlich ist es in Italien. Dort gehört die Zukunft diesem Mussolini, von dem du natürlich gehört hast. Diese Leute wollen die nationale und die soziale Frage miteinander verschmelzen. Der Arbeiter ist kein vaterlandsloser Geselle mehr, sondern marschiert bei den Deutsch-Nationalen mit. Das nennt sich dann *Nationalsozialismus*, und an der Spitze steht ein Führer. Und der Reichstag, diese Schwatzbude, kann getrost geschlossen werden.

Damit du mich nicht missverstehst. Das ist keine Monarchie, die ist Schnee von gestern. Der neue Führer, der uns vorschwebt, sorgt im Innern des Staates für Zucht und Ordnung, militärische Ordnung. Das heißt: keine Streiks mehr, Verbot von Presseorganen, die dem neuen Staat feindlich gegenüberstehen, und natürlich Verbot aller Parteien, weil es nur noch eine einzige Volkspartei geben wird. Und vorrangig: Der Führer wird die Jugend organisieren und sie ertüchtigen für den nächsten großen Krieg, der so oder so kommen wird und den wir mit einem richtigen Führer auch gewinnen werden.«

Emil hat interessiert zugehört, nun fragt er: »Dedo, du sprichst von uns oder wir. Wer sind diese Leute, die sich dahinter verbergen?«

»Kameraden«, sagt Dedo, »ehemalige Regimentskameraden, die heute in der Reichswehr dienen oder in irgendeinem Freicorps großgeworden sind. Dann gibt es geheime Organisationen, die *Organisation Consul* beispielsweise, von der in letzter Zeit öfter die Rede war. Nun guck mich nicht so an, ich weiß, was dir auf der Zunge brennt. Die Rathenau-Mörder kommen aus der O.C. Nun denke aber nicht, dass ich mit denen irgendwas zu tun habe. Die O.C. ist ein großer Verein mit vielen Verzweigungen. Da kann man nicht jeden kennen. Soll man auch nicht.«

»Aber du schließt nicht aus, dass dir die Attentäter mal über den Weg gelaufen sind, bei einem Kameradschaftsabend zum Beispiel.«

Dedo sieht ihn merkwürdig an, ein wenig enttäuscht, ein wenig misstrauisch, als hätte er zu viel erzählt. »Ach, lieber Schwager, ausschließen kann man ja nie etwas.«

»Dedo, da hast du weise gesprochen. Aber eine Sache vermisse ich in deinem neuen Staat. Wie wollt Ihr das lösen, was seit der Revolution verstärkt unter *Die Judenfrage* firmiert. Darauf haben deine Freunde doch sicherlich auch eine Antwort.«

»Schwager, du willst mich provozieren. Natürlich weiß ich, worauf du hinaus willst. Aber eine Antwort sollst du bekommen: Es wird höchste Zeit, die Juden aus dem Wirtschafts- und Kulturbereich zu entfernen, jedenfalls überall dort, wo sie an den Schalthebeln der Macht sitzen. Sie aus Deutschland ganz zu entfernen wird ja ebenfalls erörtert. Da käme eine Umsiedlung nach Palästina infrage, wo sie ja eigentlich hingehören.«

»Dann werden Isolde und ich Deutschland verlassen müssen. Ich hoffe nur, du wirst uns mal in Jerusalem besuchen.«

Dedo lacht: »Für Euch werde ich eine Ausnahmereglung erwirken. Ihr seid ja auch mehr Christen und missbraucht eure Macht nicht.«

»Apropos! Ich habe es dir noch gar nicht erzählt. Aber ich bin nach dem Mord an Rathenau aus der protestantischen Kirche ausgetreten und bekenne mich wieder zum Judentum.«

Dedo ist stehen geblieben: »Was sagst du da? Ausgetreten? Mein Gott, Emil erzähl das bloß keinem, sonst ist dir eines schönen Tages nicht mehr zu helfen.«

John

Emils Anwalt beruhigt seinen Mandanten. Die Stimmung sei inzwischen umgeschlagen. Die Wiederverheiratung des Kaisers hätte diesem sehr viele Sympathien in Deutschland gekostet. Außerdem habe Wilhelm II. mittlerweile eigene Erinnerungen erscheinen lassen und sich damit ausdrücklich zu einer Person der Zeitgeschichte gemacht. Überdies: Das Kammergericht sei nicht das Landgericht.

Als die fünf Richter den Verhandlungssaal betreten, durchströmt es Emil wohlig. Alle Anspannung ist mit einem Mal verflogen, denn so, beschließt er, sehen echte Bismarckianer aus.

Während die Gegenseite zu wortgewaltigen Schlägen ausholt und die bekannten Argumente ein weiteres Mal auftischt, hat Emil Muße zur Betrachtung. Es ist nämlich, findet er, gar nicht so einfach, zwischen einem Bismarckianer und einem Wilhelministen zu unterscheiden. Auf jeden Fall ist der Bismarckianer gemütlicher im Gesichtsausdruck, der immer etwas von verschmitzter Ironie ausstrahlt. Der Wilhelminist hingegen ist auch im Gesicht um Haltung bemüht. Er kultiviert das Furchteinflößende. Beim Bismarckianer erschlaffen die Gesichtszüge schon mal und erinnern an den treuen Blick einer Dogge.

Während die Richter teilnahmslos den Ausführungen der Gegenpartei zuhören, stellt Emil sich vor, wie die Fünf sich vierzehntäglich zu ihrer Stammtischrunde treffen. Irgendein gemütliches Weinlokal wird es sein. Wie der Kleine mit der sonoren Stimme eine Anekdote zum Besten gibt, wie sie alle lachen, am lautesten natürlich der Große, der mit der Bismarck-Statur, der den Jupiter Tonans gibt. Oder der Hagere, der jetzt gerade den gegnerischen Anwalt freundlich, aber bestimmt darüber belehrt, dass man beim Gericht durchaus Textkenntnis voraussetzen dürfe. Emil sieht sie vor sich, wie sie am wuchtigen Eichentisch im hinteren Teil ihrer Weinstube sitzen, wo es schummrig und verraucht ist. Jeder auf seinem Stammplatz – wie sie dort seine *Entlassung* lesen, mit verteilten Rollen und homerischem Lachen und mit Sehnsucht nach der guten, alten Bismarck-Zeit. Oh! was gibt es Gemütlicheres als eine richterliche Alt-Herren-Runde, die nur den Herrgott über sich weiß, denn dem Kammergericht hat sich bekanntlich sogar Friedrich der Große gebeugt. Sagt man jedenfalls.

Soeben fährt der Anwalt der Gegenpartei, so meint er zumindest, ein letztes gewichtiges Argument auf. Kriegerisch sieht er Emil an und wirft mit verachtungsvoller Miene das Textheft auf den Tisch, vor dem er steht: »Durch diese Darstellung wird der Kaiser in Ausübung seines Berufes geschädigt, den wieder aufzunehmen er ja noch immer hoffen darf.«

Emil gewinnt den Prozess in letzter Instanz. Der Kaiser muss erfahren, dass er eine Figur der Geschichte ist und in diesem Fall den Schutz des Persönlichkeitsrechts im Interesse der Kunst- und Kulturfreiheit nicht genießt. Mehrere deutsche Bühnen nehmen das politische Stück sofort in ihr Repertoire auf. *Die Entlassung*, wird Emil später in seinen Erinnerungen schreiben, sei über tausendmal auf zweihundert großen und kleinen deutschen Bühnen gespielt worden, im Saal einer Wirtschaft in Husum, von einem Wandertheater in Bayern. In Köln seien später Schulklassen ins Theater geführt worden, um Geschichte zu lernen.

Er hat ein Telegramm geschickt. Er werde am Tag vor Heiligabend in Moscia eintreffen, voraussichtlich am frühen Nachmittag. Nun geht er die Stufen zum Haus hinauf. Ein kalter, kräftiger Wind treibt feinen Regen durch Büsche und Bäume des Gartens. Er atmet schwer. Das Herz schlägt heftig. Er bleibt stehen und wischt sich über das feuchte Gesicht. Seine Gedanken wirbeln umher: Ist sie allein? Wie wird man dich empfangen? Ist er auch da und spielt den Hausherrn? Vielleicht sind beide weg, vergnügen sich oben in seinem Waldhaus, oder sie sind auf Reisen.

Als er die Halle betritt, sieht er sie zunächst nicht. Sie steht im Halbdunkel. Langsam kommt sie auf ihn zu, schaukelt ein wenig beim Gehen. Ist sie krank? Sie trägt ihr weites wollenes Hauskleid, hat eine Stola umgelegt. Emil hat Koffer und Tasche auf den Boden gestellt und beide Arme ausgestreckt.

Sie lacht kurz auf und wirft sich ihm entgegen.

»Wie gut, dass du da bist, wie gut, dass du da bist!« Sie sagt es immer wieder und legt den Kopf an seine Brust.

Emil drückt sie an sich. Er fährt zusammen. Ihr Unterleib schiebt sich wie ein Fremdkörper gegen ihn. Augenblicklich durchblitzt ihn der Gedanke: Jetzt ist alles vorbei. Er lässt sie los, geht einen Schritt zurück, wirft prüfende Blicke auf ihren Körper, als müsse er sich vergewissern: »Bist du ...«

Sie nickt.

Er stammelt: »Und wann?«

»Wann was?« fragt sie mit mildem Blick, und als er nicht antwortet, sagt sie: »Im Januar kommt er zur Welt, vielleicht sogar zu deinem Geburtstag.«

»Wieso er?«

»Weil es ein Junge wird. Das spüre ich. Ich möchte, dass er John heißt, wie mein Bruder.«

»Und wer ...«

»Marten natürlich. Wer sonst. Du warst ja nicht da!«

»Was soll das heißen: ich war nicht da!«

»Du warst in Genua. Danach haben wir uns wochen-, monatelang nicht gesehen.«

Er wird lauter: »Und das ist ein Grund, mich zu betrügen, mich zu hintergehen! Das nenne ich einen schönen Freund, der das Vertrauen des anderen derart missbraucht!«

Sie schweigt. Er holt tief Luft: »Und hast du mir nicht tausendmal versichert, wie sehr du mich liebst, was immer auch geschehen möge!«

In ihm steigen Wut und Hilflosigkeit auf. Er geht nach oben in sein Zimmer, wirft sich aufs Bett und wird von heftigem Schluchzen gepackt. Als der Anfall vorüber ist, wandert er auf und ab und erwägt Pläne: Koffer packen, wegfahren, weit wegfahren. Dann: Scheidung, Moscia verkaufen und irgendwo, am besten in Berlin, neu anfangen. Er schließt die Augen und sieht Lilly vor sich.

Einige Stunden später, draußen ist es bereits stockdunkel, entkorkt er in der Wohndiele eine Flasche Bordeaux und schenkt sich ein. Nach Musik ist ihm nicht zumute. Lieber ordnet er in aller Stille seine Gedanken, während das Kaminfeuer für wohlige Wärme sorgt. Eine halbe Stunde später kommt Elga. Sie hat an die Tür geklopft. Er hat das ignoriert. Sie zeigt auf den Sessel, in dem sie gewöhnlich sitzt: »Darf ich?«

Er spielt den Konsternierten: »Warum fragst du? Es ist auch dein Haus.«

»Möchtest du?« fragt er und zeigt auf die Weinflasche, aus der er sich soeben nachgeschenkt hat.

»Nein, ich darf nicht«, antwortet sie ruhig.

»Natürlich. Aber wenn du eine andere Frage erlaubst.«

»Ich erlaube alle deine Fragen.«

»Danke. Ich wollte nur wissen, wo Hellström eigentlich ist.«

»Ich weiß es nicht. Er war vor zehn Tagen kurz hier, um sich zu verabschieden. Er hat einige seiner Gerätschaften mitgenommen, die er hier deponiert hatte. Er plante seit langem, in Paris ein Atelier zu mieten.«

»Seid ihr nicht mehr zusammen?« fragt er fast ein wenig erleichtert.

»Was verstehst du unter *zusammen*?«

»Na, ein Paar, ein Pärchen, ein Liebespaar.«

»Ach, Emil, verstehst du das nicht, oder willst du es nicht verstehen?«

»Warum sollte ich das nicht verstehen. Ich bin der düpierte Ehemann und stehe vor den Scherben meiner Ehe. Jetzt würde ich gern verstehen, warum sie so kläglich gescheitert ist.«

Elga schweigt. Emil atmet nervös: »Elga, darf ich dich etwas Pikantes fragen?«

»Ich sagte schon, du darfst alles fragen. Ob du immer eine Antwort erhältst, steht auf einem anderen Blatt.«

»Ist er besser im Bett als ich? Ich meine, macht es dir mehr Spaß, mit ihm ins Bett zu gehen als mit mir?«

»Lieber Emil, ich weiß es nicht. Ich weiß nur, dass wir John irgendwo auf einer Bergtour gezeugt haben. Wir waren stundenlang gemeinsam gewandert, waren verschwitzt und hatten unsere schwerere Kleidung abgelegt, als ein Blick genügte, um übereinander herzufallen. Mich drückte eine Baumwurzel in den Rücken, und der tierische Akt tat mir weh, weil er sehr ungestüm ist und das Ganze in Kürze abhandelt. Du bist viel zärtlicher. Für dich ist der Liebesakt ein Kunstwerk, das aus Verführung, Versuchung und Vollzug besteht. So hast du es jedenfalls einmal postuliert, und ich habe mich dir gern ergeben. Vielleicht erinnerst du dich. Wir waren noch sehr jung.«

»Ist das alles?«

»Was willst du noch hören? Ich suchte nach einem Mann, weil du nicht da warst. Hellström wollte eine Geliebte und nahm mich, obwohl er große Gewissensbisse dir gegenüber hatte.«

»Mir kommen die Tränen!«

»Auf jeden Fall darf eine Geliebte nicht schwanger werden. Als ich ihm mitteilte, ich würde ein Kind von ihm erwarten, war er außer sich und befahl mir fast, es wegmachen zu lassen, wie er sich ausdrückte. Das hat mich tief verletzt, wie du dir denken kannst. Ich wollte all die Jahre ein Kind. Das muss ich dir nicht erklären, weil du diesen Wunsch kanntest und kennst. Aber wir bekamen keine Kinder.«

»Das weiß ich. Ich habe mit Doktor Bernardoni darüber gesprochen. Es gibt Ärzte, die die Theorie vertreten, dass auch Männer zeugungsunfähig sein können, auch wenn physiologisch alles in Ordnung ist.«

»Ich kenne nur Fälle, wo wir Frauen die Schuld bekommen haben, wenn sich der Kinderwunsch nicht erfüllte.«

»Hast du Hellström geliebt, oder liebst du ihn vielleicht noch immer?«

»Ja, aber anders, als ich dich liebe. Mit ihm könnte ich auf Dauer nicht zusammenleben. Dafür ist er zu sehr Einzelgänger. Mit dir habe ich immerhin schon zwanzig Jahre gemeinsam verbracht. Es gab Momente, da habe ich euch beide geliebt und mich gefragt, warum ich nicht zwei Männer lieben und glücklich machen sollte. Ähnlich wie bei *Stella*, erste Fassung. Nur umgekehrt: eine Frau und zwei Männer.«

Emil lächelt. Der Verweis auf *Stella* amüsiert ihn. Es eröffnet sich die Chance, das Problem mit den Augen des Künstlers zu sehen. Er spürt eine gewisse Leichtigkeit in seinem Innern.

»Habt Ihr Euch auch oben in unserem Bett geliebt?«

»Nein!« sagt Elga empört. »Das hätte ich nie zugelassen. Wir waren überhaupt nicht oft hier. Meistens sind wir mit dem Auto durch die Lande getingelt, haben in irgendwelchen Hotels übernachtet. Ich würde dich belügen, wenn ich sagte, es sei keine schöne Zeit gewesen. Es war ein Leben und Treiben voller kleiner Abenteuer.«

»Und wie geht es jetzt weiter?« Emil schenkt Wein nach und sieht sie prüfend an.

»Das entscheidest du. Wenn ich dir noch etwas bedeute, bleibe ich bei dir.«

»Und wenn ich verreisen muss?«

»Dann komme ich mit.«

»Aber du hast ein Baby!«

Elga lacht. »Stimmt. Das hatte ich ganz vergessen. Aber ich komme trotzdem mit. Wir schaffen uns ein Kindermädchen an.«

»Wir könnten es auch weggeben«, schlägt Emil vor.

Elga richtet sich ein wenig auf und fasst mit beiden Händen ihren Bauch: »Das kommt überhaupt nicht in Frage. Das Kind – ich wollte sagen: John – gehört zu uns und wird in Moscia aufwachsen wie in einem Paradies, wenn wir es nur wollen.«

Emil schüttelt den Kopf: »Kindergeschrei macht mich nervös, bei dem Geplärre kann ich nicht arbeiten.«

»Aber vielleicht macht es dir irgendwann auch Spaß, Vater zu sein. Kinder sind eine Bereicherung, mehr noch als Hunde, und die liebst du doch wie ein Vater.«

Emil lacht: »Und auch sie habe ich nicht selbst gezeugt. Das muss ich mir stets vor Augen führen.«

»Du wirst ein guter, lieber, toleranter Vater sein. Ganz anders als dein eigener.«

»Lass ihn in Frieden ruhen. Zunehmend verstehe ich seine Angst, als er meine ersten Dramen las und befürchtete, dass auf diesem Wege nichts aus mir werden würde. Dass er sie vor aller Welt zerriss, werde ich ihm wohl erst im nächsten Leben verzeihen. Aber zu uns: Bleibt die Frage, ob die Leute – und am Ende mein eigener Sohn – mich als Vater akzeptieren werden. Man wird ja auf den ersten Blick erkennen, dass er, John, nicht mein leiblicher Sohn ist. Beppo und Maria werden im Dorf und später in Ascona schon dafür sorgen, dass jedermann die Hintergründe dieser Geschichte erfährt – wenn sie's nicht schon wissen. Wo sind sie eigentlich? Ich habe die beiden heute noch nicht gesehen.«

»Beppo ist bei seiner Schwester in Bellinzona, Maria bei ihrer kranken Mutter in Locarno. Sie gehen mir aus dem Weg, stehen moralisch auf deiner Seite und führen meine Anweisungen nicht mehr aus.«

»Das ist ja Insurrektion. Ich glaube, ich werde ein Machtwort sprechen müssen.«

Das Kind kommt am 27. Januar zur Welt.

Nicht mein Geburtstag, denkt Emil, der ist um zwei Tage verpasst, aber immerhin ein symbolischer Termin. Ehrentag des Kaisers, des Herrn aus

Holland, den ich jetzt reichsweit auf die Bühne gebracht habe. Mein bester Feind. Vielleicht ein Fingerzeig des Schicksals, dass ich ihm endlich biographisch zu Leibe rücken sollte.

Kurz nach Mitternacht dieses Tages hat es im Schlafzimmer der Ludwigs einen kurzen archaischen Aufschrei gegeben. Emil, der lange an seinem Napoleon gesessen hatte und gerade tief und fest schlief, sitzt vor Schreck im Bett. Neben ihm jammert Elga, die soeben einen Sprung der Fruchtblase erlitten hat. Erste heftigere Wehen haben eingesetzt. Emil zieht sich in Windeseile an. Er spürt sofort, dass er bei diesem Spiel die Regie übernehmen muss. Es ist seine erste Geburt, die er miterleben wird. Jetzt heißt es klug und besonnen handeln.

Er sorgt für dezentes Licht, tröstet Elga, indem er ein paar beruhigende Worte findet. Daraufhin schickt er Beppo, der seit einigen Tagen im Gästezimmer schläft und ihm im Flur entgegenkommt, zur Hebamme, Frau Pelloni. Die wohnt unten im Dorf und hat es nicht weit. Ein Problem entsteht nur, wenn sie schon gerufen wurde und anderweitig helfen muss. Emil überlegt nicht lange: »Fahr anschließend zu Doktor Bernardoni. Er möge in ein, zwei Stunden vorbeischauen, damit wir zur Not ärztliche Hilfe haben. Man weiß ja nie, wie sich die Angelegenheit entwickelt.«

Beppo nickt und macht sich auf den Weg, als ein neuer Schrei durchs Haus fährt. Emil ist sofort zur Stelle und beruhigt, dass Maria am Bett sitzt und Elgas Gesicht mit einem kalten Waschlappen kühlt. Maria hat selbst zwei Kinder zur Welt gebracht und stuft diesen Fall als Routine ein. Eine Erstgebärende – zugestanden, aber wie es aussieht, verläuft alles in geordneten Bahnen.

Emil lernt viel in diesen Stunden. Auch fällt ihm wieder ein, was er über die Geburt Wilhelms II. gelesen hat. Diese langwierige, von unendlichen Komplikationen begleitete Niederkunft, die am Ende dazu führte, dass der linke Arm des Kindes mehr oder weniger »abriss«. Auch die Gefahr, dass das Kind durch die Nabelschnur stranguliert wird, war gegeben, und Emil fragt Frau Pelloni, die rechtzeitig eingetroffene Hebamme, mehr als einmal, ob in dieser Hinsicht alles in Ordnung sei.

Dann vergehen Stunden. Elga erlebt eine Wehenattacke nach der anderen. Irgendwann werden die Abstände zwischen den Angriffswellen immer kürzer, die Schmerzen immer unerträglicher, und Emil denkt: Jetzt muss sie büßen für ihren Fehltritt. Doch schnell verwirft er diesen abstrusen Gedanken und erörtert stattdessen mit Bernardoni, ob nicht eine Verlegung der Leidenden in die Klinik in Locarno angezeigt wäre. Der Arzt winkt ab. Ihm ist der Transport zu risikoreich, und er verweist darauf, dass der Höhepunkt ohnehin bald überschritten sei.

Und so ist es. Gegen sieben Uhr morgens setzen Presswehen ein. Elga schreit fürchterlich, die Schmerzen sind bestialisch, während die Hebamme ihre Kommandos erschallen lässt. Sie hat schon Hunderte von Niederkünften erlebt, so dass Bernardoni sich bereitwillig ihren Anweisungen unterordnet.

Um halb acht erblickt John das Licht der Welt, ein letzter Schrei der erlösten Mutter, und die Angelegenheit ist vollzogen. Das erste zaghafte Schreien des Säuglings erfüllt alle Anwesende mit Genugtuung. Emil ist derart ergriffen, dass er Tränen vergießt, während Bernardoni seine Instrumente zusammensucht und in seinem abgewetzten Lederkoffer verstaut.

Frau Pelloni und Maria haben alle Hände voll zu tun. Trotzdem fragt Emil zum wiederholten Male, ob mit dem Knaben wirklich alles in Ordnung sei. Frau Pelloni beruhigt den besorgten Vater und denkt sich ihren Teil. Maria wäscht den Säugling, dessen zerknittertes Gesicht Emil zu der Frage verleitet, ob Marias Kinder nach der Geburt auch so eigenartig ausgesehen hätten. Maria kann das nur bestätigen. Frau Pelloni lacht und meint, nun sollte sich der frischgebackene Vater erstmal freuen und sich vor allem um seine erschöpfte Frau kümmern.

Elga sieht den aufgeregten Vater mit einem matten Lächeln an: »Gefällt dir dein Sohn?« Emil gibt ihr einen Kuss und drückt wie zum Schwur ihre Hand. Beide blicken sich tief in die Augen.

»Ja«, sagt er. »Mein Sohn John gefällt mir sehr, und ich will alles in meiner Macht Stehende tun, damit wir eine glückliche Familie werden.«

Erfolg

»Worüber amüsieren Sie sich, Herr Ludwig, mache ich irgendwas falsch?« »Aber Toni, wo denken Sie hin! Ich verfolge gebannt, wie Sie Ihren Wodka-Cocktail bereiten, wie Sie die erforderlichen Zutaten intuitiv bereitstellen und gegeneinander abwägen. Dann mixen Sie das Ganze, wobei Sie meist rühren und nicht shaken, und schon ist der leckere Cocktail fertig. Und was haben Sie dieses Mal verwandt?«

Toni wird lebhaft, zwinkert munter und zeigt auf die Zutaten, die vor ihm bereitstehen: 4 cl Wodka, 2 cl Apricot Brandy, 1 cl Grenadine, 2 cl Zitronensaft, 10 cl Maracujasaft. Fehlen nur noch die Eiswürfel. Aber ich bleibe dabei, Sie haben zumindest gelächelt.«

»Wollen Sie wissen, warum? Weil mich Ihr Zubereitungsverfahren stark an meine eigene Arbeitsweise und mein neues Buch erinnert. Da habe ich auch die einschlägigen Zutaten, sprich Quellenzitate, bereitgelegt, gegeneinander abgewogen, alles behutsam mehr gerührt als gemixt. Und den Leuten schmeckt's. Man glaubt es kaum, das Buch über den Kaiser geht weg wie warme Semmel.«

»Na, Sie haben gut lachen. Ich kenne nämlich mehrere Angestellte hier im Adlon, die würden Ihr Buch gern lesen. Ich gehöre zu denen und hatte es mir von meiner Frau zu Weihnachten gewünscht. Aber leider wird das nichts mit unserem Ex-Kaiser, Herr Ludwig.«

»Und warum nicht?«

»Weil Ihr *Wilhelm der Zweite* vergriffen ist«, antwortet Toni und ist sichtlich enttäuscht. »Die Buchhandlungen vertrösten einen auf die Tage nach Weihnachten oder sogar Neujahr.«

»Das tut mir sehr leid, Toni, und ist natürlich nicht in meinem Interesse. Doch wissen Sie was, in Ihrem Fall – und ich beziehe Ihre Gattin ausdrücklich mit ein – sehe ich eine Lösung, die Sie aber unbedingt vertraulich behandeln müssen.«

»Ich kann schweigen wie ein Grab, Herr Doktor, das wissen Sie doch.«

»Ich habe oben in meinem Zimmer einen Packen mit Wilhelm-Biographien liegen, die ich alle signieren soll, wozu ich natürlich keine Lust habe. Der Verlag will sie an bekannte Persönlichkeiten schicken, zum Beispiel an Reichsaußenminister Stresemann. Von diesem Stapel zweigen wir einfach ein Exemplar für Sie und Ihre Frau ab.«

»Herr Doktor, das werde ich Ihnen nie vergessen! Meine Frau schwärmt doch so von Ihrem *Napoleon* und will ihn über die Festtage zum zweiten Mal lesen.«

»Toni, wir kennen uns wirklich lange genug, da ist ein kleiner Freundschaftsdienst längst überfällig.«

»Dann verrat ich Ihnen was, was ich eigentlich für mich behalten müsste. Ich kriege nämlich sofort Ärger, und der Herr Adlon zerreißt mich in der

Luft, wenn er erfährt, dass ich Gäste belauscht habe. Aber es war eigentlich kein richtiges Belauschen, wie es bei Karl May und anderen Indianer-Geschichten vorkommt, denn der Herr redete so laut, dass man hier am Tresen alles mitbekam, was drüben am Fenster verhandelt wurde.«

»Ich ahne was. Rowohlt war mal wieder zu Besuch und hat ordentlich Cocktails bestellt für sich und seine Freunde.«

»Nee, Cognac, hat er spendiert, und zwar für seine Mitarbeiter, den Herrn Mayer, seinen Prokuristen und einige Vertreter. Erst hat er seinen Verlag gepriesen, der unter dem Strich gut durch die Inflation gekommen sei. Und dann fiel Ihr Name, und von Ihrem Napoleon-Buch war die Rede, das so erfolgreich sei. Er sagte wortwörtlich: Der Ludwig reißt uns den ganzen Verlag nach oben und gibt uns endlich den Spielraum, den wir dringend benötigen, um Platz für ungewöhnliche Projekte zu bekommen, die dem Verlagsprogramm eine gewisse Breite verleihen.« Toni grinst verschmitzt, zuckt einige Male und stellt den fertigen Cocktail auf den Tresen.

Als sie an der Hotelrezeption fragt, ob ihr Mann eine Nachricht hinterlassen habe, erhält sie die Antwort: »Leider nicht, gnädige Frau.«

Ein mittelgroßer, untersetzter Mann geht auf sie zu und sagt: »Frau Ludwig? Ich bin mit Ihrem Mann verabredet. Vielleicht kann ich Ihnen weiterhelfen. Zuvor möchte ich mich aber vorstellen. Tucholsky, Kurt Tucholsky ist mein Name.«

Elga lacht: »Der Mann mit den vielen Namen. Ich kenne Sie als Autor der *Weltbühne*. Da schreiben Sie unter den Pseudonymen Kaspar Hauser, Peter Panter, Theobald Tiger und – warten Sie mal, der Name klingt so verschroben. Nun weiß ich wieder: Ignaz Wrobel. Unter welchem Namen werden Sie das Wilhelm-zwo-Buch meines Mannes verreißen?«

»Ich muss Sie enttäuschen. Ihr Mann hat ein herausragendes, wenn nicht epochales Werk geschrieben. Ich werde meine Kritik wohl unter dem Pseudonym Ignaz Wrobel veröffentlichen. Aber ich schlage vor, wir begeben uns ins Café Kranzler. Dort soll ich Ihren Mann ab drei Uhr treffen. Er hat zuvor noch einen Termin beim Rundfunk.«

»Da wissen Sie mehr als ich. Aber Kranzler hört sich gut an.«

Sie gehen die *Linden* hinunter und sitzen eine Viertelstunde später im Café.

»Nun bin ich aber neugierig, Herr Tucholsky. Spannen Sie mich nicht auf die Folter.«

Tucholsky öffnet seine Aktentasche: »Bevor ich Ihnen meinen bescheidenen Beitrag vorstelle, der im übrigen noch nicht ganz fertig ist, habe ich eine kleine Pressemappe für Sie zusammengestellt, die Sie gern behalten dürfen. Die republikanischen Zeitungen, ebenso die Linkspresse und einschlägige Zeitschriften, feiern das Buch hymnisch. Vernichtende Kritik kommt erwartungsgemäß von der deutsch-nationalen oder monarchistischen Front, zum Beispiel von der *Kreuzzeitung*, die natürlich zutiefst beleidigt ist. Nun zu mir. Ich kann mich kurzfassen. Ich beginne damit, dass das Buch allein nach seiner Wirkung zu beurteilen sei, und da sei es erheblich, dass es eben auch die intellektuelle Provinz erreicht. Leserschichten, die wir normalerweise nicht erreichen. Ich habe nämlich, gnädige Frau, viele Briefe bekommen, die mir gezeigt haben, wer dieses Buch liest: Leute, die sonst an solche Fragen überhaupt nicht mehr herangingen, und denen die unterhaltsame Prosa, die Glätte der Darstellung eingingen wie süffiger Cocktail. Das Buch wird – für deutsche Verhältnisse ungewöhnlich – auch von Frauen gelesen. Faszinierend ist dabei die Machart. Ihr Mann lässt die Feinde oder Gegner des Kaisers gar nicht zu Wort kommen. Dass die kein gutes Haar an S.M. lassen, versteht sich von selbst. Nein, Ihr Mann greift auf die Freunde oder auch sogenannten Freunde des Kaisers zurück. Dieses Buch, verehrte Frau Ludwig, ist eine Attacke und ein voller Sieg. Es ist die schwerste Niederlage, die der Kaiser jemals erlitten hat – und das will was heißen. Aber da kommen Kaffee und Kuchen, und Ihren Mann sehe ich auch gerade. Warten Sie, ich winke einmal. Nee! Ich rufe lieber nicht, sonst ist der ganze Laden in Aufruhr, und alle wollen ein Autogramm. Da! Jetzt hat er mich gesehen. Und da ist er.«

Fräulein Ploschitzky lächelt ihn bewundernd an. Dabei streicht sie reflexartig ihren Rock glatt, obwohl der gar keine Falten aufweist. Nein, Fräulein Ploschitzky hat zugelegt, denn dem Verlag geht es prächtig. Betritt Emil die Geschäftsräume, wird er empfangen wie ein berühmter Film- oder Theaterschauspieler. Gerade so, als würden Emil Jannings, Heinrich George oder Harry Piel mal vorbeischauen. Emil denkt: Sie wissen genau, dass sie ihr Gehalt nur bekommen und einigermaßen leben können, weil wir Autoren für einen hinlänglichen Umsatz sorgen. Dabei muss man ehrlicherweise hinzufügen, dass es unter dem Strich allenfalls eine Handvoll Autoren ist, die den Betrieb am Laufen halten.

»Telefoniert er gerade?« fragt Emil.

Die Ploschitzky macht ein bekümmertes Gesicht.

»Stimmt was nicht?« fragt Emil.

»Er ist heute besonders laut. Es gibt Probleme mit Leipzig – aber davon soll er Ihnen selbst erzählen.«

Emil sieht diskret durch den Türspalt, da schallt es ihm entgegen: »Reinkommen! Reinkommen!« Eine Geste fordert ihn auf, Platz zu nehmen. Dann beginnt Rowohlt: »Es ist nicht zu fassen, ... aber ich brauche erstmal eine Abkühlung, Sie auch?«

»Solange wir uns nicht in ihre Badewanne setzen, gern!«

»Ich setze mich jeden Morgen in die kalte Wanne. Das Wasser lasse ich am Vorabend einlaufen, damit die Abkühlung nicht allzu heroisch ausfällt. Da sitze ich eine halbe Stunde und tanke Energie für den ganzen Tag. Danach bin ich frisch, egal wieviel ich den Abend oder die Nacht zuvor getrunken habe.«

»Ich habe von dieser Praxis gehört, würde aber ein kühles Getränk bevorzugen.«

»Recht so, mein lieber Ludwig. Ich habe hier einen wundervollen Mosel in Arbeit. Davon würde ich Ihnen gern ein Glas anbieten.«

»Herzlichen Dank, ein Glas Mosel hellt den trüben Vormittag auf.«

»Der Mosel sorgt für gute Laune, und die können wir gebrauchen. Ich will mit der guten Nachricht beginnen: Der *Willy* wird ein Bombenerfolg. Nach dem Napoleon der zweite echte Bestseller, wobei nicht verschwiegen werden soll, dass Ihre anderen Bücher kräftig mit anziehen. Der *Napoleon* ist längst dabei, den amerikanischen Buchmarkt zu erobern. Und den *Willy* reißen uns die deutschen, aber auch österreichischen Buchhandlungen aus der Hand. Nun zur schlechten Nachricht. Die Leipziger Druckerei kommt mit der Auslieferung nicht mehr hinterher. Wie sie mir eben am Telefon erzählt haben, arbeiten sie Tag und Nacht. Andere Aufträge werden einfach beiseitegeschoben. Doch dann fällt eine Maschine aus, ein andermal kommt die erforderliche Papierlieferung nicht rechtzeitig ran. Und das alles zwei Wochen vor Heiligabend. Ich habe das Verlagsgeschäft von der Pike auf gelernt. Aber so was ist mir noch nicht untergekommen. Tja, lieber Ludwig, das sind die Sorgen eines geplagten Verlegers. Ich tröste mich mit meinem Möselchen und mit dem Gedanken, dass ich damals, als wir uns kennenlernten, die richtige Entscheidung getroffen habe, indem ich Sie als Autor gewinnen konnte. Und heute sind Sie mein bestes Pferd im Stall. Darauf möchte ich mit Ihnen anstoßen – Wohlsein! Besonders freue ich mich natürlich, dass wir inzwischen eine stabile Währung haben. Gott sei Dank ist der Inflationswahnsinn vorbei, und ich kann meine Autoren, insbesondere Sie, zu reichen Männern machen.«

»Das sehe ich genauso, lieber Herr Rowohlt. Oder formulieren wir es so: Ihr bestes Pferd im Stall reißt den ganzen Verlag nach oben und gibt Ihnen endlich den Spielraum, den Sie dringend benötigen, um Platz für außergewöhnliche Projekte zu gewinnen, die dem Verlagsprogramm eine gewisse programmatische Breite sichern. Wohlsein. Ihr Möselchen ist wirklich gut.«

»Ganz meine Meinung«, sagt Rowohlt leicht stockend. Er sieht Emil argwöhnisch an. »Aber warum sagen Sie mir das? Das ist eine ganz normale Verlegerstrategie und betrifft Sie letztlich nur indirekt. Wichtiger wäre für mich zu wissen, mit welchen Projekten Sie schwanger gehen. Welche weiteren Bestseller unser Star-Autor zur Welt bringen wird.«

»Dazu möchte ich zwei Dinge sagen, eine sehr gute Nachricht und eine für Sie vielleicht weniger gute. Erstens wird es weitere Bücher geben, obwohl ich inzwischen so vermögend bin, dass ich mich in meinem Tessiner Landhaus zur Ruhe setzen könnte. Ich habe stattdessen mit den Vorarbeiten zu einer umfangreichen Bismarck-Biographie begonnen. Dann habe ich vor Jahren schon angefangen, ein Buch über den Beginn des Ersten Weltkriegs zu verfassen, Titel: *Juli 14*. Und das alles runde ich 1931, wenn ich fünfzig Jahre alt werde, mit einer Autobiographie ab, den *Geschenken des Lebens*. Außerdem spukt mir noch *Cécile* im Kopf herum, ein Theaterstück.«

»Das hört sich doch famos an. Wo ist denn da die nicht so gute Nachricht?«

»Ich möchte für alle folgenden Bücher zwanzig Prozent vom Ladenpreis eines jeden verkauften Exemplars. Sowie für jedes angefangene Buch einen Honorar-Vorschuss von 20.000 Reichsmark.«

»Sie ruinieren mich.«

»Ich reiße Sie hoch!«

Rowohlt kratzt sich am Kopf, er gibt den Nachdenklichen. Dann grinst er: »Sie sind ein abgekochter Kerl. Wäre ich gemein, ich würde sagen: vom Stamme Abrahams ... Nein! Bitte um Verzeihung ... war nicht so gemeint. Sie wissen, was Sie wert sind, und ich weiß es ebenso. Deshalb reiche ich Ihnen die Hand, lass uns anstoßen, damit ich sagen kann: gekauft! Aber, ich hoffe, Sie können schweigen. Geht ja nicht jeden was an, dass ich mein bestes Pferd besonders gut füttere. So, und nun geh ich zu meinem Buchhalter rüber und hole mir Prügel ab. Der wird den ganzen Tag kein Wort mehr mit mir wechseln.«

»Bis morgen«, sagt Emil, der sich erhoben hat, um in Richtung Tür zu gehen.

»Morgen? Was ist morgen?«

»Pressekonferenz im Adlon, Goethesaal, elf Uhr.«

Mit diesem Andrang hat selbst der optimistische Ernst Rowohlt nicht gerechnet. Der Goethesaal ist bis auf den letzten Platz besetzt. Besonders die internationale Presse ist zahlreich vertreten. Der Verleger stellt seinen Autor kurz vor. Anschließend bittet er, nachdem beide an einem Tisch Platz genommen haben, um das Handzeichen, verbunden mit der Zusage, dass jeder Pressevertreter am Schluss der Veranstaltung ein Exemplar des Buches ausgehändigt bekommt.

FRAGE: Wie erklären Sie sich den Erfolg Ihres neuen Buchs?

ANTWORT: Das Buch ist keine Geschichte des Kaiserreichs, sondern eine Psychographie, in der die Geschichte eines Mannes erzählt wird, der seinen Beruf verfehlt hat. Er muss – durch Erbfolge festgelegt – eine Rolle spielen, der er psychisch wie physisch nicht gewachsen ist. Solch ein bedauernswertes Schicksal interessiert die Leser.

FRAGE: Welche Rolle spielt der verkrüppelte Arm dabei?

ANTWORT: Er sollte nicht überbetont werden. Er symbolisiert nur die Tragik des Helden. Im zivilen Leben hätte man sich mit dieser Behinderung abgefunden. Der Protagonist hätte eben nicht Geiger werden können. Aber der Kaiser konnte der Rolle, die ihm auferlegt war, nicht ausweichen.

FRAGE: Auch Ihr *Napoleon* ist zu einem Bestseller geworden. Erleben wir gerade eine biographische Mode?

ANTWORT: Der Mensch interessiert sich immer für seine Mitmenschen. Ich habe öfter schon konstatiert: Es gibt überhaupt keine uninteressanten Menschen. Hat eine Person jedoch die Weltgeschichte mitbestimmt, werden die Leute besonders neugierig und wollen wissen, was das Besondere an dieser Person ist.

FRAGE: Haben Sie ein literarisches Vorbild?

ANTWORT: In erster Linie ist Plutarch zu nennen, der römisch-griechische Schriftsteller, der herausragende Biographien verfasst hat.

FRAGE: Sie schreiben in *Genie und Charakter*, dass Sie mit Ihren biographischen Studien auch Vorbilder für die Jugend schaffen wollen. Ist Kaiser Wilhelm II. ein solches Vorbild? [Gelächter]

ANTWORT: Sicherlich nicht. Das trifft ebenso auf Richard Wagner zu, über den ich 1913 eine Streitschrift verfasst habe. Wagner und Wilhelm sind problematische Naturen im Goetheschen Sinne, die für meine biographischen Studien eher untypisch sind. Ich gehe meist mit dem Grundzug der Verehrung an ein Menschen-Porträt heran.

FRAGE: Der bekannte Psychoanalytiker Dr. Sigmund Freud aus Wien hat sich kritisch über Ihre Wilhelm-Biographie geäußert. Er behauptet, sie würden die ganze Charakterentwicklung des Helden aus dem Minderwertigkeitsgefühl heraus erklären, das der verkrüppelte Arm hervorgerufen habe. Dabei entgehe Ihnen, dass der Liebesentzug durch die Mutter eine noch wichtigere Rolle spiele.

ANTWORT: Herr Professor Freud hat die fast 500 Seiten meines Buch leider nur bis zur Seite fünfzehn gelesen. Auf Seite sechzehn bereits hätte er von der stolzen Mutter, der ältesten Tochter der englischen Königin, lesen können, die ihrem Sohn dessen Behinderung ein Leben lang nicht verzeiht, was die Charakterentwicklung des Helden natürlich stark prägt.

FRAGE: Gesetzt den Fall, der Ex-Kaiser würde Sie zu einem Interview nach Doorn einladen. Würden Sie hinfahren?

ANTWORT: Er würde ein Telegramm von mir bekommen: Bin heute Abend da! [Gelächter]

FRAGE: Sehen Sie sich als politischen Autor?

ANTWORT: Da ich in der Regel Psychographien verfasse, bin ich eher Menschenforscher und Psychologe. Vor allem aber bin ich Künstler und keinesfalls politischer Autor. Eine Ausnahme ist vielleicht die *Entlassung*, das Theaterstück, das über ein Jahr nicht gespielt werden durfte. Hier bin ich unfreiwillig auf die geschichtspolitische Bahn geraten.

FRAGE: Sind Sie Mitglied einer politischen Partei?

ANTWORT: Nein.

FRAGE: Wenn Sie Mitglied werden wollten, welcher deutschen Partei würden Sie beitreten?

ANTWORT: Der pazifistischen Partei. Aber die gibt es noch nicht.

FRAGE: War es ein politischer Fehler, Hindenburg zum Reichspräsidenten zu wählen?

ANTWORT: Das Volk wählt den Reichspräsidenten, das muss man akzeptieren. Außerdem hat der Herr Reichspräsident seinen Amtseid auf die neue demokratische Verfassung abgelegt. Das stimmt mich optimistisch.
FRAGE: Warum wohnen Sie in der Schweiz und nicht in Deutschland?
ANTWORT: Weil ich, wenn ich aus dem Fenster schaue, Italien sehen kann. [Gelächter]
FRAGE: Wie lange schreiben Sie an einem Buch wie der Wilhelm-Biographie?
ANTWORT: Etwa ein Jahr. Währenddessen arbeite ich noch an anderen Texten, zum Beispiel Zeitschriftenartikeln.
FRAGE: Dann schreiben Sie anscheinend Tag und Nacht.
ANTWORT: Ich war wie Sie lange Jahre als Journalist tätig, und Journalisten wissen, wie man konzentriert arbeitet. Sie bringen sich doch auch nicht um Ihre Nachtruhe. [Gelächter]
FRAGE: Wie haben die Geschichtsprofessoren auf Ihr Buch reagiert?
ANTWORT: Bis auf wenige Ausnahmen gar nicht. Sie hatten wahrscheinlich noch keine Zeit, es zu lesen. [Gelächter]

»Würdest du wirklich zu ihm fahren?« fragt Dedo. Der stand vor einigen Tagen plötzlich vor der Tür. Unangemeldet und unrasiert, was sonst ganz und gar nicht seine Art ist. Als Emil sein unausgeschlafenes Gesicht sah, hat er gleich gefragt: »Wo drückt der Schuh? Ich vermute mal: Du liebst eine andere Frau, zwanzig Jahre jünger, Tochter eines benachbarten Gutsbesitzers, im siebten Monat schwanger, und die Eltern ahnen noch nichts.«
Dedo hat verkrampft gelacht und meinte nur: »Und du willst der große Menschenkenner sein.«
Emil grinste: »Entschuldigung. Ich fand die Geschichte nur zu schön.«
»Ich wäre ja froh, wenn deine Geschichte zutreffen würde. Aber es ist viel schlimmer.«
»Also Geldsorgen. Wieviel brauchst du?«
»Ich stecke arg in der Klemme. Isolde weiß übrigens nichts, auch nicht, dass ich hier bin. Ich habe ihr nur erzählt, ich müsste für ein paar Tage nach Berlin. Sie hätte mir nie erlaubt, dich um Hilfe zu bitten. Ihr bürgerlicher Stolz. Du weißt schon. Der Punkt ist: Mir droht die Zwangsversteigerung. Die Ernte in diesem Jahr war miserabel. Die Konkurrenz aus Übersee nimmt uns die Luft zum Atmen. Anderen Gutsbesitzern geht es

ja noch schlechter. Damals, als du bei uns warst, da hatte ich schon eine Hypothek aufnehmen müssen.«

»Wieviel brauchst du?«

»Ideal wären 50.000, damit wäre ich über den Berg und hätte noch ein bisschen Luft nach oben. Natürlich zahle ich alles auf Heller und Pfennig zurück. Auf Ehre!«

Es ist Anfang Mai, als die beiden durch den Garten gehen. Emil schlägt vor, sich auf eine Bank zu setzen und den Blick auf den Lago Maggiore zu genießen. Dedo zückt sein Zigarrenetui. Sie rauchen und schweigen eine Weile, bis Dedo sagt: »Du bist mir noch eine Antwort schuldig geblieben. Man hat dich ja in mehreren Interviews schon gefragt, ob du eine Einladung nach Doorn annehmen würdest. Die Frage ist natürlich hypothetisch. Der würde dich mit dem Hintern nicht angucken, geschweige dich zu einer Audienz empfangen. Aber er nimmt dich und dein Buch durchaus zur Kenntnis. Ein ehemaliger Freund aus dem Generalstab besuchte mich vor einigen Wochen. Er war gerade zwei Tage in Doorn zu Besuch gewesen. Willst du hören, was Wilhelm über dich zum Besten gegeben hat? Ich habe einige Dinge mitgeschrieben. Hier auf dem Zettel. Ich fasse das einfach mal zusammen. Also: der Kaiser geht von einer Weltverschwörung gegen ihn aus. Juden, Freimaurer, Jesuiten und Katholiken hätten 1914 die Ententemächte gegen Deutschland und sein Herrscherhaus in den Krieg getrieben. Das Reich hätte 1918 kurz vor einem Sieg gestanden, da hätten die Bolschewisten, angestachelt von der jüdischen Weltverschwörung, die Revolution im Innern angefacht. Aber es wird zu einer Rückkehr auf den Thron kommen. Dann werde es in Deutschland allerdings ein Blutbad geben. Er würde die Juden vertilgen und ausrotten. Blut werde fließen, viel Blut, auch bei Offizieren und Beamten. Die Rache wird alle vernichten, die ihn im November '18 so schändlich verraten hätten. Du heißt natürlich Cohn und hättest ein Schandbuch über ihn verfasst. Er nennt dich diesen *großen Judenbengel*, dessen Buch den Beweis dafür liefere, dass es die jüdische Weltverschwörung tatsächlich geben würde. Immer wieder kommt er auf die Ausrottung und Vertreibung der Juden zu sprechen. Die müssten enteignet werden, und da sie wie die Mücken eine Pest seien, vernichte man sie am besten durch Gas.«

»Hast du etwas anderes erwartet?« fragt Emil. »Ich bin übrigens wieder einmal von einem dieser ehrenwerten Herren gefordert worden. Letzte

Woche stand das in der *Kreuzzeitung*, von der ich nicht weiß, ob du sie abonniert hast.«

»Ich bitte dich! So schlimm bin ich nun auch nicht, obwohl ich mich zu meinem Adel bekenne. Ich bin nicht auf dem neuesten Stand. Wer will dich dieses Mal zur Strecke bringen?«

»Generalmajor von Plessen. Es ist eigentlich nur komisch, wenn es nicht so traurig wäre, und zwar traurig für unser modernes Deutschland. Diese alten Kommiss-Köppe wollen einfach nicht aussterben. Man müsste sie alle von Amts wegen ausstopfen und ins Museum stellen. Zunächst reitet er auf meinem Namen herum, bezeichnet mich mit *alias Cohn*, als wäre das schon ein Argument. Er wirft mir eine niedere Gesinnung vor. Ich hätte ein tendenziöses Werk mit giftigem Pinsel gemalt und die gehässige Kritik der letzten Jahre geschickt zusammengerührt. Unter dem Strich bin ich derart verworfen, dass ich zugleich satisfaktionsunfähig sei. Meine Antwort ist in der Vossischen Zeitung abgedruckt. Zunächst unterstelle ich dem Herrn, dass er mein Buch gar nicht gelesen hat, und weise ihn darauf hin, dass meine Kritik am Kaiser nicht so heftig ausfallen würde wie bei Bismarck beispielsweise. Am Ende kommt der Ahnenstolz in mir hoch. Ich erinnere daran, dass wir zwar nicht im Gotha vorkämen, einige meiner Ahnen aber im Brockhaus stehen würden.«

Dedo lacht: »Bravo! Nimm's bitte mit Humor, ansonsten strapazierst du deine Gesundheit. Was mir schon eine ganze Weile auf der Zunge liegt, du hast dir einen richtig guten Tennisplatz zugelegt. Vielleicht spielen wir nachher eine Runde?«

»Gern«, antwortet Emil. »Wie du sicherlich bei deiner Anfahrt gemerkt hast, habe ich meine kleine Straße ausbauen lassen, eine breitere Zufahrt, die ich dem Berg abgetrotzt habe, damit Besucher uns besser erreichen können. Um ins Haus zu gelangen, ist es noch immer ein ziemlich beschwerlicher Weg.«

»Es scheint dir finanziell ja richtig gutzugehen«.

»Ich kann nicht klagen. Ansonsten musst du Elga fragen. Sie kümmert sich um die Finanzen. Wir sagen ihr nachher Bescheid, dann hast du dein Geld innerhalb einer Woche.«

»Das werde ich dir nie vergessen.«

Ein paar Monate später, als erneut von Dedo die Rede ist, fragt Emil seine Frau: »Was ist eigentlich mit Hellström. Wir schulden ihm noch Geld.«

Elga sieht ihn geschäftsmäßig an: »Als sich unsere Einnahmen verbesserten, habe ich ihm nach Paris geschrieben und ihn gebeten, mir eine Kontonummer zu nennen.«

»Und wie hat er reagiert?«

»Er schickte eine Postkarte, der ich alles entnehmen konnte. Nun sind wir quitt.«

»Finanziell zumindest«, sagt Emil und wechselt das Thema.

Emil Ludwig ist ein reicher Mann. In der Presse oder von Kollegen wird er deshalb gern in die Reihe der *Großschriftsteller* aufgenommen. Wenn der Verlag ihm die vierteljährliche Abrechnung zuschickt, fließen bei den Ludwigs Beträge aufs Konto, von denen zu träumen sie früher nicht gewagt hätten. Nicht nur *Napoleon* und *Wilhelm der Zweite* sind Bestseller, sondern auch viele andere Titel, die der Rowohlt-Verlag von seinem Star-Autor im Programm hat. Dazu gehören jetzt die Goethe-Biographie, die 1926 als zweibändige Ausgabe auf den Markt kommt, oder *Genie und Charakter*.

Als international bekannter Schriftsteller kann Emil für Vorträge oder Lesungen Honorare fordern, die einige Jahre zuvor ebenfalls utopisch gewesen wären.

Während sie eines Tages vor dem Kamin sitzen und einen exzellenten Rotwein trinken, lacht Elga: »Wohin nur mit dem vielen Geld? Wir haben das Haus erweitert und Susanna, unser liebes Kindermädchen, eingestellt. Die tüchtige Frau Schaller ist jetzt deine feste Sekretärin und hält dir die viele Post vom Leibe. Wir haben alles, was man zu einem glücklichen Leben braucht. Wir werden John demnächst ein Pony kaufen, das er sich so sehr wünscht, und wir werden ihn in einigen Jahren ein vorzügliches Internat besuchen lassen. Mein Gott, wie hat sich unser Leben bloß verändert!«

Sie stoßen gemeinsam an und lachen übermütig.

»Manchmal«, sagt Emil, »genieße ich es, so erfolgreich zu sein, die Zeitung aufzuschlagen und irgendeinen Bericht über mich zu lesen. Soll ich etwa nicht stolz darauf sein, dass ich im Lexikon vorkomme? Oder als ich vor einem Monat auf Reisen war und in mein Schlafwagenabteil einziehe, erkennt mich der Schaffner sofort und holt eines meiner Bücher herbei und bittet, ihm das Exemplar zu signieren. In St. Moritz beim Skifahren spricht mich ein kleiner Mann an, den ich natürlich auf Anhieb erkenne:

Charles Chaplin. Du lernst die Großen dieser Welt kennen, weil du selbst ein Großer bist und zu ihrer Welt gehörst. Rockefeller ruft mich an, bittet mehrfach darum, die Störung zu entschuldigen, und fragt, ob ich eine Biographie über ihn schreiben könnte. Geld spiele keine Rolle. Unser Gästebuch ist mittlerweile zu einem Gotha der Prominenten aus Kultur und Politik geworden.

Dann wieder werde ich zu einem Festessen und zu Kongressen eingeladen, und soll das Grußwort sprechen. Komme ich in eine Stadt und möchte die weltberühmte Bildergalerie besichtigen, lässt es sich der Direktor des Hauses nicht nehmen, die Ludwigs höchst selbst durch seine Bestände zu führen. Überquere ich den Atlantik, werde ich selbstverständlich an die Tafel des Kapitäns eingeladen, zusammen mit anderen Prominenten. Wenn ich ein Porträt einer bekannten Persönlichkeit erarbeiten will, öffnen sich sofort alle Türen, und die Politiker Europas und der USA sind bereit, mich zu empfangen. Doch noch wertvoller ist vielleicht, dass ich eine Lesergemeinde habe, einfache Menschen wie den Zugschaffner, die mich verehren und jedes meiner Bücher kennen. Weißt du, Elga, was ich mir manchmal wünsche? Dass der Augen-Cohn vor der Tür steht, wir ihn hereinbitten zu diesem einmaligen Rotwein und er staunen möge, was aus seinem Sohn geworden ist.«

Elga kommt näher und schmiegt sich an ihn: »Und was ist mit den Frauen? Sind sie nicht viel einfacher zu erobern, wenn man Erfolg und Geld hat? Kann man sich ihrer überhaupt erwehren, wenn man allein auf einem Ozeanriesen unterwegs ist und das schöne Geschlecht auf Beutefang aus ist?«

Emil gibt ihr einen Kuss: »Wie du dir meine Reisen vorstellst! Ich arbeite, meine Liebe, damit uns das Geld nicht ausgeht. Und lerne ich wirklich mal eine schöne Frau kennen, folgt ihr meist auf dem Fuße der besorgte Ehemann und verdirbt das Spiel, weil er mit mir über Bismarck oder Wilhelm II. diskutieren will. Gibt es aber trotz allem mal die alleinstehende Dame, die das Gespräch sucht, so ist sie meist alt und hässlich wie die böse Frau im Grimmschen Märchen, so dass man es vorzieht, in seiner Kabine zu lesen.«

»Gibt es auch Dinge, die dir den Ruhm und den Erfolg verleiden, so dass du es bereust, dass alle Welt dich kennt?«

»Natürlich gibt es die! Dass man sein halbes Leben in Hotelzimmern verbringt, mehr oder weniger aus Koffern lebt. Dass du im Restaurant am besten mit dem Rücken zum Publikum sitzt, weil du sonst wie ein Zirkustier bestaunt wirst. Einige Leute sind so dreist und kommen an deinen Tisch, nur um zu verkünden, dass sie dich erkannt haben. Gehst du durch Locarno, weil du zu deinem Schneider willst, sprechen dich wildfremde Menschen an und fragen nach dem nächsten Buch, das du zu schreiben beabsichtigst. Das alles mag amüsant sein, wirklich schlimm sind die Morddrohungen, die öffentlichen Beschimpfungen, weil du dieses und jenes geschrieben hast und vor allem, weil du Jude bist. Und es gibt die Angst um den Sohn, dem etwas zustoßen könnte.«

Stresemann

»Lassen Sie den Herrn Minister oder den Doktor mal weg, gnädige Frau, und sagen Sie einfach: Herr Stresemann. Wir kennen uns mittlerweile so gut, dass wir auf Förmlichkeiten dieser Art gut und gern verzichten können.«

»Danke, Herr Stresemann«, lächelt Elga, »Sie verzeihen mir bitte, falls ich mitunter rückfällig werde. Wenn man einen so bedeutenden Mann bei sich zu Besuch hat ... wobei mir einfällt, dass Sie sich bitte noch in unserem Gästebuch verewigen mögen.«

»Schon erledigt«, sagt Emil.

»Liebe Frau Ludwig. Ich darf nun schon zum zweiten Male Ihr Gast sein, auf dieser wundervollen Terrasse sitzen und den Blick auf den See genießen, was einem wirklich innere Ruhe einflößt. Erlauben Sie deshalb, dass ich mein Glas erhebe und mich für die herzliche Gastfreundschaft bedanke, die ich hier erleben darf. Ich trinke, auch im Namen meines Sohnes, der mich dieses Mal begleitet, auf Ihre Gesundheit. Prosit! Ich frage mich allerdings, wo der Bengel abgeblieben ist. Wo treibt er sich wieder rum ... ich vermute mal, Ihr kleiner Sohn John und das Pony haben es ihm angetan.«

Emil lacht: »Oder Susanna, unser Kindermädchen, die nicht viel älter sein dürfte als Ihr Wolfgang, der – wie er mir verraten hat – in einigen Wochen dreiundzwanzig wird.«

»Meinen Sie, dass ich als besorgter Vater noch besser aufpassen müsste?«

»Genießen Sie uneingeschränkt den Blick auf den See. Beppo, unser Gärtner, ist schließlich auch noch da«, sagt Elga gutgelaunt.

»Das beruhigt mich, gnädige Frau«, antwortet Stresemann mit einem verschmitzten Lächeln, »ich bin immer ein wenig abgelenkt, wenn ich auf Ihren Lago Maggiore blicke, weiß ich doch, dass nur wenige Kilometer von hier das anmutige Locarno liegt, jene kleine Stadt, die mich wie keine andere zu einer Figur der Zeitgeschichte hat werden lassen. Deshalb bin ich Ihnen beiden zu besonderem Dank verpflichtet, dass Sie Herrn Rusca gewinnen konnten, diesen sympathischen Mann, der vor zwei Jahren als Bürgermeister unser Gastgeber war. Ich war – was Sie sicherlich gemerkt haben – tief bewegt, als er uns noch einmal durch unsere Wirkungsstätten führte, insbesondere durch den Rathaussaal, wo wir, Briand und ich, uns gestritten haben, wo wir beide das Wohl unserer Nationen vor Augen hatten, genauso wie wir an Europa dachten, das fortan nur noch im Frieden leben sollte. Locarno war der Ort, wo Briand und ich zu Freunden wurden.«

»Ich erinnere mich gut«, sagt Emil, »wie wir drei unten in Ascona zusammensaßen, wie Sie beide nach den vielen Verhandlungen die Ruhe dieses kleinen Fischerdorfes genossen und er zu Ihnen sagte: *Sie sind Deutscher, ich bin Franzose. Auf diesem Boden werden wir uns schwer verständigen. Aber ich kann Franzose sein und guter Europäer, Sie Deutscher und guter Europäer. Zwei gute Europäer müssen sich verständigen.*«

Stresemann lacht: »Ist das nicht eine wundervolle Rhetorik? Diese Einfachheit und Schlagkraft der Sprache!«

»Nach Locarno«, sagt Emil, »bekam Briand eine neue Sprache. Im Parlament sagte er nämlich: *Wir haben europäisch gesprochen, eine neue Sprache, die man lernen sollte.*«

»Und«, meint Elga, »am Ende erhielten Sie beide den Friedensnobelpreis! Den Nobelpreis für Literatur hätte man noch oben drauflegen können. Ich bin nämlich eine Bewunderin Ihrer Reden, besonders liebe ich natürlich Ihre große Rede zum Beitritt Deutschlands in den Völkerbund.«

Stresemann erhebt sein Glas: »Danke, Frau Ludwig, aber was ist meine Rede gegen die von Briand, der die Vollversammlung mitriss wie kaum jemand zuvor.«

»Ich habe ihn«, erzählt Emil, »in der Genfer Versammlung, in der französischen Nationalversammlung und an einer Tafel vor einhundert Personen reden hören und war das erste Mal von der Einfachheit und Ruhe überrascht, mit der er stets begann. Nichts an ihm war theatralisch, dennoch war er ein vollkommener Schauspieler. Dieser Redner hatte keine

Pose und wirkte doch mit einer einzigen Geste der Arme oder des Kopfes. Dazu kommt die schöne gepflegte Stimme, die man mit dem Cello verglichen hat. Ich fragte ihn vor einigen Wochen, ob es stimme, dass er ohne Vorbereitung rede. Haben Sie denn nicht einmal eine Disposition im Kopf? Die Antwort lautete: *Nein*.

Ich hakte nach: Wissen Sie nicht wenigstens den ersten Satz?

Nein, kam es zurück.

Ja, was wissen Sie denn vorher?

Er antwortete: *Das Ziel und die Argumente. Die meisten Politiker schädigen ihre Reden, indem sie sie bei großen Gelegenheiten für die Nachwelt, sonst für die Zeitungen anlegen. In Wahrheit kann man eine Rede überhaupt nicht anlegen. Alles hängt von der Stimmung des Augenblicks ab. Ich halte beständig meine Hörer im Auge. Sehe ich einen einzigen gähnen, so wechsle ich das Thema.*

»In Briand«, fährt Emil fort, »steckt eine natürliche Trägheit. Er ist ein Mensch, den noch niemand hat rennen oder eilen sehen und der am liebsten sitzt und rudert, mit den Leuten isst, trinkt und raucht, hübschen Frauen nachblickt und mit den Hunden plaudert. Ein idyllisch-verschlossener, genießender Mensch, der beschlossen hat, die Probleme dieser Welt zu überwinden, und das vor allem durch die französische Kunst der Beredsamkeit und durch die Tugend der Toleranz.«

Stresemann sieht Emil gutgelaunt an: »Ich glaube, ich muss den Nobelpreis zurückgeben, weil ich ihn gar nicht verdient habe. Doch apropos Nobelpreis: Ich trinke darauf, dass Ihr Gatte, Frau Ludwig, diese hohe Auszeichnung auch bekommen möge. Prosit! Aber, Herr Ludwig, da muss ich nachfragen. War im vergangenen Jahr nicht die Rede davon, dass Sie den Nobelpreis für Literatur erhalten sollten?«

»Nein, das war eine Zeitungsente. Man lässt mich noch ein wenig warten.«

»Ich werde dafür sorgen, dass Sie beizeiten eine angemessene Ehrung erhalten, und zwar für Ihre Bemühungen zur Völkerverständigung.«

»Da wird die politische Rechte im Lande aber aufheulen!«

»Ach was, lass die heulen. Ich werde von denen Tag für Tag mit Dreck beworfen. Das ist die widerwärtige Begleitmusik, die in der Demokratie leider dazugehört. Aber Sie glauben gar nicht, wie wichtig Ihre Auftritte, Vorträge oder auch Interviews im europäischen Ausland sind. Insbesondere in Frankreich und Belgien, wo der Krieg die sichtbarsten Spuren hinterlassen hat. Genauso aber in England, das immer wieder mäßigend auf seinen Bündnispartner Frankreich einwirkt. Ihr Vortrag, den Sie vor wenigen Wochen in London gehalten haben, im *Institute of Foreign Affairs*. Wie lautete der Titel noch?«

»*Bismarck and the Germany of To-day*«.

»Ja, danke. Da wurden Sie ja wie ein offizieller Staatsmann empfangen. Ich will in diesem Zusammenhang auch Ihren Kollegen, Herrn Thomas Mann, erwähnen. Sie beide tun mehr für die Repräsentation des neuen republikanischen Deutschland als manch ein Politiker oder Diplomat.«

»Letztendlich haben meine Auftritte Ihnen auch innenpolitischen Ärger eingebrockt. Für die Deutschnationalen und die Nazis war das natürlich ein gefundenes Fressen, dass Sie den *Juden Cohn* – also mich – im Haushaltsausschuss als einen *Exponenten deutschen Geistes* bezeichnet haben. Im selben Atemzug wird Ihnen vorgehalten, ich hätte Sie in der amerikanischen Presse in den allerhöchsten Tönen gelobt.«

»Na und? Loben Sie mich ruhig. Aber eine andere Idee, über die im Auswärtigen Amt dieser Tage nachgedacht wird. Und zwar geht es um das leidige Thema *Kriegsschuldfrage* und *Kriegsschuldlüge*. Uns schwebt vor, dass Sie hierzu für die US-Presse eine Artikelserie verfassen, aus der später ein Buch erwachsen könnte. Auf diesem Wege wollen wir auf die öffentliche Meinung in den Staaten einwirken. Dieser unsinnige Artikel 231 im Versailler Vertrag, der uns die alleinige Kriegsschuld auferlegt, hat so viel politisches Porzellan zertrümmert, dass wir ihm möglichst bald den Todesstoß versetzen müssen.«

»Das wird die rechten Radau-Brüder nicht beeindrucken.«

Stresemann winkt ab: »Diese Leute sind unsere politischen Feinde. Die haben nichts begriffen. Die würden am liebsten noch die deutsche Teilnahme am Weltkrieg leugnen, wenn ihnen danach ist. Wie standen wir denn 1923 da, inmitten der gewaltigen Inflation, als eine Straßenbahnfahrt viele hundert Millionen Mark kostete. Als Franzosen und Belgier das Ruhrgebiet besetzten, als die Einheit des Reiches bedroht war! Mit der neuen Währung, mit den Locarno-Verträgen, mit dem Beitritt zum Völkerbund sind wir erst wieder ein gleichberechtigtes Mitglied im Konzert der europäischen Mächte geworden.«

»Es macht mir übrigens nichts aus, Sie und Ihre Politik in den höchsten Tönen zu loben, hat *Locarno* mir doch wieder gezeigt, wie wichtig Einzelpersönlichkeiten in der Geschichte sind.«

»Herr Ludwig, Sie meinen: Männer machen Geschichte, der Ausspruch Heinrich von Treitschkes, mit dem er wohl auf Bismarck zielte. Eine Sentenz, die von einigen Historikern mehr oder weniger in Frage gestellt wird.«

»Ich versuche mir einfach vorzustellen, in Locarno oder in Genf, in Berlin oder Paris hätte es in den letzten Jahren keinen Gustav Stresemann und keinen Aristide Briand gegeben. Damit hätte es keine deutsch-französische Verständigung, keine Räumung der besetzten Rheinlandzonen und ganz am Ende keinen dauerhaften Frieden in Europa gegeben.«

Stresemann ist gerührt und reibt sich kurz über das rechte Auge: »Verehrter Herr Ludwig, ich gebe den Lorbeer-Kranz gern an Sie zurück, denn wie gut ist es, dass wir seit einigen Jahren Männer haben, die Geschichte für breite Bevölkerungskreise verständlich und anschaulich erzählen. Ich selbst schätze Ihre große Goethe-Biographie sehr und habe aus Ihrem *Bismarck* schon öfter Trost geschöpft. Fragen Sie meinen Sohn Wolfgang, der kann das bezeugen – und siehe da, da kommt er gerade um die Ecke.«

Cécile

Karl Volkmann vertritt die SPD auf einem internationalen Gewerkschaftskongress, der eine Woche lang in Zürich stattfindet. Lilly wird ihren Mann begleiten. Sie schlägt ihm deshalb vor, im Anschluss die Ludwigs im Tessin zu besuchen. Sie hat nämlich nicht vergessen, dass Emil sie beide eingeladen hat. Am Tag des Rathenau-Mordes war das, also vor fast sieben Jahren. Von Moscia aus wollte man in der Nordschweiz die Wilhelm-Tell-Stätten erkunden, was Lilly ebenfalls nicht vergessen hat.

Volkmann bittet also seine Sekretärin, einen Anruf in die Schweiz anzumelden. Die Leitung nach Moscia ist erstaunlich schnell hergestellt. Elga ist am Apparat und begeistert über ein baldiges Wiedersehen. Sie schlägt vor, die beiden in Zürich abzuholen und sich gleich im Anschluss auf die Spuren des Tells zu begeben. Danach gehe es über den Gotthard-Pass nach Moscia. Emil werde auch bald eintreffen. Noch befinde er sich in den Vereinigten Staaten auf einer Vortragsreise.

Soweit der Plan, der schließlich auch verwirklicht wird. In einem nagelneuen, leistungsstarken *Horch Cabriolet* umrunden sie den Vierwaldstätter See und wohnen zwei Tage in Luzern. Anschließend besichtigt man den Rütli und Altdorf, wo sich der Apfelschuss abgespielt haben soll. Weiter geht es zur Tellsplatte und nach Küssnacht zur Hohlen Gasse, dem Ort des Attentats. Und weil es guter Brauch ist, unternimmt man einen Abstecher auf die Rigi.

Lilly interessiert sich sehr für diese Sehenswürdigkeiten, Volkmann liebäugelt von Anbeginn stark mit Elgas Wagen. Als diese ganz nebenbei vorschlägt, Volkmann könne sie gern beim Fahren ablösen, ist der glücklich wie ein kleiner Junge. Den Gotthard-Pass übernimmt Elga allerdings wieder. Sie kennt sich mit der Pass-Straße und den Serpentinen besser aus, während Lilly und ihr Mann im offenen Wagen die grandiose Alpenwelt bestaunen.

Als die drei in Moscia eintreffen, werden sie von einem charmanten Hausherrn empfangen. Emil ist erst einige Stunden zuvor eingetroffen. Man umarmt sich, tauscht Begrüßungsküsse aus und steckt umgehend in der muntersten Plauderei. Ausgiebig werden nach dem Abendessen Haus und Grundstück bewundert, ebenso das großzügig eingerichtete Gästezimmer im neuen Anbau. Lilly schließt umgehend Freundschaft mit dem sechsjährigen John, wobei Emil mit sich übereinkommt, dass sie das Mädchenhafte weitgehend abgelegt hat und ihre ganze Erscheinung noch fraulicher geworden ist. Auch ist ihre Stimme nicht mehr so schrill. Und – das steht ebenfalls für ihn fest – sie ist zwar älter geworden, aber nach wie vor eine attraktive Person.

Es ist ein lauer Sommerabend, der schon bald in eine milde Nacht mit opulentem Sternenhimmel übergeht. Emil hat unzählige Windlichter und kleine Fackeln entzündet. Aus dem Keller holt er einen Korb mit erlesenen Weinen herauf und stellt kleine Schälchen mit Salzgebäck, Pistazien und anderen Leckereien dazu.

Jetzt werden Pläne geschmiedet. Auf Lilly warten in diesem Jahr keine Tournee-Verpflichtungen, und Volkmann hat gerade erst seinen Urlaub begonnen. Auch Emil und Elga haben ausreichend Zeit, abgesehen davon, dass Emil in den Morgenstunden und an den Vormittagen an seinem neuen Buch *Juli 14* arbeiten muss. Rowohlt drängt schon. Er steht also vornehmlich in der zweiten Tageshälfte zur Verfügung, um die Umgebung zu erkunden, nach Locarno und Lugano zu fahren und in den Bergen zu wandern oder im See zu schwimmen. Lilly hat einiges über den Monte Verità gelesen und würde gern dorthin fahren.

Die erste Woche ist verplant, die Gesprächsthemen wechseln. Volkmann fragt Emil nach Stresemann, weil er von dessen Besuch in Moscia gehört hat. Zu seiner angenehmen Überraschung aber hat er in Emil einen ebenso geduldigen wie sachkundigen Zuhörer gefunden, dem er stundenlang von seiner Reichstagsarbeit und der deutschen Politik erzählen kann.

Lilly berichtet Elga vom Theater und von ihrer Absicht, vielleicht zum Film zu gehen. Dort könne man als Schauspielerin regelrechte Erfolge feiern, vorausgesetzt, man gerät an den richtigen Regisseur. Irgendwann – es ist gerade eine kleine Gesprächspause eingetreten – fragt Lilly eher nebenbei: »Was ist eigentlich mit *Cécile*? Wollten Sie nicht ein Stück, extra für mich, schreiben?«

Emil ist ein wenig überrumpelt: »Wollte ich das? Das ist aber schon lange her. Was hatten wir denn vereinbart?«

»Vereinbart hatten wir eigentlich nichts, nur dass Sie irgendwann ein Stück schreiben, in dem es eine passende Rolle für mich gibt. Das war damals, als Ihre Entlassung von Lissauer auf die Bühne gebracht werden sollte.«

Elga, die beide scharf beobachtet hat, wendet sich an Emil: »*Cécile* – das ist doch eine ganz alte Idee von dir. Aus den Tagen, als dein Roman *Diana* erschien.«

Emil brummt: »Die Idee mag alt sein, aber ich habe nach Johns Geburt noch einmal dran gearbeitet.«

»Ich erinnere mich. Du hast mir damals einiges daraus vorgelesen. Schau doch oben mal nach, ob du die Unterlagen griffbereit hast. Oder soll ich mich auf die Suche begeben?«

»Ich weiß nicht ...«, mischt sich Lilly ein und sieht verunsichert auf Emil, der keine Anstalten macht, sich nach oben in sein Studio zu begeben und dort aus dem großen dunklen Archivschrank die Akte *Cécile* zu holen. »... Ich weiß nicht, ob ich das durfte, aber ich habe Lissauer davon erzählt.«

»Und was sagt er?« fragt Emil teilnahmslos.

»Er inszeniert in letzter Zeit viel für die *Tribüne* in Charlottenburg. Er meint, Sie seien so berühmt, dass man von Ihnen alles bringen könnte.«

Emil lacht kurz auf: »Das ist ja wenig schmeichelhaft, aber mit Ihnen in der Hauptrolle geht bestimmt alles glatt über die Bühne.«

Emil wird morgen früh den ersten Aufzug zu Papier bringen. Dabei werde er frühere Skizzen mit verarbeiten. Frau Schaller wird das Stenogramm abtippen, und zwar in vierfacher Ausführung. Abends werde das Stück mit verteilten Rollen gelesen, diskutiert und korrigiert. Volkmann könne sich noch aussuchen, welche Männerrolle er übernehmen möchte. Lilly werde auf jeden Fall die Cécile spielen. Liegt am Ende eine druckreife Fassung vor, könne Lilly diese Regisseur Fritz Lissauer mitbringen. Der müsse entscheiden, ob er das Schauspiel zur Aufführung bringen will. Sagt er ja, werde man die Premiere wahrscheinlich frühestens im Herbst '30 erleben.

Cécile hat die vier mehr als eine Woche in Anspruch genommen. Nach zwei kalten und regnerischen Tagen, als der See wieder im Sonnenlicht glitzert und das hochsommerliche Wetter zurückgekehrt ist, macht Elga den Vorschlag, endlich die lange geplante Bootsfahrt zu veranstalten: »Wir rudern mit zwei Booten zur Robinson-Insel hinüber, schauen nach, ob sie inzwischen bewohnt ist oder ob wir inmitten des Eilands eine Feuerstelle der Kannibalen finden, wo diese fette deutsche Immobilien-Spekulanten grillen, die sich zunehmend im Tessin einkaufen.«

Volkmann stimmt begeistert zu: »Fette Kapitalisten zu rösten entspricht ganz dem Geist unseres Heidelberger Parteiprogramms von 1925.«

Lilly hat ganz andere Bedenken: »Ich kann aber nicht rudern und habe bei Bootsfahrten immer Angst, ins Wasser zu fallen. Als Kind bin ich mal ...«

»Sie kann nicht schwimmen«, feixt Volkmann lautstark und handelt sich einen bösen Blick ein.

»Keine Angst, Frau Kardorff«, sagt Elga, »unsere Männer werden Sie retten, falls etwas Unvorhergesehenes geschieht. Emil ist ein exzellenter Schwimmer. Sie müssen auch nicht rudern, sondern genießen einfach Wasser, Wind und Wellen.«

»Gibt es Mücken?« will Lilly wissen. »Ich sehe nämlich nur Schilf, und im Schilf treibt sich so manches Ungeziefer herum.«

»Auf der anderen Seite der Insel«, erklärt Emil, »ist ein Sandstrand, dort wird es jetzt um die Mittagszeit kaum Mücken geben. Viel wichtiger ist, dass Sie Ihre Sonnencreme nicht vergessen, bei der intensiven Strahlung verbrennt man leicht.«

Sie gehen zur Straße hinunter, die sie überqueren, und begeben sich zum Anleger, an den zwei Boote gekettet sind. Emil schließt das nahegelegene Bootshaus auf, wo die Ruderblätter untergebracht sind. Er hilft Lilly ins Boot, was einige Minuten in Anspruch nimmt. Auf diese Weise gewinnen Volkmann und Elga einen kleinen Vorsprung, der sich rasch vergrößert, weil Volkmann sein Boot mit kräftigen, fast hektischen Schlägen vorantreibt.

Emil indes rudert gleichmäßig, wodurch das Boot ruhig durchs Wasser gleitet. Er hat Zeit, Lilly unauffällig zu beobachten. Die hat die Augen geschlossen und kostet den Sonnenschein aus. Sie sieht gut aus mit ihrem vollen blonden Haar, in das sie ihre Sonnenbrille gesteckt hat.

Die Insel kommt näher und ist nach zwanzig Minuten erreicht.

»Müssen wir um die Insel rumfahren?«, fragt Lilly. »Da ist ja doch nichts zu sehen.«

Volkmann steht im schaukelnden Boot und ruft herüber: »Keine kapitalistischen Kannibalen in Sicht. Schlage vor, dass wir jetzt von der Rückseite her angreifen. Ahoi!«

In diesem Moment, als Emil dem anderen Boot bis auf zwanzig Meter näher gekommen ist, ertönt ein Aufschrei. Lilly ist gestochen worden. Elga schlägt vor, die Insel zu umrunden und dabei Abstand zum Ufer zu halten.

Emil jedoch ruft hinüber: »Wir kapitulieren und drehen um. Frau Kardorff möchte die Bootsfahrt lieber von unserer Terrasse aus beobachten, da sie schon mehrfach zum Angriffsziel der Mücken geworden ist.«

»Fahrt nur zurück«, ruft Elga. »Wir kommen bald nach und sind pünktlich zum Tee wieder zuhause.«

»Nun habe ich Ihnen den ganzen Ausflug vermasselt«, sagt Lilly ein wenig atemlos, als sie die Terrasse erreichen.

»Keineswegs«, beruhigt Emil sie. »Ich kenne diesen Ausflug zur Genüge und schlage vor, dass wir mit dem Teetrinken schon beginnen.«

»Man sieht die beiden von hier aus gar nicht«, sagt Lilly und hält die flache Hand an die Augen. »Man müsste ein Fernglas haben, dann könnte man sehen, was die beiden so treiben und wann sie hier eintreffen.«

»Ich habe oben in meinem Studio einen alten Krimstecher, den mein Vater mir vererbt hat. Von dort haben Sie einen phantastischen Blick auf den See, auf die Insel und Ihren Ehemann. Besser als von da oben haben Sie Ihren Gemahl nirgendwo unter Kontrolle.«

»Ihr Studio kenne ich noch gar nicht«, sagt Lilly und sieht ihn herausfordernd an.

»Das ist eigentlich verbotenes Terrain. Nur meine Frau und meine Sekretärin dürfen hinein. Besuch gar nicht oder nur in Ausnahmefällen.«

»Sie sollten bei mir eine Ausnahme machen, denn ich sorge mich um meinen Mann, der so ganz allein mit Ihrer Frau über den See schippert. Was kann da nicht alles passieren!«

Emil macht ein übertrieben ernstes Gesicht: »Sie haben vollkommen recht, Frau Kardorff, hier entlang und dann die Treppe hinauf.«

»Das also ist Ihr Studio, wo die weltberühmten Bücher entstehen. Und da der Schreibtisch mit Blick auf den See, und wenn Sie die Müdigkeit überfällt, lädt die breite Couch zu einem Schläfchen ein – fehlt eigentlich nur noch der Krimstecher.«

»Simsalabim. Hier ist er. Gut festhalten und an diesem Rädchen drehen. So ist richtig. Man merkt, dass Sie sich auskennen. Ist eigentlich wie im Theater.«

»Sind aber noch nicht zu sehen«, sagt Lilly und stellt das schwere Glas auf den Schreibtisch.

»Sie befinden sich wahrscheinlich auf der Rückseite der Insel oder sind bereits von Kannibalen verspeist worden.«

Emil, der neben ihr steht, dreht sie sanft zu sich heran und drückt einen Kuss auf ihre Stirn, danach auf die vollen Lippen, die ein wenig geöffnet sind. Schnell kommt ihm ihre Zunge entgegen. Sie küssen sich, ihre Zungen tanzen miteinander. Er legt beide Arme um sie und fasst sie fester. Seine Hände streichen über ihren Rücken, machen an der Taille halt und wandern über's Gesäß.

»Wir haben Zeit«, flüstert er zärtlich in ihr Ohr.

»Komm mit«, sagt sie leise und zieht ihn zur Couch hinüber. Doch nun lächelt sie, geht mit kleinen Schritten zum Schreibtisch hinüber, ergreift den Krimstecher und stellt kichernd fest: »Noch nicht in Sicht. Wie lange brauchen sie, um wieder hier zu sein?«

Emil hat inzwischen die Tür verschlossen und sagt: »Mindestens eine halbe Stunde. Wir haben also Zeit, nicht viel, aber genug.«

»Warte mal!« Und schon steht sie wieder am Fenster und richtet das Glas auf den See.

»Da!« ruft sie. »Ich sehe das Boot.«

Sie eilt zur Couch zurück, wo sie mit leidenschaftlichen Küssen begrüßt wird.

»Nun, komm!« sagt sie und dreht sich auf den Rücken.

Eine Viertelstunde später räkelt Lilly sich im Liegestuhl, während Emil am Tisch sitzt und eine Zigarre raucht. Elga ist die erste, die die Terrasse erreicht. Volkmann geht einige Schritte hinter ihr und ruft:

»Keine Kannibalen und keine Kapitalisten gesichtet.«

Beppo schiebt in diesem Augenblick den Servierwagen nach draußen, womit die Teestunde beginnen kann.

Kampf um die Historische Belletristik

Die Anfrage, ob Emil für die Funk-Stunde Berlin einen Vortrag halten würde, kam vor drei Wochen, kurz vor dem Goethe-Geburtstag, der dieses Mal im kleinen Bekanntenkreis gefeiert wurde. Das wird in zwei Jahren anders sein, wenn der hundertste Todestag des Hausgenossen begangen wird. Emil sagte Rundfunkredakteur Hermann Kasack, der für Literatur und Kultur zuständig ist, sofort zu. Inzwischen ist er nämlich nicht nur einer der bekanntesten Schriftsteller Deutschlands, sondern er gilt – zumindest bei der politischen Rechten – auch als Skandalautor. Als Intellektueller, der mit seinen Aussagen zur Kriegsschuldfrage die deutsche Ehre beschmutze und durch die Wilhelm-Biographie den monarchischen Gedanken verächtlich mache.

Doch damit nicht genug. Mittlerweile ist auch die Historikerzunft aufgewacht und wettert gegen die Historischen Belletristen, wie jene Autoren tituliert wurden, die geschichtliche, aber auch zeitgeschichtliche Themen in gut lesbarer, feuilletonistischer Art und Weise einem breiten Publikum zugänglich machen. Und genau damit – mit dem Streit um die Historische Belletristik – will sich der Rundfunk beschäftigen. Für Emil eine Gelegenheit, publizistisch in die Gegenoffensive zu gehen.

Als er vor einigen Tagen Beppo bat, den Wagen aus der Garage zu holen und das Gepäck einzuladen, fragte der Gärtner und Chauffeur schon fast besorgt: »Geht es wieder nach Deutschland, Chef?«

Emil stutzte, lachte dann: »Tja, Beppo, wieder in die ehemalige Heimat.«

»Chef, bleiben Sie hier! Die guten und goldenen Jahre sind da vorbei. Ich habe in der Zeitung gelesen, dass die große Krise Deutschland längst erreicht hat.«

Und sie fuhren bereits in Richtung Bellinzona, als Beppo fragte: »Werden Sie die Schauspielerin wiedersehen?«

»Frau Kardorff?« Emil sah seinen Chauffeur erstaunt an. »Für was du dich so interessierst. Natürlich werde ich sie sehen, denn mein Theaterstück *Cécile* hat Ende September Premiere.«

Beppo ließ nicht locker: »Chef, ich meine ja nur. Die ist nämlich ganz schön hinter Ihnen her.«

»Woraus schließt du das?«

»Hab ich doch gesehen, als sie letztes Jahr mit ihrem Mann da war, wie sie Sie immer angeguckt hat. Und nehmen Sie mir's nicht übel. Sie haben ein so schönes Leben, sind erfolgreich, verdienen viel Geld und haben eine großartige Frau. Vor allem aber haben Sie Ihren Sohn, der Sie über alles liebt. Sie hatten doch einen richtig schönen Sommer und haben mit John so viel unternommen. Was wollen Sie da in Deutschland?«

Jetzt befindet sich Emil im Vox-Haus in der Potsdamer Straße. Er steht ganz allein in dem kleinen Tonstudio. In dem schalldichten Raum ist es stickig und viel zu warm. Das Manuskript, in dem er eben noch geblättert hat, erscheint ihm fremd und abwegig. Am liebsten würde er es zerreißen. Beppos Frage kommt ihm immer wieder in den Sinn. Wenn er die Augen schließt, sieht er Moscia, den glitzernden See, Haus und Garten vor sich. Und er sieht sie, John und Elga, auf der Straße stehen, wie sie dem Auto zum Abschied hinterherwinken. Doch er sagt sich: Jetzt nur nicht sentimental werden. Du bist im Begriff, in die Schlacht zu ziehen.

Kasack steht plötzlich neben ihm. Seine Schritte waren auf dem weichen Teppichboden nicht zu hören: »Wir legen in einer Viertelstunde los. Kaffee gefällig? Wir verfahren wie besprochen. Sie kennen die Arbeit beim Rundfunk ja schon. Ich beginne mit meinem Einführungsvortrag. Danach lesen Sie aus Ihrem Manuskript. Zum Schluss gibt es ein Interview. Da oben hängt unsere Uhr, ich gebe Ihnen jeweils Zeichen, wenn es losgeht.«

Sie haben noch einige Minuten bis zur Sendung. Sie sprechen über die morgigen Reichstagswahlen, die mit Sicherheit der NSDAP Stimmengewinne bringen werden. Kasack erzählt vom Rundfunkalltag im Vox-Haus und von der zunehmenden politischen Einflussnahme auf den Rundfunk.

Als Emil fragt, wie viele Hörer er ungefähr erreicht, überlegt der Redakteur kurz: »Also, das ist natürlich ein Thema für sich. Wir, die Berliner Funkstunde, haben über 800.000 zahlende Hörer. Hinzu kommen diejenigen, die einfach nur zuhören, ohne einen Rundfunkempfänger zu besitzen. Heute ist Sonnabend, es ist gleich 17.00 Uhr. Breite Bevölkerungsschichten haben schon Feierabend und Gelegenheit, uns einzuschalten. Wir nehmen auf diese Menschen Rücksicht, da wir den Auftrag der Volksbildung haben. Wir wollen mit unseren Sendungen Kultur in das Volk hineintragen. Sie erreichen also auf ganz komfortable Weise mindestens einige hunderttausend Hörer. Wenn Sie sich in die politische Arena stürzen und Ihren Auftritt in den Sportpalast verlegen würden, hätten Sie günstigenfalls etwa 10.000 Zuhörer. Und: Bei uns können Sie nicht ausgebuht werden.«

Es ist so weit, Kasacks Kommando erfolgt: »Aufgepasst! Drei, zwei, eins! Liebe Hörer! Ich begrüße Sie herzlich zu unserer Kultursendung am Sonnabendnachmittag. Unsere heutige Sendung befasst sich mit einem Phänomen, das die deutsche Öffentlichkeit seit geraumer Zeit beschäftigt. Man könnte es auch anders formulieren: Ein Gespenst geht um im deutschen Buchhandel. Die Rede ist von der Historischen Belletristik und ihren Autoren. Der wichtigste Vertreter dieser neuen Form der Geschichtsschreibung ist heute Gast in unserem Studio. Sie kennen ihn alle: Emil Ludwig. Guten Tag, Herr Ludwig.«

»Guten Tag, Herr Kasack.«

»Ihre Biographien über Napoleon, Wilhelm den Zweiten, Rembrandt, Bismarck und zuletzt Lincoln sind allesamt Bestseller und in viele Sprachen übersetzt. Was bedeutet nun Historische Belletristik? Ich wage, liebe Hörer, eine Erklärung. Der Historische Belletrist will Geschichte leicht fassbar vermitteln, wobei es ihm primär um den handelnden Menschen in der Geschichte geht. Oft ist er zugleich Biograph, der ein psychographisches Porträt schafft, und das mit den Mitteln der Kunst.

In den vergangenen Monaten haben nun führende deutsche Historiker erhebliche Bedenken gegen diese Art der Geschichtsschreibung erhoben. Sie veröffentlichten ihre Kritik in einer Broschüre, von der bisher mehr als 6000 Exemplare verkauft wurden. Darin schreibt der Rostocker Universitätshistoriker Wilhelm Schüßler über die neue Belletristik: *Ihre Verfasser, soweit sie sich mit deutscher Geschichte befassen, sind höhnende, ungerechte, deshalb verständnislose und jetzt noch hasserfüllte Gegner des alten Kaiserreichs, das Bismarck errichtet hat.*

Deutlich anders äußert sich Carl von Ossietzky. Er kontert in der Weltbühne unter der Überschrift *Die Historiker sind ernstlich böse: Sie toben darüber, dass sich Dilettanten in ihre geheiligten Bezirke drängen, aber sie bemerken nicht, dass sie selbst uns jene Leistungen schuldig geblieben sind. Die Freude an der Geschichte, an bedeutenden Ereignissen und Schicksalen ist wieder da, aber die Männer vom Fach bemerken das nicht. Dass sich das allgemeine Interesse gerade der Zeit von 1850 bis 1914 zuwendet, ist ein überdeutliches Zeichen, dass diese Zeit höchst gründlich abgelaufen ist, dass Inventur gemacht wird. Dem Bedürfnis nach Bestandsaufnahme dienen die verketzerten Bücher. Sie mögen ungleichmäßig sein – sie haben den Vorzug, dass sie vorhanden sind. Die Fachwissenschaft glänzt durch Fehlanzeige.«*

Kasack stellt die Broschüre ausführlich vor. Er kommt auf weitere Bücher Emils zu sprechen und schließt »Der Streit ist also voll entbrannt und soll uns heute Nachmittag beschäftigen. Hören Sie nun Emil Ludwig, der über die moderne Biographie sprechen wird.«

Kleine Pause. Dann gibt Kasack das Handzeichen. Emil ist zu hören: »Liebe Hörer: Ich gehe in dieser Kontroverse inzwischen so weit zu behaupten, dass allein der Künstler der modernen Biographie gewachsen ist. Die Fachleute sind gar nicht in der Lage, die Quellen richtig zu deuten, denn dieses ist eben eine unlehrbare Kunst und keine lehrbare Wissenschaft. Und da der Künstler, der Dichter, der moderne Psychograph, das Ewig-Menschliche ins Zentrum der Darstellung rückt, das Private und Intime dem öffentlichen Leben des Helden gleichstellt, ist der Geschichtsprofessor per se überfordert. Was soll der Gelehrte erst bei der Deutung von Liebesbriefen tun, die vielleicht das Schicksal eines großen Mannes bestimmt haben, die aber selbst amouröse Professoren, sofern es solche gibt, im Seminar ihre Schüler nicht lesen lehren könnten! Alles, was ich historisch darstelle, schöpfe ich aus der Gegenwart: ich habe nie Geschichte studiert, aber immer den Menschen.«

Kasack zeigt zur Uhr hinüber und lächelt. Emil hat seine Sache gut gemacht. Ihn hat die Scheu vor dem Mikrophon nicht erfasst. Der erfahrene Rundfunkredakteur kennt andere Beispiele, berühmte, gestandene Männer darunter, die plötzlich mit Beginn der Sendung keinen Ton herausbrachten.

Zum Schluss findet das kleine Interview statt. Kasack fragt, ob es Zufall sei, dass die vielgescholtenen Historischen Belletristen dem linken politischen Spektrum angehörten. Das sei – so Emil – natürlich kein Zufall. Die Herren vom Fach regten sich auch weniger über Fehler in den Büchern der Belletristen auf, sondern über deren Standpunkte. Das sei möglicherweise das größte Problem, dass viele unser bekannten Geschichtsprofessoren noch nicht in der Republik angekommen seien.

Professor Wilhelm Mommsen ist ein ehrenwerter Mann. Der Marburger Ordinarius für Geschichte lehnt die Historischen Belletristen zwar ab, aber trotz allem sucht er den öffentlichen Disput mit den angefeindeten Autoren. Mommsen, ein Enkel des namhaften Althistorikers Theodor Mommsen, gehört der Deutschen Demokratischen Partei (DDP) an. Er ist also ein Liberaler und steht politisch in der Tradition Walther Rathenaus. Er hat an der Berliner Friedrich-Wilhelm-Universität studiert und ist dort zur Zeit Gastprofessor, der seinen Studenten etwas bieten will.

Als die ihm vor einiger Zeit vorschlugen, einen Vertreter der Historischen Belletristik ins Seminar einzuladen, zögerte Mommsen zunächst und verwies auf das zu absolvierende Pensum. Es war Fräulein von Bülow, die einzige Studentin in seinem Seminar, die ihn daran erinnerte, dass er sich doch vor einem Jahr erst mit Emil Ludwig einen öffentlichen Schlagabtausch über dessen Buch *Juli 14* geliefert habe. Das würde die Studenten sehr interessieren.

Mommsen nickte der hageren Schönheit mit den dunklen Augen zu und wandte sich stante pede an den Rowohlt-Verlag, wo das Unternehmen sofort zur Chefsache deklariert wurde. Das sei allerbeste Reklame, verkündete Ernst Rowohlt und rief in Moscia an, um den Termin abzustimmen. Er beruhigte den Professor, was das Honorar anbelangte. Das regle der Verlag mit seinem Autor. Eine Bedingung stellte Rowohlt allerdings: einige Presseleute müssten eingeladen werden, im *Berliner Tageblatt* und in der Vossischen Zeitung hätten Vorankündigungen zu erscheinen.

Emil wohnt wie immer im Adlon. Er geht die wenigen hundert Meter zur Universität zu Fuß. Es ist bewölkt, regnet aber noch nicht. *Unter den Linden* herrscht der übliche Betrieb eines Sonnabendvormittags. Die Menschen arbeiten noch, kaufen ein, bummeln, reden, lachen oder eilen durch die Schar der Passanten hindurch.

Emil überlegt: Ist es wirklich so wie immer? Vergangenen Sonntag fanden Reichstagswahlen statt. Sie haben weltweit für Aufregung gesorgt, da die Nationalsozialisten 107 Sitze erreichten. Zuvor hatten sie mit zwölf Abgeordneten im Parlament gesessen. Merkt man hier draußen auf der Straße irgendwelche Veränderungen? Besorgtere Blicke? Emil hat in den letzten Tagen öfter junge Männer in SA-Uniformen gesehen. Sie genossen es, wenn man ihnen auf dem Bürgersteig ausweichen musste.

Als er den Eingang zur Universität erreicht, wundert er sich über das Gedränge. Die Eingangshalle ist voll von Menschen. Was Emil zu diesem Zeitpunkt noch nicht weiß – die Leute wollen alle zu ihm. Niemand, weder Rowohlt noch Mommsen, hat ihm gesagt, dass an diesem Vormittag eine Großveranstaltung zur Historischen Belletristik stattfinden soll.

Nicht weit von ihm steht ein Mann. Er hält Ausschau, scheint auf jemanden zu warten. Emil hat ihn noch nie gesehen. Der Mann aber kennt ihn: »Herr Dr. Ludwig«, begrüßt ihn Mommsen. »Ich freue mich, dass Sie zu uns gefunden haben, trotz des Andrangs. Aber Sie sehen, unser Thema ist von großer Attraktivität und sorgt für viel Publikum.«

Emil lächelt ihm freundlich zu: »Zunächst einmal danke ich für die Einladung und freue mich, Sie persönlich kennenlernen zu dürfen. Ich war nur auf eine größere Seminarveranstaltung eingestellt. Das hier ist ja ein Volksauflauf.«

»Das Ganze«, erklärt Mommsen, »findet im Auditorium Maximum statt, das mit seinen 700 Plätzen schon hoffnungslos überfüllt ist. Wir gehen einfach mal hinüber, damit wir jedenfalls einen Platz bekommen. Die Studenten meines Seminars sitzen übrigens in der vordersten Reihe und genießen das Privileg, als erste Fragen an Sie richten zu dürfen.«

Als sie das vollbesetzte Auditorium betreten, setzt Applaus ein, der besonders lebhaft aus der ersten Reihe gespendet wird. Allerdings nur von den Studenten. Die sieben, acht Herren, Mommsens Kollegen, sitzen da mit versteinerten Mienen, und man sieht ihnen an, dass ihnen die ganze Veranstaltung nicht geheuer ist. Emil wird von vielen jungen Leute bestaunt. Wie er dort umhergeht, im maßgeschneiderten Anzug und gestreiften Hemd, mit dezenter Seiden-Krawatte. Dazu die neuesten Schuhe aus Italien, alles weltmännisch im Stil und nach der aktuellen Mode ausgerichtet. Wie ein Filmstar kommt er den Studenten vor. Besonders Fräulein von Bülow kann sich mit ihren dunklen Augen nicht sattsehen. Und als Emil ihr kurz zulächelt, ist sie, die hagere Schönheit, die einmal Lehrerin werden will, Feuer und Flamme.

Emil Ludwig, der weltberühmte Schriftsteller: was für ein Unterschied zu den grauen Gestalten mit den versteinerten Mienen, die – als Mommsen seine Kollegen kurz vorstellen will – nur kurz nicken und den Handschlag verweigern. Emil spürt mit einem Mal, was sie denken: Linker Pazifist und Jude – das wäre ja noch schöner, solch einem die Hand zu reichen. Und mit einem Mal hat Emil Lust zu kämpfen.

Mommsen ist ans Mikrophon getreten und bittet um Ruhe, die schnell eintritt. Er begrüßt Emil Ludwig, den man eigentlich nicht mehr vorstellen müsse. Er dankt ihm, dass er – der vielbeschäftigte Schriftsteller – die

Zeit gefunden habe, heute in Berlin zu sprechen. Mommsen begrüßt seine Kollegen, die er nacheinander vorstellt, und das in einer Ausführlichkeit, die einige Zuhörer auf die Uhr blicken lässt. Der Gastgeber vergisst nicht darzulegen, wie es überhaupt zu dieser Veranstaltung gekommen ist und erwähnt dabei die Initiative, die von den Studenten ausgegangen sei (woraufhin Fräulein von Bülow zu Emil hinüberschaut, der ihr stilles Lächeln versteht und dieses charmant erwidert).

Mommsen spricht Professor Schüßler direkt an, der heute extra aus Rostock angereist sei. Er habe eine vorzüglich geschriebene Bismarck-Biographie verfasst, die viel Anklang gefunden habe. Es gibt beifälliges Getrampel und spärliches Klatschen, so dass Schüßler sich berufen fühlt, aufzustehen und sich vor dem Publikum zu verneigen. Emil denkt: Er sieht sehr arisch aus in seinem grauen Anzug und ist von germanischer Statur. Elga würde ihn anschwärmen.

Mommsen redet und redet. Jetzt von einer eigenen Broschüre, die eine Auseinandersetzung mit Emil Ludwig darstelle. Er wolle an dieser Stelle nicht ausführlicher werden, denn viele Aspekte, die in der Broschüre thematisiert seien, würden sicherlich am heutigen Vormittag zur Sprache kommen. Als der Professor nun noch die Rundfunksendung in Erinnerung bringt, die vor einer Woche hier in Berlin ausgestrahlt wurde, wird das Publikum unruhig. Obwohl die Eingangstüren weit geöffnet sind, da auch draußen noch Zuhörer stehen, ist die Luft schwül und stickig.

Mommsen ist zum Ende gelangt und sagt: »Meine Herren, ich freue mich, das Wort an unseren geschätzten Gast, Herrn Emil Ludwig, weiterzureichen.«

Vier, fünf federnde Schritte, und Emil steht am Katheder. Im Saal herrscht gespannte Ruhe. »Meine Damen«, er blickt in diesem Augenblick auf Fräulein von Bülow, die fast verglüht, »meine Herren. Vor lauter Bescheidenheit hat Herr Professor Mommsen es in seinem Einführungsvortrag unterlassen, auf seinen berühmten Großvater, Theodor Mommsen, einzugehen, jenen Juristen und Altertumsforscher, der 1902 als erster Deutscher mit dem Nobelpreis für Literatur ausgezeichnet wurde. Wohlgemerkt: für Literatur, weil seine römische Geschichte ein Paradebeispiel dafür ist, wie es zu einer erfolgreichen Synthese von Geschichtsforschung und Geschichtsschreibung kommen kann.«

»Aufhören!«

Der Zwischenruf kam aus einer der hinteren Reihen. Er hat die Professoren irritiert. Die tuscheln, einige drehen sich um und blicken böse in Richtung des Störenfrieds. Mommsen ist sogar aufgestanden und hält Ausschau nach dem Täter.

Emil, der all das ignoriert, will fortfahren, als drei oder mehr Rufer *Aufhören!* brüllen. Gleich darauf wiederholen sie ihre Forderung, in die weitere Störer einfallen. Mommsen ist ratlos. Laut und vernehmlich ruft er in den Saal: »Aber meine Herren! Ich muss doch bitten. Stellen Sie Ihre Zwischenrufe ein!«

An eine Fortsetzung des Vortrags ist nicht zu denken. Zwar sind die ersten Reihen empört über das, was sich hinter ihnen abspielt. Viele Studenten werfen scheue, ablehnende oder oft ängstliche Blicke in Richtung der Täter. Doch mehr unternehmen sie nicht. Auch nicht, als jetzt ein Transparent entrollt und dazu der Text skandiert wird. Der lautet: *Jude Cohn geh nach Haus, sonst schmeißen wir dich einfach raus!*

Emil sieht neugierig auf das Spektakel. Mommsen eilt auf ihn zu: »Herr Ludwig! Ich bin erschüttert. Ich weiß auch nicht, woher dieser Pöbel stammt.«

Da es im Auditorium immer lauter wird, aus immer mehr Kehlen gegrölt wird, antwortet Emil entsprechend laut: »Herr Professor, die kommen sicherlich aus der Hexenküche des Herrn Goebbels.«

Der Pedell hat damit begonnen, zwei weitere Saaltüren zu öffnen, weil viele Teilnehmer hinausdrängen. Die Herren Professoren, die grauen Gestalten mit den versteinerten Mienen, haben sich längst erhoben. Ratlos stehen sie zusammen.

»Unerhört ist das«, schimpft Schüßler und will eine Erklärung abgeben, als ihn ein rohes Ei am Kopf trifft. Dutzende von Eiern, auch Tomaten fliegen in die vorderen Zuschauerreihen. Panik entsteht, schrille Schreie fliegen durch den Saal, den immer mehr Menschen fluchtartig verlassen.

Auch Emil wird von einem Ei getroffen. Er reibt sich die schleimige Flüssigkeit aus der Stirn. Da wird ihm im Gedränge ein Tuch gereicht. Er erkennt Fräulein von Bülow, die sich selbstlos um seinen beschmutzten Anzug kümmert. Emil dankt der jungen Frau. Zum Abschied empfängt er einen tiefen Blick aus dunklen Augen, dann nutzt er einen Freiraum inmitten der Menschenmenge, gelangt so nach draußen, wo er das erstbeste Taxi heranwinkt.

Wilhelm Mommsen ist erschüttert. Er bittet einige Studenten aus seinem Seminar, das an der Rückwand angebrachte Plakat zu entfernen. Auf dem steht: *Jagt die Juden aus dem Land / sonst werden sie gleich hier verbrannt.*

Inzwischen ist Polizei eingetroffen. Die Beamten lassen sich den Sachverhalt schildern. Von den etwa fünfzig Ruhestörern können sie drei mit Hilfe des Pedells und einiger Studenten ergreifen. Die anderen sind verschwunden.

»Und wer macht hier sauber?« jammert der Pedell. »Wir haben Samstag, da kriege ich keine Firma mehr ran. Arbeitslose haben wir zwar genug. Aber ...« Er führt die Beamten herum: »Gucken Sie sich den Schweinkram nur an! Und an mir bleibt das alles hängen.«

Einer der Delinquenten wird an Ort und Stelle verhört. Er habe die Ehre Deutschlands verteidigen wollen, die sei durch das Auftreten des Redners Cohn beschmutzt worden. Sie kämpften für eine judenfreie deutsche Geschichtsschreibung.«

»Ach so«, sagt der Beamte. »Mitnehmen müssen wir Sie aber trotzdem.«

Im Adlon angekommen, gibt Emil seine Kleidung in die Reinigung. Dann duscht er lange. Im Restaurant nimmt er ein Mittagessen zu sich. Den Kaffee trinkt er in der American Bar. Toni fragt: »Wie immer?«

»Wie immer«, antwortet Emil. »Viel Zucker und wenig Sahne.«

»Wie war der Vortrag?« will Toni wissen, der – wie Emil gleich auffällt – heute kein bisschen zwinkert. »Hab gelesen, dass Sie heute in der Universität waren. Nun müssen wir Sie wohl bald mit *Herr Professor* anreden.«

»Morgen werden Sie lesen, dass der Vortrag ausgefallen ist. Musste wegen einiger Krawallmacher abgebrochen werden.«

»Von den Kommunisten gestört?«

»Nein, von den Kollegen der rechten Seite.«

»Klar, die lassen sich jetzt nicht mehr alles gefallen, nach dem sensationellen Wahlsieg vom letzten Wochenende.«

»Toni! Wie meinen Sie das?«

»Ganz so, wie ich es gesagt habe. Hitler gehört die Zukunft. Das werden alle anderen von nun an einplanen müssen.«

»Sie scheinen ja nichts Schlimmes daran zu finden.«

Umständlich wischt Toni den Tresen sauber, dreht sich mehrfach um und humpelt dicht an Emil heran. »Zu Ihnen, Herr Doktor, hab ich ja Vertrauen. Wir kennen uns lange genug, und Sie wissen auch, dass ich im

Krieg die Knochen für unser Land hingehalten hab. Und '23 haben sie uns die letzten Groschen weggenommen. Und nun die nächste Krise. Ein Jahr geht das jetzt schon. Die Arbeitslosen werden von Tag zu Tag mehr. Und was macht die Regierung? Die spart und macht die Leute noch ärmer. Gut, wir hier merken das nicht so, denn reiche Leute gibt es nach wie vor. Aber Sie müssen mal in meine Gegend kommen, da wo ich wohne. Da herrscht nur Verzweiflung und blanke Wut.«

»Glauben Sie, in anderen Ländern gäbe es keine Krise? Und trotzdem kommen die Leute nicht auf die Idee, Demokratie und Freiheit gleich mit abzuschaffen.«

»Herr Doktor, wie gesagt, wir kennen uns lange genug. Deshalb will ich ganz ehrlich zu Ihnen sein. Meine Meinung ist nämlich, dass die Republik auf ganzer Linie versagt hat. Demokratie taugt nichts, jedenfalls nicht für uns Deutsche. In Russland und in Italien ist es nicht viel anders. Bei Stalin gibt es keine Arbeitslosen, sondern nur Vollbeschäftigung, und in Italien sorgt Mussolini dafür, dass niemand hungert und niemand auf die Straße gesetzt wird, wenn er die Miete nicht mehr zahlen kann.«

»Und deshalb haben Sie am letzten Sonntag Hitler gewählt.«

»Woher wissen Sie das?«

Emil lacht, so dass Toni noch näher kommt: »Im Vertrauen, Herr Doktor. Nicht, dass ich in Hitler den idealen Führer sehe, aber ich wollte den Herren da oben mal zeigen, dass wir, das Volk, auch noch da sind. Und deshalb – aber das dürfen Sie keinem verraten, sonst verliere ich noch meinen Arbeitsplatz – bin ich auch beigetreten, letzten Mittwoch, als ich frei hatte, war ich bei der Geschäftsstelle der Partei. Nun sehen Sie mal, was ich hier in der Hosentasche habe: mein Parteiabzeichen. Aber Pssst! Wir sind ja nicht im *Kaiserhof*, wo der Herr Hitler immer absteigt, wenn er in Berlin ist, sondern im Haus des Herrn Adlon, und der versteht in Sachen Politik keinen Spaß.«

Premiere

Am Sonntag trifft er Lilly und Volkmann. Er lädt sie ins Café Fürstenhof am Potsdamer Platz ein, wo es nach Lillys Überzeugung das beste Tortenbüffet Berlins gibt. Emil muss ausführlich von der gestrigen Veranstaltung erzählen, über deren Desaster die meisten Sonntagsblätter berichten. Dann fragt Lilly nach John und Elga, während Volkmann sich erkundigt, wann Emils Autobiographie erscheine.

»Rechtzeitig zum 50. Geburtstag«, antwortet der. Sie trage den Titel *Geschenke des Lebens* und werde wohl sein umfangreichstes Werk. Dabei habe er sich immer vorgenommen, sich nicht allzu wichtig zu nehmen, aber schließlich habe er viel erlebt und viele interessante Menschen getroffen.

»Mich zum Beispiel«, sagt Lilly, obwohl sie den Mund noch voller Käse-Sahne-Torte hat. »Ich hoffe ja sehr, dass ich ein eigenes Kapitel bekomme.«

Emil lächelt: »Vielleicht sollten wir die Premiere abwarten.«

Das ist das Stichwort. Lilly schimpft inbrünstig über Lissauer, der – von ihr einmal abgesehen – keine glückliche Hand bei der Besetzung der übrigen Rollen hatte. Klar, er habe aus finanziellen Gründen keine Spitzenleute engagieren können. Aber die Schauspieler, die er am Ende genommen hat, seien eher dritte Wahl. Der Friedrich beispielsweise sei viel zu korpulent und als Typ zu provinziell. Der könnte einen Vieh- oder Getreidehändler aus dem Oderbruch darstellen, aber keinen weltmännischen Hochbauingenieur. Und die Sylvia. Äußerlich geht sie ja noch, nur neige sie dazu, die Naive zu spielen, aber das sieht das Drehbuch nicht vor. Dann der Adalbert, der einen immer an eine Mischung aus Zirkusdirektor und Dandy erinnert. Er sei der Schrecken jeder Souffleuse, da er seinen Text nicht beherrsche. Wenn er nüchtern ist, gehe es ja noch. Aber wenn er wieder voll wie eine Haubitze ist, dann: Gute Nacht. Den Vogel habe er auf einer der letzten Proben abgeschossen. Da hat er Lissauer allen Ernstes gefragt, ob er nicht doch was singen sollte. Das lockere das Stück auf, und die Leute liebten so was.

Lilly bestellt sich einen Cognac, während die Männer bei Kaffee bleiben. Sie sieht den leicht irritierten Emil an. Der hat sich bisher bewusst aus Lissauers Arbeit herausgehalten und sich vorgenommen, erst wenige Tage vor der Generalprobe auf der Bühne zu erscheinen. Nun weiß er nicht, ob er lachen oder weinen soll. Doch Lilly hat noch eine weitere Hiobsbotschaft. Es kursieren Gerüchte, dass die *Tribüne* in finanziellen Nöten stecke. Der Betreiber könne die Miete nicht mehr bezahlen. Infolge der Krise gingen die Zuschauerzahlen zurück.

Am Freitagabend ist Premiere. Volkmann will nur kurz nach Hause fahren und sich umziehen. Als er im Hinterhof der *Vorwärts*-Redaktion sein Fahrrad aufschließt, hört er Schritte hinter sich. Da man Ende September schreibt, ist es schon schummrig. So hält er die drei Schatten, die auf ihn zukommen, für Kollegen, die ebenfalls Feierabend haben.

Der erste Faustschlag trifft ihn in der Magengrube, der zweite mitten ins Gesicht. Nach drei weiteren Schlägen geht Volkmann in die Knie. Er blutet bereits heftig und hat schon einige Zähne eingebüßt. Nun folgen gezielte Fußtritte. Erst als er bewusstlos am Boden liegt, entfernen sich die Angreifer schnell.

Glück im Unglück – schon nach wenigen Minuten erscheinen mehrere Kollegen im Hinterhof, um sich mit dem Fahrrad auf den Heimweg zu machen. Sie finden Karl und begreifen den Ernst der Lage sofort. Ein Krankenwagen wird herbeitelefoniert. Noch am Unfallort wird Karl medizinisch versorgt und gleich darauf in die Charité eingeliefert.

Eine Sekretärin, die für Volkmann arbeitet, kommt auf die Idee, im Theater anzurufen, denn sie weiß vom heutigen Premierenabend. Zum Glück trifft Emil früh in der *Tribüne* ein. Er findet Lilly in Tränen aufgelöst. Dazu einen Lissauer, dessen Nerven kurz vor dem Zerreißen sind. Natürlich müsse Lilly heute Abend spielen, schreit er in dem kleinen Garderobenraum. »Wir sind ausverkauft!«

Emil versucht Lilly zu beruhigen. Er streicht ihr übers Haar und denkt für einen Augenblick an Moscia, den See, sein Studio und den Krimstecher. Dann sagt er, als ordne er etwas an: »Ich fahre jetzt in die Charité, und Sie, Herr Lissauer, treten kurz vor acht an die Rampe und erklären den Leuten den Sachverhalt. Sie bitten das Publikum, Verständnis für die Lage unserer Hauptdarstellerin zu haben, die möglicherweise nicht immer voll konzentriert ist. Aber Frau Kardorff habe sich im Interesse der Zuschauer und im Interesse des Theaters dafür entschieden aufzutreten, trotz der psychologischen Belastung, der sie ausgesetzt ist.«

»Das soll ich sagen? Vielleicht schreiben Sie mir das mal auf. Nachher vergesse ich die Hälfte. Aber ich stelle eine Bedingung.«

»Und die wäre?«, fragt Emil.

»Am Schluss, wenn der Vorhang fällt, sind Sie wieder hier und zeigen sich dem Publikum, und nicht nur dem Publikum. Es haben sich einige wichtige Kritiker angesagt, die wollen sicherlich noch Fragen loswerden. Macht keinen guten Eindruck, wenn der Autor des Stücks sich verpieselt.«

Lilly atmet tief durch. Sie sieht Emil entschlossen an: »Ich spiele auf jeden Fall. So hätte Karl auch entschieden, und du fährst ins Krankenhaus und bringst hoffentlich gute Nachrichten von dort zurück.«

Emil fährt in die Charité. Er fragt sich zur Notaufnahme durch und erklärt einer Schwester, wer er ist und um wen er sich kümmert.

»Ach, den sie in der Lindenstraße so brutal zusammengeschlagen haben. Dann sind Sie der berühmte Schriftsteller, der das Buch über den Kaiser geschrieben hat?«

»Genau der, gnädige Frau. Ich bin der Freund von Karl Volkmann. Seine Frau spielt in diesen Minuten Theater in der *Tribüne*, und zwar die Hauptrolle. Ich würde deshalb gern wissen, wie es ihm geht, um das seiner Frau umgehend mitzuteilen.«

»Die *Tribüne* kenne ich, ich wohne ja in Charlottenburg. Denen geht es finanziell ja ziemlich mies.«

Der zuständige Arzt erscheint. Emil erklärt sein Anliegen und schildert die Situation. Der Arzt, der von der Schwester nebenbei erfährt, dass er es mit dem berühmten Schriftsteller zu tun habe, lächelt. Er erzählt ganz unbefangen, dass er mit großem Gewinn Emils Lincoln-Biographie gelesen hat. Seine Frau und er seien Juden und überlegten seit geraumer Zeit, in die USA auszuwandern. Nach den letzten Reichstagswahlen sei diese Überlegung sehr konkret geworden. Und wenn er sich den Patienten Volkmann ansehe, so verspüre er überhaupt keine Neigung, ähnliches zu erleben.

Volkmann ist bei Bewusstsein und erkennt Emil sofort. Er nuschelt stark wegen der Verletzungen im Kieferbereich. Er fragt nach Lilly. Emil sieht auf die Uhr und sagt, dass vor zwanzig Minuten der Vorhang emporgegangen sei. Der Arzt nimmt Emil zur Seite. Der Patient habe eine Gehirnerschütterung davongetragen. Innere Blutungen sind eher unwahrscheinlich, aber man könne sie nicht hundertprozentig ausschließen. Deshalb müsse er ein paar Tage zur Aufsicht hierbleiben. Auf jeden Fall werde er noch in die kieferchirurgische Abteilung gebracht.

Volkmann will etwas sagen. Man sieht, dass er Schmerzen hat. Der Arzt beruhigt ihn: »Sie bekommen gleich eine Spritze, die Sie gut schlafen lässt.« Emil fragt: »Kann ich im Theater anrufen und durchgeben, dass keine Lebensgefahr besteht?«

Der Arzt nickt: »Tun Sie das, auf diese Nachricht wird seine Frau warten. Ich habe sie übrigens schon einmal auf der Bühne gesehen. Im *Theater in der Königgrätzer Straße* war das, und ich glaube, es wurde der Tell gespielt. Eine schöne Frau!«

Emil lächelt zustimmend. Er ruft in der *Tribüne* an. Lissauer ist sofort am Apparat und Lilly in der Nähe, da sie gerade keinen Auftritt hat. Nachdem Emil ihr alles in Kürze erzählt hat, atmet sie erleichtert auf und stürzt sich mit Inbrunst ins Bühnengeschehen.

Die *Cécile* fällt durch. Emil kommt gerade noch rechtzeitig im Theater an, um sich ausbuhen zu lassen. Der Trost: Lilly erlebt minutenlangen Applaus. Sie ist der Star des Abends, während Lissauer und die anderen Darsteller ziemlich schlecht wegkommen. Eine Premierenfeier gibt es nicht. Der Adalbert-Darsteller ist zu betrunken zum Feiern, Lissauer hat das Textbuch in die Ecke geworfen und ist nach Hause gefahren, während Emil und Lilly sich auf den Weg in die Klinik machen. Dort sagt man ihnen, der Patient schlafe, stehe trotzdem unter ständiger Aufsicht. Man könne zuversichtlich sein.

»Trinken wir noch was?« fragt Emil, als sie beide etwas unschlüssig auf der Straße stehen. Lilly gibt ihm einen Kuss: »Ich danke dir, für alles. Aber bist du mir böse, wenn ich jetzt nach Hause und nur noch ins Bett möchte?«

Emil schüttelt den Kopf. Er schweigt.

»Ich weiß, was du jetzt denkst.«

Er sieht sie an: »Ich denke nicht, ich fühle.«

»Du siehst so traurig aus.«

»Bin ich nicht«, sagt Emil, der selbst nicht weiß, was er eigentlich will. »Wir nehmen ein Taxi, das dich nach Hause und mich anschließend ins Adlon bringt.«

»Gehst du noch zu Toni?«

»Ich glaube nicht«, sagt er und winkt das Taxi heran, das sie längst entdeckt hat.

Am Montag geht er zu Rowohlt.

Der Chef spielt den Empörten: »Ist doch eine ausgemachte Sauerei, was die Herren Kerr, Pinthus und Ihering sich da zusammensudeln. Totalverriss auf ganzer Linie. Die sollen mir noch mal unterkommen. Hier – können Sie behalten, wenn Sie das noch nicht gelesen haben.« Er schiebt ihm mehrere Zeitungsauszüge über den Tisch.

»Ich lese grundsätzlich keine Kritiken.«

»Sehr vernünftig. Das erhält die Gesundheit. Was möchten Sie trinken?«

»Danke, aber ich komme direkt vom Frühstück.«

»Wie Sie wollen, aber wenn Sie diesen herrlichen Mosel ausschlagen, geschieht das auf Ihre Verantwortung. Apropos Verantwortung. Nehmen Sie's mir nicht übel, aber ein bisschen Recht haben die Herren Kritiker vielleicht. Ihre Protagonistin Cécile – schreibt Kerr – sei die *Femme fatale* Ihrer Sturm-und-Drang-Jahre. Das Ganze sei mehr als unzeitgemäß. Nun, Sie sagen nichts – gut, vergessen Sie das. Entscheidend sind Ihre historischen oder zeitgeschichtlichen Arbeiten. Und da habe ich Erfreuliches zu verkünden.«

Rowohlt hält sein Glas hoch, blickt verzückt in das perlende Nass, schnuppert einige Sekunden lang, trinkt ein wenig, um sich nun weit in seinem Stuhl zurückzulehnen und genüsslich zu strecken. Dabei sieht er Emil herausfordernd an: »Mit Ihrer Studie *Juli 14* haben Sie wieder einen Bestseller gelandet. Sie wissen, zur Zeit gehen die Geschäfte schlecht, aber mit diesem Buch halten Sie den ganzen Verlag am Leben. Leider – das darf ich Ihnen nicht verschweigen – trifft das für Ihre anderen Bücher nicht zu. Die schleppen sich so dahin. Es ist ein Trauerspiel. Auch die Vorbestellungen zu den *Geschenken des Lebens* laufen nicht gut. Ehrlich gesagt, ich wäre heilfroh, wenn Ihre Autobiographie etwas kürzer ausgefallen wäre. 865 Seiten sind auch ein Kostenfaktor. Ich habe nun entschieden, einen Reklamefeldzug zu beginnen. Ich gestehe Ihnen offen: Eigentlich haben wir gar nicht die Mittel für solche Späßchen, aber ich fühle mich ein bisschen wie ein Roulettespieler, der sein letztes Geld auf eine bestimmte Zahl setzt und gewinnen muss. Wie sagte neulich so ein Hanswurst: Wenn Emil Ludwig hustet, wird der Rowohlt-Verlag krank. Prost, mein Lieber, die Krise beginnt zuzupacken. Als wir vor einem Jahr in der Zeitung lasen, in New York seien die Börsenkurse in den Keller gegangen, haben wir mit der Schulter gezuckt und gedacht, so was kann passieren. Irrtum! Tag für Tag geht es mit der Konjunktur bergab, nur mit den Nazis geht es tagtäglich bergauf.«

Sie wohnen in der Nollendorfstraße. Eine Mietwohnung im vierten Stock. Das Treppenhaus ist schlecht beleuchtet. Die Luft muffig. Gedämpftes Schreien ist zu hören. Irgendwo schlägt eine Tür zu. Doch es folgt eine angenehme Überraschung: die Wohnung, die man betritt, ist hell und einladend, überdies stilvoll eingerichtet. Die Moderne gibt den Ton an.

»Wollen Sie ablegen?« fragt Volkmann, der aufgrund seiner Verletzungen noch Probleme mit dem Sprechen hat. Er befreit Emil von seinem eleganten Mantel. Als der das Wohnzimmer betritt, bleibt er erstaunt stehen: »Eine stattliche Sammlung«, stellt er fest und zeigt auf die Bibliothek, die bisher noch jeden Besucher beeindruckt hat.

»Das ist leider noch nicht alles«, stöhnt Volkmann, »in meinem Büro und im angrenzenden Gästezimmer geht es weiter.«

»Aber wieso leider? Gibt es etwas Schöneres, als sich mit einer wohlsortierten Bibliothek zu umgeben? Bücher kleiden doch!«

»Solange einem der Bestand nicht über den Kopf wächst. Ich müsste dringend dazu kommen, das alles zu katalogisieren. Man weiß ja gar nicht mehr, was man bereits besitzt. Neulich erst habe ich im Antiquariat ein Buch erworben, das ich längst hatte.«

»Wissen Sie noch, um welches Buch es sich gehandelt hat?«

»Natürlich, und wahrscheinlich durch Sie inspiriert: Rathenaus *Der Kaiser* von 1919.«

»Da haben Sie keine schlechte Wahl getroffen. Und die Doublette verschenken Sie bei nächster Gelegenheit. Das Thema – das wage ich zu behaupten – bleibt aktuell.«

Volkmann lächelt: »Wenn Sie das sagen, will ich es glauben. Die Führer-Frage wird sich in absehbarer Zeit stellen. Kaiser oder Duce. Aber wir stehen hier herum. Nehmen Sie bitte Platz. In der Küche ist frisch aufgebrühter Kaffee. Mögen Sie eine Tasse?«

»Sehr gern«, antwortet Emil.

Als Volkmann wiederkommt, zwei Tassen in den Händen, steht sein Besucher noch immer an den Regalen und begutachtet, was hier verwahrt wird.

»Einige tausend Exemplare habe ich vor zehn Jahren von meinem Vater geerbt, der vor allem deutsche, aber auch politische Literatur gesammelt hat.«

»War er Universitätsprofessor?«

»Nein, Lehrer an einem Gymnasium, er war aber, was niemand wissen durfte, weder seine Kollegen noch die vorgesetzte Behörde, SPD-Mitglied, und das in den dunklen Jahren der Bismarck-Herrschaft. Er besaß selbstverständlich die Werke von Marx und Engels. Die wurden von meiner Mutter, wenn wir Besuch hatten, rechtzeitig im Schlafzimmer unter den Betten versteckt. Und Vater hat uns Jungen stets gepredigt: *Wenn ihr die in aller Öffentlichkeit ausleihen oder lesen dürft, dann seid ihr frei.*«

Emil, der inzwischen in einem der bequemen Sessel Platz genommen hat, meint: »Dann sind Sie ja ein in der Wolle gefärbter Sozialdemokrat. Nur schade, dass Ihre Partei innerlich so erstarrt und erlahmt ist.«

»Sie meinen, die alte Schlagkraft ist dahin, die Parteiführung überaltert, und das bei über einer Million Mitgliedern? Mag sein. Unser größter Fehler aber war, dass wir den Schwung der Revolution 1918/19 nicht ausgenutzt haben, was bedeutet hätte: Politische Säuberungen im Militär und in der Beamtenschaft. Dazu die Sozialisierung der Großindustrie sowie die Zerschlagung des Großgrundbesitzes. Aber am Ende eines verlorenen Krieges und inmitten von Not und Elend lässt sich so was nicht realisieren. Wir sind eben keine Kommunisten oder Leninisten oder gar Stalinisten, die ohne Rücksicht auf Leib und Leben und menschliche Verluste, solche Dinge durchpeitschen.«

»Ein Problem unserer deutschen Republik«, sagt Emil, »haben Sie noch nicht genannt: die Aufspaltung der Arbeiterbewegung in Sozialdemokraten und Kommunisten. Es ist absurd, dass die KPD Ihre Partei bekämpft, anstatt in den Nazis den Hauptfeind zu sehen.«

Lilly erscheint, im weißen Bademantel. Sie macht einen unausgeschlafenen Eindruck: »Redet ihr schon wieder über Politik?« fragt sie mit gedämpfter Stimme. Als sie sich zu Emil hinunterbeugt, um ihm einen Kuss zu geben, erhält er einen wundervollen Einblick in ihr Dekolleté, und er denkt für einen Augenblick: wenn wir jetzt allein wären, du und ich und deine nackten Brüste.

Lilly verschwindet im Badezimmer. Volkmann erhebt sich kurz darauf und schließt die Tür zum Flur. Zu deutlich ist das Wasserlassen seiner Frau zu hören.

»Ein kleiner Trost«, sagt er, »ist vielleicht, dass es keine Kommunisten waren, die mich zusammengeschlagen haben, sondern Nazis. Ich habe den Polizeibericht einsehen können. Die Täter sind drei junge SA-Leute, von denen einer umfassend gestanden hat. Ich war in jenen Tagen und Nächten nicht der einzige, der auf ihrer Liste stand.«

»Und wie geht es Ihnen jetzt? Als wir uns vorgestern kurz vor dem Adlon trafen, meinten Sie, das Gröbste wäre überstanden.«

»Ist auch so. Wenn nur die Kopfschmerzen nicht wären, die mich immer plagen, wenn ich in der Redaktion intensiv an Artikeln arbeite, um die nächste Ausgabe auf den Weg zu bringen.«

Volkmann erzählt einiges aus der *Vorwärts*-Redaktion und über seine beruflichen Aussichten. Seine Chancen stehen nicht schlecht, dass er im Laufe des nächsten Jahres zum stellvertretenden Chefredakteur aufsteigt.

Lilly kommt herein, frisch geduscht und ein wenig geschminkt. Sie trägt ein helles geblümtes Kleid, dazu eine rote Strickjacke. Sie hat sich einen Kaffee geholt und setzt sich dazu. »Hast du's ihm schon erzählt?«, fragt sie Karl. Der schüttelt den Kopf und antwortet: »Das wolltest du selbst übernehmen.«

Lilly sieht Emil an, der bereits etwas ahnt: »Gestern kam das Kündigungsschreiben von der *Tribüne*. Wir sind alle entlassen, einschließlich Lissauer. Die *Cécile* haben wir übrigens noch mal gespielt. Das Publikum war recht angetan von dem Stück, nicht wie bei der Premiere, die ja ein Albtraum war.«

»Ich hoffe, Sie finden schnell etwas Neues.«

»Völlig aussichtslos«, sagt Lilly fast schon vorwurfsvoll. »Arbeitslose Schauspieler gibt es wie Sand am Meer. Es ist die Krise, die alles auffrisst und verschlingt und uns am Ende in den Abgrund stürzt.«

Emil stimmt zu: »Es war ein eklatanter Fehler Brünings, inmitten der Krise den Reichstag aufzulösen und Neuwahlen durchzuführen. Das hat zu diesem desaströsen Ergebnis geführt. Die Frage ist nur, ob Hitler seinen Triumph aufrechterhalten kann oder ob das nur eine klassische Protestwahl war.«

»Hitler wird nicht lange durchhalten«, erklärt Karl. »Jetzt ist er noch das Bollwerk gegen den Kommunismus. Aus diesem Grund hat die Großindustrie die Braunen hochgepeppelt. Außerdem erwartet sie vom Führer, dass er ihnen die Volksmassen zutreibt. Er sieht sich ja selbst als Trommler. Doch das reicht für einen weiteren Wahlsieg in dieser Größenordnung nicht aus. Da muss der Mann schon mehr aus dem Hut zaubern.«

»Also als Mann«, sagt Lilly, »hat der nichts zu bieten. Ich kann nicht verstehen, wie Frauen vor Glück weinen, wenn sie ihm begegnen. Klein-Adolf ist doch völlig geschlechtslos und ist – so seh' ich das jedenfalls – als Mann blass und von der ganzen Erscheinung langweilig. Und dann unter der Nase die kleine Bürste, die verdecken soll, wie hässlich sein wulstiger Riecherker ist.«

Karl grinst: »Wir hatten neulich einen Experten für Rassenkunde in der Redaktion und sprachen ihn auf Hitlers Physiognomie an. Als der loslegte, kamen einige Kollegen aus dem Lachen nicht mehr raus, meinte er doch: *Gesicht und Kopf sind von schlechter Rasse. Typischer Mischling: niedere, fliehende Stirn, hässliche Nase, breite Backenknochen, kleine Augen, dunkles Haar. Eine kurze Bürste von Schnurrbart, nur so breit wie die Nase,* würde dem Gesicht Züge eines *wahnwitzig Erregten* verleihen und so weiter.«

»Eine Tante von mir«, sagt Lilly verschmitzt, »hat ihm bei einem Empfang mal gegenübergesessen. Sie erzählte, der habe ein gänzlich undeutsches Gesicht, das manchmal einen richtig blöden Ausdruck annimmt, ansonsten frech und nichtssagend, aber irgendwie eiskalt ist.«

Karl lacht schallend: »Ich habe von einem ehemaligen SA-Mann das genaue Gegenteil gehört, nämlich, dass er eher ein warmer Bruder ist, ein 175er, wie so viele in seiner männerbündischen SA und Partei. Man liest ja haarsträubende Sachen über das, was es da an Skandalen gibt. Haben Sie, Herr Ludwig, eigentlich *Mein Kampf* gelesen?«

Lilly lässt Emil nicht zu Wort kommen, sondern schlägt vor, dass sie sich fortan duzen. Sie holt Sekt aus der Küche, und die drei stoßen gutgelaunt an. Anschließend schickt sie ihren Mann nach unten, um Brötchen und Aufschnitt zu kaufen. Vorsichtshalber bringt Karl noch einige Flaschen Sekt mit – als stille Reserve, wie er sagt. Die drei lassen sich den Imbiss schmecken. »Wie lautete Ihre ...?«

»Deine!« korrigiert Karl ihn mit vollem Mund.

»Ich bitte um Verzeihung. Deine! Wie lautete deine letzte Frage vorhin?«

»Ob du eigentlich *Mein Kampf* gelesen hast.«

»Du etwa?« fragt Emil. »Ich kenne im Übrigen nur Leute, die diesen Schmarren irgendwann in die Ecke geschmissen haben, weil sich das Ganze als ungenießbar erwies.«

»Ich musste mich«, erwidert Karl, »von Berufs wegen mit dem Machwerk auseinandersetzen. Wir hatten im *Vorwärts* eine Serie über das, was die Nazis eigentlich vorhaben. Über ihr Programm und anderes mehr. Wir kriegten nämlich ständig Anfragen von Lesern, die um Auskünfte baten.«

Karl hat Sekt nachgeschenkt: »Vergessen wir den Schmarren – Prosit! Aber eines interessiert mich: Bist du ihm eigentlich mal persönlich begegnet?«

»Und ob!« ruft Emil. »Nicht persönlich, aber aus der Nähe habe ich ihn erlebt. Vor einigen Wochen war das. Ich saß mit amerikanischen Journalisten im Foyer des *Kaiserhofs* zusammen, der ja inzwischen zu einer Art Parteizentrale mutiert ist, zumindest oben im sechsten Stock, den die Nazis komplett gemietet haben. Wir plauderten, bis mich die Kollegen auf ihn aufmerksam machten. Mit schlenkernden Beinen und Händen kam er in einem nagelneuen Mantel die breite Treppe herunter und spielte dabei mit der Metallstange, die man dort an die Schlüssel macht, damit man die nicht aus Versehen in die Tasche steckt, sondern unten beim Portier abgibt. Er drehte besagten Schlüssel an der Stange im Kreis herum und freute sich darüber wie ein kleines Kind. Plötzlich sah er, auf zwanzig Schritte, unsere Gruppe. Sekundenschnell ließ er die Hand herunterfallen, brachte Arme und Beine in Ordnung, setzte eine düstere Miene auf und spielte für uns den Napoleon, der, erschüttert von der eigenen Erscheinung, mit langsamen, aber festen Schritten an uns vorüberging.«

»Typisch Staatsschauspieler«, sagt Lilly und gähnt, während Karl auf die Uhr sieht und eine weitere Flasche entkorkt: »Er wird«, sagt er, »daran scheitern, dass er allen alles verspricht und kein durchdachtes Programm hat. Er schimpft auf den Marxismus, weiß aber gar nicht, was der anstrebt. Er bedient die Deutschnationalen genauso wie die Arbeiter und Sozialisten, was schon der Name der Partei dokumentiert. Unter seiner Regierung werde alles anders werden, verspricht er landauf, landab. Doch was er genau vorhat, sagt er nicht. Stattdessen bellt er die Leute an und jammert über die Revolution von 1918/19 und *Versailles*.«

»Das Wahlergebnis vom 14. September hat ihm leider recht gegeben. Der Cocktail aus trommeln, bellen, anklagen und unverbindlich bleiben hat die Nazis in den Reichstag gespült. Und was machen wir, wenn er eines Tages so stark ist, dass man ihn an der Regierungsmacht beteiligen muss?«

»Emil«, sagt Karl, »soweit wird es nicht kommen. Wir Sozialdemokraten sind ja auch noch da. Hitler in der Reichskanzlei – da antworten wir mit Generalstreik. Wie 1920 beim Kapp-Putsch.«

»Ich habe gelesen«, sagt Lilly, »dass Hitler gar kein Deutscher ist, sondern noch immer Österreicher. Da wäre es doch am einfachsten, man weist ihn aus.«

»Keine schlechte Idee«, sagt Emil. »Kein Staat sollte solche radikalen Elemente auf seinem Gebiet dulden. Und ein anderer Gedanke. *Wer Hitler wählt, wählt den Krieg* stand auf einigen Wahlplakaten. Da ist es doch naheliegend, das Ausland einzubeziehen. Wenn die Deutschen so unreif sind und den Mann zu ihrem Führer machen, der Europa in einen neuen Krieg stürzen wird, dann sollten Franzosen, Engländer, Belgier und Polen rechtzeitig einmarschieren und dem Spuk ein Ende bereiten. Das andere, aufgeklärte Deutschland wird ihnen applaudieren, wenn die neuen Alliierten durchs Brandenburger Tor einmarschieren.«

Karl legt seine Hand auf Emils Arm: »Das sind aber verwegene Gedanken, mein Lieber, die würde ich schön für mich behalten.«

»Wieso?«, fragt Emil überrascht. »Was wir brauchen, sind die Vereinigten Staaten von Europa. Dann wird es auf unserem Kontinent keine Kriege mehr geben.«

Karl holt tief Luft: »Eine Frage habe ich noch: Wäre es nicht an der Zeit, dass du uns das heute so notwendige Buch über Hitler schreibst?«

»Ich hätte beinahe geantwortet: Über den? Ein Biograph ist kein Pflichtverteidiger. Wenn ich das Leben eines Menschen darstelle, muss ich – auch wenn es sich um einen Bösewicht der Geschichte handelt – ein gewisses Quantum an Empathie aufbringen. Wie soll das bei einer innerlich so verbogenen und menschlich entleerten Figur wie Hitler gehen?«

»Du hast recht«, sagt Karl. »Und wenn das Buch über ihn fertig ist, ist er vielleicht schon in der politischen Versenkung verschwunden.«

»Denkt daran«, sagt Emil, »wenn es hart auf hart kommt: Bei uns in Moscia steht immer ein Gästezimmer für euch bereit.

Konkurs

Emils Treffen mit Lilly und Karl war ein Abschiedsbesuch gewesen. Emil fuhr in die Schweiz, um erst Monate später nach Berlin zurückzukehren. Am 25. Januar feierte er seinen 50. Geburtstag. In einem Hotel in Locarno fand ein Presseempfang statt, dazu gab es eine Feier mit geladenen Gästen. Ernst Rowohlt, der eingeladen war, sagte ab und schickte eine Kiste mit erlesenen französischen Rotweinen. Viele Zeitungen und Zeitschriften würdigten den Biographen und Publizisten Emil Ludwig.

Zwei Tage später gab es die nächste Geburtstagsparty, denn John wurde acht Jahre alt. Emil und Elga organisierten einen vielbeachteten Kindergeburtstag, der in Moscia stattfand. Eine Tombola wurde veranstaltet und überraschte die jungen Gäste immer aufs Neue mit kleinen Präsenten. Der Höhepunkt war jedoch die Aufführung eines Theaterstücks, das John und Emil gemeinsam verfasst hatten. Es handelte vom Trojanischen Pferd und seinen tapferen Insassen. Für dieses Spektakel hatte Emil Schauspielschüler aus Zürich engagiert. Das junge Publikum, das die Helden immer wieder durch Zwischenrufe ermuntert hatte, geizte am Ende nicht mit Applaus. Nach dem Abendbrot sorgte ein Taxiunternehmen aus Ascona für die Heimfahrt der Gäste. Eine Handvoll guter Freunde durfte sogar in Moscia übernachten.

Im Frühjahr reisten Emil und Elga nach Athen, wo sie Frau Schliemann aufsuchten, die Witwe des Troja-Entdeckers. Sie öffnete den beiden das Privatarchiv ihres Mannes. Auf diese Weise entstand erstmals eine Biographie, die auf unveröffentlichten Quellen basierte. Für den Psychographen eine kleine Premiere.

Inzwischen ist es Sommer geworden. Den heutigen Vormittag hat Emil damit zugebracht, im Gemüsegarten zu arbeiten. Eigentlich wollte er nur die Zutaten für einen Salat holen, als er in den Himmel blickte und beschloss, das eine oder andere draußen noch zu erledigen. Die Entscheidung wird durch das Wetter begünstigt, das für Mitte Juli recht untypisch ist. Ein frischer Wind weht vom See herüber und schiebt dunkle Wolken vor sich her. Die Sonne ist nur sporadisch auszumachen. Der von Beppo lang ersehnte Regen bleibt allerdings aus. Trotzdem ein ideales Wetter für Gartenarbeit, verglichen mit den vorangegangenen Tagen, die afrikanische Hitze im Gepäck hatten.

Emil bespricht mit Beppo die Neugestaltung der beiden Gewächshäuser. Doch die Pläne werden schnell durchkreuzt, als John nicht aufhört, von seinem eigenen Gewächshaus zu schwärmen. Das hat Emil ihm schließlich zum Geburtstag mit einem Indianerehrenwort versprochen.

Elga kommt aus dem Haus. Sie begibt sich zielstrebig zu den beiden Männern, die lebhaft erörtern, wie Johns Wunsch möglichst schnell in die Tat umgesetzt werden kann. Beppo kennt nämlich jemanden im Dorf, der sich von seinem Gewächshaus trennen will. Den wird er nach dem Mittagessen aufsuchen und alles weitere in die Wege leiten.

Emil wischt sich den Schweiß von der Stirn. Die Aktivitäten haben ihn angestrengt. Elga sieht besorgt aus: »Es ist eingetroffen, was wir schon seit Tagen befürchtet haben. Die *Darmstädter und Nationalbank* ist zusammengebrochen. Kam eben durchs Radio.«

»Die *Danat* ist immerhin die zweitgrößte Bank des Deutschen Reichs. Wenn die zahlungsunfähig ist ...«

»Ist das für uns hier schlimm?« fragt John, der genau zugehört hat.

»Nein, mein Schatz«, sagt Elga und legt den Arm ganz fest um den Jungen. »Uns in Moscia kann nichts passieren, »dafür sorgt der Papa schon!«

»Muss Papa jetzt wieder verreisen?« will John wissen.

Emil gibt seinem Sohn einen Kuss und fährt mit der Hand durch dessen blonde Haarpracht. »Ich fürchte, Rowohlts Telegramm wird nicht lange auf sich warten lassen. Ich muss wohl oder übel nach Berlin. Die Danat ist schließlich Rowohlts Hausbank.«

»Soll ich mitkommen?« fragt Elga.

»Nicht nötig. Ich bin nur heilfroh, dass wir regelmäßig Geld auf unser Konto in Zürich überwiesen haben. Da ist es sicherer als auf irgendeiner deutschen Bank.«

Als sie mit dem Mittagessen fertig sind, trifft Rowohlts Telegramm ein. Er lädt zu einer Generalversammlung ein, an der Gläubiger und Autoren teilnehmen sollen.

Zwei Tage später – es ist die Zeit der Bank-Feiertage – betritt Emil das neue Verlagsbüro in der Passauer Straße. Aus Kostengründen hat Rowohlt im Berliner Westend eine Wohnung gemietet und dabei eine deutliche Verkleinerung der Geschäftsräume in Kauf genommen.

»Er hat noch Besuch«, flüstert Fräulein Ploschitzky und blickt besorgt zur Tür, hinter der sich eine fröhliche Männerrunde zu amüsieren scheint. Immer wieder ist Rowohlts krachendes Gelächter zu vernehmen.

»Unsere neuen Bestseller-Autoren«, erklärt die Ploschitzky vertraulich. Die sollen uns retten, damit der Laden nicht bankrott macht. Nächsten Monat kriegen wir alle zwanzig Prozent weniger Gehalt. Da frage ich Sie, verehrter Herr Ludwig, wovon wir dann leben sollen. Und die Leipziger Druckerei, mit der wir jahrelang gut zusammengearbeitet haben, die hat *Väterchen*, wie viele seiner Autoren ihn nach dem letzten Herrenabend nennen, so im Preis gedrückt, dass sie pleite gegangen sind.«

Sie erschrickt, weil mit einem Mal die Tür aufspringt. Dichter Tabakqualm dringt heraus. Als Rowohlt Emil entdeckt, brüllt er: »Ah, darf ich die Gelegenheit am Schopfe packen und die Herren miteinander bekannt machen.«

Mit seiner prankenartigen Rechten ergreift er Emils linken Unterarm und dirigiert ihn sanft zu den beiden Männern: »Herr Ernst von Salomon, Autor der *Geächteten*, die sich erfreulich gut verkaufen. Und Herr Hans Fallada, der den Bestseller *Bauern, Bonzen, Bomben* gelandet hat. Tja meine Herren, dass Sie den weltberühmten Emil Ludwig vor sich haben, muss ich Ihnen wohl nicht weiter erläutern.«

Salomon, fleischiges Gesicht und Kurzhaarfrisur, schlägt tatsächlich dezent die Hacken zusammen, wobei er ein mokantes Lächeln dazugibt. Fallada hingegen ist der unscheinbare, kränkelnde Buchhaltertyp, schmalbrüstig, käsiges Gesicht mit dicker Hornbrille, der einen höflichen Diener macht. Emil erwidert die Begrüßung knapp. Rowohlt ruft den beiden im Treppenhaus nach: »Und wir sehen uns heute Abend noch!«

Emil betritt das deutlich kleiner gewordene Chefzimmer, während Rowohlt die beiden Fenster aufreißt. Er weiß, dass Emil keine Stickluft mag. Mit einem Schlag dringt der Verkehrslärm herein. Autohupen ist zu hören, unter lautem Klingeln schrammt eine Straßenbahn vorbei.

»Nun sehen Sie sich das an. Hitlers SA marschiert wieder bei uns vorbei. Heute singen sie gar nicht. Da ist ihnen wohl die Lust vergangen, weil sie nicht mehr an die Parteikasse herankommen, um neue Spenden der Großindustriellen einzuzahlen.«

Emil schweigt und sieht indigniert vor sich hin.

»Welche Laus ist Ihnen denn über die Leber gelaufen?« fragt Rowohlt und schließt die Fenster mit lautem Ruck.

Emil sieht ihn herausfordernd an: »Ich ärgere mich, dass ich gekommen bin. Was es zu verhandeln gibt, hätten wir auch in meinem Hotel erledigen können. Stattdessen konfrontieren Sie mich unter Ihrem Dach mit Schwerkriminellen und Terroristen, darunter dieser Herr Salomon, der meines Wissens zu den Rathenau-Mördern zählt. Warum der andere im Gefängnis saß, habe ich vergessen.«

»Nun beruhigen Sie sich mal, lieber Ludwig. Ich habe hier noch Champagner. Der bringt Sie wieder ins Gleichgewicht. Wollen Sie nicht? Na, denn – nur dass Sie Bescheid wissen. Die beiden Herren sind als Lektoren für mich tätig. Und da sie ihre Sache gut machen, interessiert mich nicht rund um die Uhr, warum sie auf die schiefe Bahn geraten sind. Salomon hat fünf Jahre im Zuchthaus gesessen, und zwar wegen Beihilfe zum Mord. Nicht für Mord. Neunzehn Jahre war er damals. Er kam aus einer Kadettenanstalt und landete bei einem Freicorps. Ich will überhaupt nichts beschönigen. Aber die Hintergründe sollte man mitunter im Blick behalten.«

»Ich habe keine Lust, mit Ihnen über diesen Mann zu debattieren. Warum haben Sie mich nach Berlin bestellt?«

»Gebeten, werter Ludwig, gebeten! Aber ich will Ihnen reinen Wein einschenken und nicht um den heißen Brei rumreden. Wir stehen unmittelbar vor der Insolvenz. Sie sind unser teuerster Autor. Ich habe mich immer bemüht, ihre Wünsche und Honorarforderungen zu erfüllen. Großzügiger Vorschuss, zwanzig Prozent vom Ladenpreis auf jedes verkaufte Exemplar. Aber damit muss jetzt Schluss sein. Übernahmeverhandlungen mit Sam Fischer sind gescheitert. Wenn wir großes Glück haben, wird Ullstein uns mithilfe einer Auffanggesellschaft unter seine Fittiche nehmen. Dann können wir unseren Betrieb jedenfalls fortführen. Bedingung ist aber, dass die Gläubiger – und dazu gehören eben auch die Autoren mit ihren Forderungen – vorläufig auf ihr Geld verzichten und sich mit Anteilsscheinen zufrieden geben.«

»Wie Sie wissen, verzichte ich seit geraumer Zeit auf Honorarüberweisungen und gebe mich mit Anteilsscheinen zufrieden. Nun soll ich auch noch zum Rowohlt-Großaktionär mutieren?«

Rowohlt prustet los, merkt aber schnell, dass Heiterkeit fehl am Platze ist.

»Nein, Herr Rowohlt, ich will mein Geld, das mir zusteht. *Juli 14* – haben Sie mir mehrfach bestätigt – ist ein Bestseller geworden. Überweisen Sie deshalb mein Honorar, sobald das wieder möglich ist, und zwar zu den vereinbarten Bedingungen. Bisher wurden mir meine Bahnfahrten und Hotelaufenthalte großzügig vergütet. Das sollte bei dieser Reise auch so sein.«

»Mein guter Freund, Sie haben viel Humor. Tun Sie mir den Gefallen, nehmen Sie morgen Vormittag an der Generalversammlung teil. Da werden sicherlich wichtige Weichen gestellt. Und was Ihr Honorar und etwaige Spesen angeht: Woher soll ich das Geld nehmen?«

»Von den Buchhändlern, die Sie beliefern.«

Rowohlt haut mit der flachen Hand auf den Schreibtisch, dass es einen lauten Knall gibt: »Das ist doch das Problem!«, bricht es aus ihm heraus. »Die Buchhändler zahlen kaum, nicht nur, weil auf unseren Straßen mehr als vier Millionen Arbeitslose herumlungern, sondern weil sich Ihre Bücher saumäßig schlecht verkaufen.«

»Meine Bücher!«

»Jawohl! Ihre Bücher. Nehmen Sie nur die *Geschenke des Lebens*. 40.000 Exemplare habe ich drucken lassen, und wie viele sind über die Ladentheke gegangen? 6.000! Ihr Jesus-Buch, die Lincoln-Biographie – alles Ladenhüter.«

»Dann machen Sie mehr Werbung!«

Rowohlt, der immer lauter wird, springt auf und geht zum Fenster. Er dreht sich um: »Sie Ahnungsloser! Ich habe Unsummen für Werbung ausgegeben, um Ihre Bücher wieder an den Mann zu bringen. Aber aus Ladenhütern lassen sich schlecht Bestseller machen. Ich habe versprochen, Ihnen reinen Wein einzuschenken. Das will ich hiermit tun, verehrter Herr Ludwig. Ich werde nämlich das Gefühl nicht los, dass Ihre Bücher keiner mehr lesen will.«

Stalin

»Grüezi, Herr Ludwig, wir sind uns ja lange nicht begegnet.«

»Guten Tag, Theo, ich freue mich, Sie wiederzusehen. Ich dachte schon, Sie sind zum Direktor der Schweizerischen Bundesbahnen aufgestiegen, Abteilung Restaurant-Betrieb.«

Theo grinst und legt Emil die Speisekarte vor. Sie haben sich vor gut zwei Jahren zuletzt gesehen. Der Kellner ist dicker, seine Haare sind grauer geworden: »Ich kann es ja gestehen. Ich bin einige Zeit auf anderen Strecken eingesetzt worden. Solche Veränderungen werden oben in der Verwaltung positiv vermerkt und beschleunigen die Karriere. Aber ich gehöre zu den Menschen, die wenig Ehrgeiz entwickeln. Nach einem halben Jahr war die Sehnsucht nach meiner alten Strecke so groß, dass ich um Rückversetzung gebeten habe ... Sie trinken sicherlich wieder Ihren Nostrano, der Sie auf zuhause einstimmt. Einen Boccalino? ... Sehr gern. Glauben Sie mir, eine solche Strecke wie die von Zürich nach Mailand wird nie langweilig. Unsereins hat ohnehin nicht viel Zeit, aus dem Fenster zu schauen. Aber jedesmal sieht meine Strecke anders aus. Übrigens, auf dieser Verbindung trifft man die meisten Prominenten. Gestern hatten wir den Autor zu Gast, der den weltberühmten Roman *Im Westen nichts Neues* geschrieben hat. Ich komme nicht auf seinen Namen.«

»Remarque, Erich Maria Remarque.«

»Richtig, Herr Ludwig, Sie kennen den Mann natürlich. Hier hat er gesessen, Ihnen gegenüber, und Wein hat der getrunken und Trinkgeld gegeben, da lacht ein jedes Kellnerherz.«

»Er ist gewissermaßen mein Nachbar. Er hat vor einigen Wochen ein Haus gekauft. In Porto Ronco am Lago Maggiore ... Ich glaube, ich nehme die gebackene Forelle mit dem hausgemachten Kartoffelsalat ... Sie können sicher sein, lieber Theo, wenn Hitler an die Macht kommt, ist Ihr Speisewagen voll von deutscher Prominenz. Die wollen dann alle zu uns in die Schweiz auswandern.«

Theo blickt mit geheimnisvoller Miene nach links und rechts und beugt sich, indem er die Speisekarte wieder an sich nimmt, ein wenig zu Emil hinunter: »Und Sie kommen direkt vom Genossen Stalin? Die Zeitungen waren ja voll davon. Was sagt der Kommunisten-Häuptling denn so? Fühlt er sich schon als Sieger? Millionen Arbeitslose in den kapitalistischen Ländern und ein beispielloser Wirtschaftsaufschwung in der Sowjetunion. Wenn das nicht nach Weltrevolution riecht.«

»Wir haben über die Krise gar nicht gesprochen, aber sicherlich können Sie davon ausgehen, dass er das sozialistische oder sowjetische Wirtschaftssystem für das überlegenere hält.«

»Neulich hatte ich da drüben drei Wirtschaftsbosse zu Gast, so richtige Kapitalisten mit dicker Brieftasche im Jackett und dicker Zigarre im Mund. Sie sprachen von den begehrten *Russenaufträgen*, die hier in der Schweiz wie drüben im Deutschen Reich viele tausend Arbeitsplätze sichern würden. Verrückte Welt. Die Russen kaufen Maschinen und ganze Industrieanlagen am laufenden Band. Dabei müsste Stalin jeder Arbeitslose willkommen sein, hilft der doch, die Krise zu verschärfen und damit die vielbeschworene Weltrevolution voranzutreiben.«

»Mir ging es in den zwei bis drei Stunden, die ich bei ihm im Kreml war, darum, die historische Persönlichkeit Stalin kennenzulernen, und das ist mir hoffentlich auch gelungen.«

»Da fällt mir, Herr Ludwig, die klassische Preisfrage ein: Mit wem würden Sie gern mal ein abendliches Plauderstündchen beim Wein verbringen: mit Stalin, Hitler oder Mussolini?«

»Hitler können Sie streichen, weil der keinen Alkohol trinkt, was ihn nicht unbedingt sympathischer macht. Stalin ist ein gemütliches Gegenüber, hat jedoch Probleme, seinem Gesprächspartner in die Augen zu sehen. Man glaubt es kaum, aber er macht einen schüchternen Eindruck. Vielleicht lockern ihn einige zusätzliche Wodka auf. Bleibt Mussolini, der nach einigen Gläsern Wein wahrscheinlich so viel redet, dass man gar nicht mehr zu Wort kommt. Ich entscheide mich für Trotzki, mit dem ich in den letzten Jahren mehrere gute Unterredungen hatte. Er ist ein ungewöhnlich geistreicher Mann, in dessen Gegenwart man das Weintrinken vielleicht sogar vergisst.«

»Was ich natürlich auch nicht gutheißen kann«, sagt Theo, der jetzt für einige Minuten in der Küche verschwindet. Kurz darauf serviert er den Wein, den Emil – wie schon so oft – zuvor für gut befunden hat. Dann kommt er mit Geschirr und Besteck zurück.

»Dabei ist Trotzki doch der Mann«, sagt Theo, »der die russische Revolution vor vierzehn Jahren gemacht hat, wenn ich die Sache richtig sehe.«

»Völlig korrekt, zusammen mit Lenin natürlich.«

»Den habe ich in Zürich mal gesehen. Im Krieg war das, als mich eine gute Bekannte mit zu einer Kundgebung über den sofortigen Frieden in

Europa geschleppt hat. Lenins Frau, die Krupskaja hat auch gesprochen. Ob er was gesagt hat, weiß ich nicht mehr. Ich weiß nur noch, dass meine Bekannte mich gefragt hat, ob ich Zeit hätte, mit ihr nach Hause zu kommen. Ihre Eltern wären verreist. Das wurde dann ein wunderbarer Nachmittag.«

»So haben Sie ein wertvolles Stück Weltgeschichte verpasst. Und hier in Zürich, wo wir unbegreiflicherweise noch immer stehen – Ah, jetzt ertönt der Pfiff und nun noch einer, und schon rollen wir in Richtung Süden – Der Wein ist übrigens exzellent wie immer. In Zürich hat Lenin während des Krieges gewohnt.«

»In der Spiegelgasse. Und er ist mit diesem Sonderzug, den ein Kollege von mir noch gesehen hat, zur deutschen Grenze gebracht worden, um ohne Kontrolle durch das Reichsgebiet zu fahren und in Russland die Revolution durchzuführen. Auf Bestellung von Ludendorff und Hindenburg, wenn Sie so wollen.«

Emil sieht nach draußen: »So ist es, und vierzehn Jahre später setzt das einst so rückständige Land zum Sprung in die Industriegesellschaft an, und diese Revolution ist mit Stalins Namen verbunden. Lenin ist seit sieben Jahren tot, Trotzki aus Russland verbannt ... Bringen Sie mir zum Essen noch ein stilles Wasser.«

»Was ist das eigentlich für ein Gefühl, wenn man mit einem solchen Tyrannen an einem Tisch sitzt und plaudert. Eigentlich ist er ja ein Massenmörder, der Millionen von Menschen umgebracht hat. So stand es jedenfalls vor ein paar Tagen in der Zeitung. Dieser Herr Stalin lässt die Landbevölkerung gezielt verhungern. Er verfolgt gnadenlos seine politischen Gegner, und wenn er sie nicht gleich erschießt, werden sie in Schauprozessen abgeurteilt und hinterher erschossen.«

Theo hat sich in Rage geredet. Es wird Zeit, sich um andere Gäste zu kümmern, von denen einige schon ungeduldig werden: »Komme sofort!« – »Bin gleich für Sie da!« ruft er mehrfach durch den inzwischen ratternden und rollenden Restaurantwagen.

Nun ist es Emil, der ungewöhnlich lange auf seine Forelle warten muss. Als sie endlich serviert wird, hat Theo den Salat vergessen, den er kurz darauf nachreicht. Etwas abgehetzt fügt er hinzu: »Sie sind mir hoffentlich nicht böse. Das war natürlich kein Vorwurf, das *mit dem Tyrannen gemeinsam am Tisch sitzen*.«

»Wo denken Sie hin, Theo! Die Frage ist berechtigt. Ich will Ihnen auch gern antworten, habe nur noch den Kampf gegen diese ausgesprochen widerspenstige Forelle zu bestehen, die sich nicht so einfach filetieren lässt.«

»Komme sofort!« ruft Theo einem ungeduldigen Herrn zu und lässt Emil allein. Der hat den Kampf inzwischen gewonnen, hat den Fisch von seinem Rückgrat befreit und ist schließlich damit beschäftigt, die zerlassene Butter über das zarte Fleisch zu träufeln.

Wie immer steht Beppo pünktlich vor dem Bahnhof in Locarno. Er hat sich bereits um das Gepäck gekümmert und ruft über das Autodach hinweg: »Gott sei Dank, Chef, dass wir Sie wiederhaben. Steht ja dieser Tage in allen Zeitungen, dass Sie in der Höhle des Ungeheuers waren.«

»Nun mach mich mal nicht zum Helden, der den Lindwurm getötet hat. Und vor allem: Gib Gas, ich will nach Hause. Ein scheußliches Wetter ist das. Dazu dieser kalte Wind. Gibt es was Neues?«

»Ihre Frau hat einen Tannenbaum gekauft, der im Kaminzimmer bis zur Decke reicht. Ich habe ihn so befestigt, dass er nicht umfallen kann, wie im letzten Jahr, als Othello ihn umstieß. Aber der Hund war ja noch jung. John ist bereits furchtbar aufgeregt.«

»Hast du schon alle Weihnachtsgeschenke besorgt?«

»Bin noch mittendrin. Drei Tage haben wir ja noch. Ich werde den Heiligen Abend dieses Jahr wieder bei meiner Mutter feiern.«

»Zum Weihnachtsessen am zweiten Feiertag kommst du aber zu uns!«

»Gern, Chef. Sie haben übrigens Besuch bekommen. Ein Überraschungsgast. Ich darf aber nichts verraten.«

»Besuch aus Berlin?«

»Wird nicht verraten!«

»Weiblich oder männlich?«

»Chef, ich habe beim heiligen Stalin geschworen, nichts zu verraten. Deshalb erzählen Sie mir lieber was von der Höhle des Löwen!«

»Der Kreml gleicht eher der Höhle des russischen Bären, denn mit dem hat Stalin eine gewisse Ähnlichkeit. Alles was er macht, ist schwer und langsam. Sein Gang ist schwer, sein Blick, und wenn er lacht, ist es ein dunkles, dumpfes und langsames Lachen, ein Lachen vor sich hin. Und er lacht durchaus und macht keineswegs einen düsteren Eindruck.«

»Aber sein Gesicht ist voller Narben.«

»Du meinst Pockennarben. Ich kenne das Gerücht, kann es aber nicht bestätigen.«

»Und die Geschichte mit den fünf Autos, in denen er unterwegs ist, um Attentätern das Leben schwerzumachen? Und dass er jeden Morgen durch ein anderes Kreml-Tor fährt?«

»Kann ich nicht bestätigen. Es gab bei unserem Besuch keine besonderen Sicherheitsvorkehrungen. Am Kremltor ließ man sich das Einladungsschreiben zeigen, telefonierte kurz, und schon konnten wir fahren. Wir wurden zu einem neueren Gebäude geführt, in dem Regierungsstellen sitzen, passierten zwei längere Gänge, die mit einfachem rotem Teppichboden ausgelegt sind, mussten durch zwei Räume und betraten Stalins Arbeitszimmer, das sehr schlicht eingerichtet ist. Ein großer Schreibtisch mit den vier, fünf obligatorischen Telefonen, die ich bisher bei vielen Diktatoren gesehen habe. Dazu zwei Bilder an den Wänden, einmal Lenin und ihm gegenüber Marx. Dann der lange Konferenztisch mit sechzehn Stühlen, an dem wir und der Dolmetscher gesessen haben. Stalin ist ein zurückhaltender Mann, was daran liegen kann, dass er wenig mit Ausländern, insbesondere Westeuropäern, zu tun hat. Er sieht sich als Kaukasier, Georgier oder Asiat. Die einzige europäische Fremdsprache, die er beherrscht, ist Russisch. Zwei Charaktereigenschaften scheinen ihn auszuzeichnen: Geduld und Misstrauen, und er scheint von Natur aus eine gewisse Gutmütigkeit mitzubringen. Er ist der erste Diktator, dem ich meine Kinder anvertrauen würde.«

Als er das Vestibül betritt, fliegt sie ihm mit einem Aufschrei entgegen. Sie schluchzt und weint und umarmt ihn. Isolde kennt kein Halten mehr: »Wie gut, dass du endlich gekommen bist«, ruft sie wieder und wieder.

Er zieht sein seidenes Ziertuch aus der Jackettasche und wischt ihr die Tränen aus dem Gesicht. Er drückt ihr einen langen brüderlichen Kuss auf die Stirn und lächelt sie aufmunternd an, was sie allmählich zur Ruhe kommen lässt.

Elga steht in der Tür zum Kaminzimmer und beobachtet die Szene mit mildem Blick. Sie geht ein paar Schritte und stellt sich neben Friderike und Bertha, die ihre Mutter so noch nicht erlebt haben. Die beiden Mädchen, mittlerweile zwanzig und sechzehn Jahre alt, stehen seitlich neben der Tür zur Küche. Sie sind vor Verlegenheit wie erstarrt. Sie beneiden ihre Schwestern Oktavia und Julia. Die sind längst verheiratet und damit den familiären Verpflichtungen sowie der Enge von Schloss Weidenthal entflohen.

Die Tränen sind getrocknet und machen einem Redeschwall Platz: »Es ist so gut, dass du da bist. Sag, dass ich einige Zeit bei euch bleiben kann.

Elga hat keine Einwände. Ihr glaubt ja gar nicht, was ich durchgemacht habe. Und dann die beiden Mädchen, die doch alles mitbekommen haben. Aber ich bin eine moderne Mutter und habe keine Geheimnisse vor meinen Töchtern. Stellt euch vor, er will jetzt endgültig zu der anderen ziehen. Wir drei sollen Weihnachten allein auf Schloss Weidenthal verbringen. Oktavia und Julia sind versorgt, das wisst ihr ja. Und – das muss ich nicht besonders betonen – die Mädchen stehen natürlich auf meiner Seite.«

Emil unterbricht sie sanft: »Natürlich bleibt ihr drei hier in Moscia, auf Schloss Moscia, solange ihr wollt. Fühlt Euch wie zuhause. Aber jetzt muss ich mich erst einmal setzen und ein bisschen aufwärmen. Hier unten ist es nämlich viel zu kalt. Wir gehen am besten nach nebenan und trinken Tee oder Kaffee oder heiße Schokolade, bis wir gerufen werden, ins Esszimmer zu kommen, wo ein spätes Mittagessen oder ein frühes Abendbrot auf uns wartet.«

Elga öffnet die Tür zum Kaminzimmer: »Wir lassen euch allein!« ruft sie und geht mit Friderike und Bertha in die Küche, wo italienische Rezepte ausprobiert werden. Speisen, Zutaten und Gewürze, von denen die jungen Frauen aus Schlesien noch nie etwas gehört haben. Als sie den beiden das berühmte Kochbuch von Brillat-Savarin, *Physiologie des Geschmacks*, vorstellt, das Emil 1913 neu übersetzte und im Leipziger Insel Verlag herausbrachte, beflügelt das die gute Vorweihnachtslaune. Die wird noch gesteigert, als Elga für kurze Zeit verschwindet, um gleich darauf sowohl Friderike als auch Bertha ein Exemplar in die Hand zu drücken.

»Wenn ihr wollt«, sagt Elga, »könnt ihr euch das Buch ja vom Übersetzer signieren lassen.«

Das wollen die beiden auf jeden Fall, doch nicht jetzt, da Mama und Onkel Emil wichtiges zu besprechen haben. Die sitzen im Kaminzimmer und trinken schwarzen Tee mit Zitrone und einem Schuss Calvados.

Isolde ist mitten in ihrer Erzählung: »Als Dedo mich zehn Tage vor Weihnachten plötzlich fragte, ob er mich sprechen könnte und ich ihn ins Herrenzimmer begleiten sollte, wusste ich, dass es ernst wurde. Entweder gestand er mir eine neue Geliebte, oder er teilte mir mit, dass er der NSDAP beigetreten sei. Egoistisch wie ich bin, dachte ich nicht an Deutschlands Wohl, sondern hoffte auf Letzteres, wurde von Germania aber grausam widerlegt. Er hat ein Verhältnis zu einer jüngeren Frau, zu einer Offizierswitwe, deren Mann 1918 ganz zum Schluss noch gefallen ist. Sie arbeitet als Sekretärin in der Geschäftsstelle des Kreisbauernbundes, dessen Vorsitzender Dedo ist. Im Nachhinein wunderte es mich gar nicht mehr, warum er so selten nach Berlin musste, wo seine Beziehungen zu anderen Frauen so oberflächlich waren wie die ganze Stadt. Stattdessen hatte er zunehmend in Wohlau zu tun, um dort für das Wohl des Kreisbauernbundes zu wirken. Die Arbeit nahm ihn derart in Anspruch, dass er dort immer öfter übernachtete, obwohl der Weg von Schloss Weidenthal in die Kreisstadt nicht besonders weit ist. Die Wege sind auch besser als damals, als du bei uns warst. Wir standen also im Herrenzimmer, und er erklärte mir die ganze Ernsthaftigkeit seiner neuen Beziehung. Von großartiger Frau war die Rede, die ich unbedingt kennenlernen müsste, ohne dass das Wort Scheidung fiel. Ich spürte, wie mir mit jeder Verlogenheit und Zumutung der Boden unter den Füßen weggezogen wurde.«

Sie hat sich aus dem Etui eine Zigarette genommen. Emil gibt ihr Feuer. Ihre Blicke schweifen für kurze Zeit im Raum umher, als suche sie etwas. Dann bläst sie den Qualm weit von sich und fährt fort: »Als er mit seiner Schwärmerei zu Ende war, brach ich zusammen, eine Gelegenheit für meinen Gatten, seine Ritterlichkeit unter Beweis zu stellen. Der alte Doktor Krumhügel wurde herbeitelefoniert, und der diagnostizierte, was ich seit einigen Stunden ebenfalls wusste: dass ich auf Schloss Weidenthal verkümmert war. Ohne an mich zu denken, hatte ich vier Töchter großgezogen, damit sie befähigt wurden für ihre wichtigste Lebensaufgabe, nämlich die, an der Seite eines Mannes dessen Ansprüche und Begierden zu erfüllen. Krumhügel empfahl Italien. Sonne und Wärme des Südens wären gut gegen die Überreizung der Nerven. Als er weg war und Dedo sich aufmachte, nach Wohlau zu fahren, um dort mutmaßlich Meldung zu machen, dass die Ehefrau kein besonderes Hindernis mehr darstellte, fiel mein Blick auf die Schlesische Zeitung. Sie lag auf dem Tisch. Dedo hatte einen Artikel mit rotem Stift markiert – immer ein Zeichen seiner Missbilligung, wenn nicht Empörung. Ich war doch einigermaßen erstaunt, als ich deinen Namen auf der ersten Seite entdeckte. So erfuhr ich, dass du in Moskau warst und mit Stalin gesprochen hattest. Ich beschloss, Elga anzurufen – und den Rest kennst du.«

»Die beiden Gästezimmer werden zur Zeit nicht gebraucht. Da könnt ihr vorläufig bleiben. Wenn es nötig wird, besorgen wir euch in Ascona oder Locarno eine Wohnung. Wir müssen uns nur rechtzeitig darum kümmern, da der Ansturm aus Deutschland auffällig zugenommen hat.«

»Dedo vertritt die Auffassung, das nächste Jahr werde die Entscheidung bringen, und zwar in seinem Sinne. Hitler wird im Frühjahr zum Reichspräsidenten gewählt. Er schickt Hindenburg in den wohlverdienten Ruhestand. Dann gibt es im Sommer Neuwahlen, die natürlich der NSDAP zur absoluten Mehrheit im Reichstag verhelfen. Hitler setzt einen seiner Leute zum Kanzler ein oder besser: Er übernimmt den Posten gleich mit. Dafür bildet er eine Regierung der nationalen, will sagen: deutschnationalen Kräfte, was heißt: Fachleute, die ein Ende der Krise in die Wege leiten. Wenn es nach Dedo ginge, würde der Kronprinz das Präsidentenamt übernehmen und Hitler die Regierung bilden. Dedo weiß auch ganz genau, wie man Hitler zähmen und an der kurzen Leine laufen lassen kann: durch eine starke Stellung der Militärs.«

Emil blickt sie nachdenklich an: »Da hast du den wahren Grund, warum man in Locarno nicht ohne weiteres eine Wohnung bekommt.«

»Ach, Emil. Ich überlege, ob ich mit meinen beiden Jüngsten nicht gleich in die USA auswandere. Du glaubst ja nicht, wie es in der deutschen Provinz aussieht, insbesondere in der niederschlesischen. Schon 1921 gab es Schmierereien an Schaufenstern: *Kauft nicht bei Juden!* Die deutsch-völkischen Kreise sind seit den frühen 20er Jahren aktiv und hetzen vor allem gegen Juden. Jüdische Viehhändler oder Tierärzte werden von den Bauern boykottiert, weil die Völkischen in Flugblättern dazu aufrufen. Nachdem Hitler die NSDAP im Februar 1925 neu begründet hatte, begann eine systematische Durchdringung der schlesischen Provinz. NS-Ortsgruppen und sogenannte Stützpunkte wurden gebildet. Die braune Bewegung hat ein Netz über die ländlichen Regionen geworfen: straff organisiert und gesteuert von der Münchener Zentrale. Die Leute sind politisch infiziert und haben eigentlich nur eines: Angst. Angst vor Arbeitslosigkeit, vor Armut und Abstieg, Angst vor Inflation und vor der Zukunft.«

Emil stimmt zu: »Angst vor der Freiheit hast du noch nicht genannt. Stattdessen setzen die Deutschen lieber auf Ordnung und auf den langgehegten Untertanengeist.«

»Vater hat damals, als wir jung waren, eine Namensänderung für uns durchgesetzt. Ich habe das Gefühl, es ist wieder an der Zeit, sich hinter einem neuen Namen zu verstecken. Ich heiße Isolde von Zornberg, was mir allerdings auch nicht viel nützt. Ich betrete vor Kurzem in Breslau ein Geschäft für Damenmoden. Mehrere Kundinnen stehen zusammen und tuscheln, als ich mich umsehe, bis eine Dame sich aus der Deckung wagt und auf mich zukommt. Sie sagt: *Sind Sie nicht die Tochter des Augen-Cohn. Dann sind Sie ja Jüdin. Ich glaube allerdings nicht, dass Sie hier etwas finden werden. Denn dies ist ein deutsches Geschäft.* Schweigen – dann erneutes Getuschel und Blicke zur Geschäftsinhaberin, bei der ich schon seit Jahren kaufe. Die kommt zielgerichtet auf mich zu und sagt: *Gehen Sie bitte, es ist besser so, bevor es Unannehmlichkeiten gibt.* So ist die Stimmung in Deutschland, lieber Bruder. Vielleicht passiert einem das bei Stalin nicht.«

Emil nimmt die Calvados-Flasche, zieht den Korken heraus und fragt: »Möchtest du? Dieser Calvados schmeckt auch ohne Tee.«

Isolde bejaht. Er füllt die beiden Gläser, was mit einem vertrauten Glucksen einhergeht, drückt den Korken wieder fest auf den Flaschenhals und schnuppert an seinem Glas: »Wohlsein!« sagt er. Sie stoßen an und trinken ein wenig.

»Und hat Dedo sich aufgeregt über meinen Besuch beim ideologischen Erbfeind?«

»Furchtbar. Aber das Ganze war inszeniert. Der Zeitungsartikel kam ihm gerade recht, um sich über die Familie zu empören, in die er hineingeheiratet hat.«

»Hast du den Artikel gelesen?«

»Ja, aber der Bericht war zu oberflächlich. Deine Fragen fand ich gut, teilweise mutig, denn welcher Tyrann lässt sich gern aus der Reserve locken.«

»Aber das wird mir ja vorgeworfen, dass ich den Mächtigen Europas zu viel Raum für eine Selbstdarstellung biete. Aber es gibt Fragen, die stellt man in einem solchen Gespräch nicht.«

»Zum Beispiel?«

»Dass Lenin die Partei kurz vor seinem Tod in einer Art Testament vor Stalin gewarnt hat. Der allerdings war inzwischen so mächtig, dass die Leninsche Warnung keine Wirkung mehr entfalten konnte.«

»Man wirft dir vor – übrigens auch mein Gatte –, dass du mit einem politischen Verbrecher gemütlich geplaudert hast.«

»Erstens habe ich ihn auf die Grausamkeit seiner Regierung im Kampfe gegen seine Feinde angesprochen und habe auch die Angst der Bevölkerung vor der Sowjetmacht nicht weggelassen. Er erklärte mir beides ausführlich, und ich registriere das, indem ich mich mit dem Gedanken tröste, dass es in der Weltgeschichte selten ohne Gewalt abgegangen ist. Moralisch ist damit nichts gewonnen, aber Terror und Diktatur gewinnen zweitens eine andere Qualität, wenn sie bei der Verwirklichung einer großen Idee ausgeübt werden.«

»Trotzdem: Was ist das für ein Mensch?«

»Viele Frauen und Männer werden ihn fürchten, aber kein Kind und kein Hund. Früher hätte man ihn als Landesvater bezeichnet. Er hat schöne Hände, was für viele Diktatoren zutrifft, und – was mir besonders auffiel – er hat in den zwei, drei Stunden, die ich bei ihm war, fast ohne Unterbrechung gezeichnet, vor allem dann, wenn der Dolmetscher übersetzte. Mit einem roten Bleistift malte er rote Kreise, Zahlen und Arabesken auf Papierbögen. Im Laufe der Zeit wurden zahlreiche Bögen mit diesen Zeichnungen bedeckt. War ein Bogen voll, holte er sich von der Mitte des Tisches, wo ein kleiner Papierstapel lag, einen neuen.«

»Wie deutest du dieses Verhalten?«

»Verlegenheit und Bändigung einer inneren Unruhe. Aber du fragst nach dem Menschen. Er ist ein einsamer Mann, den weder Geld noch Genüsse noch Ruhm verführen. Ihm fehlt die innere Heiterkeit der Seele. Wie man hört, lebt er uneigennützig. Wahrscheinlich eine Art Kleinbürgerexistenz. Sein Ziel ist nicht die Macht, sondern der Sieg über seine Feinde.«

»Das wird meinen Gatten, den Herrn Dedo von Zornberg, wohl nicht beeindrucken. Er wünscht sich den politischen Übermenschen mit dem Willen zur Macht. Und er bedauert, wie er mir in einer stillen Stunde gestanden hat, dass du bisher keine Gespräche mit Mussolini geführt hast. Es fahren so viele Leute nach Rom und bitten um eine Audienz beim Faschisten-Führer, da solltest du nicht fehlen, meint mein Gatte.«

»Erstens habe ich Mussolini schon zweimal getroffen und darüber auch geschrieben. Und zweitens sollte Dedo sich bis zum 23. März gedulden.«

»Du bist doch nicht etwa beim Duce? Emil, du ramponierst deinen guten Ruf. Das werden dir die demokratischen Kräfte nie verzeihen!«

Mussolini

Am Mittwoch, dem 23. März, einen Tag vor Gründonnerstag, wird er sein erstes Gespräch mit Mussolini führen. Emil reist nach Rom. Zuvor allerdings geht es nach Wien. Dort hält er im Deutschen Volkstheater die Festrede zur Goethefeier. Deutschland und die Welt gedenkt des 100. Todestages des Weimarer Dichterfürsten.

Der Applaus ist üppig, die Pressemeute wohlmeinend. Emil ist an diesem Sonntagabend eine gefragte Persönlichkeit. Er muss Auskunft geben über seinen neuen Verlag, den 1924 in Wien gegründeten *Paul Zsolnay Verlag*, der sich innerhalb weniger Jahre zum führenden Verlag für Belletristik entwickelt hat. Hier wird in einigen Monaten seine Schliemann-Biographie erscheinen. Sein *Goethe* ist als einbändige Ausgabe bereits im letzten Jahr herausgekommen. Die Feierlichkeiten sind gerade vorbei, da besteigt Emil bereits den Nachtzug nach Rom.

Zuhause in Moscia ist inzwischen der Telegrammbote mit dem schweren Motorrad vorgefahren, einer Maschine, die jedes Mal John auf den Plan ruft. Wie schon so oft, darf er auch heute auf den Fahrersitz klettern und die Vorstellung genießen, später einmal Motorradfahrer zu werden. Othello, der sich ebenfalls an der Gartenpforte eingefunden hat, sieht dem Ganzen gelassen zu. Nach wenigen Minuten knattert die Maschine wieder davon, und John und Othello bringen die Depesche ins Haus.

»Für dich«, sagt Elga, die mit Isolde auf der Terrasse den Vormittagstee einnimmt.

»Ich ahne was«, sagt Isolde, »bitte öffne du!«

»Es ist aber an dich gerichtet.«

»Bitte!« sagt Isolde mit flehendem Ton.

Elga beruhigt sie: »Vielleicht ist diese Botschaft so schön wie dieser Vormittag.« Sie öffnet das Telegramm und lächelt. Sie reicht es an die Freundin weiter, die murmelnd vorliest: *Ankomme heute Abend. Ich liebe euch.*

»Dieser Schuft«, platzt es aus Isolde heraus, die sich umgehend einige Tränen aus dem Gesicht wischt.

»Gib ihm eine Chance«, sagt Elga und legt ihre Hand auf Isoldes Arm, der leicht zittert: »Ich will ihn nicht sehen, und die beiden Mädchen wollen das auch nicht. Ich bin heute Abend im Konzert in Locarno.«

Elga nickt: »Lass mich das mal machen. Ihr geht ins Konzert und anschließend ins Hotel. Dort liegt eine Nachricht von mir. Auf der steht entweder: *Bis morgen*, dann nehmt ihr euch zwei Zimmer. In diesem Falle werde ich Dedo bitten, das Haus zu verlassen. Oder die Nachricht lautet: *Kommt*! In dem Fall nehmt ihr ein Taxi und macht euch auf den Weg hierher. Dann wird Versöhnung gefeiert«

Was folgt ist schnell erzählt. Nach dem Konzert reißt Isolde dem Portier den Zettel aus der Hand. Auf dem steht: *Kommt*!

Dedo war am frühen Abend in Moscia eingetroffen. Enttäuscht musste er feststellen, dass außer John und Beppo, die im Garten beschäftigt waren, nur Elga anwesend war. Die allerdings hatte ein großes Vergnügen daran, ihn auf die weibliche Folterbank zu spannen. Das begann damit, dass sie schwieg. Verunsichert blickte Dedo sich um: »Ist Emil nicht da?« fragte er.

»Nein«, antwortete Elga lakonisch.

»Wo ist er denn gerade, im Garten vielleicht?«

»Es ist einige Tage in Rom, bei Mussolini.«

Dedo zuckte zusammen: »Ist das ein Scherz?«

»Wieso sollte ich? Mit Mussolini scherzen wir nicht!«

»Ach so!« sagte er gedehnt. »Und wo ist Isolde?«

»Die ist nicht im Haus, sie ist ausgegangen. Ich glaube, sie ist in einem Konzert. Sie wird morgen sicherlich wiederkommen.«

»Morgen! Habt ihr denn mein Telegramm nicht erhalten?«

»Ein Telegramm? Ach so, das Telegramm. Ja, erhalten hat sie wohl eines, aber ob sie es gelesen hat?«

So ging es noch eine Weile weiter. Dann war Dedo am Ende seiner Kraft: die vergangenen Wochen, die lange Zugreise, der leere Magen, die vielen Zigaretten – ebenso verzweifelt wie theaterreif kniete er vor Elga nieder, fasste ihre Hände und sprach mit erstickter Stimme: »Elga, bitte, du musst mir helfen. Ich möchte meine Frau und meine Töchter wiedersehen. Es tut mir alles, was ich getan habe, so unendlich leid. Diese andere Frau – sie spielt in meinem Leben überhaupt keine Rolle mehr. Ich möchte Isolde und die Mädchen gern zurückholen und – wenn möglich – an unser früheres glückliches Leben wieder anknüpfen.«

Elga führte daraufhin ein längeres Gespräch mit Dedo, der schließlich in aller Ausführlichkeit berichtete, welches Martyrium er seit der vergangenen Weihnachtszeit durchgemacht hatte. Dabei fiel es Elga nicht immer leicht, ein befreiendes Lachen zu unterdrücken, war doch Dedos Leidenszeit mit unfreiwilligem Humor garniert. Am Ende erörterten beide, wie Isolde zu ihrem Ehemann wieder Vertrauen gewinnen könne. Dabei galt es zu überlegen, wie das gesellschaftliche Leben auf Schloss Weidenthal wieder Einzug halten konnte.

Als Emil eine Woche später heimkehrt, empfängt Elga ihn mit leidenschaftlichen Küssen. Dann lächelt sie ihn geheimnisvoll an. Doch Emil ist längst im Bilde: »Ist Dedo gekommen?«

»Wie kommst du darauf?« fragt eine verblüffte Elga.
»Weil sein Mantel an der Garderobe hängt!«
»Du solltest Detektiv werden.«
»Bin ich doch. Sechs Tage habe ich versucht, Mussolini auf die Schliche zu kommen. Sind meine Briefe nicht eingetroffen? Ich habe dir dreimal geschrieben.«
»Ein einziger. Wahrscheinlich hat die italienische Geheimpolizei über Ostern alle Hände voll zu tun gehabt. Du hast aber Post aus Wien bekommen. Ich habe mir erlaubt, einen Blick auf die Zeitungsausschnitte zu werfen. Dein Goethe-Vortrag ist mit großem Lob bedacht worden. Insbesondere deine These, in Deutschland würden nach Goethe Geist und Staat keine Einheit mehr bilden, hat in Österreich beeindruckt.
Emil gibt ihr einen Kuss: »Aber das müssen wir nicht in der Empfangshalle verhandeln. Lass uns auf die Terrasse gehen, das Wetter ist so frühlingshaft warm.«
Maria bringt Tee und etwas Gebäck nach draußen. Elga hat ihre Sonnenbrille aufgesetzt und sich im Liegestuhl niedergelassen. Emil zieht einen der bequemen Gartenstühle heran und setzt sich zu ihr. Er zündet sich eine Zigarre an: »Nun? Hat es am Ende ein Happy End gegeben?«
»Hat es«, antwortet Elga amüsiert. »Sie haben sich ausgesöhnt und verbringen bei uns so etwas wie verspätete Flitterwochen. Jetzt sind sie in Locarno – einkaufen. Zum Abendessen wollen sie zurück sein. Dedo kann es gar nicht erwarten, von dir Mussoliniana zu hören. Wie er mir gestern erzählte, wäre er so gern mit zur Audienz gekommen. Der Abend steht also ganz im Zeichen deiner Rom-Reise.
Doch zurück zu Dedo und Isolde: Sie haben wieder zueinandergefunden, wobei ich einige Abende den Seelsorger spielte. Die Hauptrolle in dieser tragischen Komödie spielt jedoch keine Geringere als Oktavia von Moltke, Deine älteste Nichte mit dem ach so bedeutungsschweren Nachnamen, auch wenn die Verwandtschaft zum großen Feldherrn nur eine entfernte ist. Wann immer wir in Weidenthal zu Besuch waren oder mit Familie Zornberg anderswo zusammentrafen – wir waren beide von Oktavia beeindruckt. Eine junge couragierte Frau, eloquent, geistreich und standesbewusst, die überdies eine mutige Reiterin ist und im Galopp mühelos über Zäune und Gräben setzt. Die nicht Auto fährt, ohne eine gewaltige Staubwolke zu hinterlassen.
Sie kreuzt also, nachdem Isolde zusammen mit den jüngeren Schwes-

tern Weidenthal verlassen hat, ebendort auf. Hochschwanger und im eigenen Sportwagen. In der Küche trifft sie ausgerechnet auf *die Person*, die arme Offizierswitwe, die gewissermaßen corpus delicti abgibt. Oktavia schmeißt die Frau kurzerhand hinaus und liefert sich anschließend ein lautstarkes Wortgefecht mit ihrem Vater, der, wie er versichert, mehr als einmal besorgt auf den kugelrunden Bauch seiner Tochter geblickt hat. Oktavia erklärt dem zunehmend demoralisierten Vater, dass, wenn er sich nicht sofort von *dieser Person* trenne, die Familie sich von ihm lossagen werde, und zwar öffentlich im *Wohlauer Landboten*. Es werde überdies kein Weihnachtstreffen der Familie geben, keinen Neujahrsempfang, und Dedo werde von seinem neuen Enkelkind allenfalls aus der Zeitung erfahren.

Daraufhin fliegt die Tür mit lautem Krach zu, und draußen heult der Motor des Sportwagens auf. Das Szenario – es kommt wie angedroht. Entgegen aller Tradition bleibt die Familie in toto dem Fest am zweiten Weihnachtstag fern. Dedo und die arme Offizierswitwe sitzen allein an der langen Tafel, während der alte Diener Kleinke stumm serviert. So geht es weiter. Dass Oktavia von einem gesunden Knaben entbunden wurde, erfährt Dedo von einem Gutsnachbarn, der die Gelegenheit nutzt. Unter einem fadenscheinigen Grund sagt er die vom Schloss Weidenthal alljährlich ausgerichtete Treibjagd Mitte Januar ab. Damit nicht genug: In den kommenden Tagen flattert Absage auf Absage ein. Mitte Februar ist es um Dedos Nerven so schlecht bestellt, dass der alte Doktor Krumhügel herbeigerufen werden muss. Zwei Wochen später steht ein Treffen des Kreisbauernbundes ins Haus. Im wahrsten Sinne des Begriffs, denn in der Regel tagt man auf Schloss Weidenthal und wird dort opulent bewirtet. Zur Erleichterung aller tritt Dedo vom Amt des Vorsitzenden zurück. Was Krumhügel nicht schafft, das schafft schließlich die arme Offizierswitwe. Sie beendet die Beziehung zu Herrn von Zornberg, der sich seitdem auf dem Weg der Besserung befindet.«

»Wundervoll. Das ist ein idealer Stoff für unseren Gerhart Hauptmann, der übrigens auch schon mal bei Mussolini war, womit wir beim Thema wären. Ich werde nach dem Abendbrot erzählen.«

Man hat sich im Kaminzimmer versammelt. Auch John sowie Friderike und Bertha sind dabei. John berichtet, dass auf seinem Gymnasium in Bellinzona fast alle älteren Schüler für den Faschismus und den Duce schwärmen würden.

»Bevor du medias in res gehst, lieber Schwager: Stimmt es, dass ihn unzählige Leute aufsuchen und er täglich Audienzen abhält?«

»Stimmt! Und das seit Jahren! Die meisten prominenten Ausländer sind Deutsche. Der Caesar in Rom übt eine große Anziehungskraft aus, bildet seine Herrschaft doch so etwas wie ein positives Gegenbild zu den bedrückenden Verhältnissen in Deutschland. »Und hast du ihn gefragt, was dieser Aufwand soll?«

»Das brauchte ich nicht. Ich wusste es genauso wie meine Leser, die demnächst meine Gespräche mit Mussolini kennenlernen können. Und du weißt es auch: Propaganda nennt man solche Aktionen. Seine deutschen Gäste sind in der Regel entzückt von seiner Herzlichkeit und Menschlichkeit. Im persönlichen Gespräch ist er ganz anders, als wenn man ihn auf einer Massenveranstaltung oder im Kino erlebt. Er lässt das Bild vom guten Diktator entstehen, das der deutsche Besucher eilfertig nach Deutschland transportieren soll.«

»Wo fand das Gespräch statt?« will Isolde wissen.

»Die Audienzen finden im Palazzo Venezia statt. Hier residiert er seit 1929. Das ist seine Machtzentrale. Sein Arbeitszimmer befindet sich im Sala del Mappamondo. Dieser mit Renaissancefresken verzierte Saal ist 18 Meter lang, 15 Meter breit und 12 hoch. Er ist fast vollkommen leergeräumt, bis auf einen gewaltigen Schreibtisch, der in der hinteren Ecke des Saales steht. In der Mitte des Raumes stößt der Besucher auf ein fast lebensgroßes Mosaik im Fußboden. Nackte Frauen und Kinder sind dargestellt, darunter die Abundantia, die Göttin des Überflusses, um die ich jedesmal einen kleinen Bogen machte, um sie nicht zu treten – Friderike und Bertha, warum kichert ihr?«

Dedo gibt sofort eine Erklärung: »Weil du von unbekleideten Wesen gesprochen hast, lieber Schwager. Wir kommen aus der deutschen Provinz. Da kennt man so was noch nicht. Wird Zeit, dass ich meinen Töchtern Berlin mal zeige.«

»Dedo!« ruft Isolde empört. »Ich bitte dich!«

»Ich erzähle lieber weiter«, unterbricht Emil. »Von dem wuchtigen Schreibtisch war die Rede. Von ihm aus regiert er. Der Besucher betritt den Raum und muss ihn in der Diagonale durchschreiten. Zum Problem gerät da der spiegelblanke Marmorboden, der schnell zur Herausforderung wird.«

»Schaff dir Gummisohlen an!« ruft Dedo. »Dann kannst du souverän und zielgerichtet auf den Hausherrn zuschreiten.«

»An alles gedacht! Elga hatte die Idee und schlug vor, mir rutschfeste Schuhe anfertigen zu lassen. Sie machen mich überdies ein wenig größer, was ich durchaus begrüße, wie du weißt, Dedo. Wenn man mit Diktatoren zu tun hat, zählt jeder Zentimeter Körpergröße.«

»Wenn man mit Frauen zu tun hat, ist es nicht viel anders.«

»Dedo – das hast du gesagt!«

Isolde wirft ihrem Mann einen strafenden Blick zu und wendet sich sogleich an Emil: »Lieber Bruder, ich entnehme deiner Schilderung, dass ein solcher Besuch von Seiten des Hausherrn geschickt inszeniert ist.«

»Natürlich ist er das. Zum Beispiel lässt der Diktator seine Gäste gern warten, ein Trick, den auch unser Vater auskostete, hatte er es mit arroganten schlesischen Aristokraten zu tun. So machte der Augen-Cohn sich unangenehme Patienten gefügig, was bei Aristokraten manchmal nicht schaden kann – Anwesende natürlich ausgenommen.«

»Hahaha«, ruft Dedo, »aber ich kommentiere diese weltkluge Bemerkung lieber nicht, sonst werde ich wieder zur Raison gerufen.«

»Dedo von Zornberg«, sagt Isolde amüsiert, »du bist auf dem Weg der Besserung!«

»Wie habt ihr euch denn begrüßt?« fragt John. »Hast du den rechten Arm gehoben?«

»Ja, habe ich. Es wird von Besuchern erwartet, dass sie den Faschistengruß entrichten. Ansonsten war die Begrüßung ausgesprochen herzlich. Mussolini ist mir auf halbem Wege entgegengekommen. Er ist ein Mann von der feinsten Höflichkeit, wie alle Diktatoren.«

»Das finde ich spannend: Wie hast du ihn als Mensch erlebt?« fragt Elga.

»Er zeigt eine gewisse Verschlossenheit, hat aber Humor, wenn auch einen grimmigen Humor, der sich in einem dumpfen Lachen Luft macht. Aber niemand würde wagen, ihm einen Witz zu erzählen: er versteht keine Scherze. Im Gespräch ist er jedoch der natürlichste Mensch der Welt. Ich habe ihn gefragt, wie die Macht sein Leben verändert hat, und er antwortete, er ziehe sich, wenn er sich einmal ausruhen wolle, in den Garten der Villa Torlonia zurück. Da wohnt er nämlich, und dort hat er ein schönes Pferd. Das sei der einzige Vorteil, den ihm die Macht gebracht habe. Ansonsten habe sich, wie er mir erzählte, seine Lebensweise nicht verändert. Er sei nur mäßiger geworden. So isst er öfter vegetarisch als früher und trinkt nur selten Wein.«

»Daher hat der Hitler den Unsinn mit dem Vegetarier-Dasein«, sagt

Dedo. »Wie soll man satt werden, wenn man sich wie ein Kaninchen ernährt!«

»Glaubt er denn«, fragt Isolde, »dass man seinen Faschismus in anderen Ländern übernehmen könnte?«

»Das verneint er schlichtweg. Nach keinem Lande könne man diese Weltanschauung exportieren. Das sei ein italienisches Gewächs. Der Unterschied zum Nationalsozialismus wird noch in einer anderen Frage offensichtlich, nämlich in der sogenannten Rassenfrage, auf der Hitler so fanatisch herumreitet. Dazu sagt Mussolini, dass es natürlich keine reine Rasse mehr gebe. Nicht einmal die Juden seien unvermischt geblieben. Und gerade aus glücklichen Mischungen hätten sich oft die Kraft und die Schönheit einer Nation ergeben. Die vielzitierte reine Rasse lässt sich seiner Auffassung nach biologisch nicht nachweisen. Er meinte, Antisemitismus in Italien existiere nicht. Die jüdischen Italiener hätten sich als Bürger stets bewährt und als Soldaten tapfer geschlagen. Sie sitzen in hervorragenden Stellungen an Universitäten, in der Armee oder in den Banken.«

»Und was erwartet uns noch bei der Lektüre?« fragt Dedo.

Emil lehnt sich weit zurück: »Ich habe nur einige wenige Punkte herausgegriffen. Ich konnte Mussolini an sechs Abenden für jeweils eine Stunde sprechen. Da sind mehrere hundert Fragen gestellt und beantwortet worden. Insgesamt hat das Buch achtzehn Kapitel, die von Gott und der Welt handeln, wobei wir uns oft bei Nietzsche getroffen haben.

Goethe-Tag

Beppo ist in seinem Element. Seit zwei Tagen sitzt er nur noch hinterm Steuer, und Autofahren ist seine Passion. In Moscia wird – wie jedes Jahr – Goethes Geburtstag gefeiert. Am Tag zuvor hat Beppo bereits Karl und Lilly gefahren. Heute Morgen sind unter anderen Dedo und Isolde an der Reihe, die auch ihre Töchter Friderike und Bertha mitgebracht haben. Die beiden haben Moscia in bester Erinnerung und haben darauf bestanden, ihre Eltern begleiten zu dürfen.

Das Fest beginnt um 12.00 Uhr – *mittags mit dem Glockenschlage zwölf*. Zufrieden blickt Emil auf die Gästeliste, die vollständig ist. Man versammelt sich im Garten unter großen Sonnenschirmen. Stehtische sind aufgestellt, aber auch Sitzgelegenheiten reichlich vorhanden. Die Terrassentüren wurden weit zurückgeschoben, so dass Haus, Terrasse und Garten eine räumliche Einheit bilden.

Ein Streichsextett mit zwei Violinen, zwei Bratschen und zwei Violoncelli, sechs reizende Musikerinnen aus Lugano, sorgt für die musikalische Untermalung. Zwei Kellner und ein Koch versorgen die rund achtzig Gäste, die beim Aperitif zusammen stehen. Die Getränkebar sowie das noch abgedeckte Kalte Büfett sind im großen Kaminzimmer untergebracht, wo ein erfrischender Luftzug die Hitze der ausgehenden Augusttage für kurze Zeit vergessen lässt. Es wird geplaudert und gelacht. Man lernt sich kennen und sieht sich um. Wer Moscia noch nicht erlebt hat, bewundert den mediterranen Landsitz und ist voll des Lobes, wenn man von der Balustrade der großen Terrasse zum azurblauen See hinuntersieht.

Dedo stehen einige Sorgenfalten im Gesicht, was Elga nicht entgeht. Als sie Isolde darauf anspricht, erzählt diese: »Ach, wir waren alle reisefertig, als unser Gutsinspektor plötzlich in der Tür stand. Er ist zum hauptamtlichen Kreisleiter der NSDAP berufen worden und hat mit sofortiger Wirkung gekündigt. Die Getreideernte ist zwar weitgehend unter Dach und Fach, aber Dedo muss jetzt schnell einen fähigen Nachfolger finden.«

»Euer Inspektor war in der Partei! Wusstet ihr davon?«

»Seit vielen Jahren. Dedo hat ihm politische Aktivitäten während des Dienstes untersagt, allein mit Rücksicht auf die vielen sozialdemokratischen Landarbeiter. Aber über die Parteimitgliedschaft hat er hinweggesehen. Der bisherige Kreisleiter ist in die Gau-Verwaltung aufgestiegen. Das alles ist in Gang gekommen durch die Reichstagswahl, die den Nazis vor vier Wochen den unerhörten Stimmenzuwachs gebracht hat. Diese Entwicklung scheint sogar Dedo unheimlich zu werden.«

»Macht euch keine Sorgen!« sagt Elga. »Hier seid ihr Deutschland für einige Tage los, und die politische Lage soll uns das Geburtstagsfest nicht eintrüben.«

Just in diesem Augenblick ertönt die alte Schiffsglocke, die normalerweise im Vestibül hängt. Sie ist jetzt an der Außenwand des Hauses angebracht und schlägt zwölfmal. Als der letzte Gong verklungen ist, spielt das Streichsextett den *Einzug der Gäste auf die Wartburg* aus dem *Tannhäuser*.

Alle werden auf die Terrasse gebeten. Man bildet einen Halbkreis. Die Musik ist verklungen, allmählich tritt Ruhe ein, so dass Emil die Gäste begrüßen kann zum 183. Geburtstag Goethes, des Hausgenossen. Dieser Geburtstag, so Emil, sei insofern etwas Besonderes, als in diesem Jahr auch des 100. Todestages gedacht werde, der bekanntlich auf den 22. März fiel.

»Und«, fährt er fort, »ich bin ein wenig stolz, dass ich damals zu Beginn des Gedenkjahres in Wien im Deutschen Volkstheater den Festvortrag halten durfte. Der Vortrag liegt inzwischen unter dem Titel *Goethe. Kämpfer und Führer* in gedruckter Form vor, und wer möchte, greife zum Abschluss unserer Feier beherzt in den Karton, der nicht weit vom Büfett aufgestellt ist, und eigne sich ein Exemplar an. Ich erhebe hiermit mein Glas und wünsche Ihnen und uns eine gelungene Geburtstagsfeier. Prosit! Hoch lebe der Hausgenosse!«

Elga ist vorgetreten und hat sich neben ihren Mann gestellt: »Meine Damen und Herren, liebe Freunde, entgegen aller Tradition möchte ich kurz das Wort ergreifen. Mit Wien hat Emil das Stichwort geliefert, mit jener Stadt, in der wir so viele Monate unseres Lebens verbracht haben. Sie spielt – wie Ihr wisst - in unserer und insbesondere in deiner Biographie, lieber Emil, wieder mal eine wichtige Rolle. Denn dort ist der Paul Zsolnay Verlag ansässig, der seit einem knappen Jahr dein schriftstellerisches Werk betreut und verlegt. Zu unserer großen Freude hat Zsolnay sogleich aus dem Vollen geschöpft und einige deiner wichtigen Werke in sein Programm aufgenommen. Dazu gehören der dreibändige Goethe, der jetzt als einbändige Sonderausgabe erschienen ist, sowie *Schliemann. Geschichte eines Goldsuchers*, ein Buch, das für mich eine besondere Bedeutung hat, weil ich an ihm mitarbeiten durfte. Damit nicht genug. Es ist noch eine Publikation zu nennen, die mittlerweile in aller Munde ist und heute Mittag schon lebhaft diskutiert wurde, wie ich einzelnen Unterhaltungen entnehmen konnte. Jeder weiß, was ich meine, nämlich *Mussolinis Gespräche mit Emil Ludwig*. Lieber Emil, ich wünsche dir weiterhin eine gute Zusammenarbeit mit deinem neuen Verlag. Ich danke Ihnen und euch!«

Applaus setzt ein, Elga gibt ihrem Mann einen Kuss. Die ersten wundern sich, warum das Kalte Büfett noch nicht eröffnet wird. Doch ein weiterer Redner drängt nach vorn. Locarnos Bürgermeister Giovan Batista Rusca. Wie ein strenger Kapellmeister blickt er ehrfurchtgebietend in die Runde, bis auch der letzte Gast das Reden eingestellt hat: »Meine liebe Frau Ludwig, lieber Herr Ludwig, lieber John! – Ja, du bist gemeint, mein Freund, verstecke dich nur nicht im allgemeinen Gedränge. So – hier stehst du richtig. Meine Damen und Herren, es ist für mich eine große

Ehre und ebenso große Freude, hier und heute einen amtlichen Beschluss zur Kenntnis zu bringen und in diesem Zusammenhang ein wichtiges Dokument auszuhändigen. Ich überreiche der Familie Ludwig hiermit das Schweizer Bürgerrecht, das Herr Ludwig vor einiger Zeit für sich und seine Familie beantragt hat. Ich bitte die Familie Ludwig, zu mir zu kommen und die Urkunden in Empfang zu nehmen. Sie sind jetzt im Besitz der schweizerischen Staatsbürgerschaft, und das mit allen Rechten und Pflichten«.

Es gibt lebhaften Beifall. Doch Rusca ist noch nicht fertig: »Liebe Gäste, wir haben uns in einem verschworenen Zirkel gedacht, bei soviel Goethe wäre vielleicht ein kleines literarisches Gegengewicht angebracht, und das wollen wir Ihnen jetzt vortragen. Ich bitte Frau Schaller und die Herren Wehrli, Stöckli, Lustenberger, Zollinger und Dr. Bernardoni zu mir zu kommen. Wir nehmen Familie Ludwig jetzt in unsere Mitte und tragen einige Verse vor, die allen wohlbekannt sein dürften.«

Nicht ohne Pathos rezitieren die Genannten aus dem Rütlischwur: *Wir wollen sein ein einzig Volk von Brüdern, / in keiner Not uns trennen und Gefahr. / Wir wollen frei sein, wie die Väter waren, / eher den Tod, als in der Knechtschaft leben. / Wir wollen trauen auf den höchsten Gott, / und uns nicht fürchten vor der Macht der Menschen ...*

Als die Rezitation beendet ist, streicht das Sextett einen Tusch, und wieder gibt es reichlich Zustimmung. Die Kellner bedienen inzwischen an der Getränkebar oder helfen am Büfett, wo sich anfangs eine längere Schlange gebildet hat. Die Gäste schwärmen von den kulinarischen Genüssen, ansonsten nimmt man gewisse extravagante Sommerkleider in Augenschein und gibt sich pikiert über soviel Freizügigkeit, wie sie von einigen Damen zur Schau gestellt wird.

An einem anderen Tisch wird gemunkelt, dass noch ein bekannter Schauspieler auftreten werde, um Gedichte Goethes und andere Texte vorzutragen. Damit habe Emil seine Gäste schon einmal überrascht. Er sei eben Goethe-Verehrer, wie es keinen zweiten gibt, und nun wird lebhaft erwogen, ob man nicht eine Literatur-Gesellschaft mit Sitz in Locarno begründen sollte, um auch Schweizer Dichter besser bekannt zu machen. Dabei müsse eines klar sein. Ein Schweizer Dichter ist Emil nie gewesen, sondern immer ein deutscher. Daran ändern auch noch so schöne Urkunden nichts.

Apotheker Lustenberger und Buchhändler Zollinger beteiligen sich nicht an dieser Diskussion, denn sie beschäftigt allein die Frage, wem mehr Bedeutung zukommt – Goethe oder Schiller? Redakteur Wehrli amüsiert sich köstlich über die beiden Streithähne, haben sie doch schon beim letzten Goethe-Geburtstag heftig darüber debattiert.

Viel Zeit zum Zuhören hat Redakteur Wehrli allerdings nicht. Er gehört nämlich zu einer Runde Tessiner Politiker, die zwar den Wein und das Essen loben, aber so gar nicht einverstanden sind mit dem, was Ludwig am 19. August in der *Neuen Zürcher Zeitung* von sich gegeben hat. Es sei doch unverantwortlich zu schreiben, Europa stehe vor einem neuen Kriege. Wer bitte schön soll den entfachen? Der Hitler, der ja wohl das Rennen um die Kanzlerschaft demnächst machen wird, hat doch gar nicht die Mittel dazu. Mit der kleinen Reichswehr könne man keinen europäischen Krieg führen. Und selbst wenn er die bestehenden Verträge brechen sollte, bekäme er sofort Ärger mit Frankreich und Polen, von Russland ganz zu schweigen. Außerdem hätte er im Innern genug zu tun. Deutschland hat sechs Millionen Arbeitslose. Wenn er die nicht in Lohn und Arbeit bringt, sei er erledigt. Aber das ist er ohnehin bald, denn den meisten Ärger habe er bekanntlich in der eigenen Partei.

Etwas abseits vom Geschehen steht in leuchtend weißem Sommeranzug der Kulturreferent der Stadtverwaltung Locarno mit einigen Herren der lokalen Kunstszene zusammen. Er lässt sich kritisch über die Begrüßungsworte und über die ganze Veranstaltung aus, die, wie er umständlich erläutert, für die Bereicherung des literarischen Lebens in der Tessiner Region schlichtweg nichts abwerfe. Er fügt hinzu, was in schöner Regelmäßigkeit von ihm zu hören ist: Dieser Ludwig werde maßlos überschätzt und sei in seiner jüdischen Selbstgefälligkeit und penetranten Eitelkeit oft unerträglich.

Emil unterhält sich seit geraumer Zeit mit Bürgermeister Rusca, der ihn auf sein Mussolini-Buch angesprochen hat. Zudem will er wissen, wie der Duce als Mensch auf ihn gewirkt habe. Emils Antwort fällt kurz aus, denn Dedo gesellt sich dazu. Der hat zunächst Probleme, seinen reichlich bepackten Teller auf dem Tisch unterzubringen. Sodann wartet er mit einer Anekdote auf, die – wie er findet – auch mit Mussolini zu tun hat: »Stellen Sie sich vor, wir sitzen heute Morgen im Speisewagen. Meine Töchter sehen unausgeschlafen aus dem Fenster. Meine Frau studiert etwas lustlos das Frühstücksangebot, während ich in Emils Mussolini-Gesprächen lese. Da kommt der Kellner und sagt: *Ein hochinteressantes Buch, mein Herr. Ich kenne den Verfasser persönlich!* Darauf antworte ich dem Kellner, der einen ganz komischen Dialekt spricht, eine Mischung aus Sächsisch und Schwizerdütsch: *Das kann gar nicht sein, denn ich kenne den Verfasser persönlich!* Die Antwort verwirrt den Mann. Er sieht mich ungläubig an und denkt wohl, dass ich ihn auf den Arm nehmen will. Er eilt davon und kommt mit seinem Exemplar zurück, das von Emil signiert ist. *Bitte sehr*, sagt er und sieht mich triumphierend an. Da schlage ich mein Buch auf und sage: *Bitte sehr. Ich bin der Schwager des Verfassers, und die Dame ist seine Schwester. Da können Sie nicht mithalten, mein Lieber. Die Partie habe ich gewonnen.* Wir lachen, und jetzt schmeckt das Frühstück noch mal so gut.«

Volkmann taucht auf. Er hat wenig gegessen, dafür umso mehr getrunken. Elga und Lilly, die in der Nähe stehen, werfen sich besorgte Blicke zu. Lilly sagt: »Er ist hoffnungslos überarbeitet. Dazu die allgemeine Lage, die letzten Wahlen und die Absetzung der preußischen Regierung durch Papen. Bei uns dreht sich alles nur noch um Politik.«

Volkmann stellt sich neben Rusca und grinst verkrampft in die Runde. Sein Kopf ist gerötet, der übrige Körper verschwitzt. Er atmet schwer, fixiert Emil mit glasigem Blick: »So sieht also eine Flucht aus«, sagt er mit schwerer Zunge. »Der weltbekannte Schriftsteller verlässt sein Heimatland, das Land seiner Leser, spendiert dem politisch aufgewühlten Publikum zuvor aber noch ein Mussolini-Buch, das den Faschismus endgültig salonfähig macht. Da fehlt nur noch ein kollegiales Dankeschön aus der NSDAP-Parteizentrale!«

Volkmann kann ein Rülpsen nicht unterdrücken und will fortfahren, da wendet sich Rusca freundlich lächelnd an ihn: »Werter Herr, ich will mich zur Politik Ihres Landes nicht äußern. Aber eines möchte ich der Gerechtigkeit halber anmerken. Herr und Frau Ludwig leben seit einem Vierteljahrhundert bei uns im Tessin, da kann von einer Flucht ja wohl nicht die Rede sein.«

Dedo ist unruhig geworden: »Nun mal sachte, mein Freund. Ich habe Mussolini erst richtig durch Emils Buch kennengelernt und dabei auch begriffen, dass er mit Hitler und seiner Bewegung kaum in einen Topf geworfen werden kann.«

Volkmann gerät in Rage: »Das Buch heißt *Mussolinis Gespräche mit Emil Ludwig*. Da wird schnell klar, wer mit wem redet. Nee, Emil, du hast dich zum Sprachrohr des Duce in Deutschland gemacht.«

»Ich habe ihn zu Wort kommen lassen, wobei ich ihn auch auf heikle Fragen angesprochen habe, nicht anders als in dem Gespräch mit Stalin, das dir ja ebenfalls nicht behagte.«

»Ich habe weder in dem Gespräch mit Stalin noch in dem mit Mussolini heikle Fragen entdecken können.«

»Ich will dir, lieber Karl, die Fragen gern heraussuchen, mit Seitenangabe. Da ist im Fall Mussolinis von der Zensur die Rede, von politischen Gefangenen und der Todesstrafe.«

Volkmann schwankt leicht, winkt einen Kellner heran und nimmt vom Tablett ein Glas mit Rotwein, das er mit gierigen Zügen leert. Lilly sieht Elga ängstlich an: »Er kann doch nicht viel ab, dazu die Hitze. Aber wenn ich ihm jetzt vorschlage, sich ein bisschen hinzulegen, macht er mir eine furchtbare Szene.«

»Nee, mein Freund«, sagt Volkmann. »Ich habe dein Buch gelesen, und ich will dir sagen, was Mussolini mit deinen heiklen Fragen macht. Er wischt sie einfach vom Tisch. Was aber machst du? Du hakst nicht nach. Statt den Verbrecher zu stellen, lässt du ihn laufen.«

»Ich wollte ihn nicht entlarven, sondern porträtieren. So wie ich viele andere historische Persönlichkeiten dargestellt habe. Ich behandle ihn nicht anders als Friedrich den Großen, Napoleon oder Bismarck. Bei den historischen Personen hatte ich jedoch schriftliche Quellen wie Briefe und Tagebücher zur Verfügung. Die musste mir hier das Gespräch größtenteils ersetzen. Was mir ebenfalls wichtig ist: Um eine solche Charakterstudie zu schaffen, sehe ich ihn mit den Augen des Künstlers. Partei- oder Tagespolitik interessieren mich nicht. Ich wollte mit ihm auch nicht debattieren. Hätte ich es versucht: Unser Gespräch wäre schnell zu Ende gewesen.«

»Na, bitte«, lallt Volkmann. »Da hast du's doch. Dann lieber kein Gespräch!«

Inzwischen sind einige Gäste herangetreten, um der Unterhaltung zu lauschen. Emil sieht bewusst an Volkmann vorbei und wendet sich an die Zuhörer: »Grundsätzlich gilt für alle meine Leser, dass man sie nicht für dümmer halten sollte, als sie tatsächlich sind. Das vergessen meine Kritiker gern. Wenn ich meinen Lesern einen Diktator vorstelle und dessen Charakter schrittweise entblöße, so wissen sie natürlich, dass Blut an seinen Fingern klebt, er die Menschenrechte mit Füßen tritt, die Pressefreiheit abgeschafft hat und Kriege gegen andere Länder plant. Doch sie spielen das Spiel mit, das man beim Porträtieren eines solchen Machtmenschen aufführen muss, damit er sich überhaupt auf ein Gespräch einlässt.«

Dedo nickt, auch Bürgermeister Rusca stimmt zu: »Solch ein Gespräch, wie Herr Ludwig es mit dem Duce geführt hat, muss man eben auch zwischen den Zeilen lesen. Und da gibt Mussolini doch einiges preis, was ihm hinterher vielleicht sogar leid tut.«

Das ist für Emil das Stichwort: »Ich will Ihnen, liebe Gäste, jetzt etwas anvertrauen, was ich selbst erst vor einigen Tagen aus sicherer Quelle erfahren habe und was zweifellos bald die Runde machen wird. Die *Gespräche* sind zur gleichen Zeit wie die deutsche Ausgabe in Italien erschienen und waren innerhalb weniger Tage vergriffen. Nun wird es dort keine zweite Auflage geben, und das deshalb, weil Mussolini sie verboten hat. Seine Mitarbeiter sollen entsetzt gewesen sein über all die heiklen Punkte, über die sich ihr Chef ausgelassen hat.«

Volkmann stiert vor sich hin, als habe er von alldem nichts mitbekommen. Doch plötzlich hebt er den Kopf und richtet sich an die Anwesenden wie ein Volkstribun: »Das geht doch alles an dem entscheidenden Problem vorbei. Du, Emil Ludwig, schreibst in deinem Buch etwas von der konstruktiven Seite dieser beiden Diktaturen und Ihrer Exponenten, die du vor einigen Monaten aufgesucht hast. Ich finde dieses Lob unerhört. Denn das bedeutet zugleich eine Anerkennung des Terrors, den sowohl Stalin als auch Mussolini gegen das eigene Volk ausüben. Das ist eine Verhöhnung der Opfer, die in den Gefängnissen oder Lagern deiner Diktatoren und ihrer Geheimpolizei dahinvegetieren. Du nennst Stalin und Mussolini große historische Persönlichkeiten, bezeichnest den Duce als Landesvater, um im selben Atemzug zu bedauern, dass die deutsche Republik keine großen Männer mehr hervorbringe. Ich setze dem entgegen, dass jeder Mann in unserem Vaterland ein großer Mann ist, wenn er nur gegen den Faschismus und ebenso gegen den Stalinismus kämpft. Mussolini bedeutet Krieg, so wie Hitler und Stalin Krieg bedeuten werden. Und wenn du schreibst, Emil Ludwig, du hättest nie einer Partei angehört und würdest nur in die Antikriegspartei eintreten, wenn es eine gäbe, so antworte ich dir: Warum trittst du nicht in die SPD ein? Die ist nämlich heute Deutschlands eigentliche Antikriegspartei, und sie ist die Partei der Freiheit und Gerechtigkeit, wozu deine Diktaturen …«

Karl Volkmann stammelt. Er schwankt, greift nach der Tischkante. Seine Beine knicken ein, ein Schweißausbruch kommt hinzu. Aschfahl das Gesicht. Er vollzieht eine Dreiviertel-Drehung und liegt auf dem Rasen.

»Um Gottes willen!« ruft Bürgermeister Rusca. Er tritt einige Schritte zurück und macht Platz für Lilly, die nach einem Aufschrei sogleich neben ihrem Mann kniet. Emil ruft laut nach Dr. Bernardoni, der zum Glück in der Nähe ist und zusammen mit Apotheker Lustenberger Erste Hilfe leistet. Bernardoni prüft den Puls, der schwach, aber immerhin noch vorhanden ist.

»Beine hochlegen! Ein kaltes, nasses Tuch!« ordnet der Arzt an. Sitzkissen werden herbeigebracht. Dann spricht er mit dem Patienten: »Hallo, wie geht es Ihnen, hören Sie mich?«

Volkmann schlägt für einige Sekunden die Augen auf, um gleich darauf in eine Ohnmacht zu fallen.

»Seitenlage«, sagt Bernardoni zu Lustenberger. Beide Männer packen an, und schon ist Volkmann in die richtige Stellung gebracht. Er übergibt sich.

Bernardoni reicht Beppo die Schlüssel zu dem Auto, das jeder in der Region kennt. »Den roten Koffer!« ordnet Bernardoni an. Zu Elga sagt er: »Wir brauchen einen kühlen Raum. Die Hitze ist nicht gut für ihn!«

Elga sieht Lilly an: »Am besten, wir bringen ihn in die Hütte«, überlegt sie und klärt den Arzt auf, der sie fragend angesehen hat: »Unsere alte Sennhütte. Da sind die beiden ohnehin untergebracht.«

»Gut«, sagt Bernardoni. »Wir brauchen eine Decke für den Transport und vier bis sechs starke Männer.«

Die sind schnell gefunden. Dedo hat sich als erster bereiterklärt zu helfen. »Wie oft hatten wir das im Krieg«, sagt er zu den Umstehenden, »dass wir einen Verwundeten transportieren mussten.«

Bevor der Ohnmächtige in die Hütte gebracht wird, erhält er von Bernardoni noch ein Beruhigungsmittel gespritzt, das eine schnelle Wirkung entfaltet, denn Volkmann öffnet erneut die Augen und fängt an zu wimmern, sein Kopf schmerze so sehr.

»Junger Mann, nun warten Sie mal ab«, sagt Bernardoni zu ihm. »Gegen Kopfschmerzen haben wir ja auch noch was. Und danach wird brav geschlafen!«

Lilly ist der Vorfall peinlich: »Die Hitze und der Wein und dann die berufliche Belastung – das war alles ein bisschen viel.«

Emil legt den Arm um sie: »Keine Sorge, das kommt in den besten Kreisen vor. Aber jetzt wird wieder gefeiert.« Lilly wirft ihm einen dankbaren Blick zu und geht zur Hütte, um nach ihrem Mann zu sehen.

»Komischer Vogel, dieser Volkmann«, sagt Dedo zu Emil. »Was sollst du denn in der SPD? Du bist doch kein Prolet. Dazu die Kritik an deinem Mussolini-Buch. Das fand ich richtig schlimm.«

»Weißt du, was noch schlimmer wäre«, sagt Emil und sieht seinen Schwager nachdenklich an.

»Na?«

»Wenn er recht hätte.«

Der nächste Morgen kündigt wieder einen heißen Tag an. Der Himmel ist strahlend blau, nichts deutet auf eine Wetteränderung hin.

Ab neun Uhr steht das Frühstück auf der Terrasse bereit. Die wenigen Gäste, die sich noch in Moscia aufhalten, sprechen ihm aber nur im bescheidenen Umfang zu. So sehr wirkt das reichhaltige Büfett nach, zu dem der Koch bis in die Nacht hinein immer wieder aufs Neue eingeladen hatte.

Während der Gärtnergehilfe die Laternen und Lampions abbaut und die geliehenen Stehtische und Klappstühle nach unten zur Garage bringt, wo sie im Laufe des Tages abgeholt werden, verabschieden sich die letzten Gäste. Beppo übernimmt wieder den Fahrdienst.

Gegen elf Uhr sind nur noch Lilly und ihr Mann sowie Dedo und die Seinen zu Besuch. Als Elga vorschlägt, schwimmen zu gehen und sich unten im See erst einmal den richtigen Appetit zu holen, ist der Jubel groß. Man begibt sich in die Zimmer, um Badeanzüge zu holen. Auch Bälle werden mitgenommen.

Lilly wird nicht dabei sein, weil sie sich um ihren Mann kümmern möchte. Emil leistet ihr solange Gesellschaft.

»Und?«

»Er schläft«, sagt Lilly, die soeben aus der Hütte kommt. »Die Tabletten helfen anscheinend gegen die Kopfschmerzen und sorgen für einen erholsamen Schlaf.«

»Hat er das öfter?« fragt Emil, während er sich eine Zigarette anzündet. Er bläst den Rauch weit von sich und blinzelt zum See hinüber, als erwarte er gar keine Antwort.

»Du meinst seine Migräne?«

»Nenn es, wie du willst!«

»Du glaubst ja nicht, was für eine furchtbare Atmosphäre in Berlin herrscht. Dazu diese Gewalt, jeden Tag Tote. Es kommt einem vor, als sterbe das Land langsam vor sich hin, als stehe es kurz vor dem Bürgerkrieg, vor einem entsetzlichen Ende. Wenn ich du wäre, ich würde nicht nach Deutschland zurückkehren.«

Emil sieht sie eindringlich an: »Ich komme nicht zurück, weil ich nicht glaube, dass das Land noch zu retten ist.«

»Es ist so schön hier oben. Man ist weit weg von all der Misere.«

»Du vergisst, dass da drüben Italien liegt, das gelobte Land, das von einem Faschisten regiert wird. Von einem Herrscher, den dein Mann am liebsten in der Hölle sähe.«

»Nimmst du ihm das übel?«

»Keineswegs! Ich bin fest davon überzeugt, dass Hitler auf einen Krieg zusteuern wird, sobald die Deutschen ihn zur Macht gebracht haben. Bei Mussolini glaube ich das nicht. Ich sehe ihn nicht als Eroberer fremder Länder. Aber was ist, wenn ich mich irre und Volkmann recht hat? Dann habe ich der pazifistischen Bewegung sehr geschadet.«

Lilly legt ihre weiche Hand auf seinen Arm: »Wenn du nicht mehr nach Deutschland kommst, sehen wir uns ja noch seltener. Dabei ist meine Sehnsucht nach dir schon unerträglich geworden.«

»Ich war in den vergangenen Jahren oft in Berlin, und wen ich oft nicht antraf, das warst du!«

»Ach, das ewige Theaterspielen. Ich bin leider darauf angewiesen. Es ist so schwer, heutzutage ein festes Engagement zu bekommen. Aber wenn du mich heiraten würdest, ich würde den ganzen Tag hier oben bei dir liegen und alle deine Wünsche erfüllen.«

Emil drückt seine Zigarette im Aschenbecher aus: »Ich bin verheiratet.«

»Weiß ich doch. Daran scheitern alle meine Wünsche ja: Dass du eine so wundervolle Frau hast. Eine Frau, die man nicht betrügt und schon gar nicht verlässt. Volkmann ist es egal, ob wir beide zusammen schlafen. Das glaube ich zumindest. Er kommt vor lauter Politik nicht einmal dazu, mich zu betrügen. Aber Elga – was würde sie machen, wenn sie uns jetzt in deinem Studio in flagranti ertappen würde?«

Emil gähnt und lacht: »Woher soll ich das wissen! Die Frage stellt sich nicht, weil Elga unten im See schwimmt. Da sie aber mit den anderen bald zurückkehren wird, ist eine pikante erotische Situation gar nicht in Betracht zu ziehen.«

»Hast du deinen Feldstecher noch?«

»Meinen Krimstecher? Ja, natürlich habe ich den noch. Das ist schließlich ein Geschenk meines Vaters.«

»Wir könnten ihn wieder benutzen, wie damals. Du erinnerst dich, als wir sehen konnten, ob der Feind schon im Anmarsch ist.«

»Das Ufer liegt viel zu dicht am Grundstück. Im Handumdrehen steht der Feind, wie du dich ausdrückst, hier auf der Terrasse.«

»Wir hätten auf jeden Fall fünf, wenn nicht zehn Minuten.«

»Wie unromantisch!«

Lilly sieht ihn flehend an: »Komm!« sagt sie. »Ich habe solchen Appetit auf dich. Ganz kurz ist besser als gar nicht. Wir ziehen uns auch nicht aus. Ich brauche nur mein Kleid hochzuziehen, und dein Glück steht vor dir.«

Emil will sich eine neue Zigarette anzünden, als Lilly seine Hand ergreift. Langsam führt sie diese an ihre volle Brust, bis Emil sie sanft zurückschiebt.

»Bitte!« haucht Lilly.

Emil weist mit dem Kopf in Richtung Treppe: »Da kommt Beppo gerade zurück. Wir sollten etwas vorsichtiger sein!«

Lilly versucht ihn zum Aufstehen zu bewegen: »Komm! Ganz kurz ist manchmal auch schön. Eine Freundin von mir, lässt sich gern von hinten vögeln, wenn nicht viel Zeit ist. Wenn du willst ...«

»Bitte nur das nicht, liebe Lilly. Ich hätte immer Othello vor Augen, wie er, sobald sich nur eine Gelegenheit bietet, im Dorf alle möglichen Hundedamen beglückt.«

»Dann lege ich mich wieder auf den Rücken, und wir machen's ganz kurz auf deiner Couch.«

»Lilly! Selbst, wenn ich deiner Rückenlage auf meiner Couch bei hochgezogenem Kleid und hoffentlich heruntergezogener Hose zustimmen würde – es ginge dennoch nicht!«

Lilly, die schon ein wenig Hoffnung geschöpft hat, schmollt: »Wieso denn nicht!«

»Hörst du das Klimpern der Schreibmaschine? Es war schon die ganze Zeit zu hören, nur war Frau Schaller so nett und hat das Fenster geschlossen. Sie sitzt nämlich in meinem Studio und tippt ein Stenogramm zur Hindenburg-Biographie ab.«

Lilly denkt fieberhaft nach: »Und in eurem Schlafzimmer. Wir machen es auf deiner Seite.«

»Kommt nicht in Frage. Damit wäre der Rubikon überschritten. Das eheliche Bett ist sakrosankt.«

Beppo kommt auf die beiden zu. Er sieht Lilly eigenartig an, als ahne er, worüber hier am Tisch gerade gesprochen wird. Er hält, was sonst nicht seine Art ist, sogar einen gewissen Höflichkeitsabstand: »Chef, ich soll Ihnen ausrichten, dass Ihre Frau mit den Gästen in einer halben Stunde zurückkehrt. Sie fragen an, ob am Nachmittag eine Bootsfahrt veranstaltet werden könnte. Die beiden Mädchen wünschen sich das wohl.«

Lilly sieht teilnahmslos ins weite, während Emil sich eine Zigarette anzündet. Dann sagt er: »Ist gut, Beppo, der Wunsch junger Damen ist uns heilig.«

Beppo nickt: »Ich fahre noch mal nach Locarno. Der Wagen verliert Öl. Ich bringe ihn kurz in die Werkstatt.«

Lilly rückt mit ihrem Gartenstuhl dichter an Emil heran: »Was ist nun?« fragt sie. Emil will gerade antworten, da steht Frau Schaller in der Tür. Man sieht ihr an, dass sie unter Zeitdruck steht: »Herr Ludwig,« sagt sie, »Ich muss für heute aufhören. Mein Sohn hat eben angerufen. Meiner Mutter geht es wieder schlechter. Ich komme morgen früh wieder und schreibe den Rest ab.«

Frau Schaller wundert sich, dass Emil, dem es mit seinen Manuskripten nie schnell genug gehen kann, fast amüsiert ist über das Anliegen seiner Sekretärin. Auch Lilly hat ein Gewonnen! im Gesicht stehen.

Es scheint endlos zu dauern, bis Frau Schaller im Studio für Ordnung gesorgt und ihr Fahrrad durch den Garten geschoben hat. Die beiden blicken sich an. Sie gehen nach oben. Bevor sie die Tür zum Studio öffnen, küssen sie sich minutenlang.

Dann schließen sie die Tür.

Autodafé

Sie stößt einen stummen Schrei aus.

Emil liegt auf dem Boden. Alle viere von sich gestreckt, liegt er mit dem Rücken auf dem dicken Orientteppich. Othello hockt dicht bei ihm, hat die Schnauze auf seine linke Schulter gelegt. Auf der Couch befinden sich unzählige Schallplatten. Das Grammophon ist noch eingeschaltet.

»Emil?« sagt Elga leise. Behutsam schließt sie die Tür, schon kniet sie neben ihm. Er schlägt die Augen auf.

»Ist dir nicht gut?«

»Doch, doch«, sagt er mit gedämpfter Stimme. »Ich war nur mit einem Mal so müde.«

Er zeigt zum Schreibtisch, wo das Manuskript der Hindenburg-Biographie liegt. »Der Stoff ist so deprimierend, da hat nicht mal Meister Mendelssohn geholfen. Wenn ich mir vorstelle, dass er in Deutschland nicht mehr gespielt werden darf.«

»Du bist erschöpft. Lass uns ein paar Tage verreisen, nach Paris oder Venedig. Wir haben Mai, eine gute Jahreszeit, um Gondel zu fahren oder die Champs Elysées entlang zu bummeln. Da hast du Muße, um all den Wahnsinn, in den sich Deutschland gestürzt hat, zu vergessen. Heute Abend kommt übrigens Remarque vorbei. Er hat vorhin angerufen. Ich habe ihn zum Abendbrot eingeladen. Er wird gegen sieben hier sein.«

»Hoffentlich artet das nicht wieder in ein Gelage aus, so dass ich erst mit Sonnenaufgang ins Bett finde, wenn ich es überhaupt finde. Dass ein Mensch so viel saufen kann.«

»Da haben wir Frauen es besser. Ich werde mich nach der Rundfunkübertragung absentieren. Er ist Kavalier in Person und wird mich mit Handkuss und diabolischem Augenaufschlag verabschieden.«

»Er ist ein Casanova. Mit ihm würde ich dich ungern allein lassen.«

»Er hat alles, was Frauen sich bei einem Mann wünschen: Erfolg, Charme, Eleganz und Großzügigkeit. Zudem sieht er gut aus und ist weltberühmt. Der eine Roman hat ihn reich gemacht, was ihn ebenfalls attraktiv sein lässt.«

»Sind wir nicht auch reich?«

»Nicht mehr so wie noch vor einigen Jahren, als du einen Bestseller nach dem anderen geschrieben hast. Wir sollten etwas aufs Geld achten.«

»Das kann ich so wenig wie Remarque!«

»Ihr seid beide großzügig, was euch kaum einer dankt. Vielen Flüchtlingen, die aus Deutschland hereinströmen, habt ihr schon geholfen. Du hast Volkmann mal eben eintausend Franken überwiesen, damit Lilly und er in Prag über die Runden kommen. Auch andere hast du unterstützt, selbst denen, die dich in der Presse mit Dreck beworfen haben.«

»Wenn jemand in Not ist und die Schweizer Behörden drohen, ihn mit seiner Familie nach Deutschland zurückzuschicken, frage ich nicht, ob ihm meine *Mussolini*-Gespräche gefallen haben oder nicht. Ich sorge dafür, dass er hierbleiben kann und nicht durch die Hitler-Schergen in einem dieser Konzentrationslager verschwindet.«

Kurz vor sieben schlägt Othello an. Ein Auto ist vorgefahren. Geduldig wartet Othello an der Gartenpforte auf den Besuch, den er bereits bestens kennt. Auch dieses Mal hat der ihm etwas mitgebracht. Eine Wurst, die an Ort und Stelle vertilgt wird. Ansonsten ist der Ankömmling nicht zu überhören. Mit schöner Baritonstimme singt er: *Das gibt's nur einmal, das kommt nicht wieder, das ist zu schön um wahr zu sein.*

Emil kommt seinem Besucher in der Pergola entgegen: »Mit preußischer Pünktlichkeit! Seien Sie uns herzlich willkommen.«

Remarque lacht fröhlich: »Ich danke Ihnen für die Einladung, vor allem aber der Hausfrau. – Ah, da kommt sie schon, gnädige Frau, auch Ihnen ein herzliches Dankeschön.« Er überreicht einen Strauß roter Rosen. »Ich weiß, in Ihrem Garten gibt es noch schönere, aber ich wollte ein kleines Zeichen setzen. Es sind zehn, schließlich ist heute der Zehnte.«

Elga nimmt die Blumen entgegen und schnuppert erwartungsvoll: »Die sind wunderschön und übertreffen unsere eigenen Exemplare. Das ist nicht so dahingesagt, das müssen Sie mir glauben. Nur Beppo darf das nicht hören. Wenn es um seine Blumen geht, ist er äußerst empfindlich.«

»Liebe Frau Ludwig, lieber Herr Ludwig, da haben Sie das Stichwort geliefert. Bei Rosen soll es natürlich nicht bleiben. Zu jeder Rose gehört nämlich noch eine Flasche der besonderen Art. Zehn Flaschen also. Die aber befinden sich im Kofferraum meines *Lancias*. Denen fühlte ich mich gewichtsmäßig nicht gewachsen. Man ist schließlich nicht Max Schmeling, und deshalb wollte ich Beppo bitten ...«

Emil und Elga kennen das Spiel und beteuern längst nicht mehr, dass dies alles nicht nötig gewesen wäre. Der Nachbar aus Porto Ronco ist gern bei Ihnen zu Besuch, und großzügige Gastgeschenke gehören nun einmal zu ihm wie eine feuchtfröhliche Geselligkeit.

Beppo kommt nicht zufällig mit der Gießkanne aus dem hinteren Garten. Er begrüßt den weltberühmten Schriftsteller mit einer gekonnten Verbeugung und lässt sich die Autoschlüssel aushändigen. Gern würde er mit dem *Lancia* mal eine Runde drehen. Er hat Emil gegenüber auch durchblicken lassen, dass er seinen Besitzer, wenn der am Ende des Abends stark alkoholisiert ist, nach Hause fahren würde. Doch seinen *Lancia Dilambda* gibt Remarque nicht aus der Hand. Mit diesem Auto verbindet ihn zuviel. Kurz bevor die Nazis in Deutschland nach der Macht griffen, hat ihn der Wagen ohne Halt von Berlin bis in die sichere Schweiz gebracht. Beppo kennt die Geschichte zur Genüge. Ob oben in Moscia oder unten in den

Bars von Ascona – Remarque hat bisher jedem, der es hören wollte, von seiner abenteuerlichen Flucht aus Deutschland erzählt.

Ohne Halt – zum Tanken wird er jedenfalls einen kurzen Stop eingelegt haben, denkt Beppo. Angeblich sind ja Marlene Dietrich und ihre Tochter mitgefahren. Und Frauen können erfahrungsgemäß das Wasser nicht so halten. Da wird er das eine oder andere Mal wohl rechts rangefahren sein. Trotzdem: Er kann von Glück sagen, dass er heil durchgekommen ist und keine Panne erlebt hat. Bei den schlechten Straßen im Deutschen Reich.

Beppo muss zweimal gehen. Die zehn Flaschen entpuppen sich als kostbarer französischer Champagner. Da aber jeder Karton Platz für sechs Flaschen hat, stecken noch zwei Flaschen mit Kräuterlikör in dem jeweilgen Fach. Die sind für Beppo.

Das Abendbrot hat auf der Terrasse stattgefunden, wo es bis zum Einsetzen der Dunkelheit noch frühsommerlich warm ist. Außerdem lässt sich von hier aus ein spektakulärer Sonnenuntergang mit glutrotem Himmel bewundern. Remarque tupft sich mit einer Serviette den Mund, um ein weiteres Mal sein Glas zu erheben: »Köstlich – dieser Rheinwein, lieber Ludwig, da haben Sie recht alte Bestände in Ihrem Keller angezapft.«

»Um ehrlich zu sein, zur Feier des heutigen Tages, war mir nichts gut genug.«

Emil reicht ihm die Flasche. Remarque liest anerkennend: *Hochheimer, Herzogl. Nassauischer Cabinets-Wein*, Jahrgang 1859. War anscheinend ein guter Jahrgang.«

»Wilhelm der Zweite wurde '59 geboren, also eher Mittelmaß.«

»Hat Ihnen doch zumindest schriftstellerisch Glück gebracht.«

»Den Deutschen hätte man diesen Monarchen ersparen sollen.«

»Ein Hohenzollern auf dem Thron ist besser als ein Hitler in der Reichskanzlei.«

»Da mögen Sie recht haben. Trotzdem sind solche Überlegungen spekulativ.«

»Glauben Sie, dass Hitler lange machen wird? Der ist doch mit seinem Latein bald am Ende, und dann lassen ihn die konservativen Kräfte fallen wie eine heiße Kartoffel. Sie sehen so skeptisch drein, Herr Ludwig. Sie sind anderer Meinung?«

»Hitler sitzt fest im Sattel. Schauen Sie sich an, was sich zwischen der Machtübertragung am 30. Januar und heute abgespielt hat. Da hat eine Revolution des Bösen stattgefunden, die Errichtung eines Terrorstaats: das

Parlament in Flammen, die Grundrechte und die Gewaltenteilung abgeschafft, die politische Linke umgebracht, eingesperrt oder außer Landes gejagt, die Länder entmachtet, die Gewerkschaften zerschlagen, die Juden einer beispiellosen staatlichen Verfolgung ausgesetzt. Heute nun der krönende Abschluss: die Vertreibung des Geistes aus der deutschen Kultur, Schrägstrich Literatur. Und das alles ist innerhalb weniger Wochen geschehen. Wer soll den Mann noch aufhalten?«

»Sie jagen mir Angst ein. Aber wahrscheinlich haben sie recht. Sie verstehen mehr von diesen politischen Dingen. Deshalb erlauben Sie, dass ich eine weitere Flasche öffne – nein, lassen Sie mich das ruhig machen, auf dem Gebiet habe ich bestimmt mehr Routine. Trösten wir uns mit Ihrem *Hochheimer*. Die Deutschen, das Volk der Dichter und Denker, erleben mit dem heutigen Tag einen furchtbaren geistigen Aderlass. Zurück bleiben Blut- und Bodendichter, drittklassige Provinz-Poeten oder sprachlose Schriftsteller. Von ganz wenigen Ausnahmen wie Gerhart Hauptmann oder Ernst Jünger vielleicht abgesehen. Sie würde ich zur zweiten Garnitur zählen. Die Autoren jedenfalls, die in Deutschland bleiben, werden sich nicht mit dem Regime anlegen. Dafür wird Minister Goebbels schon sorgen. Wer aber soll dann Widerstand leisten?«

»Wir!«

»Wir?

»Sie, ich, Heinrich und Thomas Mann, Feuchtwanger, Werfel vielleicht.«

»Die paar Leutchen, die das Ausland überhaupt wahrnimmt? Geschweige denn liest.«

»Wir werden kämpfen müssen, werden das Ausland aufrütteln müssen, den ausländischen Regierungen und Politikern erklären müssen, was Hitler möglich gemacht hat und was er plant.«

»Und was hat ihn möglich gemacht?«

»Das Volk, die Deutschen, die die Ordnung mehr lieben als die Freiheit, die vor zwei Monaten Hitler mit vierundvierzig Prozent gewählt haben und ihn jetzt machen lassen. Hitler allein kann keine Bücher verbrennen, dazu braucht er viele Helfer, und die stehen heute Abend bereit. Und wenn er sein Hauptziel in die Tat umsetzen wird, werden wieder Millionen Deutscher bereitstehen und gehorchen und marschieren.«

»Sie meinen, er will Krieg?«

»Genau das meine ich, lieber Remarque. Wir müssen die europäischen Völker aufklären, bevor es zu spät ist. Ebenso die USA, wo mit Roosevelt gottlob ein Präsident gewählt wurde, der einen Blick für europäische Probleme hat. Die Europäer sind kriegsmüde, die Amerikaner sind es auch. Die Deutschen unter Hitler werden es bald nicht mehr sein, wenn der *Führer* sie alle in neue Uniformen steckt.«

Elga hat die beiden Männer eine Zeitlang allein gelassen und sich um das Rundfunkgerät gekümmert. Die Übertragung aus Berlin hat bereits begonnen. Jetzt steht sie in der breiten Schiebetür zum Kaminzimmer, eine Wasserkaraffe in der Hand. Sie hat dem Gespräch zugehört und sagt zu Remarque: »Ihre Bücher werden in der ganzen Welt gelesen. Auf Sie hört man.«

»Danke für das Kompliment, gnädige Frau. Aber Sie überschätzen mich. Ich bin kein Agitator. Was ich zu sagen habe, steht in meinen Büchern. Die aber sind unpolitisch wie ihr Autor auch. Sie werden es nicht erleben, dass ich Parteien unterstütze, Manifeste unterzeichne oder auf Kongressen zu Fragen der Zeit Stellung nehme. Ich gehöre nicht zu den Künstlern, die ihr eigenes Werk interpretieren.«

»Ich halte dagegen: Mein Mann schreibt über die Deutschen, Sie hingegen über den Mann oder die Frau aus dem deutschen Volk, die zwar selten Geschichte machen, aber der Geschichte und ihren dramatischen Entwicklungen ausgeliefert sind. Ist das nicht auch politische Literatur, politische Stellungnahme?«

»Ich gebe mich geschlagen, Frau Ludwig, höre aber im Hintergrund schon den Berliner Mob grölen. Die Übertragung scheint ja in vollem Gange zu sein. Und ich möchte ungern versäumen, wie Ihr Mann und ich auf die ganz besondere Weise geadelt werden. Nicht ohne Stolz habe ich nämlich die Listen studiert, die seit gut einem Monat durch die Presse geistern. Wir beide stehen drauf und gehören ab heute zu den Verbrannten und Verbotenen.«

»Kommen Sie. Im Wohnzimmer steht alles bereit. Ich habe auch für neuen Wein gesorgt.«

»Gnädige Frau, ich danke Ihnen. Das wäre natürlich fatal, wenn diese Quelle versiegen würde. Den Goebbels erträgt man nämlich nur im Rausch. Darf ich rauchen?«

»Selbstverständlich. Fühlen Sie sich wie zuhause. Zigaretten sind in der Dose.«

Emil kommt dazu: »Was gibt es Neues? Hat das mittelalterliche Schauermärchen schon begonnen?«

Elga wartet, bis Emil sich ebenfalls gesetzt hat. Sie dreht die Rundfunkreportage für kurze Zeit leiser: »Also, der Herr, den wir gehört haben, heißt Carl Heinz Boese.«

Remarque lacht schallend: »Nomen est omen. Herr Ludwig, das ist der Mann, der für die Revolution des Bösen zuständig ist.«

»Die Götter«, fährt Elga fort, »sind den Vandalen übrigens nicht gewogen. In Berlin regnet es seit Stunden stark. Trotzdem hat sich eine große Menschenmenge versammelt. Das eigentliche Autodafé beginnt gegen zehn Uhr, in einer halben Stunde etwa. Ort des Geschehens ist der Opernplatz, der Platz, der von den *Linden*, sprich: der Universität, der Staatsoper, der Hedwigs-Kathedrale und der neuen Aula umfasst wird. Dort hat man heute tagsüber einen großen Holzstoß errichtet. Der Platz ist von der Polizei im großen Umkreis abgesperrt. Zu den *Linden* hin steht ein Podium, das mit einer Hakenkreuzfahne bedeckt ist. Dahinter befindet sich eine lange Reihe von Tonfilmwagen mit ihren Aufnahmeapparaten. Durchgeführt wird die schaurige Veranstaltung von der organisierten Studentenschaft, die von diversen Parteigliederungen wie SA oder HJ unterstützt wird. Beteiligt sind aber auch Professoren, Bibliothekare, Beamte aus der preußischen Kultusbürokratie oder Buchhändler. Sie haben geholfen, die schwarzen Listen zusammenzustellen, auf denen jene Werke verzeichnet sind, die heute verbrannt werden und in Zukunft verboten sind.«

»Also wir!« ruft Remarque laut und stößt mit Emil und Elga an: »Prosit!«

Die Gläser klingen. Elga hat das Radio lauter gestellt. Carl Heinz Boese hat wieder das Wort. In markigen Sätzen beschreibt er den langen Fackelzug, der sich über fünf Kilometer durch die Stadt bewegt. Voran marschiert eine Musikkapelle. Immer wieder sind Sprechchöre zu hören. Volksfestartig ist die Stimmung. So geht es durch das Brandenburger Tor, wobei Boese daran erinnert, dass ein solcher Fackelzug auch am 30. Januar stattgefunden habe, an jenem Tag, als der Führer Adolf Hitler vom greisen Reichspräsidenten, Generalfeldmarschall von Hindenburg, zum Reichskanzler ernannt wurde. Und was sei seit diesem unvergesslichen Tag nicht alles geschehen. Man könne nur der Vorsehung danken …

Boese wird offiziell, da er nun in einer Art militärischem Rapport vor Augen führen kann, wie die bereitgestellten LKW – meist sind es Möbeltransporter – sich dem Geschehen nähern. Denn sie bringen die 20.000 Bücher, die in Kürze dem Feuer übergeben werden. Aber woher stammen diese *Schand- und Schundwerke*? Man kommt aus dem Staunen nicht heraus. Was haben die Studenten da auf die Beine gestellt. Bereits Tage zuvor wurden Seminar- und Universitätsbibliotheken durchkämmt und gesäubert. Ebenso Volksbüchereien und Buchhandlungen.

Boese erzählt und erzählt, mit pathetischer Stimme, weihevoll und ergriffen. So rückt das eigentliche Ereignis näher. Unüberschaubar ist die Menschenmenge. Berittene Polizei eskortiert den Fackelzug, der sich auf den Holzstoß zubewegt. Mehrere Männer haben diesen mit Benzin übergossen. Die Fackelträger werfen ihre Fackeln in die hochauflodernden Flammen. Gespenstisch spiegeln sich diese in den Scheiben der umliegenden Gebäude. Das Feuer ist so mächtig, dass die Lastautos nicht an den Holzstoß heranfahren können. Die Studenten bilden eine Kette und werfen die undeutschen Bücher auf den Scheiterhaufen. Dazu gibt es vom Pult aus, über ein schlecht funktionierendes Mikrophon knappe Erläuterungen, warum die Bücher von Marx, Kautsky, Heinrich Mann, Sigmund Freud, Emil Ludwig und Erich Maria Remarque aus dem neuerwachten deutschen Kulturleben verbannt werden.

Jetzt, in diesem Augenblick, tritt der fünfte Rufer vor. Elga dreht noch lauter. Man hört das Knistern und Knacken des Feuers. Das Radio rauscht. Remarque und Emil haben sich erhoben und sehen sich erwartungsvoll an. Dann das heisere Schreien: »Gegen Verfälschung unserer Geschichte und Herabwürdigung ihrer großen Gestalten, für Ehrfurcht vor unserer Vergangenheit! Ich übergebe der Flamme die Schriften von Emil Ludwig.«

Remarque prostet seinem Gastgeber zu. Inzwischen ist der sechste Rufer an der Reihe. Er ist zuständig für »volksfremden Journalismus demokratisch-jüdischer Prägung.« Danach verkündet der siebte Rufer: »Gegen literarischen Verrat am Soldaten des Weltkrieges, für Erziehung des Volkes im Geist der Wehrhaftigkeit! Ich übergebe der Flamme die Schriften von Erich Maria Remarque.«

Neun Rufer sind aufgetreten. Bei Emil und Remarque ist der Beifall besonders stark ausgefallen. Nun meldet sich Boese zurück, nachdem die Werke von Kurt Tucholsky und Carl von Ossietzky wegen *Frechheit und Anmaßung* den Abschluss der kleinen Bücherpräsentation gebildet haben. Diese ist alles andere als vollständig, denn auf der *schwarzen Liste* stehen allein 200 Namen von Dichtern und belletristischen Schriftstellern.

Kurz vor Mitternacht tritt Goebbels auf. Er redet vom *überspitzten jüdischen Intellektualismus*, vom *Ungeist der Vergangenheit* und davon, dass der *Novemberrepublik* die geistige Grundlage entzogen worden sei.

Elga gähnt: »Darf ich den bocksfüßigen Diabolos mundtot machen?«

»Sehr gern«, sagt Remarque. Emil stimmt zu: »Hier geht das ja noch. In Berlin wäre das schon komplizierter. Ich frage mich nur, warum er erst so spät auftritt. Vielleicht hat er, der Reichsminister für Volksaufklärung und Propaganda, gespürt, dass diese Aktion, die in den folgenden Tagen und Wochen in weiteren Universitätsstädten stattfinden wird, ein Rückfall in finsterste Zeiten darstellt.«

Elga verabschiedet sich. Remarque bedankt sich für den wundervollen Abend, greift aber, während er dies wortreich galant verkündet, zum Flaschenöffner. Ein kurzer Blick geht in Richtung Emil, und als der sagt: »Recht gern, greifen Sie nur zu«, entkorkt der gutgelaunte Gast die nächste Flasche.

Emil gähnt unauffällig. Er lässt sich nicht nachschenken.

Remarque lehnt sich in seinem Sessel zurück. Wie ein Verliebter blickt er auf sein Weinglas. Er bewundert das Spiel des Kerzenlichts in der kostbaren Flüssigkeit, die er kurz zur Nase führt. Seine Miene wird ernst: »Tja, verehrter Freund. Ich fürchte, mit dem heutigen Spektakel der Nazis verlieren wir 90 Prozent unserer deutschen Leserschaft. Vom deutschsprachigen Raum bleiben uns in erster Linie Österreich und die Schweiz. Für die meisten Autoren bedeutet das den finanziellen Ruin. Wir beide und wenige andere *Großschriftsteller* können von Übersetzungen und dem Verkauf von Filmrechten über die Runden kommen, bis der Spuk vorbei ist.«

»Das kann lange dauern.«

»Trotz Ihres Pessimismus: Wissen Sie, was ich heute Nacht träumte?«

Emil brummelt: »Bin ich Freud?«

»Oh, ich vergaß. Mit dem stehen Sie ja auf Kriegsfuß. Ich bitte um Nachsicht. Aber meinen Traum sollten Sie sich anhören. Er ist allzu schön. Also: Hitler ist gestürzt, das Volk jubelt, die Nazis sind vertrieben. Am Brandenburger Tor stehen die Menschen gedrängt und verfolgen den Einmarsch der *verbotenen und verbrannten Dichter*. Man heißt uns Schriftsteller willkommen, überreicht uns Blumen und lässt sich unsere Werke, die wieder gedruckt und verkauft werden dürfen, signieren. Es ist eine Stimmung wie in den Augusttagen 1914. Wie finden Sie meine Vision?«

»*Welch Schauspiel! Aber ach! ein Schauspiel nur!* Bleibt nur die Frage, auf wessen Panzern die Poeten hocken werden, wenn sie zurückkehren.«

»Lieber Ludwig, sind Sie nicht zu fatalistisch heute Abend?«

»Keineswegs. Ich werde in meiner Hindenburg-Biographie einiges zur deutschen Mentalität sagen. Habe ich Ihnen bei unserem letzten Treffen nicht darüber berichtet? In dem Buch geht es um den Charakter der Deutschen, der mich zunehmend beschäftigt. Hindenburg als historische Figur ist belanglos. Viel interessanter ist die Frage, wie ein Volk psychologisch und mental beschaffen sein muss, wenn es einen Mann wie Hindenburg zu seiner Leitfigur erwählt. Dieselbe Frage stellt sich natürlich auch bei Hitler.«

Emil lässt sich nachschenken. Danach erzählt er von seinem Buchprojekt. Remarque hört gebannt zu, bis es aus ihm herausplatzt: »Großartig, einfach großartig. Sie gehören zu den weniger Schriftstellern, die wirklich was von deutscher Geschichte verstehen. Wissen Sie schon, wann Sie wieder Zeit und Muße finden, die Arbeit an der Biographie fortzusetzen?«

»Morgen früh!«

»Morgen früh!« ruft Remarque erstaunt aus und blickt auf seine kostbare Schweizer Armbanduhr: »Jetzt begreife ich erst, wie Sie ein Buch nach dem anderen auf den Markt bringen können. *Nulla dies sine linea* ist Ihre Devise!«

»Eher *sine pagina*.«

»Woher nehmen Sie bloß diese Selbstdisziplin? Ich kann das nicht. Ich brauche Jahre, bis ich ein Roman-Manuskript abgeschlossen habe. Viele Fassungen wandern über meinen Schreibtisch. Bleiben oft monatelang oder gar Jahre liegen. Zufrieden bin ich selbst mit dem gedruckten Werk nicht. Immer diese Selbstzweifel, die mich plagen. Dazu die ausgeprägte Faulheit, die mir regelmäßige Schreibtischarbeit unmöglich macht. Mein neues Landhaus in Porto Ronco ist wirklich schön – zumal Sie in meiner Nachbarschaft leben. Aber nach wenigen Tagen, die ich dort zubringe, allein oder zusammen mit einer reizvollen Frau, fällt mir die Decke auf den Kopf. Es zerreißt mich regelrecht. Ich muss raus, auf Reisen gehen, in teuren Hotels absteigen, besagte schöne Frauen an meiner Seite haben, durch Paris, Rom und New York tingeln. Ich bin Lebemann, flirte, lebe im Luxus und lass mich Tag für Tag und Nacht für Nacht vollaufen.

Während Sie eine bezaubernde Frau haben und glücklich in Ihrem Moscia leben, Ihrem Elysion, wo Sie sich mit Ihrer Familie eingerichtet haben, die Berge, den See und die Natur genießen. Ich hingegen bin Einzelgänger, bummle durch die Welt, habe berühmte Frauen um mich, die aber meist nicht treu sind. Ich fühle mich gar nicht in der Lage, eine feste Beziehung zu knüpfen, geschweige denn, eine Familie zu gründen. Leide aber in schöner Regelmäßigkeit unter furchtbarer Eifersucht. Dann erlebe ich alle paar Monate Verzweiflungsattacken und Depressionen, die mich vor lauter Lebensangst noch mehr Alkohol trinken lassen. Ich lebe wie auf einer Eisscholle, die unter mir wegschmilzt. Dazu kommen immer neue Todesgedanken und diese permanente Arbeitsangst.«

Er sieht angestrengt vor sich hin. »Kennen Sie Arbeitsangst? Die kommt bei Ihnen gar nicht vor, nicht wahr? Aber ich werde davon heimgesucht: Ich kann den Erfolg von *Im Westen nichts Neues* nicht wiederholen. Das führt dazu, dass ich mir einrede, meine Kreativität würde allmählich erlöschen. All das bedingt, dass ich gar nicht in der Lage wäre, mich in die politische Arena zu stürzen. Ich brauche mein Privatleben. *Im Westen nichts Neues* hat mich zur Genüge an die Öffentlichkeit gezerrt. Ich wurde entweder gelobt und als Genie herumgereicht oder auf nie dagewesene Weise beschimpft und bedroht. Was ich in den letzten vier Jahren durchgemacht habe, einerseits als hochgejubelter, andererseits als meistgehasster Autor Deutschlands dazustehen, davon haben die wenigsten eine Vorstellung. Nein, lieber Ludwig, ich bin Weltmann, nicht Weltbürger, wie Sie mir neulich unterstellten. Wäre ich Kosmopolit, ich würde politisch agieren und aufklärerisch wirken. Aber ich sagte es schon, meine Maxime lautet: Politik verdirbt die Kunst.«

Als Elga in dieser Nacht das erste Mal aufwacht, hört sie lautes Lachen, das aus dem Kaminzimmer kommt. Da ist es drei Uhr. Als sie zwei Stunden später endgültig wach ist, beschließt sie, schwimmen zu gehen. Auf ihrem Weg zur Terrasse kommt sie durchs Kaminzimmer. Unzählige Weinflaschen stehen herum. Sie entdeckt Emil auf dem Sofa, laut schnarchend. Remarque ist verschwunden.

»Warte!« ruft Emil plötzlich. »Ich komme mit.«

»Wo ist unser Freund?«

Emil sitzt auf dem Sofa und reibt sich die Stirn: »Er wollte noch in seiner Stammbar in Ascona vorbeischauen. Irgendwann war er weg.«

David Frankfurter

Es kommt nicht oft vor, dass Elga in der Bibel liest. Doch heute ist das anders. Sie ist in die Bibliothek gegangen, hat ein wenig suchen müssen und ist mit der Luther-Bibel zurückgekehrt. Jetzt hat sie die Geschichte von *David und Goliath* vor sich.

Elga ist allein im Haus. Emil ist in Paris, auf einer Tagung von Exilschriftstellern. Heute Morgen rief er an. Er war sehr aufgewühlt, fragte, ob sie schon gehört hätte – die gestrigen Ereignisse in Davos. Sie verneinte, was ihn nicht wunderte, denn aktuelle Fragen des Zeitgeschehens interessieren sie nur wenig. Dann quoll es aus ihm heraus. Seine Stimme überschlug sich. Alles müsse jetzt ganz schnell gehen, verkündete er. Emil war in seinem Element: Wilhelm Gustloff sei von einem jungen Juden namens David Frankfurter erschossen worden. Das sei ein politisches Fanal. Endlich setzten sich die Juden zur Wehr, übten Rache für den staatlichen Terror, dem sie in Deutschland ausgesetzt seien. Und für die verbrecherischen Nürnberger Rassengesetze vom vergangenen September. Gustloff sei zumindest in der Schweiz nicht irgendwer. Als Landesgruppenleiter der NSDAP habe er in den zurückliegenden Jahren die Parteiorganisation in der neutralen Schweiz konsequent ausgebaut. Das Attentat ist politische Notwehr. Der Prozess gegen David Frankfurter, der sich gleich nach der Tat der Polizei stellte, werde voraussichtlich Ende des Jahres beginnen. Bis dahin werde er, Emil, ein Buch vorlegen, das der Öffentlichkeit eine wirkungsvolle Verteidigungsschrift liefere. Es werde unter dem Titel *David und Goliath* erscheinen und sicherlich in mehrere Sprachen übersetzt werden. Diese Arbeit werde ihn voll und ganz in Anspruch nehmen. Die geplante Kleopatra-Biographie wird entsprechend verschoben.

Emil bittet Elga, Buchhändler Zollinger anzurufen. Der habe auch einen gutbestückten Zeitungsständer. Er solle ab heute, dem 5. Februar, jeweils ein Exemplar der aktuellen Tageszeitungen, und zwar sowohl deutsche als auch Schweizer zurücklegen. Emil kündigte an, er werde den Nachtzug nach Genf nehmen und morgen gegen Mittag zuhause eintreffen. Und, das war ihm besonders wichtig, Elga solle abends sofort alle Gartentore abschließen lassen. Das Leben in der Schweiz werde für Leute wie sie immer gefährlicher.

Elga ist nie ängstlich gewesen, seit sie in Moscia wohnen, und das tun sie seit dreißig Jahren. Aber mit dem Vorfall im Garten der Remarque-Villa hat sich das schlagartig geändert.

Es ereignete sich kurz nach der Bücherverbrennung. Remarque hatte sich – was selten passierte – bereitgefunden, dem jüdischen Journalisten Felix Manuel Mendelssohn ein Interview zu geben. Als dieser darum bat, sich den Garten der Villa ansehen zu dürfen, stimmte der Hausherr großzügig zu, wurde aber schon bald ans Telefon gerufen. So hatte Mendelssohn Zeit, sich in aller Ruhe umzuschauen. Da tauchten zwei Männer an der verschlossenen Gartentür auf. Einer rief: »Herr Remarque, wir sind von der Stadtverwaltung Locarno und haben hier wichtige Unterlagen für Sie!«

Als Mendelssohn sich der Gartentür näherte, um den Irrtum aufzuklären, zückte einer der beiden Männer eine Pistole und schoss dem Wehrlosen zweimal in den Kopf. Zeugen sagten später aus, die Mörder seien kurz darauf mit einer Limousine in Richtung Italien davongefahren. Dem ermittelnden Kriminalkommissar fiel als allererstes auf, dass Mendelssohn eine verblüffende Ähnlichkeit mit Remarque hatte.

Emil ließ daraufhin in Moscia den verwitterten, teilweise durchlässigen Gartenzaun durch ein hohes, stabiles Drahtgitter ersetzen, was angesichts der Größe des Grundstücks viele tausend Franken kostete. Die Schutzmaßnahme ließ Beppo protestieren, der sie als schlichtweg überflüssig erklärte. Othello werde schon aufpassen, und schließlich sei er auch noch da. Elga lachte daraufhin: »Beppo, du bist durchschaut. Du hast nämlich lebhaft vor Augen, dass die neue Einfriedung alle paar Jahre gestrichen werden muss, wozu du bereits jetzt keine Lust verspürst.«

Beppo gab klein bei, schließlich hatte auch er vom Schicksal mehrerer Exilanten gehört, die von Nazi-Agenten entführt wurden. Ein Jahr zuvor kam es zu gravierenden Verstimmungen im deutsch-schweizerischen Verhältnis, durch den jüdischen Linksintellektuellen Berthold Jacob. Er machte als scharfer Nazi-Gegner von sich reden und trieb das NS-Regime publizistisch zur Weißglut, indem er die heimliche deutsche Aufrüstung an den Pranger stellte. Er wurde vor einem knappen Jahr von Basel aus nach Deutschland entführt.

In Flüchtlingskreisen wird gern folgende Geschichte kolportiert. Sie handelt von einem antifaschistischen jüdischen Wissenschaftler, der 1933 ganz knapp der Gestapo entkommen konnte. Er hat sich im benachbarten Österreich in Sicherheit gebracht. In Wien erwarb er schon bald eine Professur. Nun wird er eines schönen Tages zu einem Kongress nach Paris eingeladen. Er besteigt in Wien den Zug, der ihn in die französische Hauptstadt bringen soll. In Zürich hat er einen längeren Aufenthalt. Da es spät abends ist, begibt sich der Mann in sein Schlafwagenabteil. Er schläft tief und fest, als sein Zug zu rollen beginnt. Was der Reisende nicht ahnt: In Zürich ist ein kleines Malheur passiert, nichts Weltbewegendes. So etwas kommt im großen Bahnbetrieb schon mal vor. Beim Rangieren sind irrtümlich zwei, drei Waggons an den falschen Zug gehängt worden. Als der Professor morgens erwacht und aus dem Abteilfenster schaut, muss er feststellen, dass sein Zug auf dem Stuttgarter Hauptbahnhof steht. Draußen sind Stimmen zu hören, Uniformierte reißen die Tür auf. Zwei Stunden später wird der Mann bereits von der Gestapo verhört. Wien hat er nie wiedergesehen.

Am nächsten Tag bringt Buchhändler Zollinger die Tageszeitungen persönlich vorbei. Der Fall David Frankfurter schlägt hohe Wellen. In Deutschland ist reichsweite Staatstrauer angeordnet. Nach dem Mittagessen sitzt er mit Ehepaar Ludwig am Kamin zusammen. Die beiden Männer greifen zur Zigarre, Elga steckt sich eine Zigarette an.

»Für die Nazis ist das natürlich ein Geschenk des Himmels«, sagt Emil. »Attentat auf einen biederen Auslandsdeutschen, verübt von einem rachedürstigen Juden, hinter dem natürlich die Drahtzieher des organisierten Weltjudentums stehen.«

»Und das pünktlich zu den olympischen Winterspielen, die heute mit viel Pomp von Hitler eröffnet werden«, sagt Elga. »Angeblich sind ja alle antijüdischen Plakate und Schilder entfernt worden, so dass Ausländer auf den Gedanken kommen könnten, die so heftig kritisierten Deutschen seien gar nicht so antisemitisch, wie die internationale Presse immer schreibt. Nun wird noch einer ihrer braven Funktionäre Opfer eines Attentats.«

Zollinger grinst und stößt den Qualm so hinaus, dass dieser als Ring durch den Raum schwebt: »Ich frage mich nur, was die Nazis machen, wenn einer ihrer wirklich wichtigen Bonzen, der dicke Göring zum Beispiel oder der kleine Goebbels, ermordet werden. Sie kämen ganz schön in die Bredouille. Denn steigern kann man dieses pompöse Staatstrauerspiel kaum noch. Da müsste schon Hitler persönlich in die Grube fahren. Aber der wird ja noch gebraucht, um Deutschland wieder aufzurüsten. Damit am Ende auch die Schweiz heimgeholt wird ins Reich.«

»Jetzt malen Sie nicht den Teufel an die Wand!« ruft Elga. »Ich kenne viele Schweizer, die gerade vor dem Tag Angst haben, an dem die Deutschen bei uns einmarschieren.«

Emil sieht Zollinger an: »Sie haben vollkommen recht. Wilhelm Gustloff ist genaugenommen eine Randfigur, ein Funktionär, den selbst deutsche Nazis kaum kennen. Er ist oder besser: war auch kein Gauleiter, wie manchmal zu hören oder zu lesen ist. Er ist seit '32 hauptamtlicher Landesgruppenleiter der NSDAP und hat mit Hitlers Ernennung natürlich kräftig Aufwind erhalten.«

»Ich weiß nur«, sagt Zollinger, »dass er unsere schöne Schweiz mit einem Netz von NSDAP-Ortgruppen und Stützpunkten überzogen hat. In allen größeren Städten sind die Nazis inzwischen vertreten. Wenn etwa 130.000 Auslandsdeutsche in der Schweiz leben, sind 5000 von ihnen Parteigenossen. Auch die Hitler-Jugend ist in einigen Orten mit HJ- und BDM-Gruppen vertreten. Das alles wird von Davos aus verwaltet, wo Gustloff wegen eines chronischen Lungenleidens seit vielen Jahren wohnt.«

Elga ergänzt: »Ich habe gelesen, dass er dem deutschen Botschafter in Bern zunehmend Konkurrenz macht. Er lässt Listen mit Adressen aller Deutschen in der Schweiz anlegen, will wissen, wer hier wie lange Urlaub macht. Außerdem empfiehlt er Kurgästen, bestimmte Hotels zu meiden, weil die Besitzer Juden sind.«

Zollinger bleibt noch eine gute halbe Stunde. Er verspricht, seinen Gehilfen täglich vorbeizuschicken, damit Emil die aktuellen Zeitungen zur Verfügung hat. Elga bittet darum, Zollinger möge von Zeit zur Zeit ihr Gast sein. An der Mittagstafel sei immer ein Platz für ihn reserviert. Das lässt Junggeselle Zollinger sich nicht zweimal sagen. Eine Woche später kündigt er sein Erscheinen erneut an. Er bringt sogar einen weiteren Gast mit, nämlich Redakteur Wehrli, der den Mord in Davos ebenfalls akribisch verfolgt.

Man hat gerade Platz genommen, da eröffnet Wehrli die Gesprächsrunde: »Meine Herren – oh, pardon, meine Dame, meine Herren. Ich habe dreißig Jahre in der Redaktion der NZZ gearbeitet, aber so was noch nicht erlebt. Was ist nur aus meiner guten alten Neuen Zürcher Zeitung geworden! Ich kann mich des Eindrucks nicht erwehren, als wetteiferten die lieben Kollegen mit der Nazi-Presse darum, wer am lautesten und am ausführlichsten über diesen Wilhelm Gustloff berichtet. Es reicht doch bitte schön, wenn die deutschen Blätter uns darüber informieren, welche Straßen und Plätze in Deutschland fortan nach die*ser Person benannt we*rden, dass Herr Gustloff fortan da oben im ewigen Bataillon Horst Wessel tätig sei. Oder ich erfahre, wer sich alles in die Kondolenzlisten eingetragen hat und dass keine Nazi-Größe fehlt.«

Zollinger sagt, als Maria die Suppe aufträgt: »Ganz recht, Herr Wehrli. Sollen sich die Deutschen so viele Beileidsbekundungen zuschicken, wie sie lustig sind. Aber dass unser Bundesrat Motta, unser Außenminister, dem deutschen Außenminister sein tiefempfundenes Beileid ausdrückt, das geht wirklich zu weit und ist eine Art Demutsgebärde. Es ist nämlich völlig unüblich, bei der Ermordung einer Privatperson der jeweiligen Regierung zu kondolieren.«

Wehrli hat sich die Serviette umgebunden, den Löffel schon in der Hand und bepustet seine Suppe, um sogleich zu erzählen: »Mir fallen zur Bedeutung und zum Charakter des Herrn Gustloff noch zwei Anekdoten ein, die unser verehrter Gastgeber vielleicht in seinem Buch unterbringen kann. Ich habe sie von einem ehemaligen Kollegen: Gleich nach dem Attentat wandte sich das Goebbels-Ministerium an die deutsche Botschaft in Bern und bat um eine Fotografie von Gustloff. Der Kerl war so unbedeutend, dass man im Archiv in Berlin nicht mal ein Foto von ihm besaß. Sagt doch alles, oder?

Dann kursiert noch folgende Geschichte in den Redaktionen, Gustloffs Liebe zu Hitler betreffend. Er soll nämlich in Parteikreisen geäußert haben: *Wenn mir Hitler befiehlt, heute Abend um sechs Uhr meine Frau zu erschießen, so mache ich fünf Minuten vor sechs meinen Revolver parat, und fünf Minuten nach sechs ist meine Frau eine Leiche.*«

»Kommt natürlich auch ein bisschen auf die Frau an«, bemerkt Zollinger trocken und erzeugt allgemeine Heiterkeit.

Elga fügt hinzu: »Wenn die Erschießung um sechs Uhr stattfinden soll und der Tod erst um fünf nach sechs eintritt, hat die arme Frau womöglich sehr gelitten.«

Emil sieht sie an: »Im Unterschied zu dir, meine Liebste, scheint der Mann ja nicht viel von Waffen zu verstehen, wenn er fünf Minuten benötigt, um einen Revolver parat zu machen.«

Wehrli, dem die Suppe noch etwas zu heiß ist, legt den Löffel neben seinen Teller: »Man kann die Sache auch so interpretieren, dass er die Frau erst um fünf nach sechs erschossen hat. Dann allerdings wurde Hitlers Befehl nicht ordnungsgemäß ausgeführt, was für einen waschechten Nazi ein Verstoß gegen das göttliche Gebot bedeutet.«

Elga bemerkt mit gespieltem Ernst: »Ich kann dem Fall eine weitere Deutungsvariante abgewinnen. Möglicherweise liebt der Ehemann seine Frau so sehr, wie er Hitler liebt. Folglich bringt er es nicht übers Herz abzudrücken. Seine Frau hat dann ganze fünf Minuten gebraucht, ihn davon zu überzeugen, dass er das Urteil gefälligst zu vollstrecken hat.«

Wehrli schlägt auf den Tisch und ruft in das Gelächter hinein: »Diese Interpretation, verehrte Frau Ludwig, bleibt den Frauen vorbehalten. Die wäre uns Männern gar nicht eingefallen.«

»Ich möchte«, sagt Zollinger, »noch einmal auf diesen staatlich verordneten Ergriffenheitswahnsinn zurückkommen. Das ganze Spektakel erscheint mir wie eine kitschig, altdeutsch inszenierte Wagner-Oper. Allein dieser Sonderzug, der fünfzehn Stunden von Zürich nach Schwerin gerollt ist. Eine fahrende Ehrenhalle mit dem Sarg und geöffneten Türen in der Mitte, flankiert von den Waggons, die die Kränze transportieren. Dazu Wagen mit fünfzig hochrangigen ergriffenen Parteifunktionären. Auf jedem Bahnhof, bei verlangsamter Fahrt, eine ergriffene Menschenansammlung: hohe Parteifunktionäre, Formationen von SA, SS, HJ, BDM, Wehrmacht, Arbeitsdienst, Luftschutz, Schulklassen, Belegschaften. Auf größeren Bahnhöfen Halt mit ausgiebiger Trauerfeier. Dazu jede Menge Trommelwirbel und Musik, Fahnen, Reden und Appelle. Der Höhepunkt schließlich die alles an Pomp überragende Beisetzung in Schwerin.«

Emil sagt: »Ich werde das Gefühl nicht los, als wollte man nach dem blutigen Röhm-Putsch, der die Menschen stark verunsichert hat, diese kollektive Trauer als Klammer benutzen, um Volk und Regime zusammenzuschweißen.«

Wehrli stimmt zu: »Also, das muss man den Nazis lassen: Todesfeiern, Götterdämmerungen, Totenkult – das Sujet beherrschen sie.«

Elga meint: »Diese Fähigkeit werden sie noch gut gebrauchen können, wenn sie so weiterrüsten.«

»Sie haben übrigens ganz recht, Herr Ludwig, wenn Sie neulich von einem Fanal sprachen, das dieses Attentat bedeutet«, sagt Zollinger, »und deshalb kann ich es gar nicht abwarten, bis ich Ihr Buch über *David und Goliath* in Händen halte. Ich habe hundert Exemplare beim Querido Verlag in Amsterdam vorbestellt, und ich war nicht der erste. Sie sind ein Autor von Weltruf. Gerade Sie können die Schweizer wachrütteln, damit sie wieder lernen, dass sie Nachfahren Wilhelm Tells sind.«

Einen Monat später wird Emil per Gerichtsentscheid die Erlaubnis erteilt, David Frankfurter zu besuchen. Der Delinquent sitzt in Chur in Untersuchungshaft. Die Sprechzeit beträgt eine halbe Stunde und findet im Beisein eines Justizbeamten statt. Zuvor hat der Besucher sich einer Leibesvisitation zu unterziehen. Aktentaschen oder andere Gegenstände dürfen ins Sprechzimmer nicht mitgenommen werden. Dieses ist ein fensterloser kahler Raum, der mit einem schlichten Holztisch mit drei ebenso einfachen Holzstühlen ausgestattet ist. Der anwesende Beamte sitzt während der Sprechzeit auf einem Hocker, der seitlich an der Wand steht.

Der sechsundzwanzigjährige Frankfurter macht einen aufgeräumten Eindruck, als habe er sich inzwischen von einer längeren Krankheit erholt. Als Emil sich ausführlicher vorstellen will, winkt David ab: »Das ist nun wirklich nicht nötig. Natürlich kenne ich Sie gut. Sie haben *Wilhelm der Zweite* geschrieben. Das Buch habe ich mehrfach gelesen.«

»Mehrfach?«

»Auch wenn Sie es nicht glauben, aber ich habe Mitleid mit dem Kaiser gehabt. Der verkrüppelte Arm ist wie eine unheilbare Krankheit. Da habe ich mein eigenes Schicksal vor Augen gehabt. Wollen wir uns nicht setzen?«

Auch der Justizbeamte nimmt jetzt Platz.

»Aber«, fragt Emil, »kennen Sie mich, wenn Sie mein Buch gelesen haben?«

David lächelt: »Ist es nicht so, dass man nur über das schreibt und gut schreibt, das einen innerlich betrifft?«

»Meine Arme und Beine sind vollkommen in Ordnung.«

»Vielleicht leiden Sie unter Ihrem Judentum oder sind durch einen allmächtigen Vater geprägt worden.«

Emil stutzt einen Augenblick, sagt dann freundlich: »Sie haben auch Freud gelesen!«

»Natürlich, er hat doch in vielem Recht. Mein Vater ist Oberrabbiner und eine anerkannte Persönlichkeit. Er kann sehr autokratisch sein und hat mich wegen meiner Taten verstoßen.«

»Taten?«

»Ja! Damit sind all die Vergehen gemeint, die gegen seine Regeln verstießen. Ich war im Unterschied zu meinen Geschwistern kein guter Schüler. Das ist auch so geblieben. Ich war zudem ein schlechter Student und bin durch alle Prüfungen und Examina gefallen, wovon ich meinem Vater natürlich nichts erzählte. Statt zu lernen und die erforderlichen Bücher zu studieren, habe ich mich lieber mit anderen Themen beschäftigt. Statt ein medizinisches Fachbuch durchzuackern, habe ich *Wilhelm der Zweite* gelesen. Sie lachen. Doch kamen die Prüfungen näher, kehrte meine Krankheit zurück. Ich habe seit meinem siebten Lebensjahr unter Knochentumoren gelitten und bin mehrfach operiert worden. Dadurch wurde mein Körper stark geschwächt. Regelmäßig bin ich von Depressionen heimgesucht worden. In solchen Stunden der Schwermut beschloss ich, meinem Leben ein Ende zu setzen. Ich kaufte mir eine Pistole. Aber gleich darauf bäumte sich in meinem Inneren etwas auf. Ich war von Frankfurt nach Bern gezogen, weil ich in Deutschland den staatlich verordneten Terror gegen mein Volk nicht mehr ertrug. Hass gegen die Urheber dieser antisemitischen Exzesse flammte in mir auf.

In der Schweiz lebte ich einigermaßen sicher, aber ich las die deutschen Zeitungen, las vom Tag des Judenboykotts am 1. April '33. Von den alltäglichen Schikanen gegen Juden. Vom Tag der Bücherverbrennung, durch die das Werk Heines, Marx' und Freuds aus dem deutschen Kulturleben verbannt wurde. Ihre Bücher gehörten ja auch dazu. Aber was war das alles gegen die Nürnberger Rassengesetze, die in das Privat- und Sexualleben der Bürger eingriffen. Ich empörte mich über das Schicksal Berthold Jacobs, den die Nazis aus der Schweiz entführten. Ebenso beschäftigte mich der Fall Carl von Ossietzkys, der dieser Tage wieder die Schlagzeilen bestimmt, weil man es noch immer nicht geschafft hat, ihm den Friedensnobelpreis zu verleihen.«

»Haben Sie einmal daran gedacht, Hitler selbst umzubringen?«

»Natürlich! Das war mein erster Plan. Aber wie an ihn herankommen? Einmal ging ich mit meiner Pistole in der Tasche zu einer Veranstaltung mit Göring. Als der in den Saal einzog, wurde ich von der Menge gegen die SS-Leute gedrängt, die ein Spalier bildeten. Plötzlich stand ein SS-Mann unmittelbar vor mir. Er schien den Druck meiner Waffe zu spüren und sah mir misstrauisch in die Augen. Da schrie ich aus vollem Halse *Heil Hitler*, wobei ich den rechten Arm zum Gruß erhob. Der SS-Mann wandte sich ab. Schnell sah ich zu, dass ich verschwinden konnte.«

»Erzählen Sie mir vom Attentat auf Gustloff?«

»Auch über ihn hatte ich in der Presse gelesen. Die linken Blätter warfen ihm vor, die neutrale Schweiz immer stärker unter seinen Einfluss zu bringen, einen Staat im Staate zu errichten, um so eine Vereinnahmung durch Nazi-Deutschland vorzubereiten. Bevor ich mich selbst tötete, weil ich an der Universität so kläglich versagt hatte, wollte ich eine gute Tat vollbringen und ein Zeichen setzen. Ich, David, wollte meinem Volk Mut machen, sich gegen die Unterdrücker zu wehren. Ich fuhr also nach Davos, wo mein Goliath residierte. Ich klingelte an der Tür. Mir wurde aufgemacht. Da der Hausherr telefonierte, bat mich Frau Gustloff, im Arbeitszimmer zu warten. Ich erschrak für einige Sekunden, denn an der Wand hing ein riesiges Hitler-Gemälde, der Mann, auf den ich eigentlich schießen wollte. Die Tür geht auf, Gustloff erscheint. Ich ziehe die Pistole aus der Tasche, ziele und drücke fünfmal ab. Drei Kugeln treffen ihn. Er stürzt zu Boden.«

»Und dann?«

»Ich habe mich der Polizei gestellt. Später kam es zu einer Gegenüberstellung. Frau Gustloff sollte bestätigen, dass ich der Attentäter sei. Wir sahen uns wenige Sekunden lang an, sie sagte: W*ie konnten Sie das tun! Sie haben doch so gute Augen!*«

Er wischt sich einige Tränen aus dem Gesicht. Emil stellt noch Fragen zur Familie und zur politischen Einstellung. Dann ist die Sprechzeit zu Ende.

Mitte August schickt er *David und Goliath* zum Querido Verlag. Das Manuskript wird gegengelesen, mehrfach abgetippt und den vorgesehenen Übersetzern zugeleitet. Alles muss sehr schnell gehen, da das Buch einige Wochen vor Prozessbeginn auf dem Markt sein soll, damit es seine politische Sprengkraft voll entfalten kann.

Anfang Oktober sitzen Elga und Emil auf der Terrasse, als Beppo sich nähert, ein Paket in den schmutzigen Gärtnerhänden: »Hier, Chef, eine Eilzustellung aus Amsterdam. Ist eben eingetroffen. Ich habe dem Boten ein kleines Trinkgeld gegeben.«

Emil springt auf und ruft voller Begeisterung: »Beppo, ich hoffe, du hast trotz aller Gartenarbeiten Zeit, ein Glas Champagner mit uns zu trinken!«

Selbstverständlich hat Beppo Zeit, amüsiert sich jedoch köstlich über die Versuche seines Chefs, das Paket mit bloßen Händen zu öffnen. Der zieht und zerrt und kommt nicht voran, bis Beppo sich einschaltet. Das Taschenmesser ist schon gezückt, zwei, drei Schnitte, und das Packpapier kann entfernt werden. Die zwanzig Belegexemplare kommen zum Vorschein.

Emil entnimmt das Neugeborene dem Karton. Wieder einmal der Stolz, die Freude, die Genugtuung, die Erleichterung, wenn man das Produkt intensiver, mühevoller Arbeit endlich in Händen hält, aufschlägt, durchblättert, beriecht, prüft, herumreicht und abhakt. Denn oft wandert es viel zu schnell in das Regal, wo alle eigenen Werke chronologisch aufgereiht und bald vergessen sind.

Maria steht in der Tür: »Der Herr Zollinger ist am Apparat und möchte Sie unbedingt sprechen!«

Emil eilt zum Telefon. Zollinger kommt gleich zur Sache: »Ich weiß nicht, Herr Ludwig, ob man Sie schon informiert hat: Die Schweiz hat die Einfuhr Ihres neuen Buches verboten. Ich wollte das nicht glauben und habe einen alten Schulfreund angerufen, der im Außenministerium arbeitet. Der hat hinter vorgehaltener Hand kundgetan, dass Bundesrat Motta eingeknickt ist und dem Druck aus Berlin nachgegeben hat.«

Emil lässt sich in den Sessel fallen, fährt mit der Hand durch das Haupthaar. »Das ist die Schweiz, die ich bei jeder Gelegenheit als vorbildliche Demokratie anpreise. Unser Modell für die Vereinigten Staaten von Europa, und Motta ...«

»Ruf ihn an!«, sagt Elga. »Ihr kennt euch seit vielen Jahren, seid Freunde. Vielleicht weiß er von nichts, hat keine Ahnung davon, was um ihn herum gespielt wird.«

»Das wäre ja noch schlimmer. Aber du hast recht, ich muss mit ihm sprechen und Klarheit gewinnen.«

Emil wird nach Bern vermittelt und erstaunlich schnell zum Bundesrat Motta durchgestellt. Der klingt, als habe er auf den Anruf gewartet: »Ja, Herr Ludwig, ich habe gerade ein Schreiben an Sie diktiert. Es wird Ihnen morgen vorliegen. Darin ersuche ich Sie, keine kämpferische Opposition gegen das Deutsche Reich zu betreiben. Unsere Regierung ist bemüht, das Verhältnis zu unserem nördlichen Nachbarn zu verbessern. So wie wir auch Italien gegenüber ein fruchtbares Mit- und Nebeneinander aufgebaut haben. Dazu gehört, dass wir eine strikte Neutralität bewahren und vor allem den Ausbau der Wirtschaftsbeziehungen ...«

Als Emil auf die Terrasse zurückkehrt, sieht Elga ihn fragend an. Auch Beppo, der sein leeres Champagnerglas noch in der Hand hält, ist neugierig und ebenso stolz auf seinen Chef, als der mitteilt, er habe das Telefonat kurzerhand abgebrochen. Kein Schweizer sollte sich mehr wundern, wenn man eines Morgens aus dem Fenster sieht und deutsche oder italienische Panzer zum Frühstück vorbeirollten.

Der Prozess beginnt am Mittwoch, dem 9. Dezember 1936, im großen Churer Rathaus-Saal. Die internationale Presse lässt daraus ein Weltereignis werden. Gasthöfe und Hotels sind seit langem ausgebucht. Die Polizei sichert das Areal um das Gebäude weiträumig ab. Die 21 deutschen Berichterstatter und Prozessbeobachter bewohnen eine gemeinsame Unterkunft, nehmen die Mahlzeiten gemeinsam ein, und gemeinsam marschieren sie eine Stunde vor Sitzungsbeginn in den Saal.

Ihr größter Feind heißt nach wie vor Emil Ludwig. Er ist für die Nazi-Presse die eigentliche Zielscheibe der antisemitischen Hetze. Emil verfolgt das Geschehen von einem der 150 Sitzplätze aus, die für Schweizer und internationale Pressevertreter reserviert sind. Er verfügt über einen amerikanischen Presseausweis. Sein *David und Goliath* ist zumindest im Ausland auf große Resonanz gestoßen.

Den Vorsitz hat Kantonsgerichtspräsident Dr. Canzoni. Der kleine einundsiebzigjährige Herr erinnert eher an ein Alpenbäuerlein im Ruhestand als an einen gestandenen Richter, wie verschiedentlich gelästert wird. Er scheint die Angelegenheit auch nicht immer im Griff zu haben. Als Frau Gustloff als Zeugin in den Saal geführt wird und die Vertreter der deutschen Delegation aufspringen, um den rechten Arm zum Hitlergruß auszustrecken, erhebt sich Dr. Canzoni ebenfalls, leicht verwirrt und etwas überfordert.

Davids Verteidiger Eugen Curti gelingt es, einen Tag lang eine Dokumentation über die Judenverfolgungen im Deutschen Reich auszubreiten. Der Gerichtssaal wird zum Tribunal. Die Nazis schreien Zeter und Mordio. Doch auch Curti setzt am Ende ganz und gar auf den zerrütteten psychischen Zustand seines Mandanten. Diesen Zustand lässt die Anklage, vertreten durch Staatsanwalt Dr. Brügger, als einzigen Strafmilderungsgrund gelten. Ansonsten hat Brügger leichtes Spiel: Der Tatbestand des Mordes ist gegeben. Die Tat wurde sorgfältig geplant und durchgeführt. Die antisemitischen Vorgänge in Deutschland waren Veranlassung, nicht Ursache des Verbrechens. Der Angeklagte hat weder zu diesen Vorgängen noch zu Gustloff eine persönliche Beziehung.

Am 14. Dezember wird David wegen vorsätzlich begangenen Mordes zu 18 Jahren Zuchthaus verurteilt. Die Höchststrafe hätte 25 Jahre betragen. Die Nazis sind zufrieden, auch wenn ihnen ein Todesurteil lieber gewesen wäre. Aber die Todesstrafe ist im Kanton Graubünden abgeschafft. Die Linkspresse ist empört, da die Schweiz vor Hitler-Deutschland in die Knie gegangen sei. Schließlich gibt es mehrere vergleichbare Fälle, die mit Freisprüchen endeten.

Am folgenden Tag trifft Emil um die Mittagszeit in Moscia ein. Er fühlt eine leichte Erkältung in sich aufsteigen. Elga hüllt ihn in eine Decke ein und verordnet einen Rotwein-Grog. Sie sitzen vor dem Kamin: »In einer halben Stunde gibt es Essen«, sagt Elga und schmunzelt über ihren Mann, der trotz laufender Nase zu erschnuppern sucht, was Maria in der Küche auf dem Feuer hat.

»Ich sage einmal Lammbraten voraus«, verkündet er und nimmt einen kleinen Schluck aus dem Glas.

»Volltreffer!« lacht Elga. »Deine Hundenase funktioniert noch einwandfrei.«

Sie sucht aus dem Zeitungsstapel, der neben ihr auf einem Beistelltisch liegt, eine Ausgabe heraus: »Die NZZ schreibt am Samstag, Hitler habe angeordnet, ein Kreuzfahrtschiff der Partei, das sich noch im Bau befindet, auf den Namen Wilhelm Gustloff zu taufen.«

»Na, dann ahoi und gute Fahrt! Ich frage mich nur, ob dieser Name einem Schiff Glück bringen kann. Aber wie heißt es so schön bei Schiller: *Die Weltgeschichte ist das Weltgericht*!«

Es klopft, Elga ruft *Herein*!, Frau Schaller tritt ein: »Ich bin für heute fertig. Ich wollte Ihnen nur die Post bringen, und hier nur die wichtigen Sachen. Rechnungen und solche Dinge liegen oben in Ihrem Studio.«

Emil lacht: »Unter die Rubrik *solche Dinge* fallen sicherlich Mahnungen, enttäuschende Verlagsabrechnungen. Es ist nett von Ihnen, liebe Frau Schaller, dass Sie *solche Dinge* oben gelassen haben.«

»Du hast einen Brief von Präsident Roosevelt erhalten«, ruft Elga. »Sicherlich dankt er für unsere Glückwünsche zur Wiederwahl.«

»Er hat uns beide eingeladen, ihn in Washington und auf seinem Landsitz Hyde Park zu besuchen. Schau nach, ob er schon einen Termin nennt!«

Frau Schaller hat noch ein Anliegen: »Herr Ludwig, da ist noch dieser Brief. Er ist geöffnet bei uns angekommen und ist aus Deutschland.«

Emils Gesichtszüge verfinstern sich: »Dann hat die Zensur die Finger im Spiel gehabt. Geben Sie mal her! Ich ahne schon, der Brief ist von meinem Schwager. Wahrscheinlich wollen sie sich zu Silvester ankündigen.«

Emil nimmt den Brief aus dem Couvert und überfliegt ihn.

»Ist was?« fragt Elga besorgt.

Es dauert einige Sekunden. Emil schluckt, mit leiser Stimme sagt er: »Sie haben Isolde abgeholt.«

FDR

»Hoppla, Mr. Ludwig«, ruft der Präsident in den Fahrtwind hinein und lacht sein jungenhaftes Lachen. »Immer schön festhalten, damit Sie uns nicht davonfliegen. Bei mir fahren Sie wie auf hoher See, denn die See ist mein Element.«

Während er mit der linken Hand das Steuerrad hält, bedient er mit der rechten die Hebel zum Bremsen, Schalten oder Gasgeben. Amüsiert fügt er hinzu: »Die Wege sind schlecht im Staate New York, insbesondere dieser hier. Dabei ist das die alte Poststraße zwischen New York City und Albany, eine ganz wichtige Verkehrsverbindung.«

Ludwig genießt das Licht und die frische Luft und studiert unauffällig den markanten Kopf seines Gastgebers, dessen Gesicht so geschaffen ist für das Lachen, mit dem es die Menschen bezaubert.

Im Cabriolet fahren sie in Richtung Norden. Hyde Park liegt eine gute Viertelstunde hinter ihnen. Linkerhand fließt der Hudson. Seine Ufer grenzen an bewaldete Hügel, Bergwiesen, Dörfer oder kleinere Siedlungen. Auf dem Strom herrscht reger Verkehr, vor allem Lastkähne sind es, die zur Atlantikküste dampfen oder flussaufwärts unterwegs sind.

Mechanisch greift der Präsident in sein Jackett und zieht das Zigarettenetui hervor: »Sie auch?« fragt er. Emil schüttelt den Kopf. Keine drei Sekunden später hat der Präsident die silberne Spitze mit der filterlosen Zigarette im Mund. Emil gibt ihm Feuer, was erst im dritten Anlauf erfolgreich ist. Sein Gastgeber dankt freundlich, während Emil sagt: »Dann wird es ja Zeit, dass der New Deal auch in diese Gegend kommt. Überall im Lande sieht man, wie segensreich die Arbeitsbeschaffungsprogramme wirken, nur hier nicht.«

»Ganz richtig, Mr. Ludwig, aber vielleicht haben sie bei Frank Roosevelt vor der Tür einfach Feierabend gemacht. Doch Spaß beiseite. Es sind die vielen Kraftfahrzeuge, die allein in den letzten zehn, fünfzehn Jahren hinzugekommen sind. Zu Zeiten von Theodore Roosevelt, der, wie Sie wissen, ein entfernter Verwandter von mir ist, fuhr hier noch die Pferdekutsche. Und auf dem Pferd ist Teddy von Dorf zu Dorf geritten und hat seinen Wahlkampf bestritten, während ich von Anfang an mit dem Auto durch die Lande gebraust bin und so viele Menschen erreicht habe wie noch kein Präsident vor mir. Das Auto und das Radio – die haben meine Wahlsiege erst möglich gemacht.«

Er beschleunigt aufs Neue, wobei er prüfend in den Rückspiegel blickt: »Ich glaube, wir werden noch immer verfolgt. Die graue Al-Capone-Limousine ist wieder zu sehen. Ich werde meinem Phaeton die Sporen geben, und dann hängen wir die Burschen kurzerhand ab.«

Der Präsident blickt zu Emil hinüber und strahlt wie ein Lausbube, der auf einen veritablen Streich aus ist: »Wie finden Sie meinen '36er Ford Phaeton? Spezialanfertigung! Rein manuell zu bedienen. Die Beine können sich ausruhen.«

»*Phaeton* irritiert mich ein wenig. In der griechischen Mythologie ist er ein Sohn des Sonnengottes Helios. Als der junge Mann seinem Vater den Wunsch abringt, den vierspännigen Sonnenwagen lenken zu dürfen, führt das zu einer gewaltigen Katastrophe, weil Phaeton die Kontrolle über das Gefährt verliert und vom Himmel stürzt.«

Der Präsident nickt: »Da haben Sie vollkommen recht. Das ist so, als würde man Hitler zum Kapitän für das deutsche Staatsschiff berufen. Das führt am Ende auch zu einer gewaltigen Katastrophe. Aber vielleicht haben die Jungs aus Detroit in der Schule nicht aufgepasst, als die griechische Mythologie dran war.«

Er bremst ab und schaltet in den zweiten Gang. Der Wagen biegt in eine Schotterstraße ein, die bergan in den Wald hineinführt.

»Ist das nicht herrlich, Mr. Ludwig. Dieser wunderbare Baumbestand. Und wie das duftet inmitten der Bäume.« Er schiebt seinen Sommerhut ein wenig aus der Stirn.

»Ich habe in dem biographischen Material, das Ihr Büro mir zur Verfügung gestellt hat, gelesen, Sie seien ein Baumnarr, ähnlich wie der alte Bismarck.«

»Der auch? Das macht ihn mir sympathisch. Als ich damals in Deutschland war, das war ein Jahr nach Bismarcks Entlassung, und ich war neun, da habe ich erlebt, wie der Eiserne Kanzler von seinem Volk verehrt wurde. Aber hier, in den Wäldern um Hyde Park, bin ich großgeworden, und auf unserer Farm wurden nicht nur Pferde und Rinder gezüchtet, sondern wir haben auch Forstwirtschaft betrieben und tun es noch heute. Ach, wie gern bin ich durch die Wildnis gestreift und habe gejagt oder bin über Felder und Wiesen galoppiert.«

»Und im Zuge des New Deal haben Sie Millionen neuer Bäume pflanzen lassen und haben viel zum Schutz der Natur in die Wege geleitet.«

»Richtig! Doch wenn ein Politiker etwas für die Zukunft schafft, danken es ihm die Menschen meist nicht. Er wird einfach nicht wiedergewählt, weil man noch keine Ergebnisse sieht. Die Leute wollen immer sofortigen Gewinn. An das allgemeine Wohl ihrer Kinder und Enkelkinder denken sie höchst selten.«

Emil horcht auf. Sein feines Ohr hat etwas vernommen. Er dreht sich um und schmunzelt: »Ich glaube, Al Capone ist wieder hinter uns her.«

Der Präsident blickt kurz in den Rückspiegel und grinst: »Es ist mir schon ein paar Mal gelungen, meine treuen Sicherheitsbeamten abzuhängen, und die meisten von ihnen sehen's mit Humor. Obwohl ich die Jungs auch verstehe. Auf mich hat man '33 in Miami geschossen. Das war eine Woche vor meiner Amtseinführung. Mein Freund, der Bürgermeister von Chicago, kam damals ums Leben. Und Teddy Roosevelt wurde Präsident, weil sie zuvor McKinley umgebracht hatten. Als amerikanischer Präsident lebt man gefährlich, Mr. Ludwig. Vielleicht ist es gar nicht ratsam, wenn Sie für einige Wochen nicht von meiner Seite weichen wollen – aber wir sind schon fast am Ziel. Sehen Sie die Lichtung da vorn? Von dort hat man einen wunderbaren Blick auf den Fluss.«

Sie erreichen den Aussichtspunkt. Der Präsident stellt den Motor ab: »Steigen Sie nur aus. Ich werde hier sitzen bleiben und Ihnen zuschauen, wie Sie den Hudson River bestaunen. Fühlen Sie sich nicht an den Rhein erinnert? Die Hügel, die Wälder, die Schiffe. Nur Burgen haben wir nicht zu bieten. Wir sind ein Land ohne Mittelalter.«

Emil ist die wenigen Schritte bis zum halbhohen Holzzaun gegangen, der einige Meter vom Parkplatz entfernt steht und als Barriere dient. »Haben Sie den Rhein gesehen, Mr. Präsident?«

»In Koblenz und in Bingen und Worms. Wie Sie wissen werden, bin ich damals, als meine Eltern mal wieder Europa und Ihre alte Heimat bereisten, einige Wochen in Deutschland zur Schule gegangen. In Bad Nauheim war das. Mit unserem Lehrer haben wir Fahrradtouren unternommen. Wir waren auch am Loreley-Felsen: *Isch weisch nich wasch soll es bedeuten dasch isch so traurig bün.* Das habe ich mir merken können. Von wem ist das noch, von Goethe?«

»Heine.«

»Richtig. Henry Heine.«

Emil ist inzwischen an das Auto herangetreten: »Wenn Sie den Rhein so gut erkundet haben, wären Sie ja beinahe ein Opfer der deutschen Romantik geworden.«

Der Präsident lacht laut auf. Den Hut hat er auf den Beifahrersitz gelegt. Er lässt die Zigarettenspitze zwischen den Lippen entlangwandern. Dann wirft er mit einem sanften Ruck den Kopf zurück, so dass die Zigarette steil nach oben zeigt: »Das müssen Sie mir erklären, Emil – ich darf doch Emil zu Ihnen sagen?«

»Selbstverständlich, Mr. Präsident, ich bin Ihnen zu großem Dank verpflichtet.«

»Nun werden Sie nicht so förmlich. Wir sind nicht im Reiche Wilhelms des Zweiten, über den Sie dieses herrliche Buch geschrieben haben. Der Monarch, der es nicht versteht, mit seiner Behinderung fertig zu werden. Also – sagen Sie einfach Franklin oder auch Frank zu mir, wie meine besten Freunde und Mitarbeiter, die mich auch FDR nennen.«

»Jawohl, Mr. Präsident.«

Roosevelt lacht: »*Jawohl, Mr. Präsident* – das klingt ja wie Hackenzusammenschlagen. Sie sind und bleiben ein Preuße, Emil.«

»Sie machen mich verlegen, Mr. Präsident. Ich bin zwar deutscher Preuße oder preußischer Deutscher, aber ich habe stets an meinem Vaterland gelitten, ähnlich wie Heinrich Heine, den Sie so schön zitiert haben.«

»Was ich zu unseren Fahrradtouren noch erzählen wollte: Am meisten irritierten mich die vielen Verbotsschilder. Immer gab es irgendwo Tafeln, auf denen stand, was alles verboten war. Mal durfte man den Rasen nicht betreten, mal war es nicht erlaubt, sein Fahrrad abzustellen. Ihr Deutsche liebt die Ordnung!«

»Sie bringen es auf den Punkt. Der Deutsche liebt die Ordnung mehr als die Freiheit, den Obrigkeitsstaat mehr als die Demokratie.«

»Und dann die vielen Uniformen und Paraden, dazu die ewige Marschmusik. Das war für mich als Amerikaner wirklich neu.«

Er legt seine Hand auf Ludwigs Arm: »Und dennoch glaube ich, dass Ihnen Ihre Heimat fehlt. Der Mensch braucht doch ein Vaterland, in dem er sich zuhause weiß.«

»Sicherlich, Mr. Präsident. Nur muss die Heimat oder das Vaterland oder die Nation auch innerlich mit einem übereinstimmen. Ich lebe seit drei Jahrzehnten in der Schweiz und bin seit fünf Jahren Bürger dieses schönen Landes. Die Schweiz ist mir längst zur Heimat geworden, weil ich dort frei bin. Und ich werde jetzt zusammen mit meiner Frau mehrere Monate in Ihrer Heimat verbringen, wo ich ebenfalls Freiheit und Demokratie genießen kann. Aber wenn ich mich nach Deutschland zurücksehne, meine ich das andere Deutschland, das Deutschland des Geistes, der Kultur. Das Land Goethes.«

Der Präsident ist unruhig geworden und drückt den Türgriff herunter. Schon hat er seinen Stock in der Hand: »Ich will hier raus, Emil. Ich glaube, Sie haben zu viel von Freiheit gesprochen, was Ihnen unbenommen ist. Schließlich ist heute der 4. Juli. Dazu das schöne Wetter. Helfen Sie mir mal. Da drüben steht eine Bank, auf die steuern wir beide nun los. Und dann gucken wir auf den Hudson und schwadronieren über den Rhein.«

Es fällt dem großen Mann mit dem massigen Oberkörper nicht leicht, sich aus dem Autositz herauszuheben. Emil stützt den linken Arm, während der Präsident sich mit dem Stock in der rechten Hand mühsam aufrichtet. So geht es langsam voran, wobei auf Unebenheiten des Weges, auf Steine und andere Widrigkeiten zu achten ist. Emil weiß, dass es vor allem die schweren Beinschienen sind, die den lahmen Mann tragen.

Sie erreichen die Bank, wo sich der Präsident mit einem tiefen Seufzer niederlässt. Er zündet sich eine Zigarette an: »Möchten Sie auch eine, Emil. Hier in der frischen Luft schmeckt sie immer am besten.«

»Nein, danke, vor einigen Monaten habe damit aufgehört.«

»Warum denn das?«

»Ich war bei einem Herzspezialisten in Paris. Mein Hausarzt in Locarno hat mich dorthin geschickt. Der Spezialist hat mir einen langen Vortrag gehalten und geraten, nicht mehr zu rauchen, mehr in den Bergen zu wandern, anstatt in Nachtzügen von einem europäischen Diktator zum nächsten zu eilen. Er meinte, jedes Jahr ein Buch erscheinen zu lassen, belaste Geist und Körper allzusehr, den ich überdies mit einer strikten Diät verwöhnen sollte.«

»Wie furchtbar! Um sich so was anzuhören, fahren Sie extra nach Paris? Ich kenne Paris ja und hoffe, Sie haben sich anschließend ins Nachtleben gestürzt.«

»Ich war von einer Exil-Organisation zu einem Vortrag über die *Deutsche Gefahr* eingeladen worden. Hinterher wurde in einem ebenso einfachen wie verrauchten Restaurant heftig debattiert.«

»Und deftig gegessen, vermute ich einmal, denn manchmal frage ich mich, ob die deutsche Gefahr für die Welt nicht genauso von Eisbein und Sauerkraut ausgeht wie von irgendwelchen wildgewordenen Nazis.«

Emil lächelt: »Ich habe jedenfalls die ganze Nacht kein Auge zugedrückt und saß nächsten Tag schon wieder im Zug nach Calais, weil ich auch in London sprechen sollte.«

»Da haben Sie's. Sie reisen und reden zu viel und sorgen sich wahrscheinlich viel zu viel um Ihr Vaterland. Hat doch auch so ein kluger Mann gesagt: *Denk ich an Deutschland in der Nacht –* «

»*Dann bin ich um den Schlaf gebracht*. Ist auch von Heine: *Ich kann nicht mehr die Augen schließen, und meine heißen Tränen fließen*.«

»Ich muss schon sagen: toller Bursche dieser Heine. War der nicht auch gelähmt?«

»Ja. Er verbrachte viele Jahre auf dem Krankenlager und konnte sich kaum noch bewegen. Er ist in Paris gestorben und dort beigesetzt.«

»Dem haben die Ärzte auch nicht helfen können«, brummt der Präsident. »Ich habe die sogenannten Spezialisten ja ebenfalls erlebt. Die können mir alle gestohlen bleiben. Als ich seinerzeit von meiner Krankheit überfallen wurde, habe ich sie gesehen, die hilflosen Herren Spezialisten.«

»Sie sprechen vom 10. August 1921 in Campobello.«

»Genau das war der Tag, an dem alles begann. Wir unternahmen eine Tour auf einer Dampfyacht. Beim Anlegen rutschte ich aus und fiel über Bord. Ich habe nie so was Kaltes erlebt wie dieses Wasser. Ich war dabei nicht mal ganz untergetaucht, hatte kaum meinen Kopf nass gemacht, weil ich mich noch hatte festhalten können. Trotzdem schien mich das Wasser mit seiner Kälte zu lähmen. Das muss der eisige Schock gewesen sein, nach der August-Sonne und der Hitze der Maschine. Am nächsten Tag legten wir in Campobello an und sahen, dass der Wald in der Nähe brannte. Den ganzen Tag hatten wir mit dem Brand zu tun. Erst am späten Nachmittag wurden wir Herr des Feuers.

Unsere Augen waren geschwollen, wir waren mächtig verräuchert und hatten brennende Füße. Ganz erschöpft sprangen wir in den nahegelegenen Teich, um uns zu erfrischen. Anschließend liefen wir in Badeanzügen die heiße staubige Straße entlang, die zu unserem Haus führt. Ich spürte dabei nichts von der Wärme, sondern nur innere Schauer. Zuhause setzte ich mich ein wenig hin und fühlte mich so müde, wie ich mich in meinem Leben noch nie gefühlt hatte. Als ich am nächsten Morgen mein Bett verlassen wollte, war mein linkes Bein lahm. Dennoch schaffte ich es, aufzustehen und mich zu rasieren. Ich redete mir ein, es wäre nur eine Muskelschwäche. Die müsste mit der Bewegung wieder verschwinden. Aber dann versagte das Bein völlig und das andere auch. Es war Kinderlähmung, die mich mit fast vierzig Jahren zum Krüppel gemacht hatte.«

Sie schweigen und sehen auf den Fluss, der in der Mittagssonne leuchtet.

»Sie können das, lieber Emil, in Ihrem Buch gern bringen. Im Unterschied zu Wilhelm dem Zweiten habe ich meine Behinderung nie verschwiegen. Hatte auch keinen Grund dazu, obwohl ich manches Mal gedacht habe, dass mir eine ehrenvolle Verletzung im Weltkrieg lieber gewesen wäre. Da steht man irgendwie anders da. Aber ich beschloss, mich als erwachsener Mann nicht von einer Kinderlähmung unterkriegen zu lassen und habe den Kampf gegen diesen Schicksalsschlag aufgenommen.«

»Und gewonnen!«

»Werden Sie das so schreiben?«

»Mein zweiter Teil wird *Metamorphose* heißen. Da werde ich zeigen, wie Sie als Glückskind, das aus einem wohlbehüteten und wohlhabenden Elternhaus stammt und die Welt im Sturm zu erobern meinte, zu einem ernsthaften, reifen Mann geworden sind.«

»Und das nächste Kapitel, wie ist das überschrieben?«

»*Die Macht*. Es ist das letzte Kapitel, denn Kapitel vier und fünf kann ich ja noch nicht schreiben. Es ist von wenigen Ausnahmen abgesehen, das erste Mal, dass ich eine noch lebende Persönlichkeit der Geschichte oder Kulturgeschichte porträtiere. Wenn man weiß, wie jemand von der Bühne abgetreten ist, im Alter gelebt hat und wie er schließlich gestorben ist, hat man zugleich wichtige und eigentlich unverzichtbare Bausteine für eine Biographie.«

»Es stört Sie also, dass ich noch lebe, und ein Attentat auf mich käme Ihnen ganz gelegen.«

»Mr. Präsident, ihr Scherz ist defätistisch, denn Ihre Persönlichkeit ist von symbolischer Bedeutung für unsere Zeit. Sie sind der eigentliche Gegenspieler all der europäischen Diktatoren, die lautstark mit Theaterdonner vorgeben, für das Volk zu handeln und ihre Völker in Wirklichkeit ins Unglück führen. Sie hingegen regieren ein freies Land und setzen Reformen durch, die der breiten Masse ein gutes Leben ermöglichen sollen. Sie sind ein demokratischer Revolutionär.«

»Kein Diktator, wie meine vielen Gegner behaupten?«

»Das genaue Gegenteil.«

»Das sehen die Reichen anders. Sie behaupten, ich sei ein Sozialist.«

»Die große Krise hat Millionen beschäftigungslos gemacht und ins Elend gestürzt. Wären die alle nach Washington marschiert, hätte das Land eine gewaltige Revolution erlebt. Wer aber hat diese Revolution, in der die Reichen vielleicht Leib und Leben verloren hätten, verhindert? Sie und Ihre New-Deal-Politik. Wenn man Sie Sozialist nennt, sollten Sie stolz darauf sein.«

»Wie werden Sie mich als Menschen und Politiker zeichnen?«

»Sie sind ein Landedelmann mit einer feinen aristokratischen Gesinnung.«

»Okay.«

»Sie sind der klassische Anwalt der Armen, weil Sie vermögend sind und damit unabhängig und unbestechlich.«

»Okay.«

»Sie genießen die Macht, ohne sie zu missbrauchen. Sie regieren mit Kongress, Freiheit der Presse und der Meinung und stellen sich Wahlen, und trotzdem reformieren Sie das Land. Sie sind ein Vorbild für Europa.«

»Okay.«

»Politik ist für Sie erfolgreich, wenn sie hilft, das Glück des Individuums zu ermöglichen.«

»Okay.«

»Sie bekämpfen nicht das kapitalistische System. Sie wollen es nur sozialer und humaner machen. Keine Gesellschaft hat eine Zukunft, wenn der Reichtum in Händen weniger gehortet ist, während alle anderen in Armut leben.«

»Okay.«

»Sie wollen keinen Staatssozialismus, aber Sie wollen einen starken Staat, der zwischen Armen und Reichen vermittelt. Sie streben wirtschaftliche Menschenrechte an.«

»Okay.«

»Und last but not least: Sie brauchen das Lachen zum Leben und haben Humor, was Sie von vielen Gestalten der Weltgeschichte unterscheidet.«

»Okay, okay«, strahlt der Präsident. Ich habe viele Ihrer Biographien gelesen und weiß, wie Sie arbeiten. Wie werden Sie mich traktieren?«

»Ich schöpfe gern aus Briefen, und besonders wichtig und aussagekräftig für eine Charakterstudie sind natürlich Liebesbriefe, die mir bei Goethe, Bismarck und Napoleon zur Verfügung standen.«

»Die Ihnen diesmal aber vorenthalten werden, weil Sie gewissermaßen am lebenden Objekt arbeiten.«

»Und selbst wenn Sie mir Einblick in private Dokumente gäben – ich weiß nicht, ob ich auf sie zurückgreifen würde. Ich schreibe zwar journalistisch, will aber nicht enthüllen. Meine Arbeiten atmen stets den Grundzug der Verehrung.«

»Nun setzen Sie mir bloß keinen Heiligenschein auf.«

»Da seien Sie unbesorgt. Man muss ja nicht alles darstellen wollen, oder man arbeitet mit Andeutungen, wie es sich für einen Künstler gehört.«

»Ich vermute mal, Emil, Sie haben längst gehört, wie es um meine Ehe bestellt ist. Wahrscheinlich hat man Ihnen von diesen dummen Liebesbriefen erzählt, die Eleanor in meinem Koffer fand, als ich nach dem Krieg aus Europa zurückkehrte. Briefe meiner Geliebten, die zu allem Überfluss auch noch die Gesellschafterin meiner Frau war. Meine Ehe hat damals einen unüberwindbaren Riss bekommen. Wir leben seitdem wie Bruder und Schwester miteinander oder wie gute Freunde. Eleanor ist mir eine große Stütze, und eigentlich müsste ich sie zu meiner Ministerin für Propaganda machen. Aber wir sind nicht mehr Mann und Frau im eigentlichen Sinn, auch wenn wir fünf Kinder großgezogen haben, die alle unter dieser Trennung litten. Eleanor wohnt zusammen mit ihrer Sekretärin, weil sie mit Frauen besser zurechtkommt als mit Männern – Sie verstehen mich?«

Emil nickt. Der Präsident macht Anstalten aufzustehen. Emil hilft ihm wieder, und langsam gehen sie zum Holzzaun hinüber.

»Herrlich, diese Aussicht – finden Sie nicht auch?«

»Wunderschön.«

»Das beruhigt, genau wie eine Briefmarkensammlung. Sie sollten Briefmarken sammeln, da kommen Sie zur Ruhe und auf andere Gedanken. Ich sammle seit meiner Jugendzeit Briefmarken. Ich werde sie Ihnen heute Abend oder gleich morgen zeigen.«

»Ich glaube, das wäre nichts für mich, Mr. Präsident.«

»Dann wandern Sie in den Bergen und in der freien Natur. Hören Sie? Dort drüben im Gehölz, eine Spottdrossel. Ich mag sie gern. Sie imitiert die Rufe und Stimmen anderer Vögel, hat also viel Humor, und man weiß als gewöhnlicher Vogel nie, was man von ihr halten soll.«

»Sie ist gewissermaßen der Politiker in der Vogelwelt.«

»Da, lieber Emil, dort tuckert das alte Dampfboot, das von New York kommt und nach Albany fährt. Ein alter Seelenverkäufer, der hier schon vor dem Weltkrieg seinen Dienst verrichtete. Ich hoffe natürlich, Sie und Ihre liebe Frau sind etwas komfortabler gefahren. Sind Sie mit der Queen Mary gekommen?«

»Ich bevorzuge seit einiger Zeit französische Schiffe. Die Küche ist besser, und man begegnet hübscheren Frauen.«

»Aber Sie hatten Ihre Elga dabei. Da blieb Ihnen nur die Küche!«

»Meine Frau ist das erste Mal in den USA. Ursprünglich wollte sie Haus und Garten in Moscia nicht verlassen. Sie ist sehr mit der Natur verwachsen. Aber wenn man vom amerikanischen Präsidenten eingeladen wird, bleibt einem natürlich nichts anderes übrig.«

»Eine wundervolle Frau, Ihre Elga. Da haben die schönen Französinnen das Nachsehen.«

»Man fährt nicht mehr wie vor '33. Der 30. Januar hat die Welt verändert.«

» Eine schöne Bescherung war das vor vier Jahren, als ich einundfünfzig und Hitler Reichskanzler wurde.«

»Auf den Linienschiffen, die in die Staaten unterwegs sind, drängen sich heutzutage die Flüchtlinge. Vor allem Juden sind es, die aus Deutschland oder Europa heraus wollen. Aber sind sie in der Neuen Welt willkommen?«

»Ich weiß, was Sie meinen. Der Antisemitismus ist eine Pest, die auch in meinem Land wütet.«

»Vielleicht keine gute Idee, wenn ein deutscher Jude eine Biographie über FDR schreibt. Das ist Wasser auf die Mühlen Ihrer Gegner, Mr. Präsident.«

»Ach was, Emil, ich habe viele jüdische Freunde und Mitarbeiter. Einen werden Sie nachher auf unserer Gartenparty kennenlernen. Henry, meinen Finanzminister. Er ist mein Freund und Nachbar und Farmer wie ich. Neben Harry Hopkins mein engster Berater.«

»Mr. Morgenthau.«

»Richtig. Seine Familie stammt aus Deutschland, aus Mannheim am Rhein, ganz in der Nähe von Heidelberg. Henry weiß viel über deutsche Verhältnisse. Sie müssen unbedingt mit ihm reden.«

»Ich habe schon ein Thema. Ich war 1916 zusammen mit seinem Vater auf der türkischen Halbinsel Gallipoli. Er war US-Botschafter, ich Kriegskorrespondent. Es war eine nicht ungefährliche Expedition, denn wir sind in englisches Feuer geraten.«

Der Präsident startet den Wagen, der kurz darauf den Schotterweg hinabfährt. In einem Seitenweg parkt die graue Limousine. Sie setzt sich in Gang und folgt dem Phaeton. Als sie Hyde-Park erreichen, fährt Roosevelt direkt vor das große Haupthaus. Zwei Bedienstete eilen herbei und helfen beim Aussteigen.

»Dort drüben stehen unsere Frauen«, sagt Emil.

Der Präsident lacht: »Sie sind gerade von ihrem Ausritt zurückgekommen und stehen plappernd beisammen, während die Pferde sich langweilen. Wenn sie so stehen, tauschen sie Geheimnisse aus.«

»Mutmaßlich über ihre Ehemänner.«

»Ich werde sie vom FBI überwachen lassen«, ruft der Präsident. »Wir sehen uns nachher unter den alten Buchen, wo schon alles aufgebaut ist und wo wir unsere Truthähne verspeisen werden. Machen Sie's wie ich, Emil, und ruhen Sie sich ein wenig aus, oder gehen Sie in die Bibliothek und packen sich auf die Couch. Dort ist es angenehm kühl.«

Hyde Park

Zwei Stunden später hat sich die Szenerie von Hyde Park verändert. Zahlreiche Automobile sind kurz nacheinander in das ländliche Anwesen eingebogen. Sie parken in der Nähe der Pferdeställe. Unter den mächtigen Rotbuchen sind Tische und Stühle im Rechteck angeordnet. Hier werden bald drei Dutzend Gäste das Festessen einnehmen.

Gartenstühle sind um kleine runde Tische aufgestellt. Die ersten Besucher haben sich bereits niedergelassen, um zu plaudern oder sich in Ruhe einen ersten Drink zu genehmigen. Es sind Freunde aus der Nachbarschaft, Bürgermeister der Umgebung, prominente Politiker aus Washington oder New York, Freunde, Vertraute des Präsidenten, Bekannte seiner Frau. Einige der sommerlich gekleideten Damen und Herren stehen in Grüppchen zusammen.

Eleanor kommt auf Emil zu. Sie hat sich bei Elga untergehakt. Beide tragen weiße Sommerkleider: »Sie haben eine reizende Gattin, Mr. Ludwig, und ich werde Sie Ihnen demnächst für drei, vier Wochen entführen. Ich unternehme eine Vortragsreise. Wir werden Warm Springs, St. Louis, Los Angeles und San Francisco sehen. Zudem werde ich es mir nicht nehmen lassen, Elga persönlich unsere Hauptstadt und das Weiße Haus zu zeigen. Ich nehme an, Sie sind mit meinem Mann hinreichend beschäftigt.«

»Worüber werden Sie Vorträge halten, Mrs. Roosevelt?« fragt Emil und deutet eine leichte Verbeugung an.

»Über den New Deal, die Sozialgesetzgebung, die Rolle der Frauen in unserem Land und über Reformen in unserem Bildungssystem. Wussten Sie eigentlich, dass Millionen junger Amerikaner Analphabeten sind? Das sind alles Leute, die als Käufer Ihrer FDR-Biographie nicht in Frage kommen.«

Der Präsident ist mittlerweile erschienen. Er hat seinen Platz am Kopf der Tafel eingenommen. Mit demonstrativer Ungeduld schlägt der Hausherr mehrmals an sein Glas. Er blickt strahlend in die Runde und lässt, als alle sitzen, seine sonore Stimme erschallen: »Liebe Gäste, liebe Freunde! Ich freue mich, dass Sie sich an diesem schönen Sonntag, unserem Nationalfeiertag, so zahlreich in unserem Park eingefunden haben. Wir sind alle hungrig, weshalb ich mich kurzfassen will. Viele von Ihnen, ja die allermeisten, werden sich kennen, weil sie schon des Öfteren meine Frau und mich mit ihrem Besuch beehrt haben. Doch zwei Gäste, die heute das erstemal unter uns sind, möchte ich ganz ausdrücklich hervorheben und hiermit herzlichst begrüßen – es sind Mr. und Mrs. Ludwig aus der Schweiz, der weltberühmte Schriftsteller und seine Gattin, die für einige Wochen unsere Gäste sein werden, weil Mr. Ludwig mir die Freude zuteilwerden lässt, eine Biographie über meine Wenigkeit zu verfassen. Ja, tuscheln Sie nur, liebe Freunde, aber Sie werden mich bald wiederfinden in einer Reihe mit Goethe, Bismarck, Napoleon und Lincoln. Was gibt es da zu lachen! Natürlich habe ich mit letzterem die meiste Ähnlichkeit. Kurz und gut, ich erhebe mein Glas, wir alle wollen unsere Gäste aus Europa freundschaftlich willkommen heißen.«

Kaum ist die Begrüßung erfolgt, hört man den Präsidenten mit wohlklingender Stimme singen, während die Gäste sich wie auf ein geheimes Kommando erheben und in die Nationalhymne mit einstimmen.

Danach wird getafelt. Eine Schar von Bediensteten ist um das Wohl der Gäste bemüht, die sich lebhaft unterhalten, lachen und immer wieder das Essen preisen. Anschließend, nachdem man gut zwei Stunden beisammengesessen hat, verschafft man sich in der Nachmittagssonne oder im Schatten der mächtigen Bäume ein wenig Bewegung, geht im Park umher, bestaunt das große Schwimmbecken in der Nähe des Landhauses, steht wieder auf dem Rasen zusammen oder hat sich in den bequemen Gartenstühlen niedergelassen, um die Gespräche fortzusetzen.

Der Präsident hat seinen Platz an der Tafel nicht verlassen. Er unterhält sich mit Elga, die ihm ausführlich von ihren schottischen Vorfahren berichten muss, worauf der Gastgeber auf seine niederländischen Wurzeln zu sprechen kommt.

Emil wird von mehreren älteren Damen umringt.

»Stimmt es denn«, will Mrs. Murphy, eine Dame Mitte fünfzig, wissen, »dass Sie auf einer Ihrer letzten Reisen durch die USA, irgendwo im mittleren Westen in einer Stadt ein Football-Match besucht haben. Und als über den Lautsprecher bekanntgegeben wurde, dass sich der weltberühmte Emil Ludwig unter den Zuschauern befände, das ganze Stadion applaudiert hat?«

Emil tritt unauffällig einen Schritt zur Seite, um den Abstand zu Mrs. Murphy ein wenig zu vergrößern, da diese einen blumigen Parfümduft verbreitet, der mit aufdringlichem Schweißgeruch unterlegt ist.

»Das habe ich auch gelesen«, sagt Mrs. Fuller, die ganz ähnlich wie ihre Vorrednerin transpiriert und Emil näher steht, als ihm lieb ist.

»Gewiss, meine Damen, dergleichen erlebe ich öfter. Wäre ich seit mehr als einem Jahrzehnt nicht so bekannt in den Vereinigten Staaten, ich glaube kaum, dass mich Ihr Präsident eingeladen hätte.«

»Und die Geschichte mit Napoleon«, will Mrs. Smith wissen, »ist die ebenfalls wahr?«

Emil wirft der attraktiven Frau, die höchstens Anfang vierzig ist, einen charmanten Blick zu: »Sie meinen die Geschichte im Fahrstuhl eines noblen New Yorker Hotels?«

»Genau! Als eine Frau zu ihrer Freundin sagt: *Ich lese gerade die Napoleon-Biografie von Emil Ludwig und bin jetzt bei dem Kapitel, als es zur Trennung von Josephine kommt.* Und die andere antwortet: *Nicht weiter, meine Liebe, verrate doch nicht das Ende!*«

Alle lachen so laut, dass vom Nachbartisch herübergelächelt wird.

»Ich habe übrigens noch meinen *Lincoln* im Auto«, sagt Mrs. Murphy in die allgemeine Heiterkeit hinein, »den müssen Sie mir unbedingt signieren, Mr. Ludwig. Ich werde meinem Mann gleich Bescheid sagen, dass er das Buch holt.«

Die Gelegenheit ist günstig, denn Mr. Murphy kommt in Begleitung von Mr. Fuller geradewegs auf Emil und die Frauen zu.

»Da wird man ja eifersüchtig, Mr. Ludwig«, ruft Murphy und lacht etwas zu laut. »Darf man sich noch dazugesellen?« fragt er und schiebt seine

Frau unsanft zur Seite. »Wie ich gehört habe, dürfen Sie unserem Präsidenten in Washington beim Regieren zuschauen. Und Sie werden zahlreiche Interviews führen, auch mit FDR's politischen Gegnern. Ich muss schon sagen, ich bin gespannt auf Ihr Buch.«

»Uns dürfen Sie auch gern fragen, Mr. Ludwig«, sagt Fuller, wobei er kurz auf Murphy zeigt. »Jack und ich sind schon lange im politischen Geschäft, Jack in Albany und New York und ich im Repräsentantenhaus in Washington. Also, wenn Sie Fragen haben, hier ist meine Karte. Am besten, Sie rufen mich in meiner Firma in Manhattan an. Jack arbeitet gleich um die Ecke.«

Emil nickt interessiert: »Dann sind Sie Geschäftsleute, die sich in der Politik auskennen.«

Murphy ruft erfreut dazwischen: »Ich habe einen Großhandel für Elektromotoren, Jack betreibt eine der größten Anwaltskanzleien für Wirtschafts- und Handelsrecht an der gesamten Ostküste, nicht wahr, alter Junge!«

Murphy hat seinem Freund einmal kräftig auf die Schulter geschlagen, woraufhin beide sich mit ihren Gläsern zugeprostet haben. Fuller sieht in sein Glas, das er mit einem Zug geleert hat. Er winkt einen Kellner heran: »Gibt's auch frischgezapftes Bier an eurer Bar?«

»Selbstverständlich, Sir!«

»Dann bringen Sie uns ein, zwei – Sie auch Mr. Ludwig? Mr. Ludwig möchte nicht.«

»Aber ich«, ruft Mr. Smith, der gerade vom Nachbartisch herübergekommen ist.«

»Also, drei Gläser. Mann, hab ich einen Durst, der Truthahn war ordentlich gepfeffert und gesalzen.«

Mr. Murphy nickt: »Das ist und bleibt FDR's größte Leistung, dass er gleich im ersten Amtsjahr die prohibitionistische Dürrezeit gelockert und das Bierbrauen wieder erlaubt hat.«

Fuller lacht: »Und vor allem das Biertrinken!« Er wendet sich an Emil: »Sie als Deutscher müssten doch eigentlich ein zünftiger Biertrinker sein.«

»Ich bin dem Mittelmeer zugewandt. Seit mehr als dreißig Jahren lebe ich in der Südschweiz, wo man sich fast schon in Italien befindet.«

»Wir – das heißt Ehepaar Murphy, meine Frau und ich – haben im vergangenen Jahr Deutschland bereist«, sagt Fuller, während seine Frau die Erzählung fortführt: »Die Olympischen Spiele – die waren wunderschön. Wir haben sogar den Führer in seiner Loge gesehen.«

Mr. Murphy nickt: »Das war schon eindrucksvoll, was die Deutschen da auf die Beine gestellt haben. Perfekte Organisation, freundliche Bedienung, guter Service und Bombenwetter.«

Emil ist amüsiert: »Zeichnet der Führer jetzt schon für das Wetter verantwortlich?«

Die Herren lachen. Sie nehmen einen Schluck Bier zu sich, das der Kellner gerade gebracht hat. Mrs. Murphy schwelgt in Erinnerungen: »Und dann diese Wachsoldaten in ihren schwarzen Uniformen. Die standen so regungslos wie Bronzefiguren. Waren Sie auch in Berlin bei den olympischen Spielen?«

»Nein, leider«, sagt Emil und atmet flach, weil Mrs. Murphy noch stärker ausdünstet als vorhin.

»Wir waren ja vor zehn Jahren drüben«, erklärt Mr. Smith, »wir haben deutsche Vorfahren, die echte 1849er waren. Von daher kennen wir Deutschland ein wenig. Aber es muss schon eindrucksvoll sein, wie Hitler das Land umgekrempelt und aus der Krise herausgeführt hat.«

»Umkrempeln ist das richtige Wort«, antwortet Fuller. »Der hat uns den New Deal glatt nachgemacht. Wo man hinsieht, wird gebaut und gearbeitet. Die Arbeitslosigkeit ist praktisch überwunden. Aufmärsche sieht man zwar noch, aber keine kommunistischen mehr. Damit hat Hitler aufgeräumt, stattdessen marschieren seine eigenen Leute. Aber frag nicht wie!«

Mr. Murphy lacht und nimmt einen kräftigen Zug aus seinem Glas: »Von Judenverfolgung war weit und breit nichts zu sehen. Da haben wir uns – und das ist, Mr. Ludwig, jetzt nicht einfach so dahingesagt, – schon gefragt, was unsere Presse uns da jahrelang aufgetischt hat. Als wir im letzten Sommer in Berlin waren, wurden jedenfalls keine Fensterscheiben jüdischer Geschäfte eingeschlagen. Von irgendwelchen Greueltaten haben wir auch nichts gesehen. Stimmt doch – oder!«

Fuller ergänzt: »Stattdessen wie gesagt perfekte Ordnung und eine prosperierende Wirtschaft.«

»Unsere Elektromotoren«, sagt Murphy, »finden reißenden Absatz in Deutschland. Während England und Frankreich so vor sich hinkrauchen, floriert der Handel mit dem Deutschen Reich. Da können Sie die Vertreter der großen US-Konzerne fragen, die sind über ihre Tochterfirmen ganz groß im Deutschlandgeschäft tätig. Der deutsche Markt ist ein Zukunftsmarkt.«

»Pssst«, flüstert Mrs. Smith und grinst, »Feind hört mit!«

Emil sieht zum Nebentisch hinüber, wo ein großer, schlanker Mann steht, der zwar in ein Gespräch vertieft ist, aber gerade wieder herübergeblickt hat.

»Henry Morgenthau«, erklärt Mr. Fuller mit gedämpfter Stimme. »Wenn's nach dem ginge, Mr. Ludwig, würden wir überhaupt keine Geschäfte mit dem neuen Deutschland machen. Dann würden wir aufrüsten.«

»Und England und Frankreich mit Rüstungsgütern beliefern«, ergänzt Mr. Smith.

»Genau«, sagt Murphy, »und Gewehrkugeln für Stalin. Die braucht der nämlich, um die eigenen Leute zu liquidieren.«

»Mr. Ludwig«, sagt Fuller deutlich leiser und mit konspirativer Miene. »Dieser Mann redet tagein, tagaus auf FDR ein, damit er die amerikanische Isolation aufgibt und sich munter in europäische Angelegenheiten einmischt. Er will uns auf den kommenden Weltkrieg vorbereiten, und das mit der Inbrunst eines Besessenen.«

Murphy stimmt lebhaft zu: »Ich verstehe gar nicht, warum Franklin so sehr auf ihn hört. Ich meine, der Mann ist Finanzminister. Was hat er sich da um den Job des Außen- oder Kriegsministers zu scheren!«

»Weil sie seit ewigen Zeiten Nachbarn und Freunde sind«, erklärt Mrs. Fuller. Sie nimmt ihrem Mann das Bierglas aus der Hand. »Wahrscheinlich aber auch, weil der Jude ist. Franklin hat doch eine ganze Schar von Juden um sich versammelt. In den Ministerien in Washington sind sie schon sauer, weil er sich ständig Berater von außen holt und die Ratschläge und Empfehlungen der Fachleute gar nicht anhört.«

Mr. Murphy zuckt unmerklich zusammen und wirft einen prüfenden Blick auf Emil: »Verstehen Sie uns nicht falsch, Mr. Ludwig. Wir haben nichts gegen Juden. Wir alle, wie wir hier stehen, haben jüdische Bekannte oder Mitarbeiter, oft unsere tüchtigsten Leute. Und wer möchte schon auf den Fleiß und Scharfsinn eines jüdischen Mitarbeiters verzichten. Sie sind überdies unserer Gast und uns aufs Herzlichste willkommen. Doch man kann die Stimmung in unserem Land nicht ganz außer Acht lassen. All die vielen Einwanderer aus Europa, die meist Juden sind und unseren Leuten die Arbeitsplätze streitig machen oder den Steuerzahlern auf der Tasche liegen. Von den Zeitungsredaktionen, von den Radiostationen oder Theatern will ich gar nicht reden. Wo man hinschaut: Juden. Und dann gehen Sie mal in ein amerikanisches Bankhaus. Ich mag gar nicht daran denken –

dieser Einfluss, den die da haben. Wie gesagt: Ich bin gegen jede Form von Ausschreitungen, Plünderungen und anderen Scheußlichkeiten, wie sie in den vergangenen Jahren auch bei uns vorgekommen sind. Aber eines sage ich Ihnen ganz offen: Die Stimmung im Lande ist schlecht, und wundern tut's mich nicht, dass es immer wieder antijüdischen Rabatz gibt.«

»Vorsicht«, zischelt Mrs. Smith: »Er kommt!«

»Ah, Mr. Morgenthau«, ruft Fuller lauter als nötig. »Was verschafft uns die Ehre? Wir sind gerade dabei, unserem weltberühmten Autor einige Geheimnisse zu entlocken. Sie kennen sich? Mr. Ludwig – Mr. Morgenthau.«

»Sehr erfreut«, entgegnet Morgenthau, wobei er nicht an den Tisch herantritt. Emil mustert ihn kurz, den großen, eleganten Mann mit dem scheuen Blick, dessen dunkle Augen sich schwertun, einen ruhigen Punkt zu finden. Angenehm die Baritonstimme, die vielleicht durch einen Charakter dirigiert wird, der von Misstrauen und Verletzbarkeit geformt ist. Er erinnert mich an Rathenau, überlegt Emil, zu dem Morgenthau jetzt höflich sagt: »Ich freue mich, dass wir uns persönlich kennenlernen. Wir werden uns sicherlich in Washington noch öfter sehen. Wann fahren Sie dorthin?«

»Ich bleibe noch vierzehn Tage in Hyde Park und fliege anschließend nach Washington, wo ich zahlreiche Gespräche führen muss und in der Kongressbibliothek arbeiten werde.«

»Und im Weißen Haus, wird Mr. Ludwig FDR über die Schultern sehen«, sagt Mr. Fuller.

Morgenthau lächelt knapp: »Dann passen Sie nur auf, dass Sie auch alles zu sehen bekommen. Franklin hat ebenso starke wie breite Schultern.«

»Keine Angst, Mr. Morgenthau, was ich nicht vom Präsidenten erfahre, gewinne ich aus anderen Quellen, aus besagten Gesprächen mit politischen Persönlichkeiten.«

»Und wer darf sich zu diesen Persönlichkeiten rechnen, Mr. Ludwig?«

»Sie, zum Beispiel, Mr. Morgenthau.«

Die Bemerkung sorgt für Heiterkeit, so dass Mr. Murphy gleich hinzufügt: »Lieber nicht, Mr. Ludwig, sonst lesen die Leute in der FDR-Biographie später, dass die Vereinigten Staaten ihre Außenpolitik unbedingt ändern müssen, weil Hitler vorhat, an unserer Ostküste zu landen.«

Erneute Heiterkeit, selbst Morgenthau beteiligt sich mit einem dünnen Lächeln.

»Da kommt Eleanor!« ruft Mrs. Smith. »Das ist unsere Rettung, denn unsere Männer haben ja nur Politik und das Geschäft im Kopf.«

Die fünf Männer sind unter sich. Der Kellner bringt noch drei Biere, für Emil und Morgenthau frischgepressten Orangensaft. Smith stellt sein Glas auf den Tisch und reibt sich den Schweiß von der Stirn: »Was ich Sie noch fragen wollte, Mr. Ludwig, rechnen Sie mit einem neuen Krieg in Europa?« Morgenthau mustert Emil mit scharfem Blick, was dem nicht entgeht: »In drei Jahren spätestens, Mr. Smith.«

»Sie meinen – 1940!«

»In dem Jahr läuft Franklins Amtszeit aus, und wir haben wieder Präsidentenwahlen,« sagt Fuller. »Wer soll dann den Job machen?«

»Man wird FDR wiederwählen«, antwortet Emil. Morgenthau nickt zustimmend.

Nun will Murphy etwas sagen. Er stellt sein Glas geräuschvoll auf den Tisch: »Das heißt ja noch lange nicht, dass die Vereinigten Staaten in einen solchen europäischen Krieg eingreifen. Den Fehler haben wir schon mal gemacht, als wir '17 in Frankreich mitmischten. Ohne uns hätten Engländer und Franzosen den Krieg gegen Deutschland verloren. Wer aber war am Ende der eigentliche Verlierer? Unser Präsident Wilson. Auf den Schlachtfeldern lagen zweihunderttausend tote Amerikaner. Aber wir haben nichts vom Sieg und erst recht nichts vom Frieden abbekommen. Die großartige Idee von einem gerechten und ewigen Frieden und vom Völkerbund wurde in Versailles kaputtgemacht. Alles, was Wilson ein Jahr zuvor in seinen *Vierzehn Punkten* verkündet hatte, landete im Papierkorb. Und das Ende vom Lied? Wir zogen uns aus Europa zurück und machen seitdem unser eigenes Ding – und wir fahren gut damit. Wenn wir in New Yorks Straßen und anderswo die vielen Veteranen und Krüppel sehen, die beide Beine oder auch nur einen Arm oder ein Auge verloren haben, sollte uns das eine Mahnung sein, dass wir in diesem kriegsbesessenen Europa nichts zu suchen haben.«

»Bravo, James!« rufen Murphy und Fuller, »du hast uns aus dem Herzen gesprochen.«

»Und bevor Sie, Mr. Ludwig, und Sie, Mr. Morgenthau, darauf antworten«, sagt Fuller ein wenig kurzatmig, »möchte ich nur noch eine kleine Ergänzung anfügen: Der Frieden von 1919 war die Saat für alle späteren Konflikte und die Ursache für das, was an schlimmen Sachen folgen mag. Aber was macht Hitler denn eigentlich? Eigentlich holt er sich nur das zurück, was man den Deutschen in Versailles verwehrt hat: nationale Souveränität, eine anständige Armee und die Gebiete, auf die das Deutsche

Reich legitimen Anspruch erheben darf. Und wenn er das hat, der Herr Hitler, wird er zahm wie ein Lamm werden, denn die Deutschen werden weitere Abenteuer nicht mitmachen. Die Deutschen, das haben wir doch mit eigenen Augen in Berlin gesehen, wollen auch nur wirtschaftliches Wohlergehen und Frieden.«

»Genau«, sagt Smith, »wenn Hitler eine bestimmte Grenze überschreitet, so wie Mussolini in Abessinien, beginnt seine Herrschaft zu wackeln. Das weiß er ganz genau, denn er hat die Revolution in Deutschland 1918 miterlebt und gelernt, dass das deutsche Volk nicht alles mitmacht.«

Emil schüttelt den Kopf: »Ich glaube, Sie irren sich. In Hitlers Deutschland wird es keine Revolution geben. Da ist aller Widerstand gebrochen. Schlimmer noch – die meisten Deutschen sind bereit, Hitler auf Gedeih und Verderb zu folgen, wenn sie nur die Schmach von 1918 tilgen können. Wie 1914 werden sie behaupten, dass man sie im Frieden überfallen hätte. Aber gleichzeitig werden sie den kommenden Krieg dazu nutzen, ihre Herrschaft über Europa auszubreiten und den Griff nach der Weltmacht vorzubereiten.«

»Das sehe ich genauso«, sagt Morgenthau, »und vergessen Sie nicht, meine Herren, dass der Krieg schon begonnen hat. Japan hat vor sieben Jahren die Mandschurei überfallen, um seinen Lebensraum zu erweitern, und jetzt rechnen wir wieder täglich mit einem erneuten Ausbruch des Krieges. Und Hitler? Er bricht einen Vertrag nach dem anderen, rüstet über die Maßen auf, besetzt das entmilitarisierte Rheinland, sorgt für innenpolitische Unruhen in Österreich und der Tschechoslowakei oder stichelt in der Danzig-Frage. Es würde mich, so wie Mr. Ludwig, nicht wundern, wenn er in zwei Jahren losschlägt. Aus seiner Sicht wäre das ein günstiger Zeitpunkt.«

»Und die Deutschen werden ihm folgen«, fügt Emil hinzu.

»Nee«, fährt Murphy dazwischen und wedelt oberlehrerhaft mit dem Zeigefinger. »Sie sind auch so eine Kassandra, Mr. Ludwig.«

»Da stimme ich Ihnen zu. Ja, ich fühle mich zunehmend als Kassandra, die eine Tochter des trojanischen Königs Priamos war. Da sie sich der Vergewaltigung durch den Gott Apollon widersetzte, strafte der sie mit einem Fluch. Sie sollte die Zukunft und das Unglück stets richtig vorhersagen, aber niemand würde ihr Glauben schenken.«

»Das hast du nun davon«, lacht Fuller. »Ich glaube, Mr. Ludwig, Mr. Morgenthau, wir drei kümmern uns mal um unseren Gastgeber. Frank wollte ohnehin noch was mit uns besprechen. Also, bis dann, sicherlich sehen wir uns nachher noch.«

Smith und Murphy danken ebenfalls. Die drei Männer entfernen sich, wobei ihre Gesten verraten, dass sie das Thema noch beschäftigt.

»Tja, Mr. Ludwig. Jetzt müssen Sie mit mir vorlieb nehmen. Aber, Sie können mir glauben, ich bin froh, dass Sie die Dinge so realistisch einschätzen. Der Krieg steht zweifelsohne vor der Tür. Bleibt nur die Frage: Wie können wir ihn verhindern?«

»Ich sehe nur eine Möglichkeit: eine Allianz, die aus England, Frankreich und Russland besteht, der die USA ökonomisch kräftig unter die Arme greifen und die sich entschieden gegen jeden aggressiven Schritt des Dritten Reichs wendet. Weiß Hitler sich von entschlossenen Mächten eingekreist, wird er sich gründlich überlegen, ob er sich außenpolitische und militärische Abenteuer leisten kann.«

»Hört sich gut an, Sie vergessen nur die amerikanische Öffentlichkeit, die ganz auf Isolationismus setzt. FDR sind die Hände gebunden. Wenn er seinerseits Partei ergreift und sich in Europa einmischt, wird er nicht wiedergewählt. Er plant zwar eine Grundsatzrede für Oktober, wo er zur weltpolitischen Lage einige Zeichen setzen wird, muss aber gewaltig aufpassen, dass er nicht zu weit geht.«

»Noch schlimmer ist das, was die Engländer und Franzosen sich leisten. Statt Hitler entschieden entgegenzutreten, setzt Chamberlain auf Appeasement, während die Franzosen in ihrer Kriegsmüdigkeit sich hinter ihrer Maginotlinie sicher wähnen. Und der Völkerbund ist nur ein müder Club zahnloser Tiger.«

»Sie sprachen von einer Allianz, die notwendig wäre. Aber was ist mit Stalin? Mit dem will keiner einen Pakt eingehen. Die Presse ist voll von Greueltaten aus dem Vaterland der Werktätigen.«

»Hitler wird, wenn er Krieg gegen Polen führen will, – und was ersehnen die Deutschen mehr – bei Stalin anfragen, um ihn für ein Bündnis zu gewinnen.«

»Und was wird Stalin tun, Mr. Ludwig, Sie kennen ihn doch persönlich, wenn ich das so ausdrücken darf?«

»Er ist Staatsmann und hat hoffentlich *Mein Kampf* gelesen. Deshalb wird er sich auf die Seite der Westmächte stellen. Ein Pakt mit Hitler wäre ja selbstmörderisch. Hitler will Lebensraum im Osten erobern, genauso wie Ludendorff es im Ersten Weltkrieg vorgemacht hat.«

Morgenthau blinzelt in die Nachmittagssonne. Mit leiser Stimme sagt er: »Schöne Aussichten sind das. Hitler im Osten, die Japaner im Westen. So wird die Welt neu aufgeteilt, und die Amerikaner stehen da mit Scheuklappen und glauben an die Unverwundbarkeit ihres Kontinents. Wenn das so weitergeht, werden wir in zehn oder vielleicht schon fünf Jahren vom Weltmarkt abgekoppelt sein. Hitler beherrscht Europa, Mussolini den Mittelmeerraum, Japan den fernen Osten. Das englische Empire hört auf zu existieren, die Deutschen beherrschen die Kolonien in Afrika, während Südamerika langsam aber sicher deutsches Absatzgebiet wird. Kann man nur hoffen, dass FDR rechtzeitig die Reißleine zieht. Wissen Sie, was ich manchmal gedacht habe: Die Japaner müssten uns den Vorwand für einen Krieg liefern.«

»Die werden einen Teufel tun!«

»Sie könnten ja ein US-Kriegsschiff versenken.«

»Das würde die Herren Murphy, Fuller und Smith kein bisschen beeindrucken.«

»Dann müssten eben ein paar mehr Kriegsschiffe dran glauben.«

»Sie meinen den Überfall auf einen Flottenstützpunkt?«

»Zum Beispiel.«

»Ich kenne mich mit Flottenstützpunkten nicht so aus, Mr. Morgenthau.«

»Der größte, den unsere Pazifik-Flotte unterhält, liegt auf Hawaii, in Pearl Harbor.«

»Verstehe.«

»Aber Sie wissen, Mr. Ludwig, man muss in der Politik über so etwas nachdenken, aber man darf niemals darüber reden.«

Der Pakt

Emil macht sich Sorgen. Dedo sieht schlecht aus. Seit Isoldes Tod scheint es mit seiner Gesundheit bergab zu gehen. Er hat stark abgenommen. In Locarnos führender Schneiderei hat er seine Anzüge schon zweimal enger machen lassen.

Nach stundenlanger Diskussion brachte Emil ihn schließlich dazu, Dr. Bernardoni zu konsultieren. Der untersuchte Dedo gründlich und gab zunächst Entwarnung. Die inneren Organe scheinen in Ordnung zu sein. Den Gewichtsverlust sollte man trotz allem im Blick behalten. Der Arzt lachte und meinte bei der Verabschiedung, angesichts der exzellenten Küche, die man unter Marias Obhut in Moscia genießt, dürfte eine Gewichtszunahme ja nur eine Frage der Zeit sein. Emil fühlte sich geschmeichelt und erinnerte Bernardoni an den bevorstehenden Goethe-Geburtstag, der nach gutem Brauch kulinarisch erneut ein Festtag werden soll.

Sie saßen wieder im Auto, dessen Verdeck Beppo zurückgeklappt hatte. Emil warf einen prüfenden Blick auf seinen Schwager, der um Jahre gealtert schien. Seine typisch aristokratischen Gesichtszüge hatten sich deutlich verschärft, so dass Emil vorschlug: »Ein Monokel würde dir stehen.«

Doch Dedo sah ihn teilnahmslos an, schwieg und blickte gedankenbeladen zum Lago Maggiore hinüber.

Ein knappes halbes Jahr ist es her, kurz nach der *Zerschlagung der Rest-Tschechei*, als er in Moscia anrief und darum bat, für einige Zeit dort wohnen zu dürfen. Gut Weidenthal hatte er bereits verkauft und den Erlös unter seinen Töchtern aufgeteilt. Keine der jungen Frauen, die mittlerweile alle verheiratet sind, legte Wert auf den alten Familiensitz, dessen Herrenhaus längst zum Sanierungsfall geworden war.

Im September '38 hatte Dedo nach Monaten des Hoffens und Bangens erfahren, dass Isolde im Konzentrationslager Lichtenburg bei Prettin gestorben war, und zwar infolge einer *Infektionskrankheit*. Mehr wurde auf dem Formular nicht mitgeteilt. Dedo konnte von Glück sagen, dass man zusicherte, ihm die sterblichen Überreste auszuhändigen. Gegen Rechnung für Einäscherung, Überführung und sonstige Gebühren, versteht sich.

Nachdem Dedo auf einer Autokarte gesucht hatte, wo Prettin liegt, rief er seine Töchter an, die sich liebevoll um die Trauerfeierlichkeiten kümmerten. Nach der Beisetzung auf dem protestantischen Friedhof in Wohlau fiel Dedo in eine tiefe depressive Krise. Tagelang schloss er sich in sein Arbeitszimmer ein, stundenlang starrte er auf seine neue Pistole und erwog den Freitod, weil in ihm der Gedanke nicht weichen wollte, seinem Leben grundsätzlich eine falsche Richtung gegeben zu haben. Schließlich rief er in Moscia an. Er wollte reisen, liebe, vertraute Menschen um sich haben und Abstand gewinnen.

Dedo ist ein angenehmer Gast, der niemandem zur Last fällt. Jetzt in den warmen Augusttagen sieht man ihn meist auf der Terrasse sitzen, in der einen Hand ein Glas Cognac, in der anderen die dazugehörige Zigarre. Manchmal macht er sich im Haus oder Garten nützlich. Als passionierter Landwirt gibt er Beppo Ratschläge für das Anpflanzen von Feld- und Gartenfrüchten und für die Pflege des oberen Waldes. Auch ist es ihm – quasi nebenbei – gelungen, Othello die Angewohnheit auszutreiben, sich bevorzugt in Türöffnungen zu legen, von wo der alte Cerberus das Hausgeschehen besser überwachen konnte.

Für den sechzehnjährigen John, der in diesen Wochen seine Ferien in Moscia verbringt, ist Onkel Dedo ein Gesprächspartner, wie man ihn sich besser nicht wünschen kann. Im Unterschied zu Emil ist er geduldig, kann zuhören und fragt interessiert nach, Eigenschaften, die gerade an diesem Vormittag dringend gebraucht werden.

Beppo hat nämlich aus Locarno den neuen Radioapparat mitgebracht und sowohl im Laden als auch zuhause lautstark verkündet, er werde das Kind schon schaukeln, sprich: das Gerät fachmännisch in Betrieb nehmen. Mit dem leistungsstarken Apparat kann man zwar die wichtigsten Radiostationen Europas empfangen, doch noch – kaum hat man das Gerät eingeschaltet und an dem zuständigen Rädchen gedreht – hört man die Sender anscheinend alle auf einmal. Hinzu treten störende Quietsch- und Pfeiftöne sowie ein Rauschen, verbunden mit kauderwelschen Wortfetzen aus allen nur erdenklichen Sprachen.

John begibt sich nach einigen erfolglosen Versuchen auf die Terrasse und fragt: »Onkel Dedo, kannst du uns vielleicht helfen. Das neue Radio will nicht so wie wir.«

Dedo lächelt freundlich, trinkt sein Glas in einem Zuge leer und meint: »Das ist ja glatte Befehlsverweigerung. Das können wir nicht durchgehen lassen.«

Er lässt sich von Beppo über die bisherigen Versuche instruieren, um darauf die Gebrauchsanweisung kurz zu studieren. Er lobt Beppo, weil der die Antenne schon fachmännisch verlegt habe, was diesen vor Stolz tief durchatmen lässt. Dedo dreht das Radio so, dass man die etwas verwirrende Rückfront mühelos überblicken kann. Er verbindet den Stecker des Antennenkabels mit der dafür vorgesehenen Buchse. Danach wird der Apparat wieder richtig aufgestellt. Über das zuständige Rädchen können nun die gewünschten Sender eingestellt werden.

John darf das als erster ausprobieren. Er dreht an der Senderwahl. Ein Wiener Walzer ertönt laut und deutlich und störungsfrei. Es spielt das

Symphonie-Orchester Amsterdam. John strahlt, während Dedo ihn auffordernd ansieht. Das Rädchen wird nur unwesentlich weitergedreht, und schon ist die sonore Stimme eines Sprechers zu vernehmen, der die Nachrichten auf Ungarisch verliest, was die drei Männer amüsiert, denn hier versteht man schlichtweg gar nichts. Das ändert sich beim Sender Mailand, wo ebenfalls ein Sprecher zu hören ist. Als Tessiner versteht man das natürlich, aber das rasante Sprechtempo und die falsettartige Tonlage rufen Heiterkeit hervor.

Dedo hat seinen Platz auf der Terrasse wieder eingenommen. Er genießt den Sonnenschein und blättert in der NZZ von gestern, als vom unteren Garten Gelächter nach oben dringt. Jetzt geht es in Gekicher über, dann in kurzes schrilles Gekreisch. Emil und Lilly sind aus Locarno zurückgekehrt. Auch sie waren in der angesehenen Schneiderei. Emil hat sich ein paar Sommeranzüge anfertigen lassen, Lilly trägt mehrere neue Kleider über dem Arm. Emil hat sie mit ausgesucht und natürlich bezahlt. Lilly ist überglücklich, denn gerade Sommerkleider fehlten ihr. Als sie im März Hals über Kopf aus Prag fliehen mussten, haben sie nur das Notwendigste mitnehmen können. Über Ungarn sind sie auf abenteuerlichen Wegen herausgekommen, um anschließend via Italien in die Schweiz zu gelangen.

Karl Volkmann sagte bei der Ankunft in Moscia: »Über Österreich wäre natürlich einfacher gewesen. Bis zum März '38 konnten wir uns dort frei bewegen. Lilly hat in Wien Theater gespielt. Doch über Nacht kam Hitler und hat uns wieder vor sich hergetrieben: Erst raus aus Deutschland, dann raus aus Österreich und nun raus aus der sogenannten Rest-Tschechei, wo wir immerhin unser Auskommen hatten. Lilly hatte am Deutschen Theater in Prag ein festes Engagement, während ich an der dortigen Hochschule unterrichtete. Wenn ich allein an meine Bibliothek denke, die ich seit '33 neu aufgebaut habe und die jetzt wahrscheinlich in fremde Hände fällt. Bleibt nur die Frage, wann Hitler uns aus der Schweiz vertreibt.«

Emil wechselte einen kurzen Blick mit Elga und meinte: »Fühlt Euch wie zuhause. Und was das Wichtigste ist – hier seid ihr erst mal sicher. Wir werden euch helfen, wo wir können. Wegen der vielen Flüchtlinge wird es nahezu unmöglich sein, in Locarno eine Wohnung zu bekommen. Deshalb zieht ihr zunächst in das große Gästezimmer. Da bleibt ihr solange, bis Herr Hitler uns nahelegt, in die USA auszuwandern.«

Elga protestierte: »Wegen Hitler verlasse ich nicht meinen Garten.«

Auch John, der die ganze Zeit gebannt zugehört hatte, rief mit einem Mal: »Ich will auch nicht nach Amerika. Dann muss ich ja meine Schule verlassen, und das will ich nicht. In zwei Jahren will ich meine Maturitätsprüfung ablegen.«

Die Erwachsenen sahen sich ein wenig ratlos an. Emil wechselte das Thema und fragte Karl: »Wie gut sind eigentlich deine Englischkenntnisse? Drüben sind Lesereisen eine gute Einnahmequelle. Außerdem würde ich mich dafür einsetzen, dass du an einer der renommierten Universitäten eine Anstellung oder zumindest einen Lehrauftrag bekommst, vielleicht sogar an der University of California in Los Angeles. Ich war schon mehrmals in L.A., kenne wichtige Leute dort. Ich könnte möglicherweise über Roosevelt etwas in die Wege leiten. Nur – die Frage bleibt: Wie gut sind deine Englischkenntnisse?«

Karl wurde verlegen, aber er beschloss, ehrlich zu sein: »Miserabel. Lesen geht noch einigermaßen. Aber wenn ich frei sprechen muss – dann hört lieber weg.«

»Das wird umgehend geändert«, rief Elga. »Morgen früh bekommst du gleich deine erste Unterrichtsstunde. Wir werden nur noch englisch miteinander reden.«

»Hallo!« ruft Emil etwas kurzatmig. »Wo sind denn Karl und Elga?«

Dedo blinzelt zu ihm hinüber: »Sie wollten zur Insel schwimmen. Wahrscheinlich ist das der neumoderne Englischunterricht, den dein Schützling seit einiger Zeit genießt.«

Emil hört die Spitze heraus. Erst vor einigen Tagen hat Dedo versucht, mit ihm über Lilly zu sprechen. Natürlich ist Dedo nicht entgangen, dass Emils Beziehung zu der alten Freundin enger geworden ist. Doch Emil ist dem Thema ausgewichen. Er hat Dedo gegenüber nicht einmal ins Feld geführt, dass sie vor langer Zeit beschlossen hatten, sich in das Liebesleben des anderen nicht einzumischen.

Ausgerechnet jetzt fragt Lilly: »Emil, kommst du anprobieren?«

Dedo zuckt zusammen. Er stellt sein Cognacglas laut und vernehmlich auf den Tisch. Ihm ist danach, Remedur zu schaffen, zumal der Junge in der Tür steht. Doch Dedo kommt nicht dazu, ein ernstes Wort loszuwerden. John macht zwei Schritte, steht auf der Terrasse, etwa in der Mitte zwischen Emil und dem Onkel, und sagt: »Wisst ihr schon, dass Hitler und Stalin ein Bündnis geschlossen haben?«

Emil und Dedo starren sich an, ungläubig und sprachlos. John steht da wie versteinert. Er fühlt sich, als hätte er etwas ausgefressen. Als hätte er das nicht sagen dürfen. Einen Augenblick lang kommen ihm Zweifel, ob er sich möglicherweise geirrt hat. Oder liegt es an dem neuen Radio? Quatsch, denkt John, auf mehreren Sendern hat er es gehört. Deshalb ergänzt er: »Es kommt auf allen Sendern. Sie unterbrechen ihre Programme und reden nur noch über den Vertrag zwischen Deutschland und Russland.«

Dedo sagt mit schwerer Zunge: »Jetzt ist die Lunte angezündet.«

Er folgt Emil, der schon am Radioapparat steht. John bedient die Senderwahl. Und tatsächlich – wo man hineinhört – Hitlers Vertrag mit Stalin ist das beherrschende Thema: Reichsaußenminister von Ribbentrop wird heute nach Moskau fliegen und morgen, am 23. August, über einen Nichtangriffspakt verhandeln.

Damit sind die Gespräche, die Engländer und Franzosen zur Zeit mit Moskau führen, um eine Einkreisungsfront gegen Hitler-Deutschland aufzubauen, mit einem Schlage zunichte gemacht. In allen europäischen Hauptstädten ist man vollkommen überrascht worden. Einige britische Blätter hielten die Meldung erst für eine Fälschung. Als der Pakt von TASS bestätigt wurde, war mehrfach davon die Rede, dass jetzt eine völlig neue weltpolitische Lage entstanden sei. Das sei ein historisches Ereignis.

Emil lässt sich in den nächsten Sessel fallen: »Vor vier Wochen habe ich in London davor gewarnt, dass Stalin – wenn Engländer, Franzosen und Polen ihm nichts bieten würden – gezwungen sein könnte, einen Pakt mit Hitler einzugehen, um den Krieg vor der eigenen Haustür zu vermeiden. Denn dass Polen Hitlers nächstes Opfer sein wird, versteht sich von selbst.«

Dedo, der nur halb zugehört hat, fragt: »Und was haben die Herren Engländer gesagt?«

»Gelacht haben sie. Einer, ein waschechter Lord, hielt mir entgegen, Hitler und Stalin seien natürliche Feinde. Außerdem werde Hitler militärisch an Polen scheitern. Ich habe den Herren entgegengehalten, dass sie Stalin nicht zur Münchener Konferenz eingeladen hätten. Daraus habe der Kreml-Chef den Schluss gezogen, dass die Westmächte ihn nicht ernst nehmen würden und wahrscheinlich das Ziel verfolgten, Hitler nach Osten abzulenken.«

Dedo antwortet: »Mir ist die Zigarre ausgegangen, und Cognac habe ich auch keinen mehr. Komm, lass uns nach draußen gehen!«

Emil hat sich ein Glas Tessiner Landwein geholt und nimmt ebenfalls Platz: »Wie schätzt du Hitlers Schlagkraft ein?«

»Er würde keinen Zweifrontenkrieg durchstehen. Das wäre sein Ende. Deshalb ist dieser Pakt mit Stalin eine politische Meisterleistung.«

»Und Polen?« will Emil wissen. »Du hast doch noch genügend alte Freunde im Generalstab. Was würden die dazu sagen?«

»Die Polen überschätzen sich maßlos. Hitler hat in den vergangenen fünf, sechs Jahren eine moderne Wehrmacht aus dem Boden gestampft, der Polen – zumal der Angriff gewissermaßen aus allen Himmelsrichtungen erfolgen wird – nichts entgegenzusetzen hat.«

»Und die Westmächte?«

»Sind doch überhaupt nicht kriegsbereit – von den Amerikanern ganz zu schweigen. Die fallen dieses Mal als Bündnispartner der Westmächte aus. Mangels Masse sozusagen.«

»Weißt du, was das heißt? Dass wir die Schweiz möglichst bald verlassen müssen.«

»Du und Elga oder du und Lilly?«

»Dedo, was ist bloß in dich gefahren? Du warst doch früher kein Moralapostel. Elga und ich und Lilly und Karl kommen auch mit. Wenn Hitler die Schweiz zerschlägt, sind beide gefährdet. Es wiederholt sich, was sich in Wien und Prag oder '33 in Deutschland abgespielt hat. Dann rollt eine Verhaftungswelle nach der anderen übers Land.«

Das Telefon klingelt. Es ist Redakteur Wehrli: »Haben Sie schon gehört? Unglaublich, was? In sechs Tagen wollten wir doch Goethes Geburtstag feiern. Findet das überhaupt noch statt, oder packen Sie schon die Koffer?«

»Sie kennen doch meine Maxime«, antwortet Emil. »Ich mache mein persönliches Glück nicht von der weltpolitischen Lage abhängig. Also – wenn Sie mögen – ich freue mich auf Ihren Besuch.«

Wehrli erscheint zum 28. August. Buchhändler Zollinger, Doktor Bernardoni, Apotheker Lustenberger, Tischler Stöckli und andere gute Bekannte ebenfalls. Die Gästeschar ist in diesem Jahr überschaubar. Trotzdem oder gerade deshalb sind die Gespräche ernsthaft und anregend.

Doktor Bernardoni hat Emil vorab gebeten, ihn neben Dedo zu placieren, was diskret und unauffällig über die Tischkarten von statten geht. Bernardoni ist ein Arzt der alten Schule, der auch privat das Gespräch mit seinem Patienten sucht, um diesen als ganzen Menschen kennenzulernen.

»Was für ein Zufall«, freut sich Bernardoni, als Dedo neben ihm Platz nimmt: »Seien Sie ohne Sorge, ich werde nicht registrieren, ob Sie heute auch genug essen. Das verhindert bei mir allein der Fressneid, der natürlich durch all die Köstlichkeiten angespornt wird, die in bewährter Tradition mit Liebe und Gestaltungfreude aufgetischt werden.«

Dedo schweigt eine Weile und hört mit zunehmendem Vergnügen den vielen Anekdoten zu, die der Landarzt aus seinem Alltag zu erzählen weiß. Als er erfährt, dass sein Arzt auch leidenschaftlicher Jäger ist, gibt es für Dedo kein Halten mehr. Er fragt nach und nickt stets anerkennend. Gamsjagd im Hochgebirge – das wäre nach seinem Geschmack. Ausführlich schildert er darauf die alljährlichen Jagden, die es auf Schloss Weidenthal und den umliegenden Gütern gab und wahrscheinlich noch gibt.

»Durch den Tod meiner Frau«, fügt er hinzu, »hat sich für mich einiges verändert.«

Bernardoni blickt ihn verständnisvoll an: »Sie haben mir in den vergangenen beiden Sprechstunden einiges über Ihre Frau erzählt. Was ich jedoch nicht weiß, sind die Umstände, warum sie überhaupt inhaftiert wurde. Sie müssen natürlich nicht darüber reden.«

»Warum nicht«, sagt Dedo, »ich wollte nur nicht wehleidig erscheinen.«

»Aber wie denn!« antwortet Bernardoni. »Ich möchte mir nur ein Bild machen.«

»Die Geschichte ist ja schnell erzählt. Meine Frau ist Jüdin, nach Nazi-Gesetzen Volljüdin. Deshalb hätte sie nach der Machtergreifung der Nazis vorsichtig sein müssen. Aber das war sie nicht. Sie kritisierte in aller Öffentlichkeit die antijüdischen Maßnahmen, insbesondere die Nürnberger Rassengesetze. Sie ging davon aus, dass man es nicht wagen würde, die Gutsherrin von Schloss Weidenthal anzutasten. Doch als sie in einem Geschäft in Wohlau einmal sagte, was man heutzutage in Deutschland allenfalls denken darf, wurde sie angezeigt. Der Kreisleiter, unser ehemaliger Gutsinspektor, hatte mit uns noch eine Rechnung offen und sorgte gleich dafür, dass sie der Gestapo in Breslau überstellt wurde.

Es war die Zeit, als das Frankfurter-Attentat die Schlagzeilen bestimmte. Ausgerechnet von Isolde wollte man in stundenlangen Verhören wissen, wer hinter den Schüssen auf Gustloff steckte. Man verdächtigte sie, eine Komplizin Emils zu sein, Kontakt zu jüdischen Auslandsorganisationen zu haben, was blanker Blödsinn war. Es gab einen kurzen Prozess, der mit einer mehrjährigen Zuchthausstrafe endete. Zu dieser Zeit konnte ich sie noch besuchen. Wir waren uns einig darüber, dass sie letztlich stellvertretend für ihren Bruder einsaß. Während der Verhöre gab es Andeutungen, man könne sie freilassen, wenn ihr Bruder nach Deutschland zurückkehre. Eines Tages wollte ich sie besuchen, kam aber zu spät. Am Tag zuvor, war sie in ein Konzentrationslager eingeliefert worden. In welches erfuhren weder ich noch unser Anwalt. Den Rest kennen Sie.«

Bernardoni legt seine Hand auf Dedos Arm: »Ich danke Ihnen. Mich hat sehr bewegt, was Sie da berichtet haben, aber was ist mit Ihren Töchtern?« Dedo lächelt: »Die sind längst nicht mehr in Deutschland. Oktavia lebt in England, weil ihr Mann dort eine Firma besitzt. Julia und Friderike sind nach den Rassengesetzen mit ihren Männern in die USA ausgewandert. Beide Schwiegersöhne sind Ärzte. Berta lebt in Schweden und unterrichtet Deutsch an einer Volksschule in Lund.«

Wehrli, der den beiden gegenübersitzt, hat die ganze Zeit versucht, etwas von Dedos Erzählung mitzubekommen. Jetzt wendet er sich direkt an ihn: »Herr von Zornberg, was meinen Sie, dauert der nächste Krieg lange oder nicht?«

»Dafür wird Stalin schon sorgen, dass er einige Jahre dauert«, ruft Karl dazwischen.

Dedo macht eine zustimmende Geste: »Vielleicht haben Sie recht.«

»Ich bin ganz sicher, dass ich recht habe. Stalin hat allergrößtes Interesse daran, dass Deutschland und die Westmächte sich ineinander verbeißen, will sagen: Stellungskrieg wie 14/18. Am Ende betritt er die Bühne und diktiert die neue Friedensordnung und holt sich, was er haben will. Für seine Weltrevolution auf Panzern.«

»Stalin ist kein Eroberer!« ruft Emil vom Ende der Tafel. »Ich habe ihn persönlich kennengelernt.«

»Das werden wir schon bald erleben. Ich nehme einmal an, er hat sich den Vertrag mit Hitler teuer bezahlen lassen. Die Westmächte haben doch nichts zu bieten. Hitler verhilft ihm dazu, die alten Grenzen des Zarenreiches zu bekommen. Deshalb fördert er den Krieg, wo er kann.«

Emil hält empört entgegen: »Das tut er nicht. Er hat lediglich ein Neutralitätsabkommen abgeschlossen.«

Karl lacht hämisch: »Dann lies bitte mal den Vertrag genau. Der verrät unmissverständlich, dass nicht nur Neutralität im traditionellen Sinne geboten wird. Was hieße: Stalin bleibt neutral, wenn Hitler von Polen angegriffen wird. Sondern da steht: Falls einer der Vertragspartner *Gegen-*

stand kriegerischer Handlungen seitens einer dritten Macht wird. Das heißt Neutralität auch für den Fall, dass Hitler der Angreifer ist. In einem echten Neutralitätsvertrag würde es heißen: Falls einer der Vertragspartner *trotz friedlichen Verhaltens Gegenstand kriegerischer Handlungen seitens einer dritten Macht* wird.«

Emil schweigt. Alle schweigen.

Da ruft Elga: »Bravo! Das war ein Schlagabtausch, wie wir ihn in dieser Runde gern erleben.«

Lilly schiebt ihre Hand unter die Tischdecke und legt sie auf Emils Oberschenkel. Sie flüstert: »Lass ihn reden! Du bist besser, du bist der Größte.«

Emil drückt ihre Hand, sagt leise: »Danke!«

Lichter der Nacht

Elga sitzt in ihrem Zimmer und denkt: Was ist das bloß für ein komischer Krieg! Hitler fällt in Polen ein, England und Frankreich erklären ihm den Krieg, aber nichts passiert, wochenlang.

Stattdessen fährt Emil wie in alten Zeiten nach Paris und hält einen Vortrag über *Barbaren und Musiker*, der selbstredend von den Deutschen handelt. In Ascona gibt es Luftschutzübungen, durch die das Städtchen, nicht anders als Locarno und umliegende Gemeinden auch, in den Abend- und Nachtstunden weitgehend verdunkelt wird. Maßnahmen, die kaum jemanden gestört haben. Was Elga hingegen stört, das sind die Scheinwerfer, die drüben auf der italienischen Seite stehen und nachts wie riesige Kraken über den See fingern. In regelmäßigen Abständen huschen Lichtfetzen wie Wetterleuchten durchs Zimmer, das für den Bruchteil einer Sekunde erhellt wird.

Elga ist allein. Niemand ist im Haus, sieht man einmal von Othello ab. Der liegt in Emils Studio und wartet auf seinen Herrn. Karl und Lilly sind nach Bern gefahren und übernachten dort. Im amerikanischen Konsulat wollen Sie ihre Einreisemodalitäten erledigen. Die Bürokratie auf diesem Gebiet ist phantasiereich, aber auch launisch: Dauervisen sind zu beantragen, Formulare in drei-, vierfacher Ausfertigung sind auszufüllen und einzureichen. Weitere Auskünfte und Unterlagen werden verlangt: Gesundheitszeugnisse,

Impfausweise, Steuererklärungen, Übersichten über Vermögensverhältnisse, polizeiliche Führungszeugnisse. Nachweise über Unterkünfte oder Verwandte in den USA. Affidavits und Einladungen von US-Bürgern. Die Dokumente müssen sorgfältigst ausgefüllt werden. Stempel, die herniederknallen, verleihen ihnen existentielle Bedeutung. Wehe aber, eine Erklärung fehlt oder ist unvollständig. Dann wird die Bürokratie unwirsch und am Ende unberechenbar. Zu guter Letzt werden die Antragsteller fotografiert, Fingerabdrücke werden abgenommen. Zwar hat Emil im Vorfeld allerhand regeln können, zumal er die finanzielle Absicherung der beiden übernahm. Doch den Besuch des amerikanischen Konsulats kann er ihnen nicht abnehmen.

Dedo verbringt den Abend, der sich bei ihm nicht selten bis zum Sonnenaufgang erstreckt, in der Monte-Verità-Bar. Er hat Elga deshalb seine nagelneue Sauer&Sohn 38H, Kaliber 7,65, überlassen, gewissermaßen als Dauerleihgabe für einsame Nächte in Moscia. Er benötige die Waffe zur Zeit nicht. Sie haben vor einigen Tagen ein Probeschießen im Garten veranstaltet. Dedo war tief beeindruckt von Elgas Schießkünsten, die Freunde und Bekannte schon in Jugendjahren bewunderten. Auf jeden Fall, meinte Elga zu Dedo, werde sie ruhiger schlafen, wenn die Pistole im Nachtschrank liegt.

Das war nicht so dahingesagt, denn Beppo hat vor einigen Tagen eine schwarze Limousine gesehen, die auffällig langsam die Uferstraße entlangfuhr. Beppo will auch zwei dunkel gekleidete Männer ausgemacht haben. Sie schienen sich für Moscia zu interessieren und waren mit Sicherheit keine Journalisten oder Fotoreporter.

Elga liest in Emils neuem Buch. Druckfrisch ist es heute angeliefert worden. Die Schweizer Behörden werden zufrieden sein, denkt Elga. Diese kleine essayistische Abhandlung *Über das Glück und die Liebe* brauchen sie nicht zu verbieten. Hier räsoniert Emil Ludwig, der Weltmann und Künstler, der Kenner der Frauen, über die vielen Facetten der Ehe. Eine Thematik, auf die Elga ihren Mann ohnehin bald ansprechen will.

Elga macht sich Gedanken um die Richtung, die ihre Ehe in letzter Zeit eingeschlagen hat. Bekanntlich war Ehe für Emil und sie von Anbeginn eine Gemeinschaft, die zu jeder Zeit aufgelöst werden kann. Und eheliche Treue war immer eine *Treue des Herzens*. Elga hat – kam Emil nach wochenlanger Vortragsreise nach Hause – nie gefragt, mit welchen Frauen er die Nacht in seinem Hotel verbracht hatte. Da sich beide, auch in der Ehe, als Liebespaar begriffen und sich nach wie vor leidenschaftlich begehren, ruht ihre Gemeinschaft auf einem festen Fundament. Elga hat es in den vergangenen Jahren deshalb nicht gestört, dass Emil offensichtlich eine Affäre mit Lilly hat. Karl schien das ebensowenig zu tangieren, wenn auch aus anderen Gründen. Diese Affäre war sporadischer Natur und folglich von unterschiedlicher Intensität.

Seit geraumer Zeit jedoch nimmt sie den Charakter einer festeren Beziehung an, wobei die jeweiligen Ehepartner aufgrund der Lebensumstände ungleich stärker einbezogen werden als früher. Unfreiwillig werden sie zu Zaungästen, und wollen sie das nicht sein, bietet sich eine *Wahlverwandtschaft* à la Goethe an, was Emil, den Goethe-Besessenen, besonders stimuliert. Dass er seit Jahren mit der Idee spielte, einen autobiographisch gestimmten Quartett-Roman zu schreiben, sei nur am Rande erwähnt.

Letzten Herbst ereignete sich etwas, das die Quartett-Konstellation in Gang setzte. Es war ein warmer Oktobertag. Die vier hatten gefrühstückt. Elga und Karl wenig, da sie wie fast jeden Morgen in der warmen Jahreszeit zur Insel hinüberschwimmen wollten. Emil und Lilly hatten kräftiger zugelangt, da das Mittagessen erst für den späten Nachmittag bestellt war.

Die Unterhaltung war spärlich verlaufen. Karl kommentierte gerade die stalinistische Eroberungspolitik in Osteuropa, die der Pakt mit Hitler möglich gemacht habe, als Emil auf die Uhr sah. Er hatte in seinem Studio noch wichtige Dinge zu erledigen. Also beschloss man, die Tafel aufzuheben und am Nachmittag wieder zusammenzufinden. Für den Abend hatte sich Besuch angesagt.

Karl und Elga standen schon am Seeufer, als Elga plötzlich einfiel, dass sie Beppo die Einkaufsliste für den heutigen Abend nicht hingelegt hatte.

Sie müsse noch einmal zurück, erklärte sie, während Karl anbot, sie zu begleiten. Er könne gern warten, sagte Elga. Karl hatte nichts dagegen und genoss die Sonne, die um diese Zeit mehr und mehr an Kraft gewann.

Als Elga in die Halle eintrat, atmete sie kräftig. Der Anstieg hatte ihr wieder einmal verdeutlicht, dass sie keine junge Frau mehr war.

Sie hörte einen langgezogenen Schrei und war sofort im Bilde. Emil und Lilly hatten die Tür zum Kaminzimmer nicht geschlossen. Wahrscheinlich gingen sie davon aus, dass sich gerade niemand im Haus aufhielt.

Elga war für einen Augenblick wie erstarrt.

Gleich darauf war sie wieder ganz sie selbst. Sie ging mit leisen Schritten in die Küche, kam zurück und legte für Beppo die Einkaufsliste in den dafür vorgesehenen Korb. Leise wollte sie das Haus verlassen, als eine geheimnisvolle Kraft sie zurückzog. Die Kraft wurde stärker, als jetzt ein heftiges Stöhnen zu hören war. Nun drang ein mehrfaches, wollüstiges helltönendes *Ach* aus dem Raum.

Elga lauschte. Sie hörte Emil lachen und gleich darauf reden, verstand aber kein Wort. Sie drückte die Tür wenige Zentimeter auf. Nun konnte sie die beiden sehen. Lillys kräftige Schenkel fielen ihr zuerst auf, dann die fülligen Brüste. Die beiden lagen auf dem weichen Teppich. So hatte sie ihren Mann noch nie gesehen. Banal nackt auf einer anderen Frau. Dazu das mechanische Auf und Ab seines weißen Hinterns. Und wie er jetzt den Liebesakt vorantrieb, so dass Lilly aufs Neue hell und laut jauchzte.

Elga zog die Haustür vorsichtig zu. Zügig ging sie zum See hinunter, wo Karl sie lächelnd empfing. Er ermahnte sie, nicht plötzlich ins kalte Wasser zu steigen. Sie überhörte das und warf sich hinein. Er folgte ihr, blieb aber deutlich hinter ihr zurück.

Sie erreichte zuerst die Insel. Als er aus dem Wasser stieg, stand sie am Strand und blinzelte in die Sonne. Sie erwartete ihn. Er schaute zurück, sah Moscia im Dunst liegen. Er war für einen Augenblick unschlüssig, was jetzt geschehen würde. Elga stand etwa zehn Meter von ihm entfernt. Sie sah ihn eindringlich an, lächelte eigenartig. Sie begann, sich langsam auszuziehen und stand bald darauf nackt da. Sie erinnerte ihn an die Statue einer griechischen Göttin. Wieder sah sie ihn an, und sie wusste, dass er – tat er jetzt das Falsche – eine furchtbar beklemmende Situation heraufbeschwören würde.

Karl machte das Richtige. Langsam ging er auf sie zu. Sie küssten sich leidenschaftlich. Sie zog ihm die Badehose herunter, berührte ihn, kniete sich vor ihn, bedeckte ihn mit Küssen, bis er sie sanft zu sich hinaufzog. Ein Boot kam näher. Sie begaben sich deshalb ein Stück ins Innere der Insel, wo sie eine geeignete Stelle fanden, um allein zu sein.

Es ist spät geworden. Elga packt das Buch beiseite. Die Scheinwerfer gehen ihrem Geschäft nach, begierig, jemanden zu fangen. Othello wird mit einem Mal unruhig. Mit der Schnauze drückt er die Tür auf. Er kommt herein, bleibt stehen, lauscht und blafft. Elga geht zum Fenster. Der Hund folgt ihr. Im Garten irrt ein Licht umher. Es scheint eher von einer Taschenlampe zu stammen als von einem der fernen Scheinwerfer.

Elga löscht das Licht. Zuvor hat sie die Pistole aus dem Nachtschrank geholt. Sie gehen nach unten. Der Hund will partout in den Garten. Vielleicht hat er auch nur den Dachs gehört, der sich seit einiger Zeit nachts auf dem Grundstück herumtreibt.

Kaum hat sie die Terrassentür ein Stück zurückgezogen, drängt Othello laut bellend nach draußen. Elga schaltet die Terrassenbeleuchtung ein. Weiter unten ist wieder das blinkende Licht der Taschenlampe zu sehen. Stimmen sind zu hören, lautes Rufen. Ein Schuss knallt durch die Nacht. Ein zweiter folgt. Sofort setzt ein furchtbares Jaulen ein.

»Othello!« ruft Elga.

Die Taschenlampe wird aufs Haus gerichtet, sie sucht etwas. Elga stellt sich in den Schatten eines Busches. Eine Person steht auf dem Rasen. Elga tritt aus dem Schatten heraus: »Verschwinden Sie! Sofort!« ruft sie.

Zwei, drei Schüsse fallen. Einer klatscht dicht neben ihr in einen Baum. Sie hat die Waffe längst entsichert. Acht Patronen befinden sich im Magazin. Sie wartet. Nur kurz. Die Taschenlampe blitzt wieder auf. Elga schießt. Ein Aufschrei folgt. Die Taschenlampe fällt zu Boden. Jemand ruft einen Namen. Völlige Stille herrscht. Minutenlang. Ein Motor heult auf, Autotüren schlagen zu. Ein Wagen rast davon.

Elga wartet. Sie umgeht die Terrassenbeleuchtung. Sie will eine Taschenlampe aus dem Haus holen. Sie muss telefonieren und Othello suchen. Sie hat eine böse Vorahnung. Im Haus wählt sie den Notruf. Der Polizist, der ihren Anruf entgegennimmt, braucht elendiglich lange, um alle Informationen aufzunehmen. Es werde einige Zeit dauern, teilt er mit, alle Wagen seien im Einsatz.

Sie findet Othello in der Nähe der Gartenpforte. Er liegt am Boden und atmet schwer.

»Othello! Mein Othello!« ruft Elga. Sie kniet neben ihm, legt seinen Kopf auf ihre Beine. Sie streichelt ihn, redet mit ihm und merkt, dass ihr Rock blutverschmiert ist. Als Dedo im ersten Morgengrauen eintrifft, ist der Hund tot. Dedo lässt sich alles genau erzählen, geht ein Stück die Straße entlang und stößt auf Blutflecken.

»Du scheinst einen der Kerle erwischt zu haben«, sagt er.

Als die Polizei endlich vorfährt, hält Dedo den Beamten eine Taschenlampe entgegen, sauber in ein Papiertuch eingewickelt. Falls sie auf Fingerabdrücke untersucht werden soll. Einer der beiden Polizisten nimmt das zu Protokoll. Die Taschenlampe wird ins Polizeiauto gelegt. Das Papiertuch flattert einige Zeit durch den Garten, bleibt an einem Busch hängen und wird am Vormittag von Beppo entfernt.

Zwei Tage später kehrt Emil zurück. Vorgestern Abend hat Elga ihn in seinem Pariser Hotel endlich telefonisch erreicht. In diesen Tagen und Wochen sind die Leitungen überlastet. Emil schwieg lange, als er von Othello hörte. Er war einverstanden, dass Beppo ihm auf dem Haustierfriedhof im oberen Garten ein Grab bereiten würde.

Emil ruft Kommissar Brügger in Bellinzona an. Man kennt sich seit Jahren. Emil verweist darauf, dass einer der Täter immerhin eine Blutspur hinterlassen habe. Es sei doch sicherlich schon überprüft worden, ob sich irgendwo ein Verletzter in ärztliche Behandlung begeben habe.

Brügger druckst herum, teilt schließlich mit, dass seinem Kommissariat von Bern aus der Fall entzogen worden sei. Er gibt dem alten Bekannten einen guten Rat: »Herr Ludwig, verlassen Sie die Schweiz, solange es noch geht. Hier sind Sie nicht mehr sicher!«

Emil verabschiedet sich und will auflegen, da sagt Brügger: »Übrigens, Herr Ludwig, bestellen Sie Ihrer lieben Frau einen herzlichen Gruß von mir und teilen Sie Ihr bitte vertrauensvoll mit: Sie ist eine sehr gute Schützin!«

Das alles ereignet sich in der zweiten Maiwoche. Elga arbeitet an den Vormittagen im Garten, als würde sie ihn sobald nicht wiedersehen. Beppo erhält genaueste Anweisungen, was, wo und wie verändert werden darf und was nicht. Dedo stellt sich eines Morgens dazu: »Ihr werdet bestimmt nicht lange weg sein, und ich werde aufpassen, liebe Elga, dass Beppo keinen Unsinn veranstaltet. Ich berichte euch regelmäßig über die Entwicklung in Moscia, so dass du dir in der neuen Heimat keine Sorgen machen musst.«

»Welche neue Heimat? Meine Heimat ist hier und sonst nirgendwo.«

»Bravo!« ruft John. »Das ist auch meine Meinung!«

John hat mit Emil einen längeren Spaziergang durch den Wald unternommen. Sie haben sich gründlich ausgesprochen und am Ende darauf verständigt, dass John nicht mit in die USA kommt. Er wird in der Schweiz seine Schule beenden.

»Und wenn die Nazis kommen«, erklärt John stolz, »kann ich bei Onkel Hellström untertauchen. Mama hat das alles geklärt. Onkel Dedo weiß auch Bescheid.«

Emil fragt konsterniert: »Hast du denn Kontakt zu Hellström? Er wohnt doch meines Wissens in Paris.«

»Unsinn!« ruft John. »Er wohnt seit einer ganzen Weile wieder in seinem Haus oben am Monte Verità. Ich besuche ihn von Zeit zu Zeit. Er hat mich auch gemalt. Auf dem Bild sehe ich dir zum Verwechseln ähnlich. Komisch! Findest du nicht auch?«

»Schau an«, sagt Emil. »Und ich erfahre das alles so nebenbei!«

John lacht: »Du bist ja nur der Vater. Außerdem bist du nie zuhause.«

Sie stehen alle zusammen und sehen Elga beim Spargelstechen zu, als Karl aus dem Haus kommt. Er hat eine Liste in der Hand und redet vor sich hin. Karl lernt Vokabeln.

»Habt ihr schon gehört« fragt er in die Runde. »Es wurde eben vom Rundfunk gemeldet: Hitlers Wehrmacht ist in Belgien, Holland und Luxemburg eingefallen. Nun sind die Franzosen an der Reihe. So wie vor einem Monat Dänemark und Norwegen, die jetzt in deutscher Hand sind.«

Emil sagt zu Karl: »Dann sollten wir die Koffer packen. Ich schlage vor, dass wir noch heute ins Reisebüro fahren und die Tickets buchen.«

Am Sonntagabend sind einige Freunde eingeladen.

»Das ist hoffentlich noch nicht der Abschiedsschmaus«, sagt Buchhändler Zollinger. »Sicherlich wendet sich das Blatt noch.«

Herr Wehrli meint: »Hitler wird ja nicht ganz Frankreich erobern können. Ich gehe sowieso davon aus, dass er sich schnell an der Maginot-Linie eine blutige Nase holen wird. Und dann …«

»Und dann?« unterbricht ihn Karl. »Seine Truppen stehen schon im Land und befinden sich auf dem Vormarsch.«

»Ach was«, sagt Frau Lustenberger. »Es wird am Ende Friedensverhandlungen geben, geben müssen. Hitler redet doch ständig vom Frieden. Und bei Lichte besehen will er ja nur die Danzig-Frage geklärt haben. Danzig gehört ihm jetzt. Was also will er mehr?«

Karl holt tief Luft, da kommt Emil ihm zuvor: »Ich weiß nicht, ob unser verehrter Herr Zollinger noch *Mein Kampf* in seinem Sortiment hat, aber …«

Zollinger lehnt sich lachend zurück: »Nach jedem Coup, den der deutsche Führer der verblüfften Weltöffentlichkeit präsentiert, wird sein Buch stärker nachgefragt. Es ist gerade so, als wollten die Leute endlich begreifen, was dieser Mann eigentlich im Schilde führt.«

»Die Leute sollten es aber auch lesen«, sagt Karl, »so erfahren sie, was Hitler auf dem Programmzettel hat.«

»Und was steht auf dem Spielplan, Herr Volkmann?«

»Eroberung von Lebensraum im Osten, Herr Zollinger. Ferner die Versklavung der dort lebenden Völker wie die Vernichtung des europäischen Judentums.«

»Einspruch!« ruft Wehrli. »Das würde ja bedeuten, dass Hitler zur Zeit den Krieg der verkehrten Fronten führt. Stalin ist momentan sein treuester Verbündeter. Der liefert Hitler sogar die Rohstoffe, die der braucht, um gegen Frankreich und England bestehen zu können.«

Karl nickt: »Das ist völlig zutreffend und das Verbrecherische an Stalins Politik. Aber der Krieg im Westen ist für Hitler eben nur eine Vorstufe, um die deutsche Lebensraumpolitik realisieren zu können.«

Herr Lustenberger hat bisher geschwiegen: »Am Ende des Programms steht dann wohl die Weltherrschaft? Oder liege ich da falsch, Herr Ludwig.«

»Das sehe ich genauso.«

»Und kennen Sie einen, der das verhindern könnte?«

»Ich kenne nur einen!«

»Und der heißt?«

»FDR.«

»Nie gehört.«

»Franklin D. Roosevelt.«

Pacific Palisades

Die Gäste brechen auf. Man steht in der Halle, wo noch lebhaft geplaudert wird. Herr Wehrli schüttelt Emil die Hand. Er dankt für den anregenden Abend: »Und hatten Sie Schwierigkeiten, Tickets für die Überfahrt zu bekommen?«

Emil schüttelt den Kopf: »Wir sind Schweizer Bürger und können noch reisen, wohin wir wollen. Frau Kardorff und Herr Volkmann sind de jure tschechische Staatsangehörige, auch wenn es die Tschechoslowakei de facto nicht mehr gibt. Neben unserer Unterstützung haben sie von einem Verleger, den ich gut kenne, ein Affidavit erhalten, eine Bürgschaftserklärung also. Herr Volkmann kann zudem die Vertretung für einen Lektor übernehmen, der bisher für den Einkauf deutschsprachiger Literatur zuständig war. Damit verfügt er über einen festen Job, was auch nicht unwichtig ist.«

»Und Sie, Frau Kardorff, Sie werden eine glückliche amerikanische Hausfrau«, sagt Frau Lustenberger.

»Um Himmels Willen«, ruft Lilly. »Das wäre mein Tod. Ich will mein Glück in Hollywood versuchen. Emil ... Herr Ludwig kennt dort viele berühmte Regisseure.«

»Dann sehen wir sie vielleicht demnächst im Kino?«

»Das hoffe ich doch. Ich werde Ihnen heimlich zuwinken.«

»Und wo werden Sie sich niederlassen?«

»In *Päziefik Pallizäd*.«

»Wo liegt denn das?«

»Kann ich auf Anhieb nicht sagen, muss ich nachgucken. Karl hat eine Karte.«

»Können Sie überhaupt Englisch?«

»Ich hatte ein wenig Englisch in der Schule. Damit schlage ich mich schon durch. Ansonsten wird Emil mir helfen.«

»So!«

Es ist eine milde Nacht. Die Gäste stehen draußen vor dem Hauseingang und begeben sich langsam zum Gartenweg, der im hellen Licht der Laternen hinunter zur Straße führt. Zollinger kommt auf die vielen Flüchtlinge zu sprechen. Selbst die USA seien von dem Ansturm allmählich überfordert.

Emil bleibt stehen: »Ich war kürzlich in Paris in einem Reisebüro, um eine Kleinigkeit zu regeln. Der große Geschäftsraum war völlig überfüllt. Es war kein Durchkommen. Überwiegend Juden warteten hier. Sie waren auf der Flucht vor Hitler. Die Aufenthaltsgenehmigung ist abgelaufen, jetzt sind sie auf der Suche nach einem neuen Zufluchtsland. Plötzlich hörte ich neben mir ein lautes Schluchzen. Ich drehte mich um und sah einen heruntergekommenen, völlig verzweifelten älteren Mann. Ich erschrak, denn ich kannte ihn. Früher war er ein vermögender Berliner Kunsthändler gewesen. Ich hatte ihn als noblen, hilfsbereiten Kunstkenner in Erinnerung, der seine Kunden stets sachkundig und umsichtig beriet. Ich sprach ihn an. Er erkannte mich zunächst nicht.

Dann berichtete er: Zu spät hatte er Deutschland verlassen, das für ihn die geliebte Heimat verkörperte. Die Nazis hatten ihm alles genommen, was eine bürgerliche Existenz ermöglichte. Seine kostbaren Bilder waren beschlagnahmt worden, oft mit der Begründung, sie zählten zur *Entarteten Kunst*. Er wurde mit Berufsverbot belegt. Sein Führerschein wurde eingezogen. Die Besuche von Theatern, Kinos, Museen und Schwimmbädern waren Juden verboten. Radios und Telefone wurden aus ihren

Wohnungen entfernt. Juden genießen im Deutschen Reich keinen Mieterschutz mehr. Es ist ihnen verboten, ihre Wohnungen nach acht Uhr abends zu verlassen. *Soll ich noch mehr aufzählen?* sagte er verzweifelt. Ich fragte, ob ich ihm helfen könne. Er winkte ab. *Vielleicht kommen wir in Haiti oder Santo Domingo unter. Oder am Nordpol oder in China.*«

Es ist spät geworden. Die letzten Gäste sind davongefahren. Emil macht sich fertig für die Nachtruhe. Vorsichtig öffnet er die Tür zum Schlafzimmer. Er will sich leise neben seine Frau legen, als Elga in die Dunkelheit hineinsagt: »Ich schlafe nicht.«

»Das tut mir leid. Vielleicht macht dich meine Anwesenheit schläfrig.«

Die Nachttischlampe leuchtet auf: »Ich will mit dir reden. Heute tagsüber war keine Gelegenheit dazu.«

»Ist es nicht zu spät?«

»Ich fürchte, dass es in der Tat bald zu spät sein wird.«

»Das klingt nach Drama.«

»Ist es auch. Ich habe mit Karl gesprochen.«

»Deinem Geliebten.«

»Dem Mann deiner Geliebten.«

»Einverstanden!«

»Er überlegt, ob er sich scheiden lässt. Dein Quartettspielchen, das du so virtuos zelebrierst, behagt ihm nicht. Er ist so ehrlich und gibt zu, der bürgerlichen Moral tiefer verpflichtet zu sein, als es auf den ersten Blick erscheint. Die Forderungen der Sozialisten im 19. Jahrhundert nach Abschaffung der Ehe und Einführung der Freien Liebe seien nicht mehr zeitgemäß. Selbst die Bolschewisten predigten diese Libertinage nicht mehr. Außerdem: Karl ist nicht mein Geliebter.«

»Nicht?«

»Nur weil wir bei Gelegenheit mal intim sind, haben wir noch lange keine Affäre.«

»Einverstanden!«

»Ich erwäge übrigens hierzubleiben.«

»Das möchte ich nicht. Das amouröse Quartett war doch nur ein Spiel. Ein bisschen Wahlverwandtschaft. Kann ich zu dir kommen?«

»Jetzt nicht«, sagt sie. Sie dreht sich um, nicht ohne anzumerken: »Du kannst mich morgen davon überzeugen, warum es für mich sinnvoll sein sollte, mit dir als Mann und Frau in den USA zu leben.«

»Gilt denn unser Ehe-Credo nicht mehr?«

»Du meinst die Vereinbarung, dass unser Liebes- und Ehebündnis jederzeit lösbar sei?«

»Eben die! Da heißt es aber, dass wir eine eheliche Gemeinschaft sein wollen, solange Leidenschaft und Liebe uns beherrschen.«

»Emil, ich habe mich in letzter Zeit oft gefragt, ob diese Bohemien-Attitüden nicht unzeitgemäß sind. Wir sind auf der Flucht vor Hitler. Wir bürgen gegenüber den US-Behörden für ein befreundetes Ehepaar, und das bei leerer Kasse. Lilly bewundert den Weltmann in dir. Ich glaube, sie hätte nichts dagegen, dich zu heiraten, um hier in Moscia als Hausherrin einzuziehen. Aber Moscia gehört auch mir. Ich werde es mit allen Mitteln verteidigen.«

»Aber Elga, das steht nicht zur Debatte. Wie kommst du darauf, dass ich sie ehelichen will. Außerdem wird ihre Haut immer faltiger. Und zu deiner Beruhigung: Sie fragte mich vor einigen Tagen, ob sie nicht drüben meine Sekretärin werden könne. Ich habe das glattweg zurückgewiesen.«

»Weil sie es nicht kann?«

»Erstens das. Und zweitens, weil ich sie nicht den ganzen Tag um mich haben könnte. Ich habe ihr zugesagt, meine bescheidenen Beziehungen zur Filmbranche spielen zu lassen.«

»Meinetwegen können wir die beiden anfangs ein wenig unterstützen. Doch ehrlich gesagt, würde es mir schwerfallen, sie drüben auch als Dauergäste unter meinem Dach zu wissen.«

»Keine Angst, das will außer Lilly keiner. Gute Nacht!«

»Gute Nacht.«

Dann fahren sie. Die Freunde haben es sich nicht nehmen lassen, zum Bahnhof zu kommen. Man steht auf dem Perron beisammen. In wenigen Minuten wird der Pfiff des Schaffners ertönen. Witzchen werden gemacht, gute Ratschläge mit auf den Weg gegeben. Zollinger meint, wenn sie in Kalifornien ankommen, wird Hitler von seinen Generälen gestürzt sein, und Friedensverhandlungen beginnen.

Beppo hat Tränen in den Augen, kämpft hartnäckig gegen sie an. Dedo nimmt die Situation soldatisch ungerührt, ist dennoch sichtlich angespannt. Maria weint ungeniert. Hellström, der auch gekommen ist, hat den Arm um John gelegt. Beide rufen ein aufmunterndes *Kommt bald wieder*. Letzte Hinweise werden erteilt. Umarmungen finden statt, dazu kräftiges Händeschütteln.

Der Pfiff ertönt. Die Lokomotive schnauft und keucht, langsam setzt sich der Zug in Bewegung. Winken. Taschentücher flattern im Wind. Schließlich schiebt Emil das Abteilfenster ein Stück nach oben.

In Genf müssen sie umsteigen. Alles verläuft nach Plan.

An der Grenze zu Frankreich ist nichts mehr normal. Uniformierte kommen in die Coupés. Beamte des Zolls und der Gendarmerie. Misstrauisch die Blicke, schroff der Umgangston. Karl und Lilly sind Deutsche mit einem tschechoslowakischen Pass. Das ist verdächtig. Mitkommen!

Sie werden in ein kleines Büro gebracht, die mitgeführten Papiere eingehend studiert. Emil schaltet sich ein. Er spricht fließend Französisch und stellt sich vor. Der vorgesetzte Gendarm erkennt ihn. Auch die anderen Grenzbeamten sind mit einem Mal zuvorkommend und charmant, wobei es ihnen besonders Lilly angetan hat.

Draußen auf den Bahnsteigen drängen sich Flüchtlinge. Lautsprecherdurchsagen ertönen, sind kaum zu verstehen. Viele Reisende wollen in den Zug nach Paris einsteigen. Da sie über keine Fahrscheine mit reservierten Plätzen verfügen, lagern sie auf den Gängen, so dass an den Besuch des Restaurantwagens nicht zu denken ist.

Ein Militärzug rollt langsam in den Bahnhof ein, kommt unter langgezogenem Kreischen zum Stehen. Emil fragt einen Soldaten von Fenster zu Fenster: »Wohin, Kamerad?«

Der jungenhafte Mann lacht, ebenso die anderen Soldaten in seinem Abteil. Der junge Uniformierte ruft: »An die Nordfront. Wohin sonst! Die Boches versohlen.«

Mit einstündiger Verspätung geht es weiter.

Frankreich Ende Mai. Bei Sonnenschein und sommerlichen Temperaturen. Die Natur steht in prallem Grün. Der Zug rattert durch die Landschaft. Felder, Wälder, Dörfer ziehen vorbei. Tiefster Frieden scheint zu herrschen. Wären da nicht die überfüllten Chausseen. Oft sieht man lange Autoschlangen. Und in den Fahrzeugen ganze Familien. Auf den Dächern befinden sich Matratzen oder Kisten mit Hausrat. Es sind Flüchtlinge aus Nordfrankreich und Belgien.

Ein Mitreisender sagt mit ruhiger Stimme: »Unsere Hauptkräfte sind noch gar nicht aufmarschiert.«

Ein älterer Herr, der pausenlos irgendwelche Zeitungen liest, senkt sein Blatt für einen Augenblick: »Die Deutschen haben die Kanalhäfen erreicht und sind dabei, die englischen Einheiten zurückzuwerfen. Wenn das so weitergeht ...«

Auf mehreren kleinen Stationen hält der Zug, um Truppentransporte vorbeizulassen. Paris wird am Abend erreicht. Die Stadt, die den Besucher sonst mit so viel Licht überschüttet, ist verdunkelt. Auf den Bahnhöfen sind große Ansammlungen von Soldaten zu sehen. Kolonnen marschieren durch die Nacht. Militärzüge, beladen mit Kriegsgerät, sind fertig zur Weiterfahrt.

Mit zehnstündiger Verspätung treffen sie in Cherbourg ein. Der Dampfer liegt zur Abfahrt bereit. Lange Schlangen auch hier. Endlose Kontrollen. Das vorrangige Gesprächsthema unter den Wartenden sind die deutschen U-Boote. Den Passagieren steht das Schicksal der *Athenia* vor Augen, die kurz nach Kriegsbeginn von einem deutschen U-Boot versenkt wurde. Um sich vor ihnen zu schützen, fahren die Schiffe oft einen zeitraubenden Zick-Zack-Kurs.

In diesen Tagen und Wochen nehmen die Ozeanriesen dreimal so viele Passagiere mit, wie normalerweise vorgesehen sind. Bibliotheken, Erholungsräume und Tanzflächen sind mit zusätzlichen Betten bestückt. Emil ist zufrieden, als ihm mitgeteilt wird, dass die Erste Klasse intakt geblieben ist. Hier ist bei den Mahlzeiten das Gedränge und Geschiebe längst nicht so groß. Dafür herrscht abends an der Bar hektischer Betrieb. Emil steht mit Karl zusammen und hebt sein Bierglas: »Auf Amerika!«

»Auf Amerika!« sagt Karl. Sie stoßen an.

»Gibt es was Neues?«

»Ich glaube schon«, sagt Karl mit einem zufriedenen Lächeln. »Ich habe heute ein Telegramm vom Verlag gekriegt. Wir können die Wohnung zu einem Spottpreis mieten und wohnen mehr oder weniger downtown L.A., wenn es so was überhaupt gibt. Die Wohnung ist geräumig und liegt unmittelbar gegenüber vom Verlagsbüro.«

»Auf Amerika!« grinst Emil.

»Auf Amerika!«

Fünf Tage später drängen sich die Passagiere an Deck. Es ist noch früh, doch mit einem Male tritt die Freiheitsstatue aus dem Dunst heraus. Ausgelassenheit macht sich breit, Erleichterung, dass man den New Yorker Hafen unversehrt erreicht hat. Karl ist gerührt und wischt sich unauffällig Tränen aus den Augen.

»Wo ist deine Frau?« fragt Elga.

»Ihr geht es nicht gut. In der Nacht ist ihr wieder übel geworden.«

Lilly hat während der Reise unter einer ausgeprägten Seekrankheit gelitten, gegen die auch der Schiffsarzt letztlich machtlos war.

Die Zollabfertigung und die Einreiseformalitäten verlaufen für die Erste Klasse deutlich schneller, da sie noch an Bord abgewickelt werden. Dafür drängen sich einige Reporter an Deck. Sie sind mit dem Lotsenschiff gekommen und bitten um Fotos: Emil mit Ehefrau, Emil allein, aber mit *Of Life and Love* in Händen, seinem neuesten Buch. Auch kurze Interviews werden erbeten. Emil gibt eine Erklärung ab und verkündet, den Kampf gegen Hitler-Deutschland von amerikanischem Boden aus weiterzuführen. Von der Notwendigkeit dieses Kampfes wolle er möglichst viele Amerikaner überzeugen.

In New York verbringen sie drei Tage. Sie übernachten im *Bedford Hotel*, das Emil sehr schätzt. Elga spielt für Lilly und Karl den Cicerone und führt die beiden zu den wichtigsten Sehenswürdigkeiten der Stadt. Die größte Attraktion sind allerdings die Wolkenkratzer, von denen man schon so viel gehört und gelesen hat. Lilly bestaunt immer aufs Neue die vielen *Neger* im Stadtbild. Zwar kennt Sie *Neger* aus Berlins verrückten Jahren, als Schwarze im *Haus Vaterland*, im *Wintergarten* oder und anderen großen Varietés auftraten, entweder als Musiker oder als exotische Attraktionen. Doch hier gehören sie zum Alltag. Daran muss sie sich erst gewöhnen.

Emil besucht währenddessen seinen Agenten für Vortragsreisen durch die USA. Mr. Lewinsohn ist hocherfreut, dass sein Star-Lecturer endlich wieder in die Staaten gekommen ist. Die politische Weltlage schreie regelrecht nach Vortragstourneen. Insbesondere Emil ist gefragt, kennt ihn doch jedes Kind. Außerdem spricht er fließend Englisch, was seine Auftritte natürlich beflügelt. Ob er schon wisse, worüber er sprechen wolle, fragt Lewinsohn.

»Über Hitler und Hitler-Deutschland«, sagt Emil und fügt hinzu: »Und natürlich über den Charakter der Deutschen.«

»Phantastisch!« jubelt der Agent. »Das wollen die Leute hören. Wie sehen Sie die aktuelle Lage? Glauben Sie, dass die Vereinigten Staaten in den europäischen Krieg verwickelt werden könnten?«

Lewinsohn bietet seinem Gast eine Zigarette an. Emil dankt: »Das hängt allein davon ab, ob Roosevelt Ende des Jahres wiedergewählt wird. Entscheidend ist zudem, wann Hitler die Sowjetunion angreifen wird.«

»Sie glauben, dass er in Russland einmarschiert? Stalin, seinen treuesten Verbündeten, angreift? Aber er hat doch alles erreicht, was ein richtiger Staatsmann sich nur wünschen kann. Frankreich ist besiegt, Hitler beherrscht Europa. England wird er in absehbarer Zeit ebenfalls niederringen. Die britischen und französischen Kolonien werden ihm in den Schoß fallen. Hitler wird als der größte Staatsmann der Deutschen in die Weltgeschichte eingehen. Dagegen wird Bismarck ihnen als Zwerg erscheinen.«

»Er ist aber kein richtiger Staatsmann. Er will sein Kolonialreich im Osten Europas errichten. Diesen Plan wird er möglichst schnell verwirklichen wollen. Um ihn herum ist niemand, der dies an seiner Stelle durchführen könnte, der über Hitlers Energie, Macht und Ansehen in der deutschen Bevölkerung verfügt. Außerdem ist die Wehrmacht gut trainiert. Russlands Streitkräfte hingegen sind durch die Stalinschen Säuberungen geschwächt. Stalins Überfall auf Finnland im letzten Winter endete als Fiasko.«

»Mr. Ludwig, das wird Hitler nie im Leben wagen. In dieser Hinsicht kenne ich ihn besser als Sie, obwohl er mir Gottlob noch nicht über den Weg gelaufen ist. Nichtsdestotrotz wird das eine ganz aufsehenerregende Vortragsreise. Die Leute werden Schlange stehen, die Säle ausverkauft sein.«

»Das sehe ich genauso, Mr. Lewinsohn.«

»Was ist mit dem Honorar? Ich weiß gar nicht mehr, was Sie beim letzten Mal erhalten haben.«

»Das wissen Sie noch genau. Ich will so viel, wie Thomas Mann bekommt. 1000 Dollar pro Lesung. Alle anfallenden Kosten wie Fahrkarten, Hotel, Verpflegung und so weiter gehen auf meine Rechnung.«

»Sie sind ein Ausbeuter. Außerdem ist Herr Mann nicht bei mir unter Vertrag. Deshalb weiß ich nicht, was er an Honorar erhält.«

»Das gibt zu denken. Sie scheinen sich in der Branche schlecht auszukennen. Aber ich mache Ihnen ein Angebot, auf das sich der Lübecker Kaufmannssohn nie einlassen würde.«

»Da bin ich aber gespannt!«

»Wenn Hitler innerhalb der nächsten zwei Jahre Russland überfällt, bekomme ich 1000 Dollar Honorar. Bleibt der deutsch-sowjetische Pakt bestehen, brauchen Sie mir nur 750 zu zahlen.«

Wesentlich besser als die Schiffsreise verträgt Lilly den Flug nach Los Angeles. Karl und sie fliegen das erste Mal mit dem Flugzeug. Umso größer ist das Abenteuer, das gelobte Land aus der Luft kennenzulernen. Auf dem Flughafen schlägt den Reisenden eine Hitze wie im Brutofen entgegen. Sie werden schon erwartet. Mr. John Wagner begrüßt die Ankömmlinge im Namen des Verlages. Der junge Mann, der vor ein paar Tagen erst zwanzig geworden ist, legt Wert darauf, dass er Johnny genannt wird. Johnny geht mit ihnen zum Parkplatz, wo ein nagelneuer *Lincoln Zephyr Continental* für sie bereitsteht.

»Wohin fahren wir zuerst?« will Johnny wissen.

Lilly horcht auf.

»Erst ins Haus oder erst zur Wohnung?«

Karl erklärt kurz und bündig: »Darling, wir haben im Stadtzentrum eine eigene Wohnung. Das hat sich so ergeben. Elga und Emil wohnen etwas außerhalb in Pacific Palisades, diesem Villenvorort von Los Angeles.«

Lilly sieht ihren Mann verächtlich an: »Seit wann weißt du das? Mir habt ihr gesagt, das Haus sei riesengroß, wir könnten da alle zusammen unterkommen.«

Elga legt den Arm um die Freundin: »Ihr könnt uns doch jederzeit besuchen.«

»Ist in Ordnung«, sagt Lilly leise und schluckt ein paar Mal. Johnny versteht das alles nicht und schlägt deshalb vor: »O.k., ich fahre euch erst in die Villa und auf dem Rückweg in die Wohnung. Ich kann euch dort zeigen, wo der Verlag seinen Sitz hat.«

Die Autofahrt dauert eine knappe halbe Stunde. Vom Flughafen geht es in westlicher Richtung nach Pacific Palisades. Schließlich verlässt Johnny den Sunset Boulevard und biegt in den Amalfi Drive ein. Vor einem Landhaus, das inmitten von Palmen steht, hält der Wagen.

»So, da wären wir«, sagt Johnny.

»Ist es richtig, dass Aldous Huxley eine Zeitlang in diesem Haus gewohnt hat?«

»Korrekt, Mr. Ludwig, der Mann, der *Brave New World* geschrieben hat.«

»Überall die vielen Palmen«, staunt Lilly und wendet sich an Johnny. »Fährt denn ein Bus von der Innenstadt nach hier oben in die Berge?«

»Vermutlich, aber bestimmt nicht oft. Bei uns in L.A. brauchen Sie schon ein Auto.«

Die Tür zum Grundstück ist unverschlossen. Ebenso steht die Haustür offen.

Lilly fährt zusammen. Zwei *Neger* treten aus dem Haus. Lilly denkt: Wo kommen die bloß alle her? Es sind die Hausangestellten. Sie tragen Livrees, was sie ziemlich komisch aussehen lässt. Bobby ist Diener, Gärtner und Chauffeur in einem. Bapsy ist für die Küche und den Haushalt zuständig. Beide sind Mitte dreißig, sehen aber älter aus. Emil begrüßt Bobby und Bapsy wie alte Bekannte, reicht ihnen die Hand und stellt die Neuankömmlinge vor.

Johnny ist irritiert und sagt mit unhöflich lauter Stimme: »Wenn die beiden nicht nach Ihrem Geschmack sind oder nicht spuren, feuern Sie sie einfach.«

Er sieht auf die Uhr und zeigt auf den Hauseingang: »Wenn Sie Ihr neues Domizil einmal besichtigen wollen.« Er betritt das Haus, während Bobby jedesmal voraneilt, um den Eintretenden die Türen aufzuhalten, stets verbunden mit einer zu tiefen Verbeugung.

Das Haus ist – wie abgesprochen – möbliert. Elga wird in den kommenden Wochen für eine neue Einrichtung sorgen. Auch die beiden Autos, die draußen vor der breiten Garage stehen, sind Mietwagen.

Johnny sieht ein weiteres Mal auf die Uhr und schlägt vor, dass er Lilly und Karl jetzt in die Stadt fährt. Lilly steht noch auf dem Balkon, von dem das Meer besonders gut zu sehen ist: »So möchte ich auch wohnen!« flüstert sie und blickt verträumt in die Ferne, wo der tiefblaue Ozean seine Wellen gegen das Land treibt.

Emil und Elga sind allein. Sie stehen neben einigen Orangenbäumen. Auch von hier ist das Meer gut zu sehen.

»Es ist wie am Mittelmeer, nur noch schöner.«

Elga, die zutiefst bedauert, ihre Gartenschere nicht griffbereit zu haben, antwortet: »Hier muss einiges getan werden.«

Emil sieht verträumt auf den Ozean. »Wollen wir es kaufen?«

»Lieber Emil: Du kannst uns den neuromantischen Künstlerblick ersparen. Ich frage dich nur: Wovon? Wir sind pleite.«

»Nächste Woche bist du mich los. Dann verdienen wir wieder Geld.«

Lecturer

Aberdeen, Ames, Amherst, Ann Abor, Athens, Atlanta, Austin, Birmingham, Bloomington, Boston, Chicago, Cincinnati, Cleveland, Colorado Springs, Dallas, Delaware, Denton, Denver, Detroit, Dubuque, Durham, Fort Worth, Greenville, Greensboro, Houston, Iowa City, Kansas City, Minneapolis, Mobile, New York, Omaha, Philadelphia, Princeton, Salt Lake City, San Francisco, San Louis, Toledo, Topeka, Tulsa, Urbana, Washington D.C...

Emil ist unterwegs als Lecturer. Wie kein anderer deutscher Exilant – Thomas Mann ausgenommen – lernt er die Vereinigten Staaten kennen. Aber was heißt kennenlernen? Eine Vortragstournee umfasst zehn bis fünfzehn Stationen. Eisenbahnstationen, denn die Reise erfolgt in einem der komfortablen Züge, die so legendäre Namen tragen wie The Streamliner, The Union Pacific Challenger, The City of Los Angeles oder The Super Chief.

Vor allem reist man in den luxuriösen Pullman-Wagen, deren Salon-, Speise- und Schlafwagen an höchsten Hotel-Komfort erinnern. So bewegt man sich von Stadt zu Stadt, blättert die endlosen Weiten dieses wundersamen Landes auf, indem man manchmal tagelang durch Mais- oder Weizenfelder fährt, belanglose Kleinstädte oder Siedlungen passiert, und am Ende der Woche nicht mehr weiß, wo man sieben Tage zuvor ausgestiegen und aufgetreten ist.

Hat man Glück, wird man am Bahnhof vom Manager bzw. Veranstalter des Vortragabends oder -nachmittages empfangen. Jemand kümmert sich um das Gepäck. Man wird mit dem Auto zum Hotel gefahren. Während der Fahrt wird pausenlos auf einen eingeredet, schließlich ist man eine Attraktion. Umwege werden gemacht, bei verlangsamter Geschwindigkeit auf berühmte Häuser verwiesen, die allein deshalb eine Sehenswürdigkeit darstellen, weil sie älter als zweihundert Jahre sind. Im Hotel hat man zwei bis drei Stunden Zeit, sich etwas auszuruhen und innerlich auf den Vortrag vorzubereiten. Die meiste Zeit verbringt man jedoch damit, stapelweise Bücher zu signieren. Sie hat die örtliche Buchhandlung angeliefert.

Dann ist der Gastgeber wieder zur Stelle. Er teilt einem stolz mit, dass der Saal bis auf den letzten Platz ausverkauft ist. Im Foyer der Town Hall erwarten einen bereits die Honoratioren der Stadt, kommunale Politikergrößen oder auch Bildungs- und Kulturschaffende wie der Leiter des örtlichen Colleges, der Leihbibliothek und des Museums. Sie alle sind hocherfreut, dass man den berühmten Schriftsteller endlich kennenlernt, von Mensch zu Mensch sozusagen. Erfrischungsgetränke werden gereicht. Der Bürgermeister fasst einen am Ärmel, um mit viel Mundgeruch darzulegen, was er von Roosevelt hält – nämlich gar nichts.

Der Vortragsmanager muss unterbrechen. Es geht los. Man betritt den vollen Saal, in dem es mit der Ventilation nicht zum Besten bestellt ist. Hier sitzen je nach Ort und Zeit einige hundert Zuhörer. Ist man in einer größeren Stadt gelandet, einer der angesehenen Universitätsstädten vielleicht, sitzen zwei-, drei- oder auch fünftausend Menschen vor einem.

Der Veranstalter tritt ans Mikrophon. Er freut sich, dass so viele Leute heute hierher gefunden haben, und er ist von ebenso großer Freude erfüllt, weil er einen ganz besonderen Gast begrüßen darf: Nämlich den berühmten Schriftsteller Emil Ludwig.

Applaus.

»Meine Damen und Herren«, sagt der Gastgeber, »wer kennt nicht die großen Biographien, die Emil Ludwig über Goethe, Napoleon, Wilhelm den Zweiten, Lincoln oder unseren Präsidenten Franklin D. Roosevelt veröffentlicht hat. Und wenn er heute hier nicht auftreten müsste und in seinem Haus in Pacific Palisades sein dürfte, er würde seine *Geschichte der Deutschen* weiterschreiben, die demnächst erscheint.«

Der Redner greift zum Wasserglas. Er ist mit sich zufrieden. Es folgen Stationen in der Biographie des Referenten. Das nimmt fast zehn Minuten in Anspruch. Unruhe kommt auf. Emil blickt zur großen Uhr, die an der Stirnseite des Saales hängt.

»Verehrtes Publikum«, schließt der Redner, »wenn es einen Mann in den USA gibt, der Hitler Nacht für Nacht schlecht schlafen lässt, der dem *Führer* Albträume bereitet und sich Hitlers Intimfeind nennen darf – dann steht dieser Mann vor Ihnen! Ich erteile das Wort Emil Ludwig.«

Langanhaltender Applaus. Er tritt ans Mikrophon, spricht frei wie ein Showmaster und spart nicht mit witzigen oder ironischen Bemerkungen. Er gibt einen Überblick über die Entwicklung, die sich seit 1939 in Europa vollzogen hat. Erinnert an Hitlers Taktik, vom Frieden zu reden und dabei den Krieg vorzubereiten. Dabei sind zwei Phasen seiner Kriegspolitik zu unterscheiden. Einmal die Revision von Versailles. Die reicht bis in den Herbst '38. Darauf folgte die Eroberungsphase mit der Zerschlagung der Tschechoslowakei, Polens und der Eroberung Frankreichs. Zur Zeit werde Hitlers Expansionsdrang allein durch England gestoppt. Hitler werde schon bald sein eigentliches Ziel, die Eroberung Russlands, anpacken. Werden England und Russland dann von den USA unterstützt, könne er sicherlich besiegt und beseitigt werden.

Emil redet und redet. Sein Manuskript bleibt im Jackett. Er erzählt von Hitler, den Deutschen und Hitler-Deutschland und schließt mit den Worten: »Diesmal wird nach der Niederlage niemand sagen können, er habe von nichts gewusst oder sei von den Herrschenden gezwungen worden. Die ganze deutsche Nation hat die unglaublichen Verbrechen begangen, gutgeheißen oder stillschweigend akzeptiert.«

Es folgt die bei vielen Rednern unbeliebte Fragestunde. Sie darf bei keiner Lecture fehlen. Ein älterer graubärtiger Mann meldet sich zu Wort. Er kritisiert Emils Aussage, Hitler habe den neuen Weltkrieg ausgelöst. Er – der alte Mann – erinnere sich noch gut daran, dass England und Frankreich Deutschland den Krieg erklärt hätten, und zwar am 3. September 1939. Er weiß das deshalb noch so gut, weil an diesem Tag seinem Nachbarn die Scheune abgebrannt sei.

Ein Zuhörer will wissen, warum Emil so wenig auf die wahren Drahtzieher der Kriegspolitik eingehe, auf das internationale Weltjudentum. Hitler sei anscheinend der einzige Politiker von Format, der sich nicht von den Juden beeindrucken und erpressen lasse. Wenn man nur an die gegenwärtige Politik im Weißen Haus denke. Da gingen die Juden ein und aus, um aus dem Krieg in Europa einen regelrechten Weltkrieg zu machen. An dem würden nämlich vor allem die Juden verdienen.

Die Juden, ruft ein Mann aus der Mitte des Auditoriums heraus, seien sicherlich ein Problem. Worauf man als Deutscher heutzutage aber stolz sein darf, ist die Tatsache, dass Hitler den Kommunismus im eigenen Land zerschlagen habe. Der Kommunismus sei die eigentliche Gefahr, die auch die USA bedrohe.

Ein Herr aus der ersten Reihe möchte zu dem Thema *Hitler* noch ergänzen, dass der *Führer* in kürzester Zeit die Arbeitslosigkeit beseitigt habe. Das hat Roosevelt mit seinem New Deal nicht zustande gebracht.

Jew Deal, rufen einige Männer empört.

Eine ältere Frau, die Angst hat, ins Mikrophon zu sprechen, sagt, sie habe 1918 ihren Sohn in Frankreich verloren, und sie hat sich immer gefragt, welchen Sinn das gehabt habe, dass Amerika seine Söhne in einen Krieg schickte, der den Vereinigten Staaten nichts eingebracht hätte. Deshalb werde sie Roosevelt nicht wählen.

Emil antwortet auf jeden Beitrag, wird oft ausführlich, so dass der Veranstalter mit geschickter Gestikulation anzeigt, dass man die Uhr im Auge behalten müsse. Doch da steht noch ein Mann auf der Rednerliste, der seine Wut nur schlecht zu zügeln weiß. Er heiße Brown, seine Urgroßeltern stammten aus Hessen, das in Deutschland liege. Wenn er höre, was Emil über den Charakter der Deutschen sagt, könne er nur wütend werden. Die Deutschen seien als Volk nicht schlechter als andere Völker. Wobei zu fragen ist, ob ein Volk überhaupt einen Charakter haben kann oder ob das nicht Individuen vorbehalten ist. Jetzt ruft der Empörte in das Getuschel und Gerede hinein: Um es richtigzustellen, Hitler sei im Übrigen gar kein Deutscher, sondern Österreicher.

Der Vortragsmanager dankt dem Referenten und beendet die Veranstaltung, die nochmals mit viel Beifall bedacht wird. Meistens muss Emil nun Bücher signieren, wobei die Besitzer der örtlichen Buchhandlung um eine persönliche Widmung bitten. Der Abend endet mit dem gemeinsamen Essen im Haus des Vortragsmanagers. Eingeladen sind wiederum die Honoratioren und andere Persönlichkeiten der Stadt.

Im Sommer '41 wird Emil von der Frauenvereinigung in Aberdeen, South Dakota, eingeladen. Die Vortragsmanagerin, Frau Susan Penelli, erwartet Emil am Bahnhof. Frau Penelli ist Anfang vierzig. Sie ist anschmiegsam, ihre dunklen Augen sind lebhaft und ständig mit dem Gegenüber beschäftigt. Wenn sie lacht, wird sie zur Schönheit. Und sie lacht viel. Da es ein heißer Tag ist, fahren sie im offenen Wagen. Emil hat sich in seine Gastgeberin längst verliebt, da muss nicht erst ihr braunes Haar im Wind wehen.

»Wenn Sie nichts dagegen haben, fahre ich Sie gleich zu mir nach Hause. Dort können Sie auch übernachten. Sie sparen das Hotel. Emil sieht sie mit seiner jungenhaften Miene an. Was wird das wohl werden, geht ihm durch den Kopf. Sie lächelt ihn an: »Wir haben nur zwei Hotels, die überhaupt infrage kämen. Das eine liegt in unmittelbarer Nähe zum Highway. Das andere hat eine ruhige Lage, ist aber nicht gut geführt. Doch zu Ihrer Beruhigung: Wir haben ein großes Haus und bringen öfter Gäste unter. Mr. Penelli freut sich auf Sie. Er hat schon öfter von Ihnen in der Zeitung gelesen.«

Mr. Penelli, denkt Emil, und dabei ließ sich alles so gut an. Von der Figur ähnelt sie Lilly, hat ebenfalls einen üppigen Busen. Dafür aber ist alles straffer an ihr. Ihre Haut ist sonnengebräunt. Vielleicht treibt sie Sport. Um das Schweigen zu beenden, fragt er: »Penelli – hat Ihr Mann italienische Wurzeln?«

Sie lacht: »In der Tat kommt der Name aus dem Italienischen. Mein Mann wird Ihnen erzählen, dass seine Familie entfernt mit Mussolini verwandt ist. Glauben Sie ihm kein Wort. Seine Großeltern sind als arme Bauern eingewandert. Sein Vater hat eine Restaurantkette in New York begründet und ist damit reich geworden. Mein Mann lebt von dem Erbe und mischt in der Lokalpolitik mit. Zu unserem Vortrag: Traditionsgemäß ist er für die Frauen der Stadt und der Umgebung gedacht. Männer dürfen aber ausnahmsweise mitgebracht werden.«

»Wann ist eine solche Ausnahme gegeben?«

»Wenn der Platz ausreicht. Oder wenn der Referent besonders wichtig und prominent und so attraktiv ist, dass er unseren Frauen gefährlich werden könnte.«

»Und diese Bedingungen treffen bei mir zu?«

Übermütig ruft sie: »Auf jeden Fall! Sie sind prominent, und attraktiv sind Sie ebenfalls.«

»Ich entnehme dem, dass Sie mich nicht für gefährlich halten.«

Sie lacht auf ihre wunderbare Weise: »Wir werden das testen, mein Lieber!«

Sie erreichen das mondäne Landhaus der Penellis. Emil wird vom Hausherrn wie ein alter Kumpel begrüßt. Er merkt sofort, dass Penelli nicht mehr ganz nüchtern ist. Der hält ein Whisky-Glas in der Hand, sagt aber erstaunlich klar: »Fühlen Sie sich wie zuhause. Alles steht Ihnen selbstverständlich zur Verfügung.«

»Alles, mein Lieber?« ruft Susan laut. Sie kommt gerade die Treppe herunter und wirft Emil einen schelmischen Blick zu. »Ich glaube, du übertreibst mal wieder.«

»Warum denn nicht«, brummt Penelli und gießt sein Glas voll. »Er ist unser Gast. Ich habe schon viel von Ihnen gehört, Mr. Ludwig.«

»Hoffentlich nur Gutes!«

»Naja. Sie sind Roosevelt-Mann, nicht wahr? Gut, FDR hat die Prohibition abgeschafft. Das rechne ich ihm hoch an. Pardon – ich habe Sie noch gar nicht gefragt – darf ich Ihnen einen Whisky anbieten?«

»Vielen Dank. Ich halte es mit Mussolini: kein Alkohol! Schon gar nicht, wenn ich noch vortragen muss.«

»Verstehe ich gut. Übrigens – ob Sie's glauben oder nicht, die Penellis sind mit den Mussolinis verwandt, nicht direkt, aber immerhin ...«

Susan lacht und zwinkert Emil vergnügt zu: »Nun ist Schluss mit der Diskutiererei. Ich zeige Ihnen jetzt Ihr Zimmer. Sie haben zwei Stunden Zeit, sich ein bisschen auszuruhen. Um drei müssen wir in der Town Hall sein.«

Der Vortrag verläuft glänzend.

Emil denkt: Frauen sind doch ein wunderbares Publikum. Sie sind aufrichtig an dem Thema interessiert und sehen sich nicht als natürliche Kontrahenten des Vortragenden, dem am Ende angriffslustig widersprochen werden muss, nur um den eigenen Marktwert zu erhöhen. Der Nachmittag war eine runde Sache. Susan hat wieder einmal ganze Arbeit geleistet. Gutgelaunt begeben sich die auserwählten Gäste zur Villa der Penellis, wo man eine Party schmeißen will, wie Mr. Penelli sich ausdrückt.

Eine Dame nähert sich Emil. Es ist Mrs. Forster, die in der kirchlichen Armenhilfe der Stadt eine wichtige Rolle spielt. Ihr Erscheinen hat zur Folge, dass sich die beiden Lehrerinnen, die in ein lebhaftes Gespräch mit Emil verwickelt sind, unauffällig zurückziehen, denn Mrs. Forster gilt als Moralapostel und ist entsprechend unbeliebt.

»Ich hoffe, Sie sind mit den Arrangements unserer Gastgeberin zufrieden. Susan ist eigentlich eine perfekte Vortragsmanagerin.«

»Wieso *eigentlich*?« sagt Emil. »Sie macht ihre Sache doch perfekt.«

»Nun«, sagt Mrs. Forster und kommt ihm unangenehm nahe, »sie muss ja alles allein organisieren. Er fällt weitgehend aus, was Sie wörtlich nehmen dürfen. Meist schickt sie ihn gegen zehn Uhr ins Bett. Dann ist der Mann erledigt und schläft bis zum Mittag. Sie geht folglich ihre eigenen Wege. Passen Sie deshalb gut auf sich auf, Mr. Ludwig! Ein guter Ruf ist schnell dahin.«

»Wie meinen Sie das, Mrs. Forster?«

»Das müssen Sie schon selbst herausfinden«, flüstert Mrs. Forster mit strenger Miene. Ich sage nur so viel: »Eine erotische Ausstrahlung hat unsere Susan zweifelsohne. Und werfen Sie mal einen Blick in die Liste der Referenten. Da werden Sie schnell gewahr, dass Sie einen Faible für reifere Männer mit Ausstrahlung hat.«

Emil macht eine korrekte Verbeugung und dankt für die wertvollen Hinweise. Er sieht gelangweilt umher und ist froh, dass er nun von den Teilnehmern einer lebhaften Debatte umringt wird.

»Ah!«, ruft Mr. Penelli, »da fragen wir doch gleich mal unseren Experten. Hier wird, lieber Mr. Ludwig, diskutiert, ob Hitler Russland angreifen wird.«

Emil antwortet: »Es ist, meine Damen und Herren, keine Frage, ob er Stalin überfällt, sondern nur, wann er es tun wird.«

»Sie meinen also, dass an den Gerüchten was dran ist? Das geisterte ja immer wieder durch die Presse.«

»Ja, wir haben Sommersonnenwende. Es ist der längste Tag des Jahres, was militärisch von Vorteil ist. Außerdem ist Sonntag. Seine Überraschungsschläge fallen meist aufs Wochenende. Napoleon hat am 24. Juni 1812 losgeschlagen. Hitler wird es vielleicht schon morgen tun, morgen sechs Uhr. Das wäre nach hiesiger Zeit 23.00 Uhr.«

»In zweieinhalb Stunden also«, sagt Mr. Forster. »Wir nehmen Sie beim Wort, Mr. Ludwig. Aber wie ich sehe, bekommt unser Hausherr ein Zeichen, was so viel heißt wie: Die Party ist zu Ende.«

Man verabschiedet sich. Emil steht mit Susan an der Gartenpforte und sagt den Gästen Auf Wiedersehen. Die Bediensteten sind schon dabei aufzuräumen.

»Gehen Sie ruhig in Ihr Zimmer«, sagt Susan zu Emil, »aber schließen Sie nicht ab. Ich schaue nachher noch mal nach, ob alles in Ordnung ist.«

Als Emil am nächsten Morgen erwacht, schläft Susan nackt neben ihm. Sie liegt auf dem Rücken und atmet ruhig, so dass er Ihren Busen ausgiebig studieren kann. Er denkt an den Spaß, den er mit ihm in der vergangenen Nacht hatte.

Susan war ohne viele Präliminarien zu ihm ins Bett gestiegen. Sie hatte lediglich ihren roten Morgenmantel abstreifen müssen. Im Zimmer spendete eine Notbeleuchtung schwaches Licht. Sie liebten sich lange und leidenschaftlich. Am Ende schlief Susan in seinem Arm ein.

Jetzt dringt das Morgenlicht ins Zimmer. Sie erwacht und lächelt ihn an. Sie zieht ihn zu sich heran, drängt und zieht, bis er auf ihr liegt. Während sie es konzentriert und eindringlich betreiben, sagt Susan auf einmal zu ihm, ohne den Akt zu unterbrechen: »Übrigens, es kam gestern Abend noch durchs Radio, als wir aufräumten. Hitler hat Russland überfallen.«

Der Zauberer

Der milde Abend eines heißen Tages. Vom Meer streicht ein weicher Wind über die Hügel von Pacific Palisades. In anderthalb Stunden wird die Sonne im Meer versinken. Da drängt sich ein Spaziergang auf, ein Gedankengang unter Palmen. Den Amalfi Drive hinunter, nach einer Meile in eine Nebenstraße abbiegen und auf kalkulierten Umwegen weiter oben wieder auf den Amalfi Drive stoßen und nach Hause schlendern, wo im Arbeitszimmer noch vieles ungeordnet herumliegt: Textfetzen, Exzerpte, Zitate, Quellen, Resümees, Chronologien und Karten. Alles muss noch miteinander in Einklang gebracht werden, damit es in das morgige Diktat aufgenommen werden kann, damit das nächste Werk *Bolivar. The Life of an Idealist* möglichst bald erscheint.

Das hat er kommen sehen, dass er ihn eines Tages treffen würde. Alle Welt weiß doch, dass er um diese Zeit unterwegs ist. Zudem residiert er nicht weit von hier, ist cum grano salis noch Nachbar. Im Februar haben sie ihre neue Villa am San Remo Drive bezogen. Vorher wohnten sie ebenfalls am Amalfi Drive, gleich bei ihnen um die Ecke.

Der Zauberer kommt auf ihn zu.

Manchmal geht er bis zur Uferpromenade hinunter, setzt sich auf eine Bank und wartet, dass Katia ihn mit dem Auto abholt. Bei denen hat auch nur die Frau einen Führerschein.

Vielleicht sind es noch fünfzig Meter, die er entfernt ist. Wäre Emil nicht so kurzsichtig, er hätte ausweichen können. Einfach in den nächst besten Seitenweg einbiegen. Aber jetzt geht es nicht mehr. Das sähe nach Flucht aus. Und dazu besteht kein Grund. Thomas und Katia waren mehrmals in Moscia zu Besuch. Das Verhältnis zu ihnen war passabel, auch wenn er das Gefühl nicht los wurde, dass er ihn nicht ernstnahm. Aber wen oder was nimmt der schon ernst! Er hat es noch vor Augen, wie Katia bei ihnen während der Abschiedszeremonie schnell eine Handvoll Zigarren in ihrer Handtasche verschwinden ließ. Die Frau von Thomas Mann, der hier im kalifornischen Exil wie ein Monarch lebt, sparte wo sie konnte. Da koalierte der Krämergeist von Lübeck mit Pringsheimscher Alltagsmathematik.

Doch seit Ende '39 herrscht Funkstille. Da hat er *Tommy in Weimar* privat drucken lassen, seine Persiflage auf *Lotte in Weimar*. Verschickt hat er das Heftchen anonym an Freunde und Bekannte und alle, die es haben wollten. Das waren nicht wenige. Dennoch war der Erfolg mäßig. Elga sagte ihm schließlich offen ins Gesicht, was viele dachten, nämlich dass seine ganze Aktion mehr als peinlich war.

Wie er gedankenreich heranwandelt, mit Stock und Hut, im maßgeschneiderten Anzug. Man könnte mutmaßen, dass der Direktor einer britischen Sparkassenfiliale geradewegs auf dich zuschreitet. Thomas Mann lüftet den Hut und wünscht, ebenso abwesend wie schüchtern, einen guten Abend: »Um ein Haar hätte ich Sie nicht erkannt. Sie tragen das Haar anders: gelockt und nach hinten gekämmt. Das steht Ihnen!«

»Ich gebe das Kompliment gern zurück. Sie sehen erholt und jünger aus als bei unserem letzten Treffen. Dabei sind Sie, wie ich gelesen habe, ebenfalls öfter als Lecturer unterwegs und beglücken Land und Leute.«

»Ach, die elende Herumreiserei. Deshalb haben wir uns so lange nicht gesehen, obwohl wir räumlich nicht weit auseinanderliegen.«

»Man kommt nicht zum Eigentlichen, zu seinem eingeborenen Schriftsteller-Dasein.«

»Stimmt, Herr Ludwig, das Eigentliche geht verloren. Aber die Lecturerei muss sein, schließlich hat man seinen Lebensunterhalt zu bestreiten. Kalifornien ist zwar nicht so teuer wie die Ostküste. Aber allein von der Kunst zu leben geht eben nicht. Und dann haben wir beide so etwas wie eine Sendung. Wir klären die amerikanische Provinz über Nazi-Deutschland auf. Das ist unsere Front.«

»Dabei haben wir inzwischen respektable Schützenhilfe von den Japanern und Hitler selbst bekommen. Seit *Pearl Habor* und der deutschen Kriegserklärung an die USA hat sich die Stimmung gedreht. In meinen Vorträgen geht es jetzt vorrangig um die Frage, wie man nach einer Niederlage Hitlers mit den Deutschen umgehen soll.«

»Ganz richtig, Herr Ludwig, das Verhältnis zwischen Hitler und den Deutschen oder die alles entscheidende Frage, ob Hitler Deutschland sei – das werden die zentralen Aspekte auf der künftigen Friedenskonferenz sein, aus der ein anderes Deutschland hervorgehen muss als das preußische von 1918/19.«

»Ein friedliches, europäisches Deutschland wird es sein müssen!«

»So ist es, aber darf ich fragen, ob Sie meine Botschaften an die *Deutschen Hörer* schon vernommen haben?«

»Leider nicht oft. Zum Radiohören kommt eher meine Frau. Ich habe einige gelesen oder auch nur darüber etwas gelesen.«

Der Zauberer lacht und entgegnet auf seine liebenswürdige Art: »Sie müssen sich nicht entschuldigen. Aber diese Ansprachen an die deutsche Bevölkerung sind mein Versuch, den Doktor Goebbels, diesen bocksfüßigen Teufel, zur höllischen Weißglut zu bringen. Das Verfahren, zu den Deutschen vorzudringen, ist dabei nicht ganz einfach. Bei der NBC in Los

Angeles, in deren Aufnahmeraum, spreche ich meinen Text auf Platte, die anschließend nach New York geflogen wird. Durch das Telefon wird diese nach London übertragen, und zwar auf eine neue Platte, die letztendlich vor dem Mikrophon abläuft.«

»Ich habe gelesen, dass Sie die Bombardierung des Buddenbrook-Hauses durch die Royal Air Force wohlwollend kommentiert und viel Glück bei anderen Angriffen gewünscht haben. Das wird Ihnen manch treudeutscher Kollege sehr übelnehmen, sei er nun Exilant oder Vertreter der Inneren Emigration.«

»Herr Ludwig, wir stehen auf der anderen Seite. Deshalb rufe ich meine deutschen Hörer auch dazu auf, sich möglichst schnell von dem Mordgesindel zu befreien, dem sie bisher gedient haben. Je länger sie allerdings mitmachen, desto stärker werden sie mit der Hitler-Bande gleichgesetzt. Am Ende heißt es ganz berechtigt: *Hitler ist Deutschland*.«

»Der Punkt ist meines Erachtens längst erreicht. Haben Sie gelesen, was die New York Times am 10. Juni über die Massentötungen berichtet hat? Zu Hunderttausenden werden die Juden Europas nach Osten deportiert und dort durch Giftgas umgebracht. Die Tatsachen liegen auf dem Tisch. Es ist nur unglaublich schwierig, den Präsidenten davon zu überzeugen, dass die US-Regierung diese Vernichtungsaktionen der Nazis laut und vernehmlich an den Pranger stellt. Dann werden vielleicht auch die großen Tageszeitungen und Magazine sich endlich bequemen, ausführlich über diese Verbrechen zu berichten.«

»Und wissen Sie, warum das Thema konsequent totgeschwiegen wird?«

»Natürlich weiß ich das: Weil er sich nicht hinstellen und erklären kann, die Vereinigten Staaten führten einen Krieg zur Rettung der Juden. Junge Amerikaner ließen ihr Leben, um der Vernichtungspolitik der Nazis Einhalt zu gebieten. Würde FDR ein solches Kriegsziel proklamieren, seine Wiederwahl wäre erheblich gefährdet.«

»Herr Ludwig, machen wir uns nichts vor. Der Antisemitismus in diesem Land ist derart verbreitet, dass einem angst und bange werden kann. So etwas haben wir in Deutschland allenfalls nach Hitlers Machtübernahme erlebt. Ausschreitungen, Diffamierungen, tätliche Angriffe, zertrümmerte Fensterscheiben, Diskriminierungen sind doch an der Tagesordnung. Und das ist der Grund, warum der Präsident sich so auffällig zurückhält.«

»Aber Sie sprechen in Ihren Radio-Botschaften die Verbrechen der Deutschen offen an!«

»Ich spreche das Unaussprechliche an, ganz richtig. Man darf gar nicht daran denken, dass jemand – der meine Stimme im Volksempfänger hört – Gefahr läuft, hingerichtet zu werden. Aber unsere kleine Zusammenkunft macht schon deutlich, dass jeder von Hitler vertriebene Geist seinen Weg findet, gegen die Nazi-Bande vorzugehen. Was ich nur bedaure, ist der Umstand, dass das deutsche Exil so wenig mit einer Stimme spricht. Sie stehen mit Ihren erfrischend radikalen Thesen ziemlich isoliert da. Mir geht es nicht viel anders. Auch ich werde bisweilen als Vansittartist beschimpft. Vielleicht sollte man sich mal an einen Tisch setzen.«

Emil lacht: »Sie sind vom *New Yorker* als *Goethe in Hollywood* tituliert worden und gelten unter den Exilanten als der Kaiser. Sprechen Sie ein Machtwort! Fangen Sie bei Ihrem Bruder an. Der galt lange Zeit doch als Galionsfigur des deutschen Exils. Man hört so wenig von ihm.«

»Ach, der arme Heinrich. Wie habe ich in Jugendjahren zu ihm aufgeblickt, zu ihm, dem älteren Bruder, der auch als politischer Führer galt. Jetzt haust er in seiner kleinen Wohnung, mit – und das sage ich nur im Vertrauen zu Ihnen – mit dieser vulgären Frau, dieser Nelly, die dem Alkohol so zuspricht, und beide wissen nicht, wovon sie die Miete bestreiten sollen. Wir hatten im Februar gerade unser neues Haus bezogen, da verlor sie wegen Trunkenheit am Steuer den Führerschein. Gegen eine Kaution haben wir sie aus dem Polizeigewahrsam freikaufen müssen. Wie peinlich! Heinrich hat in seiner kleinen Wohnung kaum noch Möbel, auch keine Gardinen mehr: Alles verpfändet!«

Emil sieht den Zauberer ernst an: »Wenn wir helfen können, sagen Sie es bitte. Meine Frau und ich haben schon in anderen Fällen in Not geratene Exilanten unterstützt. Viele von ihnen leben in bedrückenden Verhältnissen. In der Tat: Wir haben hier ein *Weimar unter Palmen*, wie ein witziger Mensch gesagt hat. Alles, was Rang und Namen hat in der deutschen Literatur, ist hier versammelt: Werfel, Feuchtwanger, Döblin, Bruno Frank, Leonhard Frank, Sie und Ihr Bruder. Werfel und Feuchtwanger können von ihren Büchern leben. Werfel verdient mehr als wir beide zusammen. Aber die anderen? Sie haben hier kein Publikum, man kennt sie nicht, sie sprechen kein Englisch und werden nicht übersetzt, geschweige denn verfilmt. Hollywood lässt sie mitunter Drehbücher schreiben, die hinterher gleich im Papierkorb verschwinden. Die Amerikaner haben einfach einen anderen Geschmack, wenn sie überhaupt einen haben.«

»Sie haben Brecht vergessen!«

»Lieber Ludwig, Sie meinen es heute nicht gut mit mir. Dieses Ekel. Und wie der Mensch riecht, besser gesagt: stinkt. Er soll sich ja nur ganz selten waschen. Und findet wieder ein allgemeines Treffen statt, so heißt es: Kommt der Thomas Mann, bleibt Brecht zuhause, und vice versa.«

»Bei mir gilt die Regel: Kommt der Ludwig, gehen alle!«

Das Fest

Der Buick Super rast den Sunset Boulevard entlang. Emil denkt: Wenn sie die Kontrolle über das Fahrzeug verliert, bringt sie uns beide um. Dann erscheint dein *Bolivar* nicht und auch nicht *The Mediterranean. Saga of a sea*. Vor allem aber bliebe die ins Auge gefasste Beethoven-Biographie in deinem Kopf stecken, der in wenigen Sekunden vielleicht gegen einen dieser langen Palmenstämme geschleudert wird. Danach ist überhaupt alles vorbei, deine ganze innere Welt ist passé. Man darf nicht zu lange darüber nachdenken.

Er sieht vorsichtig zu ihr hinüber, versucht besonders freundlich zu sein, als er fragt: »Müssen wir so schnell fahren? Meinetwegen können wir auch ...«

Sie wartet nicht ab, sondern bremst so scharf, dass er beide Arme gegen das Armaturenbrett stemmen muss, um nicht gegen die Windschutzscheibe zu prallen. Der Wagen steht. Hinter ihnen hupt ein Autofahrer. Er flucht furchtbar. Wahrscheinlich hat ihn Elgas Bremsmanöver ebenso irritiert wie Emil.

»Wenn dir meine Fahrweise nicht passt, kannst du gern weiterfahren.« Emil sieht sie versöhnlich an: »Was hat dich so erzürnt? Habe ich heute Nachmittag irgendwas falsch gemacht?«

Wutentbrannt platzt es aus ihr heraus: »Nein, du hast überhaupt nichts falsch gemacht. Du hast uns nur bis auf die Knochen blamiert.«

Sie schweigt, er denkt krampfhaft nach. Der Motor schnurrt vor sich hin. Emil wendet den Kopf zu ihr, überlegt, ob er ihre Hand ergreifen soll. Er verzichtet darauf. Meist erzielt man die gegenteilige Reaktion. Er probiert es mit viel Ruhe in der Stimme: »Ich habe den Streit doch nicht angefangen. Dieser saublöde Brecht suchte einen Vorwand, um zu provozieren.

Er verträgt nicht, dass Feuchtwanger sich ein feudales Schloss am Meer leistet, während er, der umwerfende Brecht, in einem schäbigen Holzhaus lebt. Thomas und Katia wussten, warum sie von vornherein abgesagt haben.«

Elga atmet tief auf: »Das mein ich doch gar nicht.«

»Was meinst du dann?«

»Feuchtwangers haben all ihr Herzblut in dieses Haus fließen lassen. Sie haben sich so viel Mühe gegeben, die vielen Gäste zu verwöhnen und zu unterhalten. Da ist es mehr als unhöflich, das Fest vorzeitig zu verlassen. Und es ist absolut lächerlich, wenn du auf dem Fußboden herumtollst und dich mit Feuchtwangers Katzen amüsierst.«

»Ich hatte einfach keine Lust mehr, mit diesem Brecht oder Bruno Frank über deutschlandpolitische Fragen zu streiten, zumal die Herren oft nicht richtig zuhören und mir Dinge unterstellen, die ich nie gesagt habe.«

»Da turtelst du lieber mit Alma Mahler herum!«

»Ich habe mich einige Zeit mit ihr unterhalten.«

»Du hast halb auf dem Sofa gelegen, als spieltest du mit einer von Feuchtwangers Miezen, und hast dir von Alma den Kopf verdrehen lassen. Wahrscheinlich hat sie auch dir erzählt, was für ein genialer, großartiger Junge du bist. Damit wir uns nicht missverstehen: Du kannst meinetwegen mit Alma eine stürmische Beziehung anfangen und dich in die lange Liste ihrer Liebhaber einreihen. Das stört mich nicht. Ich mache mir allenfalls Sorgen um Werfel, dessen Herz womöglich solche Überraschungen nicht übersteht. Mach mit Alma, was du willst. Aber mach es nicht vor aller Welt. Ich ertrage diese Peinlichkeiten nicht mehr. Wenn morgen ganz Los Angeles weiß, was Emil Ludwig sich wieder geleistet hat. Du bist einundsechzig. Das ist ein Alter, in dem man über eine gewisse Reife verfügen sollte.«

»Fahr weiter!« sagt er und starrt auf den Highway. Der Motor heult kurz auf, der Wagen zieht an. Emil denkt über das Gespräch mit Alma nach. Sie hat eine betörende Art. Lässt ihren Werfel links liegen, macht ihn in deinem Beisein lächerlich und zeigt dir, wie großartig sie dich findet. Vor allem erfährt man von ihr, was die anderen über dich reden. Dass Brecht über dich gesagt hat, du wärest ein gehemmter, völlig gesinnungsloser Mensch. Vor einigen Wochen – ich glaube, es war bei Werfels, – tauchte Chaplin plötzlich auf. Alma sorgte schnell dafür, dass er in ein Gespräch mit ihr vertieft war. Sie fragte den kleinen großen Mann nach dir. Chaplin hat ganz unbefangen von unserem Treffen in Südfrankreich gesprochen, und sie hat dir hinterher alles haarklein weitererzählt. Bei der Begrüßung hatte ich Chaplin in einer etwas dramatischen Manier ein Lorbeerblatt überreicht. Er sei von meinem Überschwang irritiert gewesen, hätte aber sofort gesehen, dass sich dahinter nur meine Schüchternheit verberge. Ansonsten begreife er mich als einen sehr klugen und interessanten Mann.

Klatsch und Spott gehören bei den Treffen der Dichter und Denker einfach dazu. Dabei gilt das ungeschriebene Gesetz: Je erfolgreicher ein Schriftsteller, Schauspieler oder Regisseur ist, je pompöser sein Landhaus ausfällt, desto beißender ist der Spott, der über ihm ausgegossen wird. Hinzu kommen die individuellen Animositäten, die innerhalb des Exilantenzirkels wie ein schleichendes Gift zirkulieren.

Heute Nachmittag nun kam eine unangenehme politische Debatte dazu. Als Elga und Emil die große Wohnhalle betraten, standen bereits viele Gäste zusammen. Unübersehbar war die Schriftsteller-Fraktion in der Mitte des Raumes. Man hielt ein Sektglas in der Hand und gab sich gelassen. Trotzdem sahen sie aus, als hätten sie auf dich gewartet. Es wurde getuschelt, als Emil näher kam, um die Kollegen einzeln zu begrüßen. Es waren Heinrich Mann, Hausherr Feuchtwanger, Franz Werfel, Bruno Frank, Döblin, Brecht und Ludwig Marcuse. Emil spürte sofort, dass eine Art Verschwörung in der Luft lag und meinte humorvoll: »Wird hier ein Attentat geplant?«

Schweigen.

Heinrich Mann hüstelte. Er trat einige Schritte vor. Besorgt sah er kurz zu seiner Frau Nelly hinüber, die bereits stark angetrunken zu dem Treffen erschienen war. Mit väterlichem Ernst sprach er, während die anderen Herren stumm dastanden und ihre leeren Sektgläser in der Hand drehten: »Lieber Herr Ludwig, es gibt ein gewisses Unbehagen darüber, dass wir Exilanten nicht mehr mit einer Zunge reden und zu wenig als Gemeinschaft auftreten.«

»Wieso *mehr* – haben wir jemals …?«

Frank unterbrach ihn: »Herr Ludwig! Niemand will Ihnen vorschreiben, wie Sie deutschlandpolitisch denken und handeln und was Sie Präsident Roosevelt am Ende davon empfehlen. Aber wir, die wir hier zusammenstehen, immerhin ein beachtlicher Ausschnitt aus der deutschen Gegenwartsliteratur, sind der Meinung, dass wir eines Tages, wenn wir in die Heimat zurückkehren, einen ganz schweren Stand haben werden, vertreten wir solche Auffassungen wie: *Hitler ist Deutschland*, es gäbe so etwas wie eine *Kollektivschuld*, eine ganze Nation gehöre bestraft und müsse umerzogen werden. Damit machen wir uns keine Freunde.«

Döblin rief sichtlich aufgebracht: »Wir sind noch immer Deutsche und keine Amerikaner. Vor allem lehnen wir jegliche Greuel-Propaganda ab. Das haben wir aus dem ersten Krieg gelernt, dass die nur Schaden stiftet. Ohne Zweifel! Es gibt Millionen, die Hitler folgen und ihm zu Diensten sind, die für ihn Krieg führen, morden, fremde Länder überfallen und ausbeuten. Wer wollte das leugnen. Viele von uns haben die Nationalsozialisten selbst hautnah miterlebt, bis wir '33 aus Deutschland fliehen mussten. Und damit komme ich auf die Opfer. Hunderttausende sitzen in den Konzentrationslagern, in Gefängnissen oder sind gefoltert, ermordet oder vertrieben worden. Tausende sind in den Untergrund oder Widerstand gegangen. Ich nenne nur einen Namen, einen Mann, den wir alle gekannt haben: Carl von Ossietzky, gefoltert im KZ und gestorben 1938 in meiner geliebten Heimatstadt Berlin.«

Eine lebhafte Debatte war entfacht, in deren Verlauf Brecht ihm vorwarf, Emil würde seinen politischen Standpunkt ständig ändern. In den Jahren der Weimarer Republik sei er Demokrat gewesen. Danach sei er zu Mussolini übergelaufen, und gegenwärtig schwärme er für Stalin, was er – Brecht – natürlich befürworte. Brecht legte noch nach: Das erste von Hitler besetzte Land sei immerhin Deutschland gewesen.«

Emil ließ ihn links liegen, ignorierte die allgemeine Polemik, auf die Brecht sichtlich stolz war, und plauderte mit der Dame des Hauses. Die kündigte eine Schlossführung an, die den Gästen nach dem Essen noch geboten werde und erzählte detailliert, wie günstig man die Immobilie erworben habe. Die Gelegenheit ergab sich, ein wenig mit Feuchtwangers Katzen zu spielen, die sich in Emils Nähe besonders wohlzufühlen schienen.

Irgendwann kam Feuchtwanger. Er ließ sich zu einem hilflosen theatralischen Auftritt hinreißen, indem er Emils Rechte mit beiden Händen umfasste und hauchte: »Nehmen Sie's sich nicht allzu sehr zu Herzen. Das Exil wühlt uns alle auf, manch einer gar wird von ihm zermürbt.«

Er ging noch für ein Viertelstündchen zu Alma, die längst wusste, worüber vorhin so vehement gestritten wurde, und verabschiedete sich mit Handkuss. Er teilte Elga kurz mit, dass er nach Hause fahren würde. Er könne sich ein Taxi bestellen, wenn sie es wünsche. Elga wäre gern geblieben, wollte aber nicht allein auf dem Fest verweilen.

Ehepaar Feuchtwanger war bestürzt, als die Ludwigs sich unter den neugierigen Blicken der übrigen Gäste verabschiedeten. Aber schließlich war der demonstrative Aufbruch überstanden, und sie fuhren auf dem Sunset Boulevard davon.

»Was ist denn nun los?« fragt Emil, als der Buick immer langsamer wird und Elga rechts heranfährt. Ein Lämpchen leuchtet auf.

»Auch das noch«, sagt sie wütend. »Wir haben keinen Sprit mehr.«

»Ist es weit bis zur nächsten Tankstelle?« fragt er.

»Du gehst etwa eine halbe Stunde«, erklärt sie. »Und vergiss den Kanister nicht!«

»Wieso ich«, empört sich Emil: »Für das Auto bist du zuständig.«

»Was bist du wieder charmant!«

Sie steigt aus und holt aus dem Kofferraum den leeren Kanister, den sie beim letzten Tanken nachzufüllen vergaß. Emil ist ebenfalls ausgestiegen.

Ein schwarzer Packard Clipper hupt, fährt an ihnen vorbei, bremst ab und hält an. Dann setzt das Fahrzeug forsch zurück. Ein Mann in khakifarbener Uniform steigt aus.

»Polizei!« sagt Elga.

»Unsinn«, sagt Emil. »Das ist ein Soldat.«

Jetzt steigt auch eine Frau aus dem Packard. Sie ruft ein fröhliches *Hallo!*, wie man es nur von Lilly kennt, und schon entpuppt sich die Begegnung auf dem vorabendlichen *Sunset Boulevard* als äußerst hilfreich.

»Wenn das kein Zufall ist«, begrüßt Karl die beiden. »Lasst mich raten: Euch ist der Sprit ausgegangen. Ich glaube, da können wir helfen.«

Elga bekommt ein Küsschen auf die rechte und eines auf die linke Wange. Lilly erfährt eine kurze Umarmung. Danach schütteln sich die Männer freundschaftlich die Hände. Emil denkt: sie ist noch molliger geworden, deine Lilly. Um die Hüften herum sogar fett. Er lacht und bewundert Karls Uniform: »Fesch siehst du aus, *Private* Volkmann. Ich war der Auffassung, dass du im Verlagswesen untergekommen bist.«

»Die hatten nichts mehr für mich zu tun. Wer liest heute noch deutsche Literatur? Außerdem wollte ich endlich aktiv in den Kampf gegen den Faschismus eintreten. Die Army sucht Leute, auch Leute wie mich, die Deutsch können.«

Elga unterbricht: »Das erzählt ihr in aller Ruhe bei uns zuhause, und zwar bei einem kleinen Abendbrot. Aber erst einmal müssen wir für Sprit sorgen. Wir können hier nicht endlos stehen.«

»Kein Problem!« sagt Karl, »wir haben Sprit an Bord.«

Kurze Zeit später sitzt man im Wohnzimmer der Ludwigs gemütlich zusammen. Lilly bewundert die geschmackvolle innenarchitektonische Gestaltung, die Elga vor einigen Monaten eingeleitet hat, als sich ihre finanzielle Lage durch Emils Vortragstätigkeit und durch regelmäßige Tantiemen verbesserte. »Gehört euch das Haus jetzt?« will sie wissen.

»Ja«, sagt Elga. »wir haben es Anfang des Jahres gekauft. Aber da kommt unser Imbiss, den Babsy uns bereitet hat. Wir haben nämlich noch nichts gegessen.«

Babsy macht einen Knicks und strahlt. Emil reicht die Platte mit belegten Toastscheiben herum. Danach entkorkt er einen zum Essen passenden Rosé.

»Und ich dachte vorhin«, sagt Karl, »ihr würdet direkt vom Essen kommen. Ihr habt ein wenig nach Nobel-Restaurant ausgesehen. Schmeckt übrigens hervorragend!«

Elga sieht ihn ernst an: »Bevor du uns die Geheimnisse verrätst, die sich hinter deiner Uniform verbergen, will ich nur kurz erklären: Wir waren bei Feuchtwangers eingeladen. Emil fühlte sich aber nicht gut, und deshalb sind wir noch vor Eröffnung des Büfetts nach Hause gefahren.«

Emil lacht: »Oder haben es zumindest versucht. Danke nochmals für die Rettungsaktion!«

Er hat sein Glas erhoben. Sie stoßen an.

»Nun aber zu deiner Uniform«, sagt Elga. »Wann ziehst du gegen die bösen Mächte in den Krieg?«

»Du gibst das Stichwort, Elga. Ich hatte in den letzten Jahren immer den verlorenen Kampf meiner Partei gegen Hitler vor Augen. Diese Ohnmacht, in der wir Sozialdemokraten uns '33 befanden! Mit Hitlers Kriegserklärung an die Vereinigten Staaten stand für mich fest, dass ich in diesem Land nicht nur die Freiheit genießen, sondern sie auch mit der Waffe in der Hand verteidigen wollte. Es war übrigens ein schönes Gefühl, als mir im Rahmen der Grundausbildung ein Gewehr in die Hand gedrückt wurde. Ich fühlte mich nicht mehr als Verfolgter, den Hitler vor sich hergetrieben hat. Ich konnte mich jetzt aktiv am Kampf gegen den Faschismus beteiligen.

Ich bin im Camp Ritchie gelandet, in Maryland, gehöre jetzt zu den Ritchie-Boys. Das Camp ist ein Ausbildungslager der US-Armee und dient der psychologischen Kriegsführung. Wenn wir in Europa landen und gegen die Wehrmacht kämpfen, haben wir die Aufgabe, Gefangene und Überläufer zu verhören. Wir versuchen, die feindlichen Soldaten durch Rundfunksendungen oder Lautsprecherdurchsagen an vorderster Front zu beeinflussen. Wir fordern sie zum Beispiel auf, die Kämpfe einzustellen. Außerdem werden wir Flugblätter über Feindesgebiet abwerfen oder per Artillerie hinter die feindlichen Linien schießen. In Camp Ritchie sind überwiegend Deutsche, die noch keine amerikanischen Staatsbürger sind. Wir haben jetzt drei Wochen Urlaub, um uns von der Grundausbildung zu erholen. Die war übrigens preußisch. Wer gedacht hatte, preußischen Drill gäbe es nur in der alten Heimat, der irrte sich gründlich. In den letzten Monaten gehörten wir zu den niederen Lebewesen dieses Planeten. Wir wurden ständig angebrüllt und schikaniert. Wir sind durch Schlamm und Dreck gerobbt, haben auf gefrorenem Boden bei minus zwanzig Grad die Nacht im Freien verbracht und sind marschiert, dass uns Hören und Sehen verging. »Und du, Lilly, was hast du die ganze Zeit getrieben?« fragt Elga. »Wir haben uns ja ewig nicht gesehen.«

Lilly ist zwar mit dem Essen längst noch nicht fertig, aber sie beginnt trotzdem mit ihrer Erzählung: »Ich hatte die letzten Wochen ziemlich viel um die Ohren. Als wir hierher kamen, hatte ich ja diverse Empfehlungsschreiben, die Emil mir für bekannte Filmbosse mitgegeben hatte. Aus all den schönen Ideen ist nichts geworden. Bei einem durfte ich sogar vorsprechen. Nach ein oder zwei Minuten brach der jedoch die Aktion laut lachend ab. Ich würde die Theatersprache des vorigen Jahrhunderts deklamieren, meinte er. So was könne Hollywood nicht gebrauchen. Und damit war ich draußen. Eine Kollegin, mit der ich oft am Strand gelegen hatte und im Pazifik geschwommen bin, musste mich trösten. Sie versprach, mit einem Bekannten zu reden, der in einer Werbeagentur arbeitet. Ich machte mir kaum Hoffnungen, als ich mich dort vorstellte. Aber ob ihr's glaubt oder nicht: Das Schicksal meinte es ausnahmsweise mal gut mit mir. Die drehten gerade einen Werbefilm fürs Kino und suchten eine Frau mittleren Alters, blond und nicht zu mager. Wie ihr seht, habe ich ein bisschen zugelegt, was wohl an der amerikanischen Küche liegt. Emil denkt jetzt wahrscheinlich: oh, Gott, was ist die fett geworden.«

Emil setzt ein ernstes Gesicht auf: »In solchen Fragen rufe ich nicht Gott an.«

Lilly lacht lauter als nötig ist: »Natürlich! Da verlässt du dich ganz auf deine reiche Erfahrung. Aber Spaß beiseite – was ich erzählen wollte: Da die vorgesehene Darstellerin absagte, wurde ich getestet und engagiert. Die Werbung geht so: Eine ansehnliche Blondine sitzt im Strandsessel oder im Restaurant oder Büro und trinkt den Fruchtsaft *Pacific fresh*. Dabei lacht sie. Erst nur ein bisschen, dann ein zufriedenes, sympathisches Lachen, das nun immer stärker wird, immer ausgelassener ist, bis der Sprecher sagt: *Pacific fresh – damit sie wieder was zu lachen haben.*

Ich kann das ja mal vormachen.«

»Muss das jetzt sein?« knurrt Karl, während Elga meint: »Also mich würde das schon interessieren.«

»Dauert ja nicht lange«, sagt Lilly. »Wenn ich fertig bin, muss Emil sagen: *Pacific fresh – damit sie wieder was zu lachen haben.*

Sie ergreift ihr Glas, lächelt jedem kurz zu und scheint wie verwandelt zu sein, als der Auftritt beginnt. Sie nippt am Glas und lacht. Genießerisch blickt sie auf ihr Getränk. Das Lachen wird kräftiger, sie strahlt ihr Publikum an, schlägt sich aufs Knie. Sie lacht so laut, dass Karls Miene sich verfinstert. Emil denkt: Das ist kein Lachen mehr, vielleicht sollte man sie schütteln.

Das Lachen wird heftiger, scheppert und überschlägt sich fast und ist längst nicht mehr lustig. Bobby und Bapsy stehen in der Tür und wundern sich über das kichernde, meckernde, schreiende Lachen, das sich in seinem Kern schon wie ein heftiges Weinen anhört.

Lillys fetter Körper vibriert, kalter Schweiß steht in ihrem Gesicht. Sie kreischt und japst nach Luft und zittert anfallartig.

Karl springt auf. Er brüllt sie an, schlägt ihr ein paar Mal ins Gesicht. Elga schreit auf vor Empörung. Sie nimmt Lilly in den Arm.

Die ringt nach Luft und weint bitterlich.

Anhörung

Es ist Freitag, der 26. März 1943. Sol Bloom wirft ihm einen aufmunternden Blick zu und sieht auf seine Armbanduhr. Es ist viertel nach zehn. Er zeigt auf die Kaffeekanne: »Mögen Sie noch einen Schluck, Mr. Ludwig?«

Emil schüttelt den Kopf: »Ich danke Ihnen für den herrlichen Kaffee und ebenso für das Gebäck!«

Bloom räuspert sich und drückt die restliche Zigarette in den Aschenbecher: »Dann – würde ich sagen – sind wir soweit.«

Er hat sich erhoben und packt seine Unterlagen in eine elegante Collegemappe. Darauf liegt das von Emil signierte Buch *The Germans. Double History of a Nation.*

Emil steht ebenfalls auf. Er ist die letzte halbe Stunde ein wenig zur Ruhe gekommen. Der Small Talk mit Bloom, der schnell für eine ungezwungene Atmosphäre gesorgt hat, das im Landhausstil eingerichtete Arbeitszimmer mit der schweren Ledergarnitur, der weiche Teppichboden, der Blick aus dem Fenster, vom Kapitol herab auf die Hauptstadt – all das sorgte für eine innere Stabilität.

Bloom kannte sich in Emils Biographie und Werk erstaunlich gut aus oder hatte sich gezielt vorbereiten lassen. Wie dem auch sei: Emil tat das Gespräch gut, zumal Bloom auch aus seinem Leben erzählte: »Ich bin der Mann mit dem ungewöhnlichen Vornamen. Sol – im Lateinischen der Sonnengott – kommt aus dem Spanischen. Ich wurde 1870 in Pekin, Illinois, geboren. Als ich drei war, zogen meine Eltern nach San Francisco. Nach der Schule war ich zunächst im Zeitungsgeschäft tätig. Dann wurde ich Theatermanager und Musikverleger. Mit dreiunddreißig Jahren zog es mich nach New York, wo ich mich in der Immobilien- und Baubranche versuchte. Meinen Musikverlag betrieb ich unterdessen weiter. Im Weltkrieg habe ich es zum Hauptmann der Reserve gebracht. Seit 1923 vertrete ich den Staat New York im Repräsentantenhaus.«

Er lacht verschmitzt: »Für Sie ist das sicherlich ein typisch amerikanischer Lebenslauf. Ich bin jetzt dreiundsiebzig und hoffe, dass ich noch die Zeit finde, das alles mal zu Papier zu bringen. Aber vielleicht ist das auch uninteressant, und keiner will das Zeug lesen.«

»Es gibt keine uninteressanten Menschen oder Biographien«, sagt Emil. »Ich würde Ihre Lebensgeschichte später gern rezensieren, weil ich schon heute überzeugt bin, dass sie sehr lesenswert sein wird.«

»So machen wir es! Meine Lebensgeschichte von Emil Ludwig in der New York Times besprochen. Das riecht förmlich nach Bestseller.«

Sie gehen hinaus. Emil spürt, wie seine Kurzatmigkeit zurückkehrt. Gestern Abend erst war er mit dem Flugzeug in Washington eingetroffen, hatte sich im Hotel noch ein wenig auf die Veranstaltung vorbereitet und war früh ins Bett gegangen. Doch lange schlief er nicht. Um sieben hatte er bereits gefrühstückt, um danach in der Hotelhalle die neuesten

Tageszeitungen zu überfliegen. Eigentlich wäre ein Spaziergang das richtige gewesen, aber dafür spielte das Wetter nicht mit. Draußen wirbelten Schneeflocken durch das nasskalte Morgengrau.

Bloom hat den Schlüssel in der Hand, um sein Büro abzuschließen. Er grinst Emil an: »Wir sind ja beide schon ältere Semester. Vielleicht möchten Sie noch einmal dorthin gehen, wohin auch der Kaiser zu Fuß geht?«

Als Emil verneint, machen sie sich auf den Weg. Der Sitzungssaal ist nicht weit vom Büro des Vorsitzenden entfernt. Auf dem Flur muss Bloom ständig Grüße erwidern oder Bekannten, Freunden und Abgeordneten einen angenehmen Morgen wünschen. Als sie den Saal betreten, herrscht dort reges Treiben. Die vierundzwanzig Ausschussmitglieder stehen meist zu zweit oder zu dritt zusammen, diskutieren über die jüngsten Erfolge auf dem pazifischen Kriegsschauplatz. Pressevertreter führen kurze Gespräche, Fotoreporter lassen ihre Apparate aufblitzen. Auf der Zuschauertribüne ist jeder Platz besetzt.

Die Glocke des Vorsitzenden ertönt. Mit tiefer Stimme ruft Bloom in den Sitzungssaal hinein: »Liebe Frau Rogers, meine Herren, es ist halb elf. Der Ausschuss des Repräsentantenhauses für auswärtige Angelegenheiten setzt in diesem Augenblick seine Arbeit fort, und zwar mit einer Anhörung über *Das deutsche Volk*.«

Bloom wartet, bis sich alle gesetzt haben, und fährt fort: »Nun ist es mir eine große Ehre, Mr. Emil Ludwig zu begrüßen, der heute über dieses Thema reden wird und auch für Fragen zur Verfügung steht.«

Einige Abgeordneten klatschen, andere klopfen auf den großen ovalen Tisch, an dem jetzt auch Emil Platz genommen hat. Der verneigt sich, steht auf, als der Applaus nicht enden will. Der Vorsitzende fährt fort: »Lieber Mr. Ludwig, so hört es sich an, wenn man bei Freunden zuhause ist!«

Lautes Lachen und erneutes Klopfen.

»Liebe Ausschussmitglieder, ich habe vorhin, als ich die Ehre hatte, unseren weltberühmten Schriftsteller in meinem Büro begrüßen zu dürfen, mit Mr. Ludwig die Frage der Aufnahme geklärt. Er ist einverstanden, dass wir die Veranstaltung aufzeichnen. Zur Sicherheit wird unser bewährter Protokollant, Mr. James Wadsworth, den Vortrag und das anschließende Gespräch nach gutem altem Brauch mitstenographieren. Mr. Ludwig, der Applaus hat Ihnen gezeigt, dass es unnötig ist, Sie den Abgeordneten weiter vorzustellen. Ergänzen will ich nur für die Pressevertreter und unsere Zuschauer, dass Sie auch deutschlandpolitischer Berater unseres Präsidenten sind. Ansonsten glaube ich nicht, dass es im Saal jemanden gibt, der noch keines Ihrer Bücher gelesen hat. Zumindest werden die meisten Ihre *Geschichte der Deutschen* als Vorbereitung studiert haben. Und damit möchte ich Sie bitten, mit Ihrem Statement zu beginnen.«

Emil fasst kurz an seine Krawatte. »Meine Dame, meine Herren, ich möchte heute über die Deutschen und die deutsche Psyche sprechen. Das ist mein alleiniges Thema. Über alle anderen Fragen wissen Sie viel besser Bescheid. Ich habe vor '33 Deutschland regelmäßig besucht und mich dabei immer wieder mit den beiden Deutschlands auseinandersetzen müssen: dem Deutschland Bismarcks, Wilhelms II. und Hindenburgs auf der einen und dem Goethes, Beethovens und Kants auf der anderen Seite. Diese Doppelnatur sorgt dafür – das will ich Ihnen heute beweisen –, dass die Niederlage Deutschlands näher liegt, als Sie vielleicht denken. Außerhalb Deutschlands wird man oft gefragt, wie es möglich sei, dass das Land der Dichter und Denker in diesen Barbarismus zurückgefallen ist. Der Grund dafür liegt in der Tatsache, dass Geist und Staat in den letzten 500 Jahren deutscher Geschichte getrennt waren und nicht, wie in anderen Ländern, zusammengewirkt haben. In den letzten drei Jahrhunderten hat der Adel die führenden Posten im Militär und in der Staatsverwaltung besetzt, sowohl in Preußen als auch im Reich. Das Bürgertum war hiervon ausgeschlossen und besetzte die führenden Positionen in der Wirtschaft und der Wissenschaft. Es fühlte sich deshalb auch nicht verantwortlich für die Staatsgeschäfte. Darum ist es in den Vereinigten Staaten ein Irrtum zu glauben, man kämpfe gegen die Nazis und nicht gegen das deutsche Volk.

Es gab auch 1918 keine Revolution des Bürgertums, sondern nur einen Nervenzusammenbruch bei Ludendorff, der den Waffenstillstand unbedingt haben wollte. Dabei standen die Deutschen tief im Feindesland – wie heute. Sie werden, meine Dame, meine Herren, es in Kürze erleben, dass Geschichte sich wiederholt, denn die Deutschen haben schwache Nerven.«

Emil erzählt von der Weimarer Republik, die bekanntlich eine Demokratie ohne Demokraten war. Hitler habe den Deutschen Uniformen, Marschmusik, Gleichschritt und Kasernenhofgebrüll, aber auch Pläne für eine Weltherrschaft zurückgegeben. Hitler sei zum wahren Symbol des gegenwärtigen Deutschland geworden. Er verkörpere den Willen der Deutschen, die lieber für das Vaterland sterben als für es zu denken.

»Nun erlauben Sie mir, etwas zu sagen, was ich nicht beweisen kann, was ich aber weiß, weil ich den deutschen Charakter erforscht habe: Hitler wird schon bald einem Anschlag zum Opfer fallen, ausgeführt von seinen eigenen Leuten, wahrscheinlich von den Junkern. Die waren stets Verräter an ihren Königen, wenn das Kriegsglück sich wendete. Die heutige Situation ist vergleichbar mit der von 1918. Die Wehrmacht hat zwar einen riesigen Raum erobert, aber sie ist dem Luftkrieg nicht gewachsen. Deshalb wird sich nach Hitlers Tod innerhalb von vierundzwanzig Stunden ein Nervenzusammenbruch bei der militärischen Führung einstellen.

Für mich ist der Luftkrieg mit seinem Bombardement so etwas wie die oft geforderte zweite Front. Wird er verstärkt, werden die Deutschen schon bald mit ihren Nerven am Ende sein. Der Bombenkrieg führt zu einer Ermattung und wird eine schnelle Beendigung des Krieges möglich machen. Zwanzig Tage und zwanzig Nächte intensiven Bombardements – und die Deutschen werden nervlich kollabieren. Es gibt keinen Zweifel an einem Sieg!

Was soll nach dem Krieg mit Deutschland passieren? Es gibt zwei Pläne, die aber beide nicht akzeptabel sind. Der erste sieht vor, die Deutschen am Oberen Nil anzusiedeln oder ihre Männer zu sterilisieren. Dann sollen ihre Fabriken zerstört und sie gezwungen werden, in ihrem Land Kartoffeln anzubauen. Der zweite Plan ist das genaue Gegenteil. Er sieht vor, den verführten Deutschen die Freiheit zurückzugeben, weil sie unschuldig seien. Sie werden dieses Mal eine bessere Republik aufbauen. Dass einige tausend Nazis bestraft werden – bei einer Nation von 70 Millionen – steht dabei außer Zweifel.

Ich stelle Ihnen einen dritten Plan vor, der von zwei Kernmaßnahmen getragen wird. Erstens: Deutschland wird total entwaffnet, und zwar so, dass nicht einmal ein Polizist eine Pistole am Gürtel trägt. Zweitens: Es findet eine gründliche Umerziehung statt. Zur Überwachung schicken die Vereinten Nationen einige hundert Personen ins Land, die Lehrwerke, Schulen und Universitäten kontrollieren. Ziel ist, den aggressiven Charakter der Deutschen und ihrer Jugend auszumerzen.

Im Unterschied zu anderen Exilanten glaube ich nicht, dass man aus den Deutschen über Nacht gute Demokraten machen kann. Man wird die Parlamente und Staatsverwaltungen ebenso durch Kontrolleure der Vereinten Nationen überwachen müssen. Dazu braucht man eine starke Besatzungsarmee. Nun wurde der Vorschlag gemacht, Deutschland wieder in zwanzig oder dreißig Einzelstaaten aufzuteilen, wie zu Zeiten des Deutschen Bundes. Das lehne ich ab: Da alle Übel der deutschen Geschichte aus Preußen kommen und alle Kultur aus dem Süden und Westen stammt, schlage ich eine Teilung in zwei Hälften vor, wobei Österreich zum süddeutschen Staatsgebilde gehört.

Durch eine gezielte *Reeducation*, eine gründliche Entwaffnung und eine Überwachung in den ersten Jahren des Friedens können die Deutschen brauchbare Mitglieder der europäischen Familie werden. Sie mögen ihre Grenzen behalten, ihre Rohstoffe, Fabriken und Wissenschaftler, ihre Sportarten, ihre Musik. Und sie sollen teilhaben am Wettstreit der Nationen.«

Emil blickt in die Runde. Alle haben aufmerksam zugehört. Sol Bloom dankt dem Referenten und leitet die Fragerunde ein. Der Abgeordnete Mr. Richards aus South Carolina will wissen, wer nach dem Attentat auf Hitler diesem folge: Göring oder Goebbels oder ein General. Emil antwortet, das wäre egal, jeder sei gleichschlimm.

Mr. Jonkman aus Michigan fragt noch einmal nach, ob der Bombenkrieg ausreiche oder nicht doch eine Invasion notwendig sei, ein Thema, das für einige Minuten die Gemüter erregt. James William Fulbright aus Arkansas spricht die Überwachung des besiegten Deutschland an. Emil erwarte doch sicherlich nicht, dass die USA das allein übernähmen. Wenn die USA sich allerdings aus Europa zurückzögen, sehe er die Gefahr einer russischen Vorherrschaft, was am Ende bedeute, dass Deutschland kurz über lang kommunistisch werde. Fulbright will fortfahren, doch Sol Bloom ruft dazwischen, dass die Anhörung zu Ende sei und privat fortgeführt werden könne. Das Aufnahmegerät sei abgeschaltet.

Fulbright kommt gutgelaunt auf Emil zu und zeigt auf Bloom, der den beiden zuzwinkert. »Nun, verehrter Herr Ludwig«, sagt Fulbright, »wir sollen Uncle Joe nicht verärgern. Der im Weißen Haus so geschätzte Stalin wird schon angesichts Ihrer zweiten Front grollen. Er will eine richtige zweite Front und nicht eine, die so ein bisschen an den Nerven kitzelt.«

Fulbright verabschiedet sich. Im State Department finde noch eine wichtige Besprechung statt. Ein hochgewachsener Mann im dunklen Anzug kommt auf Emil zu, der gerade einige Fragen zu *The Germans* beantwortet hat.

»Guten Tag, Herr Morgenthau«, sagt er. »Wir hatten ja lange nicht das Vergnügen. Ich hatte soeben einen Auftritt ...«

»Ich weiß. Ich habe Ihre Ausführungen als Zuschauer verfolgt oder besser: genossen. Ich saß in der letzten Reihe, um nicht aufzufallen, wie damals in der Schule. Gehen Sie nicht mit Bloom essen? Das ist doch guter Brauch.«

»Nein, er bedauert es sehr, aber im Außenministerium findet eine wichtige Besprechung statt.«

»So wichtig kann die nicht sein.«

»Woher wissen Sie das?«

»Weil ich sonst dabei wäre«, antwortet Morgenthau trocken. »Wie gesagt – Ihr Vortrag hat mir gefallen. Ich bewundere im Übrigen Ihren Mut, Hitlers Tod so sicher anzukündigen. Was machen Sie bloß, wenn er durch eine unserer Bomben in die Hölle geschickt wird? Ich kenne ganz in der Nähe vom Capitol ein gutes griechisches Restaurant. Darf ich Sie einladen? Dort können wir in Ruhe reden. Ich gebe Ihnen vollkommen recht, dass die Deutschen als Ganzes zur Verantwortung gezogen werden. Uns erreichen täglich Berichte über die Mordaktionen der Nazis an den europäischen Juden, die zu Hunderttausenden in Vernichtungslagern oder besser: Mordfabriken umgebracht werden. Die Beweislage ist erdrückend ... Zur Garderobe geht es hier entlang. Das sind nicht nur einige Mordbuben, die vor unseren Militärtribunalen stehen werden. Nein, das hat das deutsche Volk als Ganzes zu verantworten.

Wir reden in unseren Dokumenten meist auch von den *Deutschen* oder dem *deutschen Volk* und nicht von den *Nazis*. Totale Abrüstung ist richtig, aber es muss auch eine industrielle Abrüstung geben. Da bin ich anderer Meinung als Sie. Die Wirtschaft eines Landes entscheidet heutzutage, wie erfolgreich ein Staat militärisch agieren kann … Kommen Sie, ich helfe Ihnen in den Mantel. Bitte, keine Ursache. Wir werden das Ruhrgebiet vollkommen deindustrialisieren müssen, damit wir unser Hauptziel erreichen: Dass dieses Deutschland keinen dritten Weltkrieg mehr beginnen kann … Hier entlang, wir nehmen den Fahrstuhl. Bitte, nach Ihnen. Deutschland in einen Nord- und einen Südstaat teilen – meinetwegen. Über Österreich müsste man noch einmal reden. Vieles hängt ja auch davon ab, was Stalin alias Uncle Joe will. Mit ihm werden wir über einen langen Zeitraum zusammenarbeiten. Da kann es leicht zum Streit kommen, denn auch für ein besiegtes und besetztes Deutschland gilt: Wer es beherrscht, der beherrscht Europa. Und das ist ein Problem, das unser FDR nicht sieht oder sehen will. Für ihn ist Stalin wie ein Chorknabe – lieb und folgsam. Er hat vor Kurzem in einer Besprechung, als er sich wieder einmal über die Leute vom State Department aufgeregt hat, so etwas gebrummelt wie *Ludwig fragen*.

Also machen Sie sich auf was gefasst.«

Uncle Joe

Anfang Oktober bringt ihn eine Militärmaschine nach Washington. Vom Flugplatz geht es in einer abgedunkelten sechstürigen Limousine direkt ins Weiße Haus. Es ist sieben Uhr abends. Roosevelt sitzt hinter seinem Schreibtisch und begrüßt ihn mit einem strahlenden Lächeln. Chefberater Harry Hopkins, Finanzminister Henry Morgenthau und Arbeitsministerin Frances Perkins sind auch anwesend.

Man kennt sich. Die Vertrauten des Präsidenten, die sich um den Schreibtisch gruppiert haben, müssen nicht weiter vorgestellt werden. Man reicht sich die Hand. Emil nimmt Platz auf dem einzig freien Stuhl, dem Präsidenten direkt gegenüber.

»Mr. Ludwig, ich danke Ihnen von ganzem Herzen, dass Sie Zeit fanden, zu mir ins Weiße Haus zu kommen. Ich würde gern Ihren Rat einholen, dieses Mal nicht mit Blick auf Deutschland und die Deutschen, das haben wir neulich erst verhandelt, sondern – aber das teilte ich Ihnen ja telefonisch mit.«

»Mr. Präsident, ich danke Ihnen für das Vertrauen, das Sie mir entgegenbringen, weise aber nochmals darauf hin, dass ich kein Experte für Geschichte und Politik der Sowjetunion bin, sondern mich seit drei Jahrzehnten mit dem Leben und Wirken herausragender historischer Persönlichkeiten beschäftige, nicht mehr und nicht weniger.«

Roosevelt macht eine Geste, als wollte er das alles nicht hören: »Ja, ja, ich weiß, ich weiß, und habe es am eigenen Leib erfahren – durch das Buch, das Sie über mich gemacht haben. Aber Sie sind zu bescheiden.«

»Das hat Stalin damals im Dezember '31, als ich ihn im Kreml traf, auch zu mir gesagt.«

»Na, sehen Sie, und der muss es schließlich wissen. Sie gehören, abgesehen von unserem Freund Henry Hopkins, der nachher noch das Wort ergreift, zu den wenigen Menschen, die Stalin persönlich erlebt haben. Im Unterschied zu mir beispielsweise haben Sie das Land bereist. Da sind Sie uns ein gutes Stück voraus. Vor allem jedoch gefällt mir Ihre Art und Weise, wie Sie an Geschichte herangehen. Professoren und offizielle Russlandberater, die viel von der Materie verstehen und meinen, mich ständig vor Stalin warnen zu müssen, gibt es genug. Die sind überall entlang der Ostküste und in unseren Ministerien zu finden. Aber was die schreiben, liest doch keiner. Ihre Artikelserie über Stalin hingegen, die ab Dezember

'41 zwölf Wochen lang in der *Liberty* erschien und aus der im vergangenen Jahr Ihre Biographie über Uncle Joe hervorgegangen ist, hat Millionen von Amerikanern erreicht. Vor allem hat sie das Russland- und Stalin-Bild von Millionen unserer Bürger verändert. Die können sich inzwischen mit dem Gedanken anfreunden, dass Stalin nicht der Teufel in Person ist, sondern unser Verbündeter. Vor diesem Hintergrund interessieren mich Ihre Ansichten, die stets mit psychologischem Scharfsinn gewürzt sind … ja, lachen Sie ruhig. Aber Sie sind Deutscher und Europäer und deshalb dichter dran an der Angelegenheit.«

»Deutscher, Mr. Präsident, war ich einmal. Vor elf Jahren wurde ich Schweizer Bürger. Heute bin ich Amerikaner und Weltbürger.«

Roosevelt reibt sich die Hände und sagt amüsiert: »Dann kann ja nichts mehr schiefgehen. Also, ich werde in etwa sechs Wochen Stalin persönlich begegnen. Endlich – muss ich hinzufügen, denn ich wünsche mir schon seit einigen Jahren ein Zusammentreffen von Mensch zu Mensch. Ich habe ihm Briefe geschrieben, die nie beantwortet wurden. Ich habe ihn eingeladen, sich an einem geheimen Ort mit mir zu treffen. Nur mit einem Dolmetscher, um sich über alles, was für uns wichtig ist, auszutauschen. Wissen Sie, da gibt es so etwas wie eine Seelenverwandtschaft zwischen FDR und Uncle Joe. Frances lacht! Ja, ich weiß, ich höre mich an wie ein verliebter Schuljunge. Sei's drum! Aber ich spüre, dass dieser Mensch einen guten Kern hat. Wir werden in Teheran konferieren, Stalin, Churchill und ich, und ich wollte Sie zunächst fragen, worauf ich mich einzustellen habe. Ich habe mich heute Nacht, als ich nicht schlafen konnte, ein wenig mit meinem Lexikon unterhalten und bin zu meiner Überraschung daran erinnert worden, dass Stalin gar kein Russe ist, sondern Georgier, und dass er aus einfachen Verhältnissen stammt. Der Vater war Schuster, die Mutter brachte die Familie notdürftig über die Runden.«

Emil wird unruhig, Roosevelt nickt ihm freundlich zu: »Mr. Präsident – um es vorwegzunehmen: Vergessen Sie im Gespräch mit Stalin nie, woher Sie beide stammen. Sie, der Aristokrat mit Familienbesitz und Harvard-Abschluss, Stalin der Nichtrusse und Asiat aus kleinen Verhältnissen, der belesen, aber nicht unbedingt gebildet ist. Von ihm geht eine gewisse Schüchternheit aus. Er wirkt fremdländisch und kalt, er hat nichts, was anzieht. Er ist weder entgegenkommend noch aufgeschlossen, sondern vorsichtig, abweisend und meist düster. Wenn er lacht, so ist es ein grimmiges, dunkles Lachen, das von unten heraufkommt und mehr Groll als Freude darstellt. Er ist extrem verschlossen. Nichts spricht von Vertrauen oder Menschenfreundschaft. Ich glaube auch nicht, dass er die Massen liebt. Er scheint überhaupt niemand zu lieben. Im Vergleich zu Hitler, der ganz aus Nerven besteht, ist Stalin der Mann ohne Nerven.«

Roosevelt stimmt zu: »Und beide Diktatoren kommen von außen. Stalin erobert Russland als Georgier, Hitler Deutschland als Österreicher.«

»Und der Korse Napoleon unterwirft sich Frankreich«, ergänzt Emil.

»Aber wenn wir noch mal auf Stalins Jugend zu sprechen kommen ...«

»Der Vater scheint Trinker gewesen zu sein. Prägend für den jungen Josef war die Mutter. Ich habe sie als alte Frau 1925 auf meiner Reise durch Russland noch gesehen. Ihrer Beharrlichkeit war es letztlich wohl zuzuschreiben, dass der junge Stalin auf ein Priesterseminar kam.«

»Das zaristische Russland und seine Kaukasus-Republiken stelle ich mir immer ein wenig vor wie unseren wilden Westen. Stalin, der verschiedene Decknamen hatte, musste das Priesterseminar wegen revolutionärer Umtriebe verlassen und lebte fortan das Leben eines sozialistischen Agitators oder das eines Terroristen, der Überfälle organisierte, um die Parteikasse aufzufüllen. Ich sehe ihn direkt vor mir, wie er als romantischer Anarchist durch den unwirtlichen Kaukasus streift, das Idol der jungen Kaukasierinnen. Wie heißen noch die Schönheiten dieser Regionen?«

»Meinen Sie Tscherkessinnen?«

»Ja, exakt. Die Flinte in der einen Hand, die Tscherkessin an der anderen – mein Gott, was für eine Jugend, während sich unsereins in Harvard abgestrampelt hat.«

»Die Wirklichkeit, Mr. Präsident, sah anders aus. Schon zu dieser Zeit stellt Stalin im politischen Kampf eine auffällige Brutalität unter Beweis. Hinzu kommt, dass er Freund wie Feind mit Misstrauen und Verschlagenheit begegnet.«

»Wozu er allen Grund hat! Wird er nicht mehrfach ins Gefängnis gesteckt oder ins ferne Sibirien verbannt?«

»Die zaristischen Behörden sind im Vergleich zu seinen eigenen Methoden ausgesprochen milde mit ihm verfahren. Stalin ist ein eiskalter Machtpolitiker, der seine Gegner liquidiert, wenn sie sich ihm in den Weg stellen. Da ist es egal, ob es sich um kritische Parteigenossen handelt oder um ganze Bevölkerungsgruppen, die sich seinen Plänen zum Aufbau einer modernen sozialistischen Gesellschaft nicht unterwerfen wollen. Er lässt sie durch seinen Geheimdienst umbringen oder in unwirtliche Gebiete deportieren. Seine Spezialität sind Säuberungen. Er hat die alte Garde Lenins aus der Partei entfernt, und er hat das Offizierskorps so gründlich gesäubert und geschwächt, dass Hitler – als der deutsche Überfall im Juni 41 begann – zunächst leichtes Spiel hatte.«

»Ich habe mir ein Foto schicken lassen und reiche es einmal herum. Mir wurde gesagt, das sei eine offizielle Aufnahme, der man überall in Russland begegnet. Ich finde, es zeigt diesen einsamen, verschlossenen Mann, voller Misstrauen gegen seine Umwelt und ohne Humor.«

»Den hat er durchaus, Mr. Präsident. Er lacht auch bisweilen, dann strahlt er sogar eine gewisse Gutmütigkeit aus. Doch wenn er Ihnen vorschlägt, 200.000 NSDAP-Mitglieder nach der Besetzung Deutschlands sofort zu erschießen, so halten Sie das bitte nicht für einen Witz oder Hörfehler. Er meint es ernst.«

»Da haben wir es mit einem Triebtäter zu tun, einer Art Lustmörder?« sagt Morgenthau, und Frau Perkins fügt hinzu: »Wir werden der Öffentlichkeit erklären müssen, warum wir mit einem Massenmörder der Weltgeschichte ein Bündnis eingehen. Das werden viele unserer Landsleute nicht verstehen.«

»Das ist doch ganz einfach«, sagt Roosevelt, »weil wir Krieg führen gegen einen noch viel schlimmeren Massenmörder. Seit gut einem Jahr erreichen uns die abscheulichsten Berichte. Demnach sind die Deutschen dabei, die Juden aus ganz Europa nach Osten zu deportieren, um sie dort zu vernichten. Unglaubliche Geschichten, die da im Umlauf sind.«

Emil nickt: »Vor allem ist das völlig irrational. Hitler vernichtet die Juden, nur weil sie Juden sind. Er bringt auf diese Weise wertvolle Arbeitskräfte, darunter tüchtige Wissenschaftler, um und bindet militärische Kräfte sowie Transportkapazitäten, die an der Front dringend benötigt werden. Stalin liquidiert rational, im Sinne von Machiavelli, den er anscheinend gründlich studiert hat. Stalin hat sein Werk und eine Idee vor Augen, den kommunistischen Idealstaat, und er bekämpft wie gesagt jeden, der seine Kreise stört. In dieser Hinsicht sind Iwan der Schreckliche oder auch Peter der Große sein Vorbild. Beide Zaren wollten das rückständige Russland radikal modernisieren.

So auch Stalin, der stark in historischen Dimensionen denkt und argumentiert. Seit Ende der zwanziger Jahren verfolgt er Pläne einer *Revolution von oben*. Innerhalb weniger Jahre hat er die Sowjetunion von einem rückständigen Agrarland zu einem modernen Industriestaat gemacht. Das ließ sich nur mit unglaublicher Gewalt und Repression bewerkstelligen. Wäre die Entwicklung langsamer verlaufen, in den früheren traditionellen Bahnen, Hitler wäre längst in Moskau, Leningrad und Stalingrad eingezogen.«

Alle schweigen.

Da sagt der Präsident zu Morgenthau gewandt: »Henry, im Grunde genommen, sind Sie doch auch ein Stalinist.«

»Ich? Wie kommen Sie denn darauf, Mr. Präsident?«

»Na, ganz einfach: Uncle Joe macht aus rückständigen Agrarstaaten moderne Industriestaaten, und bei Ihnen ist es umgekehrt.«

Ein schallendes Gelächter erfüllt den Raum.

Der Präsident blickt spitzbübisch in die Runde: »Habt ihr Hunger oder Durst? Ihr seht so mitgenommen aus. Ist ja auch ein Unding, spät abends noch Überstunden machen zu müssen. Auf die Idee kann nur ein Kapitalist kommen. Aber wartet nur, wenn Uncle Joe den sozialistischen Idealstaat geschaffen hat, kriegen wir alle den Acht-Stunden-Tag und dazu das gleiche Gehalt.«

Der Präsident hat inzwischen nach dem Diener geläutet und bestellt, als der erscheint, einen Imbiss und Bier. Emil erzählt von seinem Besuch im Kreml. Henry Hopkins, der im Juli 1941 informell in Moskau war, hat ähnliche Erfahrungen gemacht und kann entsprechende Anekdoten beisteuern. Als die belegten Brote erscheinen, ordnet FDR eine kleine Pause an, die seine Besucher nutzen, um sich ein wenig die Beine zu vertreten. Dann geht es weiter. Der Präsident fragt Emil: »Besteht die Gefahr, dass er einen Sonderfrieden mit Hitler macht?«

»Er fürchtet die kapitalistische Einheitsfront, die sich naturgemäß gegen ihn richtet. Deshalb noch unter Lenin der Rapallo-Vertrag und später der Hitler-Stalin-Pakt. Nehmen Sie ihm diese Angst vor der Einkreisung, machen Sie Zugeständnisse, und er wird treu an der Seite der Westmächte gegen Hitler-Deutschland kämpfen. Insbesondere jetzt, nach Stalingrad und der sich abzeichnenden Niederlage Hitlers.«

»Wie hält er es mit der Weltrevolution?«

»Da ist er Pragmatiker, wie Lenin, sein Herr und Meister. Er wird als Kriegsbeute die alten Grenzen des zaristischen Russland anstreben. Darüber hinaus einen Sicherheitsgürtel von Satellitenstaaten, die von Moskau aus gesteuert werden: Finnland, die baltischen Staaten, Polen, die Tschechoslowakei, Österreich, Ungarn, Jugoslawien, Griechenland. Gehen Sie grundsätzlich davon aus, dass er die Nachkriegsordnung der Welt schon im Blick hat. Keine Kriegsziele zu haben und nicht in historischen Perspektiven zu denken, wäre ein kapitaler Fehler.«

Am Strand

»Mädchen, du bist verliebt. Es steht ja schlimm um dich!«

Lilly lacht verlegen und sagt mit gedämpfter Stimme: »Nicht so laut. Er kommt direkt auf uns zu!«

Der Mann, der sich den beiden nähert, ist groß, blond und braungebrannt. Er ist schlank und muskulös und – wie Lilly in einem erotischen Geplänkel mühsam herausgefunden hat – Ende zwanzig, Anfang dreißig. Das genaue Alter wollte er nicht preisgeben.

»Hallo!« ruft Mr. Anderson.

Er bleibt, wie es inzwischen guter Brauch ist, einen guten Meter vor der Decke stehen, auf der die beiden Frauen Sonne und Wind genießen. Anderson, den Elga und Lilly längst Pat nennen dürfen, wäre ein ganz normaler Bademeister oder Strandaufseher, wäre da nicht der linke Arm, dessen untere Hälfte fehlt. Lilly kostete es zunächst Überwindung, nicht ständig dorthin sehen zu müssen, wo aus dem Hemdärmel der Stumpf eines kräftigen Männerarmes herausguckt.

Sie kannten sich noch nicht lange, als Pat den beiden von den Kämpfen der 7. Armee unter General Patton erzählte. Das war ein Jahr zuvor kurz nach der Landung auf Sizilien passiert, als irgend ein Gewehrprojektil Pat zum Krüppel machte. Nach langen Wochen im Lazarett folgte eine Zeit der Schmerzen und Depressionen. Das Gefühl, keiner Frau mehr zu gefallen, beflügelte selbstzerstörerische Grübeleien, bis der Zufall ihn auf den Bademeisterjob stieß, hier, südlich von Malibu, wo es auch Elga und Lilly gut gefiel. Es herrschte nicht der Trubel wie an vielen anderen Strandabschnitten. Man konnte das Auto in der Nähe parken, und es gab die *Hütte*, einen rustikalen Schnellimbiss, der auf der Rückseite auch Umkleidekabinen und ein WC anbot.

Pat liebte seinen Job mittlerweile, weil er fast täglich neue Leute kennenlernte. Elga und Lilly gehören schon zu den älteren Bekanntschaften. So weiß Pat über die beiden Frauen aus Deutschland bestens Bescheid.

Als Lilly ihm vor einigen Wochen erzählte, Elga sei die Ehefrau von Emil Ludwig, war Pat kurz davor, sich zu den beiden Frauen auf die Decke zu setzen. Natürlich hatte er von dem berühmten Schriftsteller gehört, der jetzt oben in Pacific Palisades wohnt. Pats jüngere Schwester hatte ihm von Emil erzählt, der zur Zeit Vorlesungen am Santa Barbara State College hielt. Patricia, seine Schwester, studiere dort nämlich.

»Ach, Pat!« rief Elga. »Was ist die Welt doch klein. Mein Mann ist vor einer Stunde losgefahren, denn heute um 14 Uhr hält er wieder Vorlesung.« Pat fragte nach dem Thema, und Elga antwortete: *How to treat the Germans.*

»Das würde ich gern hören«, sagte Pat. »Ich habe die Deutschen erlebt. Sie sind tapfere Soldaten.« Seine Kameraden und er hätten sich mehrmals gefragt, warum man eigentlich gegeneinander kämpfe und nicht zusammen gegen den Kommunismus und die Stalin-Leute. Er wollte wissen, ob Emil nicht auch ein Buch über den deutschen Kaiser geschrieben habe. Ob der noch Kaiser sei, wisse er nicht so genau, aber dass dem der linke Arm fehlt, davon habe er natürlich gehört. Elga wollte das Thema nicht vertiefen und sagte, der Kaiser sei im Frühjahr '41 gestorben. Sie versprach ein Exemplar von Emils Wilhelm-Zwo-Biographie mitzubringen. Wenn sie keines mehr zuhause hätten, würde sie beim Verlag nachfragen.

Das ist inzwischen geschehen, und Pat hat vor einer Woche sein persönlich signiertes Exemplar erhalten. Jetzt steht er vor den beiden Frauen, die längst neugierig geworden sind. Sie würden gern erfahren, wozu Pat die roten Fähnchen unter dem rechten Arm trägt. Ob er vorhabe, damit Wassernixen zu vertreiben. Pat lacht und meint, das sei eine gute Idee: »Wir haben in zwei Stunden Ebbe und werden ein Badeverbot verhängen. Wie die Damen sicherlich schon bemerkt haben, herrscht ein ziemlich starker Ostwind, der sehr warme Luft heranführt. Dieser Wind und die einsetzende Ebbe, verbunden mit einer besonderen Stellung des Mondes, sorgen dafür, dass Badende leicht abgetrieben werden. Selbst geübte Schwimmer sind davor nicht sicher. Hinzu kommt, dass das Wasser des Pazifiks mit durchschnittlich 18 bis 20 Grad vergleichsweise kühl ist, was an der kalten Nordströmung liegt. Einen routinierten Schwimmer werden bald die Kräfte verlassen.«

Lilly hat gebannt zugehört und fragt: »Kommt das öfter vor, dass hier Leute ins weite Meer getrieben werden?«

»Gott sei Dank nicht allzuoft. Dazu stecken wir ja die roten Fähnchen auf. Aber wir hatten im vergangenen Jahr den Fall, dass ein guter Schwimmer ins Meer gezogen wurde und danach nie wieder aufgetaucht ist.«

Elga fragt: »Gibt es Haie in dieser Gegend?«

Pat macht ein ernstes Gesicht: »Die kommen selten vor, aber sie kommen vor.«

Er verabschiedet sich mit militärischem Gruß und setzt seine Runde fort. Lilly ruft ihm noch hinterher: »Bis morgen!«

Pat lacht: »Bis morgen!«

Elga sieht die Freundin an: »Ein bisschen ist er auch in dich verliebt.«

»Ich bin doch viel zu alt für ihn. Meinen Job bei der Werbeagentur bin ich übrigens los. Der Chef war auch der Ansicht, ich sei zu alt. Daraufhin meinte er, wenn ich mit ihm ins Bett ginge, ließe sich vielleicht noch was machen. Ich hatte auf den Fettwanst allerdings keine Lust und kriegte eine Stunde später meine Kündigung.«

»Hast du von Karl was gehört?«

»Der letzte Brief kam aus Rom, wo die Amerikaner jetzt eingezogen sind. Ich bin sicher, dass er eine andere hat. Er schreibt nur noch kurz, aber wenn ein richtiger Brief kommt, ist ausführlich von Armgard die Rede. Eine junge Sozialdemokratin, die '33 mit ihren Eltern nach England geflohen ist. Sie arbeitet auch bei der Psychologischen Kriegsführung und hat es meinem Karl anscheinend angetan.«

»Sei nicht so pessimistisch. Das ist wie eine Urlaubsbekanntschaft.«

»Ach, Elga, meine Ehe ist schon seit Jahren kaputt. Können wir nicht tauschen?«

Elga sieht sie streng an: »Ich weiß nicht, ob das eine gute Idee wäre.«

»War ja auch nur so dahingesagt. Und zu deiner Beruhigung: Aus Emil und mir ist nie was Ernsthaftes geworden. Er hat mich am Ende nur als Spielzeug benutzt.«

»Er wollte Goethes *Wahlverwandtschaften*, die Quartett-Konstellation, ausprobieren, weil sie ihn künstlerisch faszinierte. Merke dir nur eines. In allem, was er macht, ist er Künstler. Und der ist in allererster Linie mit seinem Werk beschäftigt. Wir sind da bloße Randfiguren.«

»Hast du das immer so mitgemacht?«

»Wir hatten am Beginn unserer Gemeinschaft ein mündliches Abkommen. Darin hatten wir festgelegt, dass unsere Ehe jederzeit gekündigt werden kann, wenn unsere Liebe abkühlen sollte. Außerdem hatte der jeweils andere alle Freiheiten, die er sich nehmen wollte.«

»Und das ging gut?«

»Nach Emils Auffassung ja. Ich würde dagegenhalten, dass unsere Ehe mehr Schaden genommen hat, als wir am Ende ertragen. Emil hingegen spielt die Künstlerrolle nach wie vor gut und gern. Sie bietet ihm viel Vorwand für exzentrisches Verhalten. Lass uns das ein andermal ausführlicher besprechen. Morgen kommen wir wieder und versuchen herauszufinden, ob Pat noch zu haben ist. Wenn ich dem erzähle, dass du in Berlin einst eine gefeierte Schauspielerin warst, macht er dir nächste Woche einen Heiratsantrag.«

Bobby klopft vorsichtig an die Tür zum Studio. Selbstverständlich ist ihm bekannt, dass er um diese Uhrzeit das Heiligtum nicht zu betreten hat. Doch heute – da ist er sich sicher – sind die Umstände außergewöhnlich. Bobby lauscht. Drinnen ist Emils Stimme zu hören, dazu das monotone Geklimper der Schreibmaschine. Emil diktiert seinem Sekretär Albrecht Joseph. Joseph, ein arbeitsloser Theatermann, hat auch schon für Thomas Mann und Franz Werfel gearbeitet.

Bobby klopft energischer. Die Schreibmaschine verstummt. Mit lauter Stimme ertönt drinnen ein Ja. Eine Mischung aus Empörung, Neugier und der Aufforderung, den Raum zu betreten. Bobby drückt die Klinke. In der Mitte des Studios steht Emil, einen Zettel in der Hand, die Zigarette im Mundwinkel. Bobby macht eine Verbeugung und teilt mit, zwei Herren stünden unten in der Halle und wollten Emil sprechen.

»Jetzt unmöglich, sollen heute Nachmittag wiederkommen!«

Bobby bleibt standhaft. Die beiden Herren sehen nicht so aus, als würden sie dann eben heute Nachmittag wiederkommen. Die Herren hatten – wie man es von Hollywood-Film her kennt – Dienstmarken in der Hand. Emil darf sogar, wenn er will, die Dienstausweise einsehen. Er will aber nicht. Denn den einen Herrn kennt er, weil der seit Tagen in einer schwarzen Limousine vor dem Grundstück parkt und auf niemanden zu warten scheint. Wie Emil jetzt erfährt, handelt es sich um Mr. Donovan. So teilt es ihm jedenfalls der andere Herr mit, Mr. Norman. Beide sind FBI-Beamte und würden Emil gern einige Fragen stellen.

»Darf ich den Herren einen Kaffee anbieten?«

»Sehr gern«, antwortet Mr. Norman.

»Vielleicht einen Likör dazu?«

»Sehr aufmerksam von Ihnen«, sagt Mr. Norman und lässt sich in den

Sessel fallen, der offensichtlich dem Hausherrn vorbehalten ist. Mr. Donovan schreitet unterdessen die Bücherregale ab. Er unterbricht diese Tätigkeit auch nicht, als Emil ihm eilfertig erklärt, dass hier nur die belletristische Literatur stehe. Geschichte und Kunstgeschichte befänden sich oben im Studio. Aber, fügt er hinzu und stellt sich so neben vier Regale, dass die beiden Besucher gut sehen können – dies hier seien seine eigenen Werke, ohne die vielen Übersetzungen allerdings. Als er erläutert, welche Bereiche seiner Bibliothek sich noch in der Schweiz befänden, unterbricht ihn Norman: »Sie sind also Schweizer und kein Deutscher?«

»Nein«, sagt Emil erleichtert. »Deutscher bin ich nicht.«

»Sie halten aber am Santa Barbara State College Vorlesungen über die Deutschen?«

»Ja. Am nächsten Montag wieder. Sie sind herzlich eingeladen. Ich thematisiere meine in der Öffentlichkeit vielbeachteten 14 Punkte, die Empfehlungen für einen US-Offizier, der ins besetzte Deutschland kommt. Wollen Sie hören?«

»Danke, Mr. Ludwig, aber für Ihre Vorlesungen ist ein anderer Kollege zuständig.«

Inzwischen hat Bobby den Kaffee gebracht und Likör eingeschenkt. Mr. Donovan nimmt jetzt ebenfalls Platz. Anscheinend beeindruckt ihn Emils Domizil, vor allem die Terrasse mit dem Blick auf das Meer. Mr. Norman fragt nach Thomas Mann und seinen Bruder Heinrich, nach Feuchtwanger und dessen Buch *Moskau 1937*. Er kommt auf Werfel und Brecht zu sprechen und sieht Emil plötzlich durchdringend an: »Sie haben über Stalin geschrieben, eine Artikelserie und ein Buch?«

Emil wird nervös, zumal Donovan sich Notizen macht: »Ich habe die amerikanische Öffentlichkeit über Stalin informiert, da viele Vorurteile über den sowjetischen Diktator herrschten. Sie wissen ja wahrscheinlich, dass mich der Präsident ins Weiße Haus eingeladen hat, um sein Bild über Stalin zu erweitern beziehungsweise zu korrigieren.«

»Wann war das?« fragt Norman.

»Vor gut einem Jahr.«

»Sie waren befreundet mit Walther Rathenau?«

Endlich, denkt Emil. Endlich kann man ein bisschen ausholen.

Norman jedoch ist noch nicht fertig: »Rathenau war Sozialist?«

Emil atmet unruhig: »Also, so kann man das alles nicht vereinfachen. Rathenau war alles ...«

Norman fragt monoton weiter: »Sie sind gut bekannt mit Karl Volkmann, der ebenfalls Sozialist ist?«

Emil lacht schrill auf: »Er ist Sozialdemokrat. Er gehörte bis '33 der SPD an, die Hitler verbot, und SPD heißt: Sozialdemokratische Partei Deutschland. Man kann sie vergleichen mit den Demokraten in den USA, der Partei, der FDR angehört.«

Norman trinkt einen Schluck Kaffee. Er fragt mit ruhiger Stimme: »Was sagen Sie zu folgendem Satz: D*ie demokratische Republik ist der günstigste Boden für den Befreiungskampf der Arbeiterklasse und damit für die Verwirklichung des Sozialismus*?«

Emil zögert, schließlich sagt er: »Ich beteilige mich ungern an Ratespielen. Aber ich vermute einmal, dass der Satz von einem Sozialisten gesprochen wurde.«

Norman weiß die Lösung des Rätsels: »Der Satz wurde von Ihrem Freund Karl Volkmann zitiert. Er steht im Heidelberger Parteiprogramm der SPD. Volkmann hielt in San Francisco einen Vortrag vor Gewerkschaftsvertretern. Glauben Sie, dass er die Verfassung der Vereinigten Staaten verteidigen würde, oder will er einen kommunistischen Staat aus den USA machen?«

Emils Laune verdüstert sich: »Zur Zeit kämpft er als amerikanischer Soldat in Frankreich, und zwar gegen die Truppen Hitlers und für die Freiheit Europas. Reicht Ihnen das als Antwort?«

Einige Tage später.

Albrecht Joseph fährt Emil nach Santa Barbara. Albrecht erzählt: »Sie können davon ausgehen, dass alle zweihundert deutschen Schriftsteller, die im amerikanischen Exil leben, vom FBI oder dem Geheimdienst OSS überwacht werden. Bei Thomas Mann knackte das Telefon immer, wenn Sohn Klaus anrief, der beim FBI als Kommunist gehandelt wird. Bei Feuchtwanger entdeckten Handwerker ein Mikrophon hinter der Holzvertäfelung. Bei Werfel fiel mir auf, dass die Mülltonnen oft untersucht wurden. Was für ein Aufwand! Die Agenten, die man für all das beschäftigt, sollte man lieber am Kampf gegen Nazi-Deutschland einsetzen.«

»Ich überlege, ob ich gleich zu Beginn meiner Vorlesung den FBI-Agenten begrüßen soll, der irgendwo im Publikum sitzt.«

»Verstehen die so viel Spaß? Vergessen Sie nicht, das FBI ist mächtig und macht besonders Jagd auf Kommunisten oder solche Leute, die es dafür hält. Und Sie sind Autor einer Stalin-Biographie. Daraus wird leicht ein David gegen Goliath.«

»Ich habe die Kraft nicht mehr, solche Kämpfe auszufechten. Am liebsten wäre mir, wir drehten um, und ich mache einen Urlaub von mindestens einem Monat, wie der Arzt es mir dringend geraten hat. Stattdessen plane ich eine Europa- und Deutschland-Reise. Neulich in Washington habe ich General Eisenhower gesprochen. Er unterstützt eine von mir durchgeführte Reise durch das geschlagene und zerstörte Deutschland. Er wird mir eine Eskorte mitgeben und einen erfahrenen Offizier. Ich habe schon Anfragen von namhaften Magazinen und Zeitungsredaktionen für eine Artikelserie. Dann kommt auch wieder Geld in die Kasse. Haben wir nicht noch Schulden bei Ihnen?«

»Nicht der Rede wert«, sagt Albrecht. »Sie waren immer so großzügig zu mir. Da kommt es auf ein paar Dollar nicht an. Aber soll ich nun umdrehen?«

Emil lacht: »Um Himmels Willen. Ich freue mich jetzt schon auf die hübschen Studentinnen, die regelmäßig die ersten beiden Reihen bevölkern. So viel Weiblichkeit und Schönheit beleben doch die Seele.«

Emil steht am Pult und spürt, dass das heutige Thema auf großes Interesse stößt. Alle Augen sind auf ihn gerichtet, denn die Empfehlungen für fremde Offiziere sind praxisnah und deutschlandpolitisch hochbrisant. Viele Zuhörerinnen denken jetzt an Freunde, Verlobte, Verwandte, Väter und Brüder, die in Frankreich gegen eine zurückweichende Wehrmacht kämpfen und bald auf deutschem Boden stehen werden. Aber es sind auch zahlreiche junge Männer im Saal, die tagtäglich mit ihrer Einberufung rechnen oder sie bereits in der Tasche haben.

Emil stellt die Punkte zunächst vor: »Sie betreten Deutschland nicht als Befreier, sondern als Sieger. Sie sollen das Land regieren und werden als Herren nur anerkannt, wenn Sie streng sind und zurückhaltend. Geben Sie niemals nach … Der Deutsche hält fair play für Feigheit.«

Ausführlich erläutert Emil seine Punkte, holt weit aus und kommt immer wieder auf den deutschen Nationalcharakter zurück. Fragen gibt es viele, auch kritische Anmerkungen.

Die Veranstaltung ist beendet, doch der berühmte Schriftsteller ist noch umringt, vornehmlich von attraktiven Studentinnen. Einige verströmen betörendes Parfum. Emil redet und redet, er hört sich reden und spürt, wie ein bestimmter penetranter Geruch sein Nervensystem okkupiert.

»Ist Ihnen nicht gut?« fragt Mr. Jenkins, der College-Direktor, der bisher keine von Emils Vorlesungen versäumt hat. »Die Luft hier drinnen ist nicht gut. Wir brauchen eine neue Klimaanlage.«

»Es geht schon«, sagt Emil auffällig leise. Dann sackt er vor dem Auto zusammen, das Albrecht bereits herbeigeholt hat.

Mr. Jenkins reagiert sofort: »In die Klinik!« ruft er. »Die ist ganz in der Nähe.«

Emil, der bei Bewusstsein ist, wird vorsichtig auf mehrere Decken gelegt. Es wird bereits telefoniert, und nach wenigen Minuten ist die Sirene des Notfallwagens zu hören. Der Patient wird ins Santa Barbara Cottage Hospital eingeliefert. Dr. Armstrong verpasst ihm eine Injektion, wodurch der Blutdruck gesenkt wird. Nach einer gründlichen Untersuchung erhält Emil geeignetere Medikamente, als die bisher vom Hausarzt verschriebenen. Daraufhin schläft er zwölf Stunden.

Am nächsten Vormittag steht Dr. Armstrong neben seinem Bett. Er fragt nach dem Befinden, das sich deutlich verbessert hat. Die Tür geht auf, Elga kommt herein. Dr. Armstrong bespricht mit ihr die Diät, die er dringend empfiehlt, und er erteilt striktes Rauchverbot. Emil darf das Bett verlassen, wird ein weiteres Mal untersucht und fährt am folgenden Tag nach Hause. Er sitzt im Wohnzimmer und liest die New York Times, die ausführlich über die Kämpfe um Aachen berichtet. Irgendwann setzt Elga sich dazu. Er spürt sofort, dass ihr etwas Wichtiges auf der Seele liegt. »Sag schon, was ist. Ich vermute mal, dass wir pleite sind.«

»Lilly ist seit drei Tagen verschwunden.«

»Na und? Sie ist verreist.«

»Nein!« sagt Elga ungeduldig. »Ich fürchte, die Sache ist ernster. Sie wollte mich abholen und mit mir, wie schon so oft, an den Strand fahren. Bobby teilte ihr mit, dass ich zu dir nach Santa Barbara gefahren sei. Sie hat sich daraufhin allein auf den Weg gemacht. Pat, das ist der Bademeister, erzählte später, er habe sie am Vormittag noch kurz gesprochen. Vor allem habe er ihr berichtet, dass er einen Job in St. Diego als Auto-Verkäufer bekommen hat. Er ziehe nächste Woche schon um. Lilly habe das mit versteinerter Miene zur Kenntnis genommen.«

»Was weinst du denn? Das alles ist doch halb so schlimm.«

Elga wischt sich einige Tränen aus dem Gesicht. »Ich bin sicher, dass sie sich etwas angetan hat. Denn an jenem Tag war Badeverbot.«

»Elga! Das sagt doch noch gar nichts.«

»Pat fand ihre Sachen abends am Strand. Dabei, erzählte er der Polizei, die ich angerufen hatte, sah er sie zwischendurch viele Stunden nicht. Auch ihr Auto steht noch genau dort, wo sie es am Morgen geparkt hat.«

Emil legt den Arm um Elga: »Liebling, das ist doch wirklich kein Grund, düstere Vermutungen anzustellen.«

»Leider doch. Sie hat vor knapp einer Woche einen Brief von Karl erhalten, dass er gar nicht mehr zurückkommt. Sie könne seine Bücher verscherbeln und die Wohnung gern auflösen, wenn sie das wolle. Dummerweise habe ich ihr auch erzählt, dass wir so bald wie möglich in die Schweiz zurückkehren. Sie hatte wahrscheinlich Angst, hier völlig allein zurückzubleiben.«

Emil sagt: »Wenn sie wieder auftaucht, rede ich mit ihr.«

Doch Lilly Kardorff wird nicht wieder auftauchen.

Abschied

»Und Sie wollen uns verlassen? Sie werden mir fehlen, verehrter Herr Ludwig. Sicherlich haben Sie Sehnsucht nach Moscia, was ich gut verstehen kann ... Aber kommen Sie erst einmal herein. Mögen sie ablegen? Und Ihre Frau ... Wann wird sie ...?«

»Herzlichen Dank. Ich komme schon zurecht. Ich fliege übermorgen und werde Eisenhower in Paris in seinem Hauptquartier treffen. Bei unserem letzten Treffen in Washington – da lebte Roosevelt noch – haben wir vereinbart, dass ich durch einige eroberte deutsche Städte fahre und darüber berichte.«

»Ist das nicht furchtbar? Die Sache mit Roosevelt. Stirbt kurz vor dem großen Ziel!«

»Entsetzlich. Ich werde diesen Tag nicht vergessen. Unsere Hausangestellten hörten es morgens im Radio. Sie fingen beide an zu weinen. Er war ein wirklicher Volkspräsident, ein Präsident aller Amerikaner, auch der Schwarzen. Es gehört für mich zu den Geschenken des Lebens, diesen größten aller amerikanischen Präsidenten persönlich kennengelernt zu haben..«

»Das geht mir ähnlich. Diesem Cäsar im Rollstuhl so nahe gekommen zu sein, gehört zu den großen Momenten in meinem Leben. Für alle Exilschriftsteller war er der gute Geist von Washington. Er war für mich immer der Gegenspieler zu dem deutschen Diabolos. Beide fingen '33 an, ihr Volk zu regieren. Beide legen in diesem Jahr '45 ihre Bilanz vor. Aber ich schlage vor, wir setzen uns erst einmal. Mögen Sie Kaffee? Die dienstbaren Geister stecken gerade den Kopf durch die Tür. Zigarre gefällig?«

»Der Arzt hat mir das Rauchen verboten. Vielleicht nachher.«

»Wie geht es Ihnen gesundheitlich? Auf den ersten Blick machen Sie einen besseren Eindruck als im vergangenen Herbst, als Sie mit dem Herz in der Crisis steckten.«

»Das Herz ist nicht in Ordnung. Ein Infarkt ist jederzeit möglich, weil die Gefäße nicht ordentlich durchblutet werden.«

»Dann treten Sie sicherlich kürzer, so wie ich, der auch erst lernen musste, mit seinen Kräften hauszuhalten. Deshalb bleibe ich auch hier, bei meinen Enkelkindern und in unserem Haus, in dem wir uns so wohlfühlen. Ich gehe nicht zurück nach Europa, wo ich an jeder Ecke an Deutschland erinnert werde. Mein Sohn Klaus ist zur Zeit im eroberten Süddeutschland. Von dort und aus Thüringen kamen Grüße ehemaliger Kollegen, die die vergangenen zwölf Jahre in Deutschland verbracht haben und nun Bekanntschaft pflegen wollen, als sei nichts vorgefallen. Ich solle mich als Galionsfigur zur Verfügung stellen.«

»Seien Sie vorsichtig, Herr Mann. Ich traue denen, die mit Stolz verkünden, sie hätten zur Inneren Emigration gehört und Schlimmeres verhüten helfen, nicht über den Weg. Sie haben sich dem Regime unterworfen, in Goebbels Dienste begeben, haben sich als Schriftsteller auszeichnen lassen und den Eid auf Hitler abgelegt.«

»Völlig richtig. Meines Erachtens ist alles, was zwischen 1933 und heute in Deutschland veröffentlicht wurde, gerade gut genug, um im Reißwolf zu landen. Stattdessen besitzen die Inneren Emigranten die Unverfrorenheit, uns vorzuwerfen, wir hätten Deutschland '33 aus Feigheit verlassen, während sie die Stellung gehalten hätten. Dazu kommt der Vorwurf, wir könnten über die Vorgänge der letzten zwölf Jahre gar nicht urteilen, weil wir ja nicht im Lande gewesen wären. Wir würden darum leicht übersehen, dass nicht alles schlecht gewesen sei.«

»Verlogene Rabulisten, die gar nicht ermessen können, was das Exil für viele Autoren bedeutet. Als wären ihr Bruder Heinrich, Feuchtwanger und all die anderen aus Jux und Tollerei aus der literarischen Heimat Deutschland geflohen. Was hätte uns *verbotenen und verbrannten*

Schriftstellern denn gedroht, hätten uns Himmlers Schergen ergreifen können.«

»Und trotzdem wollen Sie zurück und aus Deutschland berichten, diesem Land der materiellen und moralischen Verwüstungen und der Mord-Lager, der Flüchtlinge, Hungernden und Ausgebombten, die – keine vier Jahre ist es her – dem Teufel zugejubelt haben und vor Freude weinten, wenn er sich wieder ein Land unterworfen hatte und sich ihnen in Führer-Pose darbot. Sie hatten übrigens vollkommen recht, und es ist gut, dass Sie standfest geblieben sind, als aus unseren Reihen des Exils der Vorwurf laut wurde, sie würden das *andere Deutschland* in Abrede stellen. Ich bin fest davon überzeugt, dass es auf diesem Erdball nur ein Deutschland gibt: das gute humanistische, europäische Deutschland, dem die Welt so viel zu verdanken hat, das aber eine bösartige Disposition in sich trägt, die unter bestimmten Voraussetzungen hervorbricht wie eine triebartige Veranlagung.«

»Die Lager, Herr Mann, es waren die Lager, die uns nachträglich recht gaben. Angesichts der Leichenberge in Bergen Belsen, Dachau oder Buchenwald verstummten viele derjenigen, die uns unlängst noch als Vansittartisten beschimpft haben. Keiner spricht von Kollektivschuld, aber es muss für jeden Deutschen heutzutage klar sein, dass er eine …«,

»… dass er eine Mitverantwortung hat für das, was Deutschland an Elend über die Welt gebracht hat. Dass es darüber hinaus eine persönliche Schuld gibt, versteht sich von selbst.«

»Ich fürchte jedoch, Herr Ludwig, dass die Deutschen sich nicht so leicht umziehen lassen, wie es Ihnen vorschwebt. Sie werden trotzig sein wie bösartige Schuljungen. Es wird schwer werden, ihnen beizubringen, dass die deutsche Katastrophe nicht in diesen Tagen beginnt, sondern zwölf Jahre vorher, 1933. Diese Deutschen sind vom Teufel besessen. Nehmen Sie nur den Fanatismus, den sie aller Welt darbieten. Der Krieg ist längst verloren, aber die Deutschen leisten Widerstand bis zum letzten Mann. Als hätte man es mit einer Horde von Mordbrennern zu tun. Wahrscheinlich glaubt die Mehrheit tatsächlich, sie würde ihrem Vaterland einen Gefallen tun. Irrtum, sage ich und rufe ihnen zu: euer Widerstand rückt euer geliebtes Deutschland, oder was davon übrig blieb, nur ins falsche Licht, dorthin nämlich, wo ein dämonischer Schatten herrscht.«

»Bravo!« ruft Emil. »Die nächste Radioansprache hat ihr Thema.«

Der Zauberer lacht verschmitzt: »Und dann frage ich mit Goethe – wenn

Sie mir das gestatten: *Deutschland? aber wo liegt es? Ich weiß das Land nicht zu finden, wo das gelehrte beginnt, hört das politische auf.*«

»Dieses Diktum meint doch, was ich schon Anfang der Zwanziger Jahre gefordert habe, dass Geist und Staat eine Einheit bilden müssen. Was in der deutschen Geschichte nur ganz selten erreicht wurde. Von nichts anderem handelt mein Buch *The Germans*.«

»Ich habe gerade wieder von Ihrem Werk profitiert, da ich Ende Mai in der Kongress-Bibliothek einen Vortrag zum Thema *Deutschland und die Deutschen* halten werde. Darin geht es um all diese Fragen. Aber da kommt unser Kaffee. Wie trinken Sie ihn, mit cream and sugar?«

»Mit reichlich Sahne. Eigentlich soll ich gar keinen Kaffee trinken, aber der Mensch erträgt keine Diktatur, auch nicht die seines Arztes.«

»Wir sollten nach draußen in den Garten gehen und dabei aufs Meer schauen. Das beruhigt die Sinne und lässt uns die Deutschen ein wenig vergessen.«

»Herr Mann, wie soll das gehen? Wir stecken doch selbst viel zu tief drin in dem deutschen Schlamassel und kommen nicht davon los. Allein die Verwobenheit mit der Sprache. Ich halte Vorträge in vier verschiedenen Sprachen – aber meine Liebe erklären kann ich nur auf Deutsch. Aber meinetwegen wechseln wir das Thema. Vielleicht gelingt es besser, wenn Sie diese echte *Havanna* einmal probieren. Ein Geschenk meines kubanischen Verlegers.«

»Viele Ihrer Bücher erscheinen auf dem spanischen Buchmarkt.«

»Richtig, aber leider zahlen die Verleger oft schlecht oder gar nicht. Aber ich bin neugierig: Woran schreiben Sie gerade? Man erzählte mir, es wäre ein Roman, den Sie unter der Feder haben, und Sie hätten bei Werfel schon daraus vorgelesen. Von der Faust-Sage wurde gemunkelt. Gestatten Sie deshalb die Frage: Wovon handelt das neue Werk?«

»Ach, lieber Ludwig, ich mag es Ihnen gar nicht beichten.«

»Nur zu!«

»Es handelt von dem deutschen Schlamassel. Von der deutschen Tragödie und ihren geistigen und kulturellen Wurzeln. Es geht um den Pakt mit dem Teufel, um deutsche Romantik und vor allem um die Macht der Musik. Mit Goethe hat das wenig zu tun, so dass ich hoffe, dieses Mal kein Verdammungsurteil Ihrerseits zu kassieren.«

»Sie meinen *Tommy in Weimar*. Ist doch längst vergessen!«

»Auch vergeben? Sie schmunzeln. Das beruhigt mich. Aber zu Ihrer bevorstehenden Reise. Wird Ihre Frau hinterherkommen?«

»Sie wird bald nach Moscia zurückkehren. Wir müssen nur sehen, dass wir unser Haus gut verkaufen können. Meine Frau wohnt nicht mehr gern in Pacific Palisades, seit sie weiß, dass wir vom FBI beobachtet werden. Wir wurden beide in Los Angeles vom FBI verhört.«

»Und was warf man Ihnen vor?«

»Dass wir mit Charles Chaplin befreundet sind und ich angeblich für Stalin schwärme.«

»Und was haben Sie denen geantwortet?«

»Dass ich für Roosevelt schwärme!«

Der Zauberer lacht laut auf: »Sehr gut! Hat der FBI-Banause darauf noch eine Antwort gehabt?«

»Er hat gebrummt – das sei genauso schlimm!«

Wo sind die Särge?

Emil versteht kein Wort. Das hält Major White nicht davon ab, ohne Punkt und Komma auf ihn einzureden, wobei er die Hände lebhaft beteiligt. Wie komisch das aussieht, denkt Emil, wenn die Lippen stummfilmartig vor sich hinbrabbeln. Anscheinend geht es um die Einnahme von Frankfurt. Mehr ist beim besten Willen nicht herauszuhören, bei Harald S. White, der aus Montana stammt und im zivilen Leben Inhaber eines Sockengroßhandels ist.

Sie fliegen in einem Militärtransporter. Dessen Motoren dröhnen so ohrenbetäubend, dass an eine Unterhaltung nicht zu denken ist. Ein Passagierflugzeug wäre natürlich komfortabler gewesen, war aber auf die Schnelle nicht zu bekommen, obwohl Eisenhower zweimal zum Hörer griff und Druck machte. Da müsse doch für heute eine Maschine aufzutreiben sein, die nach Frankfurt abgehe. Seinem künftigen Hauptquartier, in das er bald einziehen will.

Die DC-3 verliert an Geschwindigkeit und Höhe. Sie neigt sich ein wenig zur linken Seite. Major White zeigt zum Fenster. Er ist jetzt besser zu verstehen, als er brüllt: »Wir sind gleich in Frankfurt. Willkommen in Deutschland, Mr. Ludwig, das da unten ist Feindesland. Fraternisierung verboten!«

Emil nickt, reckt sich gequält. Sein Rücken schmerzt. Die ganze Zeit hat er auf einem Klappsitz aus Drahtgeflecht gesessen. Polster gibt es nicht. White hat es nicht besser getroffen. Er sitzt auf einer der zahlreichen Holzkisten, die das Flugzeug geladen hat. Wie es heißt, sind die für das neue Hauptquartier bestimmt. Ihr Inhalt, merkte White noch vor dem Start trocken an, scheint wertvoll zu sein. Denn im Unterschied zu ihm, seien sie mit Gurten am Flugzeugrumpf festgeschnallt.

Die Maschine setzt unsanft auf und stolpert die notdürftig ausgebesserte Landebahn entlang. In der Nähe des hochhausähnlichen Towers kommt sie zum Stehen.

»Die fliegen gleich nach Paris zurück«, erklärt Major White. »Ike ist schon ganz scharf auf sein neues Schloss, von wo er Deutschland regieren will.«

»Ganz Deutschland?« fragt Emil. »Die Russen wollen sicher auch ein bisschen mitregieren.«

White ist bei seinem Paradethema: »Ach, die Russkis, die wollen sich möglichst schnell Berlin einverleiben. Wenn Sie mich fragen, gibt es kurz über lang Streit um Deutschland. Sie wissen doch, wer Deutschland besitzt, der … Es ist übrigens nur noch eine Frage von wenigen Tagen, dann werden unsere Jungs mit russischen Soldaten zusammentreffen. Das wird irgendwo entlang der Elbe sein … aber da ist schon unser Empfangskomitee.«

Ein Trupp Uniformierter kommt aus dem Flughafengebäude.

»Das darf nicht wahr sein«, brummt Emil, was White aber nicht entgangen ist: »Kennen Sie einen der Kameraden?«

»Und ob!« antwortet Emil und zeigt auf den grinsenden Volkmann.

»Was für ein Zufall«, ruft der und macht Major White sogleich Meldung. Drei Jeeps würden am Eingang des Flughafengebäudes bereitstehen. Dazu sechs GI's und drei Fahrer als Begleitschutz. White dankt Sergeant Volkmann, der von der Abteilung Psychologische Kriegsführung abkommandiert wurde.

»Sie kennen sich?« fragt White und mustert den gutgelaunten Volkmann.

»Lassen Sie mich einen Augenblick rechnen, Herr Major. Wenn ich mich nicht täusche, sind Herr Ludwig und ich uns 1909 in Berlin das erste Mal über den Weg gelaufen. In der Villa des namhaften Verlegers Samuel Fischer.«

White ist beeindruckt und will wissen, ob Volkmann Erfahrung damit habe, prominente Leute oder Pressevertreter über die jeweiligen Kriegsschauplätze zu führen. Er selbst habe erst vor drei Tagen im Pariser Hauptquartier erfahren, dass er den bekannten Emil Ludwig durch das besiegte und besetzte Nazi-Deutschland führen soll. »Gibt es eigentlich eine Art Programm für unsere Informationsreise?«

Volkmann macht eine abschätzige Handbewegung: »Herr Major, die zuständige Abteilung im Hauptquartier war in dieser Hinsicht eindeutig überfordert. So wurde ich gefragt, ob Herr Ludwig, der bekannte amerikanische Schriftsteller, eigentlich Deutsch spreche. Ich habe mir erlaubt zu antworten, er spreche kaum Deutsch. Daraufhin wurde ich als Übersetzer abgeordnet, obwohl ich zur Zeit voll damit ausgelastet bin, deutsche Offiziere zu verhören. Ich bin aber schon als Reiseleiter unterwegs gewesen und könnte Sie, wenn Sie einverstanden sind, durch einige Städte Süddeutschlands und Thüringens führen. Dort habe ich unseren Vormarsch miterlebt. Ich war dabei, als General Patton die tausend Weimarer Bürger nach Buchenwald schickte. Das war vor zehn Tagen.«

»Okay, Sergeant, bin einverstanden. Nun dirigieren Sie uns durch Frankfurt zum I.G. Farben-Haus, wo uns – wie man mir versichert hat – ein Mittagessen erwartet.«

»Es steht alles bereit, Herr Major. Es gibt nur noch eine kleine Formalie zu besprechen. Ich wurde nämlich von der zuständigen Abteilung darauf verwiesen, dass Herr Ludwig unter einem Pseudonym fahren sollte. Das sei sicherer. Schließlich sei er Jude, und die würden von den Nazis brutal verfolgt. Also Emil, wie möchtest du heißen? John W. Goethe vielleicht?«

Emil winkt ab: »Dann heiße ich bei den Amerikanern nur noch Mr. Goothy, und das möchte ich meinem Hausgenossen nicht antun. Und was die deutsche Sprache anbelangt, die ich *kaum* spreche, so war deine Antwort wundervoll sibyllinisch. Man merkt sofort, dass du aus der Politik kommst. Aber zu der Frage. Ich heiße Emil Ludwig und bitte darum, keine erneute Namensänderung vorzunehmen. Die letzte liegt sechzig Jahre zurück, und die Deutschen haben sich an sie noch immer nicht gewöhnt.«

Sam, der schwarze Fahrer, startet den Motor und dreht sich zur Rückbank, wo Emil und Karl etwas eingeengt Platz genommen haben. Sam wirft einen Blick auf den Major. Der gibt ein kurzes Handzeichen, und sogleich setzen sich die Fahrzeuge in Bewegung. Es ist ein warmer Frühlingstag. Man fährt ohne Verdeck. Sie passieren die Vororte. Hier haben nur vereinzelte Gebäude Bombenschäden oder Spuren der Kampfhandlungen davongetragen. Wenig einladend sind jedoch die von Panzerketten zerwühlten Landstraßen, die nach Frankfurt hineinführen. Nur selten sind sie notdürftig ausgebessert oder befestigt worden, seit hier vor einem Monat die amerikanischen Eroberer entlangrollten.

»Ich kann mich gut erinnern, wie Kinder, Frauen und alte Leute uns vom Gartenzaun aus bestaunten«, sagt Karl. »Einige winkten, andere verstanden die Welt nicht mehr, wahrscheinlich deshalb, weil überall weiße Bettlaken an Besenstielen aus den Fenstern hingen, wo kurz zuvor noch Hakenkreuzfahnen flatterten.«

Sie nähern sich dem Stadtzentrum. Bombentrichter beherrschen das Bild, zu dem ebenso ausgebrannte deutsche Panzer gehören wie außer Gefecht gesetzte Geschütze oder umgestürzte Straßenbahnen, die als Barrikaden dienten. Emil bestaunt die unzähligen Ruinen, die rußgeschwärzten Straßenschluchten, durch die der Feuersturm gefegt ist. Fassaden ragen unwirklich in den Himmel. Hinter ihnen sind mitunter Wohnungen auszumachen. Man wird an Theaterkulissen erinnert, richtet sich der Blick in die verlassenen Wohn- und Schlafzimmer der einzelnen Stockwerke. Dort ist die Küche, auch Bilder hängen noch an der Wand. Und überall wird die Trümmerlandschaft von einer soliden Staubschicht überzogen.

Oft aber haben sich nur die Fassaden erhalten, und das Innere eines mehrstöckigen Gebäudes ist in sich zusammengesackt und hat nur eine gewaltige Geröllhalde hinterlassen, aus der verkohlte Balken herauszeigen. Sam führt den Konvoi an. Er kann nur langsam fahren. Überall entlang der Straßen liegen Schutthaufen.

»Möchte nicht wissen, wie viele Krauts noch darunterliegen«, sagt Major White. »Schlimmer sieht es in den Kellern aus, die als Schutzräume gedient haben. Wenn das Haus durch einen Volltreffer zusammengebrochen ist, gab es keine Fluchtmöglichkeit mehr, denn draußen in den Straßen, wo der Feuersturm wütete, herrschten mehr als tausend Grad. Da ist man verbrannt wie ein Streichholz.«

Volkmann meint: »Städte, die wie diese durch Bombenteppiche in Schutt und Asche gelegt wurden, verströmen einen ganz besonderen Geruch, eine Ausdünstung, die ein Kriegskorrespondent als das Parfüm des Todes bezeichnet hat.«

Viele Straßen sind unpassierbar, doch Sam kennt den Weg. Er weiß, wohin Sergeant Volkmann die Fahrzeuge dirigieren will. Nach wenigen Minuten bremst Sam und stellt den Motor ab. Sie stehen in einer schmalen Straße, eingerahmt von Schuttbergen. Vereinzelte Brandruinen sind zu sehen. Die meisten der ehemaligen Fachwerkhäuser sind bis auf die Grundmauern niedergebrannt.

»Wenn ich bitten darf«, sagt Volkmann und steigt als erster aus.

Der Major wird ungeduldig: »Wollen Sie hier übernachten, Sergeant?«

»Keine Sorge, Herr Major«, ruft Karl und sieht Emil eindringlich an: »Na? Erkennst du es wieder?«

Emil betrachtet die gespenstische Szenerie. Seine Augen ertasten das Ruinenensemble. Er sucht Halt an der geöffneten Fahrertür. Mechanisch greift er zur Zigarette, die der Major ihm reicht. White fragt: »Kennen Sie eines der Häuser, die hier mal gestanden haben?«

Emil sieht Karl an: »Wir sind am Großen Hirschgraben, stimmt's?«

»Genau dort, Nummer 23, mein Lieber. Hier siehst du besonders deutlich, was dein Luftbombardement, das du seit Jahren forderst, für Folgen zeitigt. Das ist deine zweite Front, für die du landauf, landab geworben hast.«

Der Major tritt an die beiden heran: »Und was ist das Besondere an dieser Ruine?«

Emil sagt: »Mr. White, hier stand einst Goethes Geburtshaus. Deshalb halten wir hier, und darum bat ich General Eisenhower, dass wir unsere Rundtour in Weimar beenden. Dort gibt es auch ein Goethe-Haus, das zwar schwer beschädigt, im Kern aber noch erhalten ist.«

»Na, wenn das so ist«, sagt White, »muss man natürlich anhalten. Vielleicht sollte man ein paar Fotos machen. Aber danach, meine Herren, geben wir ein bisschen Gas, denn allmählich kriege ich Hunger.«

Während der Fahrt zum künftigen Hauptquartier beantwortet Karl noch einige Fragen, die Emil am Großen Hirschgraben aufgeworfen hat: »Goethe-Haus, Goethe-Museum und die Bibliothek sind bei einem Großangriff am 22. März '44 zu großen Teilen zerstört worden – ich weiß, was du sagen willst. Genau an seinem Todestag. Es gab noch spätere Angriffe, durch die weitere Zerstörungen erfolgten. Und was die Brand- und Sprengbomben nicht vernichtet haben, wurde ein Opfer des Löschwassers. Noch im Krieg wurde lebhaft in der Presse diskutiert, ob man diese kulturellen Stätten wieder aufbauen sollte. Denn will man die Deutschen, wie du predigst, im Geist Goethes erziehen, braucht man natürlich intakte Goethestätten. Und eine davon wird Buchenwald sein.«

Der Major schaltet sich ein: »Sollte man solche Orte des Grauens wirklich zu Gedenkstätten machen? Ich war mehrfach im Lager, nicht nur dieses eine Mal vor ziemlich genau zehn Tagen, als General Patton eintausend Weimarer nach oben zitierte, weil sie sich die Leichenberge anschauen sollten. Ich habe seitdem diesen Verwesungsgeruch nicht aus der Nase rausbekommen. Und dann die Häftlinge, diese halbverhungerten Gestalten, von denen noch so viele nach der Befreiung gestorben sind, da sie zu ausgezehrt und krank waren. Nee, meine Herren, ich glaube, da kriegen mich keine zehn Pferde mehr hin.«

Das Essen ist so gut wie beendet. Karl hat sich einen zweiten Nachtisch genehmigt, den Emil ihm zugeschoben hat. Schokoladenpudding mit Vanillesoße sei nichts für seine Diät, die ihm der Arzt verordnet hat, erklärt Emil. Bei White löst das nur Kopfschütteln aus: »Ach was, Mr. Ludwig, der Krieg hat seine eigenen Gesetze und sorgt dafür, dass unsere Frauen uns hinterher nicht wiedererkennen. Der eine hat Übergewicht, weil er den Deutschen die Vorräte geklaut hat, die sie im Keller versteckt hatten. Der andere hat einen standfesten Tripper im Gepäck, weil er die deutsche Hausfrau im deutschen Ehebett noch ordentlich beglückt hat und weil er nicht der Erste war.«

 Emil kräuselt die Stirn. Er will etwas sagen, doch Volkmann zieht einen Zettel aus der Uniformtasche: »Ich wollte Ihnen noch die Strecke vorstellen, die wir abfahren werden. Gleich im Anschluss machen wir uns auf den Weg nach Heidelberg, wo uns eigentlich Herr Ludwig führen könnte, weil er dort einige Semester studiert hat. Es geht weiter nach Karlsruhe, Würzburg, Nürnberg, Erlangen und Bamberg. Wir beschließen die Tour mit Eisenach und Erfurt und last but not least mit Weimar. Ob wir noch Zeit für Buchenwald haben, muss sich zeigen. Man hat mich im Hauptquartier auf alle Fälle vor Infektionen gewarnt, die im Lager, zum Teil auch in der näheren Umgebung, kursieren. Außerdem gibt es inzwischen so viele Berichte über dieses Lager, dass man sich einen Besuch womöglich sparen kann.«

 »Das sollten wir nicht jetzt entscheiden«, erklärt Emil. »Weimar als Reiseziel war mir aus persönlichen Gründen wichtig. Hier habe ich seit 1920, nach dem Erfolg meiner Goethe-Biografie, jedes Jahr zum Geburtstag einen Kranz auf seinen Sarg in der Fürstengruft legen lassen. Das funktionierte selbst noch in der Nazi-Zeit. War ich vor '33 in der Nähe, habe ich die kleine Ehrung selbst vorgenommen. Dieses Jahr fällt die Kranzniederlegung ins Frühjahr.«

 Unterwegs ist natürlich vom Krieg die Rede.

»Das war schon ein merkwürdiges Gefühl«, erzählt der Major, »als wir die Grenze nach Deutschland überfuhren. Bisher waren wir Befreier gewesen, nun kamen wir als Eroberer. Und sich vorzustellen, dass die zermürbten, kriegsmüden Gestalten, die extra für uns weiße Fahnen in die Fenster steckten, vor wenigen Jahren noch die Weltherrschaft angestrebt hatten – das war einfach absurd. Der Bombenkrieg, Mr. Ludwig, hatte übrigens nicht die Wirkung, die unsere Experten vorausgesagt hatten. Die Zerstörung der Städte und der Beschuss durch Tiefflieger haben die Bevölkerung eher zusammenrücken lassen. Hier schlug die Stunde der Partei, die jetzt im großen Stil Hilfe organisierte. Nein, erst der Einmarsch feindlicher Truppen hat die Deutschen resignieren lassen.«

Sie kommen durch eine weitgehend zerstörte Kleinstadt. »Wissen Sie, Mr. Ludwig, warum wir hier so gewütet haben?« fragt White, und ohne eine Antwort abzuwarten, sagt er: »Hier hat sich Widerstand geregt. Wir sind mit unseren Lautsprecherwagen an den Ort herangefahren und haben die friedliche Übergabe der Stadt angeboten. Als unsere Jungs dann aus dem Hinterhalt von einer SS-Abteilung beschossen wurden und wir zwei Männer dabei verloren, haben wir uns zurückgezogen. Sofort stellten sich unsere Panzer bereit. Als die herbeigeorderten Flugzeuge mit der Bombardierung begannen, feuerte unsere Artillerie aus allen Rohren. Der Verlust unter der Zivilbevölkerung war groß, während die SS-Leute längst getürmt waren.«

Nach einer kleinen Pause erzählt White: »Wir hatten völlig diffuse Vorstellungen von den Deutschen, die uns erwarteten. Unsere Propaganda hatte sie als blutrünstige Werwölfe dargestellt. Als sie vor uns standen, blutjunge Kerle, kaum richtig ausgebildet, zitternd vor Angst, da dämmerte uns, warum wir mit einer Widerstandsbewegung nicht zu rechnen hatten. Dabei luden wir selbst zu einem Guerillakrieg ein, weil wir viel zu wenig Besatzungssoldaten in den eroberten Gebieten hatten. Da es keine Frontlinie mehr gab, stießen unsere Panzerverbände weit ins Feindesland vor. Hier hätten Partisanen schon etwas ausrichten können. So staunten unsere Heeresführer, dass die deutschen Orts- und Hinweisschilder immer korrekt aufgestellt waren. Durch Übermalen oder Verdrehungen hätte man für Verwirrung sorgen können.«

Emil ruft: »Sie kennen den Ordnungssinn der Deutschen schlecht. Auf Ordnung sind sie dressiert. Genauso wie auf Befehl und Gehorsam: Wenn man ihnen etwas befiehlt, gehorchen sie und befolgen jeden Befehl.«

Karl sagt dazu: »Wir haben junge Soldaten verhört, die uns erklärten, sie hätten trotz Kriegsmüdigkeit und ständiger Todesangst nicht gewusst, wie sie sich ergeben konnten. Vor ihnen befanden sich die überlegenen US-Streitkräfte, hinter ihnen aber fanatische Nazis, die jeden an die Wand stellten, der auch nur an Kapitulation dachte. Man darf eben die Macht des Terrors nicht unterschätzen, der von SS, Gestapo oder der Feldgendarmerie ausgeübt wurde. Und – das war noch in Frankreich – beim Verhören von Offizieren fiel uns die unglaubliche Ignoranz auf. Diese Männer wussten nicht, was um sie herum geschah und geschehen war. Sie verfügten über keinerlei politische Kenntnisse noch waren sie halbwegs über die militärische Lage ihres Vaterlands oder Europas und der Welt informiert. Dass sie nichts über die KZ und die Gräueltaten der SS gewusst haben wollen, möchte man ihnen manchmal sogar abnehmen.«

»Es ist ziemlich verrückt«, sagt White, »wie dieser Krieg der Deutschen zu Ende geht. Mir wurde dazu folgende Geschichte erzählt: Unsere Infanterie dringt in eine Kleinstadt ein, die geräumt schien. Doch plötzlich gibt es Beschuss aus einem oberen Dachgeschoss. Die Jungs orderten die Panzer herbei, die alles weitere regeln sollten. Da tritt aus einem gegenüberliegenden Haus eine stattliche Frau mit weißer Fahne heraus. Sie geht in das Haus, aus dem geschossen worden war, und kommt mit zwei heulenden Buben zurück, die sie an den Ohren gepackt hatte. Der eine war zwölf, der andere vierzehn Jahre alt, und beide von ihrem HJ-Führer aufgestachelt, in letzter Minute noch für Hitler zu sterben.«

Als die Männer fünfzig Kilometer vor Heidelberg eine längere Pause einlegen, fragt Emil Karl. »Sag mal, stimmt das, was White über die Vergewaltigungen deutscher Frauen durch unsere Soldaten angedeutet hat?«

»Ich fürchte ja«, antwortet Karl. »Viele sagen sich, wenn wir schon als Eroberer kommen, nehmen wir uns auch das älteste Kriegsrecht der Weltgeschichte heraus. Nenne mir einen Krieg, wo die Sieger nicht über die Frauen der Besiegten hergefallen wären.«

Fünf Tage später geht es auf Weimar zu. Der Major reicht seine Zigarettenschachtel nach hinten: »So, Mr. Ludwig, jetzt haben wir's bald geschafft. Weimar noch – und dann ist unsere kleine Erkundungstour abgeschlossen. Ich habe erst spät erfahren – da standen wir schon mit einem Bein in der Stadt –, dass Weimar nicht nur berühmt ist wegen seiner Dichter, sondern auch eine Hochburg der Nazis war. Das pompöse Gauforum, also die Zentrale der thüringischen NSDAP, ist formvollendete Faschisten-Architektur.«

Emil beugt sich ein wenig vor: »Weimar, Mr. White, ist sehr geeignet für eine Betrachtung der deutschen Geschichte. Man lernt hier ihre Ambivalenz gut kennen. Da sind auf der einen Seite die Dichter und Denker wie Goethe, Schiller oder Wieland ...«

»Wie?

»Wieland!«

»Kenn ich nicht.«

»Macht nichts, Major. War ein Vertreter der Weimarer Klassik. Sie können aber ebenso auf die Musiker Franz Liszt oder Richard Wagner verweisen, über die wir gestern sprachen. Sie wurden von den Nazis schamlos ausgebeutet. Ganz nebenbei kamen Sie gestern auf die Fanfare zum Russlandfeldzug zu sprechen, die gespielt wurde, wenn die Propaganda einen militärischen Erfolg im Osten verkünden wollte. Diese Fanfare, die Ihnen und Ihren Kameraden so gut gefiel, ist aus *Les Préludes* und wurde von Franz Liszt komponiert.«

»Die haben wir im Casino öfter gespielt. Eine Musik, die unter die Haut geht. Teufelskerl, dieser Liszt, muss gut Geld gemacht haben. War wohl oft auf dem Berghof zu Besuch, so wie Richard Wagner, der ja ebenfalls eine verführerische Musik komponiert hat. Er war ein Freund des Führers. Wir haben einen Film gesehen. Jedes Jahr ist Hitler bei ihm zu Besuch gewesen.«

»Herr Major, da verwechseln Sie etwas. Liszt und Wagner waren schon tot, als Hitler auf die Welt kam. Die sind sich persönlich nie begegnet, wurden von den Nazis aber benutzt.«

White grient: »Also, wenn das so ist, sind die Jungs ja entlastet. Und dieser Wagner – das wollte ich nur sagen –, der gefällt mir sehr. Ich will sehen, ob ich hier oder in Frankfurt ein Geschäft finde, wo es Schallplatten von Liszt und Wagner gibt. Ich lege meine Pistole auf den Ladentisch und sage, ich wollte Nazi-Platten beschlagnahmen.«

White reibt sich vor Vergnügen die Hände und lacht, wobei er Sam zuzwinkert. »Vielleicht nehme ich dich mit und drohe damit, dich von der Leine zu lassen. Schwarze machen den deutschen *Frolleins* bekanntlich am meisten Angst. Natürlich, weil ihr drei Mal hintereinander könnt ...«

White findet das besonders komisch, und auch Sam freut sich wie ein Kind, obwohl er gar nicht mitbekommen hat, wovon der Major sprach. Sam weiß nur, dass man herzhaft lachen darf, wenn es in einer Männerrunde um die deutschen *Frolleins* geht.

Sie halten am Frauenplan vor dem Goethe-Haus. Emil fragt nach dem Direktor des Nationalmuseums, der einige Straßen weiter wohnt. Besorgt springt der vom Mittagessen auf, nachdem ihm das Hausmädchen mitgeteilt hat, die Amerikaner seien in Kompaniestärke aufmarschiert und wollten ihn unbedingt sprechen. Das klingt nach Internierung oder Schlimmerem. Der Direktor beruhigt sich allerdings schnell, als Emil mitteilt, er wolle nur einen Kranz auf Goethes Sarg legen. Man möge ihm die Gruft des Historischen Friedhofs aufschließen.

Der Direktor bedauert zutiefst. Die Särge Goethes und Schillers sind im Dezember '44 von SS-Sturmbannführer Schulze beschlagnahmt worden, um als Kulturgut in einem geeigneten Bunker evakuiert zu werden. Welcher Bunker das sei, wisse er nicht. Schulze sei aber Polizeidirektor von Jena gewesen.

Die Jeeps auf dem Frauenplan werden längst von der städtischen Jugend bestaunt und umlagert. Freundlich wird nach Kaugummis, Schokolade, aber auch Zigaretten gebettelt. Schließlich rauchen heutzutage schon Zwölfjährige in aller Öffentlichkeit.

Der Direktor bietet an, eine kostenfreie Führung durch die unversehrten Teile des Nationalmuseums zu veranstalten. Doch deswegen ist Emil nicht gekommen. Er sagt zu White, der sich die Bombenschäden am Goethe-Haus genauer angesehen hat: »Das ist in etwa so, als wären drüben bei Ihnen die sterblichen Überreste Washingtons verschwunden.«

White wird wütend: »Unerhört! Soll ich Militärpolizei anfordern? Die nehmen die Kerle mal richtig in die Zange.«

Der Direktor zuckt zusammen. Mit seinem Schulenglisch hat er zwar nicht alles, aber doch das Wesentliche verstanden. Deshalb erwägt er laut und vernehmlich: Vielleicht wisse Dr. Bach in Jena mehr. Der sei gut befreundet mit Dr. Knie, dem dortigen Luftschutzarzt. Der hat im größten Jenaer Hochbunker in der Knebelstraße bis vor Kurzem noch seinen Dienst verrichtet. Beide seien übrigens leidenschaftliche Goethe-Verehrer.

Also auf nach Jena, wo man Dr. Bach ebenfalls beim Mittagessen antrifft. Bach ist Jurist und ausgesprochen kooperativ. Gott sei Dank seien sie da – die Amerikaner, die man so herbeigesehnt habe. Nicht auszudenken, die Russen hätten Thüringen erobert. Gestern Abend sei es ja durch den Rundfunk gekommen: Bei Torgau an der Elbe sind Russen und Amerikaner zusammengetroffen. Und mit weinerlichen Stimme fügt er hinzu: »Mein Gott, was soll nur aus Deutschland werden?«

Jetzt hat Emil genug gehört. Er will wissen, was aus den beiden Särgen geworden ist, und fragt ungewöhnlich scharf nach, so dass Volkmann tief beeindruckt ist. Bach vergisst sich für einen Augenblick und schlägt akkurat die Hacken zusammen. Er meldet: Das wisse Dr. Knie am besten, den treffe man jetzt um diese Uhrzeit zu Hause an. Emil denkt: Wahrscheinlich sitzt er am Mittagstisch. Heute scheint kollektives Eintopfessen stattzufinden.

Dr. Knie kommt nicht sofort. Er war schon beim Mittagsschlaf angelangt. So entsteht Wartezeit. Die GI's lassen sich von der Sonne bescheinen, scherzen mit einigen jungen Frauen herum. White ist auf der Suche nach einer ordentlichen Toilette, während Volkmann den amerikanischen Stadtkommandanten Robert L. Perry aufsucht, um einige Formalitäten zu regeln.

Emil fragt unterdessen eine ältere Frau nach einem Blumengeschäft. Die Frau, die eine Einkaufstasche trägt und sich misstrauisch an den Jeeps vorbeischleichen will, antwortet, das einzige Blumengeschäft, das bei Kriegsende noch existiert habe, sei bei der Eroberung durch die Amerikaner zerstört worden. Sie habe aber blühenden Flieder im Garten. Davon dürfe der Herr sich gern ein paar Zweige abschneiden. Flieder sei besonders für Damenbesuche geeignet. Emil nimmt das Angebot an und steckt der Alten eine Packung Schokolade zu.

Inzwischen ist Dr. Knie eingetroffen. Er schickt umgehend eine kurze Erklärung vorweg: »Ja, meine Herren, ich war Mitglied der Partei – aber, bitte schön, wer war das denn nicht! Als Leitendem Luftschutzarzt ist mir doch gar nichts anderes übriggeblieben, als zum Schein mitzumachen und Schlimmeres zu verhüten. Das alles habe ich dem Stadtkommandanten, Herrn Perry, längst zu Protokoll gegeben. Und was die beiden Särge anbelangt, da habe ich auf lebensgefährliche Weise meinen Widerstandswillen unter Beweis gestellt, und zwar gegen die Zerstörungswut des braunen Regimes. Als SS-Sturmbannführer Schulze nämlich befahl, die Särge im Luftschutzbunker vorübergehend unterzustellen, war mir schlagartig bewusst, dass sie hier nicht sicher standen.

Und so war es auch. Als die US-Truppen auf die Stadt vorrückten, wollte Schulze die Särge wiederholen, um sie – davon musste ich ausgehen – zusammen mit anderem Kulturgut vor dem Zugriff des Feindes zu schützen, sprich: zu zerstören. Doch er hatte die Rechnung ohne den Wirt gemacht. Zusammen mit wenigen treuen Helfern hatte ich die Särge einige Wochen zuvor in einen nicht genutzten Raum unseres Bunkers gebracht. Diese Abseite stellten wir mit Kisten und Möbeln derart zu, dass niemand auf die Idee kam, dahinter noch etwas zu vermuten. Das alles geschah bei Nacht. Am nächsten Morgen verschwand ich für einige Tage, um der Wut des SS-Sturmbannführers zu entgehen.«

Dann ist es soweit. Dr. Knie führt die *amerikanischen Freunde*, wie er sich ausdrückt, sowie seinen Freund Dr. Bach und einige Mitarbeiter und Neugierige, die sich inzwischen eingefunden haben, zu jenem geheimnisvollen Versteck. Man findet die beiden Särge unversehrt. Emil schmückt Goethes Sarg mit weißem Flieder, während Stadtkommandant Perry mitteilt, er habe bereits mit seinem Kollegen in Weimar, Major William M. Brown, telefoniert. Die Rückführung der Dichtersärge in die Weimarische Fürstengruft werde bald erfolgen.

Major White gibt Befehl, nach Weimar zu fahren, wo man in einer Villa unweit des Franz-Liszt-Museums untergebracht wird. Stadtkommandant Brown nutzt die Villa als eine Art Gästehaus. Der frühere Eigentümer, Gymnasialdirektor Voß, musste sein Heim innerhalb einer Viertelstunde verlassen. Die füllige Köchin und die dürre Hausangestellte, zwei ältere Damen, durften bleiben und sind nun die große Hoffnung des Gymnasialdirektors. Mögen sie verhindern – so seine Worte im Augenblick des leidvollen Auszuges –, dass der Villa erspart bleibe, was so vielen benachbarten Häusern widerfuhr, nachdem die fremden Soldaten sich in ihnen als wahre Eroberer gefühlt und so auch benommen hätten.

White ist beeindruckt von der deutschen Wohnkultur und gibt den GI Befehl, sich entsprechend aufzuführen. Da die *Jungs* den Weinkeller schon entdeckt haben, wird dieser wohldosiert freigegeben, das Verheizen des kostbaren Mobiliars im Kamin hingegen untersagt.

Emil spielt auf dem Flügel einige Stücke von Liszt und Wagner. Der Major ist hingerissen und unterbricht für einige Zeit die Sichtung der Schallplatten-Sammlung, um der verführerischen Musik zu lauschen.

Volkmann steht mit geneigtem Kopf an einem der vielen Bücherregale und erstaunt stets aufs Neue, denn die Bibliothek des Direktors ist gewaltig. Zur Freude des Major spielt Emil gerade den *Walkürenritt*, als Volkmann laut ausruft: »Heureka! Was haben wir denn hier? *Wilhelm der Zweite* von Emil Ludwig. Rowohlt 1925. Auch White ist beeindruckt. Dass er auf seiner Tour einen berühmten Autor dabei hat, ist ihm natürlich klar. Dass man in einem wildfremden Haus mal soeben auf eines seiner Bücher stößt, findet der Major hingegen kurios. Doch der Zufall hält noch weitere Denkwürdigkeiten parat: Die drei Herren sind gerade beim Abendbrot, als die Hausangestellte mitteilt, der Herr Gymnasialdirektor Voß würde die Herren gern sprechen. White versteht nichts, Volkmann übersetzt kurz. Dann brummt der Major: »Soll reinkommen!«

Voß macht eine tiefe Verbeugung, entschuldigt seine Anwesenheit, ihm sei vollauf bewusst, dass es nach den Vorschriften der neuen Machthaber nicht rechtens sei, was er hier tue. Er sei deshalb durch die Gärten gekommen. Er wohne nämlich nicht weit weg, sei bei Verwandten seiner Frau untergekommen. Voß verbeugt sich kurz und ist verblüfft, als Karl ihn auf Deutsch bittet, sein Anliegen vorzutragen. Der Direktor, der die Fächer Griechisch, Latein und Geschichte unterrichtet, verfügt nur über sehr rudimentäre Englischkenntnisse und bittet darum, in seiner Muttersprache fortfahren zu dürfen:

»Wie die Herren unschwer feststellen können, verfüge ich über eine sehr große Bibliothek, die ich seit Pennäler-Tagen zusammengetragen habe. Sie ist mein ein und alles und enthält manch kostbaren Schatz, dessen Wert sich allerdings nicht in Geld bemessen lässt. Nun ist es, leider auch in Weimar, vorgekommen, dass die einquartierten Gäste, unsere amerikanischen Freunde, nicht immer zu schätzen wussten, worin der Wert eines Buches oder Gemäldes besteht. Auf kostbare Kunstwerke wurde mit der Pistole geschossen. Bücher sind zum Anheizen des Kamins benutzt worden, was für mich ein Sakrileg darstellt.«

Karl Volkmann beruhigt den Direktor und teilt ihm mit, man verstehe seine Sorgen und wisse den Wert einer Bibliothek durchaus zu schätzen.

Der Direktor verbeugt sich anerkennend, wünscht noch einen behaglichen Abend und will den Gang durch die Gärten antreten, da hält Karl ihm ein Buch entgegen: »*Wilhelm der Zweite* von Emil Ludwig. Das habe ich in der zeitgeschichtlichen Abteilung entdeckt. Mein Freund, der Herr dort am Fenster, interessiert sich sehr für die Thematik. Können Sie das Buch weiterempfehlen?«

Voß macht zwei Schritte auf Karl zu, nimmt das Buch in die Hand, blättert ein wenig darin. Alte Zeiten scheinen aufzuleuchten. Der Blick schweift in die Ferne, bleibt an der Bücherwand hängen. Die Erinnerung muss nur angeschoben werden, schon ist man wieder im Bilde: die Jahre der unseligen Republik, die vertrackte Affäre mit Anna, der jungen Kollegin, die dir das Buch zum Abschied schenkte. Alles ist so lange her … und steht dir vor Augen, als wäre es gestern erst passiert.

Mit einem Mal klappt Direktor Voß das Buch zu: »Es ist so. Dieser Emil Ludwig war seinerzeit eine Modeerscheinung. Er produzierte eine Biographie nach der anderen. Dieses sein Kaiser-Buch entfachte einen politischen Skandal. Auch ich war damals empört, denn das hatte Seine Majestät nicht verdient. Dafür war ich im Weltkrieg nicht verwundet worden, dass man so mit unserer Vergangenheit umging. Die Nazis haben Ludwigs Bücher verbrannt. Ich deutete heute Abend schon an, dass ich das Verbrennen von Büchern nicht gutheiße. Der Ludwig hat seine Zeit gehabt. Als Mensch – so ist mir zugetragen worden – war er wohl nicht sehr angenehm. Man wirft ihm Überheblichkeit und Selbstüberschätzung vor. Aber dazu kann ich nichts sagen. Ich glaube, er lebt heute als vermögender Schriftsteller in der Schweiz. Ihm ist allerdings das Schlimmste widerfahren, was einem Autor oder Dichter widerfahren kann. Er ist in Vergessenheit geraten. Aber, wissen Sie, wenn das Buch Ihren Freund so sehr interessiert, schenken wir es ihm doch, als Erinnerung an den heutigen Abend gewissermaßen.«

Voß geht auf Emil zu und überreicht ihm mit einem Lächeln *Wilhelm der Zweite*. Darauf verabschiedet er sich, indem er eine knappe Verbeugung macht. Der Direktor hat die Tür schon erreicht, als er eine erneute Überraschung erlebt. Der Herr, dem er soeben ein Buch aus eigenem Bestand geschenkt hat, spricht ebenfalls fließend Deutsch und ruft ihm hinterher: »Und Ludwigs Bismarck-Biographie, wie steht es damit?«

Voß überlegt nicht lange, Schlagfertigkeit gehört zu seinen beruflichen Qualitäten. Er ruft Emil zu: »Ist besser, vom Eisernen Kanzler verstand er wohl mehr!«

Die Türklinke ist gedrückt, als Emil erneut fragt: »Und Goethe? Die große Goethe-Biographie?«

»Das Beste, was er geschrieben hat«, ruft Voß und ist froh, als hinter ihm die Tür ins Schloss fällt.

Oben im Lager

Homerisches Lachen erfüllt den Raum. Der Major entkorkt eine neue Flasche edlen Rheinwein. Zuvor hat er eine Schallplatte aufgelegt, um die Emil gebeten hat: Bruno Walter dirigiert Felix Mendelssohn Bartholdys *Sommernachtstraum*.

»Warum gerade die?« fragt White.

Emil antwortet: »Weil ich die Platte zuhause auch oft höre.«

»Von welchem Zuhause sprechen Sie?«

»Von Pacific Palisades. Ich habe die Platte übrigens von Bruno Walter geschenkt bekommen. Er wohnt auch in Los Angeles. Wir kennen uns seit den frühen zwanziger Jahren.«

Der Major lacht: »Sie sind unschlagbar, mein lieber Herr Ludwig. Mit Ihnen zu reisen ist ein Gewinn. Deshalb möchte ich mich bei Ihnen für die interessante Woche bedanken und hebe mein Glas, um mit Ihnen anzustoßen. Sie haben mir Deutschland von einer ganz anderen Seite gezeigt, mir die Schönheiten Ihrer Heimat nahe gebracht, wenn ich von Heimat sprechen darf. Bei Ihnen ist ja die Welt die Heimat. In diesem Sinne: Cheers!«

»Auch von mir ein herzliches Dankeschön, lieber Emil«, sagt Karl. » Emil will noch nach oben ins Lager fahren, Karl begleitet ihn.

»Nach dem Mittagessen«, sagt White, »brechen wir nach Frankfurt auf, damit wir für den Abend noch eine Maschine nach Paris bekommen. Sie wollen zurück in die Schweiz. Ich will sehen, dass ich möglichst bald entlassen werde. Der Krieg ist so gut wie vorbei, und mein Sockengroßhandel wartet auf mich. Nach dem Krieg wird weniger marschiert, so dass die Streitkräfte weniger Socken bestellen, und schon gehen die Geschäfte schlechter.«

»Herr Major«, sagt Karl, »wir haben heute Abend etwas ganz Kurioses erlebt. Ich erlaube mir daher die Frage: Was machen Sie, wenn eine Lieferung Socken fehlerhaft ist und die Kunden sich beschweren?«

» Ich tausche die Ware um, oder die Leute kriegen ihr Geld zurück.«

Emil lacht: »Er spielt auf mein Buch an, Mr. White. Das gibt es ja nicht oft und ist in der Branche nicht vorgesehen, dass ein Buch dem Autor oder Verleger zurückgegeben wird, weil jemandem das Werk inhaltlich nicht zusagt. Ein Maler wäre sicherlich froh, wenn er eines seiner *Kinder* nach vielen Jahren zurückerhält. Aber der Schriftsteller kann mit dieser Form der Kritik wenig anfangen.«

»Ich hoffe«, sagt White, »er hat Sie mit seiner Einschätzung nicht allzu sehr getroffen.«

»Keineswegs! Ich bin solche Kritik gewohnt und muss damit leben und ...«

»Und?« fragt der Major und leert sein Glas.

»Ach, Mr. White, was soll ich antworten. Caesar haben sie mit dreiundzwanzig Dolchstößen zur Strecke gebracht. Ein Mann wie ich wird durch Nadelstiche zermürbt, und tausend Nadelstiche führen schließlich auch zum Tod.«

Eine Stunde nach Mitternacht begeben sich die drei Männer zur Nachtruhe. Emil ist im Gästezimmer untergebracht. Über dem Bett hängt eine Reproduktion: Goethe und Schiller vor dem Nationaltheater.

Er wirft das Jackett über den Stuhl und zieht die Schuhe aus. Er bereut, dass er – entgegen allen ärztlichen Empfehlungen – so viel Wein getrunken hat. Der Alkohol tobt in seinem Körper, der Puls rast, der Magen schmerzt, der Druck im Bauchraum ist beängstigend. Er schläft einige Minuten, doch dann ist auch das vorbei, und er dämmert unter pochenden Kopfschmerzen im halbwachen Zustand vor sich hin. Träume gehen in verschwommene Gedanken über. Bilder flackern auf und versinken nach kurzer Zeit, die einem wie Stunden erscheint, im Traumhaften.

Ein filmartiger Traum taucht immer wieder auf. Er fährt nach Deutschland und verbringt mit Lilly eine Nacht im Adlon. Doch als er im Morgengrauen auf die Uhr blickt, schreibt man schon den 31. Januar 1933. Er hat nicht bedacht, dass die Nazis bereits an der Macht sind. Schnell will er sich ankleiden und den nächsten Zug in die Schweiz nehmen, doch sie stehen bereits vor der Tür: die Schwarzuniformierten.

Er muss zur Toilette. Glücklicherweise brennt im Flur Licht, das durch die Türritze dringt. Damit ist der Weg gewiesen. Mühsam arbeitet er sich aus den durchgelegenen Matratzen hoch. Die Toilette ist besetzt. Emil klopft, einige Sekunden später steht Karl vor ihm – leichenblass. Er zuckt mit den Schultern, was so viel heißen soll wie: Tut mir leid. Die Putzfrau hat morgen gut zu tun.

An Schlaf ist nicht mehr zu denken. Durch die groben Vorhänge dringt das erste Morgengrau. Die Gedanken flimmern vor sich hin. Wenn sie dich entführt hätten, in Moscia. In wenigen Stunden wären sie in Österreich oder Deutschland gewesen. Sie hätten dich vernichtet, durch endlose Verhöre, Stockhiebe, Folter, Essens- und Wasserentzug. Danach hätten sie dich in Häftlingskleidung gesteckt und ins Lager gebracht. Wir wissen heute, was sie mit Ossietzky gemacht haben. Auch dir hätten sie die Hölle bereitet. Da hätte kein Protest gefruchtet, weder von der Schweizer noch von der US-Regierung. Im Gegenteil – die Schweizer wären froh gewesen. Sie hätten einen Querulanten weniger im Land gehabt.

Kurz nach sieben. Der Major sieht aus wie der blühende Frühling. Er frühstückt ausgiebig und reicht unablässig den Brotkorb herum. Doch Karl trinkt nur Kaffee, während Emil ein Glas mit warmer Milch in der Hand hält. Sam erscheint und fragt, wohin der Karton mit den Schallplatten kommt. White grinst und sieht die beiden Tischgenossen stolz an: »Ich habe mir ein paar Schallplatten ausgeliehen. Der eine nimmt 'ne Schallplatte, der andere 'ne Frau.«

Kurz nach acht blickt der Major auf die Uhr: »Also, um zwölf sehen wir uns wieder – spätestens. Die da oben wissen Bescheid. Es stehen überall Wachposten herum, da reicht ein Jeep. Sam bringt euch nach oben. Gute Fahrt!«

Diese Landschaft, denkt Emil, diese anmutige, geschwungene, hügelige Landschaft, die Goethe so sehr an zuhause erinnerte. Und dann das Lager dort oben auf dem Ettersberg. Proteste gab es, als das Lager nach dem Berg benannt werden sollte, wo Goethe sich so gern in der Natur erging. Die Schwarzuniformierten machten einen Rückzieher. Ein Beispiel für bescheidenen Widerstand, der den Deutschen auf ganzer Linie so sehr fehlt. Sam fährt die breite Betonstraße nach oben. Karl sitzt neben ihm und macht auf Reiseleiter. Er teilt mit, was später in den Lexika oder Handbüchern stehen wird: acht Kilometer von Weimar entfernt. 1937 nimmt das Lager seinen Betrieb auf, Befreiung vor gut vierzehn Tagen und so weiter. Kleine Gruppen ehemaliger Häftlinge kommen ihnen entgegen. Sie sind noch so gesund, dass sie sich auf eigene Faust um ihre Betreuung oder Rückführung kümmern können. Die meisten Lagerinsassen haben einen weiten Weg, da sie aus dem europäischen Ausland stammen.

Der Kontrollposten am Torgebäude ist erreicht. Hier stehen amerikanische Soldaten. Der zuständige Sergeant macht darauf aufmerksam, dass teilweise Infektionsgefahr, insbesondere der Verdacht auf Typhus, herrsche. Vermeiden Sie Körperkontakt zu Kranken und Toten. Der Besuch geschieht auf eigene Verantwortung.

Ein kleiner Mann nähert sich dem Jeep, fragt Sam das eine und andere. Dann stellt er sich vor: Aus den Niederlanden komme er, wegen Untergrundtätigkeit im besetzten Holland sei er 1944 inhaftiert und nach Buchenwald deportiert worden. Huisman sein Name. Arzt sei er von Beruf. Nach der Befreiung durch Pattons 3. Armee helfe er im Lager, wo er könne. Nebenbei führe er ausländische Pressevertreter durch Buchenwald, um die Weltöffentlichkeit über das zu informieren, was hier geschah.

Er fragt, ob Emil Pressevertreter sei und für welche Zeitung oder welches Magazin er arbeite. Emil antwortet, er schreibe für verschiedene amerikanische Presseorgane. Er sieht den kleinen Mann an: »Warum sind Sie noch hier? Sie haben es doch nicht allzu weit in die Heimat.«

Huisman antwortet kurz und ohne Regung: »Meine Familie ist in Auschwitz umgekommen. Meine Frau, meine beiden Töchter, meine Mutter. Was soll ich zuhause?«

Er fragt nach der Herkunft der beiden. Karl erklärt, er habe als Sozialdemokrat Deutschland '33 verlassen müssen. Er sei '40 in die USA gegangen und dort Soldat geworden. Emil erklärt: »Sie sehen, dass ich Zivil trage und keine Uniform. Ich bin Deutscher, aber seit 1932 auch Schweizer Staatsbürger und habe seitdem publizistisch vor Deutschland und den Deutschen gewarnt. Ich bin als Jude geboren und habe meine Schwester Isolde im KZ Lichtenburg verloren.«

Huisman dankt und stellt die Standardfrage eines jeden engagierten Reiseleiters: »Wieviel Zeit haben Sie mitgebracht?«

Volkmann sieht Emil an, der antwortet: »Mein Freund kennt das Lager schon, und ich möchte gern einen Überblick bekommen, verstehen Sie bitte, aber wir haben eine anstrengende Woche hinter uns.«

»Verstehe voll und ganz«, sagt Huisman, »es kann auch sehr belastend sein. Sagen Sie mir Bescheid, wann ich aufhören soll. Ich schlage vor, wir setzen uns erst einmal in Bewegung.«

Huisman berichtet vom Lagergelände, vom elektrisch geladenen Stacheldrahtzaun und von den Wachttürmen, die alles umgeben. Es folgen Auskünfte zum Appellplatz, zum täglichen Zählappell, wenn 20.000 Häftlinge aufmarschieren mussten, morgens und abends, dass es Appelle gab, die bis zu zweiundsiebzig Stunden dauerten und die Häftlinge zermürben sollten, dass halbnackte Menschen vor aller Augen ausgepeitscht wurden und Mitgefangene sich am Galgen erhängten. Sie betreten den Arrestzellenbau, die sechsundzwanzig Zellen, die als schmale Einzelzellen genutzt wurden, wo man als Häftling wochen- oder monatelang verbrachte, einzeln oder in Gruppen. Tagsüber stehend, ohne Gelegenheit zum Liegen und Sitzen. Es gab auch Dunkelhaft bei Wasser und Brot. Hier wurden Häftlinge gefoltert, an den Gitterstäben erhängt oder durch Injektionen von Phenol und Luft umgebracht. Huisman kennt Einzelschicksale. Er ist ein guter Erzähler, lässt den Lageralltag wieder aufleben. Sie sind beim Krematorium angelangt. Hier befinden sich unter anderem die Sezierräume der pathologischen Abteilung. Vor der Verbrennung brach man den Toten die Goldzähne heraus, ein gutes Geschäft für die SS, oder stellte aus der Haut, den Organen und Skeletten Präparate her. Und auf die Frage, ob hier auch Lampenschirme aus Menschenhaut hergestellt wurden, antwortet der kleine Mann nur: »Kann ich bestätigen!«

Die Toten wurden im Leichenkeller des Krematoriums gesammelt und per Aufzug in den Verbrennungsraum gebracht. Im Keller befand sich zudem eine der Hinrichtungsstätten des Lagers. Dort erdrosselte die SS an Wandhaken etwa 1100 Männer, Frauen und Jugendliche, KZ-Häftlinge und Gefangene der Gestapo. Eine weitere Hinrichtungsstätte war die Genickschussanlage. Huisman kommt zum Häftlingskrankenbau, sechs Baracken, wo barbarische Verhältnisse herrschten. Wer aufgrund einer Erkrankung hierher kam, war der Willkür der SS-Ärzte ausgeliefert, die zahlreiche Häftlinge durch Injektionen töteten.

Zwei Stunden sind um. Huisman hätte noch so viel zu erzählen. »Ist Ihnen nicht gut«, fragt er, als Emil für einen Moment die Augen schließt und sich an einen Pfeiler lehnt.

»Doch, es ist alles in Ordnung. Es sind nur diese eigentümlichen Gerüche. Sie lassen einen hier und dort mulmig im Kopf werden.«

»Sie haben vollkommen recht«, stimmt Huisman zu. »Wir haben den süßlichen Leichengeruch im Bereich des Krematoriums, wo sich die Toten stapelten. Sie kennen die Bilder. Aber auch Todgeweihte – Sie haben sie in den Baracken gesehen, diese ausgezehrten, nur noch aus Haut und Knochen bestehenden Kreaturen, die keine Nahrung mehr bei sich behalten können – strömen einen typischen Geruch aus.«

Huisman zählt auf, was noch alles zu zeigen und berichten wäre, schlägt aber vor, es bei diesem Rundgang zu belassen. Schließlich gelangt man zu dem Punkt, der bei kostenlosen Führungen dieser Art eine unvermeidliche Peinlichkeit entstehen lässt. Emil fragt: »Was bekommen Sie für die Führung? Ich möchte mich gern erkenntlich zeigen.«

Der kleine Mann wehrt brüsk ab: »Sorgen Sie dafür, dass nicht in Vergessenheit gerät, was Menschen an diesem Ort Menschen angetan haben.«

Sie stehen neben der *Goethe-Eiche*, die Emil gern sehen wollte. Sie erinnerte die Häftlinge an Goethes häufige Besuche, hier oben auf dem Ettersberg. Nach einem Bombardement im letzten Jahr wurde sie beschädigt und gefällt. Geblieben ist der Stumpf.

Karl blickt in den blauen Himmel. Es ist wieder ein strahlender Frühlingstag geworden. Eine kleine Gruppe von Insassen und Besuchern hat sich in der Nähe versammelt. Man tuschelt und zeigt herüber. Ein dunkelhaariger Mann tritt hervor. Er ist anscheinend ein Mithäftling oder Kollege von Huisman, dem der Mann – mutmaßlich ein Franzose – etwas ins Ohr flüstert. Karl sieht Emil erwartungsvoll an. Denn Huisman fragt, ob Emil der weltbekannte Schriftsteller Emil Ludwig sei: »Mein Freund hat Sie im Frühjahr 1940 in Paris gehört, wo Sie vor Hitlers Aggressionsabsichten gewarnt haben.«

Einige Reporter, die zufällig in der Nähe sind, wittern eine Geschichte, einer macht Fotos. Inzwischen gesellen sich weitere Insassen dazu. Fast alle tragen die alte Häftlingskleidung. Fragen werden gestellt. Etwas Besonderes hat sich ereignet. Ein berühmter Mann ist eingetroffen. Das lenkt ein wenig vom Einerlei des Alltags ab.

Der schwarzhaarige Mann stellt sich vor: Er heiße Bertrand, Professor Bertrand, und sei bis zu seiner Verhaftung 1944 durch die Gestapo Germanistikprofessor an der Sorbonne gewesen. Ein Pole bittet darum, ob nicht lauter gesprochen werden könne. Ein Belgier ruft, Emil Ludwig solle zu der Versammlung sprechen, die mittlerweile dreißig Personen umfasst und stetig anwächst.

Sie möchten dich hören. Du bist ein berühmter Mann, und sie wollen wieder dazugehören, zur Zivilisation, zur Öffentlichkeit. Sie haben ein Anrecht auf dich. Du bist ihnen etwas schuldig, weil du ihr Schicksal nicht teilen musstest. Der Himmel weiß, wie knapp du ihrem Los entgangen bist. Vielleicht hätte nicht viel passieren müssen, und du würdest jetzt dort stehen: eine ausgemergelte, zerlumpte, gemarterte, dem Tode geweihte Gestalt.

Ganz in der Nähe steht eine Kiste. Karl gibt ihm ein Zeichen. Emil stellt sich darauf. Nun ist er besser zu sehen und zu hören. Aber noch weiß er nicht, was er sagen könnte. Es ist vertrackt, doch ihm fällt nichts ein. Würde er jetzt über Politik oder den Krieg, über Deutschland und die Deutschen sprechen, es würde nicht passen. Eigentlich passt gar nichts in diesem Augenblick.

Doch etwas muss geschehen. Die ersten werden ungeduldig. Nun sag schon was, wir wollen endlich den berühmten Mann hören, der dort auf der Kiste steht, neben der Goethe-Eiche.

Emils Dämon kommt ihm zu Hilfe. In seinem Kopf entsteht wie von allein der Vortrag. Er sieht Moscia vor sich, sein Studio, den Balken, wo sie eingraviert sind, die *Urworte, orphisch*. Diese wundervollen Verse, die er immer parat hat, die ihm leuchten im Lebensdunkel und ihm Welterklärung sind: *Wie an dem Tag, der dich der Welt verliehen, / Die Sonne stand zum Gruße der Planeten, / Bist alsobald und fort und fort gediehen / Nach dem Gesetz, wonach du angetreten. / So mußt du sein, dir kannst du nicht entfliehen, ...*«

Die meisten Zuhörer verstehen nichts. Sie hören Emil rezitieren – die Franzosen, Belgier, Niederländer, Dänen, Norweger, Polen und Russen und Angehörige anderer Nationen, aber sie wissen nicht, was ihnen da geboten wird. Doch das spielt seltsamerweise keine Rolle. Allein die Sprache ist es, die ihre Kraft entfaltet und bis in die Seele vordringt. Vom Klang der klassischen Verse geht etwas Magisches aus.

Kommt her, flüstern sie, die Geschundenen, die so etwas lange nicht erlebt haben. Tretet näher, sagen sie, Emil Ludwig trägt Goethe vor. Das hat Professor Bertrand ihnen mitgeteilt.

Emil ist fertig und verbeugt sich vor dem beglückten Publikum, das mit kindlicher Freude Beifall klatscht. Doch schon wird gerufen: noch einmal. Es ist wie mit der Geschichte aus dem Märchenbuch. Man kennt sie längst und will sie immer wieder hören.

Bertrand hat Tränen in den Augen. Er kommt auf Emil zu und schüttelt ihm die Hände: »Wunderbar«, sagt er, »die *Urworte, orphisch*. Es sind magische Verse. Ich kenne sie gut. Wir können sie zusammen noch einmal vortragen, wenn Sie mögen.«

Emil stimmt sofort zu. Da die Kiste zu schmal ist, stellen sich beide davor. Das Publikum hat inzwischen einen Halbkreis gebildet, aus dessen Mitte Goethes Stanzen vorgetragen werden, jetzt im Duett. Wer zu schwach zum Stehen ist, darf vorn vor der ersten Reihe sitzen. Am Ende werden die beiden Rezitatoren mit viel Applaus bedacht. Sie verbeugen sich vor ihren dankbaren Zuhörern, die stolz sind, dass so etwas Schönes extra für sie aufgeführt wird. Viele Fragen werden Emil gestellt. Er muss zum Abschied unzählige Hände schütteln.

Am Schluss, als sie auf dem Weg zum Ausgang sind, stehen noch immer zahlreiche Zuhörer beisammen. »Komisch«, sagt Karl, »die meisten haben doch gar nichts verstanden.«

Emil bleibt stehen und sieht sich noch einmal um: »Goethes Verse haben wie Musik gewirkt. Und Musik ist eine internationale Sprache, die jeder versteht. Da siehst du einmal, wie schön unsere deutsche Sprache ist.«

Die letzte Seite

Die Schwester kommt herein. Sie stellt das Schälchen mit den Tabletten auf den Nachtschrank und erteilt ihre obligatorische Anweisung: »So, lieber Herr Ludwig, bitte einmal auf die Seite drehen.« Emil kennt die Prozedur, wenn er seine Strophanthin-Spritze von der reizvollen Charlotte erhält, die ihm währenddessen mitteilt: »Draußen wartet ein Herr auf Sie. Er möchte Sie gern sprechen. Aber nicht länger als fünfzehn Minuten, sonst wird Herr Professor Dr. Katzenstein böse.«

Karl strahlt und sieht der Schwester hinterher: »Nicht schlecht. Wie ich sehe, wirst du gut versorgt.« Er zieht einen Stuhl heran und setzt sich neben Emils Bett. »Du bist wirklich ein Sonntagskind, wie Elga immer behauptet. Erleidest in Paris einen Herzinfarkt, und keine Viertelstunde später kümmert sich schon der berühmte Professor Katzenstein um dich.«

»Das verdanke ich Hitler. Der hat über eintausend Spitzenmediziner aus Deutschland und Europa vertrieben. Die meisten tummeln sich in US-Krankenhäusern. Katzenstein hat sich übrigens freiwillig gemeldet und die Invasion mitgemacht. Er hat schwierige Fälle an Ort und Stelle versorgt und sogar operiert. Er leitet jetzt in Paris die Kardiologische Abteilung des Militär-Hospitals.«

»Wann kannst du nach Hause?«

»Elga war bis gestern hier und hat kurz vor ihrer Abreise in die Schweiz mit Katzenstein gesprochen. Er hat nichts gegen eine Reise. Sie darf nur nicht zu anstrengend werden.«

Karl grinst: »Also keine Vorträge zwischendurch!«

»Ich darf nicht mal Artikel schreiben, soll in Moscia den ganzen Tag Ruhe halten und auf meinen See starren. Keine Zigaretten mehr, Wein nur zu besonderen Anlässen. Hellström wird mich übrigens abholen. Eigentlich wollte Dedo das machen, aber er ist nur im Besitz eines deutschen Passes, und damit kommt er heute nicht weit. Außerdem scheint es ihm nicht gut zu gehen. Die letzten Monate hat Hellström sich weitgehend um Moscia gekümmert. Und was hast du vor? Du bist natürlich herzlich eingeladen, mir Gesellschaft zu leisten.«

»Vielen Dank für das Angebot, aber man braucht mich in Deutschland. SPD-Politiker mit Exil-Erfahrungen sind gefragt. Wir sollen das neue Deutschland aufbauen. Ich wollte dich ja regelmäßig mit Berichten versorgen. Doch ich glaube, das ist nichts für dein Herz. Deutschland sollte einige Zeit kein Thema für dich sein.«

Emil lacht ein wenig müde: »Ich werde mir das zu Herzen nehmen.«

»Lieber nicht, alter Freund. Trotzdem denke ich gern an unsere Tour zurück und wollte dir für eine Sache ganz besonders danken.«

»Und die wäre?«

»Dass du mich nicht auf Lilly angesprochen hast. Die Geschichte ist für mich eine offene Wunde, zumal es keinen richtigen Abschluss gegeben hat. Ich habe Elga schon mehrfach dafür gedankt, dass sie unser Haus in Los Angeles und alles, was noch dranhing, abgewickelt hat. Ich will sehen, dass ich in Deutschland einen Neuanfang hinbekomme.«

An einem der letzten Septembertage des Jahres 1945 sitzt Emil, in Decken gehüllt, auf seiner Terrasse und geht ungeordneten Gedanken nach. Eine Feier zum Goethe-Geburtstag hat es in diesem Jahr nicht gegeben, obwohl er sich darauf gefreut hatte, an die beliebte Tradition anzuknüpfen und alte Freunde und Bekannte um sich zu versammeln.

Doch ein paar Tage zuvor war Dedo gestorben. Emil erinnert sich gut. Als er nach dem Aufenthalt im Pariser Militär-Hospital nach Moscia zurückkehrte, war der Freund und Schwager vom Tode gezeichnet. Er hatte stark an Gewicht verloren. Zudem waren seine Haare weiß geworden. Dedo wusste, wie es um ihn stand. Dr. Bernardoni hatte ihm die volle Wahrheit gesagt, nachdem ein Spezialist in Lugano fortgeschrittenen Lungenkrebs diagnostiziert hatte. Der rechte Lungenflügel war total befallen, der linke zu einem Viertel. Dedo atmete infolgedessen schwer, und als er Bernardoni fragte, ob er noch rauchen dürfe, er bekomme dann besser Luft, antwortete der alte Hausarzt und Kenner der Menschen nur: »So viel Sie wollen.«

Auch um Emil ist es bei Lichte besehen schlecht bestellt. Seine Angina pectoris verhindert regelmäßige Arbeit. Selbst kleinste körperliche Anstrengungen machen ihm zu schaffen. Allein ein Gang in sein Studio kostet ihn große Mühen. Immer beschwerlicher wird es ihm, die Treppe zu bewältigen.

Nicht zu altern scheint Hellström. Er ist zwar ebenfalls ergraut, hat aber noch volles Haar und viel von seiner Jugendlichkeit bewahrt. Er kümmert sich um Moscia, wirft von Zeit zu Zeit einen Blick auf Beppo, der unter Rheuma leidet und bei der Gartenarbeit deutlich langsamer geworden ist. Hellström hilft auch mit kleineren Geldbeträgen aus, die Elga gern entgegennimmt. Denn der Fluss der Einkünfte aus Emils Tätigkeit ist weitgehend versiegt.

Elga kommt. »Hast du noch einen Wunsch? Ich habe dir die Post mitgebracht.«

»Ist das alles?«

»Rechnungen und Mahnungen habe ich dir erspart.«

»Der Verlag wollte schreiben, wegen der Gesammelten Werke. Es sind erst vier Bände erschienen. Zwanzig sollen es einmal werden.«

»Emil«, sagt Elga und rückt ihren Sessel dichter an den seinen heran, »der Verlag hat vor einer Woche geschrieben. Doch da – du erinnerst dich – ging es dir schlecht, und wir kamen überein ...«

»Wer ist denn *wir*? Habe ich etwa schon einen Vormund?«

»Ich habe Hellström um Rat gefragt und natürlich auch Dr. Bernardoni. Und danach habe ich mit dem Verlag telefoniert.«

»Man verhandelt also hinter meinem Rücken ...«

»Emil, es gibt nichts mehr zu verhandeln. Der Verlag will das Projekt der Gesammelten Werke aufgeben. Die bisher erschienenen Bücher sind finanziell ein Fiasko. Wie man mir sagte, waren die Zweifel von Anfang an da. Dein *Stalin* ist nicht mehr zeitgemäß, weil du ihn viel zu positiv zeichnest. Die *Geschichte der Deutschen* will in den Besatzungszonen niemand lesen, weil sie den Geist der Kollektivschuld atmet. *David und Goliath*, die David-Frankfurter-Geschichte, kommt in der Schweiz überhaupt nicht an, weil die Schweizer genau wissen, welche unrühmliche Geschichte sie bei der Angelegenheit gespielt haben. Ich habe dir im Übrigen auch all die Zeitungsausschnitte erspart, in denen du auf perfide Weise angegriffen wirst, weil du '40 ins Exil gegangen bist.«

Elga streichelt seine Hand. Er ist in seinem Sessel zusammengesackt und sieht teilnahmslos auf die gekräuselte Oberfläche des Sees. Er dreht sich zu ihr: »Und was ist mit dem Freud-Buch?«

»Deine Kritik will niemand hören. Sigmund Freud ist – gerade in den USA – eine große Mode. Da ist eine Warnung vor der Psychoanalyse unerwünscht.«

»Sie müssen mehr essen!« sagt Dr. Bernardoni eines Tages, als es schon wieder Frühling werden will. Der Arzt kommt gern vorbei, wird er doch regelmäßig zu einem kleinen Imbiss eingeladen, wozu selbstverständlich ein exzellenter Wein gehört.
»Doktor!« sagt Emil. »Was haben die Schweizer nur gegen mich. Die Tessiner nehme ich ausdrücklich aus, aber aus Bern, insbesondere vom dortigen Schriftstellerverein, kommen so widerwärtige Beschimpfungen gegen mich, dass ich die Welt nicht mehr verstehe.«
»Sie haben damals mutig gegen Hitler-Deutschland gefochten, bis man ihnen verbot, vom Schweizer Boden aus die Nazis zu bekämpfen. Das ist vielen Eidgenossen heute peinlich. Sie drehen den Spieß gern um und schreiben mittlerweile gegen den neuen Feind: den Kommunismus. Die USA machen es vor und verfolgen jeden mit grotesken Anschuldigungen, der auch nur einem politisch linksstehenden Zeitgenossen mal die Hand geschüttelt hat.«
»Ich hatte vor einigen Tagen übrigens interessanten Besuch.«
Bernardoni lacht: »Ich hoffe doch, dass Sie nur interessanten Besuch empfangen.«
Emil sieht den Arzt freundlich an: »Sie haben ja recht. Doch hören Sie! David Frankfurter kam überraschend vorbei.«
»Der junge Jude, der Wilhelm Gustloff erschoss?«
»Man hat ihn begnadigt. Die Geschichte ist über ihn hinweggerauscht. Wenn die Menschen von Wilhelm Gustloff reden, denken sie nur noch an ein großes Passagierschiff, das mit Tausenden in der kalten Ostsee untergegangen ist.«
»Und was für einen Eindruck machte er auf Sie?«
»Die Zeit im Zuchthaus hat ihn reifen lassen. Im Unterschied zu damals, als er wie ein Häuflein Unglück auf der Anklagebank saß, ist ein gesunder, kräftiger Mann aus ihm geworden. Je mehr Niederlagen Hitler kassierte, desto freundlicher wurde das Gefängnispersonal zu ihm. Jetzt will er nach Palästina reisen und am Aufbau eines jüdischen Staates mitwirken.«

Ende des Jahres erkrankt Emil an einer schweren Lungenentzündung, die ihn wochenlang ans Bett fesselt. Dank des neuen Antibiotikums Penicillin kann sie schließlich besiegt werden. Besonders freut er sich, wenn John auf einen kurzen Besuch nach Moscia kommt. John hat Ingenieurswissenschaften studiert und arbeitet in einem Planungsbüro in Bellinzona. Emil fragt ihn viel, da er von sich aus kaum etwas mitteilt. Stattdessen blickt er regelmäßig auf seine teure Armbanduhr. Emil denkt: Es ist wie in einem Verhör, und der Junge ist froh, wenn er das Krankenzimmer verlassen kann. John ist nicht sein Sohn.

Das Verhältnis zu Hellström hingegen wird immer vertrauensvoller. Es ist die Kunst, in der die beiden sich wiederfinden. »Ich bin«, sagt Emil, »nie etwas anderes als Künstler gewesen. Ich habe die Welt, die Menschen, insbesondere die historischen Gestalten, immer mit den Augen des Künstlers gesehen, und hier liegt wohl auch das große Missverständnis, das zwischen mir und der Welt entstanden ist. Ich bin kein politischer Mensch und erst recht kein Geschichtsforscher. Ich zeige den Menschen im geschichtlichen Verlauf, aber nicht den geschichtlichen Verlauf selbst.«

»Als wir uns vor vierzig Jahren das erste Mal begegneten, in einem Strandhotel in Dänemark war es, da erschienst du wie ein Dandy, der sich für einen Künstler hielt, aber keiner war.«

Emils Blick drückt Unbehagen aus: »Ich fürchte, dass du recht hast. Ich wollte Weltmann und Künstler in einem sein. Erst Dehmel hat mir den Weg zum echten Künstlertum gewiesen. Von ihm kam der Ratschlag, journalistisch zu arbeiten, um den schnörkellosen, wahrhaftigen Stil zu erwerben. Den du damals in deiner Kunst schon ausgeformt hattest. Elga hat das genau gesehen und sich in dich verliebt, weil du der reifere von uns beiden warst.«

Hellström schüttelt den Kopf: »Du übertreibst. Geliebt hat sie mich nie, weil Frauen es mit mir nicht lange aushalten.«

»Kümmerst du dich um sie?«

»Willst du verreisen?«

»Ich spüre deutlich, dass ich bald die Reise antreten werde, die für uns alle vorgesehen ist.«

»Erwarte, lieber Emil, keine Gegenrede. Du bist sehr krank, und es kann dich jederzeit treffen. Aber mach dir keine Sorgen um deine Frau. Ich betrachte sie als gute Freundin und will dafür sorgen, dass sie in ihrem geliebten Garten noch lange wirken und weben kann.«

»Es stört mich nicht, wenn ihr zusammen ins Bett geht. Ich lebe mit meiner Frau seit vielen Monaten abstinent, bin ihr kein vollwertiger Ehemann mehr. Und wenn ich sterbe, muss es ja nicht zugehen wie bei Balzac, der eines Nachts im Sterben liegt, und nebenan amüsiert sich seine Ehefrau mit ihrem Geliebten.«

»Einspruch, Herr Biograph. Diese wundervolle Anekdote ist leider eine Fälschung. Ich sage leider, weil ich sie zugegebenermaßen betörend finde und schon öfter daran gedacht habe, die Szene zu malen.«

»Jetzt hätte ich die Zeit, dir beim Malen zuzusehen. Früher hatte ich nicht die Muße zu so etwas. Das verzeihe ich mir nicht, dass ich so gehetzt und so schnell durchs Leben gerauscht bin. Hier auf dem Kranken- und Todeslager werde ich zum ersten Mal gezwungen, mir Zeit zu nehmen.«

»Ich merke schon, dass du dabei bist, dein Leben zu resümieren. Du solltest die *Geschenke des Alters* diktieren. Du hast in den vergangenen Jahren so viel erlebt, dass du der Welt ein wichtiges Buch schenken kannst.«

»Marten! Mir fehlt die Kraft. Mein Herz lässt solche literarischen Eskapaden nicht mehr zu. Ich habe mein Lebenslicht an zwei Enden angezündet. Jetzt ist es vorbei mit der Rastlosigkeit und der Arbeitswut.«

»Deine Schnelligkeit ist sicher ein Erbe deines Vaters, und sie hat dir genützt. Denke doch an so manches Buch, das du konzentriert und unglaublich schnell in die öffentliche Debatte geworfen hast. Ich denke an die Hindenburg-Biographie, die David-Frankfurter-Geschichte oder die Schriften, in denen du vor Hitlers Politik gewarnt hast. Ich hätte mich übrigens nicht gewundert, wenn es eines Tages geheißen hätte: Der Erfinder der Stenographie ist Emil Ludwig.«

»Ich gebe ja zu – ich habe ein gutes Leben gelebt. Elga und Moscia sind dabei die eigentlichen Geschenke meines Lebens gewesen. Hinzu tritt Goethe, dem ich so viel zu verdanken habe. Deshalb eine Bitte an dich und Elga: Ich würde ihn gern dieses Jahr noch einmal feiern. Nächstes Jahr ist der 200. Geburtstag. Wer weiß, was dann ist. Darum ruft ein paar alte Freunde zusammen, nicht mehr als zwanzig, und lasst uns den Hausgenossen preisen. Ich werde einige Anmerkungen zu *Goethe im heutigen Deutschland* vortragen, einige Sätze nur. Die wird Bernardoni mir konzedieren.«

Die Gäste scheinen sich verabredet zu haben. Als festlich gekleidete Gesellschaft marschieren die alten Freunde des Hauses heran.

Elga steht vor dem Haus und begrüßt die Ankömmlinge.

»Alles Gute zum 28. August«, sagt Buchhändler Zollinger und fragt, wie es die anderen auch tun, nach dem Befinden des Hausherrn. Der habe nach dem Mittagessen noch ein wenig Ruhe gehalten und werde in wenigen Minuten erscheinen. Er bittet darum, schon einmal Platz zu nehmen. Das vollzieht sich in bewährter Manier. Im Hause Ludwig beanspruchen einige Gäste sogar schon Stammrechte auf bestimmte Sitzplätze.

So meint Herr Wehrli, der Redakteur, der sich mit einigen Herren im lebhaften Gespräch befindet, nur: »Eine ganze Stadt aus der Luft versorgen, nein Herrschaften. Das geht nicht. Ja! Jetzt im Sommer, das hätte sogar der dicke Göring in seiner besten Zeit hingekriegt. Aber lassen Sie erst mal den Winter kommen, und schon laufen die Berliner zum Osten über, weil sie frieren und Hunger haben.«

Apotheker Lustenberger ruft über den Tisch, an dem jetzt alle Platz genommen haben: »Die Amis haben Deutschland geteilt. Mit der neuen Währung fing das richtig an. Und Goethe wohnt jetzt drüben bei den Kommunisten.«

»Ich verstehe die Amerikaner nicht«, sagt Tischler Stöckli. »warum haben sie sich damals aus Thüringen und Sachsen zurückgezogen? Sie hatten doch die Bombe in der Hand, und sie haben sie noch immer als alleinige Macht. Da genügt doch ein Knopfdruck, und der Iwan ist weg.«

»Liebe Gäste«, sagt Elga, nachdem sich einige schon über das Ausbleiben des Hausherrn gewundert haben, »wir stoßen gleich an. Ich fürchte, die Wärme hat meinen Mann schläfrig gemacht und lässt ihn noch ein wenig von Goethe träumen.«

»Fangt doch einfach schon an«, schlägt Hellström vor. »Ich gehe nach oben und schaue nach ihm.«

»Das ist nett von dir«, sagt Elga nicht ohne Besorgnis, denn sie kann sich nicht erinnern, dass Emil seine Gäste nicht gleich zu Beginn einer Zusammenkunft begrüßt hätte.

Hellström klopft behutsam an Emils Studiotür. Drinnen regt sich nichts. Da ihn eine böse Vorahnung beschleicht, betritt er den Raum und ist sofort im Bilde: Emil liegt regungslos auf der Couch. Er ist tot. Der Zettel mit Notizen zum Begrüßungsreferat ist auf den Boden gefallen.

Als Hellström ihn aufhebt, stellt er fest, dass er ein unbeschriebenes Blatt in Händen hält.

Epilog

Der Biograph arbeitet wie der Historiker. Er wertet das Quellenmaterial aus und beschreibt die Wirklichkeit. Der Verfasser der Romanbiographie geht ähnlich vor, nur erzählt er seinen Stoff mit den Mitteln des Romans und erhöht durch belletristische Verve den Unterhaltungswert seiner Geschichte. Der Autor des biographischen Romans geht noch einen Schritt weiter, indem er das Quellenmaterial verdichtet. So füllt er Leerstellen aus, die die Quellen hinterlassen haben. Er erzählt, wie die Realität hätte gewesen sein können. Er erlaubt sich die Einführung fiktiver Personen, schafft Ereignisse, insbesondere Gespräche, die es so nicht gegeben hat, oder er stellt das Private wie Intime seiner Protagonisten dar, wozu auch die Gedankenwelt des Romanpersonals gehört. Künstlerisch genießt er den größten Freiraum.

Dieser biographische Roman über den deutschen Schriftsteller Emil Ludwig (1881–1948) ist zu einem großen Teil historisch verbürgt, andererseits literarisiert er die geschichtliche Realität. Um die Leserinnen und Leser nicht zu irritieren, wird hier ein Register aller fiktiven Personen angefügt. Im Umkehrschluss heißt das, dass alle übrigen Personen realer Natur sind. Allerdings gibt es fließende Übergänge. So gab es eine ältere Schwester Emil Ludwigs, zu der ein engeres Verhältnis bestand. Die im Roman auftretende Isolde ist allerdings sehr frei gestaltet und eher dem fiktiven Bereich zuzuordnen. Ein weiteres: Oft treten Personen nur einmal auf. Ihre namentliche Erwähnung dient lediglich dem Atmosphärischen. Zu nennen wäre hier Gendarm Kubicki im Kapitel Der Tod des Kaisers. *Solche Randfiguren werden meist nicht aufgeführt.*

Personenregister

Anderson, Pat (Bademeister)
Annabel (Prostituierte)
Armstrong (Arzt)
Bapsy (Hausdienerin)
Belling, v. (Amtsarzt)
Bernadoni (Arzt)
Bertrand (KZ-Häftling)
Bettini, Beppo (Gärtner)
Bettini (Gastwirtin)
Bobby (Hausdiener)
Brandt (Redakteur)
Brügger (Kommissar)
Bülow, Fräulein v.
Forster, Mrs.
Freiberg, (Kommerzienrat)
Freiberg, Mathilde
Fuller (Ehepaar)
Doorn, van (Korrespondent)
Dubarowa, Elena (Korrespondentin)
Goldmann (Hotelier)
Hartmann, Robert (Schulfreund)
Heilborn, Dr. (Lehrer / Real: Assistent bei H.L. Cohn)
Hellström, Marten (Maler)
Holck, Henning Graf
Huisman (KZ-Häftling)
Hürlimann (Korrespondent)
Jenkins (College-Direktor)
John (Elgas Bruder)
Jonasson (Korrespondent)
Leipziger (Kapellmeister)
Lewinsohn (Agent)
Lissauer, Fritz (Regisseur)
Ludwig, John (Sohn)
Luise (Hausmädchen)
Lustenberger (Apotheker)
Kamenke (Pedell)
Kardorff, Lilly (s. Volkmann)
Katzenstein (Arzt)
Kleinke (Hausdiener)
Krumhügel (Arzt)
Kubasch (Arzt)
Kuschbert (Lehrer / Real: Assistent bei H.L. Cohn)
Maria (Köchin)

Martha (Köchin)
Mary (Elgas Schwester)
Moltke, Oktavia v. (s. Zornberg)
Murphy (Ehepaar)
Olmütz, Graf
Paula (Elgas Schwester)
Pelloni (Hebamme)
Penelli, Susan
Peschel (Lehrer / Real: Assistent bei H.L. Cohn)
Quitzow, Rittmeister v.
Roßbach (Oberst)
Sam (US-Soldat)
Schaller (Sekretärin)
Schwertlein (Professor)
Smith (Ehepaar)
Stöckli (Zimmerer)
Sturtz, Baron v.
Tilde (Wirtin)
Toni (Barkeeper im Adlon)
Vogelsang (Maurermeister)
Volkmann, Karl (SPD-Politiker/ Ehemann von Lilly Kardorff)
Voß (Gymnasialdirektor)
Wagner, John
Wehrli (Redakteur)
White (Major)
Wimmer (Leutnant)
Zaremba (Lokführer)
Zollinger (Buchhändler)
Zornberg, Dedo v.
Zornberg, Isolde, v.
Zornberg (Töchter: Oktavia, Julia, Friderike, Bertha)
Zwiebler (Lehrer)